Produktmanagement

T0386840

Lizenz zum Wissen.

Sichern Sie sich umfassendes Wirtschaftswissen mit Sofortzugriff auf tausende Fachbücher und Fachzeitschriften aus den Bereichen: Management, Finance & Controlling, Business IT, Marketing, Public Relations, Vertrieb und Banking.

Exklusiv für Leser von Springer-Fachbüchern: Testen Sie Springer für Professionals 30 Tage unverbindlich. Nutzen Sie dazu im Bestellverlauf Ihren persönlichen Aktionscode **C0005407** auf *www.springerprofessional.de/buchkunden/*

Springer für Professionals.
Digitale Fachbibliothek. Themen-Scout. Knowledge-Manager.

- Zugriff auf tausende von Fachbüchern und Fachzeitschriften
- Selektion, Komprimierung und Verknüpfung relevanter Themen durch Fachredaktionen
- Tools zur persönlichen Wissensorganisation und Vernetzung

www.entschieden-intelligenter.de

Springer für Professionals

Jetzt 30 Tage testen!

Andreas Herrmann · Frank Huber

Produktmanagement

Grundlagen – Methoden – Beispiele

3., vollständig überarbeitete und erweiterte Auflage

 Springer Gabler

Prof. Dr. Andreas Herrmann
Universität St. Gallen
St. Gallen, Schweiz

Prof. Dr. Frank Huber
Johannes Gutenberg-Universität Mainz
Mainz, Deutschland

ISBN 978-3-658-00003-5
DOI 10.1007/978-3-658-00004-2

ISBN 978-3-658-00004-2 (eBook)

Die Deutsche Nationalbibliothek verzeichnet diese Publikation in der Deutschen Nationalbibliografie; detaillierte bibliografische Daten sind im Internet über http://dnb.d-nb.de abrufbar.

Die 1. Auflage erschien 1998 im Vahlen Verlag.
Springer Gabler
© Springer Fachmedien Wiesbaden 2009, 2013

Das Werk einschließlich aller seiner Teile ist urheberrechtlich geschützt. Jede Verwertung, die nicht ausdrücklich vom Urheberrechtsgesetz zugelassen ist, bedarf der vorherigen Zustimmung des Verlags. Das gilt insbesondere für Vervielfältigungen, Bearbeitungen, Übersetzungen, Mikroverfilmungen und die Einspeicherung und Verarbeitung in elektronischen Systemen.

Die Wiedergabe von Gebrauchsnamen, Handelsnamen, Warenbezeichnungen usw. in diesem Werk berechtigt auch ohne besondere Kennzeichnung nicht zu der Annahme, dass solche Namen im Sinne der Warenzeichen- und Markenschutz-Gesetzgebung als frei zu betrachten wären und daher von jedermann benutzt werden dürften.

Lektorat: Barbara Roscher, Birgit Borstelmann

Gedruckt auf säurefreiem und chlorfrei gebleichtem Papier.

Springer Gabler ist eine Marke von Springer DE. Springer DE ist Teil der Fachverlagsgruppe Springer Science+Business Media
www.springer-gabler.de

Vorwort zur 3. Auflage

Wenn man im Dialog mit Führungskräften steht, so gibt es zurzeit im Bereich Marketing kaum ein Themengebiet, bei welchem die Praxis so nach Anregungen aus der Wissenschaft sucht wie im Produktmanagement. Nach einer Phase des cost-cutting und der Neuausrichtung von Ablauf- und Aufbauorganisationen richten die Unternehmen nunmehr wieder ihr Augenmerk auf ihr „Herzstück": Das Leistungsprogramm. Verständlich ist daher auch der Bedarf an Informationen zur Generierung von Produktideen, zum Produktentwicklungsprozess, zur Analyse des Produkt- und Wettbewerbsumfeldes, zur Positionierung, zur Einführung des Produktes am Markt, zur Markierung von Produkten, zur Produktvariation sowie zum Controlling von Produkten seitens der verantwortlichen Manager. Eine Ergänzung erfuhr das Buch in der dritten Auflage im Bereich Produktdesign. Nicht erst seit den Erfolgen von Unternehmen wie *Porsche*, *Apple*, *Villeroy Boch* und *Bang & Olufsen* gilt das Design als Mittel zur Differenzierung eines Produkts im Wettbewerb. Ein gelungenes Design bildet ein Alleinstellungsmerkmal und trägt dazu bei, die finanzielle Stärke eines Unternehmens zu verbessern. Vor diesem Hintergrund soll in zwei Abschnitten das Augenmerk auf Erkenntnissen im Zusammenhang mit der Veränderung der Formensprache einer Leistung liegen.

In diesem Buch werden diese Themen aktuell und wissenschaftlich fundiert aufgegriffen. Strategien und Techniken des Produktmanagements erfahren eine detaillierte Erörterung. Dabei werden praktische Erfahrungen um wissenschaftliche Erkenntnisse ergänzt. Im Speziellen basiert das Buch auf aktuellen Forschungserkenntnissen der *Forschungsstelle für Business Metrics*, dem *Audi Lab for Market Research* an der *Universität St. Gallen* sowie dem *2hm & Associates Research Center*.

Das Buch richtet sich insbesondere an Manager, Geschäftsführer und Vorstände in Unternehmen und Beratungen, die sich ein professionelles und erfolgreiches Produktmanagement auf die Fahnen schreiben, sowie an Wissenschaftler, Dozenten und Studierende mit besonderem Interesse am Produktmanagement.

Bei der Erstellung des Buches erhielten wir vielfältige konzeptionelle und inhaltliche Unterstützung. Unser Dank gilt an dieser Stelle *Dr. Frederik Meyer*, Dipl.-Kfm. *David Schmid* und *Imma Baumgärtner*. Ihre kritischen Anmerkungen und ihre tatkräftige Unterstützung bei der Gestaltung des Texts, der Tabellen und Abbildungen trugen entscheidend zur Erstellung des Buches bei.

Schließlich gilt unser Dank dem Verlag Springer Gabler und hier vor allem Frau *Barbara Roscher*.

Wir wünschen unseren Lesern viel Freude bei der Lektüre und Impulse für die tägliche Arbeit.

St. Gallen und Mainz   Univ.-Prof. Dr. Andreas Herrmann
                                                        Univ.-Prof. Dr. Frank Huber

Inhaltsverzeichnis

Begriff und Anliegen des Produktmanagements 1

1.1 Ziele und Aufgaben des Produktmanagements

Produkte sind die **Basis des wirtschaftlichen Handels**. Sie werden in modernen Gesellschaften gegen Geld getauscht, um den persönlichen Bedarf der Individuen zu befriedigen. Die Vielzahl der Kundenwünsche und das Bestreben der Anbieter, diese optimal zu erfüllen, führt in den meisten Unternehmen zu einer starken Ausweitung der Sortimente. Ein einzelner Marketingleiter kann diese Vielfalt häufig nicht mehr beherrschen, weshalb in den Organigrammen der Firmen immer öfter die Position des Produktmanagers auftaucht. Mit dieser Organisationsform können Mehrproduktunternehmen aller Größen und Branchen sicher auf Markt- und Erfolgskurs gehalten werden.

Der **Produktmanager** als „Unternehmer für sein Produkt" ist der Motor für den Produkterfolg. Als Kenner seines Produktmarktes und seiner Zielgruppen ermittelt er Anforderungen für verbesserte und neue Produkte und liefert so Input für die Arbeit der Entwickler. Folglich zählen zum Produktmanagement alle Überlegungen, Entscheidungen und Handlungen eines Anbieters, die im Zusammenhang mit der Kombination und Variation der Eigenschaften einer Leistung stehen (Brockhoff 1999, S. 13). Ferner erarbeitet der Produktmanager Marketingpläne für seine Produkte. Für die Umsetzung nutzt und koordiniert er die einzelnen Fachabteilungen, und das häufig ohne Weisungsbefugnis.

Die Gesamtheit aller von den Produktmanagern eines Unternehmens offerierten Leistungen bildet die **Angebotspalette**, die in der Industrie Produktionsprogramm und im Handel Sortiment lautet. Dabei ist das einzelne Erzeugnis in vielfältiger Weise Gegenstand produktpolitischer Entscheidungen. Es wird kreiert, auf dem Markt eingeführt, dort gepflegt, bei Bedarf modifiziert und gegebenenfalls eliminiert (Brockhoff 1999, S. 103 ff.). Wie aus Tab. 1.1 hervorgeht, spielen im Rahmen des Produktmanagements auch Entscheidungen über begleitende Dienste, die Verpackungsgestaltung und die Markenbildung eine Rolle. Zu den begleitenden Diensten gehören beispielsweise Montage-, Beratungs-, Zustellungs- und Reparaturleistungen, aber auch Garantieversprechen und Schulungsveranstaltungen. Ferner setzt sich der Produktmanager in marktwirtschaftlich

A. Herrmann und F. Huber, *Produktmanagement*, DOI 10.1007/978-3-658-00004-2_1,
© Springer Fachmedien Wiesbaden 2013

Tab. 1.1 Aufgaben im Produktmanagement

Handlungsoptionen im Produktmanagement	
Produktpolitischer Gestaltungsspielraum	Programmpolitische Entscheidungsfelder
Spezifikation des Leistungskerns	Umfang und Struktur der Angebotspalette
Festlegung begleitender Dienste	Veränderung der Angebotspalette
Entscheidung über die Verpackung	Diversifikation der Unternehmensleistung
Bildung und Profilierung von Marken	Bündelung von Gütern und Diensten

geprägten Volkswirtschaften auch vermehrt mit der Markierung seiner Produkte auseinander. Der Grund für diese Anreicherung des Tätigkeitsbereichs besteht darin, dass in vielen Wirtschaftssystemen Produkte in den Schatten ihrer Marken treten: ein Auto, das ist ein *Mercedes*, *Mazda* oder *Audi*; Möbel, dabei denkt man an *Ikea*, *Hülsta* oder *Machalke*. Mit Kürzeln wie *UPS*, *AWD*, *TUI* oder *DEVK* werden Dienstleistungen verschiedener Branchen in Verbindung gebracht. Als prominentestes Beispiel kann das Produkt „Banane" angesehen werden, das durch seinen Aufkleber zur „Chiquita" wird.

Steht der Produktmanager vor der Aufgabe ein Angebotsprogramm aus einzelnen Erzeugnissen zusammenzustellen, bezieht sich die **Programmpolitik** nicht nur auf das einzelne Erzeugnis, sondern auf das Arrangement verschiedener Güter oder ganzer Gütergruppen zu einer Gesamtheit (Brockhoff 1999, S. 57 ff.). Dies hat zur Folge, dass der Produktverantwortliche auch Fragen hinsichtlich Umfang und Struktur der Angebotspalette zu beantworten hat. Außerdem interessieren ihn Möglichkeiten zur Veränderung des Produktprogramms im Hinblick auf die Breite (Anzahl der geführten Produktlinien) und die Tiefe (Anzahl der Varianten innerhalb einer Produktlinie).

Daneben bedarf es einer Entscheidung darüber, ob und inwieweit neue Produkte und Dienstleistungen ins Angebot aufgenommen werden sollen (Diversifikation). Diese produktpolitische Maßnahme führt zu einer **Erweiterung der Angebotspalette**, vermag neue Ertragsquellen zu erschließen und das unternehmerische Risiko zu reduzieren, setzt aber voraus, dass sich das Unternehmen eine bislang unbekannte Technologie möglichst rasch zu eigen macht.

Eine zum **Beispiel in der Automobilindustrie** populäre Aktivität besteht darin, einzelne Komponenten (z. B. Aluminiumfelgen, Sportlenkrad, Sportsitze und Metalliclackierung) zu einem Bündel zusammenzufassen, dieses mit einem bestimmten Nutzenversprechen zu versehen (z. B. Sportpaket) und am Markt zu offerieren. Hierzu gehören auch die Verknüpfung von Erzeugnissen, die funktional nicht zwingend zusammengehören (z. B. ein aus einer Armbanduhr und einem Parfüm bestehendes Paket), und die Verquickung eines Hauptprodukts mit einem oder mehreren Nebenprodukten (z. B. ein aus einem DVD-Player und einer *disk* zusammengefügtes Bündel).

Nachdem die Aufgaben des Produktmanagements eine Erörterung erfuhren, lohnt es sich als nächstes, einen Blick auf den damit in Zusammenhang stehenden **Kernprozess dieses Funktionsbereichs** zu werfen. Gemäß einer weit verbreiteten Definition umfasst Management analysierende, planende, umsetzende/koordinierende und kontrollierende Tätigkeiten. Der Produktmanager hat sich also mit der Analyse, Planung, Umsetzung/Koordination sowie der Kontrolle bzw. Optimierung auseinanderzusetzen (Wagner 2008, S. 145). Dabei ist das Produktmanagement in die Strategie, Kultur und Struktur eines Unternehmens eingebettet, die als entscheidende rahmen- und richtunggebende Einflussgrößen fungieren. Im Folgenden werden die wesentlichen Aufgaben des Produktmanagements entlang des erwähnten Regelkreises erörtert.

- Analysieren
  Wirksames Produktmanagement setzt voraus, dass der Produktmanager über eine hinreichende **Informationsbasis** verfügt. Das bezieht sich sowohl auf die Innen- als auch die Außenperspektive. Im Innenverhältnis ist die Kenntnis und realistische Einschätzung der Stärken, Schwächen und Potenziale des eigenen Unternehmens und seines Marketing-Mix unabdingbar. In der Außenperspektive interessieren generelle Umweltentwicklungen und daraus resultierende Chancen und Bedrohungen, die frühzeitig erkannt werden müssen, um proaktiv handeln zu können. Das Herzstück der Analysetätigkeit bildet jedoch das engere wettbewerbsbezogene Umfeld mit den Kunden und Wettbewerbern als wesentliche Akteure. Auf Kundenebene müssen die relevanten Kundenbedürfnisse erfasst und hinsichtlich ihrer Bedeutung gewichtet werden. Neben den Bedürfnissen der Endkunden sind dabei auch die Anforderungen und jeweiligen Besonderheiten des Distributionskanals (Handel, eigener Außendienst usw.) zu berücksichtigen, da ohne dessen Mitwirkung die kundenbezogenen Zielsetzungen kaum erreichbar sind. In Bezug auf den Wettbewerb ist eine genaue Kenntnis der Konkurrenten mit ihrem Leistungsangebot und ihrer Positionierung unabdingbar. Eine vollständige Situationsanalyse sowie eine fortlaufende Fortschritt- und Ergebniskontrolle liefern im Ergebnis jene Informationsbasis, die für die weiteren Aktivitäten eine notwendige Vorbedingung darstellt.
- Konzipieren
  Nachdem dem Produktmanagement eine fundierte Analyse vorliegt, folgt als nächste Phase im Produktmanagement-Regelkreis die Konzeption. Bei der Konzeption handelt es sich um eine **planerisch-schöpferische Tätigkeit**, wie sie unter anderem für die Phase der Neuproduktgestaltung typisch ist. Die aus der Situationsanalyse gewonnenen, gewichteten Kundenbedürfnisse und/oder verschiedene, aus anderen Quellen stammende Produktideen müssen in konkrete, Kundennutzen stiftende Produktkonzepte mit klaren Spezifikationen transferiert werden. Die Aufgabe des Produktmanagers besteht darin, ein Produktkonzept mit einer klaren Produktpositionierung zu erarbeiten, die von den Zielkunden geschätzt wird und dem Unternehmen eine nachhaltige Differenzierung erlaubt. Die gesamten konzeptionellen Überlegungen fließen in den Marketing- oder Businessplan ein, der auch Aussagen zur Preis-, Kommunikations- und Vertriebspolitik enthält. Marketing- und Businesspläne verkörpern somit das zentrale Planungs- und Arbeitsdokument des Produktmanagements.

- Umsetzen/Koordinieren

  Jedes Konzept lebt von seiner konkreten Umsetzung in der betrieblichen Realität. Somit stellt das **In-Gang-Setzen von Maßnahmen** im Sinne von umsetzenden und koordinativen Tätigkeiten einen wichtigen Aspekt im Berufsalltag eines Produktmanagers dar. Hierbei liegt die Verantwortung für die konkrete Produktgestaltung sowie die Produkt- und Preispositionierung meist direkt in den Händen des Produktmanagements. Neben diesen eigenverantwortlich umsetzbaren Tätigkeiten gibt es aber auch viele Aufgaben, die der Produktmanager nur in Koordination mit anderen Abteilungen oder Externen erfüllen kann. Als Beispiele können kommunikationspolitische Aufgaben wie die Messestandgestaltung (in Zusammenarbeit mit einer internen Kommunikationsabteilung bzw. einer externen Agentur) oder die Markteinführungsplanung (in Koordination mit Logistik und Vertrieb) genannt werden.

- Optimieren

  Es liegt in der Natur der Sache, dass Pläne und Konzepte leider nicht immer exakt jene Ergebnisse hervorbringen, die von ihnen erhofft werden. Sind Schwachstellen entdeckt und analysiert, können **Optimierungsmaßnahmen** ergriffen werden. Das Erschließen von Optimierungspotenzialen findet beim Produktmanagement vor allem während des Lebenszyklus eines Produktes statt und kommt in dem Begriff Life-Cycle-Management zum Ausdruck. Bei vielen, insbesondere mittelständischen Unternehmen wird diese Phase des Regelkreises oft stiefmütterlich behandelt. Es wird meist großes Augenmerk auf den Innovationsprozess als solchen gelegt, doch sobald ein Produkt in den Markt eingeführt ist, verschwindet es nach den ersten, in der Regel erfolgreichen Anfangsmonaten aus dem Mittelpunkt des Interesses. Professionelles Produktmanagement ist jedoch bestrebt, den Periodenerfolg über den gesamten Lebenszyklus zu maximieren. Es gilt, wachsam zu bleiben, um auf Wettbewerbsaktivitäten, veränderte Kundenbedürfnisse usw. möglichst frühzeitig und adäquat reagieren zu können. Dabei lassen sich vielfach mit verhältnismäßig kleinen Anpassungen an Produkten bzw. deren Marketing-Mix große Wirkungen erzielen. Dadurch kann die Zeit bis zur Einführung eines neuen Produkts erfolgreich gestaltet bzw. wirkungsvoll überbrückt werden.

1.2   Das Produkt als Problemlösung

1.2.1   Zum Produktbegriff und zur Produkthierarchie

Der **Begriff Produktmanagement** setzt sich aus den beiden Wörtern „Produkt" und „Management" zusammen. Obwohl damit vordergründig alles schon geklärt zu sein scheint, gibt es doch eine Menge unterschiedlicher Deutungen und Interpretation, die gerade mit diesen beiden Wörtern in Zusammenhang stehen. Da ist zum einen der Produktbegriff, der für einige Verwirrung sorgt. In enger sprachlicher Auslegung könnte man darunter ausschließlich das Management von konkreten, materiell greifbaren, physischen Gütern verstehen. Modernes Produktmanagement sieht seine Mission jedoch im Anbieten von Nutzen stiftenden Lösungen zur Befriedigung von Kundenbedürfnissen.

Für die Gestaltung von produktpolitischen Maßnahmen ist es demnach erforderlich, zwischen verschiedenen **Abstraktionsstufen des Begriffs Produkt** zu unterscheiden (Albers und Herrmann 2007, S. 7). Beispielsweise steht das Gut an sich, wie etwa Kaffee, im Mittelpunkt der Betrachtung, sofern sich der Hersteller im Vorfeld der Produktkonzeption für alternative Frühstücksgetränke, zum Beispiel Kaffee, Tee, Milch und Fruchtsaft, interessiert. Geht es hingegen darum, die aus Käufersicht für die Wahl einer konkreten Marke relevanten Produkteigenschaften zu identifizieren, gilt das Augenmerk dem Gut am Markt, wie *Jacobs Kaffee Krönung*, gemahlen, 500 g, 3,99 €.

Um die unterschiedlichen Vorstellungen über das Wesen eines Produkts herzuleiten, eignet sich der **Ansatz zur Hierarchisierung von Gütern**. Eine auf das Verständnis des Kaufverhaltens ausgerichtete Güterhierarchie zielt darauf ab, die Objekte so in Teilmengen aufzuspalten, dass die daraus resultierende Typologie eine Vorstellung über den Prozess der Produktwahl vermittelt. In der Literatur finden zwei Ansätze zur Rekonstruktion von Güterhierarchien prinzipiell Anwendung: das Konzept der Warentypologie und das Konzept der Produkthierarchie.

Unter **Warentypologie** ist die Lehre von den Warentypen beziehungsweise die Methode der Typenbildung zu verstehen. Ihr Anliegen besteht darin, eine Ordnung der Waren entsprechend ihren Merkmalen zu erstellen (vgl. Knoblich 1972, S. 142 ff.; Lehmann 1972, S. 331 ff.). Darin konkretisiert sich die geschichtliche Fortsetzung und methodische Weiterentwicklung der kaufmännischen Warenkunde. Generell lässt sich dieser Ansatz für verschiedene Zwecke der Produktpolitik einsetzen, das heißt, die Zuordnung der Waren zu Klassen kann vor dem Hintergrund zum Beispiel beschaffungs-, fertigungs- und absatzwirtschaftlicher Erfordernisse erfolgen. Der ältesten, zugleich bekanntesten Wareneinteilung in *convenience goods*, *shopping goods* und *speciality goods* liegen drei nicht näher spezifizierte und operationalisierte Kriterien zugrunde: der Aufwand zur Beschaffung und zur Erlangung von Markttransparenz sowie die Attraktivität der Produktgattung.

Individuen erwerben **convenience goods**, wie Zigaretten, Zeitungen und Lebensmittel, mit einem geringen zeitlichen und gedanklichen Aufwand, da die Betroffenen ihre Lieblingsmarke(n) genau kennen. Häufig verfügen die Nachfrager über ein *evoked set of alternatives*, das heißt, eine Menge von qualitativ und preislich etwa gleichwertigen Optionen. Ist das bevorzugte Gut nicht verfügbar, weicht der Interessent eher auf ein ihm vertrautes Ersatzerzeugnis aus, als zusätzliche Beschaffungsanstrengungen zu unternehmen. Er ist also nicht bedacht, durch aufwendiges Suchen die allerbeste Variante zu finden, sondern darauf aus, seinen Beschaffungsaufwand möglichst gering zu halten.

Dagegen werden **shopping goods**, zum Beispiel Möbel, Schuhe und Fernsehgeräte, relativ selten und erst nach einem sorgfältigen Vergleich von Qualität und Preisen gekauft. Für solche Güter besitzen die Nachfrager kein vorgegebenes Entscheidungsmuster beziehungsweise Präferenzsystem, das ihnen einen aufwendigen Selektionsprozess ersparen würde. Da die Käufer die Eigenschaftsausprägungen der zur Auswahl stehenden Objekte häufig nicht kennen, spielen die Erfahrungen anderer Verbraucher bei der Produktbeurteilung eine wichtige Rolle. Darüber hinaus greifen die Entscheider auch Berichte zum Beispiel der *Stiftung Warentest* auf oder orientieren sich an den Empfehlungen des Verkäufers.

Käufer beziehen **speciality goods**, wie einen Herrenanzug, eine Wohnung und ein Automobil, in größeren zeitlichen Abständen, weshalb beachtliche Kaufanstrengungen gerechtfertigt erscheinen. Hierbei handelt es sich um Erzeugnisse, für die im Bewusstsein des Interessenten (ähnlich wie bei den *convenience goods*) ganz konkrete Vorstellungen über deren Beschaffenheit existieren. Da sie für die Verbraucher von besonderer Bedeutung sind (*ego involvement*), begnügen sich diese zumeist nicht mit einem einfachen Muster zur Produktauswahl. Vielmehr trachten die Käufer nach einer Identifikation der allerbesten Alternative mit dem Ziel, den Nutzen zu maximieren.

Die zuletzt skizzierte Einteilung überschneidet sich mit dem in der Literatur weit verbreiteten Begriffspaar der **high interest products** und der **low interest products**. Hiernach schenkt ein Kaufwilliger den Alternativen in Abhängigkeit ihrer Beschaffenheit und ihrer Preise hohe oder geringe Aufmerksamkeit. Damit vergleichbar ist die Unterscheidung zwischen problemlosen Erzeugnissen, die sich selbst verkaufen, zum Beispiel Milch, Brot, Obst, Getränke und Gemüse, und problematischen Gütern, die beim Verkauf häufig eine Beratung der Interessenten erfordern, wie Computer und Videoanlage.

Aufgrund des wissenschaftlichen Interesses am *business to business*-Marketing ist es nicht verwunderlich, dass in den letzten Jahren auch **Investitionsgütertypologien** entstanden. Sie dienen dem Anliegen, aus der Ähnlichkeit von Produkten, Technologien und Prozessen Hinweise für die Gestaltung des Marketing-Mix abzuleiten (Backhaus und Voeth 2007, S. 300 ff.). Ein Beispiel bildet die als nützlich anerkannte Einteilung von Investitionsobjekten nach ihrem Wert, ihrer Neuartigkeit und dem durch sie bedingten Grad an organisatorischem Wandel. Bei Dienstleistungstypologien beruht die Unterteilung zum Beispiel darauf, ob sich die Dienstleistung auf ein physisches Gut richtet oder nicht und ob dieses gemietet ist oder zum Eigentum des Nutzers gehört. Darüber hinaus ist beispielsweise zu klären, ob der Service andauernd oder zeitweise anfällt und ob er individuell oder lediglich gemeinsam mit anderen erfahren werden kann (Meffert und Bruhn 2006, S. 34 ff.).

Ungeachtet der zu typisierenden Objekte taucht bei allen Hierarchien die Schwierigkeit auf, dass die **Konkurrenzbeziehungen zwischen den Gütern unklar** bleiben. Insofern taugen solche Objekttypologien allenfalls zur Beschreibung realer Gegebenheiten, ohne jedoch Anhaltspunkte für eine am Wettbewerb orientierte Produktgestaltung zu vermitteln.

Ein weiterer für die Systematisierung von Erzeugnissen relevanter Ansatz ist das **Konzept der Produkthierarchie**. Es vereinigt die Grundidee der Warentypologie, die hierarchische Einteilung von Produkten nach ihren Merkmalen, mit dem zentralen Gedanken der Konkurrenzanalyse, die Austauschbarkeit von Gütern als essentiell zur Erfassung der zwischen Objekten herrschenden Wettbewerbsrelationen zu sehen. Diesem Konzept liegt die Vorstellung zugrunde, dass ein Nachfrager bereits bestehende oder völlig neue Alternativen in die Produkthierarchie einordnet, um über eine gedankliche Marktstruktur zu verfügen, die ihn bei der Kaufentscheidung leitet. Jede Wahlhandlung erfordert in der Regel die Auswahl eines Guts aus einer Vielzahl konkurrierender Erzeugnisse in Abhängigkeit von den gewünschten Eigenschaften, den gesuchten Nutzenkomponenten und den beabsichtigten Verwendungszwecken. Eine Offenlegung der Substitutionsbeziehungen zwischen Produkten liefert Anhaltspunkte dafür, inwieweit diese Objekte miteinander konkurrieren.

Das von *Vershofen* formulierte **Konzept der totalen Konkurrenz**, bei dem jedes Gut mit jedem anderen um die Kaufkraft der Nachfrager im Wettbewerb steht, erscheint für konkrete Anwendungen nicht praktikabel. Folglich bildet das andere Extrem, die horizontale Konkurrenz zwischen physikalisch-chemisch-technisch gleichen Waren einer Produktgruppe, differenziert nach Preisklassen, Marken oder Geschmacksvarianten, den Ausgangspunkt von Studien über die Austauschbarkeit von Erzeugnissen. Nur die Konkretisierung der auf dem Kontinuum an den beiden Polen angesiedelten vertikalen Wettbewerbsrelationen zwischen Waren verschiedener Produktgruppen aber gleicher Verwendungszweckerfüllung (zum Beispiel kommen die *Lufthansa* AG, die *Deutsche Bahn* AG und der eigene Pkw dazu in Betracht, um von *München* nach *Hamburg* zu gelangen) bereitet ein Problem. Hierzu meint Schäfer (1966, S. 191), „... *daß diese sphärischen Konkurrenzbeziehungen um so ausgedehnter sind, je weniger scharf umrissen der Bedarf des Käufers ist ...*" und fügt hinzu (1966, S. 192): „... *die vertikale oder sphärische Konkurrenz wird auf einem höheren, früheren Entscheidungsfeld ausgetragen als die horizontale ...*".

Diese Überlegungen suggerieren, dass der Nachfrager bei der **Produktwahl** eine **Hierarchie von Entscheidungen** durchläuft. An einem in Abb. 1.1 dargestellten fiktiven Beispiel lässt sich dieser Gedanke verdeutlichen:

- Zunächst unterscheidet das Individuum zwischen verschiedenen Verwendungsmöglichkeiten des Einkommens (Produktklassenwahl), wie Konsumgüter und Spareinlagen.
- Daraufhin fällt der Betroffene innerhalb der jeweiligen Produktklasse (z. B. Konsumgüter) eine Entscheidung für bestimmte Produkttypen, wie Süßigkeiten und alkoholfreie Erfrischungsgetränke. Diese Alternativen zeichnen sich durch unterschiedliche Verwendungszwecke und Problemlösungspotentiale aus.
- Ferner entschließt sich der Kaufwillige für die Wahl einer bestimmten Produktform, wie diätische Erfrischungsgetränke und zuckerhaltige Softdrinks. Hierbei handelt es sich um Güter mit gleichem Verwendungszweck, aber möglicherweise ganz unterschiedlichen objektiven (physikalisch-chemisch-technischen) Eigenschaften.
- Abschließend erfolgt die Selektion einer Marke, wie etwa *Pepsi*, 0,33 Liter, 0,69 Cent und *Coke*, 1,5 Liter, 0,89 Cent. In diesem Fall stehen Objekte zur Wahl, die den gleichen Verwendungszweck und (nahezu) die gleichen physikalisch-chemisch-technischen Eigenschaften aufweisen.

Aus der Idee der Güterhierarchie resultieren unterschiedliche Vorstellungen über das Wesen eines Produkts. Ein Blick ins Schrifttum zeigt drei verschiedene Versuche zur Deutung dieses Terminus (Böcker 1994, S. 190 ff.; Brockhoff 1999, S. 13 ff.). Dem **substantiellen Produktbegriff** zufolge lässt sich ein Erzeugnis als ein Bündel aus verschiedenen nutzenstiftenden Eigenschaften beschreiben. Häufig sind die physikalisch-chemisch-technischen Merkmale eines Objekts ohne große Mühe zu erkennen. Beispielsweise besteht das An-

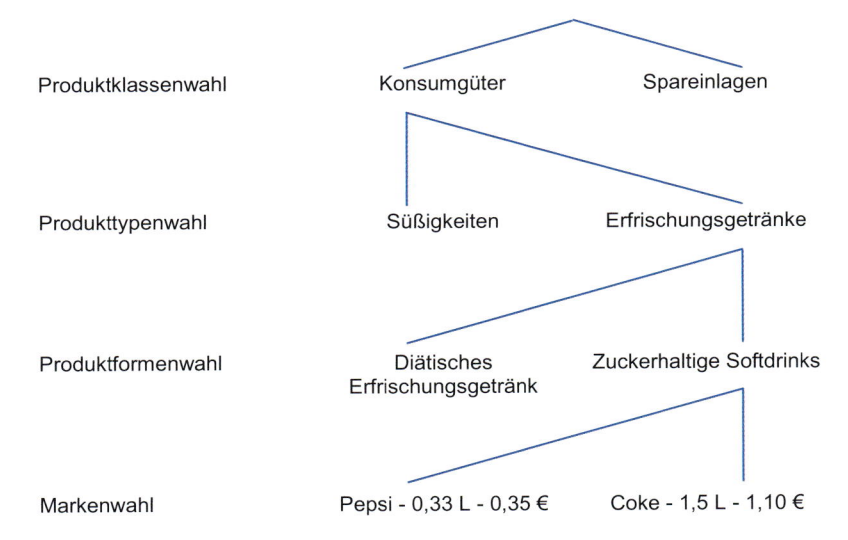

Abb. 1.1 Hierarchie fiktiver Entscheidungen

gebot eines Herstellers von Schokolade aus Vollmilch, Kakao und Zucker, während ein Produzent von Fruchtsäften zum Beispiel Wasser, Zucker und Fruchtmark zu einem Gesamt verquickt. Versetzt man sich hingegen in die Lage eines Kinobetreibers, so stiftet er dem Nachfrager einen Unterhaltungs- und Entspannungsnutzen, der durch Leinwand, Projektor, Film und Stühle gewährleistet wird.

Nicht ganz so einfach ist die Frage nach der Leistung eines **Anbieters von schlüsselfertigen Wohnhäusern** zu beantworten. Ein konkretes Produkt besteht in diesem Fall aus zum Beispiel den Elementen Beton, Eisen, Glas, Holz und Kunststoff, die ein fertig gestelltes Wohnhaus verkörpern.

- Kauft ein Bauherr tatsächlich eine bestimmte Menge der einzelnen Materialien?
- Oder interessiert er sich nicht eher für die Fähigkeit des Unternehmens, aus diesen Materialien ein Wohnhaus zu bauen?

Sofern neben dem substantiellen Produkt (Beton, Eisen, Glas, Holz und Kunststoff) auch eine Dienstleistung (Erstellung des Wohnhauses) eine Rolle spielt, sprechen Produktmanager vom **erweiterten Produkt**. Hierbei stehen weniger die physikalisch-chemisch-technischen (objektiven) Merkmale eines Objekts im Mittelpunkt der Betrachtung, sondern vielmehr die Serviceleistung im Sinne einer Problemlösung. Der Kinobesitzer könnte also seine Leistung als erweitert bezeichnen, wenn er neben Leinwand, Projektor, Film und Stühlen noch vielfältige Serviceleistungen (z. B. Platzreservierung) anbietet.

Sehr viel problematischer erscheint die **Spezifikation der beispielsweise von Armani offerierten Erzeugnisse**, wie Anzüge oder Brillen. Das Kernprodukt lässt sich als ein Paket kennzeichnen, das aus verschiedenen Stoffarten beziehungsweise aus Glas und Metall besteht. Darüber hinaus bieten Geschäfte, die solche Güter führen, dem Kaufwilligen eine umfassende Beratungsleistung an.

- Geht es bei der Entscheidung für ein Erzeugnis von *Armani* in der Tat um ein aus Kernleistung und Service zusammengesetztes erweitertes Produkt?
- Oder verkauft dieser Designer seinen Kunden gar Status, Prestige und Seriosität?

Zur Erfassung von Leistungen dieser Art taucht in der Literatur der Begriff des **generischen Produkts** auf. Es umfasst nicht nur das durch physikalisch-chemisch-technische Eigenschaften definierte Erzeugnis und die begleitenden Dienste, sondern auch Produktfacetten, wie Prestige, Geltung und Status. Möchte ein Kinobetreiber demnach seinen Kunden ein generisches Produkt offerieren, könnte er einen Zusatznutzen wie Prestige z. B. durch die exklusive Gestaltung der Möbel und Wände sowie durch einzigartige Events zum Ausdruck bringen.

1.3 Die Problemlösung und ihre Konsequenzen

Das vom Produktmanagement konzipierte Gut bewertet ein Kaufwilliger durch einen Vergleich des mit dem Erwerb der Leistung in Zusammenhang stehenden Nutzens und den damit anfallenden Kosten. Damit lässt sich die **Gesamtheit aller positiven Facetten des Angebots als Leistung** kennzeichnen, wohingegen alle Kosten zum Erwerb der Alternative den Preis verkörpern. Die Leistung erteilt Auskunft über die Fähigkeit eines Produzenten, die Bedürfnisse der Nachfrager zu befriedigen, das heißt, ihnen Problemlösungen zu vermitteln. Insofern ist es für den Erfolg eines Unternehmens unerlässlich, die Fähigkeit seiner Erzeugnisse zur Problemlösung in den Blickpunkt zu stellen (vgl. Herrmann 1996, S. 57 ff.). Tabelle 1.2 zeigt fiktive Beispiele für klassische, eigenschaftsbezogene Produktdefinitionen und moderne, nutzenorientierte Interpretationen der Unternehmensleistung.

Will ein Unternehmen erfolgreich sein, muss es die Leistungsgestaltung an den Ansprüchen der Individuen orientieren. Das **Postulat der umfassenden Marktadäquanz** bildet

Tab. 1.2 Eigenschaftsbezogene versus nutzenorientierte Leistungsdefinition

Beispiele für klassische, eigenschaftsbezogene Definition der Unternehmensleistung		Beispiele für die moderne, nutzenorientierte Definition der Unternehmensleistung
Wir stellen Computer her.	→	Wir ermöglichen Kommunikation.
Wir produzieren Medikamente.	→	Wir tragen zur Gesundheit bei.
Wir bauen Wein an.	→	Wir liefern Lebensgenuss.
Wir fliegen um die Welt.	→	Wir schaffen Mobilität.
Wir fördern Erdöl.	→	Wir stellen Energie bereit.
Wir machen Fernsehen.	→	Wir bieten Unterhaltung.

somit den Ausgangspunkt aller leistungsbezogenen Gestaltungsmaßnahmen. In diesem Konzept enthalten ist die Forderung, nicht zwingend eine nutzenmaximale Leistung zu generieren, sondern die Bedürfnisse lediglich besser zu befriedigen, als es der Wettbewerber zu tun vermag.

Beispielsweise sollte ein Pkw-Hersteller ein im Kraftstoffverbrauch sehr günstiges Fahrzeug nur dann entwickeln, produzieren und vermarkten, wenn er die Vermutung hegt, auf Nachfrage für dieses Produkt zu stoßen. Eine Erhöhung der Nutzenstiftung, etwa durch eine Reduzierung des Kraftstoffverbrauchs, muss nicht zwingend den **Vorstellungen und Wünschen der potentiellen Käufer** entsprechen. Auch ist darauf zu achten, dass dieses Gut im Hinblick auf die relevanten Nutzendimensionen in den Augen der Nachfrager besser abschneidet als die Konkurrenzprodukte. Insofern lautet das erste Problem der Produktkonzeption wie folgt:

▸   Ein Anbieter hat darauf zu achten, dass die Nutzenstiftung seines Produkts möglichst exakt den Nutzenerwartungen der Nachfrager entspricht. Die Kongruenz von *Nachfragerbedürfnissen* und offerierter Leistung entscheidet über den Erfolg des Unternehmens am Markt. Allerdings ist nicht unbedingt ein nutzenmaximales Gut zu entwickeln, da es lediglich die Wettbewerbsprodukte bei allen relevanten Nutzendimensionen schlagen sollte.

Ob beziehungsweise inwieweit ein Angebot den Erwartungen des Konsumenten entspricht, geht aus dem **Wahrnehmungs- und Bewertungsverhalten** hervor. Eine Leistung lässt sich nicht durch ihre objektive Beschaffenheit mittels technisch-konstruktiver und physikalisch-chemischer Merkmale (Sachgut) oder die Art der Verrichtung (Dienstleistung) charakterisieren. Vielmehr bildet das Urteil über die Zwecktauglichkeit einer Offerte das Ergebnis eines komplexen Informationsaufnahme- und -verarbeitungsprozesses, der im Innern der Käuferpsyche abläuft. Erst der Wirkungsverbund aus zum Beispiel Wahrnehmung, Erfahrung, Einstellung, Präferenzbildung und Lernen lässt im Bewusstsein des Individuums eine Vorstellung über die erwartete Problemlösungskraft des Angebots entstehen (vgl. Trommsdorff et al. 1980, S. 269 ff.).

Der Betroffene stellt die Leistung im Rahmen eines psychischen Beurteilungsprozesses dem Preis gegenüber und gelangt zu einer Vorstellung über die **Vorziehenswürdigkeit der interessierenden Alternative**. Offenbar bestimmen nicht die physikalisch-chemisch-technischen Merkmale eines Erzeugnisses die Kaufentscheidung, sondern die mitunter von objektiven Gegebenheiten abweichende subjektive Einschätzung seines Problemlösungspotentials. Beispielsweise gelten Fahrzeuge von *Mercedes* in den Augen vieler Pkw-Fahrer als zuverlässig, sicher und solide, obgleich diese Automobile in der Pannenstatistik des *ADAC* im Mittelfeld rangieren. Hieraus ergibt sich die zweite Herausforderung für die Produktgestaltung:

▸   Nicht das reale Produkt, sondern seine Wahrnehmung und Beurteilung determiniert das Kauf- und Konsumverhalten der Individuen. Einprägsam zum Ausdruck kommt diese Erkenntnis in der Aussage von Charles Revson, dem

Gründer of Revlon Cosmetics, der meint, dass „… in the factories we make cosmetics, and in the drugstores we sell hope …". Insofern bildet die Analyse des Informationsaufnahme- und -verarbeitungsprozesses eine zentrale Aufgabe im Rahmen des Produktmanagements.

Dies gilt auch dort, wo mehrere Personen an der Kaufentscheidung beteiligt sind, wie beispielsweise bei der Beschaffung von Investitionsgütern. Zwar liegen Erkenntnisse darüber vor, dass insgesamt gesehen die Bedeutung der Wahrnehmung gegenüber objektiven Produktmerkmalen in den Hintergrund tritt. Allerdings tendieren die Mitglieder eines **buying center** mitunter dazu, einen bestimmten Sachverhalt isoliert zu betrachten und subjektiv zu erfassen.

In Analogie zur bisherigen Überlegung lässt sich formulieren, dass Nachfrager nicht Eigenschaftsbündel, sondern einen **Komplex an Nutzenkomponenten** kaufen. Diese Vorstellung ist nahe liegend, da die Abnehmer selten alle Nutzen stiftenden Eigenschaften eines Erzeugnisses kennen. Außerdem gilt in zahlreichen Fällen, dass verschiedene Merkmale einen konkreten Nutzen erfüllen und ein Attribut auf verschiedene Nutzenbereiche wirkt. Wie Bauer (1989, S. 121 ff.) zeigt, besteht zwischen den physikalisch-chemisch-technischen Eigenschaften und den Nutzenkomponenten jedoch zumeist keine „1 zu 1"-Beziehung. Beispielsweise wirkt das Merkmal Bereifung eines Pkw auf die Nutzenkomponenten Fahrgeräusch, Aquaplaning und Kurvenstabilität, wohingegen die Nutzenkomponente Fahrgeräusch nicht nur aus der Pkw-Eigenschaft Bereifung, sondern auch aus dem Luftwiderstandsbeiwert und der Anzahl der Zylinder resultiert. Dieser Gedanke verdeutlicht eine dritte Schwierigkeit der Produktkonzeption:

▸   Ein Anbieter vermag bei der Entwicklung eines Erzeugnisses lediglich Entscheidungen über die Ausprägungen der physikalisch-chemisch-technischen Merkmale zu treffen. Dagegen legt ein Abnehmer der Entscheidung die aus der Wahrnehmung der Produkteigenschaften stammenden Nutzenvorstellungen zugrunde.

Die konsequente **Orientierung der Unternehmensleistung an den Nutzenvorstellungen der Nachfrager** führt häufig zu einer Aufhebung der traditionellen Branchengrenzen. Aus Banken entstehen All-Finanz-Unternehmen, die den Kunden nicht nur günstige Kredite und attraktive Kapitalanlagen vermitteln, sondern auch Versicherungen und Immobilien anbieten. Darüber hinaus wandeln sich Tenniscenter zu Freizeitparks, deren Angebotspalette zum Beispiel Squash und Badminton, einen Sauna-, Fitness- und Badebetrieb sowie ein Restaurant umfasst. Aus dieser strategischen Ausrichtung resultieren ganz neue Konkurrenzrelationen zwischen Unternehmen, die bislang nicht im Wettbewerb miteinander standen und sogar als sich ergänzende Anbieter (z. B. Banken und Versicherungen, Getränkeanbieter und Tenniscenter) am Markt agierten. Damit ergibt sich das vierte Problem der Produktgestaltung:

▸ Ein Unternehmen überschreitet bei der nutzenorientierten Gestaltung seiner Leistung häufig die traditionellen Branchengrenzen. Hieraus entstehen bislang nicht näher analysierte Wettbewerbsbeziehungen, die im Vorfeld einer Produktkonzeption einer genauen Auslotung bedürfen.

Die zentralen **produktpolitischen Herausforderungen**, die zugleich die Konsequenzen einer problemlösungsorientierten Produktgestaltung bilden, sind hier aus einer Gesamtschau heraus aufgeführt:

1. Die Nutzenstiftung muss der Nutzenerwartung in allen Belangen entsprechen.
2. Nicht die objektive Beschaffenheit eines Guts, sondern seine Wahrnehmung und Beurteilung bestimmen das Kauf- und Konsumverhalten.
3. Der Anbieter vermag nur die physikalisch-chemisch-technischen Eigenschaften eines Produkts direkt zu beeinflussen. Abnehmer entscheiden jedoch auf Basis von Nutzenvorstellungen.
4. Die nutzenorientierte Produktgestaltung führt dazu, dass neue Wettbewerbsrelationen zwischen Unternehmen entstehen.

1.4 Produktqualität, Kundenzufriedenheit und Unternehmenserfolg

In der Diskussion um den Erhalt beziehungsweise die **Steigerung des Unternehmenserfolgs** erheischen die Produktqualität (Zwecktauglichkeit beziehungsweise Bedürfnisgerechtigkeit) und die Kundenzufriedenheit großes Interesse (Anderson und Sullivan 1993, S. 125 ff.). So belegen zahlreiche empirische Untersuchungen, dass eine Verbesserung der Produktqualität die Zufriedenheit der Kunden zu erhöhen vermag. Da die Kundenzufriedenheit wiederum als die entscheidende Determinante des zukünftigen Unternehmenserfolgs gilt, liegt die Relevanz zwecktauglicher beziehungsweise bedürfnisgerechter Leistungen für die Existenzsicherung des Anbieters auf der Hand.

In einer umfassenden Studie dokumentieren Capon et al. (1990, S. 1143 ff.) eine **positive Korrelation zwischen der Produktqualität und dem Unternehmenserfolg**. Buzzell und Gale (1987, S. 20 ff.) und Phillips et al. (1983, S. 26 ff.) gelangen auf der Basis einer Analyse von PIMS-Daten zu dem Ergebnis, dass eine Qualitätsverbesserung der angebotenen Leistung bei den meisten der betrachteten Unternehmen mit einer Steigerung der Rentabilität einhergeht. Die Begründung für die positive Assoziation zwischen den beiden im Blickfeld stehenden Größen beruht auf der Argumentation, dass zufriedene Kunden einem einmal gekauften Gut treu bleiben und auf diese Weise zu einer dauerhaften Absatzsicherung des Anbieters beitragen. Darüber hinaus informieren diese Individuen andere Verbraucher über das Produkterlebnis und betreiben dadurch positive Mundpropaganda, die als ganz besonders glaubwürdig gilt.

Im Mittelpunkt des Interesses stehen zwei Hypothesen: Die erste bringt einen positiven Zusammenhang zwischen der vom Individuum **wahrgenommenen Qualität** (Zwecktauglichkeit beziehungsweise Bedürfnisgerechtigkeit) eines Produkts und der **Zufriedenheit**

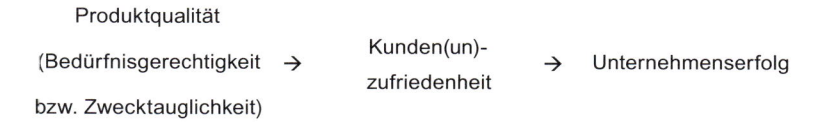

Abb. 1.2 Basishypothesen bezüglich des Zusammenhangs zwischen Produktqualität, Kunden(un)-zufriedenheit und Unternehmenserfolg

des Kunden zum Ausdruck, die wiederum, so die Aussage der zweiten Hypothese, maßgeblich zur Verbesserung des Unternehmenserfolgs beiträgt (vgl. Abb. 1.2). Den Kern der betrachteten Kausalbeziehung bildet folglich das Konstrukt Kundenzufriedenheit, dass in der neueren Marketingliteratur eine beachtliche Bedeutung erfährt (Schütze 1992, S. 120 ff.).

Die (Un-)Zufriedenheit ergibt sich aus einem komplexen Informationsverarbeitungsprozess, der im Kern aus einem **Soll-Ist-Vergleich** zwischen der Erfahrung eines Nachfragers mit der erlebten Leistung (Ist) und seiner Erwartung hinsichtlich der Zwecktauglichkeit (Qualität beziehungsweise Bedürfnisgerechtigkeit) des Produkts (Soll) besteht. Die aus dem Vergleich resultierende Kongruenz beziehungsweise Divergenz zwischen der erlebten und erwarteten Produktqualität bildet das Konstrukt (Nicht-)Bestätigung ab.

Ob und inwieweit ein Kunde nach dem Kauf und Konsum seine Erwartung als bestätigt erachtet und demzufolge mit der Leistung des Anbieters zufrieden ist, hängt in erster Linie von der wahrgenommenen Qualität ab. Die Qualitätswahrnehmung geht unmittelbar mit dem Konsumerlebnis einher und lässt sich als globales Urteil eines Nachfragers bezüglich der Bedürfnisgerechtigkeit beziehungsweise Zwecktauglichkeit eines Produkts charakterisieren (Zeithaml 1988, S. 3 ff.).

Die Postulierung der zweiten Hypothese, einer positiven Assoziation zwischen **Kundenzufriedenheit und Unternehmenserfolg**, knüpft an folgenden Überlegungen an (Fornell 1992, S. 16 ff.):

- Wie zahlreiche Untersuchungen verdeutlichen, weisen zufriedene Individuen eine große Loyalität gegenüber der einmal erworbenen Leistung eines bestimmten Anbieters auf. Die damit verbundene Wiederkaufrate sichert dem Unternehmen eine dauerhafte Absatzbasis, und die loyalen Kunden verkörpern somit einen asset value.
- Ferner entsteht ein weiterer positiver Effekt auf den Unternehmenserfolg durch die verstärkte Neigung zufriedener Kunden, die Vorteile eines Produkts anderen Konsumenten zu vermitteln. Diese Mundwerbung zeichnet sich durch ein hohes Maß an Glaubwürdigkeit aus und erleichtert dadurch die Akquisition von Neukunden.

Die folgenden Ausführungen dienen dem Zweck, die Elemente dieses Wirkungsgefüges zu erläutern. Hierbei interessieren vor allem die produktpolitischen Handlungsmöglichkeiten zur Verbesserung des Unternehmenserfolgs.

1.5 Produktdesign

Immer häufiger argumentieren Manager, dass es für eine erfolgreiche Vermarktung von Produkten darauf ankommt, sie mit einem besonderen Design auszustatten. Beispielsweise ist aus der Automobilindustrie bekannt, dass dem Design und der Markenbildung ein besonderes Augenmerk bei der Entwicklung von Produkten zukommt. In Anbetracht einer Homogenisierung vieler Erzeugnisse in ihren Kernfunktionen ist es nicht verwunderlich, dass das **Design als Möglichkeit zur Differenzierung** in Betracht kommt (Chitturi et al. 2008). Man denke etwa an *Apple*, dessen Produkte eine standardisierte Kernfunktionalität aufweisen, jedoch im Hinblick auf das Design von vielen Kunden als herausragend eingestuft werden. Design ist daher in vielen Märkten als Option einzustufen, eine ästhetische Differenzierung zu erzeugen, die für die Abnehmer von zentraler Bedeutung ist (siehe die Beispiele in Abb. 1.3). Dies gilt übrigens auch für Industriegüter; auch in diesen Märkten sind Unternehmen darauf bedacht, ihre Maschinen ästhetisch ansprechend zu gestalten und etwa die Displays zur Steuerung von Anlagen nach den Erkenntnissen der Ästhetik-Forschung zu gestalten.

Abb. 1.3 Beispiele: Erzeugung einer ästhetischen Differenzierung durch Design

Das Gestalten von Produkten findet grundsätzlich im Zusammenspiel mit der Produktentwicklung statt. Dabei kommt es auf ein **Miteinander zwischen den Designern und den Entwicklern** an, um einerseits die Funktionalität des Produktes sicher zu stellen und andererseits ästhetische Aspekte des neuen Erzeugnisses zu betonen. Gelegentlich vollzieht sich der Designprozess auch in Abstimmung mit der Marktforschung. Immer wieder werden Designentwürfe tatsächlichen und potenziellen Kunden vorgestellt, um Anhaltspunkte darüber zu gewinnen, ob und inwieweit einzelne Designfacetten oder das komplette Produktdesign auf Zustimmung im Absatzmarkt stoßen. In einzelnen Märkten gibt es hierfür sogenannte Kundenkliniken, in denen Designentwürfe quasi als Produktkonzepte ausgestellt werden mit dem Ziel, differenzierte Reaktionen der Kunden zu erfassen. Auch ist es inzwischen möglich, dass Designentwürfe nicht physisch umgesetzt, sondern lediglich visualisiert werden. Mittels neuester Medientechnik lassen sich solche Konzepte als Darstellungen projizieren, sodass die Betrachter eine Vorstellung über das reale Abbild erfahren.

Was macht gutes Design aus? In der **Ästhetik-Forschung** finden sich einige Hinweise zur Gestaltung von Erzeugnissen, die einen Rückschluss auf gutes Design zulassen. Zunächst sollte bei der Gestaltung von Produkten darauf geachtet werden, dass Designobjekte symmetrisch angeordnet sind. Ferner spielt die Klarheit bzw. der Kontrast eine zentrale Rolle. Verschwommene Objekte gelten gemeinhin als nicht sonderlich ästhetisch. Darüber hinaus kommt es auch auf die Prototypikalität an. Für eine Gattung typische Objekte gelten in den Augen der Kunden als schöner und attraktiver im Vergleich zu seltenen Exemplaren. Schließlich ist die wiederkehrende Betrachtung eines Objektes wichtig, damit der Betrachter dieses Objekt als schön einstuft. Erstaunlicherweise sind vertraute Objekte tendenziell attraktiver als weniger vertraute.

Der Grund für die Bedeutung dieser vier Kriterien, besteht darin, dass sie allesamt dazu beitragen, dass **Informationen über Produkte flüssig verarbeitet** werden. Neuesten Erkenntnissen zufolge gilt ein Objekt dann als besonders schön, wenn es gedanklich leicht zu verarbeiten ist. Diesen Anspruch erfüllen in den Konturen klare Objekte, die einen symmetrischen Aufbau besitzen, typisch sind für einen Markt und den Betrachtern regelmäßig vor Augen geführt werden.

Allerdings ist zu beachten, dass Produkte, die Kontraste aufweisen, symmetrisch und prototypisch sind sowie immer wieder den Betrachtern präsentiert werden, über den Zeitverlauf betrachtet an Reiz verlieren. Dagegen sind Produkte, die zunächst auf allen diesen Kriterien nicht dem Postulat der Schönheit entsprechen, auf Dauer möglicherweise erfolgreicher, weil sie immer wieder das Interesse des Kunden wecken. Untypische, komplexe Reize irritieren zwar anfangs, gewinnen jedoch im Zeitverlauf, während die typischen und einfachen Reize zu Langeweile führen. Übertragen auf die **Produktgestaltung** bedeutet dies, dass man mit Designs, die einfach, symmetrisch und typisch sind, sehr schnell eine erfolgreiche Produktpositionierung vornehmen kann, jedoch mittelfristig Langeweile beim Kunden produziert (Landwehr et al. 2009). Umgekehrt führen untypische Designs, die möglicherweise eine hohe Komplexität aufweisen, dazu, dass sie anfänglich nicht sonderlich erfolgreich sind, jedoch über die Dauer durchaus an Attraktivität gewinnen können.

Ein **Beispiel** hier stammt von *BMW*: Ein Aufschrei ging durch die Presse, als *BMW* die neue 7er-Reihe im Jahr 2001 vorstellte. Das Heck galt als wulstig, plump, protzig und wurde von einigen Journalisten als Rucksack bezeichnet. Wieder andere sprachen von einer spröden Ästhetik und einer zickigen Ergonomie und gaben dieser neuen 7er-Reihe mit ihrem postmodernen Design keine Chance, um am Absatzmarkt erfolgreich zu sein.

Entgegen aller Vermutungen konnte sich das Design inzwischen am Markt erfolgreich behaupten. Zwar vergingen einige Jahre, bis sich die Kunden an die neuartigen Formen und die eigenwillige Gestalt gewöhnten. Gleichwohl – das zeigen die Berichte in Zeitungen und Zeitschriften – haben sich inzwischen viele Journalisten mit dem Design der 7er-Reihe angefreundet. Ohne Zweifel hat das Unternehmen mit einer Fülle von preis- und vertriebspolitischen Aktivitäten die Marktpräsenz dieser 7er-Reihe gefördert. Auch wurde das ursprüngliche Design immer wieder angepasst, und auch die Wettbewerber (vor allem *Audi* und *Mercedes-Benz*) haben durch ihre überarbeiteten Baureihen dazu beigetragen, dass die provozierende Alleinstellung der 7er-Reihe an Prägnanz verlor. Allerdings hat die inzwischen positive Beurteilung dieses Designs auch damit zu tun, dass die Kunden aufgrund der wiederkehrenden Auseinandersetzung mit diesen Fahrzeugen die Attraktivität inzwischen deutlich besser einstufen. Der Idee der wiederkehrenden Auseinandersetzung mit einem Stimulus zufolge müsste man sich eine gewisse Zeit mit einem Reiz auseinandersetzen, um ihn als schön, ästhetisch, wünschens- und begehrenswert einzustufen. Folglich kommt es bei **Entscheidungen über das Produktdesign** darauf an, ob man in der kurzen Frist beachtliche Absatzzahlen erreichen möchte oder eher langfristig den Erfolg sucht. In Abhängigkeit davon ist hier entscheidend, ob und inwieweit man eher zu radikalen oder zu inkrementalen Designsprüngen tendiert.

Immer wieder interessiert die Beantwortung der Frage nach der **Bedeutung des Designs relativ zu anderen Produktmerkmalen**. Hierzu einen Hinweis zu bekommen, erscheint schon deshalb notwendig, um die Allokation der Ressourcen im Unternehmen optimal gestalten zu können. Lohnt es sich tatsächlich in Design zu investieren, oder sollte man nicht doch besser in die Kernfunktionalität des Produkts seine Ressourcen stecken? Ein Anhaltspunkt hierzu liefert eine empirische Untersuchung, die zeigt, dass Design einen erheblichen Einfluss auf den Absatzerfolg von Fahrzeugen besitzt (Landwehr et al. 2011b). Hierbei wurden verschiedene Designdimensionen betrachtet (Typikalität und Komplexität des Designs) neben den klassischen Marketingvariablen wie Preis, Kommunikationsanstrengungen, technische Ausstattung der Fahrzeuge, Verbrauch, Zeit und Lebensdauer des Produkts. Im Rahmen einer Studie für den deutschen Markt konnte festgestellt werden, dass dem Design eine ganz zentrale Bedeutung zukommt. Zwar spielen die klassischen Marketingvariablen eine Rolle, der entscheidende Hebel für den Absatzerfolg bildet jedoch das Produktdesign. Dies zeigt, dass die Funktionalität von Fahrzeugen eine Notwendigkeit ist, um überhaupt Produkte absetzen zu können. Um jedoch einen entsprechenden Markterfolg realisieren zu können, bedarf es einer Auseinandersetzung mit dem Design dieser Erzeugnisse.

Ein weiterer Aspekt in der Diskussion um die Relevanz von Design betrifft den Zusammenhang zwischen der Produktästhetik und der Markenbotschaft. Viele Unternehmen

Abb. 1.4 Designmerkmale
eines Autos

haben in der Zwischenzeit für einzelne Produkte oder aggregiert über alle Produkte hinweg den **Markenkern** definiert. Hierbei handelt es sich um zentrale Markenversprechen, die durch das Produkt vermittelt werden sollen. Ein bedeutsamer Weg, Markenbotschaften zu transportieren, ist das Produktdesign (Landwehr et al. 2011a). Mittels einer Marktforschung lässt sich beispielsweise analysieren, anhand welcher Designfacetten bestimmte Markenbotschaften erlebt werden und wie man diese Designfacetten verändern muss, um das Markenerlebnis zu gestalten.

Diese Idee kann am Beispiel eines Fahrzeugs verdeutlicht werden. Designer entwickeln zahlreiche Varianten für bedeutsame Merkmale eines Fahrzeugs (z. B. Grill, Lichter, Seitenlinien, Lufteinlässe etc.). Diese lassen sich beliebig kombinieren und in Analogie zu einer Conjoint-Studie zu Produktdarbietungen verknüpfen. In der Folge beurteilen Probanden, welches der dargebotenen Fahrzeuge vorgegebene Markenwerte (z. B. Prestige, Sportlichkeit, Eleganz, Dynamik) zum Ausdruck bringt. Ausgehend von diesen Nennungen lassen sich jene Ausprägungen der einzelnen Designmerkmale identifizieren (z. B. bestimmter Grill, bestimmte Lichter), die eine vorgegebene **Markenbotschaft** besonders gut zu transportieren vermögen.

Abbildung 1.4 zeigt, dass die Lichter des dargestellten Fahrzeuges weiter in Richtung des Pfeils gezogen werden müssen, um mehr Sportlichkeit und Dynamik den Kunden zu vermitteln. Umgekehrt sollte der Grill nach innen gezogen werden, damit die Kunden die Markenwerte „Sportlichkeit" und „Dynamik" noch besser erleben. Auf diese Weise kann das Fahrzeug in eine Vielzahl von Features und Funktionen zerlegt werden, die allesamt im Hinblick auf ihre **Tauglichkeit zur Vermittlung der Markenwerte** überprüft werden können.

Abb. 1.5 Anthropomorphisierung von Produkten
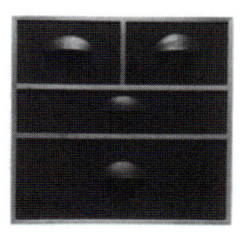

Ein Weg, Kunden für ein Produkt zu begeistern, besteht auch darin, Produkte zu anthro-
pomorphisieren. Dies bedeutet, dass die Konturen von Gesichtern in Produkte transferiert
werden mit dem Ziel, eine **emotionale Ansprache des Kunden** zu erreichen (Landwehr
et al. 2011c). Abbildung 1.5 zeigt drei Beispiele, die allesamt darauf abzielen, den Kunden
emotional anzusprechen.

Die zentralen Elemente bei der **Anthropomorphisierung von Produkten** sind die Augen sowie die Mund-Nase-Partie, da diese beiden Gesichtsfacetten für die Wahrnehmung
und für das Erleben der Emotionen des Gegenübers verantwortlich sind. Die Forschung
hierzu zeigt, dass vor allem gemischte Emotionen, die sich im Produktdesign manifestieren, für den Absatzerfolg günstig sind. Am Beispiel von Fahrzeug- und Handy-Fronten
konnte nachgewiesen werden, dass die Kombination aus einer freundlichen Nase/Mund-
Partie und aggressiven Augen für den Absatzerfolg besonders zuträglich sind. Diese gemischten Emotionen sind offenbar in der Lage, ein besonderes Interesse bei den Kunden
zu wecken. Hintergrund dieser Art der Designentwicklung ist die Erkenntnis, dass das Auslösen von Emotionen in besonderer Weise wirksam ist, die Nähe des Kunden zum Produkt
herzustellen. Zudem können Individuen sich emotionalen Anmutungen nicht entziehen,
sodass gutes Design bereits eine Vorentscheidung für den Produkterwerb herstellen kann.

Literatur

Albers, S./Herrmann, A. (2007). Grundkonzept, Ziele und Aufgaben im Produktmanagement. In
Albers, S./Herrmann, A. (Hrsg.), *Handbuch Produktmanagement*. 3. Aufl. (S. 3–20), Wiesbaden:
Gabler.

Anderson, E. W./Sullivan, M. W. (1993). The Antecedents and Consequences of Customer Satisfaction for Firms. *Marketing Science* 12 (2): 125–143.

Backhaus, K./Voeth, M. (2007). *Industriegütermarketing*. 7. Aufl., München: Vahlen.

Bauer, H. H. (1989). *Marktabgrenzung: Konzeption und Problematik von Ansätzen und Methoden
zur Abgrenzung und Strukturierung von Märkten unter besonderer Berücksichtigung von marke-
tingtheoretischen Verfahren*, Berlin: Duncker & Humblot.

Böcker, F. (1994). *Marketing*, 5. Aufl., Stuttgart: Fischer.

Brockhoff, K. (1999). *Produktpolitik*, 3. Aufl., Stuttgart: Lucius & Lucius.

Buzzell, R. D./Gale, B. T. (1987). *The PIMS Principles*, New York: Free Press.

Capon, N./Farley, J. U./Hoenig, S. (1990). Determinants of Financial Performance: A Meta-Analysis. *Management Science* 36 (10): 1143–1159.

Chitturi, R./Raghunathan, R./Mahajan, V. (2008). Delight by Design: The Role of Hedonic Versus Utilitarian Benefits. *Journal of Marketing* 72 (2): 48–63.

Fornell, C. A. (1992). National Customer Satisfaction Barometer: The Swedish Experience. *Journal of Marketing* 56 (1): 6–21.

Herrmann, A. (1996). *Nachfragerorientierte Produktgestaltung – Ein Ansatz auf Basis der „means end"-Theorie*. Wiesbaden: Gabler.

Knoblich (1972). Die typologische Methode in der Betriebswirtschaftslehre. In: *Wirtschaftswissenschaftliches Studium* 1 (4): 142–147.

Landwehr, J./Herrmann, A./Heitmann, M. (2009). Liebe auf den zweiten Blick – Wirkung der Vertrautheit eines Produkts auf dessen Attraktivität. *Die Betriebswirtschaft* 63(3): 331–347.

Landwehr, J./Herrmann, A./Stadler, R./Labonte, C./Wentzel, D. (2011a). Verankerung von Markenwerten im Produktdesign. *Zeitschrift für betriebswirtschaftliche Forschung* 63 (3): 189–212.

Landwehr, J./Labroo, A./Herrmann, A. (2011b). Gut Liking for the Ordinary: Incorporating Design Fluency Improves Automobile Sales Forecasts. *Marketing Science* 30 (3): 416–429.

Landwehr, J./McGill, A./Herrmann, A. (2011c). It's Got the Look: The Effect of Friendly and Aggressive Facial Expressions on Product Liking and Sales. *Journal of Marketing* 75 (2): 132–146.

Lehmann, D. R. (1972). Judged Similarity and Brand-Switching Data as Similarity Measures. *Journal of Marketing Research* 9 (3): 331–334.

Meffert, H./Bruhn, M. (2006). *Dienstleistungsmarketing*. 5. Aufl., Wiesbaden: Gabler.

Phillips, L. W./Chang, D./Buzzell, R. (1983). Product Quality, Cost Position, and Business Performance: A Test of some Key Hypotheses. *Journal of Marketing* 47 (2): 26–42.

Schäfer, E. (1966). *Grundlagen der Marktforschung*. 4. Aufl., Köln: Westdt. Verl.

Schütze, R. (1992). *Kundenzufriedenheit: After-Sales-Marketing auf industriellen Märkten*. Wiesbaden: Gabler.

Trommsdorff, V./Bleicker, U./Hildebrandt, L. (1980). Nutzen und Einstellung. *Wirtschaftswissenschaftliches Studium* 9 (6): 269–276.

Wagner, K.-W. (2008). *PQM – Prozessorientiertes Qualitätsmanagement: Leitfaden zur Umsetzung der neuen ISO 9001*. 4. Aufl., München: Hanser.

Zeithaml, V. A. (1988). Consumer Perceptions of Price, Quality, and Value: A Means-End Model and Synthesis of Evidence. *Journal of Marketing* 52 (3): 2–22.

Präferenzkonstruktion 2

2.1 Rolle von Präferenzen für die Wahlentscheidung

Immer mehr Unternehmen überlassen es dem Kunden, ein Produkt nach seinen Wünschen und Vorstellungen zu gestalten. Hierzu dienen **Konfiguratoren** oder auch „toolkits", die inzwischen in nahezu allen Industrien verbreitet sind. Mit Konfiguratoren lassen sich nicht mehr nur Computer (http://www.dell.com), sondern auch Autos (http://www.audi.de), Uhren (www.factory1to1.com), Sportschuhe (www.nike.com), Hemden (www.dolzershop.de) oder Sonnenbrillen (www.ic-berlin.de) gestalten (Urban und Hauser 2004) (Abb. 2.1).

Im Kern geht es bei dieser Art von Konfiguration darum, dem Kunden die **Realisierung seiner Präferenzen besser als bislang** zu ermöglichen. Mit flexiblen Fertigungstechniken versucht man, Angebote für jeden nur erdenklichen Kundenwunsch zu erstellen. Dahinter steckt die Vorstellung, der Nachfrager habe für jedes der vielen Extras sowie „features and functions" klare und eindeutige Präferenzen. Diese Annahme über die Präferenzbildung ist jedoch mit wachsender Auswahl und Verästelung der Offerten in Frage zu stellen, da Individuen über eine mehr oder weniger konstante kognitive und emotionale Kapazität verfügen (Simonson 2005). Neueste verhaltenswissenschaftliche Forschung zeigt, dass Kundenpräferenzen in vielen Fällen nicht vorliegen, sondern erst im Rahmen der Kaufentscheidung bzw. Produktkonfiguration konstruiert werden. Offenbar fungieren Konfiguratoren nicht nur dazu, das Produkt zu gestalten, sondern wirken auf die Herausbildung der Kundenpräferenzen. Mitunter haben kleinste Veränderungen im Konfigurator einen Effekt auf die kognitiven und emotionalen Prozesse des Individuums und beeinflussen seine Wahlhandlung.

Es ist unbestritten, dass Individuen **Präferenzen aus dem Gedächtnis abrufen** können. Beispielsweise nennt ein Fußballfan jederzeit sein Lieblingsteam, ohne dass er erst eine Präferenzstruktur für Fußballvereine konstruieren müsste. Verhaltenswissenschaftler bezeichnen jedoch den überwiegenden Teil der Nachfragerpräferenzen als eben nicht „fest verdrahtet", sondern als „gestaltbar" (Bettman et al. 1998). Je weniger ein Individuum

A. Herrmann und F. Huber, *Produktmanagement*, DOI 10.1007/978-3-658-00004-2_2,
© Springer Fachmedien Wiesbaden 2013

Abb. 2.1 Beispiele für Konfiguratoren (Quelle: Dell, Audi, 121time.com, Nike, Oakley, Eterna)

über ein Produkt weiß, desto stärker werden seine Präferenzen durch die Umstände der Kaufhandlung beeinflusst (Payne et al. 1993). Zudem weisen Kunden oftmals nur schwach ausgeprägte Präferenzen für Produkte und Produktattribute auf, wohingegen sie die bevorzugte Produktkategorie eindeutig und kontextinvariant benennen können. Beispielsweise mag die Vorliebe eines Konsumenten für Joghurt zeitlich stabil sein, während Geschmacksrichtung und Marken in Abhängigkeit vom Entscheidungskontext variieren.

Unter Verhaltenswissenschaftlern besteht Einigkeit darüber, dass jede **Wahlentscheidung** in multiple, interagierende Stadien zerfällt. Sind Individuen mit Alternativen konfrontiert, reagieren sie jedoch nicht unmittelbar mit der Auswahl einer Option. Die Menge verfügbarer Produkte muss zunächst mental repräsentiert, verarbeitet und interpretiert werden, bevor eine Entscheidung fällt. Hierbei kommt es neben den kognitiven Prozessen des Wahrnehmens und Abwägens zu affektiven Zuständen, die aus der kognitiven Verarbeitung resultieren und in diese eingreifen. Die folgenden drei Phasen lassen sich voneinander unterscheiden und ermöglichen eine Einordnung bestehender Erkenntnisse zur Präferenzkonstruktion:

Die **Problemrepräsentation** beschreibt das mentale Modell, das Nachfrager von einer Entscheidungssituation entwickeln. Ein solches Abbild ist die Grundlage für Bewertungen und Abwägungen bei der Auswahl eines Produkts. In der Nachfragerpsyche werden in Anbetracht dieses Abbilds latent bestehende Beurteilungskriterien salient (z. B. PS-Zahl bei der Pkw-Konfiguration) und oft unbewusst miteinander verzahnt (z. B. mit dem Benzinverbrauch).

Existiert das mentale Abbild des Entscheidungsproblems, sind die **Information zu kombinieren und zu evaluieren**. Hier müssen Einstellungen gegeneinander abgewogen und präzisiert werden. Im Rahmen der Motorenwahl muss der Konsument bei der Ökologie Abstriche machen, um ein sportliches Fahrzeug zu erhalten. Genau diese Entscheidungen fallen vielen Individuen schwer, weswegen solche Gewichtungen leicht durch die Art der Attributspräsentation im Konfigurator sowie durch spontane Affekte beeinflusst werden können.

Abschließend muss der Kunde die Beurteilung in eine **Verhaltensreaktion** umsetzen. Dabei wird je nach Art und Zeitpunkt der Wahlhandlung in variierender Intensität auf das Präferenzsystem rekurriert. Folglich weicht das beobachtbare Wahlverhalten oftmals von den konstruierten Präferenzen ab. Muss der Konsument aufgrund technischer Restriktionen im Konfigurator Optionen abwählen, die er haben möchte, bzw. solche hinzuwählen, die er nicht erwerben möchte, greift er in sein Präferenzsystem ein.

2.2 Phase der Problemrepräsentation

2.2.1 Priming

Jedes Entscheidungsproblem muss zunächst mental erfasst werden, bevor es einer Lösung zugänglich ist. Dieses mentale Abbild ist eine **individuelle Repräsentation der Wirklichkeit**, die von vielerlei Determinanten abhängt. Im folgenden Kapitel sollen Effekte diskutiert werden, die einen Einfluss auf die Problemrepräsentation ausüben und im Zusammenhang mit der Produktkonfiguration eine Ableitung vielversprechender Forschungsfragen erlauben.

In der Phase der **Problemrepräsentation** kommt es zu zahlreichen Gedächtniszugriffen, die vielfach unbewusst und automatisch ablaufen. Dabei lassen sich einige Inhalte schnell und mühelos abrufen, andere hingegen bedürfen erheblicher Anstrengungen. Individuen neigen dazu, im Gedächtnis leicht verfügbare Konsumziele stärker zu gewichten als schwer verfügbare. Derartige Verfügbarkeitsdifferenzen lassen sich durch externe Stimulation steuern. Spezifische Inhalte sind immer dann leicht abrufbar, wenn Individuen kurz zuvor auf verwandte Informationen zurückgreifen konnten (Roedinger und Guynn 1996). Beim Priming werden spezifische Gedächtniselemente mit externen Stimuli gezielt aktiviert, um damit deren unmittelbare Verfügbarkeit zu erhöhen.

Mandel und Johnson (2002) baten in ihrem **Experiment** zwei Probandengruppen zwischen Sofas in einem Webshop zu wählen. Sofern auf der ersten Seite des Online-Systems Wolken als Bildschirmhintergrund gezeigt wurden, wählten die Probanden eher weiche Sofas, präsentierte man Münzen, entschieden sie sich eher für günstige Sofas. Dabei konnte das Auswahlverhalten unabhängig vom Wissens- und Erfahrungsstand des Individuums je nach „prime" in Richtung bequeme bzw. günstige Sofas beeinflusst werden (Abb. 2.2).

Priming-Effekte treten bei der Produktkonfiguration an vielen Stellen auf. Produktattribute und Entscheidungskriterien lassen sich anhand von Abbildungen im Gedächtnis

Abb. 2.2 Beispiele für unterschiedliche „primes" (Quelle: Mandell und Johnson 2002)

aktivieren. Bei der Fahrzeugkonfiguration könnte etwa das Bild einer Familie mit Kindern die Verfügbarkeit von Erkenntnissen zur Sicherheit von Autos verbessern und die Abbildung eines Rennwagens Assoziationen zur Sportlichkeit wecken. Darüber hinaus können Produktoptionen selbst Gedächtnisstrukturen aktivieren, von denen wiederum ein Einfluss auf Folgeentscheidungen ausgeht. Entscheidet sich ein Autokunde für Winterreifen und muss danach über eine Sitzheizung befinden, stimulieren eben die durch die Winterreifen ausgelösten Priming-Effekte seine Gedanken an Schnee und Kälte. Auch in Bezug auf den Preis sind derartige Sequenzen relevant. Entscheidet ein Individuum an erster Stelle über eine teure Option, erscheinen ihm später Optionen mit mittlerem Preisniveau günstig. Vor diesem Hintergrund erscheint eine Analyse der Auslöser von Priming-Effekten sowie deren Wirksamkeit bei unterschiedlichen Attributen und Kundengruppen vielversprechend.

2.2.2 Primacy

Bei **Primacy-Effekten** verändern gegenwärtige Informationen die Bewertung darauf folgender Informationen (Yeung und Wyer 2004), wobei zwei Arten solcher Effekte zu unterscheiden sind. Einerseits werden Informationen, die früh im Entscheidungsprozess zu verarbeiten sind, gegenüber später erscheinenden übergewichtet. Zum anderen können Informationen in einer frühen Phase die Verarbeitung später auftauchender Informationen stören, sofern das Individuum an der anfänglich gebildeten Meinung festhält. Zudem zeigt sich, dass Individuen automatisch (ohne Instruktion) verfügbare Produktinformationen evaluieren und in Form vorläufiger Präferenzen speichern. Je höher das Vertrauen in diese vorläufigen Präferenzen ist, desto mehr verändert sich die Einschätzung der späteren Informationen. Diese Primacy-Effekte lassen sich verstärken, sofern man Kunden etwa durch ein unerwartetes Geschenk oder eine ansprechend gestaltete Webseite in eine heitere Stimmung versetzt (Meloy 2000). In diesem Fall sind die Individuen ganz

Abb. 2.3 Beispiel für die Sportschuh-Konfiguration von Nike (Quelle: Nike.com)

besonders daran interessiert, ihre gute Stimmung aufrecht zu erhalten und nicht geneigt, einmal geformte Einschätzungen zu überdenken. Für die Produktkonfiguration als Sequenz von Entscheidungen ist zu untersuchen, inwieweit Individuen in den ersten Phasen mit positiven Informationen über eine Option konfrontiert werden können und damit frühzeitig eine positive Meinung erzeugen, an der sie im weiteren Konfigurationsprozess festhalten.

Ferner weist Adaval (2001) nach, dass Individuen zwischen Produkten wählen, indem sie die mit den zur Wahl stehenden Erzeugnissen verbundenen **Affekte abschätzen** (Pham 1998). Sind diese affektiven Projektionen ähnlich zum affektiven Zustand während der Wahlentscheidung, gelten die affektiven Produkteindrücke als zuverlässig und erfahren eine besondere Gewichtung. Im Fall einer solchen emotionalen Kongruenz kann bei der Kaufentscheidung der Preis als Kriterium völlig in den Hintergrund treten. Zudem bewirkt diese Kongruenz, dass Individuen von ihren eigenen Präferenzen besonders überzeugt sind. Im Kontext der Produktkonfiguration sind diese Zusammenhänge weitgehend unerforscht.

Bei der **Sportschuh-Konfiguration** unter www.nike.com (Abb. 2.3) werden mit Hilfe von Klängen, dreidimensionalen Produktdarstellungen, farblichen Hintergründen und Überblendungseffekten affektive Reaktionen ausgelöst, die sich nach den entscheidungstheoretischen Ergebnissen bei emotionaler Kongruenz positiv auf das Kaufverhalten auswirken sollten. Welche multimedialen Elemente besonders geeignet sind, um derartige Kongruenzen zu erzeugen und welche Konsequenzen dies etwa für Zahlungsbereitschaft und Entscheidungssicherheit der Individuen hat, ist bislang unerforscht.

2.3   Phase der Informationsevaluation und -kombination

2.3.1   Dominanzeffekt

Unabhängig von den Zielen, mit denen die Individuen die einzelnen Entscheidungen bei der Produktkonfiguration angehen, erfordert jede Entscheidung eine **mentale Rangreihung von verfügbaren Optionen**. Dazu müssen die einzelnen Produktbeschreibungen evaluiert und miteinander verglichen werden. Im nächsten Abschnitt gilt daher das Augenmerk Ansätzen, um die Informationsevaluation und -kombination während der Produktkonfiguration zu steuern.

Vergleichen Individuen die Attraktivität verschiedener Alternativen, lassen sie sich von der **Menge und Art der angebotenen Optionen** leiten. Insbesondere kann die Wahl zwischen zwei attraktiven Alternativen durch eine dritte unattraktive Option beeinflusst werden. Dem asymmetrischen Dominanzeffekt zufolge lassen sich die Anteile der Produkte in einem bestehenden Angebot durch die Ergänzung einer Option verändern, sofern diese von lediglich einer der bestehenden Optionen eindeutig dominiert wird (Abb. 2.4).

Während das rote Bike die meisten Gänge aufweist, dominiert das gelbe beim Gewicht. Das weiße wird **asymmetrisch dominiert**, da es sowohl beim Gewicht als auch bei der Anzahl Gänge schlechter als das gelbe abschneidet und gegenüber dem roten nur bei der Anzahl Gänge unterliegt. In einem Experiment hierzu konfrontierten Huber et al. (1982) Individuen mit einer Produktmenge gemäß diesem Schema, in der alle drei Alternativen verfügbar waren.

Die Individuen wechselten bei ihren Entscheidungen über Bier, Autos, Restaurants, Lotterien, Filmen und Fernsehgeräten häufiger von X nach Y als von Y nach X, wurde Z entfernt. Huber und Puto (1983) ergänzten diese Erkenntnisse, indem sie zeigten, dass auch Alternativen, die nicht eindeutig von X dominiert werden, zu ähnlichen Konsequenzen führen. Ist Z im Vergleich zu X beim Merkmal B deutlich unterlegen und beim Merkmal A nur geringfügig, nehmen Individuen X als besseres Angebot nicht nur im Verhältnis zu

Abb. 2.4 Beispiele für den Dominanzeffekt

Anzahl Gänge

geringes Gewicht

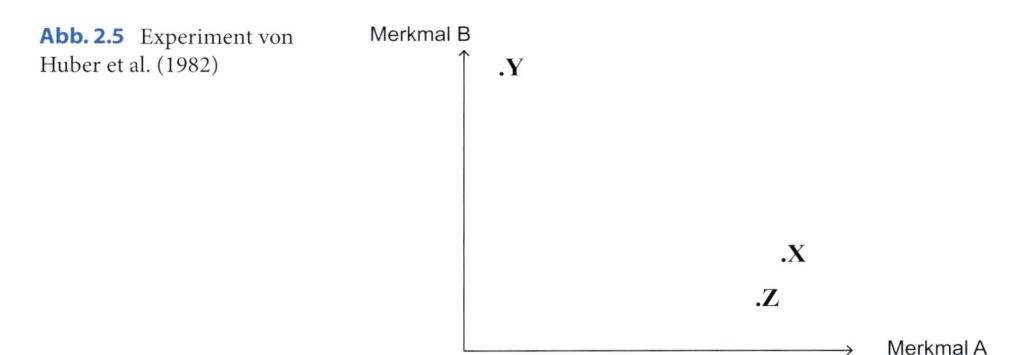

Abb. 2.5 Experiment von Huber et al. (1982)

Z, sondern auch zu Y wahr. Die Autoren bezeichnen dieses allgemeingültige Phänomen als **Anziehungseffekt**, da eine unterlegene Alternative Z Nachfrage von Option Y zu Option X verlagert.

Obwohl eine **Reihe von Erklärungen** für den Dominanz- und Anziehungseffektes vorgeschlagen wurden (Prelec et al. 1997) ist heute die Ansicht von Simonson (1989) am weitesten verbreitet. In Abb. 2.5 entscheidet man sich mit Blick auf Merkmal A für Alternative Y, interessiert Merkmal B, wählt man Alternative X, d. h. die Begründung für die Wahl einer der beiden Angebote hängt von der subjektiven Gewichtung der Merkmale ab. Hingegen spricht sowohl Merkmal A wie Merkmal B für X, sofern es um den Vergleich zwischen X und Z geht. Hier liegt eine eindeutige Argumentation vor, auf deren Basis sich zeigen lässt, dass der Dominanzeffekt auftritt, sofern Individuen den Eindruck besitzen, sich später für ihr Verhalten rechtfertigen zu müssen.

Immer wieder behalten Anbieter absichtlich Produktlinien im Markt, die nur sehr geringe Zusatzleistungen bieten, obgleich ein substanzieller Aufpreis verlangt wird. Als Erklärung hierfür lässt sich der **Dominanzeffekt** anführen; durch die „übersteuerte" Alternative wirken günstiger positionierte Angebote im Vergleich zur Konkurrenz attraktiver. Wie sich diese Erkenntnisse gezielt auf die Produktkonfiguration anwenden lassen, ist eine bislang nicht beantwortete Forschungsfrage. Denkbar wäre etwa, dass ein Pkw-Hersteller ein bestimmtes Item (z. B. Felgen beim Pkw) um Ausprägungen mit dem Anliegen ergänzt, die bestehenden Felgenoptionen in der Vorstellungswelt der Kunden als günstiger oder hochwertiger „zu positionieren". In diesem Zusammenhang wäre ferner zu untersuchen, ob eine Dominanzstruktur bei einer Entscheidung auch Konsequenzen für Folgeentscheidungen hat. So vermuten einige Autoren dass Individuen durch die Dominanzstruktur in eine Entscheidungsheuristik verfallen. Dies hätte zur Folge, dass im gesamten Konfigurationsprozess einmal dominierende Eigenschaften übergewichtet werden.

Abb. 2.6 Beispiele für den Kompromisseffekt

2.3.2 Kompromisseffekt

Simonson (1989) weist darauf hin, dass Individuen nicht nur dominierende Alternativen besonders attraktiv erscheinen, sondern auch solche, die als mittlere Optionen auf einem Merkmalsspektrum positioniert sind. In Abb. 2.6 verkörpert das gelbe Bike eine **Kompromissalternative** zwischen dem roten und dem weißen. Der Autor begründet die Wahl des gelben neuerlich mit dem Rechtfertigungsanliegen eines Individuums. Es kann die Wahl zwischen dem roten und dem weißen nur mit einer besonderen Gewichtung des Gewichts bzw. der Anzahl Gänge begründen. Dafür muss auf Präferenzen rekurriert werden, die schwer nach außen zu vertreten sind. Die Wahl des gelben Bikes kann hingegen stets mit der Gleichgewichtung beider Merkmale begründet werden. Entsprechend zeigt sich, dass Individuen das gelbe dann häufig wählen, wenn sie erwarten, ihre Wahl später vertreten zu müssen.

Beeinflussen lässt sich der **Kompromisseffekt** durch die Möglichkeit, eine Alternative ganz auszulassen. Mittlere Optionen werden insbesondere von Individuen gewählt, denen es schwer fällt, zwischen Merkmalen abzuwägen und sich damit für eine extreme Alternative zu entscheiden. Gleichzeitig ist die Wahl einer Alternative, die in keinem Merkmal klare Vorteile bietet, schwieriger zu begründen als das Auslassen einer Wahlhandlung. Entsprechend zeigt sich, dass der Kompromisseffekt deutlich geringer ausgeprägt ist, sofern Individuen die Möglichkeit besitzen, eine Entscheidung auszulassen (Dhar und Simonson 2003).

Ferner wird der Kompromisseffekt durch die **Vergleichbarkeit der angebotenen Offerten** moderiert. Wird ein Laptop im Internet konfiguriert, sind unterschiedliche Festplattengrößen mit 40, 60 oder 80 Gigabyte leicht miteinander vergleichbar. Dagegen ist ein Laptop mit Bluetooth, Firewire und USB schwer mit einem anderen, der WLAN und USB aufweist, zu vergleichen. Im zweiten Fall muss der Kunde eine mentale Metrik entwickeln, um die Angebote einander gegenüber zu stellen. Der zusätzliche Aufwand führt dazu, dass Nachfrager mit einfachen „all or nothing"-Heuristiken vorgehen und dazu neigen, die teuerste oder die günstigste Option zu wählen. Mit Hilfe von Autokonfiguratoren konnte nachgewiesen werden, dass bei hoher Vergleichbarkeit extreme Optionen vermieden werden, bei niedriger Vergleichbarkeit extreme Optionen hingegen attraktiv erscheinen.

Der Kompromisseffekt lässt sich bei der **Gestaltung von Produktkonfiguratoren** nutzen. Sind verschiedene Ausstattungspakete für den Kunden vergleichbar, z. B. durch Benennungen wie Basic, Medium, Premium, erhöht dies die Nachfrage nach der mittleren Option. Gibt man zu einzelnen Merkmalen Bewertungen an, erscheinen ausgeglichen bewertete Optionen ebenfalls als Kompromiss, was Nachfrage anzieht (Chernev 2004). Neben der Frage, wie sich die Wahlhäufigkeit von Kompromissalternativen durch die Konfiguratorengestaltung verstärken und abschwächen lässt, erscheint es relevant, in der weiteren Forschung zwischen Entscheidungen zu differenzieren, bei denen Nachfrager Extras auslassen können, und solchen, bei denen eine Alternative selektiert werden muss. Beide Formen sind in heutigen Mass Customization-Systemen verbreitet.

2.3.3 Irrelevante Informationen

Häufig verwenden Unternehmen **irrelevante Attribute zur Positionierung** ihrer Erzeugnisse. *Persil*, so pries man an, wäre durch „Megaperls" noch effektiver; die Firma *Creative* beschreibt ihren MP3-Player mit Attributen wie „harmonic response output". Obgleich diese Merkmale keine für die Entscheidung relevanten Informationen beinhalten, üben sie einen Einfluss auf das Entscheidungsverhalten aus (und sind damit insofern relevant). Carpenter et al. (1994) postulieren, dass Kunden dazu tendieren, solche Informationen auf Basis ihrer pragmatischen Komponente zu interpretieren. Danach vermuten Individuen, dass Firmen nicht ohne Grund Produkteigenschaften entwickeln und kommunizieren. Man spricht diesen Eigenschaften einen differenzierenden Wert zu, selbst dann, wenn dieser tatsächlich nicht vorhanden ist.

Unter welchen Bedingungen mit welchem Einfluss von irrelevanten Attributen zu rechnen ist, hängt vom **Entscheidungskontext** ab. Die Autoren konstatieren, dass ein positiver Effekt immer dann vorliegt, wenn ein bedeutungsloses Attribut zum Alleinstellungsmerkmal einer Alternative wird. Die empirischen Befunde zeigen, dass eine negative Wirkung dominiert, sofern mehrere Optionen irrelevante Merkmale aufweisen oder lediglich zwei Alternativen verfügbar sind.

Von Interesse ist in diesem Zusammenhang, ob und inwieweit auch **gemeinsame Attribute** einen Einfluss auf das Entscheidungsverhalten entfalten. Die deskriptive Entscheidungstheorie deutet auf zwei gegensätzliche Effekte hin. Zum einen zeigen Experimente, dass Individuen durch beurteilungsirrelevante Informationen von Optionsunterschieden abgelenkt werden können. Aus anderen empirischen Studien geht hervor, dass Merkmale mit ähnlichen Ausprägungen Produktunterschiede größer erscheinen lassen.

Aufgrund der Befunde ist zu erwarten, dass irrelevante und gemeinsame Attribute das **Konfigurationsverhalten** von Individuen beeinflussen. Handelt es sich etwa um ein Attribut mit negativen Assoziationen (z. B. Benzinverbrauch eines Fahrzeugs), werden für

Kunden unvorteilhafte Produktleistungsaspekte stärker in den Vordergrund gerückt. Es ist zu erwarten, dass das zuvor ignorierte Attribut eine höhere Aufmerksamkeit erfährt, woraus eine reduzierte Attraktivität des gesamten Angebots sowie eine geringere Kundenzufriedenheit resultieren können (Dhar und Sherman 1996). Ferner bietet sich weitere Forschung an, die untersucht, ob und unter welchen Umständen gemeinsame Attribute oder objektiv irrelevante Informationen den Absatz höherwertiger Optionen in Konfiguratoren fördern können.

2.3.4 Überlastung

Eine Vielzahl von Studien widmet sich einer Beantwortung der Frage nach dem **Umfang an Informationen**, die Individuen verarbeiten können und nach den Konsequenzen einer potenziellen Überlastung für das Entscheidungsverhalten (Lurie 2004). Dabei nimmt die Güte einer Entscheidung mit zunehmender Menge an Informationen ab. Kunden fühlen sich bei steigender Attributs- und Alternativenzahl überfordert und neigen daher zu suboptimalen Entscheidungen. Obwohl heute weitgehend Einigkeit darüber besteht, dass Konsumenten mit zu vielen entscheidungsrelevanten Informationen überlastet werden können, sind die Konsequenzen unklar. Nach neuesten Erkenntnissen muss die Operationalisierung der Informationslast hinterfragt werden. Neben der Zahl der Attribute und der Alternativen ist auch die Informationsstruktur zu betrachten, die es Kunden unmöglich machen kann, alle Informationen zu verarbeiten.

Die Operationalisierung der **Informationslast** durch Attribute und deren Ausprägungen ist auch für das Verständnis der Produktkonfiguration kaum hilfreich. Im *Nike*-Konfigurator sind Optionen wie Fersen- oder Sohlenfarbe gleichzeitig Produktattribute. Die Anzahl der total verfügbaren Produkte ergibt sich aus der Multiplikation aller Attributsausprägungen. Zusätzliche Attribute und zusätzliche Alternativen stehen folglich in einem direkten kausalen Zusammenhang. Zudem treffen Individuen bei der Konfiguration sequenziell mehrere Entscheidungen. Obwohl beim Konfigurator von *BMW* über eine Mio. Fahrzeugkombinationen denkbar sind, trifft der Kunde Serien von Entscheidungen mit deutlich weniger Alternativen. Während die totale Anzahl der Alternativen dem Kunden verborgen bleibt, ist er doch mit mehr oder weniger Entscheidungsstufen und mehr oder weniger Alternativen pro Stufe konfrontiert. Wie beeinflusst die Anzahl der Alternativen pro Stufe das Entscheidungsverhalten und welche Auswirkung hat die Sequenz der Optionen?

Zur Beantwortung der ersten Frage bestehen umfangreiche verhaltenswissenschaftliche Erkenntnisse. Individuen haben das Gefühl, ihre eigenen Wünsche besser verwirklichen zu können, sofern ihnen viele Optionen zur Auswahl stehen. Viele Optionen sind deshalb attraktiv, weil sie Kunden **Flexibilität bei der Kaufentscheidung** einräumen sowie zukünftiges *Variety Seeking* ermöglichen (Ratner et al. 1999). Zudem zeigen Studien, dass Nachfrager Entscheidungen verschieben, sofern ihnen nur wenige Optionen vorliegen und sie befürchten, wichtige Alternativen außer Acht zu lassen.

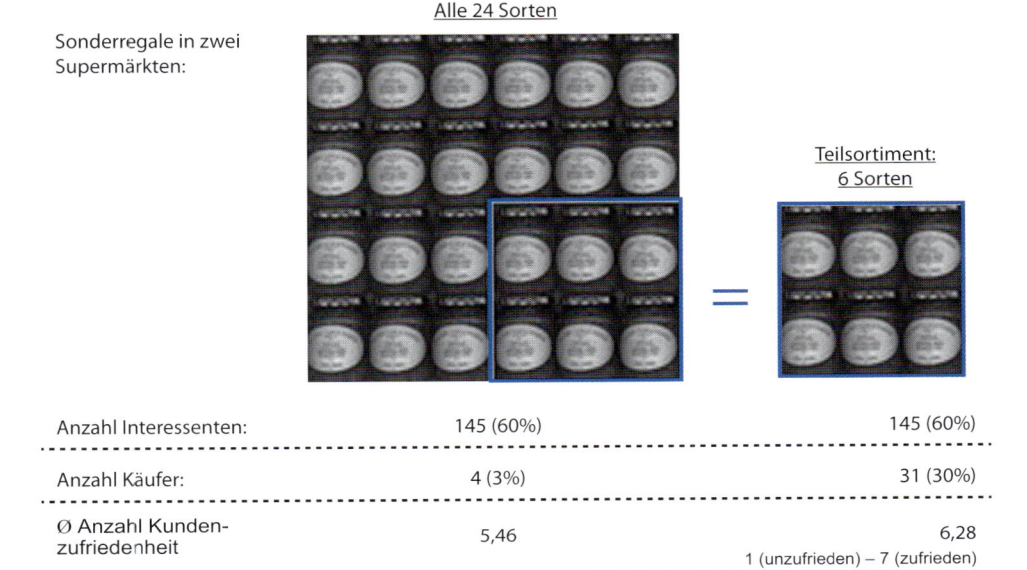

Abb. 2.7 Beispiele für Varianz (Quelle: Iyengar und Lepper 2002)

Derartige Studien beschäftigen sich in der Regel mit zwölf und weniger Optionen. Steigt die **Variantenvielfalt** stark an, kann sich dieses Prinzip umkehren. Iyengar und Lepper (2000) präsentierten in einem Supermarkt sechs neue Marmeladensorten mit der Folge, dass 12 % jener Personen, die eine Produktprobe verköstigten, gleich eine dieser neuen Sorten kauften. In einem weiteren Experiment erhöhten die Autoren die Anzahl der neuen Marmeladensorten auf 24 und nur noch 2 % der interessierten Probanden erwarben eines dieser Produkte (Abb. 2.7). Die meisten Autoren führen diesen Effekt auf eine erhöhte emotionale Belastung zurück. Bei jeder Option muss sich der Entscheider fragen, ob es nicht ein Fehler wäre, diese auszuschlagen. In der Folge führen viele Optionen zur Befürchtung, Regret nach dem Kauf zu erleben.

Nahezu keine Anhaltspunkte liegen zur Beantwortung der Frage nach der **Überlastung durch Sequenzen von Entscheidungen** vor. Neueste Befunde von Levav et al. (2005) weisen im Kontext der Pkw-Konfiguration darauf hin, dass Individuen in solchen Sequenzen bereits mit einfachen Entscheidungen bei wenigen Optionen überfordert werden können. In ihren Feldexperimenten reduzierte sich die Zahlungsbereitschaft von Individuen bei ein und derselben Option, sofern diese vom Anfang an das Ende der Konfigurationssequenz gesetzt wurde. Mussten Individuen über eine Option spät entscheiden, brauchten sie für die Entscheidung länger und wählten häufiger den vom Hersteller vorgeschlagenen „default". Den Autoren zufolge verfügen Individuen über begrenzte emotionale Ressourcen zur Entscheidungsfindung. Sind diese bereits in den frühen Phasen der Konfiguration durch umfangreiche Entscheidungsprobleme aufgebraucht, bereitet der gesamte Konfigurationsprozess erhebliche Mühe.

Die **deskriptive Entscheidungstheorie** zeigt, dass die Variantenvielfalt bei Produktkonfiguratoren eine entscheidende Rolle spielt. Solange die Vielfalt nicht überhandnimmt, bevorzugen Kunden mehr gegenüber weniger Auswahl. Steigt die Zahl der Optionen stark an, besteht die Gefahr, dass Individuen Kaufentscheidungen verschieben oder sogar auslassen. Dabei ist nach neuesten Erkenntnissen eine Reihenfolge von Entscheidungen mit aufsteigender Vielfalt für den Nachfrager leichter zu bewältigen. Unbekannt ist jedoch, inwieweit Vorstrukturierungen und Gruppierungen von Optionen, wie bei Produktkonfiguratoren üblich, das Problem der Überlastung erschweren oder abmildern. Ferner ist von Interesse, ob Individuen mit unterschiedlichem Kenntnisstand verschieden auf die Variantenvielfalt der Produktkonfiguration reagieren. Aus entsprechenden Erkenntnissen könnte etwa die Notwendigkeit resultieren, nicht nur das Produkt zu personalisieren, sondern auch personalisierte Konfiguratoren anzubieten.

2.4   Phase der Verhaltensreaktion

Ist die Phase der Informationsevaluation und -kombination abgeschlossen, stehen Individuen vor der Herausforderung, ihre **konstruierten Präferenzen in eine Entscheidung umzusetzen**. Auch dann, wenn es Kunden gelingt, Präferenzen unabhängig von den zuvor aufgeführten Kontextfaktoren zu konstruieren, können die Verhaltensreaktionen durch die Art der Optionsselektion beeinflusst werden.

- Opting In und Opting Out:
  Opting In bedeutet, dass ein Individuum z. B. eine Ausstattungsoption (etwa ein Schiebedach) wählen muss. Dagegen betreibt es Opting Out, sofern es eine spezifizierte Konfiguration bewusst abwählt. Beispielsweise muss in vielen europäischen Ländern im Reisepass vermerkt sein, dass man im Todesfall nicht zur Organspende herangezogen werden möchte (Johnson et al. 2002). Der Unterschied im Auswahlmechanismus (Opting Out versus Opting In) hat substanzielle Folgen für das Entscheidungsverhalten.
  Bei der **Konfiguration eines PC** bei www.dell.com kann man sich etwa für einen Monitor entscheiden (Opting In) aber auch gegen andere Optionen wie eine Computer-Maus oder eine Garantiezeit von drei Jahren (Opting Out). Während sich im ersten Fall der Kaufpreis für den Nachfrager erhöht, kann er ihn im zweiten Fall durch Opting Out reduzieren. Park et al. (2000) konfrontierten Individuen mit zwei Extremen: In einer Kondition konnten ihre Probanden eine Basisausstattung durch zusätzliche Optionen ergänzen und in einer anderen ein ausgestattetes Produkt durch die Abwahl von Optionen ihren individuellen Bedürfnissen anpassen. In Studien mit Autos, Computern und Fitnessgeräten fiel Individuen bei Opting Out die Entscheidung schwerer, und sie benötigten mehr Zeit für die Konfiguration. Bei Opting In wählten die Probanden weniger

Extras, reagierten stärker auf Preisreduktionen und schätzten den Wert eines konfigurierten Produkts als geringer ein.

Die **Implikationen für die Gestaltung von Konfiguratoren** liegen auf der Hand. Durch die Präsentation umfassend ausgestatteter Optionen lässt sich die Zahlungsbereitschaft erhöhen (da Opting Out betrieben werden muss), und es ist möglich, mehr Extras abzusetzen. Nicht untersucht ist allerdings bis heute, ob Opting Out Kunden durch die erschwerte Auswahlsituation dazu veranlasst werden, die letztendliche Kaufentscheidung zu verschieben. Es ist weiterhin interessant zu eruieren, für welche Produkteigenschaften (z. B. hedonische, utilaristische oder sicherheitsrelevante) Eigenschaften Opting Out besonders ausgeprägte negative (Kaufaufschub) und positive (höhere Zahlungsbereitschaft) Konsequenzen hat.

Literatur

Adaval, R. (2001): Sometimes It Just Feels Right: The Differential Weighting of Affect-Consistent and Affect Inconsistent Product Information, *Journal of Consumer Research* 28 (1), 1–17.

Bettman, J. R./Luce, M. F./Payne, J. W. (1998): Constructive Consumer Choice Processes, *Journal of Consumer Research* 25 (3) 187–217.

Carpenter, G./Glazer, R./Nakamoto, K. (1994): Meaningful Brands From Meaningless Differentiation: The Dependence on Irrelevant Attributes, *Journal of Marketing Research* 31 (3) 339–350.

Chernev, A. (2004): Extremeness Aversion and Attribute-Balance Effects in Choice, *Journal of Consumer Research* 31 (2), 249–263.

Dhar, R./Sherman, S. J. (1996): The Effect of Common and Unique Features in Consumer Choice, *Journal of Consumer Research* 23 (3), 193–203.

Dhar, R./Simonson, I. (2003): The Effect of Forced Choice on Choice, *Journal of Marketing Research* 39 (2), 146–160.

Huber, J./Payne, J. W./Puto, C. (1982): Adding Asymmetrically Dominated Alternatives: Violations of Regularity and the Similarity Hypothesis, *Journal of Consumer Research* 9 (1), 90–97.

Huber, F./Puto, C. (1983): Market Boundaries and Product Choice: Illustrating Attraction and Substitution Effects, *Journal of Consumer Research* 10 (1), 31–44.

Iyengar, S. S./Lepper, M. R. (2000): When Choice is Demotivating: Can One Desire Too Much of a Good Thing? *Journal of Personality and Social Psychology* 79 (6), 995–1006.

Johnson, E. J./Bellmann, S./Lohse, G. L. (2002): Defaults, Framing and Privacy: Way Opting in – Opting Out, *Marketing Letters* 13 (1), 5–15.

Levav, J./Heitmann, M./Herrmann, A./Iyengar, S. S. (2005): The Effect of Attribute Order and Variety on Choice Demotivation: A Field Experiment on German Car Buyers, *Annual Meeting of the Society for Judgment and Decision Making*, Toronto.

Lurie, N. H. (2004): Decision Making in Information-Rich Environments: The Role of Information Structure, *Journal of Consumer Research* 30 (4), 473–486.

Mandel, N./Johnson, E. J. (2002): When Web Pages Influece Choice: Effects of Visual Primes on Experts and Novices, *Journal of Consumer Research* 29 (2), 235–245.

Meloy, M. G. (2000): Mood-Driven Distortion of Product Information, *Journal of Consumer Research* 27 (3), 345–359.

Park, C. W./Jun, S. Y./MacInnis, D. J. (2000): Choosing What I Want versus Rejecting What I do not Want: An Application of Decision Framing to Product Option Choice Decisions, *Journal of Marketing Research* 37 (2), 187–202.

Payne, J. W./Bettman, J. R./Johnson, E. J. (1993): *The Adaptive Decision Maker*. Cambridge: Cambridge University Press.

Pham, M. T. (1998): Representatives, Relevance, and the use of Feelings in Decision Making, *Journal of Consumer Research* 25 (2), 144–159.

Prelec, D./Wernerfelt, B./Zettelmeyer, F. (1997): The Role of Inference in Context Effects: Inferring What you Want from What is Available, *Journal of Consumer Research*, 24 (1), 118–125.

Ratner, R. K./Kahn, B. E./Kahneman, D. (1999): Choosing Less-Preferred Experiences for the Sake of Variety, *Journal of Consumer Research* 26 (2), 1–15.

Roedinger, H. L./Guynn, M. J. (1996): Retrieval Processes. In E. L. Bjork/R. A. Bjork (Hrsg.), *Memory* (S. 197–236). San Diego: Academic Press.

Urban, G. L./Hauser, J. R. (2004): "Listening In" to Find and Explore New Combinations of Customer Needs, *Journal of Marketing* 68 (2), 72–87.

Simonson, I. (1989): Choice Based on Reasons: The Case of Attraction and Compromise Effects, *Journal of Consumer Research*, 16 (2), 158–174.

Simonson, I. (2005): Determinants of Customers' Responses to Customized Offers: Conceptual Framework and Research Propositions, *Journal of Marketing* 69 (1), 32–45.

Yeung, C. M./Wyer, R. S. (2004): Affect, Appraisal, and Consumer Judgment, *Journal of Consumer Research* 31 (2), 412–424.

Märkte analysieren

3

3.1 Marktanalyse zur Fundierung produktpolitischer Entscheidungen

Die Analyse der **strategischen Ausgangssituation** eines Unternehmens dient der empirischen Fundierung betriebswirtschaftlicher und im Speziellen produktpolitischer Entscheidungen. Denn glaubwürdige und verlässliche Informationen sind im Produktmanagement die Voraussetzung zur Sicherstellung von Wettbewerbsfähigkeit und Kundenorientierung von Unternehmen. Durch das proaktive, rechtzeitige und gründliche Sammeln von internen und externen Informationen lassen sich Risiken im Produktmanagement reduzieren. Das fundierte Treffen von Entscheidungen wird dadurch für die Verantwortlichen erst möglich. Eine umfassende Analyse der strategischen Ausgangssituation liefert dem Produktmanagement die Informationsgrundlage für Zielfestlegung, Strategieentwicklung sowie Maßnahmenplanung, -umsetzung und -kontrolle. Mittels Marktanalysen können Marktumstände und Veränderungen im Umfeld des Unternehmens erfasst werden, um rechtzeitig Chancen und Risiken identifizieren zu können. Auf der anderen Seite hilft die Analyse des eigenen Unternehmens dabei, Kernkompetenzen und Erfolgspotentiale zu erkennen und zu nutzen.

Häufig wird heute von einem „markt- und kundenorientierten" Produktmanagement gesprochen. Das bedeutet, dass Unternehmen ihre **Leistungen konsequent auf den Markt ausrichten**, um erfolgreich zu arbeiten. Eine Selbstverständlichkeit, die allerdings aufgrund der Tatsache, dass sich Produkte in den 50er und 60er Jahren des letzten Jahrhunderts größtenteils „von allein" verkauft haben, immer noch nicht von allen Unternehmen realisiert wurde. Die Konkurrenz in allen Märkten und Segmenten ist groß und wenn in einem Bereich ein neues Segment erfolgreich erschlossen wird, gibt es innerhalb kürzester Zeit Nachahmer, die am Erfolg teilhaben wollen. Deshalb ist es für ein Unternehmen umso wichtiger, die Anforderungen und Veränderungen seines Marktes und die Bedürfnisse seiner Kunden genau zu kennen, um im Bedarfsfall rasch und flexibel auf Veränderungen reagieren zu können. Dies bedeutet, dass nach einer grundlegenden Marktanalyse regel-

A. Herrmann und F. Huber, *Produktmanagement*, DOI 10.1007/978-3-658-00004-2_3,
© Springer Fachmedien Wiesbaden 2013

mäßige und kontinuierliche Marktbeobachtungen folgen sollten, damit die Informationen und Kenntnisse immer auf dem neuesten Stand sind und Veränderungen rechtzeitig bemerkt werden.

Marktforschung bildet demnach die Voraussetzung für die Analyse der strategischen Ausgangssituation eines Unternehmens. In Abschn. 3.2 erfahren daher zunächst der Marktforschungsprozess und grundlegende Optionen der Marktforschung eine Betrachtung, bevor in Abschn. 3.3 verschiedene Methoden zur Untersuchung der internen und externen Ausgangssituation vorgestellt werden, mit denen Unternehmen ihre Umwelt bzw. sich selbst systematisch erfassen bzw. analysieren können.

3.2 Grundlagen der Marktforschung

3.2.1 Der Marktforschungsprozess

Unter Marktforschung versteht man die systematische Sammlung, Aufbereitung, Analyse und Interpretation von Daten über Märkte und Marktbeeinflussungsmöglichkeiten zum Zweck der **Informationsgewinnung für Marketing-Entscheidungen** (Böhler 1995). Sie dient der Befriedigung des Informationsbedarfs und kontinuierlichen Verbesserung des Informationsstandes der Entscheidungsträger sowie der Aufdeckung von Trends, Risiken und Chancen des Marktes. Durch den erhöhten Informationsstand im Unternehmen sinkt das Risiko, Fehlentscheidungen zu treffen, sofern die Informationen den Anforderungen der Entscheidungsträger genügen. Außerdem wird die Willensbildung im Unternehmen unterstützt. Die erhobenen Daten sollten relevant für die Entscheidung, präzise, objektiv und aktuell sein. Zudem sollten sie möglichst valide sein, d. h. tatsächlich den zu untersuchenden Sachverhalt messen.

Der typische **Ablauf einer Marktforschungsstudie** lässt sich anhand des in Abb. 3.1 dargestellten Phasenmodells veranschaulichen (Herrmann und Homburg 2000).

Im Rahmen der **Definitionsphase** ist zunächst die Formulierung des Forschungsproblems vonnöten. Dieses ist von zentraler Bedeutung für den gesamten Forschungsprozess, da hieraus der zu erfassende Informationsbedarf abgeleitet wird. Im Produktmanagement kann beispielsweise die Suche nach Ursachen für den Rückgang eines Produktes oder die Evaluierung des Potentials eines Neuprodukts Ziel einer Marktforschungsstudie sein. Das Forschungsanliegen sollte möglichst detailliert formuliert werden, um ein passendes Untersuchungsergebnis erzielen zu können.

In der sich anschließenden **Designphase** legt der Forscher das Untersuchungsdesign fest. Im Mittelpunkt steht in diesem Zusammenhang die Beantwortung der Frage nach der Reichweite der Analyse. Das bedeutet, dass zu klären ist, in welcher Art, Qualität und in welchem Umfang Informationen zur Beantwortung des Forschungsziels benötigt werden. Hinsichtlich der Reichweite von Analysen unterscheidet man zwischen explorativen, deskriptiven und kausalen Studien. Explorative Studien dienen einer ersten Aufhellung und Problemstrukturierung. Der Marktforscher hat hierbei noch keine Vorstellung über die Be-

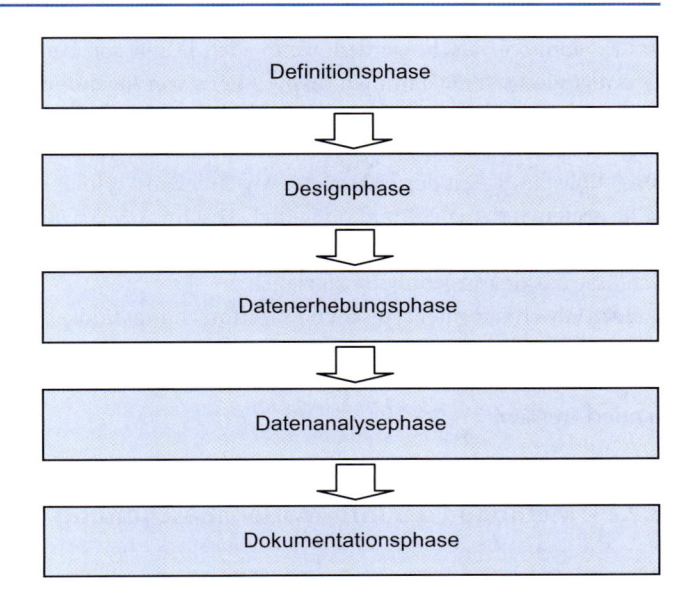

Abb. 3.1 Typischer Ablauf einer Marktforschungsstudie

ziehungszusammenhänge des Problems. Die explorative Studie soll eine Einsicht in die Art des Problems gewähren sowie die relevanten Variablen erfassen. Zu diesen strukturentdeckenden Verfahren zählen u. a. die Faktorenanalyse und die Clusteranalyse. Deskriptive Studien hingegen zielen auf eine möglichst genaue Erfassung und Beschreibung problemrelevanter Tatbestände, wobei die Problemstruktur bekannt ist, aber lediglich Tendenz-Hypothesen existieren. Zur Ermittlung deskriptiver Sachverhalte können beispielsweise Mittelwerte, Korrelationsmaße und Standardabweichungen herangezogen werden. Kausale Studien überprüfen schließlich konkrete Ursache-Wirkungs-Zusammenhänge. Der Forscher stellt im Vorhinein Hypothesen über Wirkungszusammenhänge auf und testet, ob bestimmte Variablen eine hypothetisch angenommene Wirkung auf andere Variablen besitzen. Zu den Struktur prüfenden Verfahren zählen beispielsweise die Regressions- und die Varianzanalyse. Die Auswahl des passenden Informationsgewinnungsverfahrens bzw. der passenden Erhebungsmethode (vgl. auch Abschn. 3.2.2 und 3.2.3) steht also im Zusammenhang mit der Studienart (explorativ, deskriptiv oder kausal).

Ist das Forschungsproblem formuliert und das Design der Studie festgelegt, kann der Marktforscher die relevanten Daten erheben. Im Mittelpunkt der **Datenerhebungsphase** steht die Organisation, Durchführung und Kontrolle der Datenerhebung einschließlich deren Dokumentation. Eine Datenerhebung kann mittels einer Vollerhebung oder auf Basis einer Stichprobe, die eine Teilmenge der Grundgesamtheit darstellt, durchgeführt werden. Die relevante Grundgesamtheit ist abhängig vom Untersuchungsgegenstand. Soll beispielsweise die Akzeptanz eines neuen Babynahrungsprodukts getestet werden, stellen die Eltern von Babys die Grundgesamtheit dar. Prinzipiell ist in der Datenerhebungsphase darauf zu achten, dass die Daten möglichst nicht verzerrt oder verfälscht werden, um die Qualität der Auswertung nicht zu beeinträchtigen. So könnte im Falle des Babynahrungsprodukts das Ergebnis verfälscht werden, wenn auch Daten von Personen, die nicht der relevanten Grundgesamtheit entstammen (bspw. Eltern von Jugendlichen), erhoben werden.

In der vierten Phase werden die erhobenen **Daten analysiert** und die Ergebnisse interpretiert. Zunächst überprüft der Marktforscher die erhobenen Daten auf logische Konsistenz, Vollständigkeit der Daten, etc. Anschließend erfolgt eine Auswertung der Daten mit Hilfe geeigneter Analysemethoden (vgl. Abschn. 3.2.3). Die Resultate der Auswertung werden beispielsweise mit statistischen Kriterien auf ihre Güte überprüft, um keine voreiligen Schlüsse aus den Ergebnissen zu ziehen.

Den Abschluss einer typischen Marktforschungsstudie bildet die **Dokumentationsphase**. In dieser Phase werden die Ergebnisse in einem Forschungsbericht festgehalten und zielgruppengerecht den jeweiligen Entscheidungsträgern, z. B. den Produktmanagern, präsentiert werden.

3.2.2 Methoden der Informationsbeschaffung

3.2.2.1 Primär- versus Sekundärforschung

Eine der zentralen Fragen, die es im Produktmanagement gleich zu Beginn der systematischen Beschaffung von Informationen zu klären gilt, ist auf welche **Art und Weise die Gewinnung der Daten** erfolgen soll. Informationsbeschaffung erfolgt im Produktmanagement, unabhängig vom jeweiligen Entscheidungsproblem, grundsätzlich aus zwei Gründen:

- Es liegen keine Informationen vor. Somit sind neue bzw. neuartige Informationen zu beschaffen.
- Es liegen keine ausreichenden Informationen vor. Somit sind zusätzliche Informationen zu beschaffen.

Die interessierenden Daten können entweder bereits vorliegenden Quellen entnommen oder aber speziell für die Zwecke einer bestimmten Untersuchung im „Feld" (Umwelt) erhoben werden. Üblicherweise bezeichnet man die beiden Forschungsansätze als **sekundärstatistische bzw. primärstatistische Methode**. Während Sekundärstudien sich auf die Beschaffung, Zusammenstellung und Auswertung bereits vorhandener Daten fokussieren, konzentriert sich die Primärforschung auf die Erhebung neuer Daten.

Beide **Methoden** werden in der Praxis meist nicht alternativ, sondern **kombiniert angewandt**. Informationen aus sekundären Quellen bilden nicht selten die Basis und Voraussetzung für die Primärforschung. Schon aus Kostengründen wird eine Primärforschung üblicherweise erst nach Ausschöpfung aller sekundärstatistischen Quellen in Betracht gezogen. Abbildung 3.2 gibt einen Überblick über mögliche Marktforschungsmethoden, unterteilt nach Primär- und Sekundärforschung.

Zur Erhebung unmittelbarer Marktinformationen, d. h. in der **Primärforschung** („field research"), werden Personen befragt, die mit dem jeweiligen Geschäftsfeld der Forschungs-

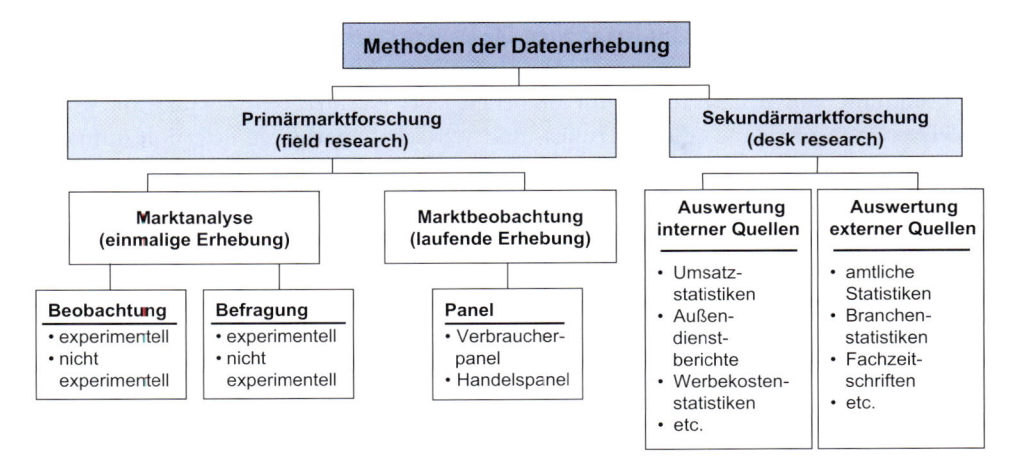

Abb. 3.2 Marktforschungsmethoden im Überblick

frage zu tun haben. Das können (potentielle) Kunden und Interessenten, aber auch Lieferanten oder Experten für den Markt sein (z. B. Wissenschaftler oder Journalisten). Die Personen werden entweder direkt befragt (persönlich, telefonisch oder schriftlich), beobachtet (z. B. das Kaufverhalten potentieller Kunden) oder zu Tests eingeladen (etwa Produkttests). Die Primärforschung ist meist mit wesentlich höherem personellem und finanziellem Aufwand verbunden als die Sekundärforschung, ermöglicht aber die Klärung von Detailfragen und liefert aktuelle Ergebnisse und Hintergrundinformationen. Die Kosten sollten daher immer in Relation zu der zu klärenden Fragestellung sowie unter Berücksichtigung des Risikos, das durch eventuelle Fehlplanungen und lange Reaktionszeiten im Unternehmen eingegangen wird, betrachtet werden. Die Formen der Primärmarktforschung werden in Abschn. 3.2.2.3 vertieft.

Als Kennzeichen der **sekundärstatistischen Methode** (auch „desk research", also „Recherche am Schreibtisch", genannt) wird der Tatbestand gewertet, dass die fraglichen Daten bereits für irgendeinen anderen, sei es für einen ähnlichen oder sei es für einen gänzlich verschiedenen, Zweck gesammelt wurden. Der Informationssuchende steht dabei vor der Wahl, die vorhandenen Daten zu nutzen oder auf sie zu verzichten (letzteres beispielsweise weil sie zu wenig genau oder nicht ausreichend an die Aufgabenstellung angepasst sind). Grundsätzlich sind Sekundärerhebungen günstiger und einfacher durchzuführen als Primärerhebungen. Sekundärstatistisch gewonnene Daten zeichnen sich jedoch i. d. R. durch ein relativ hohes Aggregationsniveau aus.

Beispiele für Fragestellungen der Sekundärmarktforschung sind:

- Erfassung von gesamtwirtschaftlichen Bestandsgrößen und deren tendenziellen Veränderungen (z. B. Wirtschaftswachstum). Diese Daten sind für die Marktanalyse meist nicht per se interessant, sondern als Indikatoren oder Einflussgrößen für bestimmte

Branchenentwicklungen. Informationen dieser Art können von einzelnen Unternehmungen in der Regel nur über die Sekundärforschung beschafft werden.

- Ermittlung von Bedarfsgrößen für Branchen (z. B. Nachfrageentwicklung für MP3-Player in Deutschland). Bevölkerungs- und Wirtschaftsstatistiken liefern dazu in der Regel eine Fülle von Einzelinformationen, die sich dann zu Bedarfsindikatoren verarbeiten lassen.
- Vergleich des eigenen Unternehmens mit der gesamten Branche bzw. anderen volkswirtschaftlichen Daten, z. B. zur Berechnung des Marktanteils für einzelne Produkte. Der Vergleich von im Rahmen der amtlichen Statistik oder durch Verbände erhobenen Umsatz- und Absatzdaten mit entsprechenden unternehmensinternen Werten ermöglicht in der Regel relativ einfach die Ableitung von Marktanteilswerten.

Die **amtliche Statistik** dient im Produktmanagement häufig als Quelle für Sekundärdaten. Amtliche Statistiken bestehen auf nationaler und im Rahmen internationaler Organisationen auch auf internationaler Ebene. In Deutschland ist in erster Linie das Statistische Bundesamt zuständig, dessen Erhebungen in speziellen Publikationen veröffentlicht werden. Das Statistische Bundesamt gibt auch regelmäßig eine Übersicht über sein umfassendes Publikationsangebot heraus. Daneben sammeln und publizieren auch andere Bundesdienststellen, wie Ministerien und nachgelagerte Dienststellen, aber auch Länder-, Kreis- und Gemeindeverwaltungen Statistiken für jeweils abgegrenzte Bereiche.

An **amtlichen internationalen Statistiken** sind besonders jene der UNO und ihrer Teilorganisationen, der Welternährungsorganisation (FAO), der Internationalen Arbeitsorganisation (ILO), des Weltwährungsfonds (IMF), der Weltbank, der OECD und dergleichen von Bedeutung.

Ferner stellen als **weitere Informationsquellen** nahezu alle Wirtschaftsverbände, namhafte Wirtschafts- und Marktforschungsinstitute sowie die nationalen und internationalen Industrie- und Handelskammern regelmäßig Informationen über einzelne Regionen, Branchen oder Wirtschaftszweige bereit.

Für die sekundärstatistische Analyse spielen aber auch **innerbetriebliche Datenquellen** eine bedeutsame Rolle (Herrmann und Homburg 2000, S. 25). Diese sind:

- Buchhaltung
- Kostenrechnung
- Absatzstatistik (z. B. Angebots- und Kundenstatistik, Auftragseingang und -bestand, Reklamationen)
- Berichte von Außendienstmitarbeitern
- Betriebsinterne Planungsunterlagen

Damit diese Daten für Marktforschungsprobleme genutzt werden können, müssen sie in einer **entscheidungsrelevanten Gliederung** vorliegen. Das Produktmanagement muss daher der Marktforschung und dem Rechnungswesen seine wiederkehrenden Entscheidungs- und Kontrollprobleme mitteilen, damit die Datenbestände entsprechend organisiert und somit genutzt werden können. Wenn innerbetriebliche Daten für die Zwecke der Marktforschung häufig mit externen Daten verglichen werden, ist es vorteilhaft, die eigenen Ordnungskriterien den externen anzupassen, um Kombinationen zu ermöglichen und die Vergleichbarkeit zu erhöhen.

Für den **Erfolg jeder Sekundärforschung** bedeutsam sind vor allem folgende Gesichtspunkte:

- Oberster Grundsatz jeder Sekundärforschung ist die Auswertung aller für einen bestimmten Themenkreis verfügbaren Quellen. Die Vollständigkeit ist anzustreben, da damit Doppelarbeit vermieden und – zumindest ansatzweise – die Verlässlichkeit der Sekundärinformationen abgeschätzt werden kann (z. B. durch Vergleiche von Daten zum selben Problem aus unterschiedlichen Quellen).
- Notwendige Vorbedingung dafür ist eine umfassende Kenntnis der relevanten Quellen und der jeweils angewandten Erhebungsverfahren.
- Erfolgreiche Sekundärforschung verlangt schließlich eine effiziente Organisation der unternehmensinternen Archive und Datenbanken sowie Vertrautheit mit den Schwerpunkten und der Arbeitsweise öffentlicher Bibliotheken und Datenbanken.

Bei der Verwendung **sekundärstatistischer Daten** sind grundsätzlich in der Praxis folgende **Probleme** zu beachten:

- Aktualität: Je nach zeitlichem Abstand der Erhebungszeitpunkte sowie dem Abstand zwischen Erhebung und Publikation sind Daten unterschiedlich aktuell. Mit steigender Periodizität der Erhebungen sinkt die Aktualität. Die Ersteller internationaler Statistiken hinken meist hinter nationalen her, da der Koordinationsaufwand zur Erfassung mehrerer Länder größer ist und sie für die Komplettierung der Datensammlung vom jeweils schwächsten Glied der Kette (dem Land, das als letztes liefert) abhängig sind.
- Vergleichbarkeit: Das Problem der Vergleichbarkeit stellt sich einerseits bei Daten zu gleichen Problemen in unterschiedlichen Statistiken, andererseits insbesondere bei internationalen Statistiken. Daten verschiedener Länder werden möglicherweise mit völlig unterschiedlicher Methodik und Genauigkeit erhoben.
- Interessensbeeinflussung: Wegen der Bedeutung von Daten in der Interessenspolitik besteht die Versuchung, nur solche Daten bzw. mit einer Methodik zu erheben und zu publizieren, die den eigenen Interessen entgegenkommen. Die Hintergründe mancher Daten sind nicht immer durchschaubar. Angesichts dieser Problematik ist für die Interpretation eines Phänomens die Kenntnis der Herleitung und Entstehung von Daten mindestens genau so wichtig wie die der Daten selbst.

3.2.2.2 Eigen- versus Fremdforschung

Neben Wahl zwischen Primär- und/oder Sekundärforschung ist die Frage, wer die Daten für das Produktmanagement sammeln soll, eine der ersten Entscheidungen, die es im Marktforschungsprozess zu beantworten gilt. Hier stehen wiederum zwei grundlegende

Tab. 3.1 Vorteile und Nachteile der Eigen- und Fremdforschung. Quelle: In Anlehnung an Hammann und Erichson (2000)

	Eigenforschung	Fremdforschung
Vorteile	Bessere Vertrautheit mit dem Problem Bessere Möglichkeit zur Koordination der Marktforschungsaktivitäten Nutzung subjektiver Informationen der Entscheidungsträger Oftmals längere einschlägige Erfahrung Besserer Informations- und Datenschutz nach Projektabschluss	Einsatz von Spezialisten (meist bessere Methodenkenntnis und -erfahrung) Größere Objektivität Teilweise Kostenersparnis Vergleichbarkeit mit Ergebnissen außerhalb des auftraggebenden Unternehmens Meist höhere Akzeptanz der Ergebnisse im Unternehmen
Nachteile	Betriebsblindheit Zu geringe Methodenkenntnis und -erfahrung Ergebnisbeeinflussung durch interne Interessen	Möglicherweise einseitige bzw. voreilige Forschungsansätze und Ergebnisinterpretation (ausgelöst durch Erfolgszwang) Geringere Kontrolle der Termineinhaltung und Qualität der Marktforschung

Optionen zur Verfügung, die **Eigen- und die Fremdforschung**. Bei der Fremdforschung werden externe Dienstleistungsunternehmen wie Marktforschungsinstitute oder entsprechend spezialisierte Unternehmensberatungen mit der Forschung beauftragt. Im Falle der Eigenforschung führt das Unternehmen die Marktforschung hingegen selbst durch. Beide Möglichkeiten sind mit Vor- und Nachteilen verbunden, die bei der Auswahl eines Verfahrens zu berücksichtigen sind (Berekoven et al. 1999). Tabelle 3.1 listet Vor- und Nachteile beider Optionen auf.

Demnach erscheint die **Fremdforschung insbesondere dann sinnvoll**, wenn es sich um personalintensive Projekte handelt, Betriebsblindheit befürchtet wird oder Spezialwissen erforderlich ist. Ausschlaggebend für die Eigenforschung sind in der Praxis zumeist die bessere Möglichkeit der Koordination der Aktivitäten und die bessere Erfahrung mit dem Untersuchungsobjekt.

3.2.2.3   Formen der Primärforschung

In der Primärforschung kann zwischen **einmaligen und laufenden Erhebungen** unterschieden werden. Die zwei bedeutendsten Methoden zur Durchführung einmaliger Marktanalysen stellen die Beobachtung und die Befragung dar. Je nachdem, ob die jeweiligen Umweltbedingungen systematisch variiert werden oder nicht, handelt es sich um experimentelle (mit systematischer Variation) oder reine Befragungen bzw. Beobachtung. Bei reinen Befragungen bzw. Beobachtungen wird kein bewusster Einfluss auf die Umweltbedingungen vorgenommen. Ein Beispiel für eine experimentelle Beobachtung ist die Idee der „versteckten Kamera", bei der Menschen vorsätzlich bestimmten Situationen ausgesetzt und dabei gefilmt werden. Für laufende Marktbeobachtungen eignen sich Panels am besten. Im Folgenden werden die einzelnen Formen der Informationsbeschaffung kurz vorgestellt.

Die **Beobachtung** besteht in der visuellen oder instrumentellen Erfassung von wahrnehmbaren Sachverhalten. Hierbei geht es jedoch nicht darum, ziel- und wahllos jegliches Konsumentenverhalten zu beobachten. Vielmehr ist die Beobachtung ein Verfahren, das auf einen bestimmten Forschungszweck hin orientiert ist, durch die Vorgabe bestimmter Beobachtungskategorien systematisch geplant und durchgeführt wird und auf die Erarbeitung allgemeiner Aussagen – im Gegensatz zur Sammlung von Merkwürdigkeiten – abzielt. Beobachtungen können nach folgenden Kriterien unterschieden werden (Berekoven et al. 1999):

- teilnehmende vs. nicht teilnehmende Beobachtungen,
- Feld- vs. Laborbeachtungen,
- persönliche vs. unpersönliche (apparative) Beobachtung.

Bei **teilnehmenden Beobachtungen** nimmt der Forscher selbst an den Interaktionen des Feldes teil. Ein Beispiel ist der prominente Selbsttest des Regisseurs Morgan Spurlock, der vier Wochen lang nur und ausnahmslos bei *McDonald's* speiste. Als Ergebnis zeigte sich, was selbst Ärzte nicht für möglich gehalten hatten: Ein nachweislich gesunder Menschen bringt sich mit einer ausschließlichen Ernährung bei *McDonald's* in ernsthafte gesundheitliche Schwierigkeiten. Bei der nicht teilnehmenden Beobachtung bleibt der Beobachter hingegen außerhalb des Feldes und registriert z. B. die Anzahl der Kunden eines Baumarktes.

Darüber hinaus kann zwischen **Feld- und Laborbeobachtung** differenziert werden. Die Feldbeobachtung läuft in der gewohnten Umgebung des Probanden ab, während die Laborbeobachtung in einem künstlich geschaffenen Umfeld stattfindet.

Des Weiteren existiert die Unterscheidung von **persönlicher und unpersönlicher Beobachtung**. Erstere beschreibt die Wahrnehmung durch den Forscher selbst (nicht apparativ), letztere dagegen die Erfassung mittels Untersuchungsgeräten (apparativ z. B. mit Hilfe einer Kamera).

Beobachtungen sind im Produktmanagement **eher wenig verbreitet**. Zwar wird häufig die Tatsache, dass auch unbewusste und wenig reflektierte Verhaltensweisen erfasst werden können, als Vorteil der Beobachtung angesehen. Jedoch muss hierzu angemerkt werden, dass auch Beobachtungen subjektiven Einflüssen unterliegen, da die beobachtenden Marktforscher auch „nur Menschen" sind, die der selektiven Wahrnehmung unterliegen (i. S. v. „Man sieht nur das, was man sehen will oder einordnen kann"). Hinzu kommt, dass viele Sachverhalte mit Beobachtungen nicht erfasst werden können (z. B. Einstellungen und Meinungen). Außerdem sind insbesondere persönliche Beobachtungen relativ kostspielig sind, da ein Beobachter i. d. R. nur jeweils einen oder einige Beobachtungsfälle abdecken kann.

Deshalb sind Beobachtungen im Produktmanagement eher von untergeordneter Bedeutung. Ein typisches **Einsatzfeld der Beobachtung** ist jedoch das Verhalten von Mitgliedern einer Gruppe, da daraus auf Art und Intensität der innerhalb dieser Gruppe bestehenden Beziehungen sowie auf Grund von Aussagen auch teilweise auf Meinungen und Einstellungen geschlossen werden kann. Im Rahmen des Produktmanagements kommt ein solcher Ansatz etwa für die Ermittlung von Meinungsmachern und -führern im Hinblick auf die Adaption von Innovationen in Betracht.

Auch wenn Beobachtung als systematische Methode bei der Marktforschung nicht die entscheidende Rolle spielt, bleibt unbestritten, dass durch nebenbei oder auch systematisch angestellte **Zusatzbeobachtungen** das Gesamtbild eines Untersuchungsgegenstandes abgerundet werden kann.

Von größerer Relevanz sind im Produktmanagement hingegen **Befragungen**, da sich hiermit auch nicht-beobachtbare Meinungen und Einstellungen erfassen lassen. Als zwei wesentliche Unterscheidungskriterien von Befragungen können genannt werden:

- mündliche vs. schriftliche Befragungen
- standardisierte vs. nicht standardisierte Befragungen

Bei **mündlichen Befragungen** steht der Interviewer in direktem Kontakt zu den Befragten. Dies kann in einem persönlichen Interview oder per Telefon der Fall sein. Schriftliche Befragungen erfolgen dagegen mit Hilfe von Fragebögen, die die Befragten per Post oder Email zugeschickt bekommen. Eine weitere Möglichkeit der schriftlichen Befragung stellt die Online-Befragung dar, bei denen Probanden den Fragebogen direkt online ausfüllen.

Die Einteilung in **standardisierte und nicht standardisierte Verfahren** bezieht sich auf die Art der Fragestellungen und Antwortmöglichkeiten. Standardisierte Befragungen, auch als quantitativ bezeichnet, zeichnen sich durch für alle Probanden größtenteils gleiche Fragestellungen aus. Darüber hinaus werden die Antwortmöglichkeiten meist vorgegeben. Nicht standardisierte (auch qualitative) Befragungsverfahren lassen dem Interviewer hingegen eine hohe Flexibilität in der Auswahl, Formulierung und Reihenfolge der Fragen. Auf die Vorgabe von Antwortkategorien wird bei nicht standardisierten Befragungen normalerweise verzichtet.

Befragungen eignen sich im Bereich des Produktmanagements beispielsweise, um zu erfassen, wie Produkte hinsichtlich verschiedener Merkmale (z. B. „Wie schmeckt Ihnen *Volvic* Mineralwasser?" oder „Wie gefällt Ihnen die Form der *Volvic* Mineralwasserflaschen?") und im Vergleich zu Konkurrenzprodukten (z. B. „Wie finden Sie *Volvic* Mineralwasser im Vergleich zu Mineralwasser der Marke *Elisabethen Quelle*?") beurteilt werden. Des Weiteren spielen Befragungen eine große Rolle bei der Erfassung von Verhaltensintentionen (z. B. „Beabsichtigen Sie in Zukunft *Volvic* Mineralwasser zu kaufen?").

Wie bereits weiter oben angesprochen, stellen **Experimente** keine eigenständige Erhebungsmethode der Primärforschung dar, sondern ein Untersuchungsdesign. Die gewünschten Informationen, die man durch ein Experiment gewinnen möchte, müssen mit Hilfe der Beobachtung oder der Befragung erfasst werden. Tabelle 3.2 verdeutlicht die vier Optionen reine oder experimentelle Beobachtung bzw. Befragung anhand eines Beispiels.

Tab. 3.2 Möglichkeiten zur Überprüfung der Wirkung eines Werbespots

	Experimentell	Nicht experimentell
Beobachtung	Ausstrahlung des Werbespots in einer Region und Vergleich der Absatzentwicklung in dieser und anderen Regionen	Nationale Einführung des Werbespots und Beobachtung der Absatzzahlen
Befragung	Test- und Kontrollgruppe sehen unterschiedliche Werbespots, anschließende Befragung zur Erinnerung des Spots und Vergleich der zwei Gruppen	Konsumentenbefragung: „Worauf achten Sie, wenn Sie einen Werbespot sehen?"

Experimentelle Befragungen oder Beobachtungen sind hilfreich, um kausale Zusammenhänge, d. h. Ursache-Wirkungs-Zusammenhänge, überprüfen zu können. Vor der Durchführung eines Experiments sollte der Forscher daher Hypothesen aufstellen. Als Hypothesen werden Vermutungen über Ursache-Wirkungs-Zusammenhänge bezeichnet. Die Ursache stellt dabei die unabhängige, auch erklärende, Variable dar, während die Wirkung als abhängige oder erklärte Größe benannt wird. Eine Hypothese im Bereich des Produktmanagements könnte lauten: „Der Vertrieb von *Bizzl* Limonade in PET- anstatt Glasflaschen führt zu einer Steigerung des Absatzes". Die Verpackungsform stellt in diesem Beispiel die unabhängige, der Absatz hingegen die abhängige Variable dar.

Solche Hypothesen können überprüft werden, indem die unabhängige Variable systematisch variiert wird und die Wirkungen gemessen werden. Dies kann mittels **Labor- oder Feldexperimenten** geschehen (Tull und Hawkins 1993). Laborexperimente finden in künstlich geschaffenen Umgebungen (z. B. in Teststudios) statt. Dadurch können externe Einflüsse gut kontrolliert werden, sodass Wirkungen direkt auf die systematische Variation der unabhängigen Größe(n) zurückgeführt werden können (hohe interne Validität). Zur Überprüfung der oben aufgestellten Beispielhypothese könnten Probanden in ein Teststudio eingeladen werden, wo ihnen die zwei Verpackungsformen präsentiert werden, um anschließend Präferenzen zu erfassen („Welche Verpackung bevorzugen Sie?") oder eine Kaufsimulation durchzuführen. Im Gegensatz zu Laborexperimenten werden Feldexperimente in der natürlichen Umgebung der Testpersonen durchgeführt. So könnte zum Beispiel in einem regional begrenzten Gebiet *Bizzl* in PET-Flaschen verkauft werden, um auf diese Weise Veränderungen des Absatzes zu registrieren. Vorteil dieser Variante ist die gute Übertragbarkeit der Ergebnisse auf die Realität (hohe externe Validität).

Für Langzeitstudien zur Erfassung der Marktsituation eignen sich **Panels**. In Panels werden die gleichen Sachverhalte in regelmäßigen Abständen bei den gleichen Testpersonen erhoben (Günther und Vossebein 1996). Dadurch ist die Erfassung dynamischer Effekte möglich, während einmalige Marktanalysen lediglich die Marktsituation zu einem bestimmten Zeitpunkt wiedergeben (Querschnittsstudien).

In Abhängigkeit von den Panelteilnehmern können **Verbraucher- und Handelspanels** unterschieden werden. Handelspanels messen die Absatzzahlen des Handels, während Verbraucherpanels aus Konsumenten bestehen. Die Teilnehmer eines Verbraucherpanels wer-

Tab. 3.3 Ergebnis einer Häufigkeitsauszählung

Frage: Haben Sie im letzten Jahr eine individuell nach Ihren Wünschen gestaltete Sonnenbrille im Netz gekauft?		
	Häufigkeit absolut	Häufigkeit in Prozent
Antwort: nein	195	92,9
Antwort: ja	15	7,1
Gesamt	210	100

den üblicherweise zu ihren Einkäufen befragt. Problematisch bei Panels ist die Panelsterblichkeit (d. h. das Aussscheiden von Panelteilnehmern, bei Verbraucherpanels z. B. durch Umzug). Zudem stellen Panels aufgrund der großen Datenmengen hohe fachliche Anforderungen an den Marktforscher und sind mit einem enormen Kosten- und Zeitbedarf verbunden.

3.2.3 Verfahren zur Datenauswertung

Hat der Marktforscher schließlich Daten erfasst, gilt es, diese auch auszuwerten. **Datenanalyseverfahren** können grundsätzlich in univariate und multivariate Auswertungsmethoden unterteilt werden.

Bei der Verfahrensgruppe der **univariaten Methoden** werden keine Beziehungen zwischen den Variablen, sondern nur eine Variable allein analysiert. Im Wesentlichen handelt es sich dabei um die Auszählung von absoluten Häufigkeiten, Berechnung von relativen Häufigkeiten und Mittel-, Modal- oder Medianwerten. Tabelle 3.3 zeigt das Ergebnis einer Häufigkeitsauszählung:

Das **arithmetische Mittel** (auch Durchschnitt) ist der am häufigsten benutzte Mittelwert. Der Modalwert gibt den häufigsten Wert an, während der Median jenen Wert bezeichnet, bei dem die Hälfte aller Werte oberhalb, die andere Hälfte unterhalb dieser Ausprägung liegt.

Multivariate Verfahren untersuchen die Beziehungen von zwei oder mehr Variablen. Hier kann es sich im einfachsten Fall um die Auszählung von Häufigkeiten einer Variablen in Abhängigkeit von einer anderen (sogenannte Kreuztabelle) handeln (z. B. Kaufverhalten nach Altersklassenzugehörigkeit). Darüber hinaus können Beziehungen zwischen Variablen analysiert und auf ihre Signifikanz überprüft werden. Bei der Prüfung von Beziehungen, die zwischen einer abhängigen (Wirkung) und einer oder mehreren unabhängigen Variablen (Ursache, Determinante) bestehen, können zwei grundsätzliche Arten unterschieden werden (Backhaus et al. 2006):

- Strukturprüfende Verfahren dienen der Überprüfung von Zusammenhängen. Hierzu gehören Kontingenzanalyse, Varianzanalyse, Regressionsanalyse und Diskriminanzanalyse.

- Strukturentdeckende Verfahren versuchen Zusammenhänge zwischen Variablen erst aufzudecken. Hierzu gehören etwa Faktorenanalyse und Clusteranalyse.

Die **Kontingenzanalyse** untersucht die Abhängigkeit zwischen Variablen. So kann mit Hilfe der Kontingenzanalyse zum Beispiel analysiert werden, ob der Kauf bzw. Nicht-Kauf eines bestimmten Produktes (z. B. Nougat- oder Zartbitterschokolade) und das Geschlecht der befragten Konsumenten voneinander abhängen. Dabei kann die Kontingenzanalyse lediglich darüber Auskunft geben, ob ein solcher Zusammenhang besteht, aber nicht in welche Richtung dieser geht oder wie sich die Veränderung einer Variablen auf die andere auswirkt. Es ist jedoch möglich, eine Kreuztabelle zur Unterstützung zu Hilfe zu nehmen. Für das genannte Beispiel lässt sich aus einer Kreuztabelle ablesen, wie sich die Kaufabsicht nach Geschlecht prozentual unterscheidet.

Die **Varianzanalyse** ist ein Verfahren, das die Beeinflussung einer abhängigen Variablen durch eine (oder mehrere) unabhängige Variable untersucht. Dabei muss die abhängige Variable metrisch, die unabhängige(n) Variable(n) hingegen nominal skaliert sein. Die Varianzanalyse kann also zum Einsatz kommen, wenn man beispielsweise wissen will, ob die Farbe einen Einfluss auf den Absatz eines Autos hat. Die Farbe stellt dann die unabhängige, nominale Variable und der Absatz stellt die abhängige, metrische Variable dar.

Auch die **Regressionsanalyse** untersucht Ursache-Wirkungs-Zusammenhänge zwischen mehreren Variablen. Im Gegensatz zur Varianzanalyse müssen bei der Regressionsanalyse jedoch abhängige und unabhängige Variablen metrisch skaliert vorliegen. So lässt sich zum Beispiel bestimmen, ob Konsumentenpräferenzwerte für ein Produkt (abhängige Variable) von der Höhe der Ausgaben für Preis-, Werbe- und Distributionsaktivitäten (unabhängige Variablen) abhängen. Die Regressionsanalyse kann zudem Auskunft über Richtung und Stärke des Einflusses der verschiedenen unabhängigen Variablen geben. Weitergehende Formen der Regressionsanalyse ermöglichen auch die Berücksichtigung von binären oder kategorial ausgeprägten unabhängigen Variablen. Insgesamt kommt der Regressionsanalyse als Methode im Produktmanagement eine hohe Bedeutung zu.

Die **Diskriminanzanalyse** ist ein Verfahren zur Analyse von Gruppenunterschieden, das es ermöglicht, zwei oder mehr vorgegebene Gruppen simultan hinsichtlich einer oder mehrerer metrischen Merkmalsvariablen zu untersuchen. Ein Beispiel aus dem Bereich des Produktmanagements ist die Bewertung von Erfolgsaussichten eines neuen Produkts. Die Gruppen sind in diesem Fall erfolgreiche Neuprodukte und Flops. Die Merkmalsvariablen, die zur Erklärung von Gruppenunterschieden herangezogen werden sollen, können beispielsweise der Neuigkeitsgrad des Produktes, die Markenkenntnis des Unternehmens, das technologische Know-how oder das Preis/Leistungsverhältnis sein.

Zur Erklärung des Nachfragerverhaltens ist meist eine Vielzahl von Einflussfaktoren zu berücksichtigen. Je größer diese Anzahl, umso weniger ist gesichert, dass diese Variablen auch tatsächlich alle unabhängig voneinander zur Erklärung eines Sachverhalts notwendig sind. Ein Hauptproblem liegt daher darin, aus der Vielzahl möglicher Variablen die voneinander unabhängigen Einflussfaktoren herauszukristallisieren, die dann weiteren Analysen zugeführt werden können. Während die bisher genannten Verfahren wie Kon-

tingenzanalyse, Varianzanalyse, Regressionsanalyse und Diskriminanzanalyse auf die Bestätigung vermuteter Zusammenhänge ausgerichtet sind, geht es bei der **Faktorenanalyse**
um die Entdeckung von untereinander unabhängigen Beschreibungs- und Erklärungsva-
riablen.

Bei der Faktorenanalyse wird also eine Zahl von Variablen (die nicht alle unabhängig
voneinander sind bzw. sein müssen) unter möglichst geringen Informationsverlusten auf
eine geringere Zahl von Faktoren gebündelt. Dabei werden jene Variablen zu einem Faktor
(Variablenbündel), die miteinander zusammenhängen, die resultierenden Faktoren sind
dann tatsächlich weitgehend unabhängig voneinander.

Ein weiteres gängiges Verfahren im strukturentdeckenden Bereich ist die **Clusteranalyse**. Die Clusteranalyse ist ein Verfahren zur Gruppenbildung. Das durch sie zu verarbei-
tende Datenmaterial besteht im Allgemeinen aus einer Vielzahl nicht gruppierter Personen
oder Objekte/Produkte. Das Ziel der Clusteranalyse ist die Zusammenfassung der Personen
oder Objekte zu Gruppen (Typen), die eine weitgehend verwandte Eigenschaftsstruktur
aufweisen (möglichst große Ähnlichkeit). Zwischen den Gruppen soll möglichst keine bzw.
möglichst geringe Ähnlichkeit bestehen. Die Clusteranalyse ist oft die Vorstufe für eine
weiterführende Diskriminanzanalyse. Während bei ersterer die Gruppen gebildet werden,
können diese bei letzterer auf die Signifikanz ihrer Unterschiedlichkeit geprüft werden.

3.3   Spezielle Methoden zur Analyse
der strategischen Ausgangssituation

3.3.1   Überblick

Das vorangegangene Kapitel hat grundlegende Fragestellungen der Marktforschung beleuchtet, denen sich ein Unternehmen bei der Durchführung von Marktforschungsstudien
jeglicher inhaltlicher Art des Forschungsanliegens stellen muss. Für das Forschungsziel
der **Analyse der strategischen Ausgangssituation** existieren verschiedene spezielle Methoden, mit deren Hilfe ein Unternehmen systematisch Informationen über interne und
externe Rahmenbedingungen generieren kann. Hierzu gehören Instrumente, die sich auf
die Erfassung von Trends und Tendenzen in der Umwelt des Unternehmens spezialisieren
(z. B. strategische Frühaufklärung), den Markt des Unternehmens strukturiert betrachten
(z. B. Branchenstrukturanalyse) oder aber sich mit einer Analyse des Unternehmens selbst
beschäftigen (z. B. Wertkettenanalyse). Zudem existieren Methoden, die sich bewusst einer
simultanen Betrachtung von Markt und Unternehmen zuwenden (z. B. Portfolioanalyse).
Da diese Methoden Unternehmen wertvolle Hilfe für die weitere Planung und Gestaltung
des Produktmanagements liefern können, sollen die einzelnen Verfahren in den kommenden Abschnitten eine nähere Betrachtung erfahren.

3.3.2 Methoden zur Analyse der Umwelt

3.3.2.1 Grundidee der Umweltanalyse

Für Unternehmen ist es zunächst wichtig, sich die **Situation des globalen Umfelds** anzuschauen, in der ein Unternehmen aktiv ist. Hierzu zählen gesellschaftliche, gesamtwirtschaftliche, politische, rechtliche oder auch technologische Rahmenbedingungen, die für das Produktmanagement relevant sind (Hofer und Schendel 1978, S. 145). Unternehmen müssen rechtzeitig Veränderungen in ihrer Umwelt erkennen und sich darauf einstellen. Beispiele für Veränderungen in der globalen Umwelt, auf die Unternehmen reagieren müssen, sind:

- Gesellschaftlich
  Im Zuge der Diskussion um Klimawandel und Globalisierung legen Konsumenten verstärkt Wert auf Umweltbewusstsein und soziales Engagement von Unternehmen.
- Gesamtwirtschaftlich
  Veralterung der Gesellschaft, wodurch die Bedeutung von Rentnern als Zielgruppe steigt.
- Politisch
  Die Gesundheitsmarktreform stellt Pharmaunternehmen vor neue Herausforderungen in Bezug auf die Vermarktung ihrer Produkte.
- Rechtlich
  Der Wegfall des Rabattgesetzes oder die Abschaffung des Verbots vergleichender Werbung bieten Unternehmen mehr Handlungsspielraum.
- Technologisch
  Die Entwicklung des MP3-Formats eröffnete eine neue Möglichkeit des Vertriebs von Audio-Dateien.

Methoden, um solche Veränderungen rechtzeitig zu erkennen und deren Auswirkungen für das Unternehmen feststellen zu können, sind die **strategische Früherkennung**, die **Delphi-Methode** und die **Szenarioanalyse**. Prinzipiell können sie aber auch zur Analyse des speziellen Marktes (vgl. Abschn. 3.3.3), in dem ein Unternehmen aktiv ist, verwendet werden.

3.3.2.2 Strategische Frühaufklärung

Die strategische Frühaufklärung, z. B. das Konzept der „weak signals" von Ansoff (1975), beschäftigt sich mit der **ungerichteten Kontrolle der Umwelt**. Dabei sollen rechtzeitig Chancen und Risiken, die sich aus Veränderungen der globalen Rahmenbedingungen ergeben, erkannt werden, um darauf reagieren zu können. Ungerichtete Kontrolle bedeutet, dass sie sich nicht an gewissen Ereignissen oder Problemfeldern festmacht. Es wird also keine spezielle Richtung vorgegeben, sondern die Umwelt umfassend auf Trends und Tendenzen abgetastet und möglichst „offen", d. h. unter Berücksichtigung vieler Interpretationsrichtungen, interpretiert.

Aufgrund der fehlenden Vorgaben für die strategische Überwachung stellt sich die Frage nach der **Durchführung dieses Verfahrens**. Zur Lösung dieses Problems dient die Erkenntnis, dass sich Entwicklungen durch schwache Signale („weak signals"), z. B. Krisensymptome, ankündigen, die es rechtzeitig zu erkennen gilt. Diese ersten Signale sind relativ unstrukturiert und häufig qualitativ. Zudem entstehen Diskontinuitäten in der Umwelt nicht zufällig, sondern folgen bestimmten Entwicklungsmustern. Meist sind zunächst Symptome von Veränderungen in der globalen Umwelt zu erkennen, bevor sich diese Tendenzen dann auf die Unternehmensaktivität auswirken. Beispielsweise sind neue gesellschaftliche Ansprüche oder Ideen normalerweise zuerst nur bei vereinzelten Bevölkerungsgruppen vorhanden, breiten sich dann im Laufe der Zeit auf die Gesamtbevölkerung aus und schlagen sich schließlich möglicherweise in Kundenansprüchen nieder.

Zum **Erkennen von schwachen Signalen** können spezielle Indikatoren oder breiter aufgestellte Informationsquellen herangezogen werden (Baetge 1998; Morris 1997). In Anlehnung an diese Unterscheidung lassen sich Frühwarnsysteme in indikatorenorientiert und informationsquellenorientiert einteilen.

Indikatoren stammen entweder aus dem **externen oder dem internen Beobachtungsbereich**. Letztere lassen sich im Unternehmen selbst erkennen und beziehen sich auf das Gesamtunternehmen oder auch nur einzelne Funktionsbereiche. So können beispielsweise Außendienstberichtssysteme oder Statistiken der Kundendienst- bzw. Verbraucherabteilungen wichtige interne Kennzahlen liefern. Indikatoren aus dem externen Beobachtungsbereich entstammen dagegen dem globalen Umfeld oder dem Markt des Unternehmens. Tabelle 3.4 liefert eine Übersicht typischer Kennzahlen der beiden Beobachtungsbereiche.

Problematisch an indikatorenorientierten Frühwarnsystemen ist die Tatsache, dass Kennzahlen, die in der Vergangenheit hilfreich zur Ermittlung schwacher Signale waren, nicht zwangsläufig auch in der **Zukunft Veränderungen** ankündigen. Dennoch können solche Systeme dem Produktmanagement Hinweise liefern, in welchen Bereichen verstärkt mit veränderten Rahmenbedingungen zu rechnen ist.

Informationsquellenorientierte Frühwarnsysteme stützen sich weniger auf einzelne Indikatoren, sondern betrachten Informationen, die von Quellen wie Forschungs-, oder Meinungsforschungsinstituten, politischen Einrichtungen oder auch Wirtschaftsverbänden publiziert werden. Weitere Informationsquellen können Patentrecherchen, Medien- und Datenbankanalysen und wissenschaftliche Studien sein. Darüber hinaus dienen oft auch Gespräche mit Meinungsforschern oder Experten zur Identifikation schwacher Signale. Im Gegensatz zur indikatorenorientierten Vorgehensweise stehen bei der informationsquellengeleiteten Frühaufklärung qualitative Informationen im Vordergrund. Nachteil dieser Verfahrensvariante ist – bedingt durch den qualitativen Charakter der generierten Erkenntnisse – der hohe Abstraktionsgrad der ermittelten Information. Dafür lassen sich jedoch auch Signale erfassen, die sich nicht direkt in quantitativen Indikatoren niederschlagen.

Unabhängig von der genutzten Frühaufklärungsvariante gilt es, im Anschluss an die Bestimmung schwacher Signale in einem zweiten Schritt **Auswirkungen der identifizierten**

Tab. 3.4 Arten von Indikatoren

Externer Beobachtungsbereich	
Generell	**Unternehmensindividuell**

Konjunkturell:
    Auftragslage
    BERI (Business Environment Risk
    Information Index)
    Investitionsneigung
    Aktienindizes
Sozio-politisch:
    Politisches Klima
    Wahlergebnisse
    Werte/Normen
Technologisch:
    Innovationsrate
    Entwicklungszeiten
	Absatzmarkt:
	    Auftragseingänge
	    Kundenzufriedenheit
	    Kundenbindung
	    Abwanderungsrate
	    Beschwerden
	    Konkurrenzaktivitäten (Preis, Neuprodukte)
	Beschaffungsmarkt:
	    Zinsen/Inflation
	    Arbeitsmarktdaten

Interner Beobachtungsbereich	
Gesamtunternehmen	**Funktionsorientiert**

Produktprogramm:
    Altersstruktur
    Programmbreite
    Anteil der Nachwuchs-, Star-, Cash- und
    Problemprodukte (vgl. Abschn. 3.3.5.3)
Mitarbeiter:
    Fluktuation
    Krankenstände
Finanzlage:
    Cash Flow
    Liquiditätsreserven
    Bilanzkennzahlen
	Forschung und Entwicklung (F&E):
	    Anzahl Patente
	    F&E-Kosten
	Absatzbereich:
	    Umsätze pro Kunde
	    Lagerbestände
	    Preise

Umweltveränderungen auf das Unternehmen zu ermitteln. Hierfür kann auch die Szenarioanalyse (vgl. Abschn. 3.3.2.4) herangezogen werden. Schließlich sind in einem letzten Schritt wohlüberlegte Gegenmaßnahmen einzuleiten. Je früher also ein Produktmanager mögliche Strukturumbrüche erkennt, desto mehr Zeit bleibt, Auswirkungen zu bestimmen und Gegenmaßnahmen zu ergreifen. Tabelle 3.5 zeigt ein Beispiel möglicher Krisensymptome und denkbarer Reaktionen im Bereich der Automobilindustrie.

3.3.2.3 Delphi-Methode

Während die strategische Frühaufklärung relativ allgemeine Aussagen über zukünftige Entwicklung trifft, liefern Prognoseverfahren wie die **Delphi-Methode** Informationen mit einem etwas höheren Konkretisierungsgrad. Die Delphi-Methode bezeichnet eine systematische Form der mehrstufigen Expertenbefragung und dient der Prognose von Umweltfaktoren und -entwicklungen (Kepper 2000). Die Experten werden dabei nach

Tab. 3.5 Krisensymptome und mögliche Reaktionen in der Automobilindustrie

Krisensymptome	Mögliche Reaktionen
Tempolimit auf den Autobahnen	Identifikation neuer Absatzmärkte (z. B. Südostasien)
Weitreichende autofreie Zonen in den Innenstädten	Entwicklung einer möglichen schadstoffarmen Antriebstechnologie (z. B. Hybridmotoren)
Japanische Hersteller bauen ihren technischen Vorsprung aus	Kooperation mit Anbietern aus Fernost
Südkoreanische Anbieter kommen auf den europäischen Markt	

dem Eintreffen bestimmter Zukunftsereignisse oder nach der Beurteilung von Entwicklungstrends gefragt. Ziel der Delphi-Methode ist es, realistische Prognosen zu erhalten.

Das Verfahren basiert auf dem individuellen und intuitiven **Urteil der Experten des jeweiligen interessierenden Untersuchungsgebiets.** Dahinter stehen zwei Grundannahmen. Einerseits wird davon ausgegangen, dass Experten in ihrem Fachgebiet über besonders detaillierte Kenntnisse verfügen und deshalb zukünftige Entwicklungen gut einschätzen können. Auf der anderen Seite nimmt man an, dass durch einen Rückkopplungsprozess eine realistische Prognose ermittelt werden kann. Durch die Information der Teilnehmer über die zusammengefassten Ergebnisse aller Experten wird den Befragten eine Überprüfung bzw. ein Vergleich ihrer Annahmen ermöglicht. Die wiederholte Befragung soll so die Spannbreite der Expertenmeinungen verringern und eine Konvergenz der Aussagen anstreben.

Der **Ablauf der Delphi-Methode** vollzieht sich wie folgt: Zunächst muss das zu interessierende Untersuchungsobjekt (z. B. Auswirkungen der Gesundheitsmarktreform) identifiziert werden. Anschließend werden Personen ausgewählt und kontaktiert, die Experten in diesem Bereich repräsentieren (z. B. Ärzte, Gesundheitspolitiker, Pharmavertreter). Die Anzahl der Fachexperten hängt vom Untersuchungsziel ab. Die zur Teilnahme bereiten Experten werden nun gebeten, Prognosen über die Entwicklung des interessierenden Bereichs abzugeben. Die Befragung erfolgt meist in schriftlicher Form. Die Antworten aller Experten werden anschließend aggregiert und den Experten erneut vorgelegt mit der Bitte, ihre Prognosen vor diesem Hintergrund nochmals zu überdenken. Auf diese Weise sollen extreme bzw. unrealistische Prognosen eliminiert werden. Die modifizierten Ergebnisse werden erneut zusammengefasst und den Experten wieder mitgeteilt. Insgesamt wird dieses Vorgehen zwei- bis dreimal wiederholt. Im Idealfall konvergiert der Prozess so zu einer einheitlichen Gruppenmeinung. Abbildung 3.3 fasst das Vorgehen bei der Delphi-Methode zusammen.

Vorteil der Delphi-Methode ist die recht hohe Güte der Prognosen, da Experten des jeweiligen Untersuchungsgebiets befragt werden. Auch erhält das Unternehmen am Ende idealerweise eine Prognose, auf deren Basis weitere Planungen erfolgen können. Dafür wird allerdings ein Informationsverlust in Kauf genommen, da extreme Positionen der Experten sich im Laufe der Befragung abschwächen. Mögliche radikale, gravierende Strukturbrüche,

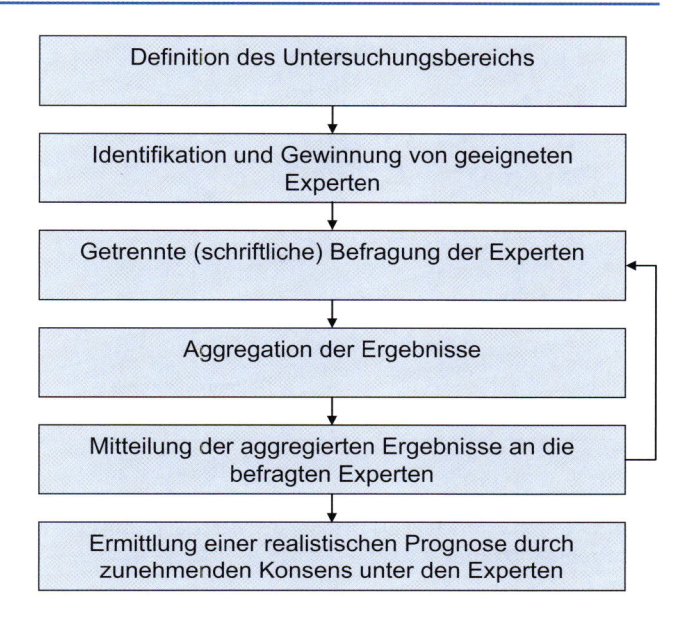

Abb. 3.3 Ablauf der Delphi-Methode

Definition des Untersuchungsbereichs

Identifikation und Gewinnung von geeigneten Experten

Getrennte (schriftliche) Befragung der Experten

Aggregation der Ergebnisse

Mitteilung der aggregierten Ergebnisse an die befragten Experten

Ermittlung einer realistischen Prognose durch zunehmenden Konsens unter den Experten

die nur von einzelnen Experten erkannt wurden, werden so in der Unternehmensplanung vernachlässigt.

3.3.2.4 Szenarioanalyse

Eine weitere Methode zur Analyse der globalen Umwelt ist die **Szenariotechnik** (Linneman und Klein 1985; von Reibnitz 1996). Im Gegensatz zur Delphi-Methode zielt dieses Verfahren darauf ab, möglichst vielfältige Zukunftsentwicklungen im Umfeld des Unternehmens in die Betrachtung mit aufzunehmen, um angemessene Gegenmaßnahmen für alle möglichen Zukünfte entwickeln zu können.

Szenarioanalysen generieren mehrere mögliche, systematisch aus der gegenwärtigen Situation entwickelte **Zukunftsbilder**, die sogenannten Szenarien. Durch die Berücksichtigung mehrerer Szenarien, d. h. verschiedener Zukunftsbilder, eignet sich die Szenarioanalyse insbesondere für Unternehmen in Branchen, die starken Veränderungen der Rahmenbedingungen unterliegen wie beispielsweise die Telekommunikationsbranche. Das Ziel der Szenarioanalyse ist es, dem Unternehmen das Überleben in allen Zukunftsszenarien zu ermöglichen.

Die **Grundidee** der Szenarioanalyse besteht daher in dem Entwurf alternativer zukünftiger Unternehmenssituationen und der Ableitung szenariospezifischer Soll-Strategien. Die entwickelten Szenarien sollen eine möglichst extreme Bandbreite von eventuellen Zukunftsentwicklungen abdecken. Zudem enthält die Beschreibung eines Szenarios nicht nur Informationen über den Endzustand, sondern auch über die Entwicklung, die aus der Gegenwart zu dieser zukünftigen Situation führt. Es wird also eine Szenenfolge erstellt, die in logischer Abfolge die schrittweise Entwicklung von der Gegenwart zum prognostizierten

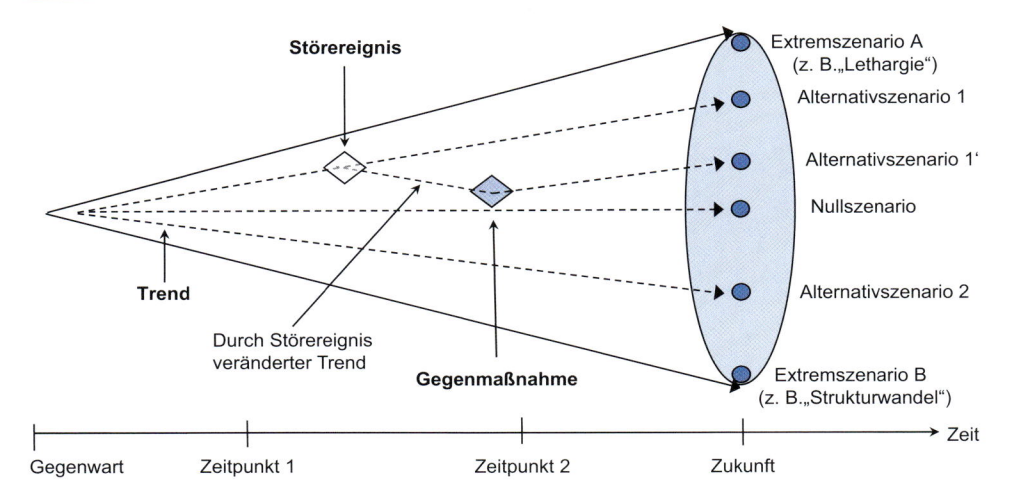

Abb. 3.4 Szenariotrichter als Denkmodell der Szenarioanalyse (Quelle: In Anlehnung an Homburg und Krohmer 2006)

Zukunftsszenario dokumentiert. Hier geht es nicht nur darum, externe Veränderungen zu entdecken, sondern auch deren interne Auswirkungen aufzudecken und bei der Generierung zukünftiger Unternehmenssituationen zu berücksichtigen.

Drei **wichtige Elemente** zur Beschreibung der Entwicklung des Weges von der Gegenwart zum Zukunftsszenario sind Trends, Störereignisse und Gegenmaßnahmen. Trends bezeichnen mögliche Entwicklungstendenzen der Rahmenbedingungen (z. B. steigende Bedeutung der Internettelefonie). Diese können von Störereignissen vorübergehend oder auch endgültig gestört werden. Störereignisse werden ebenfalls aus der globalen Umwelt abgeleitet und beschreiben Diskontinuitäten, d. h. Strukturbrüche, bezüglich wichtiger Umweltfaktoren (z. B. Entwicklung einer neuen Technologie). Gegenmaßnahmen werden dagegen vom Unternehmen selbst gesteuert und beschreiben mögliche Reaktionen des Unternehmens auf Störereignisse, mit denen das Unternehmen Strukturbrüchen entgegnet kann (z. B. Integration der neuen Technologie in bestehende Produktkonzepte des Unternehmens).

Die **Denkweise** der Szenarioanalyse kann mit Hilfe des in Abb. 3.4 dargestellten Szenariotrichters verdeutlicht werden. Die Abweichungen von der heutigen strategischen Ausgangssituation lassen sich grafisch als Trichter darstellen.

Geht man vom Status Quo aus und unterstellt, dass keine Veränderungen auftreten, erhält man das **Nullszenario**. Die beiden Szenarien, die an den äußersten Rändern des Trichters liegen, werden dagegen als **Extremszenarien** bezeichnet. Diese beiden Szenarien beschreiben die Endzustände, die unter extremen Veränderungen der Rahmenbedingungen eintreten und repräsentieren damit die Grenzen des betrachteten Zukunftsraums. Innerhalb des Trichters können Störereignisse und Gegenmaßnahmen eingetragen und deren Auswirkungen auf die prognostizierten Entwicklungen veranschaulicht werden.

Schritt 1: Definition und Gliederung des Untersuchungsfeldes

Schritt 2: Identifikation der planungsrelevanten Umweltfaktoren

Schritt 3: Ermittlung der Entwicklungstrends für die identifizierten Umweltfaktoren

Schritt 4: Bildung und Auswahl alternativer konsistenter Annahmebündel (Alternativszenarien)

Schritt 5: Interpretation der Alternativszenarien

Schritt 6: Ermittlung und Integration potentieller Störereignisse sowie Analyse der Auswirkungen

Schritt 7: Ableitung von Konsequenzen für das Untersuchungsfeld

Schritt 8: Umsetzung in den Unternehmensplan

Abb. 3.5 Ablauf der Szenarioanalyse

Der Trichter verdeutlicht zudem, dass mit zunehmender Länge des **Prognosezeitraums** der Einfluss heutiger Rahmenbedingungen und Strukturen abnimmt, wodurch sich das Möglichkeitenspektrum an zukünftigen Szenarien exponentiell weitet. Je weiter entfernt also der betrachtete Zukunftszeitpunkt liegt, desto mehr Trends und Störereignisse müssen betrachtet werden, wodurch die Anzahl möglicher Zukunftsbilder stark zunimmt.

Bei der **Durchführung einer Szenarioanalyse** sollte ein Unternehmen acht Schritte durchlaufen, die auch in Abb. 3.5 aufgelistet sind.

Zunächst ist die **Definition und Gliederung des Untersuchungsfeldes** vorzunehmen. Das Untersuchungsfeld kann sich auf das gesamte Unternehmen oder aber auf Teilbereiche (z. B. einzelne Produktlinien) beziehen. In einem zweiten Schritt sind die Faktoren des globalen Umfelds zu identifizieren, die für das Untersuchungsfeld relevant sind. Anschließend werden für die einzelnen Faktoren Entwicklungstendenzen ermittelt (Schritt 3).

In Schritt 4 werden aus den in Schritt 3 betrachteten Trends einzelner Faktoren **Annahmebündel**, die Alternativszenarien, gebildet. In solchen Annahmebündeln werden Trends verschiedener Umweltfaktoren, die miteinander in Beziehung stehen und daher in der Zukunft wahrscheinlich gemeinsam auftreten werden, zusammengefasst. Um den Planungsaufwand in Grenzen zu halten, werden nicht alle möglichen Alternativszenarien betrachtet, sondern solche ausgewählt, die verschiedene Entwicklungsrichtungen repräsentieren. Das ermöglicht es den Unternehmen unterschiedliche Entwicklungstendenzen in die Betrachtung aufzunehmen, ohne dabei sämtliche Möglichkeiten berücksichtigen zu müssen. Im Anschluss erfolgt in Schritt 5 eine Interpretation der Auswirkungen der ausgewählten Alternativszenarien auf das Unternehmen.

Als nächstes werden **Störereignisse**, also mögliche Diskontinuitäten der in Schritt 2 als relevant erachteten Umweltfaktoren, in die Analyse integriert. Die Ermittlung der Störereignisse setzt voraus, sich von bisherigen Annahmen zu lösen und auch zum gegenwärtigen Zeitpunkt unwahrscheinliche Ereignisse zu betrachten. Daher kann sich ein Unternehmen verschiedener Kreativitätstechniken (z. B. Brainstorming) bedienen, um potentielle Störereignisse zu identifizieren. Sind die Störereignisse ermittelt, gilt es weiterhin, den

Einfluss dieser Ereignisse auf die prognostizierten Entwicklungstendenzen zu analysieren (Schritt 6).

Schritt 7 wendet sich dann wieder dem Unternehmen zu und leitet aus den Störereignissen sowie deren Auswirkungen **Konsequenzen für das in der ersten Phase festgelegte Untersuchungsfeld** (z. B. eine Produktlinie) ab. Hier werden Pläne für Gegenmaßnahmen ermittelt, mit denen ein Unternehmen auf Störereignisse reagieren kann. Wie im Trichtermodell (vgl. Abb. 3.4) verdeutlicht, gehen auch diese Gegenmaßnahmen in die Analyse ein. Des Weiteren wird analysiert, wie sich das Unternehmen unter Berücksichtigung der identifizierten Tendenzen verhalten soll, um auch in Zukunft erfolgreich zu sein.

In einem letzten Schritt gilt es, die durch die Szenarioanalyse gewonnenen **Erkenntnisse in den Unternehmensplan zu integrieren**. Es ist also bspw. mit Hilfe von Aktionsplänen festzulegen, unter welchen Umständen (abhängig von Trends und Störereignissen) sich ein Unternehmen wie verhalten soll.

Die Szenarioanalyse stellt für das Produktmanagement eine hilfreiche Methode dar, den **Planungshorizont** zu erweitern und mögliche zukünftige Unternehmenssituationen systematisch zu identifizieren und zu analysieren. Jedoch weist die Szenarioanalyse auch einige **Schwachstellen** auf, die im Folgenden angesprochen werden sollen.

Zunächst einmal werden die **mentalen Fähigkeiten von Menschen**, insbesondere wenn es um Vorstellungen der Zukunft geht, generell überschätzt. Das menschliche Gehirn ist in seiner Informationsverarbeitungsfähigkeit begrenzt, weshalb es trotz Kreativitätstechniken schwierig erscheint, wirklich alle Entwicklungstendenzen oder potentiellen Störereignisse zu identifizieren. Diese Problematik wird durch die Tatsache verschärft, dass offene, soziale Systeme – hier also das Unternehmen in seiner Umwelt – enorm komplex sind, was zur Folge hat, dass zukünftige Veränderungen relevanter Planungsbereiche nahezu unbestimmbar sind. Komplexe Problemlagen sind anfänglich kaum zu spezifizieren und damit auch nicht für die Szenarioanalyse nutzbar. Darüber hinaus können Interaktionen von Elementen des Systems oder Verkettungen verschiedener Ereignisse Veränderungen hervorrufen, was in der Szenarioanalyse nicht berücksichtigt wird.

Ein weiterer Kritikpunkt ist die Tatsache, dass sich die Szenarioanalyse zu stark an rein **quantitativen Aspekten** einer Problemlage orientiert (z. B. veränderte Umsatz- oder Absatzzahlen eines Produktes). Qualitative Aspekte werden ausgespart, da sie schwieriger in die Ermittlung von Trends integriert werden können. Insgesamt ist die Szenarioanalyse ein recht aufwendiges Verfahren, weshalb Unternehmen die Opportunitätskosten der Durchführung einer solchen Analyse nicht unberücksichtigt lassen sollten.

Prinzipiell bestimmen zwei wesentliche Faktoren grundlegend die Qualität der Ergebnisse einer Szenarioanalyse. Zum einen die methodische und fachliche **Kenntnis des Teams**, das die Analyse durchführt, und zum anderen die **Güte der Informationen**, die als Grundlage der Analyse dienen. Problematisch ist die Durchführung einer Szenarioanalyse also insbesondere dann, wenn die dafür verantwortlichen Personen wenig Erfahrung mit der Methode oder geringe Kenntnisse des Untersuchungsfeldes besitzen. Hinsichtlich der Informationen, die in die Analyse eingehen, ist es zunächst wichtig, dass die benötigten Informationen überhaupt zugänglich sind. Aber auch die Verlässlichkeit der verfügbaren Informationen ist von Relevanz, wenn es um die Güte der prognostizierten Alternativszenarien geht. Abschließend lässt sich also festhalten, dass die Szenarioanalyse hohe Anforderungen an Personen und Informationen stellt, um brauchbare Ergebnisse liefern zu können.

3.3.3   Methoden zur Analyse des Marktes

3.3.3.1   Grundidee

Neben der Analyse der globalen Umwelt interessiert ein Unternehmen auch die detaillierte Analyse des Marktes, in dem es agiert. Dabei ist eine **Abgrenzung des relevanten Marktes** vorzunehmen, womit sich Kap. 4 eingehender beschäftigt. Bei der Analyse des relevanten Marktes spielen neben generellen Marktcharakteristika wie Marktvolumen oder Marktwachstum insbesondere Aspekte der Wettbewerbssituation, beispielsweise die Wettbewerbsintensität oder das Verhalten der Konkurrenten, eine Rolle. Folgende beispielhafte Fragestellungen können mit Hilfe einer umfassenden Marktanalyse untersucht werden:

- Identifikation der relevanten Wettbewerber (z. B. sind seit einigen Jahren auch die Produzenten von Mobiltelefonen Konkurrenten für die Hersteller von Fotoapparaten, da die meisten Mobiltelefone heutzutage über eine Fotokamerafunktion verfügen)
- Analyse des Marktwachstumspotentials (z. B. Vergleich des Marktwachstum der Speichermedien DVD vs. Blu-ray Disc)
- Ermittlung von Markteintritts- oder Marktaustrittsbarrieren (z. B. werden im Lebensmittelbereich häufig teure Produktionsanlagen benötigt, was einen schnellen Einstieg neuer Wettbewerber in den Markt verhindert)
- Untersuchung der Situation der Lieferanten und Händler (z. B. um zu identifizieren, ob in Zukunft aufgrund von Konzentrationsprozessen ein erhöhter Einfluss der Händler oder Lieferanten auf das Unternehmen zu erwarten ist)
- Bestimmung der strategischen Position von Märkten oder einzelnen Produkten (z. B. wurden Kassetten und Videorekorder von alternativen, überlegenen Technologien überholt)

Im weiteren Verlauf werden **vier bedeutsame Verfahren** bzw. Denkansätze vorgestellt, die sich zur Beantwortung solcher Fragestellungen eignen. Eine klassische Methode der Marktanalyse ist die Branchenanalyse nach Porter. Das Value Net versucht Kritikpunkte am Modell von Porter zu kompensieren und stellt daher eine Weiterentwicklung der Perspektive der Branchenstrukturanalyse dar. Darüber hinaus können Überlegungen zu Erfahrungskurveneffekten sowie die Betrachtung des Lebenszyklus von Märkten, Produktlinien oder einzelnen Produkten Aufschluss über zukünftige Potentiale geben.

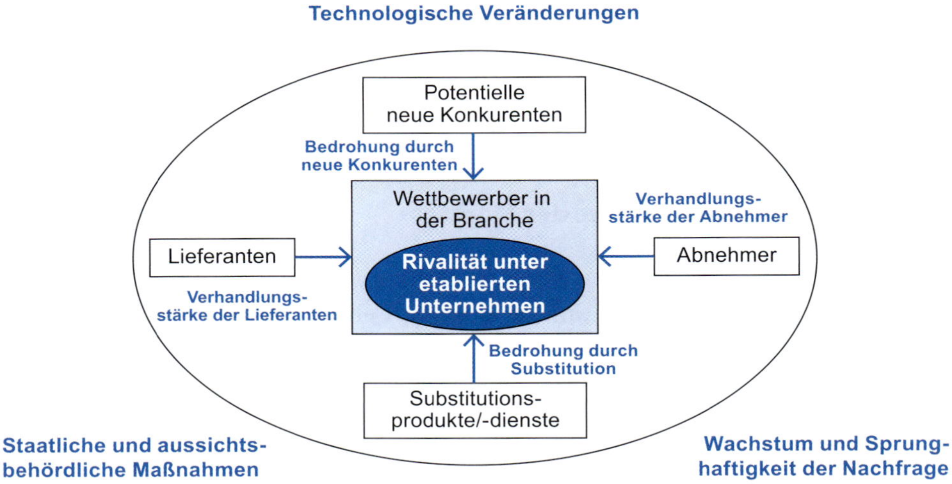

Abb. 3.6 Fünf-Kräfte-Modell der Wettbewerbsintensität (Quelle: In Anlehnung an Porter 1980, S. 26)

3.3.3.2   Branchenanalyse

Die **Branchenanalyse** ist auch als **Fünf-Kräfte-Modell** der Wettbewerbsintensität bekannt. Das von Porter (1980) entwickelte Modell betrachtet die Wettbewerbsintensität in einem Markt sowie vier Faktoren, die Auswirkungen auf die derzeitige Wettbewerbsintensität haben. Bei den fünf Kräften handelt es sich dementsprechend um:

- die Rivalität unter den Wettbewerbern
- die Verhandlungsstärke der Lieferanten
- die Verhandlungsmacht der Abnehmer
- die Bedrohung durch neue Konkurrenten
- die Bedrohung durch Ersatzprodukte

Abbildung 3.6 zeigt die grafische Darstellung des Fünf-Kräfte-Modells.

Die **fünf Wettbewerbskräfte** verdeutlichen, wie sich Verhandlungen mit den Lieferanten respektive den Abnehmern, die Rivalität unter den Wettbewerbern sowie das mögliche Eintreten von Konkurrenten in den Markt bzw. die Bedrohung von Substitutionsprodukten auf das Gewinnpotential auswirken. Alle fünf Wettbewerbskräfte einer untersuchten Branche stehen dabei unter dem Einfluss von technologischen Veränderungen, staatlichen und aufsichtsbehördlichen Maßnahmen und dem Wachstum sowie der Sprunghaftigkeit der Nachfrage. Betrachtet man die Marktdeterminanten im Einzelnen, so wird die Ausprägung dieser Determinanten und ihr Einfluss auf die Wettbewerbsintensität von zahlreichen ökonomischen und technischen Einflussfaktoren bestimmt.

Dies betrifft zunächst die **Verhandlungsmacht der Nachfrager**, wobei unter Nachfragern sowohl Konsumenten als auch andere Unternehmen (z. B. im Fall von Zuliefererunternehmen) verstanden werden. Zunehmende Verhandlungsmacht führt dazu, dass die Nachfrager Druck auf die Preise ausüben sowie verbesserte Leistungen verlangen und dabei die Anbieter gegeneinander ausspielen. Entsprechend sind die Nachfrager bemüht, ihre Verhandlungsposition durch Machterwerb zu verbessern. Ansatzpunkte hierzu bestehen immer dann, wenn durch Konzentration (wie im Lebensmittelhandel) oder Kooperationen (z. B. bei Einkaufsgenossenschaften) Abnehmer ihre Nachfrage bündeln oder Rückwärtsintegration, d. h. die Übernahme des zuliefernden Unternehmens, zumindest androhen. Darüber hinaus besteht eine hohe Nachfragermacht dann, wenn das angebotene Gut für die Qualität der Leistung, in die es eingeht, unerheblich ist. Wenn es den Nachfragern gelingt, ihre Verhandlungsmacht zu erhöhen, führt dies typischerweise zu einer Steigerung der Wettbewerbsintensität innerhalb der jeweiligen Branchen, die Branchenrenditen sinken.

Die Wettbewerbsintensität in einer Branche steigt nicht nur bei zunehmender Verhandlungsmacht der Nachfrager, sondern auch bei erhöhter **Rivalität unter den Anbietern** einer Branche. Diese Rivalität ist immer dann besonders hoch, wenn Märkte stagnieren und der Kampf um Marktanteile einsetzt, hohe Fixkosten die Auslastung von Kapazitäten erzwingen oder hohe Austrittsbarrieren verhindern, dass eine Kapazitätsbereinigung im Markt erfolgt. Ein Beispiel für eine besonders wettbewerbsintensive Branche aufgrund von hoher Rivalität unter den bestehenden Anbietern ist die Telekommunikationsbranche. Durch ständig verbesserte Tarife und Angebote versuchen die Telekommunikationsunternehmen Kunden von der Konkurrenz abzuwerben.

Neue Anbieter können ebenfalls die Wettbewerbsintensität innerhalb einer Branche maßgeblich erhöhen. Ein prominentes Beispiel für den Eintritt neuer Anbieter in einen bestehenden Markt ist das Unternehmen *Apple*, das mit seinem *iPhone* den etablierten Mobilfunkproduzenten Konkurrenz macht. Die Gefahr, dass neue Anbieter in einen Markt eintreten, ist von der Höhe der Markteintrittsbarrieren, aber auch von der Fähigkeit der potentiellen Wettbewerber abhängig, diese Barrieren zu überwinden. Die Höhe der Markteintrittsbarrieren wird von vielfältigen Einflussfaktoren bestimmt. Hierzu zählen beispielsweise „economies of scale" der etablierten Anbieter, also die Erzielung erheblicher Stückkostendegressionen aufgrund großer Produktionsmengen, aber auch hohe Kapitalbedarfe für den Eintritt in eine Branche oder der fehlende Zugang zu Vertriebskanälen. Die Struktur einer Branche wird vor diesem Hintergrund nicht zuletzt dadurch bestimmt, inwieweit es den etablierten Anbietern gelingt, Markteintrittsbarrieren aufzubauen.

Als vierte Kraft beeinflussen **Substitutionsprodukte bzw. -dienstleistungen** die Wettbewerbsintensität innerhalb einer Branche, wenn sie entweder den etablierten Gütern technisch überlegen sind oder kostengünstiger hergestellt und damit preisgünstiger angeboten werden können. Von Substitutionsprodukten kann die stärkste Veränderung der Wettbewerbsstrukturen ausgehen, wenn über neue Technologien das Know-how der klassischen Anbieter obsolet wird. So führten die Verbreitung des Internets und die damit verbundene Möglichkeit des Versands von Emails zu einer Reduktion an versendeten Briefen.

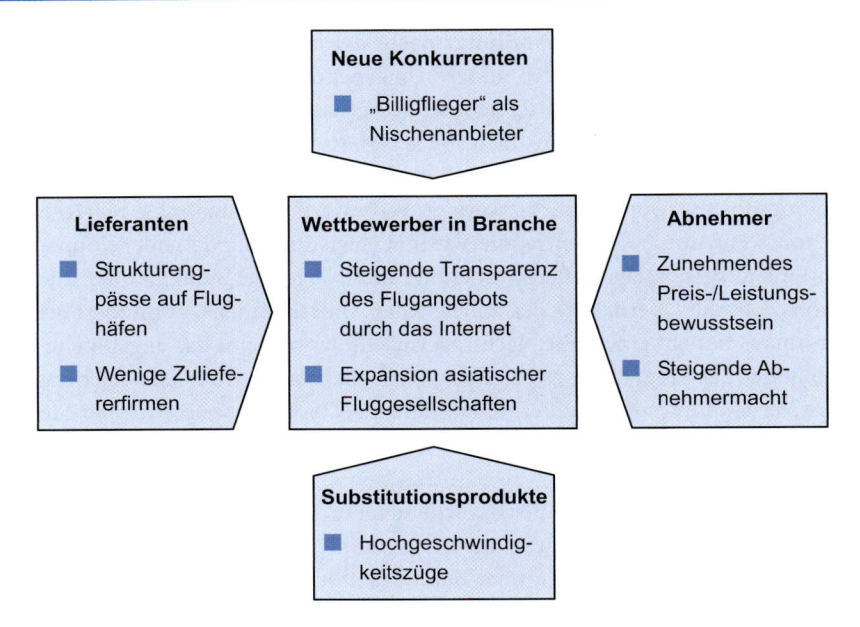

Abb. 3.7 Beispiel der Branchenanalyse im Luftverkehr

Ferner determiniert die **Angebotsmacht der Zulieferer** die Wettbewerbsintensität. Auch Zulieferer sind ähnlich den Abnehmern daran interessiert, durch Machterwerb Preissteigerungen durchzusetzen. Der Machterwerb vollzieht sich ähnlich wie beim Abnehmer durch Konzentration oder Kooperation, durch glaubwürdige Androhung einer Vorwärtsintegration oder dadurch, dass es dem Zulieferer gelingt, die gelieferte Leistung als wesentlichen Bestandteil des Folgeproduktes zu etablieren. Ein Beispiel hierfür ist das Unternehmen Intel, dessen Prozessoren in den Endprodukten mit dem Slogan „Intel Inside" vermarktet werden. Intel-Prozessoren haben so bei den Endabnehmern eine hohe Bedeutung bei der Kaufentscheidung erlangt, was die Macht des Zulieferers Intel erhöht. Ein komplettes Beispiel der Branchenanalyse in der Luftverkehrsbranche liefert Abb. 3.7.

Anhand der fünf Marktdeterminanten ist es möglich, die **Wettbewerbsstrukturen in breit abgegrenzten Märkten** zu kennzeichnen und die Triebkräfte der Wettbewerbsintensität zu erkennen. Das Modell stellt daher einen wichtigen Ansatz für die strategische Marktanalyse dar. Ein wesentlicher Vorteil des Fünf-Kräfte-Modells besteht darin, dass die Branchenanalyse mögliche Marktentwicklungen berücksichtigt und nicht nur den Status Quo analysiert. Als nachteilig ist dagegen zu werten, dass alle wirkenden Kräfte als Bedrohung der Macht und damit des Gewinns des Unternehmens betrachtet werden. Die Option der Kooperation wird nicht betrachtet.

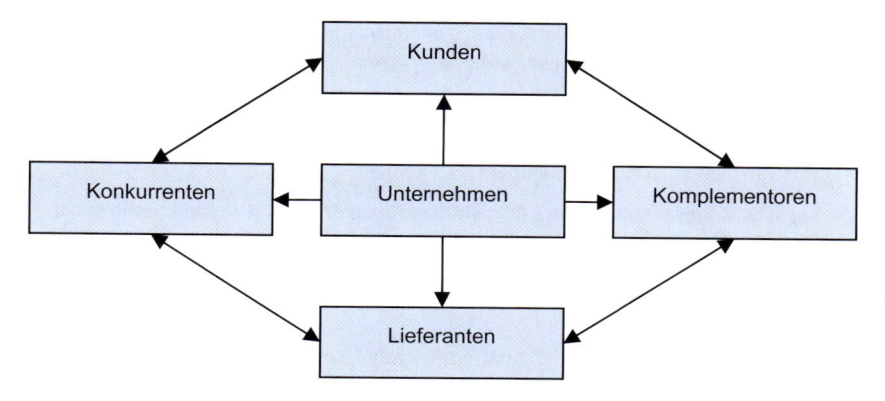

Abb. 3.8 Value Net nach Brandenburger und Nalebuff (1996)

3.3.3.3 Value Net

An dieser Schwachstelle setzt das Konzept des Value Nets an, das von Brandenburger und Nalebuff (1996) vorgestellt wurde. Die Autoren deuten auf den „blinden Fleck" der Branchenanalyse nach Porter hin, wonach alle anderen Marktteilnehmer (Nachfrager, Zulieferer, Wettbewerber etc.) als Profitabilitätsbedrohung angesehen werden. Das **Value Net** erweitert diese Perspektive, indem es berücksichtigt, dass Interaktionen mit Lieferanten, Kunden und anderen Unternehmen auch Chancen beinhalten können. Das Value Net trägt dieser Tatsache Rechnung und ist deshalb auch als Konzept der Coopetition bekannt.

Das Value Net kann grafisch ähnlich wie die Branchenanalyse nach Porter dargestellt werden (Abb. 3.8), setzt aber eine **erweiterte Denkweise** voraus. Es geht darum, in Ergänzungen zu denken, um so Wertschöpfungspotential in der Branchenstruktur zu erkennen, was sich auch im Namen Value Net (Wertnetz) widerspiegelt. Mit Hilfe des Value Nets sollen jene Akteure erkannt werden, die ergänzende Produkte und Dienstleistungen anbieten und somit potentielle Kooperationspartner darstellen. So kann beispielsweise ein Automobilzulieferer gemeinsam mit der abnehmenden Herstellerfirma an einer neuen Technologie für Bordcomputer arbeiten.

Wie auch die Branchenanalyse orientiert sich die Darstellung des Value Nets zunächst am vertikalen Güterfluss, d. h. von den Lieferanten zum Unternehmen und anschließend zum Abnehmer. Während in der horizontalen Ebene der Branche bisher nur konkurrierende Unternehmen bzw. Produkte betrachtet wurden, führt das Value Net als neuen Aspekt die **Komplementoren**, also mögliche Kooperationspartner, ein. Hierbei ist es wichtig, Konkurrenten und Komplementoren nicht nur aus Unternehmens-, sondern auch aus Kunden- und Lieferantensicht zu definieren. Eine Kooperation zweier Unternehmen, die aus Kundensicht sinnvoll erscheint, weil z. B. durch bessere Abstimmung zwischen den Unternehmen ein höherer Kundennutzen generiert werden kann, bietet auch für die kooperierenden Unternehmen Wettbewerbsvorteile.

1. Leitsatz: Zuerst das Value Net für das eigene Unternehmen aufstellen, bevor strategische Schlüsse gezogen werden.

2. Leitsatz: Beachten, dass Akteure des Value Nets meist mehrfache Rollen spielen.

3. Leitsatz: Berücksichtigen, dass Akteure, die typischerweise Konkurrenten darstellen, auch Komplementoren sein können.

4. Leitsatz: Komplementorische Effekte können leichter erkannt werden, wenn in der zeitlichen Abfolge „Märkte schaffen, Märkte aufteilen" gedacht wird (Unternehmen sind oft Komplementoren bei der Schaffung von Märkten und Konkurrenten bei der Aufteilung von Märkten).

Abb. 3.9 Leitsätze zur Aufstellung und Analyse des Value Nets

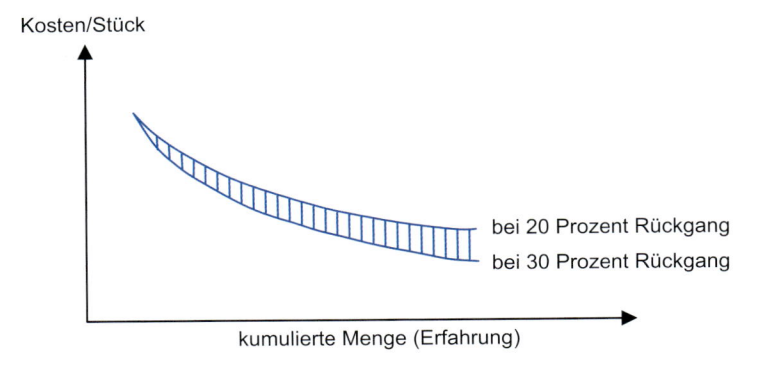

Abb. 3.10 Grafische Darstellung der Erfahrungskurve

Hinsichtlich der Aufstellung und Analyse des Value Nets formulieren Brandenburger und Nalebuff verschiedene **Empfehlungen**, die vereinfacht in vier zentralen Leitsätzen wiedergegeben werden können (Abb. 3.9). Die Leitsätze heben insbesondere hervor, dass die Komplementoren-Perspektive nicht zu vernachlässigen ist.

3.3.3.4 Erfahrungskurvenmodell

Eher ein Denkansatz als ein komplettes Analysemodell ist das **Erfahrungskurvenkonzept** (Homburg und Krohmer 2006, S. 354 ff). Die Erfahrungskurvenanalyse basiert auf empirisch abgeleiteten Erkenntnissen über den Zusammenhang zwischen der im Zeitablauf gesammelten Erfahrung mit der Produktion von Gütern und der Entwicklung der jeweiligen Stückkosten. Die Kernaussage lautet, dass mit jeder Verdopplung der kumulierten Ausbringungsmenge die rein auf die Wertschöpfung bezogenen Stückkosten um ca. 20 bis 30 % sinken können. Abbildung 3.10 verdeutlicht diesen Zusammenhang.

Zur Erklärung des Erfahrungskurvenmodells dienen **Lernkurveneffekte**, Größendegressionseffekte, Innovationen und Rationalisierungsmaßnahmen:

- Lernkurveneffekte führen zu sinkenden Kosten, da die Arbeitsgänge mit zunehmender Wiederholung effizienter gestaltet und ausgeführt werden. Es kann z. B. zu einer verbesserten Nutzung der Rohstoffe oder zu geringeren Umrüstzeiten kommen. Lernkurveneffekte werden als Hauptgrund für Erfahrungskurveneffekte angesehen.
- Bei Größendegressionseffekten entsteht der kostensenkende Effekt dadurch, dass mit dem Erreichen einer bestimmten Betriebsgröße Maschinen besser ausgenutzt werden können.
- Der technologische Fortschritt erschließt Kostensenkungspotentiale, weil dadurch verbesserte Technologien und Maschinen sowie effizientere Verfahren der Produktionssteuerung oder der Produktionsablaufgestaltung zur Verfügung stehen.
- Rationalisierungsmaßnahmen tragen zu einer Reduktion der Stückkosten bei, indem eine Verbesserung der Wirtschaftlichkeit betrieblicher Prozesse und Strukturen angestrebt wird. Rationalisierungsmaßnahmen stellen im Prinzip die Umsetzung bzw. Ausnutzung der Kostensenkungspotentiale dar.

Die Ermittlung der Erfahrungskurve dient insbesondere dazu, mögliche **Preisspielräume** frühzeitig zu identifizieren oder **unzureichende Prozessabläufe**, die einem Erfahrungsaufbau bei dem Mitarbeitern entgegenstehen, aufzudecken. In diesem Zusammenhang wird das Wesen der Erfahrungskurve deutlich. Der Erfahrungskurveneffekt zeigt allenfalls das Potential zur Kostensenkung auf. Die Ausnutzung des Potentials kommt nicht einem Naturgesetz gleich, sondern muss im Rahmen der strategischen Planung umgesetzt werden.

Aus dem Konzept der Erfahrungskurve leiten sich **zwei grundlegende Empfehlungen** für Unternehmen ab. So sollten Unternehmen einerseits Wachstumsmärkte bevorzugen und andererseits den Ausbau des Marktanteils anstreben, um das Potential der Kostensenkung auszunutzen. Das Modell besitzt aber auch einige Kritikpunkte:

- Es liegt eine stark eingegrenzte Sichtweise vor, da nur Kosten betrachtet werden. Zudem ist die Abgrenzung des Kostenbegriffs unklar.
- Die Wahl der Bezugsgröße ist kritisch zu betrachten: Es wird unterstellt, dass die Marktanteile bzw. die abgesetzte Menge auch der tatsächlich produzierten Menge entspricht.
- Kapazitätsgrenzen und Sättigungsmengen finden keine Berücksichtigung.
- Mögliche Erfahrungstransfers zwischen Produkten werden nicht mit in die Betrachtung aufgenommen.

3.3.3.5 Lebenszyklusanalysen

Ein weiteres, wichtiges Instrument zur Analyse des Marktes ist die **Lebenszyklusanalyse**, die der Bestimmung der strategischen Position einzelner Produkte, Produktlinien oder ganzer Märkte dient (Homburg 2000). Lebenszyklusanalysen beruhen auf der Annahme, dass jedes Produkt oder auch ganze Märkte bestimmte Lebenszyklusphasen durchlaufen, die durch unterschiedliche Absatz- und Gewinnpotentiale gekennzeichnet sind. Aus der Analyse der einzelnen Phasen ergeben sich Hinweise für die Charakterisierung der Markt-

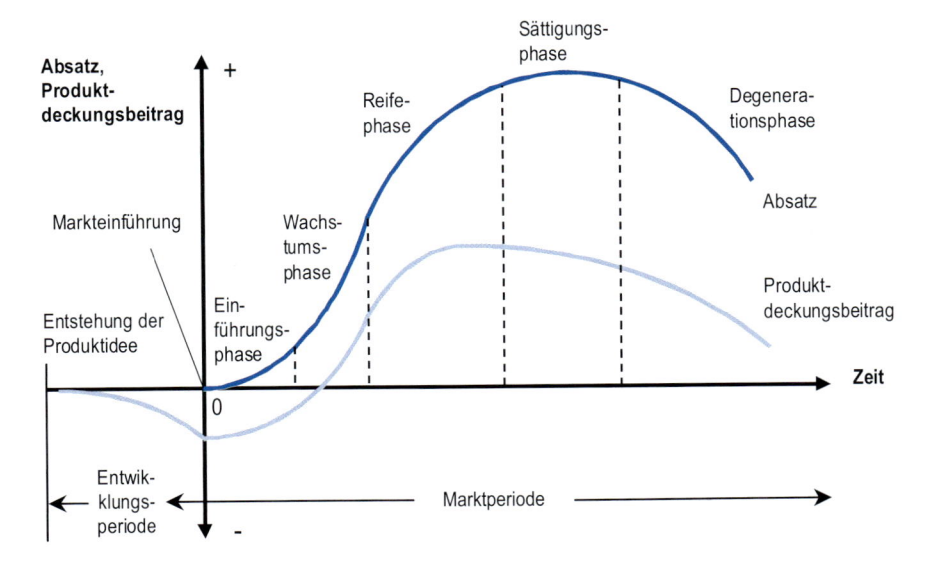

Abb. 3.11 Der Produktlebenszyklus (Quelle: In Anlehnung an Homburg 2000)

situation, und es lassen sich Anhaltspunkte für die Leistungsgestaltung sowie zu ergreifende wettbewerbsorientierte Maßnahmen ableiten. Je nachdem, ob das analysierte Objekt ein einzelnes Produkt (z. B. Geländewagen) oder eine ganze Branche (z. B. Automobilbranche) ist, spricht man von Produkt- bzw. Marktlebenszyklus. Im Folgenden wird das Prinzip des Produktlebenszyklus vorgestellt, eine Analyse des gesamten Marktes kann jedoch analog erfolgen.

Ein Produktlebenszyklus hat idealtypischerweise den in Abb. 3.11 dargestellten **Verlauf**. Dabei repräsentiert die Abszisse die Zeitachse, während die Ordinate die Höhe des Absatzes und des Produktdeckungsbeitrages zum Ausdruck bringt. Grundsätzlich geht das Modell davon aus, dass jedes Produkt – unabhängig von seinem spezifischen Umsatzverlauf – zunächst steigende und dann sinkende Grenzumsätze erzielt und dabei unabhängig von seiner absoluten Lebensdauer ganz bestimmte Phasen durchläuft.

Klassischerweise unterscheidet das Lebenszyklusmodell fünf Phasen:

- Einführungsphase
- Wachstumsphase
- Reifephase
- Sättigungsphase
- Degenerationsphase

Die **Einführungsphase** reicht von der Einführung des Produktes bis kurz vor das Erreichen der Gewinnschwelle. Nach der Markteinführung kann das Unternehmen zunächst nur einen geringen Absatz und damit auch nur geringe Umsätze verbuchen. Neben den entstandenen Entwicklungskosten fallen zu Beginn Investition, z. B. in Werbung an, um das Produkt bekannt zu machen. Daneben ist das Distributionsnetz aufzubauen und durch die Bereitstellung einer ausreichenden Produktionskapazität die Versorgung potenzieller Käufer vorzubereiten. Diese Aktivitäten führen in der Regel zu anfänglichen Verlusten.

In der **Wachstumsphase** hingegen wird die Gewinnschwelle erreicht und die Gewinne übersteigen die Verluste. In dieser zweiten Phase nimmt der Absatz am stärksten zu. Nachdem in der Einführungsphase einige Pioniere das Produkt erworben haben, erreicht es in der Wachstumsphase die breite Masse der Nachfrager. Aus diesem Grund treten jedoch auch immer mehr Wettbewerber in den Markt ein, was einen stärkeren Preiswettbewerb zur Folge hat.

In der **Reifephase** erreicht die Erlöskurve (in Abb. 3.11 die Produktdeckungsbeitragskurve) ihr Maximum. Das Produkt ist im Markt nun bekannt und es sind beispielsweise weniger Ausgaben für Werbung nötig. Nach dem hohen Absatz- und Umsatzwachstum in den ersten beiden Phasen, sind in der Reifephase jedoch erstmals sinkende Wachstumsraten des Absatzes zu verzeichnen, die Nachfrager reagieren nun preiselastischer. Um sich von den Mitbewerbern abzuheben, wählen die Anbieter in der Reifephase verstärkt Differenzierungsstrategien (vgl. Kap. 4). Während die Preispolitik an Bedeutung verliert, nimmt die Relevanz der Produktpolitik zu.

Auf die Reifephase folgt die **Sättigungsphase**, in der das Absatzmaximum erreicht wird. Von da an bewegen sich die Wachstumsraten des Absatzes im negativen Bereich. Die Nachfrage reagiert äußerst elastisch auf Preiserhöhungen, während sich die Konsumenten bei Preissenkungen relativ unelastisch zeigen. In dieser Phase werden Produktvariation und -differenzierung immer wichtiger, um beispielsweise durch einen Relaunch einen Wiederanstieg des Absatzes zu bewirken und so den Produktlebenszyklus künstlich zu verlängern. Diese Option wird häufig von der Automobilindustrie genutzt.

Ist eine Verlängerung des Lebenszyklus nicht möglich oder nicht erfolgreich, tritt das Produkt in die letzte Phase, die **Degenerationsphase**, ein. Diese Phase ist durch sinkende Absatz- und Umsatzzahlen gekennzeichnet. Die Folge sind abnehmende Produktdeckungsbeiträge und niedrigere Gewinne. Schließlich werden in der Degenerationsphase die Marketingaktivitäten (z. B. Werbung) eingeschränkt oder ganz eingestellt. Die übrig gebliebenen Anbieter sehen sich stattdessen nach anderen, erfolgversprechenden Märkten um.

Das Lebenszykluskonzept kommt in der Praxis des Produktmanagements gerne zur Anwendung, weil es zu einer **Verbesserung der Entscheidungsgrundlage** bei Produktentscheidungen beiträgt. Das Modell besitzt allerdings auch einige Nachteile (Bauer und Fischer 2000), die im Folgenden angesprochen werden sollen:

- Das Produktlebenszyklusmodell ist nicht allgemeingültig – es mangelt an differenzierten Forschungen, in denen Lebenszyklen bestimmte Güterkategorien nachgewiesen werden.
- Der idealtypische Verlauf des Lebenszyklus stellt eine starke Vereinfachung der Realität dar, empirisch beobachtete Lebenszyklen verlaufen häufig anders.

- Lebenszyklen stellen kein unumstößliches Faktum dar, sondern sind durch absatzpolitische Aktivitäten (Beispiel Relaunch) beeinflussbar.
- Es existieren keine eindeutigen Kriterien zur Abgrenzung der einzelnen Phasen.

Dennoch liefert das Lebenszyklusmodell einige **wichtige Denkanstöße** für das Produktmanagement. So betont es die Tatsache, dass Produkte bzw. Märkte nur eine begrenzte Lebensdauer besitzen. Außerdem verdeutlicht der Produktlebenszyklus, dass in den einzelnen Phasen unterschiedliche Erfolgsfaktoren und Marketingaktivitäten von Relevanz sind. Während in der Einführungs- und Wachstumsphase das Augenmerk auf der Bekanntmachung und Vermarktung des Produktes liegen sollte, ist in den späteren Phasen dagegen das Erreichen eines hohen Marktanteils von größerer Bedeutung für den Unternehmenserfolg.

3.3.4 Methoden zur Analyse des Unternehmens

3.3.4.1 Grundidee
Für ein erfolgreiches Produktmanagement ist es nicht nur wichtig zu wissen, wie sich die Umwelt und der relevante Markt verhalten. Vielmehr ist es auch von Interesse, wie es um die **strategische Ausgangssituation** des Unternehmens bestellt ist. Folgende beispielhafte Fragestellungen stehen bei der Analyse des Unternehmens im Vordergrund:

- Was sind aus Sicht des Kunden die Stärken und die Schwächen des Unternehmens?
- Wo bestehen ungenutzte Potenziale?
- Wie ist das Unternehmen im Vergleich zu seinen Konkurrenten aufgestellt und was kann es von den Wettbewerbern lernen?
- In welche Richtung wird bzw. sollte sich das Unternehmen in Zukunft entwickeln?

Fünf Methoden, die sich zur Beantwortung dieser Fragen eignen, werden im Folgenden näher vorgestellt: die Gap-Analyse, die Kernkompetenzanalyse, die Wertkettenanalyse, die Stärken-Schwächen-Analyse und das Benchmarking. An dieser Stelle sei angemerkt, dass Analyse des Unternehmens nicht bedeutet, dass das Unternehmen komplett isoliert betrachtet werden sollte. Vielmehr sind **Potenziale eines Unternehmens** auch von den Fähigkeiten und Kompetenzen der Wettbewerber abhängig.

3.3.4.2 Gap-Analyse
Eine erste Methode zur Bestimmung der strategischen Ausgangssituation eines Unternehmens ist die **Gap-Analyse** (Welge und Al-Laham 2008). Die Grundidee dieses Instruments ähnelt der Szenarioanalyse (vgl. Abschn. 3.3.2.4). Auch hier werden Zukunftsprognosen entwickelt, um angemessene Gegenmaßnahmen für mögliche zukünftige Entwicklungen generieren zu können. Im Mittelpunkt des Interesses stehen jedoch nicht wie bei der Szenarioanalyse die Veränderungen der Umwelt, sondern die Entwicklung des Unternehmens

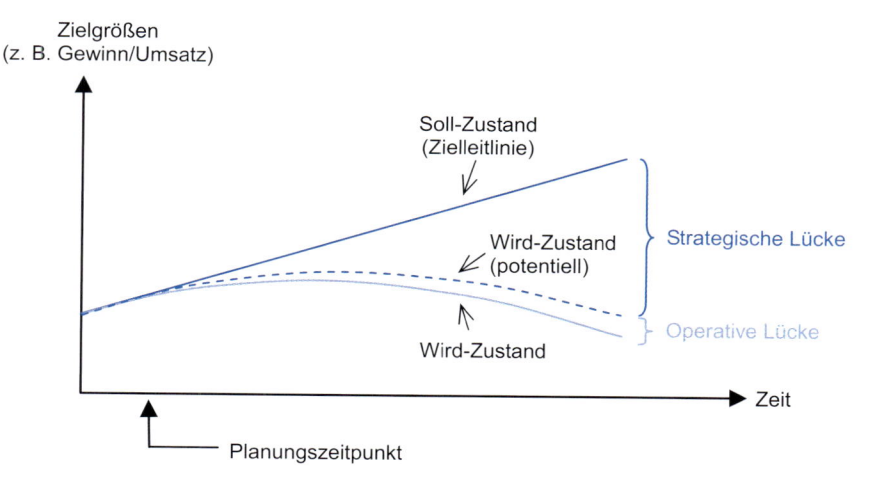

Abb. 3.12 Grundidee der Gap-Analyse (Quelle: In Anlehnung an Becker 2006)

selbst. Die Gap-Analyse verfolgt einen Soll-Wird-Vergleich, um frühzeitig Ziellücken er-kennen und schließen zu können. Ähnlich dem Szenariotrichter kann auch die Idee der Gap-Analyse grafisch dargestellt werden (Abb. 3.12).

Bei der **Durchführung** einer Gap-Analyse gilt es in einem ersten Schritt, die zu be-trachtenden Zielgrößen zu definieren. Üblicherweise verwendet man als Zielgrößen den Gewinn und/oder den Umsatz. Anschließend identifiziert das Unternehmen zeitlich vor-laufende Ergebnisindikatoren (i. S. v. Ursachen der Zielerreichung also Gewinn- bzw. Um-satztreiber). Bei der Identifikation der Ergebnisindikatoren ist darauf zu achten, dass die ausgewählten Treiber eine hohe Korrelation mit den untersuchten Zielen aufweisen.

Mit Hilfe der Indikatoren wird dann der **Zielerreichungsgrad** (d. h. die zukünftigen Gewinne bzw. Umsätze) bei Weiterführung der Unternehmensgeschäfte wie bisher (Wird-Zustand) prognostiziert. Ebenfalls indikatorengeleitet wird eine weitere Zielerreichungs-linie bestimmt, welche die Entwicklung zeigt, die durch Leistungssteigerungen und Ver-besserungen der bestehenden Betriebsabläufe erreicht werden kann (potentieller Wird-Zustand). Daneben legt das Unternehmen die Zielleitlinie (Zieltrajektorie) als Soll-Größe der gewünschten zukünftigen Entwicklung fest. Die Zieltrajektorie definiert durch ihren Verlauf zwangsläufig Zwischenziele („Meilensteine"), die in den kommenden Planungspe-rioden erreicht werden sollen.

Die **Differenzen** zwischen den verschiedenen Entwicklungslinien repräsentieren Lücken (Gaps) der Zielerreichung. Den Bereich zwischen Wird-Zustand und potentiellem Wird-Zustand bezeichnet die Gap-Analyse als operative Lücke. Diese kann beispielsweise durch die Intensivierung der Vertriebsanstrengungen oder die Ausschöpfung von Rationali-sierungspotenzialen geschlossen werden. Die verbleibende Lücke von der potentiellen Zielerreichungslinie zur Zieltrajektorie ist die strategische Lücke. Die Schließung dieser Lücke ist nicht allein durch eine Verbesserung des Basisgeschäfts möglich. Vielmehr bedarf es hier strategischer Optionen wie der Erschließung neuer Märkte durch Export oder eine Produktmodifikation.

Als **vorteilhaft** gilt bei der Gap-Analyse, dass das Unternehmen gezwungen ist, Zielvorstellungen zu konkretisieren und zu quantifizieren. Als Kritikpunkte lassen sich jedoch folgende vier Bereiche nennen:

- Erfolgsindikatoren werden auf Basis der Vergangenheitsentwicklung extrapoliert, vergangene Entwicklungstrends müssen jedoch nicht zwangsläufig in der Zukunft anhalten.
- Nichtberücksichtigung von Stärken und Schwächen des Unternehmens, die zur Lückenschließung beitragen bzw. Ursachen für Ziellücken darstellen können.
- Unvollständigkeit der zur Schließung der strategischen Lücke betrachteten Strategierichtungen: Desinvestitions- und Rückzugsstrategien bleiben unberücksichtigt.
- Konkurrenzsituation wird nicht explizit in die Betrachtung aufgenommen.

3.3.4.3 Kernkompetenzanalyse

Letzterem Kritikpunkt trägt die **Kernkompetenzanalyse** Rechnung (Freiling 2004). Unter Kernkompetenzen versteht man die Kombination von Ressourcen in der Form, dass ein dauerhafter Wettbewerbsvorteil entsteht. Kernkompetenzen stellen somit ein Bündel unterschiedlicher Fähigkeiten und Technologien dar, das einen besonderen Kundennutzen generiert und somit dem Unternehmen den Zugang zu einem breiten Spektrum von Märkten ermöglicht. Ein Beispiel hierfür ist die Firma *Apple*. Mit der Kernkompetenz im Bereich Zeitgeist und Design hat sich *Apple* sowohl in der Computerbranche, als auch in den Bereichen Musik und Mobilfunkgeräte etabliert. Am Beispiel Apple wird jedoch auch deutlich, dass nicht allein die Generierung eines Wertes für den Konsumenten zu einem Wettbewerbsvorteil führt. Von einem wirklichen Wettbewerbsvorteil spricht man erst, wenn Kernkompetenzen zudem selten und von den Konkurrenten schwer zu imitieren sind.

Um Kernkompetenzen feststellen zu können, gibt die Kernkompetenzanalyse den Unternehmen eine Art **Checkliste** an die Hand, die Abb. 3.13 zu entnehmen ist (Barney 1991).

In einem ersten Schritt muss das Unternehmen untersuchen, ob ein **Ressourcenbündel** einen entscheidenden Beitrag zu dem aus Kundensicht wahrgenommen Wert eines Produktes leistet. Kann diese Frage mit Ja beantwortet werden, muss das Unternehmen als Nächstes prüfen, ob andere Wettbewerber auch über die entsprechende Ressourcenkombination verfügen. Ist dies der Fall, spricht man von Wettbewerbsparität. Wenn die Kernkompetenz hingegen selten, aber nicht schwierig zu imitieren ist, liegt ein zeitlich begrenzter Wettbewerbsvorteil vor. Ein Wettbewerbsvorteil ohne zeitliche Einschränkung ist dann gegeben, wenn die gebündelten Ressourcen auch schwer imitierbar sind. Im besten Fall existieren zudem keine Substitute der Kernkompetenz, d. h. die Ressourcenkombination kann nicht durch andere Produkte und Fähigkeiten ersetzt werden. Dann verfügt das Unternehmen über einen nachhaltigen Wettbewerbsvorteil gegenüber seiner Konkurrenz.

Wertvoll für Kunde	Selten	Schwer zu imitieren	Ohne Substitute	Konsequenzen für die Wettbewerbssituation
Nein	-	-	-	Wettbewerbsnachteil
Ja	Nein	-	-	Wettbewerbsparität
Ja	Ja	Nein	-	Zeitlich begrenzter Wettbewerbsvorteil
Ja	Ja	Ja	Nein	Wettbewerbsvorteil
Ja	Ja	Ja	Ja	Dauerhafter Wettbewerbsvorteil

Abb. 3.13 Kernkompetenzanalyse

Ein **Vorteil** der Kernkompetenzanalyse ist die Tatsache, dass die im Unternehmen vorhandenen Ressourcen nicht länger nur getrennt voneinander analysiert werden. Dies ist insbesondere vor dem Hintergrund der zunehmenden Dynamisierung von Märkten und sich schnell ändernden Marktbedingungen immer wichtiger. Denn Kernkompetenzen ermöglichen ein Überleben des Unternehmens auch bei sich verändernden Rahmenbedingungen, da sie auf vielen Märkten und unter verschiedenen situativen Umständen einsetzbar sind. Kernkompetenzen nutzen sich bei Gebrauch zudem nicht ab wie materielle Güter.

Allerdings müssen Kernkompetenzen zunächst durch **kollektive Lernprozesse** im Unternehmen, die mit teilweise erheblichen spezifischen Investitionen in Human- und Sachkapital einhergehen, aufgebaut und anschließend permanent gepflegt sowie im Rahmen intensiver Lern- und Experimentierprozesse kontinuierlich weiterentwickelt und ausgebaut werden. Über das Vorgehen bei Aufbau, Weiterentwicklung und Ausbau von Kernkompetenzen gibt die Kernkompetenzanalyse jedoch keinerlei Auskünfte. Sie stellt lediglich ein Instrument zur Bestandsaufnahme dar.

3.3.4.4 Wertkettenanalyse

Auch die **Wertkettenanalyse** dient der Identifikation von potentiellen Wettbewerbsvorteilen eines Unternehmens. Während die Kernkompetenzanalyse lediglich vier Eigenschaften von Kernkompetenzen aufzeigt und dem Produktmanagement selbst die Aufgabe überlässt, Ressourcenkombinationen, die dauerhafte Wettbewerbsvorteile sein können, zu identifizieren, spezifiziert die Wertkettenanalyse eine Möglichkeit, wie die Suche nach Kernkompetenzen bzw. Wettbewerbsvorteilen gestaltet werden kann. Die Wertkettenanalyse – auch Analyse der Wertschöpfungskette genannt – wurde von Porter (1980) entwickelt und geht funktionsorientiert, d. h. entlang der einzelnen Unternehmensfunktionen, vor.

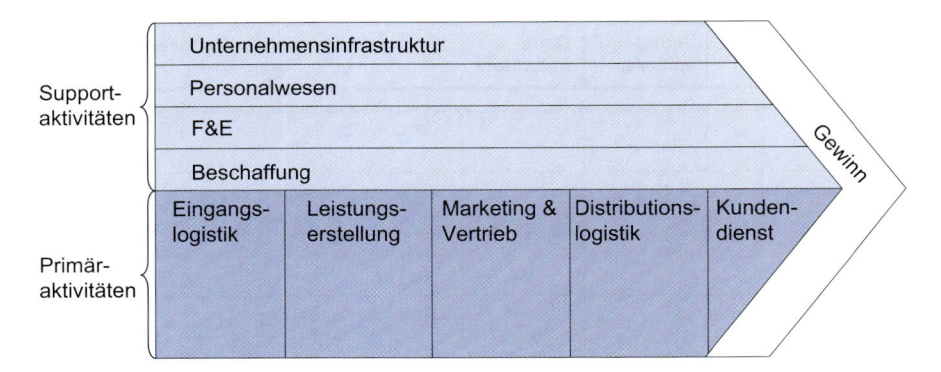

Abb. 3.14 Wertschöpfungskette eines Unternehmens (Quelle: Porter 1999, S. 66)

Gemäß dem Grundgedanken der Wertkettenanalyse repräsentiert ein Unternehmen eine Kombination wertschöpfender Aktivitäten, mit deren Hilfe Rohstoffe in ein fertiges Produkt transformiert werden. Das Endprodukt ist demnach der vom Unternehmen kreierte Wert, der an den Kunden übertragen wird. Die Höhe dieses Wertes wird durch den Nutzen, den das Produkt für die Kunden stiftet, bestimmt.

Der **Beitrag der Wertkettenanalyse** zur Untersuchung der strategischen Ausgangssituation eines Unternehmens besteht nun darin, entlang der einzelnen Aktivitäten der Wertschöpfungskette Ressourcen und Kernkompetenzen zu ermitteln, die einen Wettbewerbsvorteil darstellen. Der Wertkettenanalyse liegt die Annahme zugrunde, dass jede einzelne Aktivität einen eigenen Wertschöpfungsbeitrag leistet, aber auch eigene Kosten verursacht. Um zu bestimmen, welche Aktivitäten Ausgangspunkt für einen Wettbewerbsvorteil sind, ist die Zerlegung der Wertkette in ihre einzelnen Bestandteile nötig. Abbildung 3.14 zeigt den klassischen Aufbau einer unternehmerischen Wertschöpfungskette.

Grundsätzlich lassen sich **Primär- und Supportaktivitäten** unterscheiden. Primäre Aktivitäten stehen in direktem Bezug zum Produkt, während die Supportaktivitäten eine unterstützende Funktion der Hauptaktivitäten innehaben.

Folgende Funktionen fallen klassischerweise unter die **Primäraktivitäten**:

- Eingangslogistik: Transport, Lagerung und Weiterführung der Rohstoffe
- Leistungserstellung: Umwandlung der Rohstoffe in Produkte
- Marketing und Vertrieb: Vermarktung der fertigen Produkte
- Distributionslogistik: Lagerung und Distribution der Endprodukte
- Kundendienst: Erhaltung und Erweiterung des Produktwertes

Als typische **Supportaktivitäten** gelten dagegen folgende vier Aktivitäten:

- Beschaffung: Einkauf der im Verlauf der Wertschöpfungskette benötigten Rohstoffe
- Forschung und Entwicklung: Verbesserung der Produkte und Prozesse

- Personalwesen: Mitarbeiterrecruiting, Personalentwicklung und Gehaltsabrechnung
- Unternehmensinfrastruktur: Generelles Management des Unternehmens

Neben den Primär- und Supportaktivitäten wird in der Wertschöpfungskette zudem der **Gewinn** aufgezeigt, der sich aus der Differenz von geschaffenem Wert und angefallenen Kosten ergibt.

Im Rahmen der Wertkettenanalyse wird nun für jede einzelne Aktivität untersucht, welche Kosten sie verursacht und welchen **Beitrag zur Wertschöpfung** sie leistet. Um eine dynamische Sichtweise zu erreichen, kann das Unternehmen bei der Analyse auch Kostenvorhersagen und Trendanalysen berücksichtigen. Auf Basis der Kosten-/Nutzenanalyse ist die Identifikation von Kosten- und Werttreibern möglich. Es kann also bestimmt werden, in welchen Bereichen der Wertschöpfungskette das Unternehmen über Kernkompetenzen bzw. Wettbewerbsvorteile verfügt und welche Aktivitäten aufgrund hoher Kosten eliminiert oder outgesourct werden sollten.

Insgesamt stellt die Wertkettenanalyse eine gute **Systematisierungshilfe** zur Analyse der Kosten-/Nutzensituation einzelner Aktivitäten des Unternehmens dar. Sie schärft darüber hinaus das Verständnis für die Notwendigkeit, in Wertsteigerungen („added value") aus Kundensicht zu denken.

Doch auch diese Methode ist nicht frei von Kritik. Folgende Punkte lassen sich als **Nachteile** anführen:

- Zuordnung einzelner Funktionen zu den Primär- bzw. Supportaktivitäten ist fraglich (z. B. Beschaffung)
- Unterstützende Funktionen sind zu undifferenziert (z. B. Trennung von Managementaufgaben und anderen unterstützenden Funktionen notwendig)
- Quantifizierung des Nutzens (insbesondere bei den Supportaktivitäten) ist häufig schwierig
- Zu starke Funktionsorientierung: Wettbewerbsvorteile ergeben sich häufig eher aus übergreifenden Prozessen/Ressourcenkombinationen
- In vielen Branchen unterscheiden sich Primäraktivitäten und ihre Verknüpfungen vom Kettenmodell (z. B. Handel, Beratungen, Universitäten)
- Orientierung an industrieller Produktion macht die Wertkettenanalyse für viele Unternehmen der heutigen Dienstleistungs- und Servicegesellschaft überhaupt nicht anwendbar (bei Geschäftsideen wie Xing oder StudiVZ sind keine Ketten-, sondern Netzstrukturen zu finden)

Darüber hinaus ist die ausschließliche Betrachtung der Wertkette eines einzelnen Unternehmens aufgrund der **künstlichen Isolation** als kritisch zu sehen. Daher haben sich Erweiterungen der Wertkettenanalyse entwickelt, bei denen Verknüpfungen mit Lieferanten und Abnehmern integriert werden oder aber ein Vergleich mit den Wertschöpfungsketten der Wettbewerber vorgenommen wird. Letzteres ist allerdings mit einem hohen Aufwand der Informationsbeschaffung verbunden.

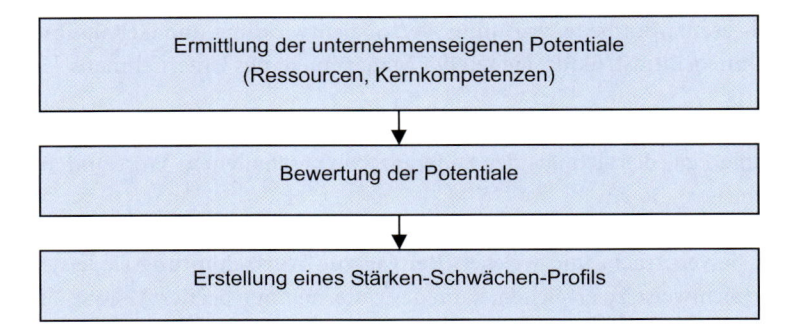

Abb. 3.15 Ablauf der Stärken-Schwächen-Analyse

3.3.4.5   Stärken-Schwächen-Analyse

Ein Instrument, das von vornherein eine vergleichende Perspektive annimmt, ist die **Stärken-Schwächen-Analyse** (Welge und Al-Laham 2008). Wie die Bezeichnung dieser Methode bereits vermuten lässt, besteht das Ziel darin, dem Unternehmen auf systematische Weise eine Vorstellung über seine Stärken und Schwächen im Vergleich zur Konkurrenz oder aber über verschiedene Planungsperioden hinweg zu verschaffen. Strategische Stärken stellen Wettbewerbsvorteile und wichtige Schlüsselkompetenzen des Unternehmens dar. Schwächen sind dagegen dadurch gekennzeichnet, dass es dem Unternehmen in diesen Bereichen an Ressourcen und Kompetenzen fehlt. Wie aus Abb. 3.15 ersichtlich, vollzieht sich der Ablauf einer Stärken-Schwächen-Analyse in drei Schritten.

Zunächst sind die eigenen **Potentiale des Unternehmens** zu ermitteln. Hierbei können die Kernkompetenzanalyse (vgl. Abschn. 3.3.4.3) oder die Wertkettenanalyse (vgl. Abschn. 3.3.4.4) Hilfestellung leisten. Dabei ist es sinnvoll, nicht nur den Status Quo zu betrachten, sondern auch zukünftige Entwicklungen, z. B. neue Technologien, an denen das Unternehmen momentan forscht, mit in die Betrachtung aufzunehmen.

In der zweiten Stufe müssen die ermittelten **Potentiale bewertet** werden. Dies geschieht häufig im Vergleich zu den wichtigsten Konkurrenten. Voraussetzung hierfür ist jedoch, dass dem Unternehmen gesicherte Erkenntnisse über Ressourcen und Kompetenzen der Wettbewerber vorliegen. Alternativ kann eine Bewertung der unternehmenseigenen Potentiale auch durch einen Periodenvergleich erfolgen. In diesem Fall werden die aktuellen Kompetenzen und Ressourcen mit denen einer vergangenen Periode oder auch mit einem erwünschten zukünftigen Soll-Zustand verglichen.

Abschließend kann das Ergebnis des vorgenommenen Vergleichs grafisch anhand eines **Stärken-Schwächen-Profils** dargestellt werden. Darin werden die verglichenen Untersuchungsobjekte (also Unternehmen vs. Konkurrenten oder verschiedene Planungsperioden) hinsichtlich der analysierten Potentiale abgetragen. Abbildung 3.16 stellt ein solches Stärken-Schwächen-Profil dar.

Die Stärken-Schwächen-Analyse ist ein **häufig in der Unternehmenspraxis angewandtes Verfahren**, da sie einen guten systematischen Überblick über Stärken und Schwächen

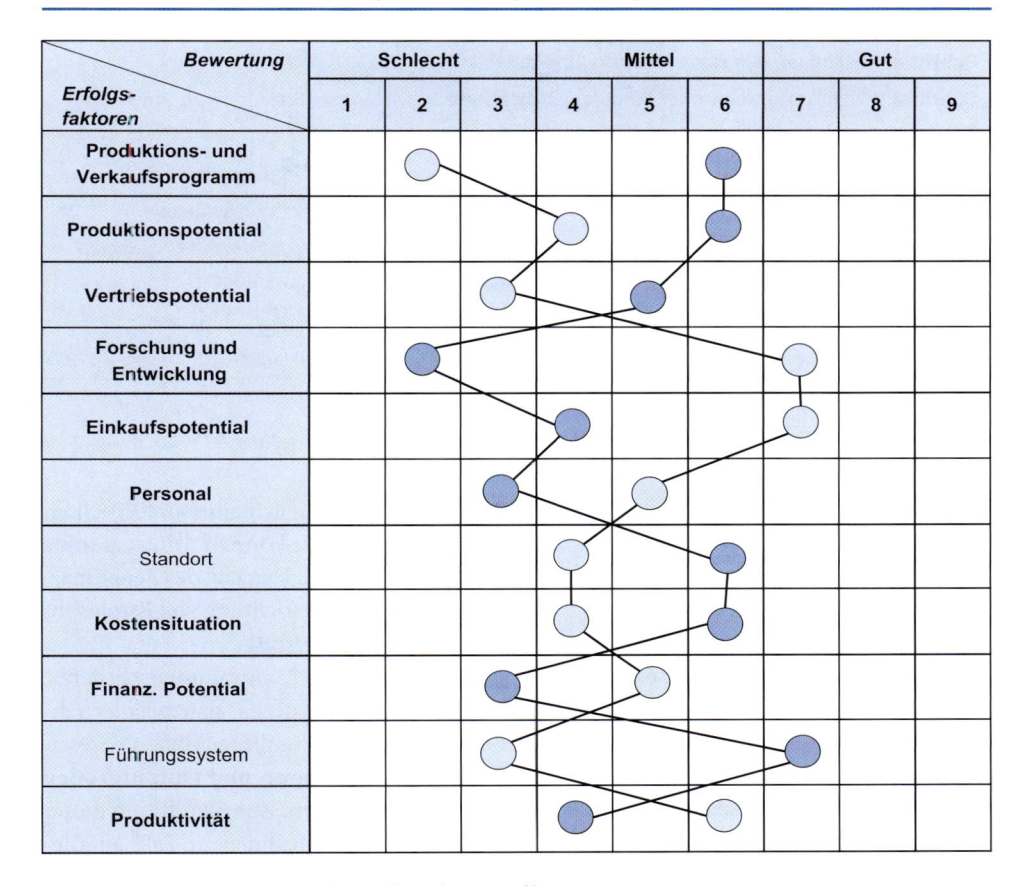

Abb. 3.16   Beispiel eines Stärken-Schwächen-Profils

liefert. Nicht vergessen werden sollte dabei jedoch die Tatsache, dass es sich um eine subjektive Eigenbewertung des Unternehmens handelt. Darüber hinaus werden Interdependenzen von Stärken und Schwächen nicht berücksichtigt. Ein einfaches Beispiel soll das verdeutlichen: So bedingt ein in Ballungsgebieten gelegener Standort zwar die bessere Verfügbarkeit von ausreichend qualifizierten Mitarbeitern und schnellere Wege zu den Kunden, hat aber auch höhere Grundstückspreise bzw. Mieten zur Folge.

3.3.4.6   Benchmarking

Die Stärken-Schwächen-Analyse kann weiterhin als Basis für das Instrument **Benchmarking** dienen. Auch beim Benchmarking erfolgt ein Vergleich des eigenen Unternehmens mit anderen Wettbewerbern des Marktes (Welge und Al-Laham 2008). Dabei werden die Unternehmen anhand von standardisierten Richtgrößen (Benchmarks) verglichen. Der Vergleich kann sich auf das ganze Unternehmen oder aber auf einzelne für das Produktmanagement relevante Bereiche, Produkte bzw. Prozesse beziehen. Ein besonderes Augen-

Schritt 1: Festlegung des Benchmarking-Objekts

Schritt 2: Identifikation relevanter Input-/Outputgrößen zur Leistungsbeurteilung (ggf. Reduktion)

Schritt 3: Ermittlung der Ist-Werte der ausgewählten Kennzahlen

Schritt 4: Identifikation adäquater Referenzobjekte sowie deren Input-/Outputgrößen

Schritt 5: Erstellung einer Effizienzfunktion sowie Bestimmung des Marktdurchschnitts

Schritt 6: Analyse der Stärken/Schwächen des Benchmarking-Objekts durch Soll-/Ist-Vergleich

Schritt 7: Ursachenforschung und Ableitung von Handlungsempfehlungen

Schritt 8: Kommunikation und Umsetzung der Handlungsempfehlungen

Schritt 9: Erfolgskontrolle

Abb. 3.17 Ablauf des Benchmarkings

merk liegt auf denjenigen Wettbewerbern eines Marktes, die bezüglich eines untersuchten Aspektes als vorbildlich gelten (best practice-Konkurrenten). Diese können Anhaltspunkte für eine Leistungsverbesserung des eigenen Unternehmens liefern. Das Ziel des Benchmarking besteht dementsprechend in der wettbewerbsorientierten Ausrichtung von Erfolgspotentialen und Strategien bzw. in einer verbesserten Strategieumsetzung.

Die **Vorgehensweise** beim Benchmarking kann Abbildung 3.17 entnommen werden:

Zunächst gilt es, das **Benchmarking-Objekt** festzulegen, d. h. ob das ganze Unternehmen verglichen werden soll oder nur einzelne Bereiche (z. B. Produktlinien) bzw. Prozesse. Anschließend müssen die zur Leistungsbeurteilung relevanten **Input- und Outputgrößen** (z. B. Qualitätswerte, Kosten oder Zeitdauern) identifiziert werden. Zur Ermittlung dieser Größen bieten sich beispielsweise Workshops mit Experten oder Kunden an. Falls auf diese Weise sehr viele Größen identifiziert werden, sollte das Unternehmen anschließend eine Reduktion auf die wichtigsten Vergleichsgrößen vornehmen.

In einem dritten Schritt erfolgt die **Bestimmung der Ist-Werte** der ausgewählten Größen im eigenen Unternehmen. Um einen Vergleich zu ermöglichen, ist in einem weiteren Schritt die Identifikation adäquater Referenzeinheiten, d. h. Vergleichsobjekte, vonnöten. Nach Ermittlung der Ausprägungen der interessierenden Größen dieser Vergleichsobjekte kann eine Effizienzfunktion erstellt werden (Bauer et al. 2006). Abbildung 3.18 zeigt ein Beispiel für eine Effizienzfunktion, wobei A bis F beispielhafte Vergleichsobjekte darstellen.

Die **Effizienzfunktion** (auch „frontier function") beschreibt die Input-/Output-Verhältnisse der best practice-Unternehmen. Sie ergibt sich grafisch durch das Verbinden derjenigen untersuchten Referenzeinheiten, die für ein bestimmtes Inputniveau den maximalen Output erzeugt haben („effizienter Rand"). Die Effizienzfunktion repräsentiert somit die Referenzpunkte für das Benchmarking. Den Grad seiner eigenen (In-)Effizienz kann ein Unternehmen feststellen, indem es den lotrechten Abstand seiner eigenen Position von der Effizienzfunktion betrachtet. Durch einen solchen Soll-Ist-Vergleich werden Stärken und Schwächen des eigenen Unternehmens deutlich. Meist wird zur besseren Beurteilung der eigenen Position im Markt zudem die average practice-Funktion bestimmt. Diese reprä-

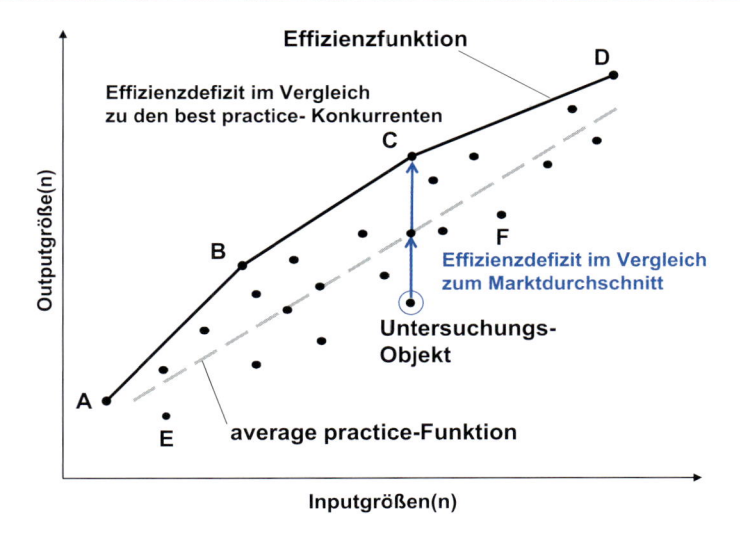

Abb. 3.18 Effizienzfunktion zur Identifikation von Referenzpunkten für das Benchmarking (Quelle: In Anlehnung an Bauer et al. 2006)

sentiert die durchschnittlichen Input-/Outputverhältnisse des Marktes und ermöglicht es dem Unternehmen, seine (In-)Effizienz auch im Vergleich zum Marktdurchschnitt zu ermitteln.

Hat ein Unternehmen besonders ineffiziente Aspekte identifiziert, ist es sinnvoll, **Ursachenforschung** zu betreiben, um schließlich **Handlungsempfehlungen** zur Effizienzsteigerung ableiten zu können. Diese Ergebnisse müssen im Anschluss kommuniziert, in Aktionspläne übersetzt und beispielsweise mit Hilfe interdisziplinärer Teams umgesetzt werden. Wichtig ist hierbei, eine hohe Motivation aller Beteiligten sicherzustellen. Dies kann z. B. durch die Einführung eines variablen Gehaltsanteils, der an das Erreichen von im Rahmen des Benchmarking festgelegten Soll-Größen geknüpft ist, realisiert werden. Im letzten Schritt ist mittels einer kontinuierlichen Erfolgskontrolle zu überprüfen, ob die erwünschten Soll-Größen erreicht wurden, d. h. ob sich das Unternehmen der Effizienzfunktion angenähert hat.

Folgende **Vorteile** sprechen für einen Einsatz des Benchmarkings im Produktmanagement:

- Leistungsbewertung erfolgt nicht absolut, sondern relativ im Vergleich zu potentiellen oder aktuellen Wettbewerbern
- Orientierung an den Besten, nicht am Durchschnitt
- Referenzgrößen sind tatsächlich existierende Einheiten und damit erreichbare Zielpositionen, keine hypothetischen Idealpunkte, was eine höhere Realitätsnähe und bessere Akzeptanz der Ergebnisse zur Folge hat
- Möglichkeit, bisher unbeobachtete, neuartige Strategien zu erkennen

- Steigerung des Unternehmenserfolgs durch Ableitung konkreter Handlungsempfehlungen
- Vielzahl von In- und Outputs kann simultan verwendet werden
- Einbeziehung von nicht-monetären Input- und Outputgrößen ist möglich

Insgesamt stellt das Benchmarking ein hilfreiches Instrument dar, um das Unternehmen im **Vergleich zu den best practice-Konkurrenten** zu analysieren und Ineffizienzen aufzudecken. Ein besonderer Problembereich besteht jedoch in der Verfügbarkeit valider und aussagekräftiger Informationen zur Ermittlung der relevanten Kennzahlen für die Konkurrenzunternehmen. Darüber hinaus sollten für ein aussagekräftiges Benchmarking einige **Voraussetzungen** erfüllt sein:

- Benchmarks des Untersuchungs- und der Referenzobjekte müssen vergleichbar sein (z. B. durch Differenzierung der Wertschöpfungskette in einzelne Aktivitäten oder Unterteilung der Produkte in Segmente und Auswahl jeweils spezifischer Referenzunternehmen). Sonst kommt es zu Verzerrungen, da vermeintliche „Erfolgsdifferenzen" nicht durch Effizienzunterschiede, sondern durch mangelnde Vergleichbarkeit verursacht werden.
- Es darf kein bloßes Imitieren von Vorgehensweisen erfolgen, sondern vielmehr ein Übertragen von Prinzipien in den Kontext des eigenen Unternehmens (sonst führt Benchmarking langfristig zu einer Leistungsnivellierung).
- Das reine Feststellen von Erfolgsunterschieden (Evaluationsperspektive) reicht nicht aus, es müssen die Ursachen der Differenzen i. S. v. Leistungstreibern identifiziert werden, um Stellhebel für Verbesserungen zu finden (Handlungsperspektive: „Lernen von den Besten").

3.3.5   Methoden zur integrierten Analyse des Marktes und des Unternehmens

3.3.5.1   Grundidee

Bereits die im vorangegangenen Kapitel erläuterten Methoden haben gezeigt, dass es sinnvoll ist, Unternehmen nicht isoliert, sondern im **Kontext ihres Wettbewerbsumfeldes** zu analysieren. Aus dieser Erkenntnis heraus haben sich auch Methoden entwickelt, die eine explizite, simultane Betrachtung der Entwicklung des Marktes und des Unternehmens vornehmen. Damit lassen sich Lösungen für folgende Problemstellungen finden:

- In welcher Beziehung stehen die Marktsituation und die Kompetenzen des Unternehmens zueinander?
- Ist das Unternehmen für zukünftige Marktentwicklungen gerüstet?
- Wie ist das Produktprogramm eines Unternehmens im Hinblick auf die jeweiligen Marktgegebenheiten aufgestellt?

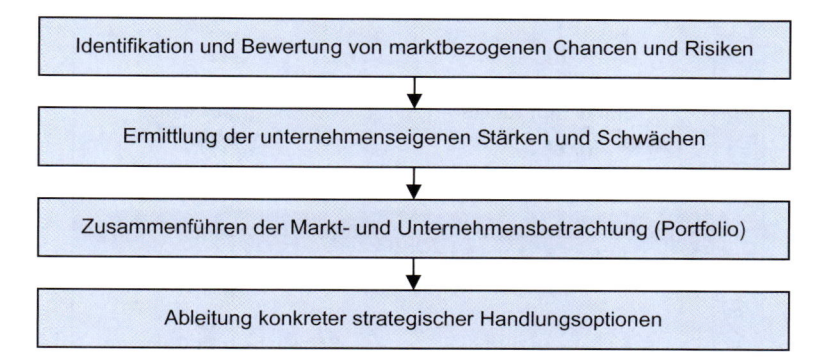

Abb. 3.19 Ablauf der SWOT-Analyse

Zwei Methoden haben sich im Bereich der **integrierten Analyse** etabliert und sollen daher vorgestellt werden: die SWOT-Analyse sowie die Portfolio-Analyse.

3.3.5.2 SWOT-Analyse

Die **SWOT-Analyse** entwickelte sich aus der Stärken-Schwächen-Analyse, berücksichtigt jedoch nicht nur die unternehmensbezogene Seite, sondern führt Markt- und Unternehmensanalyse in einer integrativen Betrachtung zusammen (Piercy 1992). Die Abkürzung SWOT steht für die Analyse unternehmensbezogener Stärken und Schwächen (Strengths/Weaknesses) sowie marktbezogener Chancen und Risiken (Opportunities/Threats) eines Untersuchungsbereichs, z. B. einer Produktlinie.

Bei der SWOT-Analyse werden zunächst eine Markt- sowie eine Unternehmensanalyse getrennt durchgeführt, um anschließend durch Gegenüberstellung ein **Handlungsportfolio** zu entwickeln, aus dem sich auch Strategien ableiten lassen (Abb. 3.19).

Zur Identifikation von Chancen und Risiken erfolgt zuerst eine Analyse der allgemeinen und unternehmens- bzw. divisionsspezifischen **Marktveränderungen** (Welge und Al-Laham 2008). Hierzu können die in Abschn. 3.3.3 vorgestellten Methoden herangezogen werden. Vor dem Hintergrund identifizierter Marktveränderungen können Chancen und Risiken entdeckt, zu Oberthemen verdichtet und für die weitere Analyse ausformuliert werden. Darüber hinaus ist eine Bewertung der Wichtigkeit der einzelnen Chancen und Risiken für das Unternehmen bzw. die betrachteten Divisionen vonnöten, um sich auf die relevanten marktbezogenen Aspekte konzentrieren zu können.

Die **Unternehmensanalyse** beschäftigt sich dagegen mit dem Sammeln von Stärken und Schwächen des Untersuchungsbereichs bezogen auf konkrete Teilprozesse (z. B. Forschung und Entwicklung, Strategie, Marketing, Vertrieb), häufig im Vergleich zur Konkurrenz (vgl. zur Unternehmensanalyse die Instrumente des Abschn. 3.3.4). Auch die Stärken und Schwächen werden aggregiert und hinsichtlich ihrer Relevanz für die identifizierten Chancen und Risiken bewertet. Nun kann durch Gegenüberstellung von Chancen und Risiken sowie relevanten Stärken und Schwächen ein Portfolio erstellt werden, aus dem sich auch

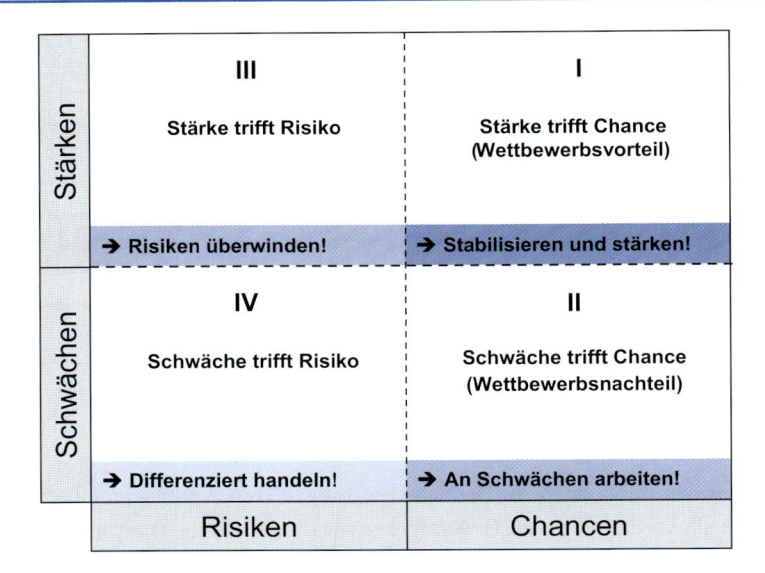

Abb. 3.20 Handlungsportfolio einer SWOT-Analyse

konkrete Strategiehinweise ableiten lassen (Abb. 3.20). Diese können wiederum mit detaillierten Aktionsplänen hinterlegt werden.

Im Idealfall liegt eine **Stärke-Chance-Situation** vor, in der das Unternehmen über einen Wettbewerbsvorteil verfügt, den es stabilisieren und stärken sollte. Fällt hingegen eine Chance mit einer Unternehmensschwäche zusammen, besteht ein Wettbewerbsnachteil für das Unternehmen. Hier sollte das Produktmanagement sein Augenmerk darauf richten, die Schwäche möglichst bald zu beseitigen, um das versteckte Marktpotenzial zu nutzen und in den Bereich I zu gelangen.

Die Bereiche III und IV bieten mehrere strategische Optionen. Trifft eine Stärke auf ein Risiko, dient die Stärke auf der einen Seite dazu, risikobehaftete Marktveränderungen zu kompensieren oder zu umgehen. Auf der anderen Seite können Stärken aber auch genutzt werden, um Risiken in Chancen zu überführen. Im letzten Quadranten, d. h. wenn Schwächen und Risiken zusammentreffen, ist gut überlegtes, zurückhaltendes Verhalten empfehlenswert. Es gilt einerseits, Schwächen zu minimieren und andererseits, den Gefahren aus dem Weg zu gehen. Die SWOT-Analyse eignet sich somit sowohl zur **Situationsanalyse** als auch als Instrument der **Strategieformulierung**. Abbildung 3.21 zeigt ein Anwendungsbeispiel der SWOT-Analyse bei einem Automobilhersteller.

Ein besonderer **Vorteil** der SWOT-Analyse besteht in ihrer Einfachheit und Strukturiertheit. Die Analyse von Stärken, Schwächen, Chancen und Risiken kann beispielsweise durch Checklisten eine Unterstützung erfahren. Kritisch ist anzumerken, dass meist nur einzelne Geschäftsfelder (z. B. einzelne Produkte oder Produktlinien) betrachtet werden und eine Gesamtsicht des Unternehmens fehlt.

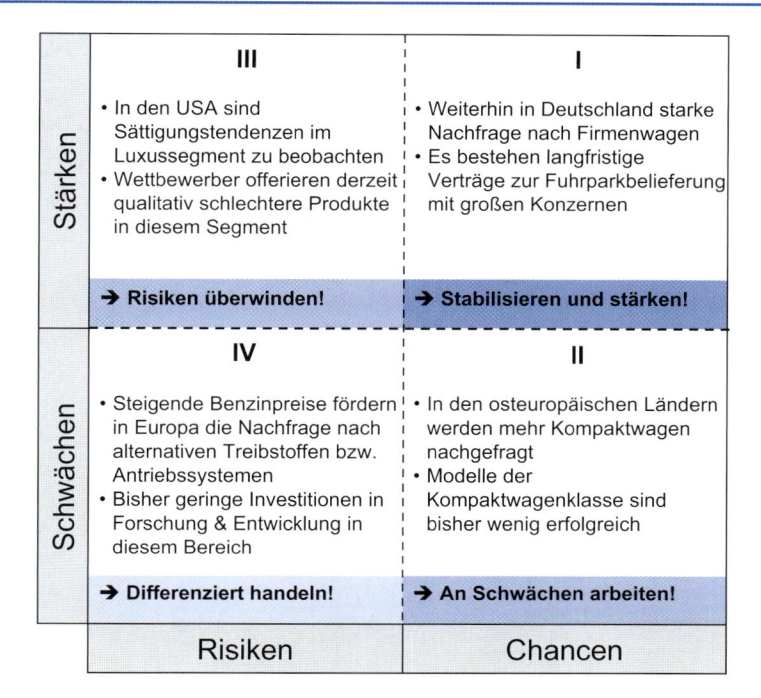

Abb. 3.21 Beispiel einer SWOT-Analyse eines Automobilkonzerns

3.3.5.3   Portfolioanalyse

Ein Instrument, das eine solche Gesamtsicht über unterschiedliche Geschäftsfelder des Unternehmens unter Berücksichtigung von Marktgegebenheiten ermöglicht, ist die **Portfolioanalyse** (Simon und von der Gathen 2002). Sie dient der Bestimmung der strategischen Position und Koordination einzelner Geschäftsfelder, gibt Hilfestellung zum Management der Ressourcenverteilung zwischen strategischen Geschäftseinheiten und liefert Anhaltspunkte zur Portfolio-Optimierung. Unter einer strategischen Geschäftseinheit (SGE) bzw. einem strategischen Geschäftsfeld (SGF) versteht man die gedankliche Zusammenfassung von markt- bzw. kundenbezogenen Tätigkeitsfeldern (Angebots-Zielgruppen-Kombinationen) eines Unternehmens, also beispielsweise einzelne Produkte oder Produktlinien (vgl. zur Marktabgrenzung bzw. -segmentierung auch Kap. 4).

Mit der Portfolioanalyse wird das **Ziel** verfolgt, die Relation zwischen Erfolg und Risiko innerhalb eines Portfolios aus mehreren SGEs zu optimieren. Der Portfolioansatz soll somit transparent machen, welche Erfolgsbeiträge und welche Risiken durch die Mischung der strategischen Geschäftseinheiten eines Unternehmens entstehen. Portfolioanalysen geben in der Konsequenz Anhaltspunkte zur Beantwortung folgender Fragen:

- Welche Geschäftseinheiten bzw. Erfolgsobjekte verlangen eine verstärkte Zuteilung finanzieller Mittel und welchen können Mittel entzogen werden?

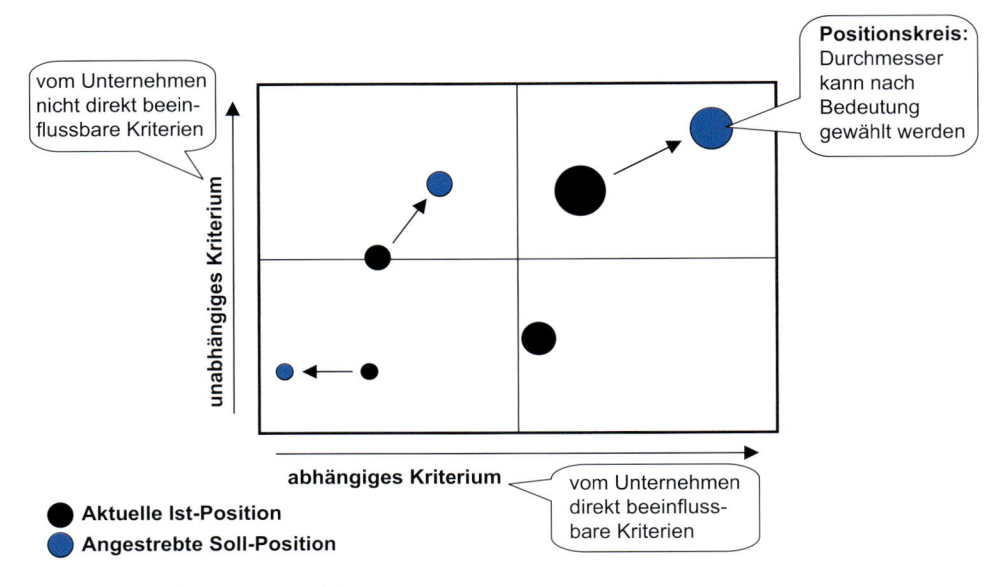

Abb. 3.22 Aufbau eines Portfolios

- Befindet sich das Unternehmen in einem finanziellen Gleichgewicht, sodass zwischen mittelbindenden und mittelfreisetzenden Geschäftseinheiten eine gewisse Ausgewogenheit existiert?
- Müssen neue Geschäftseinheiten bzw. Erfolgsobjekte erworben und andere abgestoßen werden?

Die Darstellung eines Portfolios erfolgt anhand einer **Matrix**, die eine externe, d. h. von der Unternehmung nicht zu beeinflussende, Marktvariable und eine interne, im Rahmen der strategischen Planung beeinflussbare, Variable berücksichtigt. Die SGEs werden hinsichtlich dieser beiden Dimensionen bewertet und innerhalb der Matrix positioniert. Der Durchmesser des Positionskreises spiegelt meist die Bedeutung des Geschäftsfelds wieder. Des Weiteren lassen sich aktuelle Ist- und angestrebte Soll-Positionen in das Portfolio eintragen. Abbildung 3.22 verdeutlicht den allgemeinen Aufbau eines Portfolios.

Die Marketingtheorie und -praxis kennt eine **Vielzahl strategischer Portfolioanalysen**. Die „klassische" Version der Portfolio-Analyse ist das Marktwachstums-Marktanteils-Portfolio der *Boston Consulting Group* (BCG). Die externe Dimension wird durch das Marktwachstum repräsentiert, was die Logik des Lebenszykluskonzepts widerspiegelt (vgl. Abschn. 3.3.3.5). Als interne Dimension dient der relative Marktanteil, der das Verhältnis zwischen dem eigenen Marktanteil und dem Marktanteil des größten Hauptwettbewerbers bzw. der drei größten Wettbewerber angibt. Auf diese Weise berücksichtigt das BCG-Portfolio die Erkenntnisse des Erfahrungskurvenmodells (vgl. Abschn. 3.3.3.4). Zwei Trennlinien teilen das Portfolio schließlich in vier Felder (Abb. 3.23).

Abb. 3.23 Das BCG-Portfolio

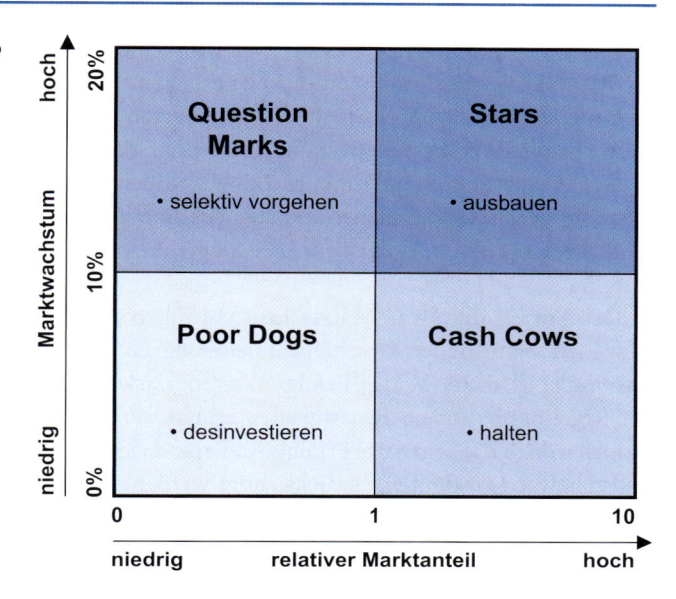

Aus der Analyse eines Unternehmens anhand des BCG-Portfolios lassen sich drei wesentliche **Erkenntnisse** ziehen. Zunächst erkennt man die strategische Situation der Geschäftsfelder. So sind z. B. Stars Geschäftsfelder, die durch eine hohe Marktattraktivität und eine starke Wettbewerbsposition ausgezeichnet sind. Zweitens besteht die Möglichkeit Schlussfolgerungen über den Finanzbedarf und Cash Flow des SGFs abzuleiten. Beispielsweise repräsentieren Cash Cows die wichtigste Finanzquelle eines Unternehmens, da aufgrund des hohen Marktanteils bedeutende Finanzmittel erwirtschaftet werden können. Drittens eignet sich die Positionierung zur Ableitung von Normstrategien und zur Formulierung von strategischen Maßnahmen. Für die vier Felder der Abb. 3.23 lassen sich folgende Normstrategien ableiten:

- **Stars** sind hochprofitable SGEs, die aber beträchtliche Investitionen erfordern, um den Marktanteil zu halten bzw. auszubauen.
- **Question Marks** stehen für SGEs, die ein starkes Wachstum versprechen, aber erst einen geringen Marktanteil aufweisen. Die Förderung dieser SGFs ist erforderlich, um auch in Zukunft ertragreiche Geschäftseinheiten im Unternehmensprogramm zu haben. Hierbei muss allerdings berücksichtigt werden, dass diese SGFs in der Regel weit mehr finanzielle Mittel benötigen als sie generieren. Das Management hat daher zu prüfen, ob die angestrebte Marktanteilsausweitung auf Grund der zur Verfügung stehenden begrenzten Ressourcen wirtschaftlich vertretbar erscheint, oder ob ein Rückzug aus dem Markt ökonomisch sinnvoller ist.
- **Cash Cows** erwirtschaften einen Mittelüberschuss, der zur Finanzierung anderer SGEs (insbesondere in Zukunftsmärkten des Question Mark-Bereichs) verwendet werden

sollte. Investitionen in die Cash Cows selbst sind nur in dem Umfang sinnvoll, der nötig ist, um die Marktposition aufrecht zu erhalten.

- **Poor Dogs** besitzen einen niedrigen relativen Marktanteil und ein niedriges Marktwachstum. Werfen diese SGEs noch Gewinne ab, so empfiehlt es sich, diese in Question Marks oder Stars zu investieren. Besteht jedoch die Gefahr, dass die betroffenen SGEs in die Verlustzone abgleiten, erscheint es sinnvoll, diese allmählich aus dem Markt zurückzuziehen.

Der **Vorteil der BCG-Matrix** liegt vor allem in der einfachen Handhabbarkeit. Die einzelnen strategischen Geschäftseinheiten lassen sich schnell und einfach in der Matrix positionieren, da die beiden Erfolgsfaktoren Marktwachstum und relativer Marktanteil in der Regel ohne große Schwierigkeiten erfasst werden können. Kritisiert werden an dem Modell jedoch die begrenzte Datengrundlage, da lediglich zwei Faktoren (Marktwachstum und relativer Marktanteil) berücksichtigt werden, sowie die recht willkürliche Einteilung der Matrix in vier Felder.

Andere Portfolio-Ansätze versuchen diese Schwächen zu beheben. Prinzipiell lassen sich aber einige **Kritikpunkte** aufführen, die sich auf Portfolios allgemein beziehen und nicht nur für die BCG-Matrix gelten. Hier sind zunächst methodische Probleme zu nennen:

- Eine klare Abgrenzung des relevanten Marktes bzw. der SGEs ist häufig problematisch.
- Es fehlen Anhaltspunkte für die Auswahl und Gewichtung der Kriterien für die Achsen der Portfolios sowie für die Lokalisierung der Trennlinien der einzelnen Felder der Matrix.
- Bei geringfügigen Änderungen des Datenmaterials kann es zu starken Unterschieden in den abgeleiteten Empfehlungen kommen (da bspw. ein SGF von einem Bereich des Portfolios in einen anderen Bereich rutscht).

Neben den methodischen Problemen treten auch **Interpretationsprobleme** auf:

- Es wird von konstanten Umweltbedingungen ausgegangen, weshalb eine Ableitung von Normstrategien nur begrenzt möglich bzw. sinnvoll ist.
- Mangelnde Berücksichtigung von Dynamik: Auch wenn die Möglichkeit besteht, Soll-Positionen in Portfolios einzutragen, weisen Portfolios einen überwiegend statischen Charakter auf.
- Interdependenzen zwischen den SGEs werden vernachlässigt.

Insgesamt lässt sich jedoch festhalten, dass Portfolioanalysen einen wesentlichen **Beitrag zur systematischen Entscheidungsfindung** im Produktmanagement leisten können und daher auch in der Unternehmenspraxis eine wichtige Rolle spielen.

Literatur

Ansoff, H. I. (1975): Managing Strategic Surprise by Response to Weak Signals, *California Management Review* 18 (2), 21–33.

Barney, J. B. (1991): Firm Resources and Sustained Competitive Advantage, *Journal of Management* 32, 1231–1241.

Backhaus, K./Erichson, B./Plinke, W./Weiber, R. (2006): *Multivariate Analysemethoden*, 11. Aufl., Berlin et al.: Springer.

Baetge, J. (1998): *Empirische Methoden zur Früherkennung von Unternehmenskrisen*, Wiesbaden: Westdt. Verlag.

Bauer, H. H./Fischer, M. (2000): Die empirische Typologisierung von Produktlebenszyklen und ihre Erklärung durch die Markteintrittsreihenfolge, *Zeitschrift für Betriebswirtschaft*, 70 (9), 937–958.

Bauer, H. H./Staat, M./Hammerschmidt, M. (2006): *Marketingeffizienz: Messung und Steuerung mit der DEA – Konzept und Einsatz in der Praxis*. München: Vahlen.

Brandenburger, A. M./Nalebuff, B. J. (1996): *Co-opetition*, New York: Doubleday.

Berekoven, L./Eckert, W./Ellenrieder, P. (1999): *Marktforschung: Methodische Grundlagen und praktische Anwendungen*, 8. Aufl., Wiesbaden: Gabler.

Böhler, H. (1995): Marktforschung. In Tietz, B./Köhler, R./Zentes, J. (Hrsg.), *Handwörterbuch Marketing* (S. 1768–1781), 2. Aufl., Stuttgart: Schäffer-Poeschel.

Freiling, J. (2004): Competence-based View der Unternehmung In *Die Unternehmung* 58 (1), 5–25.

Günther, M./Vossebein, U. (1996): Paneldaten: Wesentlicher Bestandteil moderner Marktforschung, *Planung & Analyse* 23 (3), 50–53.

Hammann, P./Erichson, B. (2000): Marktforschung, 4. Aufl., Stuttgart: Lucius & Lucius.

Herrmann, A./Homburg, C. (2000): Marktforschung: Ziele, Vorgehensweise und Methoden. In Herrmann, A./Homburg, C. (Hrsg.), *Marktforschung* (S. 13–32), 2. Aufl., Wiesbaden: Gabler.

Hofer, C. W./Schendel, D. (1978): *Strategy formulation, analytical concepts*. St. Paul: South-Western.

Homburg, C. (2000): *Quantitative Betriebswirtschaftslehre: Entscheidungsunterstützung durch Modelle*, 3. Aufl., Wiesbaden: Gabler.

Homburg, C./Krohmer, H. (2006): *Marketingmanagement: Strategie – Instrumente – Umsetzung – Unternehmensführung*, 2. Aufl., Wiesbaden: Gabler.

Kepper, G. (2000): Methoden der Qualitativen Marktforschung. In Herrmann, A./Homburg, C. (Hrsg.). *Marktforschung*, (S. 159–202), 2. Aufl., Wiesbaden: Gabler.

Linneman, R./Klein, H. (1985): Using Scenarios in Strategic Decision Making, *Business Horizons* 28 (1), 64–74.

Morris, R. (1997): *Early Warning Indicators of Corporate Failure: A Critical Review of Previous Research and Further Empirical Evidence*, Ashgate: Ashgate.

Piercy, N. (1992): *Market-Led Strategic Change: Making Marketing happen in Your Organization*, Oxford: Thorsons.

Porter, M. E. (1980): *Competitive Strategy: Techniques for Analyzing Industries and Competitors*, New York: Free Press.

Simon, H./von der Gathen, A. (2002): *Das große Handbuch der Strategieinstrumente*, Frankfurt a. M./New York: Campus-Verlag.

Tull, D. S./Hawkins, D. I. (1993): *Marketing Research – Measurement and Method*, 6. Aufl., New York: Macmillan.

Von Reibnitz, U. (1996): Szenario-Technik. In Schulte, C. (Hrsg.), *Lexikon des Controlling* (S. 747–751), München: Oldenbourg.

Welge, M. K./Al-Laham, A. (2008): *Strategisches Management: Grundlagen – Prozesse – Implementierung*, 5. Aufl., Wiesbaden: Gabler.

Produktstrategie generieren $\quad$ 4

4.1 Produktstrategie als Rahmen produktpolitischer Entscheidungen

Nach einer ausführlichen Markt- und Unternehmensanalyse stehen für das Produktmanagement als Nächstes das **Festlegen von Zielen** und das **Generieren von Strategien** an. Ziele sind im Rahmen der strategischen Marketingplanung als gewünschte Zustände zu charakterisieren, die durch die Implementierung der festgelegten Marketingstrategien erreicht werden sollen. Sie dienen als (flexible) Orientierungs- und Richtgrößen aller nachgeordneten Entscheidungen. Nur durch die explizite Formulierung von Zielen können mit Hilfe der Marketingstrategien die Aktivitäten im Produktmanagement kanalisiert und somit auf den angestrebten Zustand ausgerichtet werden.

Strategien legen also den **Weg zur Erreichung der Zielsituation** fest und sollten daher zukunftsgerichtet sowie potentialorientiert sein. Dabei sollte ein mittel- bis langfristiger Zeithorizont betrachtet werden, was eine gewissen Kontinuität aber auch Prägnanz der Strategien bedingt. Trotz des Fokus auf Kontinuität, müssen Strategien auch flexibel sein, um sich an veränderte Rahmenbedingungen anpassen zu können, und sollten Kreativität ermöglichen.

Insbesondere aufgrund des **längerfristigen Zeithorizonts** sollte die Festlegung von Strategien nicht ad hoc erfolgen, sondern vielmehr in einen Prozess eingebunden werden. Abbildung 4.1 illustriert die sechs Stufen des Prozesses der Strategiegenerierung.

Als Erstes ist die **Analyse der strategischen Ausgangssituation** vonnöten. Hierzu muss das Umfeld des Unternehmens, der Markt sowie das Unternehmen selbst betrachtet werden. Diese Analyse liefert fundierte Informationen als Entscheidungsgrundlage für das (Produkt-)Management (vgl. Kap. 3).

Bei der anschließenden **Zieldefinition** bestehen mehrere Problemkreise. Zum einen ist ein marktorientiertes Zielsystem zu entwickeln, das bestehende Zielbeziehungen verdeutlicht, zum anderen sind die Ziele so zu operationalisieren, dass die Messung und Kontrolle der Zielerreichung möglich ist (vgl. Abschn. 4.2). Außerdem muss sich das Produktma-

A. Herrmann und F. Huber, *Produktmanagement*, DOI 10.1007/978-3-658-00004-2_4,
© Springer Fachmedien Wiesbaden 2013

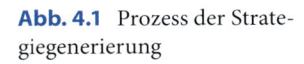 **Abb. 4.1** Prozess der Strategiegenerierung

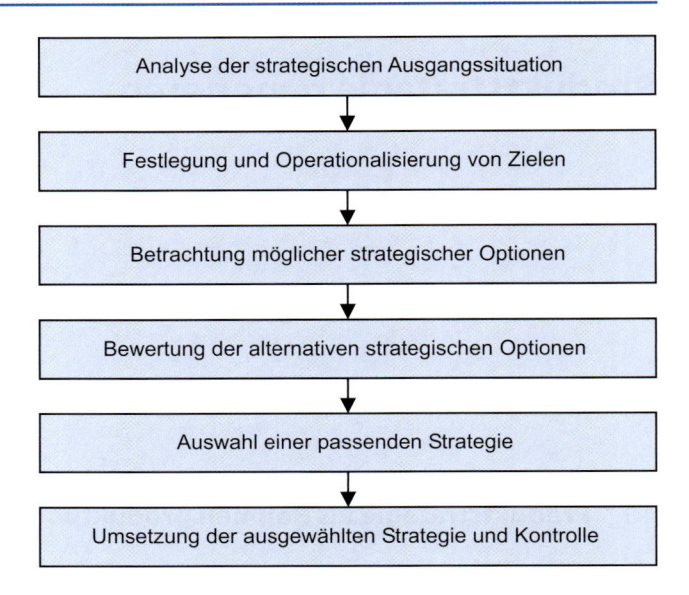

nagement Gedanken über Zielsegmente und Positionierungsmöglichkeiten machen (vgl. Abschn. 4.3).

In einem dritten Schritt bestimmt das Unternehmen mögliche Strategien, die zur Erfüllung der in Schritt 2 festgelegten Ziele dienen können. Für das Produktmanagement existiert eine **Vielzahl strategischer Optionen**, die Grundsatzentscheidungen zur Marktwahl und der Art der Marktbearbeitung beschreiben. Diese werden in Abschn. 4.4 näher beschrieben.

Um die für das Unternehmen passende Strategie zu ermitteln, ist eine **Bewertung der alternativen strategischen Optionen** vorzunehmen. Auf Basis dieser Bewertung kann dann die Auswahl der für das Unternehmen optimalen Strategie erfolgen (vgl. Abschn. 4.5).

Der letzte Schritt ist die Umsetzung der ausgewählten Strategie mit Hilfe der **Marketing-Mix-Instrumente**. Zudem sollte die Umsetzung der Strategie kontinuierlich kontrolliert werden (vgl. Kap. 10), was Rückkopplungen in die vorherigen Phasen des Prozesses zur Folge haben kann.

4.2 Ziele festlegen

4.2.1 Zielsysteme bilden

In der Praxis verfolgen Unternehmen meist nicht nur ein, sondern mehrere Ziele. Daher ist die **Bildung eines Zielsystems**, welches die Beziehungen zwischen den Zielen spezifiziert, vonnöten. Zielbeziehungen können dabei sowohl auf vertikaler als auch auf horizontaler Ebene bestehen (Welge und Al–Laham 2008).

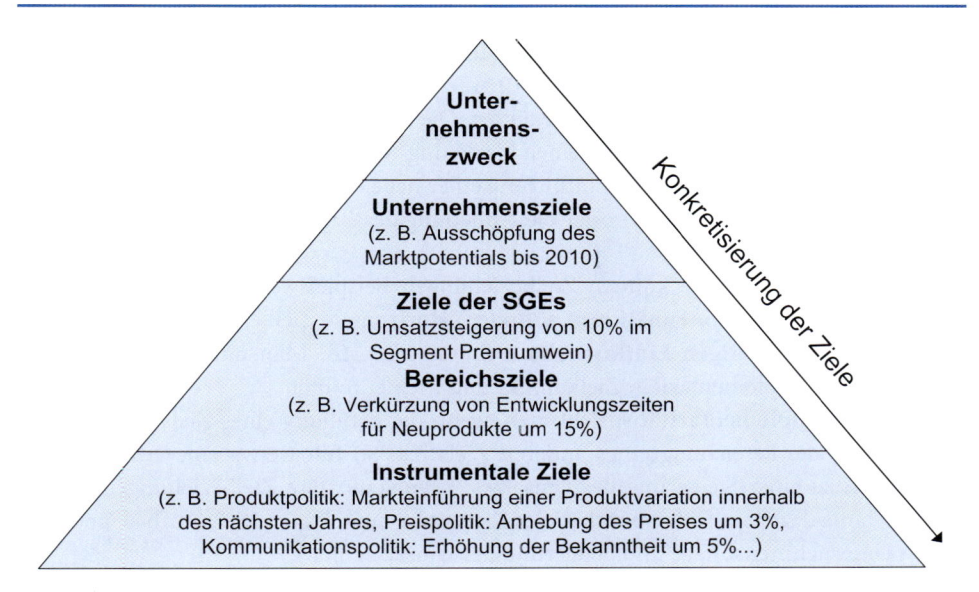

Abb. 4.2 Zielhierarchie im Unternehmen

Auf vertikaler Ebene lässt sich das Beziehungsverhältnis zwischen Zielen mit Hilfe von sogenannten **Ziel-Mittel-Hierarchien** beschreiben. Diese Hierarchien drücken aus, dass auf jeder Hierarchiestufe eines Zielsystems das jeweilige Ziel sowohl Ziel- als auch Mittel-charakter besitzt, d. h. untergeordnete Ziele sind stets Mittel zur Erreichung von überge-ordneten Zielsetzungen. Auf diese Weise ist eine Unterscheidung in Ober-, Zwischen-, und Unterziele bzw. eine Differenzierung zwischen strategischen und operativen Zielsetzungen möglich. Ziel-Mittel-Beziehungen werden auch häufig als Zielpyramide dargestellt, wie in Abb. 4.2 ersichtlich.

An der Spitze der Pyramide steht der **Unternehmenszweck**, auch Mission oder Vision eines Unternehmens, der langfristige Zielvorstellungen über das grundsätzliche Tun des Unternehmens zum Ausdruck bringt und durch einen hohen Abstraktionsgrad gekenn-zeichnet ist. *Procter & Gamble* formuliert seinen Unternehmenszweck beispielsweise wie folgt:

> We will provide branded products and services of superior quality and value that improve the lives of the world's consumers, now and for generations to come. As a result, consumers will re-ward us with leadership sales, profit and value creation, allowing our people, our shareholders and the communities in which we live and work to prosper (www.pg.com).

In der zweiten Stufe der Pyramide befinden sich die **Unternehmensziele**. Hier werden Ziele auf Gesamtebene festgelegt, z. B. das Erreichen eines bestimmten Marktanteils. Auf Ebene der SGE- und Bereichsziele werden Zielvorstellungen für einzelne strategische Ge-schäftseinheiten, z. B. bestimmte Produkte, und verschiedene Funktionsbereiche, z. B. Forschung & Entwicklung, spezifiziert. So wird beispielsweise das Ziel aufgestellt, im Segment Premiumwein eine Umsatzsteigerung von 10 % erreichen zu wollen und die Entwicklungszyklen für neue Produkte um 15 % zu verkürzen. Die unterste Ebene der Zielpyramide setzt schließlich konkrete Ziele für die einzelnen Marketing-Mix-Elemente fest. Beispiele für solche instrumentalen Ziele sind die Einführung einer neuen Produktvariation innerhalb des nächsten Jahres (Produktpolitik) oder die Anhebung des Preises eines Produktes um 5 % (Preispolitik).

Auf horizontaler Ebene können Zielbeziehungen beispielsweise zwischen mehreren SGEs oder verschiedenen Funktionen auftreten. Horizontale Zielbeziehungen lassen sich anhand der **gegenseitigen Einflussnahme** charakterisieren. Man unterscheidet hierbei zwischen Zielkomplementarität, Zielkonflikt und Zielneutralität.

Von **Zielkomplementarität** spricht man, wenn die Erfüllung eines Ziels eine positive Wirkung auf die Erreichung eines anderen Ziels hat. So führt etwa eine erhöhte Kundenloyalität zu einer Steigerung des Umsatzes. Komplementäre Zielbeziehungen dienen in erster Linie dazu, ein widerspruchsfreies Zielsystem aufzubauen (z. B. Aufbau eines positiven Unternehmensimage und Steigerung der Umsatzzahlen).

Bei Vorliegen eines **Zielkonfliktes** wird durch die Verfolgung eines Ziels die Erreichung eines anderen Ziels nachhaltig gestört (z. B. Streben nach technischer Perfektion und Senkung der Kosten). Zur Lösung solcher Zielkonflikte besteht die Möglichkeit, eine Priorisierung der Ziele vorzunehmen, um somit die Erfüllung der wichtigsten Ziele zu gewährleisten.

Eine neutrale **Zielbeziehung** ist dadurch gekennzeichnet, dass die Erfüllung eines Ziels keine Auswirkungen auf die Erreichung eines anderen Ziels hat (Steigerung der Wiederkaufrate in Geschäftsbereich A und Erhöhung des Umsatzes in Geschäftsbereich B).

4.2.2 Ziele operationalisieren

Neben der Bildung von Zielsystemen besteht ein weiterer Problemkreis der Zieldefinition in der **Operationalisierung von Zielen** (Welge und Al Laham 2008). Die Operationalisierung von Zielen bezeichnet die Spezifizierung von Zielen insofern, als dass eine eindeutige Messung der Zielerreichung möglich wird. Eine pauschale Angabe von Zielen reicht nicht aus, um die Zielverfolgung überprüfen und koordinieren zu können. Vor diesem Hintergrund müssen Ziele unter Beachtung der folgenden vier Dimensionen operationalisiert werden:

- Zielinhalt: Was soll erreicht werden?
- Zielausmaß: Wie viel soll erreicht werden?
- Zeitbezug: Wann soll das Ziel erreicht werden?
- Geltungsbereich: Für welchen Bereich soll das Ziel gelten?

Hinsichtlich des **Zielinhalts** kann zwischen ökonomischen und außerökonomischen Zielen unterschieden werden. Ökonomische Zielgrößen orientieren sich an Kenngrößen wie Umsatz, Deckungsbeitrag, Marktanteil und Rendite. Außerökonomische Marketingziele (oder auch psychografische Marketingziele) knüpfen in erster Linie an den mentalen Prozessen der Käufer an, da diese Ziele eine Beeinflussung bzw. Änderung des Kaufverhaltens bewirken sollen. Hier sind vor allem Ziele wie z. B. die Erhöhung des Bekanntheitsgrades, Erzielung von Wissenswirkungen, Veränderung bzw. Verstärkung von Einstellungen bzw. Images und Verstärkung der Kaufabsicht von Bedeutung.

Die Festlegung des **Zielausmaßes** verlangt eine Konkretisierung des Zielerreichungsgrades. Marketingziele können unbegrenzt oder begrenzt formuliert sein. Unbegrenzte Ziele sind bspw. die Gewinn-, Umsatz-, oder Marktanteilsmaximierung. In der Realität liegen meist begrenzte, in einem bestimmten Anspruchssatz formulierte Ziele vor, wie zum Beispiel Erreichung eines Marktanteils von x Prozent, Erzielung eines Umsatzzuwachses von y-Prozent, Sicherung einer bestimmten Mindestrendite von z Prozent oder Erreichung einer Kaufabsicht im Zielsegment von u Prozent.

Der **zeitliche Bezug** (Zeithorizont) bestimmt, in welchem Zeitraum die Marketingziele erreicht werden sollen. Je nach der zugrunde liegenden Planperiode können kurz-, mittel- und langfristige Zielformulierungen vorliegen. Darüber hinaus können die Ziele statisch oder dynamisch formuliert sein. Als dynamische Zielformulierung kann zum Beispiel die Formulierung von Wachstumszielen unter Bezugnahme auf die Zielerreichung bestimmter Vorperioden angesehen werden.

Neben den drei Zieldimensionen Inhalt, Ausmaß und Zeitbezug findet sich im Marketing noch vielfach die Forderung nach einem **Markt- bzw. Segmentbezug** (Geltungsbereich). Marketing- und im Speziellen Produktmanagementziele sollten auf eine jeweils sich möglichst homogen verhaltende Schicht von Käufern abgestellt sein, die bspw. nach geografischen, sozioökonomischen oder psychografischen Merkmalen eindeutig abzugrenzen ist (zur Marktabgrenzung und -segmentierung vgl. Abschn. 4.3.1 sowie 4.3.2). Die Festlegung des Geltungsbereichs ist insbesondere für die dritte und vierte Ebene der Zielpyramide (vgl. Abb. 4.2) von Bedeutung.

4.3 Zielmarkt und Positionierung auswählen

4.3.1 Märkte abgrenzen

Die Spezifizierung des Geltungsbereichs von Zielen setzt die **Abgrenzung des relevanten Marktes** voraus (Bauer 1995). Die zentrale Frage, die ein Marketingmanager sich bei der Marktabgrenzung stellen muss, lautet: Wer ist unser Wettbewerber? Jede Marktabgrenzung basiert auf der Annahme, dass der Markt kein homogenes, sondern ein heterogenes Gebilde darstellt, das sich nach bestimmten Kriterien (Variablen) in homogene Teilmärkte aufteilen lässt. Unter dem Begriff Marktabgrenzung versteht man somit das Herauslösen

des relevanten Marktes aus dem aus interdependenten Teilmärkten bestehenden Gesamtmarkt.

Die Marktabgrenzung verfolgt als **vorrangiges Ziel**, komplexe Beziehungen zwischen
Anbietern, Gütern und Nachfragern zu analysieren und zu verstehen. Insbesondere in der
Produktpolitik benötigt ein Unternehmen genaue Kenntnisse über den zwischen Erzeug-
nissen bestehenden Wettbewerb. Diese dienen folgenden beispielhaften Zwecken:

- Entdeckung von Bedarfsnischen,
- Entwicklung erfolgreicher Neuprodukte,
- Modifikation bestehender Produkte,
- Elimination bereits existierender Güter,
- Aufdeckung von Kannibalisierungseffekten im Produktprogramm,
- Gewinnoptimale Gestaltung der Produktlinie.

Je nach Anwendungsgebiet und Analysezweck der Marktabgrenzung stehen verschiedene **Marktabgrenzungsarten** zur Verfügung. Die häufigsten Abgrenzungsarten sind:

- Anbieterbezogene (auch unternehmensbezogene) Marktabgrenzung,
- Produktbezogene Marktabgrenzung,
- Nachfragerbezogene Marktabgrenzung (Marktsegmentierung).

Abbildung 4.3 gibt einen Überblick über Arten und dazugehörige Kriterien der Marktabgrenzung.

Die **anbieter- bzw. unternehmensbezogene Marktabgrenzung** zielt auf die Bildung
strategischer Gruppen von Wettbewerbern ab. Als Segmentierungskriterien der anbieter-
bezogenen Marktabgrenzung dienen Variablen, die sich zur eindeutigen Beschreibung von
Unternehmen eignen (z. B. Unternehmensgröße, Umfang des Leistungsprogramms, Finan-
zierungskraft und Diversifikationsgrad).

Im Mittelpunkt der **produktbezogenen Marktabgrenzung** stehen als zu strukturieren-
de Marktobjekte die am Markt angebotenen Güter. Grundsätzlich spielt hierbei die Unterscheidung zwischen Sachgütern und Dienstleistungen sowie zwischen Konsum- und
Produktionsgütern eine Rolle. Für das Produktmanagement sind bei der produktbezogenen Marktabgrenzung außerdem produktspezifische Kriterien von Bedeutung. Dazu zählen beispielsweise Eigenschaften des Produkts, Nutzenkomponenten für den Nachfrager,
mögliche Verwendungszwecke oder auch die Ähnlichkeit und Substitutionsrate von Produkten.

Die **nachfragerbezogene Marktabgrenzung** ist für das Marketing und Produktmanagement am interessantesten, da hier als Abgrenzungsobjekte die Nachfrager sowie deren
produktbezogene Bedürfnisse im Mittelpunkt stehen. Vielfach findet sich statt des Begriffs
der nachfragerbezogenen Marktabgrenzung der Begriff der Marktsegmentierung. Aufgrund ihrer Bedeutung für das Produktmanagement erfolgt im folgenden Abschnitt eine
genauere Beschreibung der Marktsegmentierung.

Art der Marktabgrenzung	Unternehmensbezogene Marktabgrenzung		Nachfragerbezogene Marktabgrenzung (Marktsegmentierung)
		Produktbezogene Marktabgrenzung	Nachfragertypologien
Objekte der Marktabgrenzung	Unternehmen	Produkte	Nachfrager
Kriterien der Marktabgrenzung	• Allgemeine Merkmale (Alter, Größe, Ruf etc.) • Art des Leistungsprogramms • Absatz-, Marketingmethoden • Finanzierungskraft • Innovationskraft • Grad der Fertigungstiefe • Stufenintegrationsgrad • Diversifikationsgrad	• Eigenschaften • Nutzenkomponenten • Mögliche Verwendungszwecke • Ähnlichkeit • Substitutionsrate	• Eigenschaften • Präferenzen

Abb. 4.3 Arten und Kriterien der Marktabgrenzung

4.3.2 Märkte segmentieren

Im Allgemeinen stellt die Nachfragerschaft einer bestimmten Leistung keine homogene Einheit dar, sondern besteht aus einzelnen **Gruppierungen von Individuen**. Die Personen unterscheiden sich hinsichtlich bestimmter Merkmale, wie Bedürfnisse, Einstellungen, finanzielle Mittel und verfügbare Zeit. Daher ist eine Marktsegmentierung nötig. Unter Marktsegmentierung versteht man die Aufteilung des Gesamtmarkts in bezüglich ihrer Marktreaktion intern homogene und untereinander heterogene Kundengruppen (Marktsegmente) sowie die Bearbeitung eines oder mehrerer dieser Segmente durch geeignete Marketingaktivitäten (Freter und Obermeier 2000). Durch eine Marktsegmentierung erhält das Produktmanagement ein genaueres Bild der Anforderungen und Wünsche der als Zielgruppen gewählten Segmente und kann diese besser berücksichtigen. Eine Marktsegmentierung erscheint unter folgenden Umständen sinnvoll:

- Hohe Anzahl von (potentiellen) Kunden, insbesondere im B2C-Bereich,
- Diverse Kundenanforderungen und -wünsche,
- Unterschiede im Kaufverhalten der Kunden,
- Stark differierende Preiselastizitäten,
- Große Bandbreite hinsichtlich des Werts eines Kunden für das Unternehmen,
- Begrenzte Kompetenzen und Kapazitäten im Unternehmen.

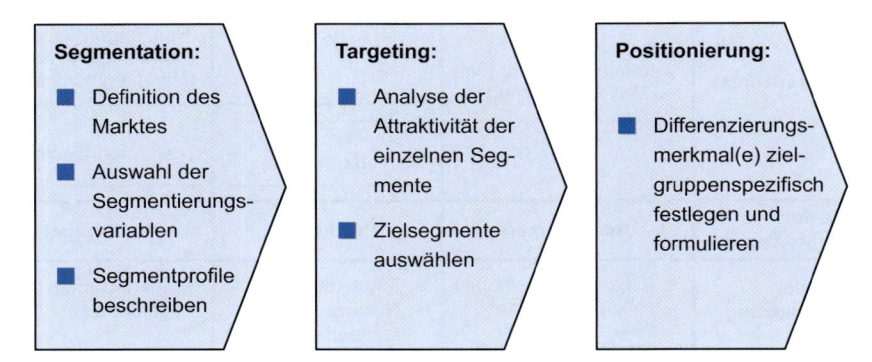

Abb. 4.4 Segmentierungs- und Auswahlprozess (Quelle: In Anlehnung an Kotler und Bliemel 2001)

Der **Prozess der Marktsegmentierung**, der im Folgenden genauer erläutert wird, kann wie in Abb. 4.4 ersichtlich verdeutlicht werden. Zunächst wird der Markt in Segmente unterteilt (vgl. die weiteren Ausführungen dieses Abschnittes). Daran schließt sich die Auswahlphase, das Targeting, an (vgl. 4.3.3). In einem letzten Schritt ist für die ausgewählten Zielsegmente eine adäquate Positionierung zu wählen. Mit dem Thema Positionierung beschäftigt sich Abschn. 4.3.4.

In der **Segmentationsphase** ist als Erstes eine **Definition des Marktes** vorzunehmen. Dies ist von großer Relevanz für das Produktmanagement, da eine falsche Marktdefinition zur Folge hat, dass die anschließende Segmentierung, das Targeting und die Positionierung auf falschen Annahmen beruhen und das Leistungsangebot folglich für die Kunden (-segmente) irrelevant ist (Myers 1996). Für ein marktorientiertes Produktmanagement bietet sich eine Marktdefinition nach dem Bedarfsmarktkonzept an. Beim Bedarfsmarktkonzept wird der relevante Markt durch die Bedürfnisse der Konsumenten bestimmt und nicht anhand von Produkten oder Dienstleistungen festgemacht. So kann beispielsweise das Bedürfnis nach Freizeitbeschäftigung durch Bücher, Kino oder auch Computerspiele befriedigt werden.

Ist der relevante Markt definiert, gilt es, diesen mit Hilfe geeigneter **Segmentierungsvariablen** aufzuteilen. Diese Variablen sollten einige Anforderungen erfüllen, um eine für das Produktmanagement hilfreiche Marksegmentierung zu ermöglichen:

- Messbarkeit
  Die Variablen sollten ausreichend gut messbar sein.
- Zeitliche Stabilität
  Die Segmentierung sollte für eine gewisse Zeitdauer gelten.
- Erreichbarkeit
  Die einzelnen **Segmente** sollten durch Marketingaktivitäten **ansprechbar** sein.
- Kaufverhaltensrelevanz
  Die Kriterien sollten mit dem Kaufverhalten zusammenhängen.

- Wirtschaftlichkeit
  Es sollte sich für das Unternehmen lohnen, die identifizierten und ausgewählten Segmente zu bearbeiten.
- Trennschärfe
  Die ermittelten Segmente sollten sich hinreichend deutlich voneinander unterscheiden.
- Segmentierung nach dem MECE-Prinzip (mutually exclusive/collectively exhaustive)
  Es sollten Kriterien zur Segmentierung ausgewählt werden, die untereinander verschieden sind (d. h. keine doppelten Variablen verwenden) und insgesamt gesehen die Segmente hinsichtlich aller wichtigen Merkmale beschreiben.

Konkrete **Kriterien zur Marktsegmentierung** lassen sich in die drei Kategorien soziodemografische, psychografische und kaufverhaltensbezogene Kriterien unterteilen (McDonald und Dunbar 2004). Tabelle 4.1 gibt einen Überblick über mögliche Marktsegmentierungsvariablen dieser drei Kategorien.

Die Segmentierung eines Marktes nach **soziodemografischen Merkmalen** bildet die älteste und zugleich auch einfachste Segmentierungsart. Daher wird sie auch heutzutage in der Praxis noch am häufigsten eingesetzt. Diese Kategorie von Abgrenzungskriterien umfasst zahlreiche demografische, geografische sowie sozioökonomische Größen, die kombiniert zur Marktsegmentierung zum Einsatz kommen können. So nutzen z. B. Versicherungen eine Verknüpfung aus Alter, Geschlecht und Familienstand häufig in Kombination mit dem Beruf der Kunden zur Marktsegmentierung. Soziodemografische Kriterien zeichnen sich durch eine gute Mess- und Ansprechbarkeit sowie eine gewisse zeitliche Stabilität aus. Studien zeigen jedoch, dass eine auf soziodemografischen Merkmalen basierende Segmentierung nur eine begrenzte Trennschärfe und Kaufverhaltensrelevanz aufweist. So bestehen beispielsweise bei alleinstehenden Frauen über 40 immer noch recht große Unterschiede im gezeigten Kaufverhalten.

Deshalb erfolgt bei der **kaufverhaltensbezogenen Segmentierung** eine Erfassung des tatsächlichen Verhaltens von Individuen beim Kauf und Konsum von Gütern. Auf diese Weise lassen sich z. B. Kundengruppen differenzieren, die stets dieselbe oder aber häufig unterschiedliche Marken wählen. Ein Vorteil dieser Segmentierung ist die Tatsache, dass Kaufverhaltensrelevanz quasi definitionsgemäß gegeben ist. Rein kaufverhaltensbezogene Segmentierungen sind jedoch nicht in der Lage, die Ursachen für unterschiedliches beobachtetes Verhalten zu erklären. Darüber hinaus sind kaufverhaltensbezogene Segmente häufig bezüglich anderer Kriterien recht unterschiedlich, was die Erreichbarkeit der Segmente erschwert.

Wenn sowohl das beobachtete Kauf- und Konsumverhalten als auch die soziodemografischen Kriterien nicht ausreichen, um Zielgruppen sinnvoll festzulegen, bietet sich eine Segmentierung auf Basis **psychografischer Kriterien** an. Dahinter steht die Erkenntnis, dass Produktpräferenzen nicht auf der Grundlage objektiver Gütereigenschaften entstehen, sondern aus den subjektiv wahrgenommenen und erlebten Eigenschaften der Objekte sowie den damit verbundenen Nutzenvorstellungen stammen. Eine häufige Segmentierungsvariante dieser Kategorie ist die Lifestyle-Segmentierung, bei der Konsumenten

Tab. 4.1 Kriterien zur Marktsegmentierung (Quelle: In Anlehnung an Freter 2008)

Kategorien	Allgemeine sozio-demografische Kriterien			Psychografische Kriterien		Kaufverhaltensbezogene Kriterien
Kriterien	Soziodemografische Kriterien	Geografische Kriterien	Soziale Schicht	Allgemeine psychografische Merkmale	Produktbezogene psychografische Merkmale	Kaufverhaltensbezogene Kriterien
Kriterien (spezifisch)	Alter, Geschlecht, Familienstand	Wohnort, Land, Region, Siedlungsdichte	Beruf, Ausbildung, Einkommen	Lifestyle, Persönlichkeitsmerkmale	Präferenzen, Einstellung, Motive, Nutzen	Kaufanlass, Markentreue, Mediennutzung

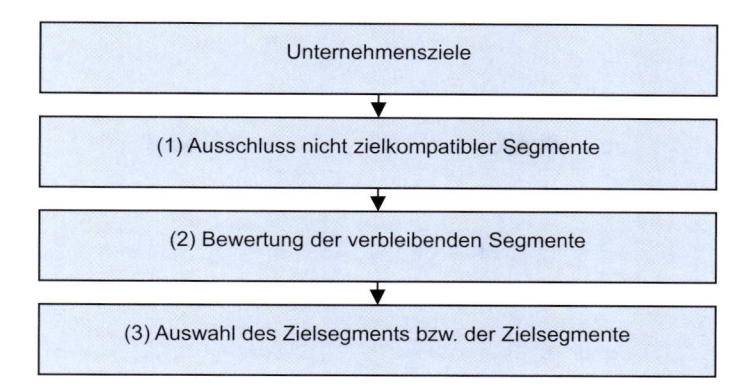

Abb. 4.5 Zielsegmentanalyse und -auswahl

anhand ihrer Werte und Lebensstile in Gruppen aufgeteilt werden. Mit Hilfe von Lifestyle-Segmentierungen können z. B. genuss-, kultur- und familienorientierte Menschen unterschieden werden (vgl. Tab. 4.2).

Ein **Vorteil psychografischer Kriterien** ist ihre im Vergleich zu soziodemografischen Größen höhere Verhaltensrelevanz. Weiterhin zeichnen sich psychografische Segmentierungen durch eine hohe zeitliche Stabilität aus. Schwierigkeiten bereiten dagegen häufig die Messbarkeit oder auch die Ansprechbarkeit der einzelnen Segmente.

Um die **Vorteile der einzelnen Segmentierungsansätze** zu kombinieren, können auch über alle drei Kategorien hinweg Segmentierungen auf Basis mehrerer Kriterien vorgenommen werden. Tabelle 4.3 zeigt eine Segmentierung von Bahnreisenden auf der Grundlage von zwei Variablen.

Zur **Ermittlung und Beschreibung der Segmente** anhand der gewählten Segmentierungsvariablen kann das Produktmanagement konzeptionell oder empirisch vorgehen. Bei der konzeptionellen Vorgehensweise erfolgt die Einteilung der Nachfrager auf Basis von Plausibilitätsüberlegungen und Kenntnissen der Produktmanager. Fundierter ist dagegen der empirische Ansatz, bei dem auf die Ermittlung empirischer Daten mittels Marktforschungsmethoden zurückgegriffen wird. Hierbei lassen sich uni- und bivariate Methoden wie Häufigkeitsverteilungen oder Kreuztabellen sowie multivariate Verfahren wie Clusteranalyse oder multidimensionale Skalierung nennen (vgl. Abschn. 3.2).

4.3.3 Targeting durchführen

Sind die Segmente eines Marktes identifiziert, ist das Targeting vorzunehmen. Unter Targeting versteht man die **Bewertung der identifizierten Segmente** und die Auswahl eines oder mehrerer Marktsegmente als Zielgruppen. Der Ablauf des Targeting-Prozesses ist in Abb. 4.5 dargestellt.

Tab. 4.2 Beispiel einer Lifestyle-Segmentierung (Quelle: In Anlehnung an Meffert 1992, S. 78)

Wertetyp	Soziodemografie	Informationsverhalten	Produktanforderungen	Anforderungen an Einkaufsstätte
Genussorientierte Wertskeptiker (16,3 %)	Älter, viele Männer, wenige Katholiken, unterdurchschnittliche Schulbildung	Geringe Nutzung persönlicher Informationen, hohe Nutzung anderer Quellen	Preis, Wirtschaftlichkeit, Reparaturfreundlichkeit, Umweltfreundlichkeit relativ wichtig, Design unwichtig	Personenbezogene Merkmale wie höfliche Bedienung, fachkundige Beratung unwichtig
Kulturorientierte Egozentriker (12,0 %)	Älter, viele Männer, viele Katholiken, höhere Schulbildung	Hohe Nutzung aller Informationsquellen	Qualität, Prestige, Bequemlichkeit und Design sehr wichtig, Preisgünstigkeit eher unwichtig	Personenbezogene Merkmale wie höfliche Bedienung, fachkundige Beratung sehr wichtig
Familienorientierte Sozialtypen (15,9 %)	Jünger, viele Männer, viele Katholiken, höhere Schulbildung	Höhere Nutzung von Werbesendungen und Anzeigen	Reparaturfreundlichkeit überdurchschnittlich wichtig, Energieeinsparungen unwichtig	Breites Sortiment und viele Sonderangebote wichtig, moderne Geschäftsausstattung unwichtig
Wertablehner (11,6 %)	Sehr jung, viele Männer, wenige Katholiken, hohe Schulbildung	Intensive Nutzung persönlicher Gespräche und neutraler Quellen (Warentests)	Hohe Bedeutung von Umweltfreundlichkeit und Energieeinsparungen	Große Verkaufsfläche wichtig
Hedonisten (18,2 %)	Jünger, viele Frauen, viele Katholiken, niedrigere Schulbildung	Höhere Nutzung von persönlichen Gesprächen und Anzeigen	Zuverlässigkeit, Bequemlichkeit wichtig, Umweltfreundlichkeit unwichtig	Preisgünstigkeit, viele Sonderangebote wichtig, Warenpräsentation unwichtig
Wertefans (16,1 %)	Älter, viele Frauen, viele Katholiken, geringe Schulbildung	Persönliche Gespräche und Informationen des Herstellers besonders wichtig	Zuverlässigkeit, Sicherheit, und technologischer Fortschritt sehr wichtig	Hohe Bedeutung nahezu aller Merkmale
Persönlichkeits-orientierte Alternative (9,9 %)	Jünger, viele Männer, wenige Katholiken, geringere Schulbildung	Testergebnisse und Werbesendungen besonders wichtig	Lebensdauer, Umweltfreundlichkeit und Wirtschaftlichkeit wichtig, Prestige, Design und Fortschritt ohne Bedeutung	Breites Sortiment, Warenpräsentation, große Verkaufsfläche, guter Service, freundliche Atmosphäre unwichtig, gute Beratung wichtig

Tab. 4.3 Beispiel einer multiplen Segmentierung von Bahnreisenden

	Reisezeitminimierer	Preisbewusste	Komfortorientierte
Geschäftsreisende	14 %	10 %	6 %
Privatreisende	12 %	35 %	11 %
Pendler	4 %	6 %	2 %

Ausgangspunkt der Segmentauswahl bilden die Unternehmensziele (zur Zieldefinition und -operationalisierung vgl. Abschn. 4.2.1 sowie 4.2.2). In Abhängigkeit von den Zielen muss geprüft werden, ob nicht zielkompatible Segmente existieren. Ist z. B. das Unternehmensziel die Entwicklung einer speziellen Pflegeproduktserie für Männer, kommen Frauen logischerweise als Zielgruppe nicht in Frage. Die nicht zielkompatiblen Segmente werden vom weiteren Auswahlprozess ausgeschlossen. Die verbleibenden Segmente erfahren in einem nächsten Schritt eine Bewertung. Hierbei kann das Produktmanagement folgende Aspekte zur Beurteilung der Attraktivität der einzelnen Segmente heranziehen:

- Segmentspezifische Marktpotentiale und -volumen,
- Aktivitäten der Konkurrenz in den Marktsegmenten,
- Homogenität der Segmente,
- Adressierbarkeit,
- Profitabilität.

Auf Basis dieser Kriterien kann schließlich eine **Auswahl des bzw. der vielversprechendsten Segmente** erfolgen. Zudem sollte sich das Produktmanagement Gedanken über die zielgruppengerechte Bearbeitung der Segmente machen und festlegen, auf welche Weise die einzelnen Segmente angesprochen werden sollen. Dies hängt auch von der vorgenommenen Marktdefinition ab (vgl. hierzu auch Abschn. 4.3.2).

4.3.4 Produkte positionieren

Für eine **zielgruppengerechte Ansprache** ist vor allem eine adäquate Positionierung der Produkte bzw. Marken nötig. Als Produktpositionierung bezeichnet man die Stellung, die ein Produkt im Wahrnehmungsraum der Konsumenten einnimmt (Myers 1996). Ziel der Produktpositionierung ist es, eine Differenzierung von den Wettbewerbsprodukten zu erreichen. Die Leistung(en) des eigenen Unternehmens sollen möglichst unverwechselbar sein.

Bei der **Beurteilung einer Differenzierung** interessiert wiederum die Perspektive der angestrebten Zielgruppe. Eine Produktpositionierung ist dann erfolgreich, wenn der subjektive Nutzen eines Produktes für die Kunden als überlegen und bestenfalls einzigartig angesehen wird (Urban und Hauser 1993). Das Produkt soll dem Konsumenten also eine Unique Selling Proposition (USP) gewährleisten. Denn nur dann ist durch die entsprechende Nachfrage des Produkts auch der ökonomische Erfolg einer Positionierung gesichert. Eine hohe Bedeutung kommt in diesem Zusammenhang dem Aufbau und der Profilierung einer Marke zu, weshalb dem Themengebiet Marke in diesem Buch ein eigenes Kapitel gewidmet wird (vgl. Kap. 10).

Zur Bestimmung und Formulierung einer geeigneten Positionierung ist es demnach wichtig, die **Produktattribute zu ermitteln**, die eine effektive Differenzierung gewährleisten können. Dies können zum Beispiel Nutzenelemente, Problemlösungen, Bedürfnisse oder auch Verwendungskategorien sein. Produktattribute, die als gute Differenzierungskriterien dienen, zeichnen sich durch folgende Eigenschaften aus:

- Die Produktattribute sind wichtig für die Kaufentscheidung der Konsumenten.
- Unterschiede in diesen Attributen können vom Konsumenten wahrgenommen werden.
- Die Produktattribute zeichnen sich durch eine gewisse Dauerhaftigkeit aus.
- Für das Unternehmen lohnt sich eine Differenzierung in diesen Attributen.

Zur **Identifikation von Differenzierungsmerkmalen** bietet die moderne Marktforschung zwei Methoden, die sowohl im B2C- als auch im B2B-Bereich zum Einsatz kommen können:

- Kano-Ansatz
- Conjoint-Analyse

Der **Kano-Ansatz** (Kano et al. 1984) unterscheidet zwischen Basis-, Leistungs- und Begeisterungsanforderungen. Basisanforderungen (Must-Be) sind als Standards angesehene Kriterien, die ein Produkt unbedingt erfüllen sollte. Sie sind implizit, selbstverständlich, offensichtlich und werden nicht in hohem Maße artikuliert. Die Nicht-Erfüllung führt zu hoher Unzufriedenheit, eine Erfüllung kann jedoch keine Begeisterung auslösen. Bei den Leistungsanforderungen verhält sich die Zufriedenheit dagegen proportional zur Anforderungserfüllung. Leistungsanforderungen werden artikuliert, sind spezifisch, gut messbar und häufig technisch. Die dritte Kategorie, Begeisterungs- oder auch Profilierungsanforderungen üben schließlich einen starken Effekt auf die Zufriedenheit aus, führen bei Nicht-Erfüllung jedoch nicht zu Unzufriedenheit. Abbildung 4.6 verdeutlicht die dargestellten Zusammenhänge.

Das Kano-Modell liefert Anhaltspunkte dafür, welche Produkteigenschaften sich gut zur Differenzierung eignen. So sollte das Produktmanagement sein Augenmerk auf die **Leistungs-, und** insbesondere die **Begeisterungsanforderungen** richten, da diese zu hoher Zufriedenheit führen können (vgl. Abschn. 6.2).

Um die einzelnen Anforderungsarten erfassen zu können, bedient sich der Kano-Ansatz einer besonderen **Fragetechnik**. Die Probanden müssen eine positiv formulierte, funktionale Frage (z. B. „Wie würde es Ihnen gefallen, wenn der Zug pünktlich ist?") und eine negativ formulierte, dysfunktionale Frage (z. B. „Wie würde es Ihnen gefallen, wenn der Zug unpünktlich wäre?") beantworten. Dabei stehen dem Befragten 5 bis 6 Antwortmöglichkeiten zur Verfügung (z. B. „Das würde mich sehr freuen" bis „Das würde mich sehr

Abb. 4.6 Der Kano-Ansatz

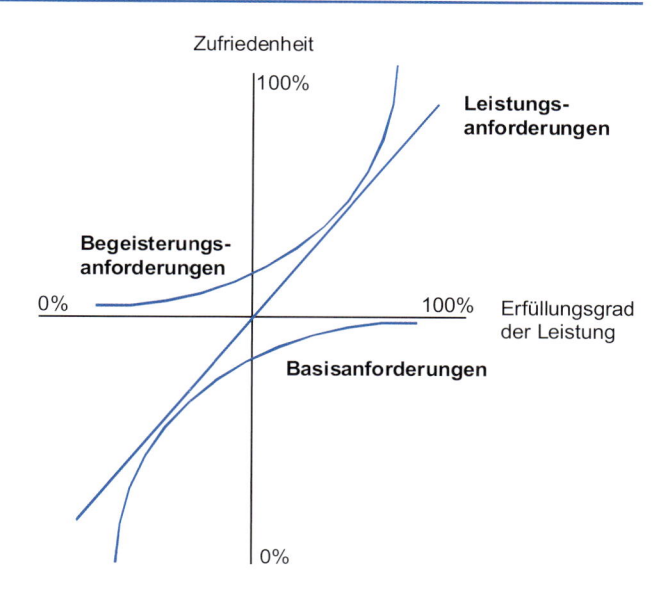

stören"). Die erste Frage bezieht sich auf die Reaktion, falls das Anforderungskriterium vorhanden ist, die zweite auf die Reaktion, wenn die Anforderung nicht erfüllt wird. Aus der Kombination der Antworten zu beiden Fragen, lassen sich die Produkteigenschaften den drei Anforderungskategorien zuordnen (Abb. 4.7).

Eine zweite Möglichkeit, Differenzierungsmerkmale aufzudecken, ist die **Conjoint Analyse** (Backhaus et al. 2006). Bei der Conjoint-Analyse müssen Probanden mehrere Trade-Offs zwischen kompletten Leistungspaketen treffen. Auf Basis dieser Trade-Offs lassen sich dann die relativen Wichtigkeiten der verschiedenen Produktmerkmale sowie die Teilnutzenwerte der einzelnen Ausprägungen der Produktmerkmale bestimmen (zur Conjoint Analyse ausführlich Kap. 6). Die relativen Wichtigkeiten der Produkteigenschaften geben einen Hinweis darauf, welche Merkmale für die Konsumenten Differenzierungsmerkmale repräsentieren.

Sind die Differenzierungsmerkmale schließlich identifiziert, ist es möglich, die Positionen der eigenen und konkurrierenden Produkte in der Wahrnehmung der Konsumenten zu bestimmen und unbesetzte **Positionierungsmöglichkeiten zu identifizieren**. Häufig werden hierzu grafische Positionierungsmodelle wie Perceptual Maps herangezogen (Myers 1996). Perceptual Maps dienen der Visualisierung und dem Management des Segmentierungs- und Auswahlprozesses (vgl. Abb. 4.4). Bei einer Perceptual Map stellen die wichtigsten Differenzierungsmerkmale die Achsen eines Koordinatensystems dar. Innerhalb dieses Koordinatensystems können dann das eigene Produkt und Konkurrenzprodukte abgetragen werden. Wie eine Perceptual Map für Automobilmarken aussehen könnte, zeigt Abb. 4.8.

Das Automobilunternehmen *BMW* kann aus einer solchen **Perceptual Map** beispielsweise erkennen, dass sein stärkster Konkurrent Mercedes ist und eine Positionierung mit

**Wie würde es Ihnen gefallen,
wenn die Züge unpünktlich wären?**

	Dysfunktionale Frage Funktionale Frage	1. Das würde mich sehr freuen.	2. Das setze ich voraus.	3. Das ist mir egal.	4. Das würde ich akzeptieren.	5. Das würde mich stören.
Wie würde es Ihnen gefallen, wenn die Züge pünktlich wären?	1. Das würde mich sehr freuen.	S	A	A	A	O
	2. Das setze ich voraus.	R	I	I	I	M
	3. Das ist mir egal.	R	I	I	I	M
	4. Das würde ich akzeptieren.	R	I	I	I	M
	5. Das würde mich stören.	R	R	R	R	S

Legende:
O = „Onedimensional quality" = Leistungsanforderung
A = „Attractive quality" = Begeisterungsanforderung
M = „Must-be quality" = Basisanforderung
I = „Indifferent quality" = Unerhebliches Qualitätselement
R = „Reverse quality" = Entgegengesetztes Anforderungskriterium
S = Skeptische Antwort: Diese Kombination entsteht nur, wenn
entweder die Frage falsch gestellt wurde, der Befragte die
Antwort missverstanden hat oder ganz einfach irrtümlich eine
falsche Antwort angekreuzt hat.

Abb. 4.7 Identifikation von Basis-, Leistungs- und Begeisterungsanforderungen (Quelle: In Anlehnung an Ballom et al. 1996)

stärkerer Betonung des Designs anstreben, um sich zu differenzieren. Darüber hinaus offenbart die grafische Darstellung Bereiche im Wahrnehmungsraum, die bisher von wenigen Wettbewerbern genutzt werden und daher noch Differenzierungspotential bieten (z. B. preisgünstige Produkte mit ansprechendem Design). Der Grad der Differenzierung eines Produktes lässt sich direkt aus der Perceptual Map ablesen. So spiegelt sich die Differenziertheit eines Produktes im Abstand dieses Produktes zu den Konkurrenzprodukten wider. In Abb. 4.8 ist Porsche beispielsweise stärker differenziert als Mercedes, da *BMW* und *Audi* von den Konsumenten relativ ähnlich wahrgenommen werden, während sich in der unmittelbaren Umgebung von *Porsche* keine weiteren Automarken befinden.

Bei der Erstellung einer Perceptual Map ist zu beachten, dass es sich um die **Kundenwahrnehmung** und nicht die Wahrnehmung der Produktmanager handelt. Um die aktuelle

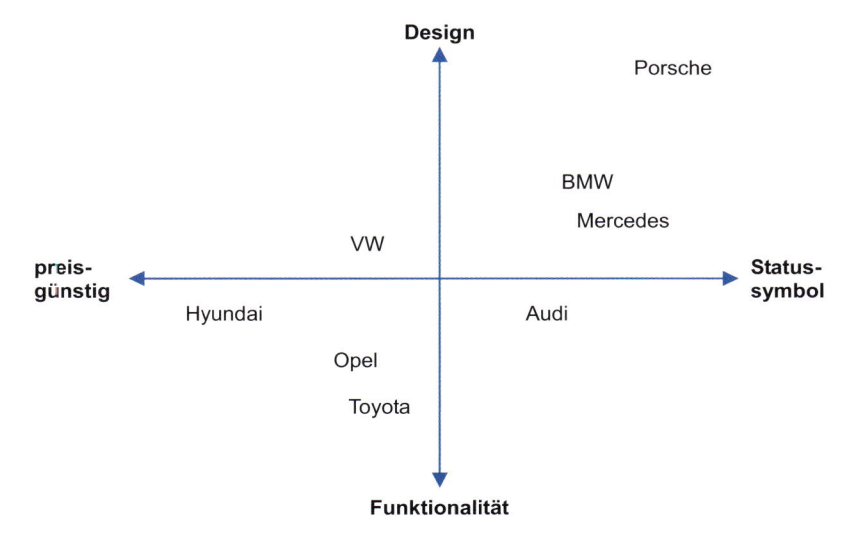

Abb. 4.8 Beispielhafte Perceptual Map der Automobilbranche

oder auch ideale Positionierung von Produkten aus Konsumentenperspektive zu ermitteln, stehen zwei Wege zur Verfügung:

- Eigenschaftsbeurteilung der Produkte,
- Beurteilung der Ähnlichkeit zwischen den Objekten mit Hilfe der Multidimensionalen Skalierung (MDS).

Bei der **Eigenschaftsbeurteilung** werden die Probanden aufgefordert, ihre Meinung über die Beschaffenheit von Produkten anhand einer Menge relevanter, vorgegebener Attribute (z. B. Service, Qualität, Preis, Design) zu äußern. Dies kann z. B. durch die Einstufung der Produkte auf Ratingskalen geschehen, wodurch sich ein Imagedifferential (Abb. 4.9) ergibt.

Aus einem solchen **Imagedifferential** lässt sich erkennen, bei welchen Kriterien ein Produkt den Wettbewerbsprodukten überlegen ist. In Abb. 4.9 differenziert sich beispielsweise Marke A durch das Kriterium Internationalität. Allerdings sagt dies nichts über die Bedeutung dieses Merkmals aus. Deshalb sollten im Vorfeld einer solchen Eigenschaftsbeurteilung die kaufentscheidungsrelevanten Merkmale identifiziert werden, auch um keine bedeutsamen Merkmale zu vergessen. Ein weiterer Nachteil sind mögliche Korrelationen zwischen den Imageeigenschaften (z. B. zwischen hoher Qualität und reinem Bier), was unter Umständen wenig trennscharfe Ergebnisse zur Folge hat. Schließlich stellt die Mehrdeutigkeit der Sprache ein grundsätzliches Problem solcher Ansätze dar.

Die zweite Methode, die **Beurteilung der Ähnlichkeit von Produkten**, versucht solche Kritikpunkte zu umgehen, indem die Auskunftspersonen nicht nach einzelnen Merkmalen,

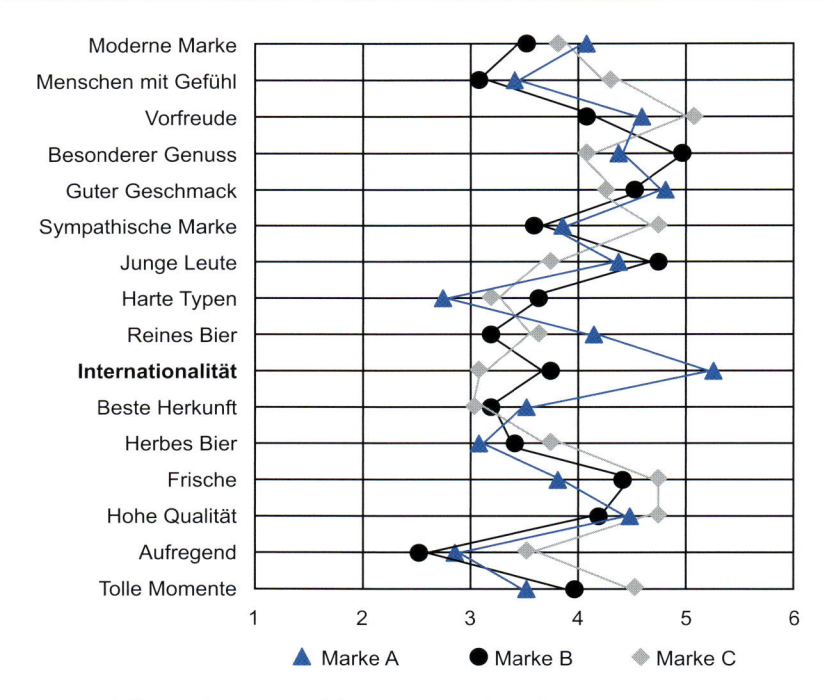

Abb. 4.9 Imagedifferential am Beispiel des Premium-Pilsmarktes

sondern der subjektiv empfundenen Ähnlichkeit bzw. Unähnlichkeit zwischen Produkten befragt werden. Mit Hilfe der Multidimensionalen Skalierung (Backhaus et al. 2006) kann der Produktmanager so die Konfiguration der Objekte im Wahrnehmungsraum der Person ableiten (vgl. Abb. 4.10).

Die Beurteilung von Ähnlichkeitsdaten liefert dem Produktmanagement eine realistische Vorstellung der **Konfiguration des Wahrnehmungsraumes** der befragten Probanden. Nachteilig hierbei ist, dass die Ähnlichkeitsurteile keinen direkten Aufschluss über die Dimensionen ermöglichen, die den Ausschlag für die Bewertung von Produkten als ähnlich oder unähnlich geben. Daher ist diese Form der Wahrnehmungsmessung auch der explorativen Marktforschung (vgl. Abschn. 3.2) zuzuordnen. Denn der Marktforscher erhält zwar einen ersten Eindruck der Ausgestaltung des Wahrnehmungsraums der Konsumenten, es sind aber weitere Analysen zur Identifikation der relevanten Differenzierungsmerkmale nötig.

Ist – beispielsweise aus Zeit- oder Kostengründen – keine Gewinnung von Kundendaten als Grundlage für die Erstellung einer Perceptual Map möglich, können alternativ **Experten die erforderlichen Daten generieren**. Die Experteneinschätzung des Wahrnehmungsraumes von Konsumenten wird als „Second Guess" bezeichnet. Hier ist allerdings fraglich, wie valide die Angaben der Experten sind. Insbesondere in Branchen, wo Paradigmenwechsel stattfinden, treffen die Experteneinschätzungen nicht zwangsläufig die Kundenmeinung.

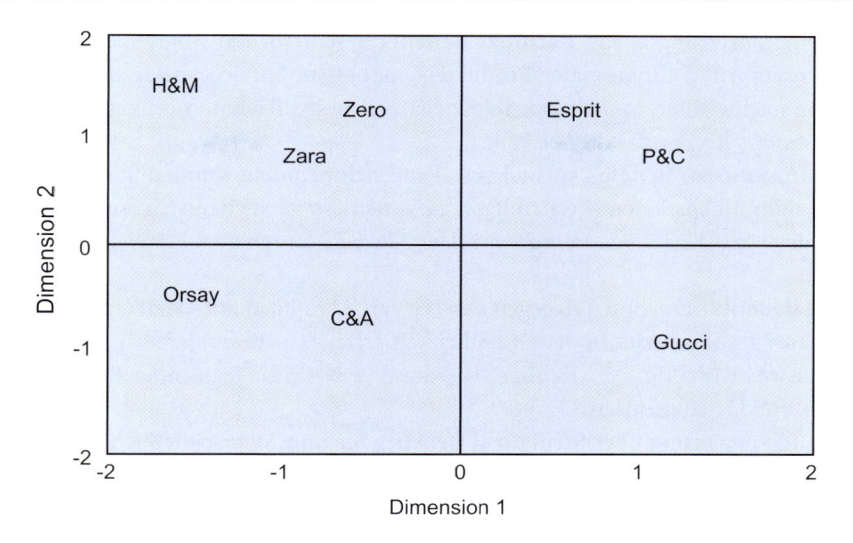

Abb. 4.10 Ergebnis einer MDS für Damenbekleidungsgeschäfte

So erfolgte die Gestaltung von Geschäftsmodellen in der Airlineindustrie lange Zeit unter der Annahme, dass die Kunden auf die vier Dimensionen Qualität, Sicherheit, Preis und Komfort Wert legen. Billigflieger wie Ryanair zeigen jedoch, dass bei einigen Kundensegmenten lediglich eine Dimension eine Rolle spielt, nämlich der Preis.

Hat ein Unternehmen den Wahrnehmungsraum des Konsumenten bestimmt, kann es eine **gewünschte Positionierung festlegen** (z. B. Verbesserung hinsichtlich einer oder mehrerer Dimensionen, Besetzung einer Lücke im Wahrnehmungsraum). Hierbei ist anzumerken, dass bei der Auswahl einer Positionierung neben den Ansprüchen und Wünschen der Zielgruppe folgende Rahmenbedingungen zu beachten sind:

- Entwicklungen auf dem Absatzmärkten,
- Marktposition des Unternehmens,
- Ressourcenausstattung des Unternehmens.

Auch wenn die relevanten Differenzierungsmerkmale je nach Branche differenzieren, können vier grundlegende **Differenzierungsebenen** unterschieden werden:

- Rational Benefits (z. B. Produktfunktionalität, Value for Money),
- Emotional Benefits (z. B. Image),
- Social Benefits (z. B. Gruppenakzeptanz),
- Structural Benefits (z. B. Netzwerke, Austrittsbarrieren).

Um einen ansprechenden **USP zu kreieren**, muss eine klare Differenzierung auf einer oder mehrerer dieser Ebenen vorliegen oder möglich sein.

Die Differenzierungsebene **Rational Benefits** beschreibt die Abgrenzung von Wettbewerbern aufgrund funktionaler Produkteigenschaften, Serviceaspekte oder auch dem Preis. Eine solche Differenzierung verfolgen beispielsweise Telekommunikationsunternehmen wie *1und1*, *Arcor* oder die *Telekom*.

Durch **Emotional Benefits** versucht ein Unternehmen dem Kunden über die Produkteigenschaften hinaus einen Zusatznutzen zu stiften. So versuchen sich Automobilunternehmen der Luxusklasse wie *Rolls Royce* oder *Maybach* durch ein elitäres Image zu differenzieren.

Social Benefits bezeichnen dagegen den Nutzen eines Produktes, den ein Kunde durch den Konsum des Produktes in der Öffentlichkeit erfährt. Insbesondere für Jugendliche ist es beispielsweise wichtig, die „richtige" Kleidung (z. B. *Dickie* Jeans oder *Buffalo* Schuhe) zu tragen, um dazuzugehören.

Eine Differenzierung über **Structural Benefits** zeichnet sich schließlich durch die Bereitstellung von Strukturen, z. B. den Zugriff auf bestimmte Netzwerke aus. *Xing* ermöglicht beispielsweise die Anbahnung von Geschäftskontakten, während Partnerbörsen den Teilnehmern eine Datenbank von Singles, die ebenfalls auf der Suche nach einem Partner sind, und adäquate Suchmöglichkeiten zur Verfügung stellen.

Die vier Ebenen helfen dem Produktmanagement, die gewählte Positionierung zu strukturieren. Werden mehrere Dimensionen genutzt, bedeutet dies, **komplexe Werthaltungen** miteinander in Einklang zu bringen.

4.3.5 Positionierungen effektiv vermitteln

Hat ein Unternehmen, basierend auf der Analyse des Wahrnehmungsraumes der Konsumenten, eine Positionierung ausgewählt, gilt es, diese auch adäquat zu vermitteln. **Drei Aspekte der Informationsverarbeitung** des Nachfragers erfordern in diesem Zusammenhang eine gesonderte Betrachtung. Es handelt sich dabei um:

- Priming
- Alignable Assortment
- Regret

Priming beschreibt den Einfluss, den der Kontext auf das Entscheidungsverhalten ausübt. Wird zum Beispiel ein Auto zusammen mit glücklichen Familien präsentiert, ergibt sich eine andere Wahrnehmung des Fahrzeugs als wenn die Formel 1 als Kontext dient. Der Konsument berücksichtigt die Kontextinformationen bei der Beurteilung des Produktes. Darüber hinaus kann die Intensität mit der sich ein Konsument mit unterschiedlichen Informationen auseinandersetzt durch die Einbettung des Produktes beeinflusst werden (Mandell und Johnson 2002). Zwei grundsätzliche Implikationen für das Produktmanagement lassen sich daraus ableiten:

Abb. 4.11 Informationsverarbeitung von vergleichbaren Varianten

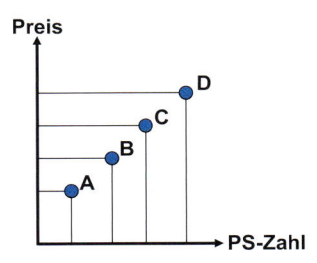

- Die grundlegende Gestaltung des Kontextes eines Produktes ist auf die Positionierung des Produktes abzustimmen (z. B. Familienauto – Kontext Familie bzw. Sportwagen – Kontext Formel 1).
- Soll die Verarbeitung bestimmter Informationen (z. B. der Preis) gefördert oder verringert werden, sind im Kontext (also z. B. im Hintergrund von Werbeprospekten oder Internetseiten) entsprechende Hinweise (z. B. Dollar- oder Euro-Zeichen) zu integrieren bzw. zu vermeiden.

Stehen einem Individuum mehrere, ähnliche Varianten eines Produktes zur Auswahl, spielt das **Alignable Assortment** eine Rolle (Gourville und Soman 2005). Bei der Auswahlentscheidung zwischen den Varianten kommt es nämlich nicht nur auf die Anzahl der für den Variantenvergleich relevanten Produkteigenschaften, sondern auch auf die Art dieser Attribute an. So können die Attribute kontinuierlich (z. B. steigende PS-Zahl eines Autos) oder diskret (z. B. unterschiedliche Farben) ausgeprägt sein.

Kontinuierlich ausgeprägte Attribute erlauben eine einfachere Vergleichbarkeit der Varianten, da sie die Varianten in eine klare Reihenfolge bringen. Eine solche Leistungspalette wird deshalb als Alignable Assortment (vergleichbare Varianten) bezeichnet. Sind mehrere kontinuierliche Attribute für die Auswahlentscheidung relevant, ist es für eine eindeutige Vergleichbarkeit notwendig, dass sich bei Ordnung der Varianten nach den Ausprägungen der relevanten Attribute die gleiche Reihenfolge ergibt (z. B. steigende PS-Zahl geht mit steigendem Preis einher). Ist das gegeben, liegt auch in diesem Fall Alignable Assortment vor.

Ergeben sich bei der Ordnung der Varianten nach den Ausprägungen der kontinuierlichen Attribute unterschiedliche Reihenfolgen oder spielen **diskrete Attribute** eine Rolle, handelt es sich um nicht-vergleichbare Varianten (Non-Alignable Assortment). Tabelle 4.4 verdeutlicht die unterschiedlichen Situationen bei einer Auswahlentscheidung anhand eines Beispiels.

Informationen zu vergleichbaren Varianten sind für den Menschen besonders leicht zu verarbeiten, da eine klare Ordnung möglich ist (vgl. Abb. 4.11). Im Falle von **Non-Alignable Assortment** fällt es dem Menschen hingegen schwer, solche Informationen zu verarbeiten, da eine mehrdimensionale Ordnung und in der Folge eine mehrdimensionale Präferenzentscheidung nötig ist (vgl. Abb. 4.12).

Tab. 4.4 Unterschiedliche Arten der Auswahlentscheidung zwischen Varianten

		Ausprägungen der für den Variantenvergleich relevanten Attribute					
		kontinuierlich			**diskret**		
ein Attribut		Variante 1 90 PS	Variante 2 110 PS	Variante 3 150 PS	Variante 1 Blau	Variante 2 Rot	Variante 3 Schwarz
		➡ vergleichbare Varianten			➡ nicht-vergleichbare Varianten		
mehrere Attribut		Variante 1 90 PS 2 Jahre Garantie	Variante 2 110 PS 3 Jahre Garantie	Variante 3 150 PS 5 Jahre Garantie	Variante 1 kein Radio ohne Schiebe- dach	Variante 2 mit Radio ohne Schiebe- dach	Variante 3 mit Radio mit Schie- bedach
		➡ vergleichbare Varianten			➡ nicht-vergleichbare Varianten		
		Variante 1 90 PS 3 Jahre Garantie	Variante 2 110 PS 5 Jahre Garantie	Variante 3 150 PS 2 Jahre Garantie			
		➡ nicht-vergleichbare Varianten					

Anzahl der für den Variantenvergleich relevanten Attribute

Abb. 4.12 Informationsverarbeitung von nicht-
vergleichbaren Varianten

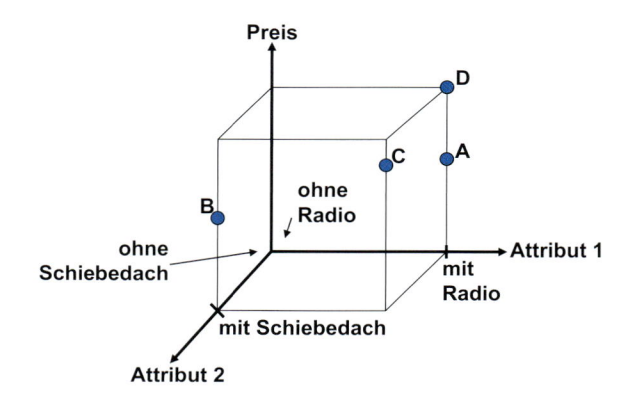

Ob es sich um vergleichbare oder nicht-vergleichbare Produktvarianten handelt, hat für das Produktmanagement verschiedene **Konsequenzen** (Herrmann et al. 2006):

• Bei vergleichbaren Varianten erhöht und bei nicht-vergleichbaren Varianten verringert sich die Wahrscheinlichkeit des Kaufs einer der Produktvarianten mit steigender Variantenzahl.

- Im Fall der vergleichbaren Varianten ist die Zahlungsbereitschaft der Kunden (im Vergleich zu nicht-vergleichbaren Varianten) höher und die Entscheidungszeit kürzer.
- Kunden sind mit ihrer Auswahlentscheidung zufriedener, wenn das Produkt anhand vergleichbarer Attribute evaluiert und selektiert wurde.
- Durch eine Steigerung der Variantenzahl lässt sich bei vergleichbaren Varianten die Entscheidungszufriedenheit erhöhen, bei nicht-vergleichbaren führt eine Erhöhung der Variantenzahl dagegen zu einer Reduktion der Entscheidungszufriedenheit.
- Kunden sind bei nicht-vergleichbaren Varianten dazu geneigt, der Hersteller- bzw. Händlerempfehlung (Default) zu folgen.

Schließlich sollte das Produktmanagement das **Regret** der Konsumenten bei der Gestaltung seines Produktsortiments berücksichtigen. Regret bezeichnet das Bedauern nach dem Kauf, das beispielsweise dadurch ausgelöst wird, dass der Kunde glaubt, beim Kauf doch eine Fehlentscheidung getroffen zu haben. Die Gefahr des Regrets ist dann besonders hoch ausgeprägt, wenn schon vor dem Kauf eine hohe Präferenzunsicherheit besteht.

Dabei kann eine **Präferenzunsicherheit** des Konsumenten hinsichtlich der Wahl einer Alternative, oder auch bezüglich des Kaufzeitpunkts bestehen. Unsicherheit bei der Alternativenwahl entsteht, wenn Alternativen einander in ihrer Attraktivität ähneln und Nachfrager bei der Wahl Kompromisse eingehen müssen (Iyengar und Lepper 2002). Auch hier spielt wiederum die begrenzte Kapazität der Menschen zur relativen Gewichtung verschiedener Attribute eine Rolle. Die Wahl des Kaufzeitpunkts hängt beispielsweise von den Erwartungen des Konsumenten ab, wann ein Produkt besonders günstig erworben werden kann (z. B. als Sonderangebot vor Weihnachten, vor einer Erhöhung der Mehrwertsteuer etc.). Auch hier können demnach Unsicherheiten über den optimalen Kaufzeitpunkt bestehen.

Schwierige Entscheidungen mit einer hohen Präferenzunsicherheit fallen den Menschen schwer und können zu einem vermehrten **Kaufaufschub** oder sogar zu einer **Kaufunterlassung** führen (Dhar 1996, 1997). Auf diese Weise ist der Konsument nicht gezwungen, eine Entscheidung unter hoher Präferenzunsicherheit zu fällen und vermeidet zudem einen möglichen Regret nach dem Kauf. Aber auch der Nicht-Kauf kann zu Regret führen, da Kunden dann das Gefühl haben, eine gute Situation (z. B. ein Sonderangebot) nicht genutzt zu haben.

Folgende Punkte sollte das Produktmanagement beachten, um Präferenzunsicherheit zu reduzieren und Regret zu vermeiden:

- Alternativenanzahl kontrollieren, um Präferenzunsicherheit zu beschränken.
- Standardoptionen anbieten, da diese als Entscheidung aller angesehen werden, was die Verantwortung des Einzelnen reduziert.
- Sonderangebote und -editionen zeitlich befristen, was die Präferenzunsicherheit hinsichtlich des Kaufzeitpunktes reduziert und die Gefahr des Regrets beim Nicht-Kauf erhöht.

- Gefahr von Fehlentscheidungen beim Kauf durch Geld-Zurück-Garantien und Kulanzzahlungen eliminieren.
- Verschiebung der Entscheidungsprozesse des einzelnen Kunden auf einen externen Entscheider (z. B. Werbung mit Prominenten, die vor dem Regal die Kaufentscheidung fällen).
- Berücksichtigen, dass Regret stärker bei außergewöhnlichen Ereignissen als bei habitualisierten Verhaltensweisen auftritt: Ist eine Positionierung als außergewöhnlich erwünscht, sollte das Außergewöhnliche in den Alltag integriert werden.

4.4 Strategische Optionen bestimmen

4.4.1 Überblick

Dem Management stehen verschiedene **strategische Optionen** zur Umsetzung der marketing- und produktpolitischen Ziele zur Verfügung. Grundsätzlich lassen sich drei Richtungen von Marketing-Basisstrategien unterscheiden:

- Kundenorientierte Strategien
- Konkurrenzorientierte Strategien
- Unternehmensübergreifende Strategien

Dabei umfasst jede Richtung mehrere Strategiedimensionen bzw. Strategiealternativen (vgl. Abb. 4.13).

Die **kundenorientierten Strategien** beziehen sich auf die Auswahl der Kunden- bzw. Marktsegmente und die Art der Ansprache der Kunden. Hier lassen sich die vier in Abb. 4.13 aufgelisteten Strategieebenen unterscheiden (Becker 2006). Jede dieser Dimensionen umfasst wiederum mehrere Strategiealternativen, aus denen ein Unternehmen wählen kann. Marktfeldstrategien legen die strategische Stoßrichtung eines Unternehmens in Bezug auf mögliche Produkt-Markt-Kombinationen fest. Mit den Marktstimulierungsstrategien wird definiert, auf welche Art und Weise die Bearbeitung des Marktes erfolgt. Die Intensität der Differenzierung der Marktbearbeitung ist dagegen Inhalt der Marktparzellierungsstrategien. Marktarealstrategien legen schließlich den geografischen Raum der Unternehmensaktivitäten fest. Die einzelnen strategischen Optionen dieser vier Strategieebenen werden in den kommenden Abschnitten ausführlicher behandelt und sind überblicksartig in Tab. 4.5 aufgeführt.

Aus der Festlegung der verfolgten strategischen Option für die vier Ebenen ergibt sich die **strategische Grundausrichtung des Unternehmens**. So verfolgt *Aldi* z. B. die Kombination Marktdurchdringungsstrategie, Preis-Mengen-Strategie, partiale Massenmarktstrategie mit einer internationalen Ausrichtung. Die ersten beiden Strategieebenen repräsentieren dabei die klassischen strategischen Optionen im Produktmanagement, während sich

Tab. 4.5 Kundenorientierte strategische Optionen (Quelle: In Anlehnung an Becker 2006)

Ebene	Strategische Option			
Marktfeldstrategie	Marktdurchdringungs-strategie	Marktentwicklungsstrategie	Produktinnovationsstrategie	Diversifikationsstrategie
Marktstimulierungs-strategie	Präferenzstrategie		Preis-Mengenstrategie	
Marktparzellierungs-strategie	Massenmarktstrategie (total)	Massenmarktstrategie (partial)	Segmentierungsstrategie (total)	Segmentierungsstrategie (partial)
Marktarealstrategie	Lokale/regionale Strategie	Überregionale/ nationale Strategie	Multinationale/ internationale oder Weltmarktstrategie	

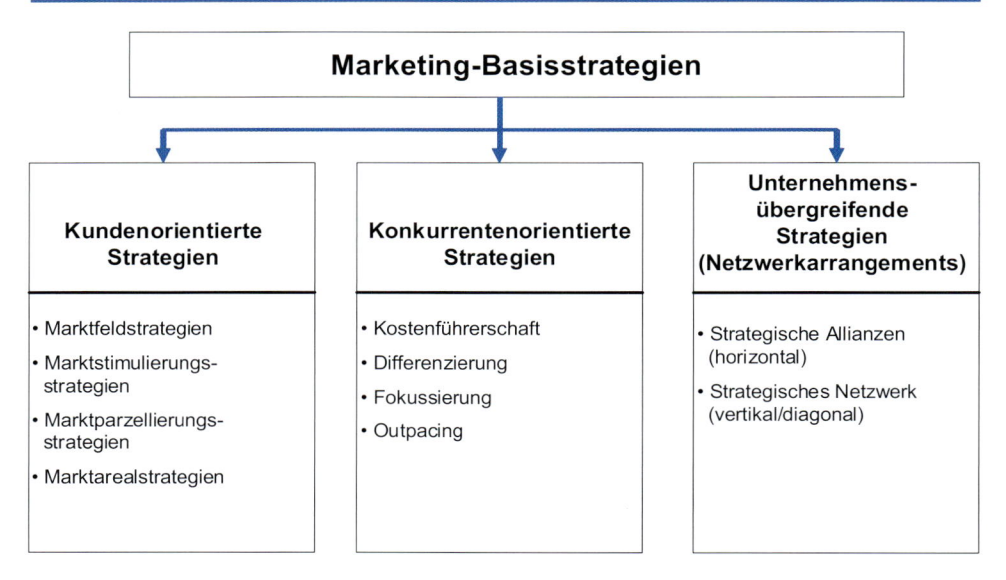

Abb. 4.13 Marketing-Basisstrategien im Überblick

die anderen zwei Dimensionen eher auf die strategischen Entwicklungsmöglichkeiten des Unternehmens beziehen.

Die zweite Kategorie der Marketing-Basisstrategien, die **konkurrenzorientierten Strategien**, beschreibt die Ausrichtung eines Unternehmens im Vergleich zum Wettbewerb. Dabei stellen die in Abb. 4.13 genannten Aspekte bereits vier mögliche strategische Optionen dar, die in Abschn. 4.4.6 erläutert werden.

Die **unternehmensübergreifenden Strategien** bezeichnen Strategien, die auf dem Zusammenschluss mehrerer Unternehmen beruhen und werden auch als Netzwerkarrangements bezeichnet. Hierbei unterscheidet man zwischen horizontalen (strategische Allianzen) und vertikalen bzw. diagonalen (strategische Netzwerke) unternehmensübergreifenden Strategien. Diese erfahren in Abschn. 4.4.7 eine nähere Betrachtung.

4.4.2 Marktfeldstrategien

Bei den Marktfeldstrategien richtet sich das Augenmerk der Unternehmensverantwortlichen auf die Festlegung der **Produkt/Markt-Kombinationen**. Hierbei stehen die vier strategischen Optionen Marktdurchdringung (auch Marktpenetration genannt), Marktentwicklung, Produktentwicklung und Diversifikation zur Wahl, die in der Produkt-Markt-Matrix nach Ansoff kategorisiert werden können (vgl. Abb. 4.14).

Die **Marktdurchdringung** zielt auf die Intensivierung der Marketingbemühungen ab, wobei die derzeitigen Produkte, die in den gegenwärtigen bearbeiteten Märkten bereits angeboten werden, im Vordergrund des Interesses stehen. Maßnahmen können z. B. Preis-

	Märkte gegenwärtig	neu
Produkte gegenwärtig	Marktdurchdringung	Marktentwicklung
neu	Produktentwicklung	Diversifikation

Abb. 4.14 Marktfeldstrategien nach Ansoff (Quelle: In Anlehnung an Ansoff 1966)

senkungen, Vergrößerung der Verkaufseinheiten, gezielte Werbung oder das Anbieten von Produktproben sein. Mit der Strategie der Marktdurchdringung beabsichtigt man insbesondere

- eine Intensivierung der Produktverwendung bei den Stammverbrauchern,
- die Gewinnung von Nichtkonsumenten,
- die Abwerbung von Kunden von der Konkurrenz.

Mit der Strategie der **Marktentwicklung** möchte das Unternehmen mit den bestehenden Produkten neue Märkte erschließen. Die Strategie ermöglicht eine Entwicklung in eine oder beide der folgenden Richtungen:

- Gewinnung neuer, bisher nicht bearbeiteter Absatzmärkte (z .B. Erweiterung des bearbeiteten Marktes in geografischer Hinsicht),
- Erschließung funktionaler Zusatzmärkte (z. B. Ausweitung des Kundenkreises auf Senioren oder Geschäftskunden).

Bei der Strategie der **Produktentwicklung** steht die Erweiterung des Leistungsangebotes in bereits bearbeiteten Märkten im Mittelpunkt. Hier besteht die Möglichkeit, neue Produkte zusätzlich an den Markt zu bringen (Sortimentserweiterung) oder aber bestehende Produkte zu ersetzen (Produktsubstitution). Bei der Entwicklung neuer Produkte stehen dem Marketingmanager drei Optionen zur Verfügung:

- echte Innovation, die es ursprünglich überhaupt nicht gab (z. B. CD-Player),
- quasi-neue Produkte, die an vorhandene Güter anknüpfen (z. B. Mountain Bike),

- Me-too-Produkte (Nachahmungsprodukte), die lediglich für das jeweilige Unternehmen neu sind, sich aber kaum von anderen, bereits am Markt befindlichen Produkten unterscheiden (z. B. Arzneimittel-Generika).

Bei der Strategie der **Diversifikation** werden neue Produkte auf bisher nicht bearbeiteten Märkten angeboten. Das Produktionsprogramm wird dabei um Produkte erweitert, die in keinem direkten Zusammenhang mit dem bisherigen Betätigungsfeld des Unternehmens stehen. Hierbei unterscheidet man zwischen horizontalen, vertikalen und lateralen Diversifikationen:

- Horizontale Diversifikationen beschreiben eine Leistungserweiterung auf der bisherigen Wirtschaftsstufe.
- Bei vertikalen Diversifikationen erfolgt der Ausbau des Produktprogramms in vertikaler Richtung, d. h. entlang des Produktionsprozesses (vor- oder nachgelagerte Produktionsstufen).
- Bei lateralen Diversifikationen handelt es sich um die Erweiterung des Produktionsprogramms um Leistungen in einer anderen als bisher bearbeiteten Produktionsstufe (z. B. Zuliefererprodukte, wenn bisher nur Endkundenleistungen angeboten wurden) in einem für das Unternehmen vollkommen neuen Markt.

Laterale Diversifikationen bergen das höchste **Risiko**, aber auch ein hohes Potential. Die Marktdurchdringung weist dagegen den geringsten Innovationsgrad der Marktfeldstrategien auf, was jedoch gleichzeitig bedeutet, dass sie mit dem niedrigsten Risiko verbunden ist.

4.4.3 Marktstimulierungsstrategien

Bei den Überlegungen zur Marktstimulierung spielt für die Verantwortlichen die **Art und Weise der Marktbeeinflussung** eine Rolle. Den Marketingmanagern stehen hier zwei Optionen offen:

- Präferenzstrategie
- Preis-Mengen-Strategie

Das Verfolgen der **Präferenzstrategie** bedeutet, dass der Anbieter die Erwartungen und Vorstellungen der tatsächlichen und potentiellen Abnehmer in hohem Maße berücksichtigt. Da in vielen Märkten die Sättigung von Grundbedürfnissen erreicht ist, suchen Unternehmen konsequent nach einer Befriedigung von Zusatzbedürfnissen. Mit einer Präferenzstrategie sollen mehrdimensionaler Präferenzen der Kunden hinsichtlich nicht-preislicher Aktionsparameter geschaffen werden (z. B. hohe Qualität, gutes Image, hervorragender Service). Auf diese Weise wird versucht, durch ein den Präferenzen entsprechendes Produkt einen überdurchschnittlichen Preis zu erzielen. Diese Strategie wird beispielsweise im Bereich der Luxusmarken (z. B. Gucci) angewandt.

Die **Preis-Mengen-Strategie** ist im Gegensatz dazu auf einen aggressiven Preiswettbewerb ausgerichtet und zwar unter Verzicht auf sonstige präferenzpolitische Maßnahmen. Das akquisitorische Potential von Unternehmen, die gemäß dieser Strategie agieren, beruht im Kern auf einem Angebotspreis, der besonders niedrig ist. Dadurch soll eine Ansprache einer großen Anzahl von Abnehmern erreicht werden, um durch höhere Absatzmengen den geringeren Stückgewinn zu kompensieren. Ein klassisches Beispiel hierfür ist das Unternehmen Aldi.

4.4.4　Marktparzellierungsstrategien

Bei der Strategie der Marktparzellierung gilt es, von der Unternehmensseite eine **Entscheidung über die Abdeckung des Marktes** (vollständig oder teilweise) und über die Art der Differenzierung des Marketingprogramms zu treffen. Hinsichtlich der Differenzierung des Marketingprogramms stehen den Marketingmanagern folgende Optionen offen:

- Massenmarktstrategie
- Marktsegmentierungsstrategie

Das Prinzip der **Massenmarktstrategie** besteht darin, den Gesamtmarkt nicht in seinen Teilen zu würdigen, sondern undifferenziert zu behandeln. Dabei konzentriert sich der Anbieter auf solche Wünsche und Bedürfnisse, die alle Individuen aufweisen und vernachlässigt jene, in denen sie sich unterscheiden. Eine solche Strategie ist dann sinnvoll, wenn der Gesamtmarkt recht homogen ist.

Die **Marktsegmentierungsstrategie** hingegen nimmt eine differenzierte Ansprache verschiedener Marktsegmente vor. Dieser Strategie liegt eine Marktsegmentierung zugrunde (vgl. Abschn. 4.3.2). Insbesondere weit entwickelte Märkte in späten Phasen des Produktlebenszyklus (vgl. hierzu Kap. 3) sind durch eine hohe Ausdifferenzierung der Kundenwünsche geprägt und eignen sich für Marktsegmentierungsstrategien.

Aus der Kombination von Massenmarkt- oder Segmentierungsstrategie in Verbindung mit einer totalen oder teilweisen Abdeckung des Marktes ergeben sich die in Abb. 4.15 dargestellten **Marktparzellierungsstrategien**, aus denen das Produktmanagement wählen kann.

Beim **undifferenzierten Marketing** wird der Gesamtmarkt als Aggregat behandelt und mit einem einheitlichen Marketingprogramm bearbeitet. Es erfolgt also eine Abdeckung des Grundmarktes, d. h. die Summe aller in Betracht kommenden Abnehmer. Als Beispiel kann *Nivea*-Creme angeführt werden, welche als klassischer Markenartikel für alle vermarktet wird. An diesem Beispiel wird zudem deutlich, dass sich Massenmarkt- und Präferenzstrategie als Option der Marktstimulierung nicht ausschließen.

Abdeckung des Marktes / Differenzierung des Marketingprogramms	Vollständig	Teilweise
Undifferenziert (Massenmarktstrategie)	Undifferenziertes Marketing	Konzentriert-undifferenziertes Marketing
Differenziert (Marktsegmentierungs-strategie)	Differenziertes Marketing	Selektiv-differenziertes Marketing

Abb. 4.15 Marktparzellierungsstrategien

Im Falle des **konzentriert-undifferenzierten Marketings** bedient ein Unternehmen zwar den Massenmarkt, dieser wird jedoch enger gefasst und einheitlich bearbeitet. So werden generelle Bedarfsunterschiede berücksichtigt, bspw. Creme für die Handpflege (*Atrix*).

Wählt ein Unternehmen die Option des **differenzierten Marketings** wird der Gesamtmarkt in Segmente unterteilt und es erfolgt eine Bearbeitung aller Segmente jedoch mit einem differenzierten Marketingprogramm. Beispielhaft lässt sich hier *VW/Audi* anführen. Der Konzern agiert am Gesamtmarkt mit zwei verschiedenen Marken. Bei der Wahl der Option differenziertes Marketing muss ein Unternehmen im Vorfeld prüfen, ob es über genügend Ressourcen und Fähigkeiten zur Bearbeitung aller Marktsegmente des Gesamtmarktes verfügt.

Ist dies nicht der Fall, kann auch die Option des **selektiv-differenzierten Marketings** in Betracht genommen werden. Hierbei erfolgt eine Konzentration auf einen Teil des Marktes. In diesem Teilmarkt werden Marktsegmente identifiziert, die es differenziert zu bearbeiten gilt. Ein Beispiel hierfür sind Privatbanken wie *Sal. Oppenheim*, die sich auf den Teilmarkt der vermögenden Kunden beschränken und diesen differenziert ansprechen (z. B. nach Alter oder Familienstand).

4.4.5 Marktarealstrategien

Bei der Entscheidung zur strategischen Grundausrichtung eines Unternehmens sollten zudem **Überlegungen zum geografischen Absatzmarkt Berücksichtigung** finden. Im Rahmen der Marktarealstrategie gilt es, eine Aussage zu treffen, mit welcher geografischen Ausrichtung die Produkte oder Leistungen angeboten werden. Hierbei unterscheidet man:

- Lokale oder regionale Strategie
- Überregionale oder nationale Strategie
- Multinationale, internationale oder Weltmarktstrategie

Diese Entscheidung richtet sich häufig nach der Entwicklung des Unternehmens. In der Anfangsphase verfolgen Unternehmen häufig eine **lokale oder regionale Ausrichtung** und erweitern ihr geografisches Absatzgebiet erst im Laufe der Zeit auf ein **überregionales oder nationales Absatzgebiet**. Ein solcher Prozess vollzieht sich oft über mehrere Jahre und bleibt in vielen Fällen auch auf einer der genannten Stufen stehen. Diese Situation trifft zum Beispiel dann ein, wenn Konkurrenten aufeinanderstoßen und sich in ihrer weiteren Entwicklung gegenseitig hemmen. Auch ist eine Stagnation denkbar, sofern umfassende produktpolitische Anstrengungen für einen Sprung auf die nächste Stufe erforderlich sind.

Eine **multinationale, internationale oder Weltmarktstrategie** liegt nahe, falls der Inlandsmarkt gesättigt ist. Außerdem lassen sich oft die Produktionskosten reduzieren, Fertigungskapazitäten auslasten, Wechselkurs- und Kaufkraftunterschiede ausnutzen, die Krisenfestigkeit des Unternehmen sichern, Kostenvorteile erzielen, eine bessere Marktnähe gegenüber dem klassischen Export erreichen und Know-how erwerben. Ein Beispiel hierfür bilden die deutschen Automobilunternehmen, die allesamt weltweit produzieren und distribuieren. Bei der Entscheidung für eine Internationalisierung spielen außerdem die Attraktivität und die Eintrittsbarrieren der neuen Märkte eine zentrale Rolle.

4.4.6   Konkurrenzorientierte Strategien

Während die kundenorientierten Strategien sich mit der strategischen Grundausrichtung des Unternehmens gegenüber den Kunden beschäftigen, erfordern die konkurrenzorientierten Strategien eine **Entscheidung über die Position des Unternehmens im Vergleich zu seinen Mitbewerbern**. Eine Berücksichtigung der Aktivitäten der Konkurrenten ist insbesondere in Anbetracht stagnierender Märkte und verkürzter Produktlebenszyklen unerlässlich.

Ein klassischer Ansatz zur Charakterisierung strategischer Verhaltensweisen im Verhältnis zur Konkurrenz wurde von Porter (1980) vorgeschlagen. Aufgrund der starken Betonung von Wettbewerbsvorteilen im Rahmen dieses Konzeptes spricht man auch von Wettbewerbsstrategien. Porter klassifiziert diese Wettbewerbsstrategien anhand von zwei grundlegenden Kriterien: dem **Zielobjekt der Strategie** (gesamte Branche bzw. ausgewähltes Marktsegment) und dem **angestrebten Wettbewerbsvorteil** (Singularität aus der Sicht des Kunden bzw. Kostenvorsprung). Mittels dieser beiden Kriterien lassen sich, wie in Abb. 4.16 ersichtlich, die drei Wettbewerbsstrategien Kostenführerschaft, Differenzierung und Fokussierung identifizieren:

Grundgedanke der Strategie der **Kostenführerschaft** ist das Anstreben der günstigsten Kostenposition in einer Branche. Alle Aktivitäten des Unternehmens sind darauf ausge-

Strategischer Vorteil / Strategisches Zielobjekt	Singularität aus Sicht des Käufers	Kostenvorsprung
Branchenweit	Differenzierung	Umfassende Kostenführerschaft
Beschränkung auf ein Segment	Fokussierung	

Abb. 4.16 Wettbewerbsstrategien nach Porter

richtet, kostengünstig zu arbeiten. Beispiele für Unternehmen, die eine solche Kostenführerschaft anstreben, sind die Billigflieger wie z. B. *Ryanair* oder *EasyJet*.

Zur Realisierung dieser Kostenposition dienen **hohe Stückzahlen bzw. hohe Marktanteile bei weitgehender Standardisierung** der Produkte. Entsprechende strategische Maßnahmen sind bspw. ein aggressiver Aufbau von Produktionsanlagen effizienter Größe, ein gezieltes Ausnutzen erfahrungsbedingter Kostensenkungen, eine strenge Kontrolle von Einzel- und Gemeinkosten sowie Kostenminimierung in den verschiedenen Funktionsbereichen. Vorteile, die sich aus der Kostenführerstrategie ergeben, sind:

- Erzielung von Gewinn selbst in extremen Marktsituationen
- Schutz vor nachfragemächtigen Kunden
- Schaffung hoher Markteintrittsbarrieren für Wettbewerber

Für die **Differenzierungsstrategie** ist kennzeichnend, dass die Produkte oder Dienstleistungen des Unternehmens so gestaltet sind, dass sie von den Kunden der Branche im Konkurrenzvergleich hoch differenziert und idealerweise als überlegen angesehen werden. Ansatzpunkte für eine solche Abgrenzung sind z. B. das Design, der Markenname, ein exklusives Image, die Technologie, die Qualität sowie produktbegleitende Dienstleistungen. So verfolgt beispielsweise *Bang & Olufsen* im Bereich der Unterhaltungselektronik eine Differenzierungsstrategie.

Voraussetzung für den Aufbau einer im Vergleich zur Konkurrenz herausragenden Positionierung ist die **Bereitschaft zu kostenintensiven Profilierungsmaßnahmen**. Eine gelungene, dauerhafte Differenzierung reduziert in der Regel die Preissensibilität der Kunden und ermöglicht dem Unternehmen eine Hochpreispolitik und folglich hohe Ertragsspannen. Häufig ist eine solche Differenzierungsstrategie nicht kompatibel mit einem hohen Marktanteil, da dieser nicht zu einem exklusiven Image passt. Auch diese Strategie birgt verschiedene Vorteile:

- Markenbildung auf Seiten der Nachfrager
- Schaffung von Markteintrittsbarrieren
- Verminderung der Nachfragemacht durch Fehlen von Alternativen

Während die ersten beiden ersten Strategietypen auf die gesamte Branche abzielen, liegt der Grundgedanke der **Fokussierung** in der Konzentration auf bestimmte Segmente und Nischen. Konkrete Ausprägungen dieser Strategievariante sind z. B. die Beschränkung auf bestimmte Kundengruppen, auf ausgewählte Regionen und die Konzentration auf spezielle Vertriebswege. In den jeweiligen Marktsegmenten ist dann entweder eine Differenzierungsstrategie (im Sinne einer besseren Erfüllung der segmentspezifischen Kundenbedürfnisse) oder eine (auf die Zielsegmente bezogene) Strategie der Kostenführerschaft zu verfolgen. Als Beispiel für eine Strategie der Fokussierung kann das Unternehmen *Metro* herangezogen werden. So dürfen nur gewerbliche Kunden Waren bei *Metro* kaufen. Darüber hinaus versucht sich *Metro* über einen günstigen Preis im Wettbewerb zu positionieren.

Generell müssen zwei **Prämissen** für eine erfolgreiche Strategie der Fokussierung erfüllt sein:

- Das Unternehmen kann das identifizierte Segment effizienter bearbeiten als die Konkurrenz, die den Gesamtmarkt bearbeitet.
- Die oben genannten Vorteile der Kostenführerschaft bzw. Differenzierung müssen sich auch bei der Beschränkung auf eine Nische realisieren lassen.

Denkbar ist bei dieser auf Segmente fokussierten Strategie auch eine **Kombination von Differenzierung und Kostenführerschaft** (Outpacing). Generell ist nach Porter eine Kombination bzw. gleichzeitige Verfolgung einer Kostenführerschafts- und einer eindeutigen Differenzierungsstrategie lediglich dann möglich, wenn im Zeitablauf von der einen zur anderen Strategie übergegangen wird oder aber beide Strategien zwar gleichzeitig, aber in unterschiedlichen Teilbereichen des Unternehmens umgesetzt werden.

Prinzipiell sind die **Wettbewerbsstrategien nach Porter nicht unabhängig von den kundenorientierten Basisstrategien** zu sehen. Wird im Wettbewerb eine Kostenführerschaft angestrebt, geht das zwangsläufig mit einer auf den Massenmarkt ausgerichteten Preis-Mengen-Strategie zur Marktstimulierung einher, um entsprechende Kostenvorteile in der Branche realisieren zu können. Dagegen legt die konkurrenzorientierte Differenzierungsstrategie eine Präferenzstrategie auf Kundenseite nahe. Die Fokussierung bedingt wiederum eine Marktsegmentierung, um eine Beschränkung auf ein Segment vornehmen zu können.

Eine **zentrale Hypothese**, auf der das Konzept von Porter aufbaut, bezieht sich auf die Relation zwischen dem Marktanteil eines Unternehmens bzw. einer Geschäftseinheit und der erzielten Profitabilität. Porter unterstellt in diesem Zusammenhang eine „U-Kurve". Ein solcher Kurvenverlauf impliziert, dass eine hohe Profitabilität nur mit sehr großen Marktanteilen (Kostenführerschaft) oder mit kleinen Marktanteilen (Differenzierung bzw. Fo-

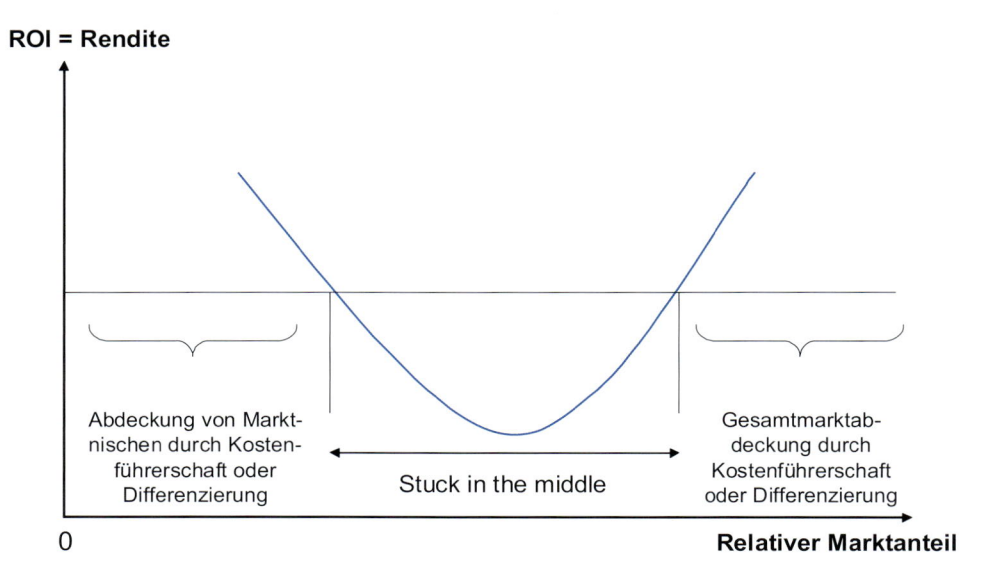

Abb. 4.17 U-Kurven-Konzept nach Porter (Quelle: In Anlehnung an Porter 1980)

kussierung) erzielt werden kann. Dies unterstreicht die Notwendigkeit einer klar definierten Wettbewerbsstrategie: Unternehmen, die eine solche nicht aufweisen, die mit mittleren Marktanteilen operieren, weder die Kostenführerschaft innehaben noch differenziert bzw. fokussiert agieren, können nach dieser Hypothese auf lange Sicht keine zufriedenstellende Profitabilität erreichen („stuck in the middle"). Ein Praxisbeispiel für ein Unternehmen des mittleren Bereichs, das mit Profitabilitätsproblemen zu kämpfen hat, ist *Karstadt*. Abbildung 4.17 veranschaulicht das U-Kurven-Konzept grafisch.

Allerdings ist an dieser Stelle anzumerken, dass die postulierte **Struktur der Beziehung zwischen Marktanteil und Profitabilität** nicht unumstritten ist. Es haben zwar etliche Untersuchungen die Aussage von Porter bestätigt, doch in der jüngeren Strategieliteratur wird der Zusammenhang häufig in Frage gestellt. Als Fazit dieser Diskussion sollte das Konzept von Porter dahingehend interpretiert werden, dass ein Unternehmen bzw. eine Geschäftseinheit zwischen Differenzierung/Fokussierung einerseits und Kostenführerschaft andererseits klare Prioritäten setzen sollte. Die Notwendigkeit einer echten Auswahlentscheidung im Sinne von Porter ist dagegen eher nicht gegeben.

4.4.7 Unternehmensübergreifende Strategien

Viele Unternehmen agieren aufgrund organisatorischer und informationstechnischer Verflechtungen heute nicht mehr isoliert, sondern sind in **komplexe Kooperationen** eingebunden, in denen sie wechselseitig voneinander abhängig sind und Einfluss auf die jeweiligen Partner ausüben. Solche Kooperationen können auch als unternehmensübergreifende Strategien bezeichnet werden. Zwei Optionen stehen den Unternehmen hierbei offen:

- Strategische Allianzen (horizontale Kooperation)
- Strategische Netzwerke (vertikale oder laterale Kooperation)

Strategische Allianzen werden von realen oder potentiellen Wettbewerbern eingegangen. Klassifiziert nach der Kooperationsrichtung finden strategische Allianzen daher nur auf der horizontalen Wettbewerbsebene statt. Strategische Allianzen stellen eine Möglichkeit dar, leichteren Zugang zu einem Markt zu erreichen. Die Zusammenarbeit zwischen den Kooperationspartnern ist in der Regel durch eine langfristige Ausrichtung geprägt, unterliegt jedoch meist nur geringen vertraglichen Restriktionen. Dies sichert den Kooperationspartnern ihre rechtliche und in relativ großem Umfang auch ihre wirtschaftliche Selbständigkeit. Eine sehr bedeutsame strategische Allianz ist die Star Alliance, der über 20 Fluggesellschaften angehören. Die Teilnehmerunternehmen der Star Alliance stimmen beispielsweise Flugpläne und Serviceprozesse aufeinander ab.

In **strategischen Netzwerken** ist die Zusammenarbeit hingegen nicht auf die horizontale Wettbewerbsebene beschränkt. So sind strategische Netzwerke auch hinsichtlich des Produktionsprozesses in vertikaler Ebene (also z. B. mit Lieferanten) oder mit Unternehmen aus sowohl anderen Märkten als auch mit vor- oder nachgelagerten Wirtschaftsstufen denkbar. Wie auch strategische Allianzen sind strategische Netzwerke meist langfristig angelegt. Inhaltlich richten sich solche Kooperationen vor allem auf marktbezogene Aufgaben und die Erschließung wettbewerbsrelevanter Potentiale.

Ein zentrales Merkmal von strategischen Netzwerken besteht darin, dass sie von einem oder mehreren sogenannten **fokalen Unternehmen** strategisch geführt werden. Strategische Netzwerke umfassen typischerweise Unternehmen unterschiedlicher Größe, wobei die Führung des Netzwerks eher den größeren Unternehmen zufällt. Diese strategische Führung äußert sich darin, dass der Markt, auf dem das strategische Netzwerk tätig ist, im Wesentlichen vom fokalen Unternehmen definiert wird. Das führende Unternehmen bestimmt mehr als alle anderen im Netzwerk die Art und den Inhalt der Strategie, mit der der Markt erschlossen und bearbeitet wird, sowie Form und Inhalt der Beziehungen im Netzwerk. Ein Beispiel für strategische Netzwerke auf lateraler Ebene sind die Kooperationen von Versicherungen und Finanzdienstleistern, die Versicherungsprodukte in ihr Sortiment aufnehmen und aktiv vertreiben.

4.5   Bewertung und Auswahl von Produktstrategien

Die **Vielzahl an strategischen Optionen**, die dem Produktmanagement zur Verfügung steht, verlangt nach einer Auswahl für die endgültige Strategieentscheidung. Es gilt also, die zur Verfügung stehenden strategischen Alternativen mit Hilfe geeigneter Kriterien zu bewerten und auf Basis der Bewertung eine Alternative auszuwählen.

Dabei kann eine **quantitative und eine qualitative Bewertung** erfolgen. Letztere umfasst insbesondere drei Kriterien:

- Konsistenz der Strategieoptionen
- Strategieinhalte
- Realisierbarkeit der Strategien

Die Konsistenz der dem Produktmanagement zur Verfügung stehenden strategischen Optionen bezeichnet die **Freiheit von Widersprüchen oder Konflikten mit Zielen** und anderen Strategien des Unternehmens. Die Strategiealternativen sollten also dahingehend bewertet werden, wie sie sich in das Zielsystem und die damit verbundenen Strategien des Unternehmens einfügen. Weiterhin sollten die vom Produktmanagement in die engere Wahl genommenen Strategieoptionen auch intern konsistent sein. Wie in den vorangegangenen Abschnitten erläutert, bestehen zwischen den strategischen Entscheidungsfeldern teilweise auch Interdependenzen, die es zu berücksichtigen gilt.

Hinsichtlich des Strategieinhaltes ist zu prüfen, ob es sich um **sinnvolle und angemessene strategische Optionen** handelt. Dies ist vor dem Hintergrund der durchgeführten Analyse der strategischen Ausgangssituation von Umwelt, Markt und Unternehmen zu beurteilen. Hier geht es also beispielsweise darum, mit verschiedenen Strategiealternativen verbundene unterschiedliche Positionierungsoptionen anhand ihrer Zielgruppeneignung zu bewerten.

Schließlich sollte das Produktmanagement sein Augenmerk auch auf die **Realisierbarkeit der strategischen Alternativen** richten. Die Realisierbarkeit einer Strategie hängt von den Kompetenzen und Ressourcen eines Unternehmens (z. B. Know-how der Mitarbeiter, zur Verfügung stehende Kooperationspartner), aber auch von möglichen Wettbewerbsreaktionen ab.

Eine gewissenhaft durchgeführte qualitative Bewertung liefert einen guten Eindruck über die **Eignung verschiedener Strategieoptionen**. Eine zusätzliche quantitative Beurteilung ermöglicht zudem eine Aussage über die finanziellen Auswirkungen der verschiedenen Alternativen. Dabei erfolgt z. B. eine Schätzung zukünftiger Absatz- und Umsatzzahlen. Häufig werden zur quantitativen Bewertung Methoden aus der Investitionsrechnung herangezogen. Kritisch hierbei ist jedoch anzumerken, dass es für eine konkrete Berechnung solcher Zahlen meist an der Zuverlässigkeit der zugrunde liegenden Informationen mangelt. Dennoch können quantitative Methoden dem Produktmanager eine Tendenz der Wirtschaftlichkeit der strategischen Optionen aufzeigen.

Auf Basis der durchgeführten Bewertung ist schließlich die **Strategiealternative auszuwählen**, die am geeignetsten erscheint. Diese gilt es dann mit Hilfe geeigneter Maßnahmen umzusetzen. In regelmäßigen Abständen ist außerdem eine Ergebniskontrolle von hoher Relevanz, um den Erfolg der Strategie feststellen zu können. Daneben sollte die zugrunde liegende Datengrundlage eine periodische Überprüfung erfahren, damit die Angemessenheit der Strategie sichergestellt wird bzw. Veränderungsbedarf frühzeitig erkannt wird.

Literatur

Ansoff, H. I. (1966): *Management-Strategie*, München: Verl. Moderne Industrie.

Backhaus, K./Erichson, B./Plinke, W./Weiber, R. (2006): *Multivariate Analysemethoden*, 11. Aufl., Berlin et al.: Springer.

Bauer, H. H. (1995): Marktabgrenzung In Tietz, B./Köhler, R./Zentes, J.(Hrsg.): *Handwörterbuch des Marketing* (S. 1709–1721), 2. Aufl., Stuttgart: Schäffer-Poeschel.

Becker, J. (2006): *Marketing-Konzeption: Grundlagen des strategischen Marketing-Managements*, 8. Aufl., München: Vahlen.

Dhar, R. (1996): The effect of decision strategy on deciding to defer choice, *Journal of Behavioral Decision Making* 9 (4), 265–281.

Dhar, R. (1997): Consumer preference for a no-choice option, *Journal of Consumer Research* 24 (2), 215–231.

Freter, H./Obermeier, O. (2000): Marktsegmentierung. In Herrmann, A.; Homburg, C. (Hrsg.): Marktforschung (S. 739–763), Wiesbaden: Gabler.

Gourville, J. T./Soman, D. (2005) : Overchoice and Assortment Type: When and Why Variety Back-fires, *Marketing Science* 24 (3), 382–395.

Herrmann, A./Heitmann, M./Schaffner D. (2006): Individuelles Entscheidungsverhalten bei Varian-tenvielfalt – die Wirkung der „attribute alignability", *Zeitschrift für Betriebswirtschaft* 76 (3), 309–337.

Iyengar, S. S./Lepper, M. R. (2000): When Choice is Demotivating: Can One Desire Too Much of a Good Thing? *Journal of Personality and Social Psychology* 79 (6), 995–1006.

Kano, N./Seraku, N./Takahashi, F./Tsuji, S. (1984): Attractive Quality and Must-Be Quality, *Hinshitsu (Quality, The Journal of the Japanese Society for Quality Control)* 14 (2), 39–48.

Mandel, N./Johnson, E. J. (2002): When Web Pages Influece Choice: Effects of Visual Primes on Ex-perts and Novices, *Journal of Consumer Research*, 29 (2), 235–245.

McDonald, M./Dunbar, I. (2004): *Market Segmentation. How to do it. How to profit from it*, Amster-dam u.a: Butterworth Heinemann.

Meffert, H. (1992): *Marketingforschung und Käuferverhalten*, 2. Aufl., Wiesbaden: Gabler.

Myers, J. (1996): *Segmentation and Positioning for Strategic Marketing Decisions*, Chicago: South-Western.

Porter, M. E. (1980): *Competitive Strategy: Techniques for Analyzing Industries and Competitors*, New York: Free Press.

Urban, G. L./Hauser, J. R. (1993): *Design and Marketing of New Products*; 2. Edition, Upper Saddle River: Prentice Hall.

Welge, M. K./Al-Laham, A. (2008): *Strategisches Management: Grundlagen – Prozesse – Implementie-rung*, 5. Aufl., Wiesbaden: Gabler.

Ideen generieren und bewerten

5

5.1 Innovationen als Motor des Unternehmens

Innovationen besitzen für Unternehmen eine herausragende – ja sogar überlebenswichtige – Bedeutung. Nur mit Innovationen ist für die meisten Unternehmen ein langfristiges Überleben am Markt möglich, sie sind der **Schlüssel zu dauerhaftem Erfolg** und können die Zukunft der Unternehmen sichern. Die meisten Produkte weisen eine begrenzte Lebensdauer auf, ihr Lebenszyklus ist nach einer gewissen Zeit durchlaufen und sie müssen durch neue Produkte ersetzt werden. Da bei einer Neuprodukteinführung die Floprate bis zu 90 % betragen kann, ist eine systematische Erarbeitung von Innovationen unerlässlich. Sie offenbaren die Kundenorientierung von Anbietern und schaffen neuen Kundennutzen. Ein innovativer Hersteller kann schnell auf sich verändernde Kundenerwartungen reagieren und die Bedürfnisse mit neuen Produkten und Dienstleitungen befriedigen.

Und die **Relevanz von Innovationen** steigt immer weiter an. Einerseits fordert der stetige technologische Fortschritt ein hohes Maß an Innovationsfähigkeit. Die technologische Entwicklung geht immer rasanter vonstatten, immer mehr radikale Neuentwicklungen werden in immer kürzerer Zeit marktreif. Dinge, die Verbraucher wie Anbieter vor zehn Jahren noch nicht für möglich hielten, sind längst Realität. Wer dabei nicht mitziehen kann, hat schlechte Karten.

Andererseits nimmt die **Wettbewerbsintensität** weiter zu. Die Internationalisierung und oft sogar Globalisierung der Märkte schafft einen weltweiten Wettbewerb, in dem die Unternehmen gegen eine steigende Zahl an Konkurrenten bestehen müssen. Zunehmend mündigere Konsumenten, die sich durch die Vielzahl zur Verfügung stehender Kommunikationskanäle informieren und miteinander austauschen, fordern von den Unternehmen besser auf ihre Bedürfnisse abgestimmte Produkte und drohen andernfalls mit dem Wechsel zur Konkurrenz. Der verstärkte Preiswettbewerb ist nicht erst seit der „Geiz ist geil" Kampagne des bekannten Elektronikmarktes ein Thema. Wer dem entgehen will, muss innovativ sein.

A. Herrmann und F. Huber, *Produktmanagement*, DOI 10.1007/978-3-658-00004-2_5,
© Springer Fachmedien Wiesbaden 2013

Innovationen stellen aber auch den **Ausgangspunkt aller Marketingaktivitäten** dar. Sie ermöglichen erst das volle Instrumentarium marketingpolitischer Entscheidungen – egal ob Preis, Produkt, Kommunikation oder Distribution. Ohne zugkräftige Produkte und Innovationen ist ein erfolgreiches Marketing sehr viel schwerer umzusetzen. Daher sollte man diesem ersten Schritt der Leistungserstellung besondere Aufmerksamkeit schenken. Er stellt die Weichen für den späteren Erfolg des Unternehmens am Markt.

Ein einheitliches **Verständnis des Begriffs Innovation** hat sich bislang nicht durchgesetzt (Brockhoff 2001). Zu viele unterschiedliche Gruppen im Unternehmen sind damit befasst, jede bringt ihre ganz eigenen Interessen und Schwerpunkte mit. Der Begriff wird daher im Allgemeinen sehr weit gefasst. Folgende Definition zeigt die wichtigsten Eigenschaften des Begriffes Innovation auf:

▶ **Definition** Innovationen sind neuartige Produkte oder Prozesse im Unternehmen oder im Markt, die sich von den bisher bestehenden Lösungen aus Sicht der angesprochenen Zielgruppen signifikant unterscheiden.

Innovationen beschränken sich also nicht nur auf neuartige Produkte oder Dienstleistungen. Auch Verfahren und Prozesse, die einen entsprechenden Neuigkeitsgrad aufweisen, stellen Innovationen dar. Eine inkrementelle Verbesserung eines bestehenden Produktes oder Prozesses macht dabei noch keine Innovation aus. Neben der **technischen Innovation** tritt auch die **Marktinnovation** auf. Bei der technischen Innovation kann man zwischen Produkt-, Anwendungs-, Konzept- und Verfahrensinnovation unterscheiden. Hier geht es um Neuerungen, die aus technologischen oder naturwissenschaftlichen Entwicklungen resultieren (Technology Pull). Eine Marktinnovation bzw. Marktneuheit leitet sich hingegen nicht *zwangsläufig* aus technischen Fortschritten ab. Diese basiert auf nicht vollständig erfüllten Kundenbedürfnissen (Demand Pull).

Dass im Rahmen des Marketings aus **wirkungsorientierter Sichtweise** keine rein objektive Feststellung einer Innovation möglich ist, erscheint offenkundig. Vielmehr macht erst die subjektive Einschätzung der Adressaten eine neue Sache zur Innovation. Nur was die Konsumenten als Innovation wahrnehmen, ist auch eine Innovation. Eine technische Neuerung, die nicht als neuartig empfunden wird, kann nicht als Innovation gelten. Auf der anderen Seite handelt es sich um eine Innovation aus wirkungsorientierter Marketingsicht, wenn die Verbraucher etwas als neu wahrnehmen, selbst wenn keinerlei technische Neuerung vorliegt. Auf die Gültigkeit dieses Ansatzes weist schon Rogers hin: „An innovation is an idea, practice or object that is perceived as new by an individual or other unit of adoption." (1983, S. 11)

Innovationen müssen nicht zwangsläufig aus einer Eigenentwicklung entstammen. In der Praxis sind **vielfältige Möglichkeiten zum Innovationserwerb** tägliches Geschäft. Der Erwerb kann im extremsten Falle durch die Übernahme ganzer Unternehmen, also den Einkauf in neue Technologien erfolgen. In abgeschwächter, aber dafür umso häufigerer Form erfolgt der Wissenserwerb durch den Kauf von Patenten oder die Übernahme von Lizenzen oder Franchise-Konzepten.

Abb. 5.1 Klassischer Prozess zur Umsetzung von Produktideen in Produkte (Quelle: Franke 2003)

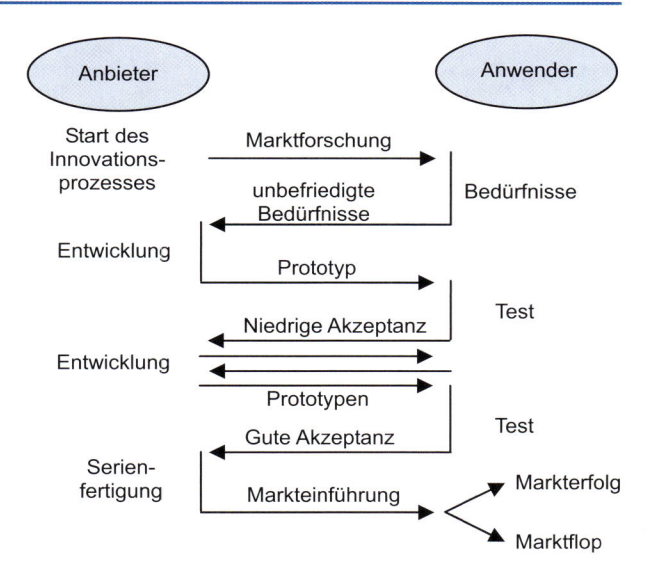

Deutsche Erfinder und Entwickler haben sich im Laufe der Geschichte einen weltweiten Ruf für ihre oftmals bahnbrechenden Neuerungen erarbeitet. In den letzten Jahren ist jedoch ein Trend zu beobachten, der diese Vormachtstellung immer mehr in Gefahr bringt. Die Pro-Kopf-Ausgaben für **Forschung und Entwicklung in Deutschland** liegen im Durchschnitt hinter denen der anderen führenden Industriestaaten wie den USA, Japan oder den skandinavischen Ländern zurück. Oftmals ersetzen neue Produktgenerationen deutscher Hersteller nur die Vorgängermodelle, ohne dabei wirklich neue Problemlösungen und damit zusätzlichen Kundennutzen anzubieten. Gelingen jedoch radikale Neuerungen, mangelt es teilweise an einer konsequenten Vermarktung der daraus resultierenden Produkte. Beispiele dafür sind der Transrapid, der noch immer auf seinen Durchbruch wartet, oder das Musikkomprimierungsverfahren MP3, das zwar aus deutscher Forschungsarbeit entstand, aber wirtschaftlich in Deutschland nicht genutzt wurde. Hochinnovative Unternehmen haben die Möglichkeit, gezielt neue Märkte zu erschließen. Dies tun jedoch nur 10 Prozent der deutschen Hersteller. Als Folge der reduzierten Innovationstätigkeit veralten die Produktportfolios zusehends.

Die **Umsetzung der Produktideen** in fertige Produkte lässt sich auf unterschiedlichen Wegen erreichen. Bei der klassischen Umsetzung geht die Aktion immer vom Hersteller aus. Dieser entwickelt und schlägt vor, der Kunde nimmt die Rolle des Testers ein. In einem iterativen Verbesserungsprozess nähert sich der Hersteller dem idealen Produkt an, bis er eine hinreichende Akzeptanz bei den Konsumenten-Tests erreicht. Man bezeichnet dieses Konzept aufgrund der Herstellerrolle als „Manufacture-active" (Abb. 5.1).

Dass dies nicht der einzige Weg ist, zeigen **modernere Ansätze** (Thomke und von Hippel 2002). Dabei verschiebt sich die Rolle des Aktiven hin zum Konsumenten. Er bringt seine Ideen und Vorstellungen aktiv ein, der Hersteller kann darauf reagieren und erreicht

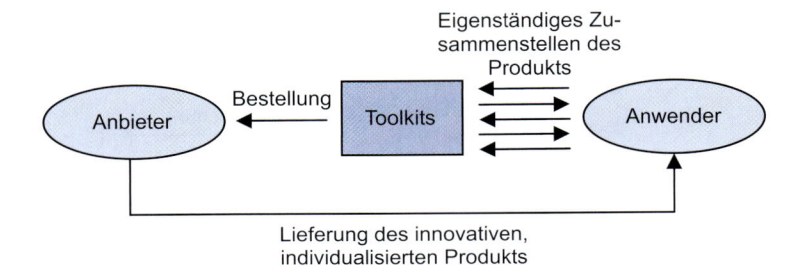

Abb. 5.2 Moderner Prozess zur Umsetzung von Produktideen in Produkte (Quelle: Franke 2003)

so eine höhere Nutzenstiftung beim Kunden. Entsprechend ist das Konzept als „Customer-active" bekannt (von Hippel 1978). Abbildung 5.2 zeigt einen Innovationsprozess mittels Toolkits (siehe auch Abschn. 5.3.3).

5.2   Ideen generieren

5.2.1   Kreativität ist Trumpf

Der erste Schritt beim Innovationsmanagement ist die **Sammlung von Ideen**, aus denen sich im weiteren Verlauf konkrete Ansätze für neue Produkte entwickeln lassen. Da die meisten Ideen bis zur letztendlichen Gestaltung des Endprodukts wieder verworfen werden, ist eine ausreichende Zahl viel versprechender Ideen unabdingbar.

Entscheidend beim Finden und Sammeln von Ideen ist es, die **Kreativität** der zur Verfügung stehenden Quellen und Personengruppen möglichst gut auszunutzen. Daher sollte es das Ziel sein, das Ideenpotenzial aller verfügbaren Quellen zu nutzen. Diese lassen sich in interne und externe Quellen unterteilen (Herstatt und Lüthje 2005).

Interne Ideenlieferanten sind solche, die aus der Unternehmung hervorgehen, also vor allem die Mitarbeiter des Herstellers. Hier sollten aber nicht nur die Mitglieder der Forschungs- und Entwicklungsabteilung eingebunden werden, auch Kundendienst und Vertrieb liefern wertvolle Hinweise, letztlich können alle Mitarbeiter des Unternehmens ein Quell neuer Anregungen sein. Die Ideenfindung endet jedoch nicht an den Unternehmensgrenzen. Immer mehr Anbieter realisieren das enorme Potenzial, das in den **unternehmensexternen Quellen** steckt. Vor allem die Kunden rücken seit vielen Jahren in den Mittelpunkt des Interesses. Schließlich ist es das Ziel aller Entwicklungen, am Ende die Bedürfnisse genau dieser Personengruppe zu befriedigen und ihnen einen größtmöglichen Nutzen zu bieten. Zudem scheint diese Quelle neuer Ideen praktisch unerschöpflich zu sein und nie zu versiegen. Tabelle 5.1 liefert einen ersten Überblick über die zur Verfügung stehenden internen und externen Ideenquellen.

In einem späteren Stadium erfolgt dann die **Selektion der gesammelten Ideen** in Bezug auf Ihre Eignung zur Bedürfnisbefriedigung und Realisierbarkeit.

Tab. 5.1 Quellen für Neuproduktideen im Überblick

Unternehmensinterne Quellen	Unternehmensexterne Quellen
Kundendienst/Außendienst	Lead-User-Analyse
Betriebliches Vorschlagswesen	Fokusgruppen
Anreize durch Entlohnung	Tiefeninterviews
Scouting Time	Toolkits
Skunkworks	Produktkonfiguration
Innovationsworkshops	Beschwerdeanalyse
	Innovationszirkel
	Camping Out (Anthropologischer Ansatz)
	Kauf von Ideen
	Trendanalyse
	Messebesuche und Patentanalyse
	Konkurrenzforschung

5.2.2 Unternehmensinterne Quellen

Unternehmensinterne Quellen zeichnen sich oftmals durch eine **schnelle Verfügbarkeit** sowie verhältnismäßig **geringe Kosten** aus. Selbst wenn verhältnismäßig hohe Prämien für erfolgreiche Mitarbeiterideen ausgelobt werden, so belaufen sich die Kosten meist nur auf einen Bruchteil von dem, was für die externe Ideengenierung zu veranschlagen ist. Allerdings sehen betriebsinterne Personen eine gewisse Problemstellung oft aus einer sehr ähnlichen, nämlich der Unternehmenssichtweise. So bleiben besonders neuartige Lösungsvorschläge häufig aus. Dies kann bis zu einer gewissen „Betriebsblindheit" führen, bei der die Unternehmensmitglieder auch augenscheinliche Probleme bzw. Lösungsansätze nicht wahrnehmen.

Mitarbeiter im **Kundendienst** und im **Außendienst** haben meist den engsten Kundenkontakt aller Mitarbeiter des Unternehmens. Sie nehmen im Unternehmen die Stimme der Kunden ein und haben oftmals das am stärksten ausgeprägte Problembewusstsein für Kundenbedürfnisse. Sie sind in der täglichen Arbeit mit den Problemen und Wünschen der Kunden betraut. Kundendienst- und Außendienstmitarbeiter sind daher besonders wertvoll bei der Suche nach Ideen für Neuprodukte und eignen sich hervorragend für die Generierung vielversprechender Ideen. Sie verbinden die Sichtweise des Unternehmensmitglieds mit der des Kunden und kommen so häufig zu ganz neuartigen Lösungsansätzen.

Es erscheint daher sehr wichtig, diese Personengruppen in den Innovationsprozess einzubinden. Außendienstmitarbeiter können vor Ort eine Vielzahl von Informationen zu den Vorstellungen von neuen Problemlösungen erhalten. Oftmals zahlt es sich aus, diese **Mitarbeiter** extra darauf zu **schulen**, Kundenwünsche zu erkennen und diese in die Unternehmung zu tragen.

Erst wenn alle Mitarbeiter eines Herstellers die Möglichkeit haben, ihre Ideen einzubringen, kann das ganze **Potenzial, das in der Unternehmung steckt, genutzt** werden. Umso erstaunlicher ist es, dass weniger als 25 % aller Betriebe auf ein betriebliches Vorschlagswesen setzen. In Betrieben mit einer kleinen Anzahl an Mitarbeitern ist das Fehlen eines festen Vorschlagswesens noch gut kompensierbar, hier sind die Strukturen so überschaubar und der persönliche Kontakt zwischen allen Mitarbeitern so ausgeprägt, dass gute Ideen ihren Weg in neue Produkte finden. Steigt die Zahl der Mitarbeiter wie in mittleren oder gar großen Unternehmen an, so funktioniert dieser persönliche Weg der Ideenweitergabbe nicht mehr. Ideen versiegen in den Hierarchieebenen, oftmals verfügen die Mitarbeiter auch nicht über das notwendige Commitment, sich aktiv und ohne Aufforderung einzubringen. Doch gerade in solchen Unternehmen besteht aufgrund der Zahl der Mitarbeiter ein äußerst großer Pool an Ideen. Diesen gilt es durch ein geeignetes Ideenmanagementsystem zu fördern und zu nutzen, um so die Wettbewerbsfähigkeit nachhaltig zu stärken.

Wie groß der **Nutzen eines Ideenmanagementsystems** sein kann, zeigt eine Untersuchung des Deutschen Institut der Betriebswirtschaft (dib). Dieses beziffert den Gewinn durch die Umsetzung von Mitarbeiterideen im Jahr 2001 in 425 Firmen auf 1,25 Milliarden Euro. Diese Betriebe gaben als Belohnung für die Ideen 185 Millionen Euro Prämien an die Mitarbeiter weiter. Es bleibt ein Reingewinn von über einer Milliarde Euro. Dabei sind die zusätzlichen positiven Effekte, wie beispielsweise eine gesteigerte Mitarbeitermotivation und -identifikation mit dem Unternehmen noch gar nicht mitgerechnet.

Es hat sich gezeigt, dass sich einige Faktoren negativ auf die **Teilnahmebereitschaft** am betrieblichen **Vorschlagswesen** und letztendlich auf die Kreativität der Mitarbeiter auswirken. Diese gilt es in besonderem Maße bei der Einführung des Vorschlagwesens zu umgehen. Den größten Hinderungsgrund stellt für die Mitarbeiter eine große Bürokratie dar. Wenn das Einbringen einer Idee in eine Formularschlacht ausartet, verzichten viele Angestellte im stressigen Alltagsgeschäft darauf. Vorschläge sollten unbedingt so einfach und unbürokratisch wie möglich einzubringen sein. Je mehr Verwaltungsaufwand dahinter steht, desto geringer fällt die Teilnahmebereitschaft aus. Eine Möglichkeit zur verhältnismäßig einfachen Teilnahme liegt in einem Ideenformular für Produktideen im Intranet des Unternehmens. Dies sollte die wichtigsten Punkte in kompakter Form enthalten und einfach auszufüllen sein.

Ein weiterer wichtiger Punkt für die Motivation der Mitarbeiter besteht darin, dass der **Wert der eingereichten Ideen** gewürdigt werden muss. Falls ein Mitarbeiter regelmäßig Ideen einreicht, aber nie erfährt, was aus seinen Vorschlägen geworden ist, so wird er langsam die Lust daran verlieren. Es sollte also z. B. in der Mitarbeiterzeitschrift regelmäßig berichtet werden, welche Ideen einen erfolgreichen Beitrag zum Unternehmensziel leisten konnten. Auch sollte im Idealfall nicht zu viel Zeit vergehen, bis gute Ideen Einzug in die Produktentwicklung finden. Die Möglichkeit der Einsicht der eingereichten Ideen und der Weiterentwicklung der Vorschläge stärkt das Involvement der Mitarbeiter enorm und ist zudem, z. B. über das Intranet, einfach zu implementieren.

Äußerst positiv auf die Mitarbeitermotivation wirkt sich auch eine **Belohnung** in Form einer monetären oder nicht-monetären Prämie aus. Insgesamt ist festzuhalten, dass der Mitarbeiter umso weniger zur Teilnahme am betrieblichen Vorschlagswesen bereit ist, je weniger er das Gefühl hat, dass die Teilnahme durch unnötige Bürokratie erschwert wird, und je eher er seine Bemühungen gewürdigt sieht. Schließlich geht die Teilnahme über die eigentliche Arbeit hinaus, sie ist eine Zusatzleistung der Mitarbeiter, zu der sie allerdings bei entsprechender Ausgestaltung oft sehr gern bereit sind.

Eine **Schlüsselrolle** beim betrieblichen Vorschlagswesen nehmen die **Führungskräfte** ein. Die Kommunikation zwischen Mitarbeiter und Vorgesetztem stellt die Weichen für eine engagierte Teilnahme am Innovationsprozess. Motivation und Belohnung lassen sich am einfachsten durch die Vorgesetzten vermitteln. Da diese Mitarbeitergruppe oft eine besonders hohe Arbeitsbelastung hat, sollte auch hier aktiv ein Verständnis für das betriebliche Vorschlagswesen geschaffen werden. Dies kann sogar im Rahmen der Zielvereinbarungsgespräche geschehen.

Eine starke Integration der Führungskräfte kann auch die **Dezentralität** eines **betrieblichen Vorschlagswesens** erhöhen. Werden Ideen direkt in den Abteilungen besprochen, kann die Qualität der Vorschläge zumeist deutlich gesteigert werden. Auch das Problem der Mehrfachnennung bestimmter Ideen kann damit gemildert werden. Auf diese Weise lässt sich auch der Verwaltungsaufwand verringern. Letztlich stellt sich für jedes Vorschlagswesen die Herausforderung, es nahtlos in den gesamten Innovationsmanagementprozess zu integrieren.

Wie ein äußerst gelungenes Ideenmanagementsystem aussehen kann, zeigt der österreichische **Kristallglashersteller Swarovski**. Das Unternehmen wollte vor einigen Jahren die Innovationsforschung verstärken und gründete zu diesem Zweck ein Ideen-Labor – das *iLab*. Die Mitarbeiter des *iLabs* sammeln Ideen und Vorschläge, filtern diese und suchen die erfolgversprechendsten heraus. Die Datenbank des *iLab* umfasst mittlerweile viele tausend Vorschläge und Bewertungen.

Die *Swarovski*-Ideendatenbank besteht in Form eines eigenen **Portals im Intranet** des Herstellers. Jeder Mitarbeiter kann dort ein eigenes Profil generieren, um fortan eigene Ideen einzugeben, sich durch die Ideenliste zu blättern oder direkt nach Ideen zu suchen. Die Einsicht bereits gemachter Vorschläge erhöht die Kreativität der Einreichungen. Ein wichtiger Bestandteil der *Swarovski*-Ideendatenbank ist die Bewertungsfunktion, bei der die Teilnehmer Vorschläge anderer Mitarbeiter kommentieren und bewerten können. Auch ein Portfolio der besten Ideen befindet sich in dem Portal. Hier ist die Verfolgung der Weiterentwicklung von Ideen möglich. Durch die Ausgestaltung in Form eines Portals und die Bewertungsfunktionen gerät das Einbringen neuer Vorschläge bei *Swarovski* zum freundlichen Wettstreit zwischen den Mitarbeitern. Die Teilnahmebereitschaft ist dadurch außergewöhnlich hoch.

Wie erinnerlich hängt der Erfolg eines betrieblichen Vorschlagswesens zu einem großen Teil von der Motivation und Teilnahmebereitschaft der Mitarbeiter ab. Diese lassen sich durch eine **Incentivierung** in erheblichem Maße steigern. Das Spektrum möglicher Prämien reicht dabei von Sachpreisen (z. B. Reisen) über innerbetriebliche Privilegien bis zu Geldleistungen. Diese werden meist als Prozentsatz der durch den Vorschlag realisierten Einsparung bzw. des zusätzlichen Gewinns bestimmt. Üblich sind hier bis zu 15 bis 20 Prozent der Einsparung bzw. des Gewinns im ersten Jahr. Für den Mitarbeiter können somit beträchtliche Summen zustande kommen, vor allem, wenn keine absolute Obergrenze für den Auszahlungsbetrag festgesetzt ist. Dies kann einen sehr starken Anreiz zur Teilnahme schaffen. Das Risiko für das Unternehmen ist dabei recht gering, zumal die Zusatzgewinne bzw. Einsparungen zumeist über einen längeren Zeitraum realisiert werden, die Prämie oft aber nur im ersten Jahr ausgezahlt wird.

Eine amerikanische Studie belegt die **Relevanz der Belohnung** für Ideen: 45 Prozent der Best-Performing-Unternehmen loben für ihre Mitarbeiter Prämien für Neuproduktideen aus, aus der Gruppe der untersuchten Worst-Performer vergibt hingegen kein einziger Incentives.

Dass eine **Belohnung nicht immer monetärer Natur** sein muss, zeigt *Kraft Foods*. Dort können Angestellte durch ihre Vorschläge zum „Innovator of the Month" und sogar „Innovator of the Year" werden. Damit verbunden sind keine Geldleistungen, jedoch ein hohes Maß an Anerkennung im Unternehmen. Zudem stellen die Führungskräfte die Wichtigkeit der Mitarbeiterbeteiligung heraus und zeigen den Mitarbeitern ihre Wertschätzung für deren Engagement.

Besonders konsequent ist das Vorgehen einiger Unternehmen, die das **Prinzip der Scouting Time** anwenden. Diese Unternehmen gehören dadurch fast immer zu den innovativsten Herstellern ihrer Branche. Bei der Scouting Time (alternativ: Time off) stellt die Unternehmensleitung den Mitarbeitern, vorzugsweise den hochkreativen Angestellten, bis zu 15 Prozent ihrer Arbeitszeit für kreative Arbeit an eigenen Ideen zur Verfügung. Diese Zeit ist bewusst getrennt vom Alltagsgeschäft und wird ausschließlich zur freien Erarbeitung neuer Ideen verwendet. Bekannt für dieses Vorgehen ist die Firma *3M*. Hier erhalten viele Mitarbeiter besagte 15 Prozent zur Kreativarbeit.

Viele **Best-Performing-Hersteller** stellen ihre Mitarbeiter im Rahmen der Scouting time frei, bei der zuvor zitierten Studie zeigte sich jedoch kein einziger der Worst-Perfomer, der die Ideensuche derart fördert. Generell zahlt es sich für die Unternehmen aus, wenn sie kreative Mitarbeiter mit Ressourcen und weiteren Hilfestellungen unterstützen.

Beim **Skunkworks** schließen sich einige wenige Mitarbeiter eines Unternehmens zu einer kleinen Projektgruppe zusammen, die jedoch den Anschein eines inoffiziellen, ja sogar Untergrund-Projektes hat. Die Projektmitglieder bewegen sich außerhalb der sonst üblichen Unternehmensregel und haben einzig zum Ziel, möglichst neuartige, kreative Ideen zu entwickeln. Sonstige Restriktionen werden vorerst außer Acht gelassen. Obwohl Skunkworks keinen offiziellen Projektstatus innehat, kann es von den Unternehmen gefördert werden, z. B. durch Freistellung von der regulären Arbeit, ähnlich wie bei der Scouting Time. Skunkworks können je nach Aufgabenstellung sogar als „Geheimprojekte" eingestuft werden.

Neben der Vielzahl der beschriebenen Methoden, die Unternehmen kontinuierlich zur Generierung von Ideen einsetzen können, kann es für Unternehmen von Interesse sein, zu einem Zeitpunkt **gebündelt die Ideen zu generieren**. Dafür eignen sich im besonderen Workshops, bei denen Betriebsangehörige mittels geeigneter Kreativitätstechniken (siehe Abschn. 5.2.4) Ideen und Vorschläge sehr effizient erarbeiten können. Solche Workshops nennt man Innovationsworkshops oder Kreativworkshops.

Zu einem **Innovationsworkshop** lädt die veranstaltende Abteilung speziell ausgesuchte Mitarbeiter ein. Ein Moderator oder ein Moderatorenteam leitet den Workshop mit dem Ziel, Ideen für Neuprodukte mit den Workshopteilnehmern abzuleiten. Durch die gezielte Bearbeitung und die Anleitung erfahrener Moderatoren kann mit dieser Methode das kreative bzw. innovative Potenzial sehr gut abgeschöpft werden. Der Umfang und die Komplexität der Aufgaben bestimmen die Dauer des Workshops, sie reicht von wenigen Stunden bis hin zu mehrtägigen Veranstaltungen.

Da die **Qualität der erzielten Ergebnisse** stark von den Personen abhängt, die am Workshop teilnehmen, ist die Auswahl der Teilnehmer sehr wichtig. Expertentum im betreffenden Bereich ist ebenso von Vorteil wie eine hohe allgemeine Kreativität und eine ausgeprägte Teilnahmebereitschaft. Gegebenenfalls kann die Auswahl in einem mehrstufigen Screeningverfahren erfolgen. Auch die Zusammensetzung der teilnehmenden Mitarbeiter ist zu beachten. Auf gruppendynamische Effekte und Besonderheiten in den zwischenmenschlichen Beziehungen sollte wenn möglich Rücksicht genommen werden.

Die im Rahmen eines Innovationsworkshops erarbeiteten **Aufgabenstellungen** lassen sich in drei Arten unterteilen:

- Entwicklung neuer Lösungs- und Forschungsansätze für technologische Fragestellungen
- Entwicklung neuer Einsatzgebiete und Bestimmung von Marktpotenzialen für bestehende Technologien
- Entwicklung neuer Geschäftsmodelle durch Kombination bestehender Technologien und Komponenten

Neben der Eignung zur Ableitung von Neuproduktideen im Innovationsmanagementprozess können Innovations- und Kreativitätsworkshops auch bei Produkt- und Konzepttests, bei Markenanalysen sowie bei Werbekonzeptanalysen zum Einsatz kommen.

Die **Konzeption und Durchführung** eines **Innovationsworkshops** (Abb. 5.3) lässt sich in sechs Phasen unterteilen:

1. Zielsetzung für den Workshop festlegen
2. Auswahl der Teilnehmer
3. Durchführung des Workshops
4. Erster Ergebnisüberblick
5. Nachbefragung der Teilnehmer
6. Erstellung eines Ergebnisberichts

Bevor mit der konkreten Planung des Workshops begonnen wird, sollten die **Ziele formuliert** werden, die durch den Workshop erreicht werden sollen. Dabei ist auch die Art der Aufgabenstellung (siehe oben) zu definieren. Darauf basierend kann die Planung des Grundkonzepts für den Workshop erfolgen.

Das ausschlaggebende Kriterium für die **Auswahl eines Mitarbeiters** für einen Workshop liegt in seiner Kompetenz, zum formulierten Ziel des Workshops fachlich beitragen zu

Abb. 5.3   Teilnehmer eines Innovationsworkshops

können. Weiterhin sind aber auch seine allgemeine Kreativität und eine hohe Motivation zur Teilnahme von Vorteil.

Die **Anzahl der Teilnehmer** sollte nicht zu hoch gewählt werden, da sonst die Kreativität der einzelnen darunter leiden kann. Der einzelne kommt dann nicht mehr ausreichend „zum Zug". Oftmals setzen sich in zu großen Gruppen dann die Meinungsführer durch und lassen die anderen Teilnehmer nicht mehr zur Entfaltung kommen. Wenn dennoch viele Teilnehmer im Rahmen des Workshops befragt werden sollen, ist eine Unterteilung in mehrere nacheinander stattfindende Workshops sinnvoll. Alternativ kann der Workshop auch zu einem Zeitpunkt stattfinden, die Moderatoren teilen die Teilnehmer dann in kleine Untergruppen auf, die an unterschiedlichen Orten die Aufgabenstellungen bearbeiten. Diese Untergruppen kann man im Laufe des Workshops durchmischen, um so die Kreativität voll auszunutzen.

Zu Beginn des Workshops sollte der Moderator den Teilnehmern die **Zielsetzung des Workshops mitteilen** und sie instruieren. Auch die Zeitplanung sollte er den Probanden zur Orientierung in groben Zügen vermitteln. Eine Vorstellungsrunde bietet sich an, falls sich die Teilnehmer nicht kennen.

Bei der eigentlichen Bearbeitung sollte der Moderator darauf achten und die Teilnehmer auch darauf hinweisen, dass sie **alle Ideen offenlegen**, ohne sie bereits zu bewerten. Es gibt hierbei keine „dummen" Ideen. Es handelt sich um einen sehr freien Teil, die Bewertung sollte erst später geschehen. Auch Hierarchien spielen keine Rolle, jeder Teilnehmer ist mit seinen Vorschlägen gleichberechtigt.

Abb. 5.4   Flipchart bei einem Workshop

Gerade **spielerische Aufgabenstellungen** ermöglichen es oftmals, die Kreativität der Teilnehmer zu fördern. Viele müssen erst lernen, sich voll auf die Aufgabenstellungen einzulassen und ihren Gedanken freien Lauf zu lassen. Die Vorstellung, vor dem Vorgesetzten einen schlechten Vorschlag zu machen, ist vielen Mitarbeitern zu eigen, gefährdet aber stark den Erfolg des Workshops.

In diesem Teil des Workshops können alle in Abschn. 5.2.4 erläuterten **Kreativitätstechniken** zum Einsatz kommen. Es kann dabei von der hemmungslosen Ideensammlung bis zu konkreten Rankinglisten gehen, ein Wechsel zwischen völlig freien und vom Moderator geführten Aufgaben ist typisch. Eine erste Bewertung und Selektion der Vorschläge durch die Teilnehmer sollte erst zum Ende des Workshops erfolgen.

Dem **Moderator** kommt eine äußerst **wichtige Rolle** beim Workshop zu. Auch er sollte mit Bedacht gewählt werden. Erfahrung in der Leitung von Innovationsworkshops ist dabei wichtiger als konkretes Fachwissen. Daher sind auch unternehmensexterne Moderatoren sehr geeignet.

Angenehme Räumlichkeiten sowie ein angepasstes Rahmenprogramm können die Teilnahmebereitschaft erhöhen. Eine gute Dokumentation der Vorschläge ist essentiell, hier kann beispielsweise ein Protokollant oder eine Videoaufnahme zum Einsatz kommen. Das Aufbewahren und Auswerten aller beim Workshop verwendeten Materialien, wie beispielsweise beschriebene Flipchart-Blätter, ist obligatorisch (Abb. 5.4).

Die Aufbereitung der **Dokumentationen** und ein erster Überblick über die Ergebnisse sollten direkt im Anschluss an den Workshop erfolgen. So können noch Ergänzungen gemacht werden oder Ungenauigkeiten geklärt werden.

Manchmal fallen den Teilnehmern **nach Beendigung des Workshops** noch **weitere gute Ideen** ein. Durch den Workshop sind sie auf das Thema sensibilisiert worden, oftmals tauschen sie sich im Anschluss auch noch untereinander aus. Diese Ideen kann man mit einer kurzen optionalen Befragung sichern und zu den Workshopergebnissen hinzufügen. Geeignet ist z. B. eine Befragung per Email, sodass die Teilnehmer, die gerne Ergänzungen anbringen möchten, einfach und unkompliziert ihre Vorschläge übermitteln können.

In diese Befragung kann auch eine **Evaluation des Workshops** zur üblichen Qualitätssicherung integriert werden. Dies ist für neue oder weiterführende Workshops sehr hilfreich.

Ein detaillierter **Ergebnis- oder Abschlussbericht** ist das wichtigste Instrument zur weiteren Arbeit mit den Ideen. Er sollte die Aufgabenstellung noch einmal in Erinnerung rufen. Der Ablauf des Workshops mit allen wichtigen Zwischenergebnissen bildet den Hauptteil des Berichtes. Im Ergebnisbericht kann bereits eine tiefer gehende Bewertung der Ideen in Bezug auf Umsetzbarkeit, Bedürfnisbefriedigung, Neuigkeitsgrad etc. erfolgen.

In jedem Fall sollten die Ersteller des Abschlussberichts zudem eine **Management Summary** mit den zentralen Ergebnissen und den wichtigsten Empfehlungen voran stellen.

5.2.3   Unternehmensexterne Quellen

Trotz des immensen Ideen-Potenzials, das vor allem bei größeren Unternehmen in den Mitarbeitern gespeichert ist, ist es für fast alle Unternehmen ratsam, auch **externe Informationsquellen** zu nutzen (Herstatt und Lüthje 2005). Insbesondere der Kunde nimmt dabei eine Schlüsselrolle ein. Die bekannteste Art der Kundenintegration in den Neuproduktentwicklungsprozess ist die Lead-User-Analyse.

Unternehmensexterne Quellen erzielen im Vergleich zu den internen Quellen häufig die **innovativeren Lösungen**. Betriebsfremde Personen sind weniger eingenommen und beachten auch die Realisierbarkeit von Ideen zunächst meist nicht. Dies führt zu besonders neuartigen Lösungsansätzen – dem Ziel der Ideengenerierung. Allerdings ist es in der Regel auch schwieriger, an diese Informationen zu kommen. Eine Befragung von unternehmensexternen Auskunftspersonen ist zeitaufwendiger und fast immer auch kostspieliger als bei der Mitarbeiterbefragung. Eine Kombination beider Arten erscheint als die gewinnbringendste Alternative.

Der **Kunde** stellt für die Unternehmen die **wichtigste Ideenquelle** überhaupt dar. Schließlich ist er es, für den neue Produkte entwickelt werden sollen und der dieser später kaufen soll. Zudem ist das Potenzial an Kunden und ihre Kreativität nahezu unerschöpflich. Viele Konsumenten offenbaren eine sehr große Bereitschaft, sich aktiv einzubringen – sie fühlen sich geehrt, dass der Hersteller sich für ihre Ideen und Vorstellungen interessiert.

Abb. 5.5 Markenauftritt in Second Life (Quelle: *Second Life* 2007)

In der Vergangenheit haben sich die unterschiedlichsten Möglichkeiten gezeigt, wie sich Kunden in den Innovationsprozess integrieren lassen. **Fünf Einsatzgebieten** kommt dabei eine besondere Bedeutung zu (Brockhoff 1997, S. 358 f.).

- Kunden als Nachfrager, die Bedürfnisse erkennen lassen
  Im klassischen Sinne der Marktforschung sind Kunden die Nachfrager von Produkten des Anbieters, die spezielle Bedürfnisse haben und diese erkennen lassen. Mit den Mitteln der Marktforschung lassen sich diese Bedürfnisse zumeist recht einfach identifizieren, möglich sind hier beispielsweise **telefonische oder schriftliche Befragungen** der Kunden.
  Der Kunde nimmt hierbei die passive Rolle des Ideenlieferanten ein. Er wird nach seinen Bedürfnissen gefragt, konkrete Neuprodukte werden vom Anbieter entwickelt.
- Kunden als aktive Mitgestalter des Produktentwicklungsprozesses
  Kunden können aber auch eine wesentlich aktivere Rolle im Innovationsprozess einnehmen. Als sogenannte „Launching Customers" übernehmen sie die **Funktion der (Mit-) Gestalter von Neuprodukten** und Problemlöser im Produktentwicklungsprozess. Vorschläge von konkreten Produktideen oder Designalternativen sind hier nicht selten.
  Der Kunde besetzt dabei die **Rolle des aktiven Ideengebers**. Moderne Technologien vereinfachen es den Unternehmen, die Anwender in den Entwicklungsprozess einzubinden. So gibt es bereits erste Unternehmen, die die virtuelle Welt *Second Life* für den Kontakt zu Konsumenten im Rahmen des Innovationsprozesses nutzen (Abb. 5.5).
- Kunden als Innovatoren
  Den größten Beitrag im Produktentwicklungsprozess leisten Kunden, die als Innovatoren auftreten. Sie haben **fertige oder quasi-fertige Problemlösungsideen** entwickelt,

die vom Anbieter mit geringem Aufwand zu einem Produkt gemacht und vermarktet werden können.

Kunden, die einen solchen Beitrag zu leisten vermögen, bezeichnet man als Lead-User im engeren Sinne.

- Kunden als Quelle für Anwendungswissen

  Besonders wertvoll kann es für die Hersteller auch sein, das Anwendungswissen, das in ihrem Kundenkreis gespeichert ist, zu nutzen. Die Kunden verwenden die **Produkte im täglichen Gebrauch** und wissen genau über Vor- und Nachteile Bescheid. Dieses Wissen lässt sich zur Ausgestaltung neuer Produkte oder Produktvarianten einsetzen, um die Kundenbedürfnisse immer besser zu befriedigen und einen größtmöglichen Nutzen zu stiften.

  Nachfrager können als Referenzkunden **Hinweise auf Schwachstellen** geben. Beim Anwenderbeirat schließen sich viele Kunden zusammen, um ihre Wünsche gemeinsam gegenüber den Anbietern zu kommunizieren. Usability Labs sind eine Weiterentwicklung der Kundenbeobachtung zur Generierung von Anwendungswissen. In diesen Laboren können Forscher mit hochmodernen Methoden und Apparaturen die Anwender studieren. Hier kommt beispielsweise Eyetracking zum Einsatz, eine Möglichkeit zur Visualisierung des Blickverlaufs von Probanden.

- Kunden als Helfer bei der Überwindung von Innovationswiderständen

  Neben ihrer Funktion als direkter Mitgestalter im Neuproduktentwicklungsprozess können Kunden den **Innovationsverlauf** auch **indirekt unterstützen**. Sie können die beste Referenz bei der Überwindung von Innovationswiderständen sein.

  In einer Funktion als Erstinteressent bzw. Erstanwender testen sie das neue Produkt, oft noch vor der Markteinführung anhand von Prototypen oder 0-Serien-Produkten. Durch diese Anwendungstests können **wertvolle Rückschlüsse auf das Marktpotenzial** gezogen und Korrekturen vor der endgültigen Markteinführung vorgenommen werden. Kunden sind in dieser Funktion Helfer bei der Reduzierung von Unsicherheiten über die Markterwartungen.

Der **Lead-User-Ansatz** wurde von Eric von Hippel am *Massachusetts Institute of Technology* (MIT) entwickelt und hat seitdem große Beachtung gefunden (von Hippel 1985). Dem Ansatz liegt die Annahme zugrunde, dass Informationen zu neuen, zukünftigen Bedürfnissen und denkbaren Lösungen nur von wenigen führenden Anwendern, den sogenannten Lead-Usern, gehalten werden. Lead-User können Endverbraucher, Unternehmen oder Organisationen sein. Ziel ist es dabei, die Ideengenerierung und Neuproduktgestaltung unter Berücksichtigung von zukünftigen Kundenbedürfnissen, die durch eine aktive Einbindung der Lead-User in den Innovationsprozess offen gelegt werden, durchzuführen.

Lead-User sind Anwender, die sich durch ein außergewöhnlich **hohes Produktinvolvement** und sehr **großes spezifisches Fachwissen** in Bezug auf die Produkte der betreffenden Branche auszeichnen. Manche Lead-User haben bereits erste eigene Lösungsversuche zur Verbesserung der Funktionalität der von ihnen verwendeten Produkte unternommen.

Lead-User haben zumeist ungewöhnlich viele Ideen und besitzen häufig eine große Kreativität in ihrem Spezialgebiet.

Auch die **Motivation**, sich dem Hersteller mitzuteilen und aktiv am Entwicklungsprozess mitzuarbeiten ist bei ihnen oft überdurchschnittlich groß. Diese steigt umso mehr, je eher die Lead-User auf eine Belohnung ihres Engagements hoffen, sei es in Form von monetären Zuwendungen oder von Produkten des Herstellers. Besonders begehrt bei Lead-Usern sind Vorserienmodelle, die sie exklusiv verwenden dürfen.

Die Grundidee, die hinter dem Einbezug von Lead-Usern in den Innovationsprozess steht, besteht darin, dass die **Bedürfnisse dieser führenden Anwender zukunftsweisend** für alle Konsumenten sind. Die Lead-User sind mit ihren Bedürfnissen dem durchschnittlichen Anwender zeitlich voraus. Wünsche, die der Lead-User heute äußert, entsprechen häufig den Träumen der übrigen Konsumenten von morgen. Wenn es den Unternehmen daher gelingt, ihre Bedürfnisse zu identifizieren, ist die Wahrscheinlichkeit groß, dass diese Bedürfnisse auch für den Durchschnittskonsumenten über den gesamten Produktlebenszyklus hinweg Gültigkeit besitzen. Bedürfnisse unterliegen oft allgemeinen Trends, welche die Lead-User viel früher als andere Nachfrager durchlaufen.

Lead-User können **beispielsweise Profifotografen** sein, deren hohes Wissen und Involvement sowie die tägliche Anwendung sie zu Lead-Usern macht. Ihre Anforderungen z. B. an die Bildauflösung bei der Digitalfotografie vor fünf Jahren entsprechen den Wünschen, die der Hobbyfotograf heute äußert.

Ein weiterer Punkt spricht für den Einbezug von Lead-Usern in den Entwicklungsprozess. Sie sind oftmals die Meinungsführer auf ihrem Gebiet. Bei einer späteren Markteinführung möchte man diese Anwender wegen ihrer **Multiplikatoreffekte** natürlich auf der eigenen Seite wissen. Daher ist es wichtig, sie von der Produktleistung zu überzeugen, was durch Berücksichtigung ihrer Vorstellungen gelingt. Allerdings darf das Produkt nicht nur für ihre Bedürfnisse konzipiert sein, es muss die große Masse der Anwender ansprechen, sonst wird es am Markt floppen.

Die **Durchführung der Lead-User-Analyse** lässt sich in vier Phasen unterteilen. Dabei ist jeder einzelne Schritt für den Erfolg der entwickelten Produkte und Ideen sehr wichtig und sollte nicht ausgelassen werden.

Grundlage des Lead-User-Ansatzes ist die Abschätzung der technologischen Trends. Wie bereits erwähnt, unterliegen Bedürfnisse allgemeinen Trends, die der Lead-User vor den übrigen Nachfragern durchläuft. Will man nun die zukünftigen Bedürfnisse mittels der Lead-User-Analyse bestimmen, benötigt man eine möglichst **genaue Kenntnis der derzeitigen technologischen Trends**. In der ersten Phase sollten diese Trends daher beispielsweise durch Expertengespräche identifiziert werden. Nur so lassen sich im zweiten Schritt die Lead-User bestimmen, die zu einem Workshop eingeladen werden. Eine Kundenbefragung mit bestimmten Schlüsselfragen kann Lead-User sehr zielsicher bestimmen.

Die dritte Stufe besteht im eigentlichen Workshop mit einer Auswahl der zuvor identifizierten Lead-User. Hierbei wird das Konzept erarbeitet, auf das sich die zukünftigen Produktinnovationen stützen sollen. Eine letzte Phase ist unverzichtbar für den späteren Markterfolg, ihr wird jedoch häufig wenig Beachtung geschenkt. Da die **Lead-User sich**

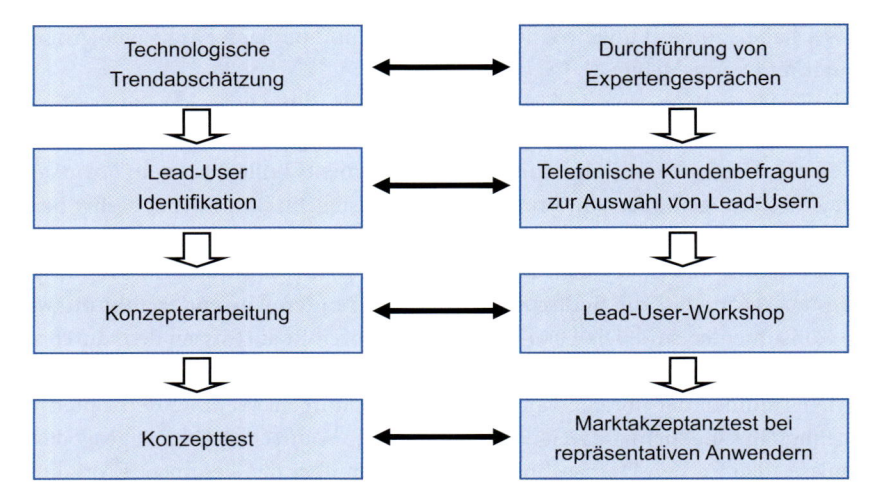

Abb. 5.6 Lead-User-Analyse im Überblick

von dem durchschnittlichen Verbraucher in gewisser Weise **unterscheiden** (daher wurde er ja ausgewählt), sollte das durchführende Unternehmen das entwickelte Konzept unbedingt noch einem Marktakzeptanztest bei repräsentativen Anwendern unterziehen. Nur so lassen sich grobe Fehlentwicklungen vermeiden. Abbildung 5.6 verdeutlicht den Prozessablauf der Lead-User Analyse.

In der ersten Phase des Lead-User-Ansatzes findet die **Abschätzung der bestehenden technologischen Trends** statt. Dies ist daher von besonderer Bedeutung, da das Charakteristikum von Lead-Usern, anderen Anwendern „voraus" zu sein, keine allgemeine Eigenschaft eines speziellen Anwenders ist. Vielmehr sind die Lead-User-Eigenschaften abhängig vom zugrunde liegenden (technologischen) Trend. Ein Anwender ist also nicht immer Lead-User, sondern hat diesen Status gegebenenfalls nur während eines bestimmten Trends inne. Es gilt daher, zunächst den Trend zu bestimmen, der die Entwicklung des Marktes bestimmt.

Die **Möglichkeiten** zur **Trendbestimmung** sind vielfältig:

- Expertenbefragungen
- Lektüre von Fachzeitschriften
- Forschungsberichte

Erst auf Basis der identifizierten Trends erscheint eine valide Ermittlung der Lead-User aus dem Kreis aller Anwender möglich. Die **Identifizierung** von geeigneten **Lead-Usern** erfolgt in zwei Schritten. Vor der eigentlichen Auswahl von Anwendern müssen die Messgrößen zur Lead-User Identifizierung bestimmt werden. Diese Messgrößen sollten einerseits den Grad des Problembewusstseins des betreffenden Anwenders beschreiben. Andererseits sollten sie die Höhe des Nutzens durch eine Problemlösung offenlegen.

Als **Indikatoren**, die diese beiden Forderungen in hohem Maße erfüllen, werden im Allgemeinen die folgenden Items angesehen (Hippel 1988; Herstatt 1991):

- Nachweis von Eigeninvestitionen, Produktmodifikationen oder Eigenentwicklungen
  Anwender, die **bestehende Produkte modifizieren**, sind äußerst geeignet für die Lead-User-Analyse. Ihre Bedürfnisse werden nicht vollständig durch die existierenden Lösungen befriedigt, da ihre Bedürfnisstruktur vom Durchschnitt abweicht – ein Zeichen für zukünftige Anforderungen an das Unternehmen. Die Anwender versuchen diese Unzulänglichkeit durch Produktmodifikationen auszugleichen. Auch komplette Eigenentwicklungen belegen die Eignung des entsprechenden Konsumenten.
- Grad der Unzufriedenheit mit den heute am Markt bestehenden Produkten
  Etwas allgemeiner als das erste Kriterium deutet auch schon die **Unzufriedenheit mit aktuellen Produkten** auf eine Bedürfnisstruktur hin, die nicht zufriedenstellend von den derzeitigen Produkten bedient werden kann. Sind es heute nur einige Verwender, die unzufrieden sind, so kann es morgen die große Masse der Verbraucher sein, falls sich die Unzufriedenheit aus einem Trend ergibt, der sich in Zukunft durchsetzt. Eine genaue Analyse der Gründe für die Unzufriedenheit in Zusammenarbeit mit den Lead-Usern ist jedenfalls äußerst empfehlenswert.
- Produkt-Adoptionsrate
  Die **Produkt Adoptionsrate** beschreibt die Geschwindigkeit, mit der die Anwender im Allgemeinen Produktinnovationen annehmen. Je höher sie ist, desto geeigneter erscheint der Anwender als Lead-User.
- Nutzen durch Problemlösung
  Der **Grad der Nutzenstiftung** durch die Problemlösungen der Anwender spielt natürlich eine wichtige Rolle. Stiften die Problemlösungen, die potentielle Lead-User vorschlagen, voraussichtlich einen sehr hohen Nutzen, so gelten diese Kandidaten als besonders geeignet.

Nach der Festlegung spezifischer Indikatoren oder der Übernahme der oben aufgeführten Prüfkriterien, kann die eigentliche **Auswahl der Kandidaten** erfolgen. Dazu werden zunächst bei allen potentiellen Lead-Usern die Ausprägungen der ausgewählten Merkmale beispielsweise im Rahmen einer Befragung erhoben.

Dabei gilt es zu beachten, dass der Kreis der potentiellen Lead-User nicht von vornherein zu stark eingeschränkt werden darf. Oft ist auf den ersten Blick nicht ersichtlich, wer letztendlich die größte **Eignung als Lead-User** aufweist. Oftmals werden Anwender im Vorhinein ausgeschlossen, obwohl sie sich als durchaus geeignet erwiesen hätten. Das Augenmerk sollte zudem nicht nur auf den derzeitigen Kunden des Unternehmens liegen, gerade Anwender von Konkurrenzprodukten können äußerst wertvolle Lead-User sein. Selbst Konsumenten aus anderen Marktsegmenten sollten Einzug in die Analyse erlangen können. Beispielsweise sind Kunden aus der Luft- und Raumfahrt als Lead-User für die Automobilindustrie durchaus denkbar.

Die Lead-User Eigenschaft eines Abnehmers muss sich nicht zwangsläufig auf ganze Produkte oder Branchen beziehen. Sie kann sich ebenso auch nur auf **einzelne Produktattribute** beschränken.

Der mit der Durchführung der Analyse Betraute sollte die **Suche nicht auf unzufriedene Kunden beschränken**. Dies allein reicht nicht aus, da solche Verwender eventuell nicht entdeckt werden, die ihr Problem bereits selbst gelöst haben und sich dadurch im Kreise der zufriedenen Kunden befinden.

Weitere Möglichkeiten zur Ermittlung von Lead-Usern bestehen in der Durchführung von **Clusteranalysen oder Auswahlverfahren**.

Bevor die zuvor identifizierten Lead-User in den Entwicklungsprozess eingebunden werden können, müssen sie zur Teilnahme überzeugt werden. Häufig sind diese Verwender gerne bereit, am Innovationsprozess mitzuwirken. Gelegentlich schafft erst die **Aussicht auf eine Belohnung** durch Geld- oder Sachleistungen eine ausreichende Teilnahmebereitschaft.

Ist eine ausreichende Zahl an Lead-Usern bestimmt, kann die Integration von Lead-User-Informationen in den Entwicklungsprozess beginnen. Mehrere mögliche **Beteiligungsphasen** bestehen:

1. Ideenfindung
2. Bewertung von Produktideen
3. Beteiligung an der Konzept- bzw. Produktentwicklung
4. Beurteilung eines Prototyps
5. Erfahrungsaustausch bei der (Erst-)Anwendung

Der überwiegende Einsatz von Lead-Usern findet in der Praxis in der **Bewertung von Produktideen** statt. Auch im Schritt der **Ideenfindung** lassen sich Lead-User äußerst gewinnbringend einsetzen.

Der konkrete Informationsaustausch findet zumeist im Rahmen von **Workshops mit Unternehmensvertretern und den Lead-Usern** statt. Dabei empfiehlt es sich die identifizierten Mitglieder der Lead-User Gruppe zu poolen (z. B. im Rahmen eines Workshops zur Konzeptentwicklung), um möglichst viele innovationsrelevante Hinweise von den Lead-Usern zu erhalten.

Die **Überprüfung der Übertragbarkeit der Ergebnisse** auf den gesamten betrachteten Markt bildet den Abschluss der Lead-User-Analyse. Aufgrund der Tatsache, dass Lead-User sich von der großen Masse der Anwender durch ihre Innovatoren-Funktion unterscheiden, darf dieser Schritt nicht vernachlässigt werden, um nicht Ergebnisse zu erhalten, welche die Marktanforderungen nicht erfüllen.

Führt der mit der Analyse Betraute diesen letzten Schritt der Überprüfung der entwickelten Lead-User-Konzepte nicht durch, besteht die **Gefahr von Nischenlösungen**, falls sich die identifizierten Lead-User auch bezüglich ihrer Produktpräferenzen vom Durchschnittskonsumenten unterscheiden.

Die Überprüfung der Lead-User-Konzepte kann durch folgende **Verfahren** geschehen:

- Bewertung des Lead-User-Konzepts
  Eine **Bewertung** des erarbeiteten Lead-User-Konzepts durch repräsentative Kunden oder Experten im Vergleich zu anderen bereits bekannten Produkten, kann die Eignung für den Gesamtmarkt offenlegen.
- Ermittlung der Kaufbereitschaft
  Repräsentative Kunden bewerten ihre **Bereitschaft**, das entwickelte Konzept im Vergleich zu anderen bereits bekannten Produkten **zu kaufen**. Je höher die Kaufbereitschaft, desto vielversprechender ist das neue Konzept. Die Bewertung kann beispielsweise über First-Choice-Verfahren, über Konstantsummen-Verfahren oder über die Kaufwahrscheinlichkeit erfolgen.
- Ermittlung der Preisbereitschaft
  Neben der Kaufbereitschaft können repräsentative Kunden auch ihre **Preisbereitschaft** für das Konzept im Vergleich zu anderen bereits bekannten Produkten beziffern. Je größer die Preisbereitschaft, desto wertvoller erscheint das Lead-User-Konzept.

Für die Hersteller zahlt sich die Integration von Lead-Usern vor allem durch die bessere **Erkennung von zukünftigen Bedürfnissen** des Marktes aus. Dadurch lassen sich sowohl die Entwicklungszeiten verkürzen als auch die Flopraten senken.

Die teilnehmenden Anwender können einerseits **Wettbewerbsvorteile** generieren, indem sie schon vor der offiziellen Markteinführung neuer Produkte Erfahrung mit diesen aufbauen können. Andererseits ermöglicht eine Zusammenarbeit oftmals erst die Lösung von Problemen, die ohne Unterstützung des Herstellers nicht möglich gewesen wären.

Für die Hersteller besteht jedoch auch die **Gefahr**, durch die Zusammenarbeit mit Lead-Usern Nischenlösungen zu produzieren, die nicht für den großen Markt geeignet sind. Durch adäquate Konzepttests lässt sich diese Gefahr allerdings minimieren. Ein Problem stellt zudem die richtige Auswahl der Lead-User dar, zumal diese ihren Status als Lead-User mit der Veränderung von Markttrends auch wieder verlieren können.

Tabelle 5.2 stellt die **Vor- und Nachteile** im Überblick dar.

Der Werkzeughersteller und Spezialist für die Befestigungstechnik **Hilti** setzt bei der Neuproduktentwicklung auf Lead-User-Analysen. Die Entwicklung einer Rohrentwicklung führte *Hilti* folgendermaßen durch.

- Technologische Trendabschätzung
  Die Technologische Trendabschätzung erfolgte durch **Expertenbefragungen** in Universitäten und Ingenieurbüros. Es ergab sich ein erhöhter Bedarf an leicht montierbaren, universell einsetzbaren, sicheren und nichtkorrodierenden Rohrbefestigungen.
  Zur Validierung der Ergebnisse lies *Hilti* den identifizierten Trend und die beschriebenen Nutzenanforderungen mittels einer Telefonumfrage überprüfen. Diese bestätigten sich.

Tab. 5.2 Vor- und Nachteile der Lead-User-Analyse

	Vorteile	Nachteile
Anbietersicht	Aneignung von anwendungsbezogenem Wissen	Fehlerhafte Identifizierung der Lead-User
	Verkürzung der Entwicklungszeiten durch Bedarfserkennung auf der Konzeptionsphase	„Bindung" der Lead-User durch Aufbau von Vertrauen besonders bei steigenden Wettbewerb notwendig, um die Identifizierung und die Gewinnung von Lead-Usern zu gewährleisten
	Transfer von Forschungs- und Entwicklungskosten zum Anwender	Verlust der Lead-User Eigenschaft durch Bedürfniswandel etc.
	Schaffung von Referenzprodukten für einen breiten Anwendungsmarkt	Notwendige innerbetriebliche Veränderungen durch Einbeziehung der Kunden
		Nischenorientierung
		Verpassen eines „freezing points"
Anwendersicht	Wettbewerbsvorteile gegenüber der Konkurrenz durch Know-how und Erfahrungsaufbau bereits vor Markteinführung	Zeitaufwand
	Lösung von Problemen, die ohne Unterstützung durch einen Hersteller nicht erreicht werden würden	

- Lead-User Identifikation

  Die Auswahl der Lead-User sollte aus Unternehmen aus dem bisherigen Kundenkreis von *Hilti* stammen. Dazu führte *Hilti* **Telefoninterviews** mit Verantwortlichen für Befestigung in den Unternehmen durch. Eine Überprüfung im Rahmen von Tiefeninterviews brachte eine Übereinstimmung mit den vorher definierten Trends.

  Schließlich wählte *Hilti* geeignete Kandidaten für die Konzept-Workshops aus. Einige der Kandidaten hatten schon selbst Systeme entwickelt und teilweise sogar patentieren lassen.
- Konzepterarbeitung

  Die Konzepterarbeitung erfolgte im Rahmen eines **Workshops**. Die Moderatoren informierten die Teilnehmer zu Beginn über die bestehenden Trends. Danach teilten sich die Lead-User in Arbeitsgruppen auf. Eine Aufgabenstellung war das Zusammensetzen von Teilen zu verschiedenen Produkten.

  Den Abschluss des Workshops bildete die Wahl des besten Produktes durch alle Teilnehmer.
- Konzepttest

  Das auf dem Workshop zum besten Produkt gewählte Konzept, stellte *Hilti* ausgewählten Monteuren für einige Zeit zur Verfügung. Diese testeten das Produkt und gaben ein **Feedback** an *Hilti*. Die Rückmeldungen waren durchweg positiv.

Die gesamte **Entwicklungszeit** für die neue Rohrbefestigung betrug ca. 9 Monate im Vergleich zu ca. 16 Monaten, die eine gewöhnliche Methode in Anspruch genommen hätte. Die Entwicklungskosten lagen mit 51.000 Dollar bei ungefähr der Hälfte der Kosten für die Standardproduktentwicklung (ca. 100.000 Dollar).

Auch der Automobilzulieferbetrieb **Webasto** führt Lead-User-Analysen durch. Eine Analyse läuft üblicherweise folgendermaßen ab.

- Technologische Trendabschätzung
  Webasto verfügt über eine **Endkundendatenbank** mit 10.000 Adressen. Über Fragen zur Person lassen sich aus diesem Pool Kunden herausfiltern, die für einen Innovationsworkshop zu einem bestimmten Thema geeignet erscheinen.
- Lead-User Identifikation
  Die Auswahl der Lead-User entstammt aus dem **bisherigen Kundenkreis** von *Webasto*. Bis zu 200 Lead-User werden für den Workshop ausgewählt. Ein Incentive in Form eines Tankgutscheins in Höhe von 30 Euro stellt eine ausreichende Teilnahmebereitschaft sicher.
- Konzepterarbeitung
  Die Konzepterarbeitung während des **Workshops** erfolgt nach einer Information der Teilnehmer über die bestehenden Trends und einer Aufteilung der Lead-User in Arbeitsgruppen. Die Wahl des besten Produktes durch alle Teilnehmer bildet den Abschluss des Workshops.
- Konzepttest
  Auf **Online-Plattformen** und in Online-Communities testet *Webasto* die besten Produkte bei den Durchschnittskunden.

Fokusgruppen sind in vielen Punkten vergleichbar mit der Durchführung einer Lead-User-Analyse und eines unternehmensinternen Innovationsworkshops. Der größte **Unterschied zwischen Fokusgruppen und Lead-User-Ansatz** ist die Auswahl der Teilnehmer. Während bei der Lead-User-Analyse explizit die Kunden gesucht werden, die sich in ihrer Bedürfnisstruktur vom Durchschnitt aller Kunden abheben, besitzt man bei der Auswahl der Teilnehmer für die Fokusgruppen viel mehr Freiheiten. Hier können gewöhnliche Kunden in den Innovationsprozess integriert werden.

Der größte **Vorteil von Fokusgruppen** liegt in den Möglichkeiten zur Interaktion zwischen Hersteller und Kunden. Zudem lassen sich mit Fokusgruppen im Rahmen der explorativen Marktforschung auch sehr komplexe Aufgabenstellungen bearbeiten, das heißt auch bei Problemstellungen über die noch ein sehr geringes Wissen besteht, lassen sich grundsätzliche Erkenntnisse gewinnen. Zielsetzung ist dabei fast immer, einen tiefgehenden Überblick über die Ideen und Vorstellungen der Gruppe zu erhalten.

Konsumgüterhersteller setzen Fokusgruppen schon seit vielen Jahren ein. Mittlerweile vertrauen aber auch immer mehr Dienstleistungsunternehmen, öffentliche Einrichtungen, Medienunternehmen oder Krankenhäuser auf Fokusgruppen.

Bei Fokusgruppenuntersuchungen widmen sich sechs bis zehn Personen unter der Anleitung eines erfahrenen Moderators einer Fragestellung. Dabei kann es um Neuproduktideen, bestehende Produkte, Dienstleistungen oder ganze Organisationen gehen. Üblicherweise erhalten die Teilnehmer eine **Aufwandsentschädigung für die Teilnahme** an der Fokusgruppenbefragung. Bei der Zusammenstellung der Gruppenmitglieder sollte darauf geachtet werden, dass die Gruppe hinsichtlich des Themas gut durchmischt ist, also weder eine zu große Homogenität noch zu große Heterogenität herrscht.

Der **Moderator sollte objektiv sein** und auf die Gruppendynamik eingehen können. Fachwissen über den Untersuchungsgegenstand und Erfahrung mit der Leitung von Gruppendiskussionen sind weitere Voraussetzungen. Er muss die Gruppe zur Mitarbeit motivieren können und darauf achten, dass Meinungsführer das Meinungsbild nicht verzerren. Kreativitätstechniken helfen ihm, innovative Ideen mit den Teilnehmern zu erarbeiten.

Der **Ablauf einer Fokusgruppendiskussion** lässt sich in fünf Schritte unterteilen:

- Begrüßung und Einleitung
  Begrüßung der Teilnehmer durch den Moderator und Informationen über Ablauf, Regeln und Ziele der Fokusgruppe.
- Vorstellung der Teilnehmer
  Die Teilnehmer stellen sich untereinander kurz vor. Hierbei sollte im Idealfall ein Gruppengefühl entstehen, das der Moderator gezielt z. B. durch Aufzeigen von Gemeinsamkeiten der Teilnehmer fördern kann.
- Vorstellung des Untersuchungsgegenstands
  Der Moderator weist die Teilnehmer in den Untersuchungsgegenstand ein. Dabei sollten auch alle Fragen von Seiten der Teilnehmer geklärt werden.
- Gruppendiskussion
  Durchführung der eigentlichen Gruppendiskussion. Der Moderator wechselt zwischen freier Diskussion und geführten Aufgabenstellungen. Eine Dokumentation erfolgt durch einen Protokollanten oder durch Video- bzw. Tonaufzeichnung.
- Abschlussbefragung
  Durchführung einer Abschlussbefragung und Verabschiedung der Teilnehmer. Durch die Befragung kann man auch noch von der Gruppenmeinung abweichende Ansichten, die vorher nicht geäußert wurden, erfassen.

Im Gegensatz zu den beschriebenen Gruppendiskussionen beschäftigt sich ein Interviewer bei einem **Tiefeninterview** oder Einzelinterview nur mit einem einzelnen Probanden. Er hat so wesentlich mehr Zeit, auf diese Person und seine Ansichten einzugehen, was als größter Vorteil der Tiefeninterviews gilt.

Tiefeninterviews sind **nicht standardisierte, sehr freie qualitative Interviews**, die einen äußerst tiefgehenden Einblick selbst in komplexeste Themenstellungen ermöglicht. Um solch wertvolle Ergebnisse zu erhalten, müssen jedoch sowohl der Befragte als auch der Interviewer besonders qualifiziert sein. Bei entsprechender Fragestellung lassen sich innere Denkmuster, Empfindungen und Handlungen der Probanden nachvollziehen. Eine sympathische Beziehung zum Interviewer und eine angenehme Atmosphäre vergrößern die Chance auf diese Erkenntnisse.

Verschiedene **Kreativitätstechniken**, insbesondere projektive Methoden, können den Interviewer bei der Befragung unterstützen.

Ein Nachtteil der Tiefeninterviews liegt in den **hohen Anforderungen** an den Interviewer. Durch die damit verbundenen hohen Kosten für den Interviewer sowie die recht lange Dauer der Interviews sind bei gegebenen Mitteln und Zeithorizont nur verhältnismäßig wenig Tiefeninterviews durchführbar. Zudem besteht immer die Gefahr des Interviewer-Bias, also einer zumeist unbewussten Beeinflussung des Interviewers. Auch sozial erwünschte Antworten können die Ergebnisse verzerren.

Als **Toolkits** im engeren Sinne bezeichnet man Designwerkzeuge, mit denen man ein Produkt nach eigenen Vorstellung gestalten kann (Reichwald et al. 2007). Im weiteren Sinne versteht man darunter den gesamten Prozess, bei dem Kunden das Design von Produkten meist auf Internetseiten einiger Anbieter in einem vorgegebenen Rahmen frei gestalten können, um es dann bewerten zu lassen oder es beim Anbieter gemäß den eigenen Designvorgaben zu bestellen. Die Internetseiten sind dabei so aufgebaut, dass sich die Anwender einfach darauf zurecht finden und sie ihre Entwürfe so lange verändern können, bis sie damit zufrieden sind.

Vier Säulen machen den **Erfolg von Toolkits** aus:

- Designwerkzeuge
  Die Kunden müssen die Designwerkzeuge einfach bedienen können. Sie sollten es ihnen ermöglichen, ihre Kreativität ausleben zu können.
- Feedback
  Ein unmittelbares Feedback ist notwendig, um durch Trial-and-Error-Zyklen zu einem zufriedenstellenden Ergebnis zu gelangen. So sollte beispielsweise das Produkt abgebildet und ständig mit den ausgewählten Features ergänzt werden. Auch der Preis entsprechend der gewählten Funktionalitäten kann angegeben werden.
- Standardmodule
  Eine Anfangskonfiguration sowie vorgefertigte Standardmodule helfen die Komplexität für die Anwender zu verringern und schaffen so ein zufriedenstellenderes Ergebnis.
- Realisierbarkeit
  Alle vom Kunden erstellten Designvorschläge sollte der Anbieter herstellen und liefern können, sonst kann das Toolkit zu negativen Emotionen beim Kunden führen.

Prinzipiell lassen sich in der Literatur **Basic-Toolkits und Expert-Toolkits** unterscheiden (von Hippel (von Hippel 2001; von Hippel und Katz 2002; Kunz und Mangold 2004). Bei Basic-Toolkits liegt der Fokus auf dem Auswählen und Anpassen von vorgefertigten Elementen. Eine Personalisierung von Produkten ist so mit einfachen Mitteln möglich. Diese Form von Toolkits findet man vor allem als Angebot an Endkunden. Ein Beispiel für Basic-Toolkits ist in Abb. 5.7 zu sehen. Beim Uhrenanbieter *121TIME* lassen sich Uh-

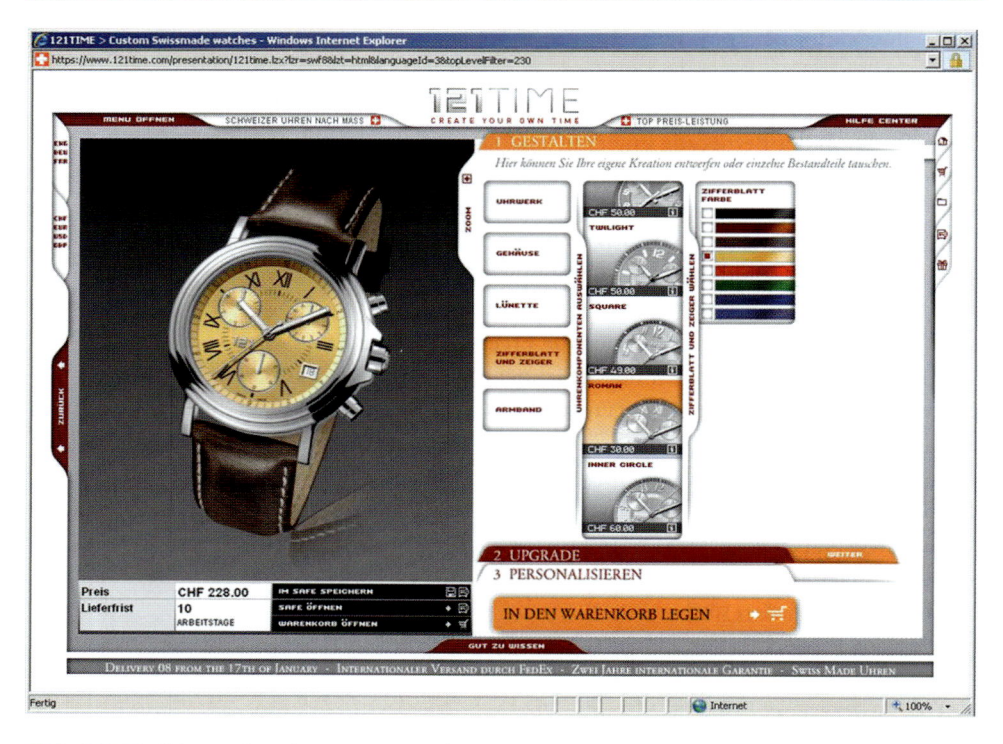

Abb. 5.7 Toolkit zur Gestaltung einer Armbanduhr (Quelle: *121TIME*)

ren nach dem eigenen Geschmack zusammenstellen. Diese können direkt betrachtet und schließlich zum angegebenen Preis bestellt werden.

Die aufwendigeren Expert-Toolkits hingegen erlauben eine viel freiere Gestaltung der Produkte. Fertige Toolkit-Lösungen sind viel mehr Innovationen als bloße individualisierte Produkte. Diese in der Anwendung komplizierte Form von Toolkits kommt fast ausschließlich im B-to-B-Bereich zum Einsatz.

Die **Vorteile und Nachteile**, die sich aus der Anwendung von Toolkits für Hersteller und Anwender ergeben, sind in der Tab. 5.3 zusammengefasst.

Ein aufwendiges Toolkit hat der Automobilhersteller **BMW** implementiert – das **Customer Innovation Lab**. Kunden werden durch Banner auf das Toolkit aufmerksam gemacht und können durch Klick auf den Banner zum Customer Innovation Lab gelangen. Dort haben sie nach einer Begrüßung die Möglichkeit, sich für diesen Dienst anzumelden. Angemeldete User können mit Toolkits Ideen gestalten, um diese *BMW* und der Community der anderen User mitzuteilen. Alle Ideen können eingesehen und bewertet werden.

Der **Prozess des Customer Innovation Lab** von *BMW* ist in Abb. 5.8 dargestellt.

Bis vor einigen Jahren war es in nahezu allen Märkten üblich, dass Unternehmen Erzeugnisse entwickelten, produzierten und auf den Markt brachten. Inzwischen sind welt-

Tab. 5.3 Vor- und Nachteile von Toolkits

	Vorteile	Nachteile
Anbie-tersicht	Senkung des Floprisikos	Kosten für Einrichtung und Pflege der Toolkits
	Steigerung der Preisbereitschaft	Umstellung der Leistungserstellung auf individualisierte Produkte notwendig
	Kostengünstiges Marktforschungsinstrument	Probleme bei der Marken
	Weniger Lager- und Vorratshaltung notwendig	Gefahr für konsistente Markenwahrnehmung
Anwen-dersicht	Individualisierung des Produktes	Erhöhter Aufwand durch die Gestaltung des Produktes
	Freude bei der Anwendung der Toolkits	Erhöhtes Risiko beim Kauf des Produktes

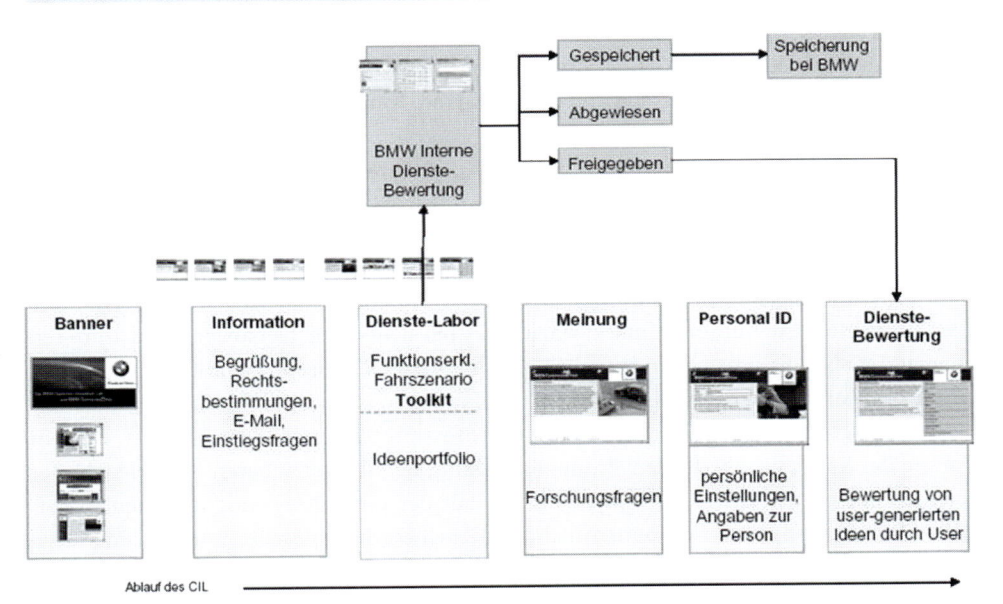

Abb. 5.8 Toolkit-Prozess bei BMW

weit ca. 400.000 **Produktkonfiguratoren** im Einsatz, die es dem Kunden erlauben, ein individuelles Produkt zu kreieren. Immer mehr Kunden nutzen diese Technologie und gestalten ihren Lippenstift, ihr Parfum, ihre Hautcreme, ihre Uhr oder ihr Hemd (vgl. Abb. 5.9, Herrmann et al. 2007). Selbst Automobile lassen sich heutzutage am Konfigurator zusammenstellen. Dank moderner 2D- und 3D-Bildformate sowohl für die Exterieur- als auch für die Interieur-Konfiguration kann der Interessierte beliebig zwischen Außenfarben, Motoren, Schalthebeln oder Sitzpolstern hin und her springen. Immer wieder lässt sich ausprobieren, bis jeder Zweifel ausgeräumt und das Wunschfahrzeug definiert ist. Dabei erscheint stets der aktuelle Fahrzeugpreis, sodass der Kunde bei aller Euphorie die Kontrolle über sein virtuelles Spiel behält. Bei *Porsche* beispielsweise basieren alle Darstellungen auf CAD-Daten, was die präsentierten Ausstattungsdetails sehr plastisch, fast greifbar erscheinen lässt. Hat sich der Wunsch-*Porsche* konkretisiert, wählt man die Rundum-Ansicht, und alle ausgesuchten Ausstattungskomponenten können aus unterschiedlichen Perspektiven betrachtet werden. Umrüstungen jedweder Art, ob beim Exterieur oder Interieur, sind ohne Probleme durch einen Mausklick möglich. Auch kann der Motorsound des gewählten Modells eingespielt werden, um gleich eine virtuelle Fahrt zu erleben.

Die Entwicklung und Bereitstellung dieser Konfiguratoren basiert auf der Idee, dem Kunden die **vollumfängliche Erfüllung seiner Wünsche** zu ermöglichen. Jeder Interessierte soll genau jenes Produkt gestalten können, das seinen Vorstellungen entspricht. Hinzu kommt, dass selbst-konfigurierte Produkte beim Kunden ein „I designed it myself"-Erlebnis vermitteln (Franke et al. 2010). Der Bezug zum selbst-konfigurierten Produkt ist intensiver als zu Erzeugnissen, die aus dem Regal erworben werden. Daher sehen viele Unternehmen den Einsatz von Konfiguratoren als Möglichkeit, sich über die bessere Befriedigung der Kundenwünsche und die intensivere Kundenbindung im Wettbewerb behaupten zu können.

Der Einsatz von Konfiguratoren ist mit dem Anliegen verknüpft, die **individuelle Massenfertigung (Mass Customization)** zu realisieren. Hierbei sollen Produkte in einer bestimmten Masse gefertigt werden, jedoch ist eine Individualisierung der Erzeugnisse möglich. Damit will man die Vorteile der Massenfertigung (niedrige Kosten) mit den Vorteilen einer kundenindividuellen Produktgestaltung (hohe Bedürfnisbefriedigung) verzahnen. Dies führt etwa im Automobilmarkt dazu, dass bei deutschen Herstellern, die zum Teil über eine Million Fahrzeuge pro Jahr absetzen, keine zwei identischen Automobile in einem Jahr produziert werden. Die Vielzahl der Kombinationen ist so mächtig, dass sehr aufwändige logistische und produktionstechnische Prozesse installiert werden müssen. Diesem Vorzug der kundenindividuellen Produktgestaltung bei überschaubaren Kosten steht der Nachteil entgegen, dass viele Kunden die Vielfalt der Gestaltungsmöglichkeiten in solchen Mass Customization-Systemen nicht beherrschen. Individuelle Produkte erfordern zwangsläufig Entscheidungen über eine Vielzahl von Merkmalsausprägungen. Untersuchungen zeigen, dass in einigen Märkten die Abbruchraten bei der Produktkonfiguration durchaus beachtlich sind. Daher versuchen Hersteller durch eine entsprechende Usability die Nutzerfreundlichkeit ihrer Systeme zu verbessern. Zudem besitzen immer mehr Produktkonfiguratoren Entscheidungshilfen etwa in der Form, dass über eine bestimmte Entscheidungshierarchie die Fülle der zur Auswahl stehenden Optionen vom Kunden schrittweise eingegrenzt werden kann (Franke et al. 2008).

Neben der Gestaltung eines kundenfreundlichen Produktkonfigurators besteht für viele Unternehmen auch die Herausforderung darin, die **dahinter stehenden Prozesse** zu beherrschen. Sobald sich Veränderungen in der Produktpalette ergeben, müssen diese in den Konfigurator eingepflegt werden. Zudem sind bei komplexen Produkten eine Vielzahl von Verknüpfungsregeln zu berücksichtigen, die bereits in die Systemgestaltung des Konfigurators einzubauen sind. Beispielsweise darf ein Fahrzeug, mit einer Höchstgeschwindigkeit

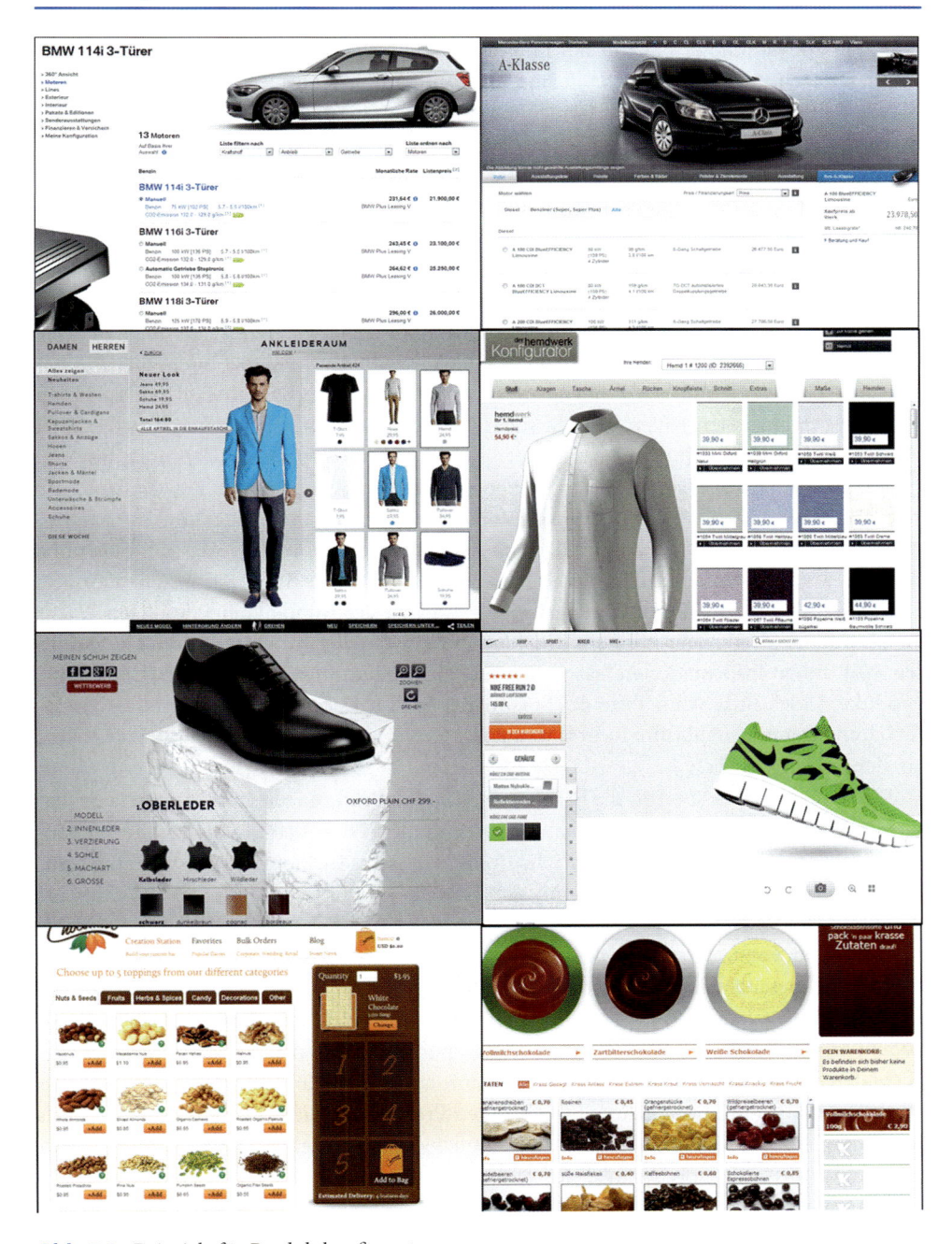

Abb. 5.9 Beispiele für Produktkonfiguratoren

von über 200 Kilometer nur mit bestimmten Reifen ausgestattet werden. Alle diese technischen Regeln und Spezifikationen sind im Konfigurator zu hinterlegen, damit das vom Kunden gestaltete Produkt auch tatsächlich produzierbar ist. Dies erfordert eine Abstimmung der verschiedenen IT-Systeme innerhalb des Unternehmens, zum Teil unter Berücksichtigung der Systeme von Zulieferern und Kooperationspartnern.

Ein weiterer Aspekt rund um den Einsatz von Produktkonfiguratoren betrifft die **Neugestaltung der Marktforschung**. Typischerweise erfasst ein Unternehmen im Rahmen von Befragungen und Beobachtungen die Wünsche und Vorstellungen der Kunden und nimmt diese Erkenntnisse als Ausgangspunkt für die Produktgestaltung. Dieser Prozess lässt sich durch den Einsatz von Produktkonfiguratoren grundsätzlich verändern, da diese Systeme aufgrund des registrierten Klickverhaltens eine Vielzahl von Informationen über die Bedürfnisse der Kunden liefern. Üblicherweise erfasst ein solches System alle konfigurierten Produkte, in einzelnen Fällen können sogar Click-Stream-Aufzeichnungen durchgeführt werden. Damit lässt sich rekonstruieren, zwischen welchen Optionen der Kunde hin und her gesprungen ist, wie lange er bei einzelnen Ausstattungskomponenten verweilte und wie sich die Maus über die verschiedenen Optionen bewegte. Fasst man alle diese Informationen zusammen, ergibt sich ein Bild über die Wünsche und Bedürfnisse des Kunden, ohne dass ein Fragebogen verschickt wurde, allein auf Basis dieser Transaktionsdaten. Solche Konfigurationsdaten sind in der Regel sehr valide, da der Kunde keine zufälligen Klicks vornimmt, sondern allein mit dem Ziel konfiguriert, das für ihn beste Produkt zu gestalten. Mit diesen Informationen lassen sich Anhaltspunkte gewinnen über neue Produkte, Produktbündel, Breite und Tiefe des Sortiments etc. Im Kern kann die klassische Marktforschung durch bedeutsame Informationen angereichert werden, oder im Einzelfall lässt sie sich sogar ersetzen.

Ein weiterer Aspekt betrifft die Erkenntnis, dass die **Präferenzen von Kunden** keine determinierten, feststehende Größen sind. Vielmehr entwickeln sich Präferenzen im Verlauf des Informationssuch- und Kaufentscheidungsprozesses. In diesem Sinne bilden Konfiguratoren ein ideales Werkzeug, damit sich Kunden über ihre Präferenzen bewusst werden können. Das Navigieren zwischen verschiedenen Ausstattungskomponenten und das Komponieren von unterschiedlichen Optionen zu fertigen Produkten erlaubt es dem Kunden, sich sukzessive an seine Präferenzen anzunähern. Konfiguratoren, die eine Interaktion zwischen dem sozialen Umfeld, dem Unternehmen und dem Individuum erlauben, tragen zudem dazu bei, dass sich die Kundenpräferenzen im Rahmen eines sozialen Prozesses herausbilden (siehe den *Car Talk* von *Audi*). Damit lassen sich Konfiguratoren nicht nur als Werkzeuge zur Bestimmung eines individuellen Produkts kennzeichnen, sondern auch als Instrumente um Kundenpräferenzen zu identifizieren. In einzelnen Märkten, wie z. B. bei der Wahl eines Automobils, kann sich ein solcher Prozess über mehrere Wochen erstrecken. Immer wieder ruft ein Individuum seine zuvor abgespeicherte Konfiguration auf, verändert und ergänzt diese, speichert sie wieder ab und ruft sie zu einem späteren Zeitpunkt wieder auf und zwar so lange, bis das Gefühl entsteht, nun ein passendes Produkt gestaltet zu haben (Hildebrand et al. 2013).

- Vorspezifikationen und Empfehlungen

  Damit ein im Konfigurator entwickeltes Produkt funktionsfähig ist, braucht es für bestimmte Produkteigenschaften zwingend Entscheidungen über Ausprägungen. Beispielsweise muss bei der Konfiguration eines Fahrzeugs über einen Motor entschieden werden, während eine Entscheidung über ein Navigationssystem nicht unbedingt für die Funktionalität dieses Produktes erforderlich ist. Daher finden sich in allen Konfiguratoren **Vorspezifikationen** bei jenen Produktmerkmalen, die für die Funktionalität des Produkts maßgeblich sind. Diese üblicherweise von Herstellern oder Händlern vorgegebenen Spezifikationen tragen jedoch nicht nur dazu bei, ein funktionsfähiges Produkt zu erzeugen, sondern beeinflussen auch das Entscheidungsverhalten der Kunden. Vorspezifikationen wirken wie ein Anker, der für den Kunden den Ausgangspunkt seines Entscheidungsprozesses bildet. Ein solcher Anker gleicht einem Gravitationspunkt, gegen den man sich mit Mühe und Anstrengung bewusst und willentlich entscheiden muss, um zu einer anderen Ausprägung zu gelangen. Häufig erscheint diese Vorspezifikation als eine besondere Empfehlung seitens des Herstellers. Hinzu kommt, dass viele Kunden Sorge haben, bei einer Abweichung von dieser Vorspezifikation möglicherweise nicht das optimale Produkt zu erhalten (Moreau und Herd 2010).

  Ganz ähnlich verhält es sich auch mit **Empfehlungen**, die vom Hersteller, vom Händler oder von Testimonials ausgesprochen werden können. Hierbei handelt es sich zumeist um Empfehlungen für einzelne Ausstattungskomponenten, die ähnlich einer Vorspezifikation eine Gravitationswirkung auf das Entscheidungsverhalten der Kunden ausüben. Dabei zeigt sich, dass die Macht, die eine Empfehlung besitzt, davon abhängt, inwieweit die Kunden der Empfehlung die notwendige Kompetenz attestieren. Gelegentlich ist zu beobachten, dass Individuen auch Misstrauen gegenüber einer Empfehlung entwickeln. Hierbei kann der Verdacht entstehen, dass bestimmte Empfehlungen nur gesetzt werden, damit der Kunde eine Ausstattungskomponente wählt, die dem Unternehmen einen besonderen Deckungsbeitrag erbringt oder aus anderen Gründen verkauft werden soll. Sind solche Gedanken im Spiel, muss damit gerechnet werden, dass der Kunden möglicherweise vom Kauf absieht und zu den Produkten eines Wettbewerbers wechselt. Vorspezifikationen spielen auch eine Rolle, um die **Komplexität des Entscheidungsprozesses** für den Kunden zu reduzieren. Beispielsweise muss ein Kunde bei der Spezifikation eines Fahrzeugs mitunter über 60 Entscheidungen treffen. Um den Überblick zu behalten und darauf zu achten, dass die ausgewählten Optionen zueinander passen und ein stimmiges Gesamt ergeben, orientieren sich Individuen häufig an den Vorspezifikationen. Diese können den Entscheidungsprozess erleichtern und beschleunigen und damit auch die Zufriedenheit des Kunden mit seiner Produktwahl beeinflussen.

- Anstrengung der Entscheidung

  Um Entscheidungen zu treffen, braucht es **emotionale und kognitive Ressourcen**, die den Kunden in einen Zustand versetzen, mit Spannung und Begeisterung Komponenten und Produkte auszuwählen. Jedoch sind diese emotionalen und kognitiven Ressourcen begrenzt, sodass sie im Verlauf einer Produktkonfiguration abnehmen und sich erst nach einer Erholungspause regenerieren. Je mehr Entscheidungen unmittelbar nacheinander zu durchlaufen sind, desto weniger Begeisterung und Spannung verbleiben, um die letzten Entscheidungen zu treffen. Die abnehmende Menge solcher Ressourcen erlebt das Individuum als zunehmende Mühe, Entscheidungen über die Produktspezifikationen zu treffen. Wie ein Sportler, der nach einer Übung mit Gewichten oder einem anstrengenden Lauf neue Kräfte sammeln muss, benötigt auch ein Entscheider nach mehreren Entscheidungsrunden eine Pause, um die kognitiven und emotionalen Ressourcen aufzufrischen.

Dies hat zur Folge, dass in Konfigurationssystemen Kunden typischerweise in frühen Phasen viele kognitive und emotionale Ressourcen aufwänden, die in späten **Phasen des Entscheidungsprozesses** fehlen. Die Folge ist, dass die Vorspezifikationen des Herstellers eine zentrale Rolle in späten Entscheidungsphasen spielen. Je länger der Entscheidungsprozess andauert und je komplexer er ist, desto häufiger neigen Individuen dazu, den vom Hersteller oder Händler vorgegebenen Spezifikationen zu folgen. Im Unterschied zum klassischen Produktkauf ist bei der Konfiguration zu bedenken, dass ein Prozess zu durchlaufen ist, der nicht beliebig lange und komplex sein darf.

- Taxonomische versus thematische Konfiguration
  Häufig sind Konfiguratoren so aufgebaut, dass sie der **Produktlogik des Herstellers** entsprechen. Die Individuen müssen in einer vorgegebenen Reihenfolge Entscheidungen über Produktkomponenten treffen. Dabei sind die Produktmerkmale in der Regel so angeordnet, wie sie der technischen Konzeption des Produkts entsprechen. Beispielsweise muss ein Kunde im Automobilmarkt zunächst über den Motor, dann über die Innenausstattung und in einer späteren Runde über das Navigationssystem entscheiden. Nahezu alle Konfiguratoren verlangen vom Kunden im Kern, dass er sich der Produktlogik des Herstellers anpasst.
  Eine andere Logik besteht darin, **den Kunden Themen vorzugeben**. Anstatt einen Pkw-Kunden sukzessive über Motor, Getriebeart etc. entscheiden zu lassen, könnte man ihm die Items vor dem Hintergrund bestimmter Themen bzw. Verwendungszwecke (z. B. Innenausstattung, Außendesign, Sicherheit etc.) präsentieren. Zudem ist vorstellbar, dass eine auf Verwendungszwecke bezogene Präsentation der Items erfolgt, etwa bezüglich der Themen Sportlichkeit, Familienorientierung, Geländefähigkeit etc. Eine thematische im Vergleich zu einer taxonomischen Präsentation der Ausstattungskomponenten suggeriert sehr viel besser die möglichen Verwendungsszenarien des zu konfigurierenden Produkts. Damit überträgt man die technische Welt des Herstellers in die anwendungsbezogene Welt des Kunden. Solche Formen der Konfiguration sind bislang selten, könnten jedoch im Zuge der Kundenorientierung in Zukunft eine zentrale Rolle spielen.

Eine genaue **Analyse** der beim Hersteller eingegangenen **Beschwerden** über Produkte und Leistungen liefert häufig sehr wertvolle Ansätze für Neuproduktideen. Bedürfnisse der Kunden können aus den Beschwerden herausgelesen werden, oft geben die Kunden bei der Beschwerde sogar schon erste Ansätze zur Lösung des Problems. Unternehmen wie *3M* führen umfangreiche Beschwerdeanalysen im Rahmen ihres Innovationsprozesses durch.

Zum Gelingen der Beschwerdeanalyse ist es erforderlich, dass den Kunden **einfache Wege zur Abgabe einer Beschwerde** respektive seiner Meinung gegeben wird und dass diese Beschwerden im Zuge eines Beschwerdemanagementsystems genau erfasst und dokumentiert wird. Erst diese Dokumentation macht eine spätere systematische Analyse möglich.

Beschwerdeanalysen lassen sich **schnell und kostengünstig** realisieren. Sie geben wertvolle Hinweise über die Bedürfnisse der Konsumenten sowie deren Veränderung. Vor allem zur Verbesserung der bestehenden Produkte sind sie sehr gut geeignet. Besonders innovative und neuartige Lösungen sind hingegen eher nicht zu erwarten.

Regelmäßig veranstaltete Treffen von Kunden und Mitarbeitern eines Unternehmens, bei denen Neuproduktideen und Innovationen besprochen und gemeinsam erarbeitet werden, nennt man **Innovationszirkel**. Der Anbieter wählt Kunden gezielt aus und lädt sie zu den als Gruppendiskussion organisierten Innovationszirkeln ein.

Ein **mehrmaliges Treffen** mit den gleichen Mitgliedern sorgt beim Innovationszirkel im Vergleich zu einmaligen Kundenworkshops (z. B. Fokusgruppen) für einen besonders intensiven Austausch. Kontinuierliches Austauschen einzelner Teilnehmer gewährleistet die Integration neuer Ideen und Ansätze sowie ein dauerhaftes Fortbestehen des Zirkels, ohne dass es zu Ermüdungserscheinungen oder Desinteresse von Seiten der Teilnehmer kommt.

Eine Besonderheit von Innovationszirkeln ist zudem die **Zusammenführung von Mitarbeitern** (außer dem Moderator) **und Kunden**, die zu sehr kreativen Lösungen führen kann.

Die **Zusammenarbeit mit Kunden** muss nicht immer unter aktiver Mitarbeit der Kunden geschehen, auch müssen Kunden nicht immer in das Unternehmen oder an einen neutralen Platz eingeladen werden. Eine der vielleicht einfachsten Möglichkeiten, Informationen von Verbrauchern über die eigenen Produkte zu bekommen, ist es, sie einfach im Alltag beim Gebrauch der Produkte zu beobachten. Solche Beobachtungen nennt man Camping Out oder auch Fly-on-the-Wall und Day-in-the-Life-of.

Vertreter des Herstellers verbringen dazu zwischen einigen Stunden und einigen Tagen bei ausgewählten Kunden und **beobachten** diese beim Umgang mit den Produkten und bei auftretenden Problemen. Neben Marketing- oder Vertriebsbeauftragten sind gerade auch Techniker und Wissenschaftler des Anbieters für einen solchen Tag beim Kunden prädestiniert.

Aus den Beobachtungen und Gesprächen im Laufe des Camping Out lassen sich **unerfüllte Bedürfnisse und neue Produktideen ableiten** sowie ein generelles, tieferes Verständnis für die Kundensichtweise erzielen. Umso vertrauter der Umgang mit dem Kunden, umso mehr Informationen kann man aus einem solchen Treffen ziehen. Diese recht zeitaufwendige Methode schlägt sich in hohen Personalkosten der meist hoch qualifizierten Mitarbeiter nieder.

Besteht nicht die Kompetenz, eigene Ideen zu entwickeln, oder ist die Zeit dafür zu knapp, so können Hersteller auch **Ideen** für komplette Neuproduktideen **kaufen**. Dies kann durch komplette Übertragung der Eigentumsrechte oder durch Vergabe von Lizenzen entstehen.

Diese Methode ist verhältnismäßig teuer und bietet oft nur Standardlösungen. Speziell auf den Anbieter und dessen Kunden **abgestimmte Ideen sind oftmals nicht möglich**. Dennoch kann diese Alternative sehr geeignet sein, um daraus weitergehende Produkte zu entwickeln, insbesondere wenn das Know-how oder die Zeit für Eigenentwicklungen fehlt.

Eine rechtzeitige Erkennung von neuen Trends ist ein **wichtiger Erfolgsfaktor** im gesamten Innovationsprozess. Um nicht von plötzlichen Entwicklungen überrascht zu werden, sollten innovationswillige Unternehmen daher eine konsequente Suche nach Trends durchführen. Als Instrument dazu bietet sich die **Trendanalyse** an. Sie beschreibt die systematische Überwachung des Marktes und der Technologieentwicklung zur frühzeitigen Erkennung von neuen Trends. Die identifizierten Trends können dann in verschiedensten Neuproduktentwicklungsverfahren eingesetzt und so zur Generierung neuer Ideen genutzt werden.

Hersteller von Mobilfunktelefonen können sich beispielsweise die Trendanalyse zunutze machen. Systematische Markt- und Technologiebeobachtungen hätten den Anbietern gezeigt, dass die Strahlungsbelastung von Mobiltelefonen zunehmend ein Thema für die Kunden wird. Frühzeitig erkannt, kann dieser Trend zur Entwicklung und Vermarktung besonders strahlungsarmer Telefone führen. Noch bevor viele Konkurrenten solche Geräte anbieten, kann der marktforschende Hersteller dann Marktanteile gewinnen.

Die Trendanalyse gliedert sich in **vier Phasen** (Hennig-Thurau 2004):

- Auswahl der Umweltfaktoren
  Zu Beginn sollten die Umweltfaktoren identifiziert und ausgewählt werden, die für den untersuchten Bereich in Zukunft von Bedeutung sein werden.
- Monitoring
  Der wichtigste Teil der Trendanalyse ist die systematische und kontinuierliche Beobachtung der ausgewählten Umweltfaktoren. Hierbei kommt es vor allem auf Veränderungen der Konsumentengewohnheiten, Marktstrukturen und Technologien an, die einen Einfluss auf das Produktmanagement des Herstellers haben können.
- Prognosen neuer Trends
  Die Vorhersage neuer Trends und die Abschätzung der Entwicklung bestehender Trends geschieht im dritten Schritt. Mit geeigneten Prognoseverfahren, wie beispielsweise der Szenario- oder Delphi-Analyse, kann der Hersteller Trendverläufe prognostizieren.
- Einsatz der Trends
  Die Trendanalyse schließt mit der Integration der prognostizierten Trends in die Verfahren zur Neuproduktentwicklung. Neue Ideen lassen sich auf diese Weise ableiten.

Eine genaue **Beobachtung der Umwelt** ist im Innovationsprozess immer von Vorteil. Dies kann nicht nur in Form von Trendanalysen geschehen, auch Messebesuche und Patentanalyse geben wertvolle Hinweise auf neue Produktideen. Die Betrachtung innovativer Konkurrenten macht einen Hersteller schnell auf neue Produkte und Lösungen aufmerksam, sodass er nicht viel Zeit verliert, falls er eine ähnliche Technik einsetzen will.

Wirklich lohnenswert für die Entwicklung eigener Produkte ist jedoch nicht die Suche bei Konkurrenzunternehmen der eigenen Branche, sondern vor allem die **Fokussierung auf Unternehmen anderer Branchen und Märkte**. Hier sind radikale Neuerungen durch Übertragung in den eigenen Bereich möglich. Ein Automobilhersteller könnte beispielsweise Computer- oder Entertainment-Messen besuchen und dort neue Technologien und innovative Produkte in Augenschein nehmen, die als Grundlage für eigene Produkte dienen können. Für den Automobilhersteller kommen auch Analysen neu vergebener Patentrechte aus dem Energie- oder Luftfahrtbereich in Frage.

Die systematische **Analyse der Konkurrenzunternehmen** sowie deren Neuentwicklungen können den Innovationsprozess sinnvoll ergänzen. Wie beschrieben eignet sich dieses Instrumentarium weniger zur Ideengenerierung radikaler Neuerungen, es ist jedoch ein sicheres Mittel gegen das vollständige Verpassen neuer Trends, das Unternehmen in ernsthafte Existenzschwierigkeiten bringen kann.

Zur Konkurrenzforschung sollten alle zur Verfügung stehenden Mittel herangezogen werden, wie beispielsweise Internetrecherche, Auswertung von Pressemitteilungen, Analyse von Fachzeitschriften, Katalogsichtungen und auch persönliche Kontakte.

5.2.4 Kreativitätstechniken

Für viele der beschriebenen Methoden der unternehmensinternen wie -externen Ideengenerierung ist eine hohe Kreativität der beteiligten Personen ausschlaggebend für den Erfolg der Analysen. **Kreativitätstechniken** sind Vorgehensweisen zur besseren Ausschöpfung des kreativen Potenzials der Beteiligten und zur Überwindung von eingefahrenen Denkweisen (Kepper 2000). Sie unterstützen damit die Gewinnung von neuartigen, ungewöhnlichen Lösungsansätzen.

Es hat sich mittlerweile eine enorme Vielzahl an Kreativitätstechniken etabliert. Diese lassen sich in **zwei Kategorien** unterteilen (Geschka 1986): die Analytisch-systematischen Methoden und die Intuitiv-kreativen Methoden. Analytisch-systematische Methoden zeichnen sich durch einen strukturierteren Ablauf aus, Intuitiv-kreative Methoden dienen als Stütze für eine sehr freie Gedankenentwicklung. Eine Übersicht liefert Tab. 5.4.

Die Vielzahl **morphologischer Methoden** hat die Schaffung einer neuen Lösung oder eines neuen Produktes durch die Kombination unabhängiger Teile gemeinsam. Durch morphologische Methoden sind besonders neuartige und innovative Lösungsansätze möglich, die sich oft durch die zufällige Kombination der betrachteten Elemente, z. B. Produktbestandteile oder Produkteigenschaften, ergibt.

Beim **Morphologischen Kasten** erfolgt eine Zergliederung des untersuchten Problems in Dimensionen und deren Ausprägungen. Die Probanden haben die Möglichkeit, durch systematische Kombination der Ausprägungen eine große Zahl von Ideen und zuverlässigen Lösungsmöglichkeiten zu entwickeln.

Die **Anwendung** des Morphologischen Kastens erfolgt in einer Gruppe bis zu sieben Personen, wodurch sich das Wissens- und Ideenpotential erweitert. Die Durchführung

Tab. 5.4 Kreativitätstechniken im Überblick

Analytisch-systematische Methoden	Intuitiv-kreative Methoden
Morphologische Methoden	Brainstorming
Morphologischer Kasten	635 Methode (Brainwriting)
Problembaumanalyse	Negatives Brainstorming
Relevanzbaumanalyse	Galerietechnik (Brainwalking)
Ursache-Wirkungs-Diagramm	Collective Notebook
Osborne Checkliste	Imaginationstechniken
Weitere Techniken	Laterales Denken
ABC-Analyse	6 Denkhüte von de Bono
War Games	Walt Disney Methode
	Projektive Verfahren
	Projektive Frage
	Einkaufslisten Technik
	Synektik
	Reizwortanalyse
	Weitere Techniken
	Bionik

Tab. 5.5 Morphologischer Kasten für Automobile

Karosserie	Sitzplätze	Motor	Getriebe
Limousine	2	Benzin	5-Gang manuell
Kombi	5	Diesel	6-Gang manuell
Cabriolet	6	Gas	5-Gang Automatik
Kleinwagen	7	Hybrid	6-Gang Sequentiell

wird von einem Moderator gesteuert, dauert etwa eine halbe bis zwei Stunden und geschieht in fünf Schritten:

1. Das Problem wird umschrieben und bildet die Überschrift des morphologischen Kastens.
2. Entwicklung von Parametern, sprich Teilproblemen des Gesamtproblems, durch Analyse und gegebenenfalls Brainstorming.
3. Erarbeiten der Lösungsalternativen zu den Teilproblemen.
4. Kombinieren der Lösungsvarianten der Teilprobleme zu Lösungsvarianten des Gesamtproblems (siehe Tab. 5.5).
5. Bewerten der Lösungsvarianten und Auswählen der sinnvollsten Variante.

Im Rahmen der **Problembaumanalyse** fertigen die Probanden eine grafische Darstellung von komplexen Zusammenhängen und Sachverhalten an. Diese Technik lässt sich sowohl in der Gruppe als auch bei Einzelpersonen anwenden. Die Problembaumanalyse ermöglicht es, theoretische Alternativen in verschiedenen Abstraktionsstufen visuell herauszuarbeiten. Der **Ablauf** umfasst fünf Stufen:

1. Dekompensation der Problemstruktur
2. Aufbau des Problembaums
3. Definition der relevanten Problempfade
4. Erstellen einer visuellen Übersicht über die Struktur
5. Dokumentation

Die Zerlegung der Realität in Einzelteile und Einzelfaktoren wird jedoch oftmals der **komplexen Wirklichkeit** nicht gerecht. Die Anzahl der Verzweigungen im Relevanzbaum ist ebenso wie die Auswahl und Klassifikation der Merkmale sehr subjektiv und beeinflusst das Ergebnis der Analyse.

Im Vergleich zur ähnlichen Problembaumanalyse konzentrieren sich die Probanden hier auf die analytische und systematische Strukturierung zur Bestimmung der Relevanz eines Beitrages für das Gesamtziel. Die **Relevanzbaumanalyse** ermöglicht die Identifizierung von verschiedenen Aspekten eines Problems oder einer Aufgabe und trägt dadurch zum besseren Verständnis bei. Sie ist damit besonders für Probleme mit großer Komplexität geeignet.

Beim **Ursache-Wirkungs-Diagramm** zerlegen die Anwender die möglichen Ursachen, die eine bestimmte Wirkung auslösen, in Haupt- und Nebenursachen. Durch die grafische Strukturierung der Ursachen gelingt eine übersichtliche Gesamtbetrachtung des Problems.

Folgende **Vorgehensweise** hat sich beim Ursache-Wirkungs-Diagramm bewährt:

1. Ursache-Wirkungs-Diagramm zeichnen und die Haupteinflussgrößen eintragen
2. Haupt- und Nebenursachen erarbeiten
3. Vollständigkeit überprüfen
4. Auswahl der wahrscheinlichen Aussagen
5. Überprüfung der wahrscheinlichsten Ursache auf Richtigkeit

Bei komplexen Problemstellungen wird das Ursache-Wirkungs-Diagramm jedoch **schnell unübersichtlich** und **sehr umfangreich**. Zudem sind keine vernetzten Ursache-Wirkungs-Zusammenhänge darstellbar und Wechselwirkungen sowie zeitliche Abhängigkeiten werden nicht erfasst.

Die **Osborne Checkliste** ist eine geeignete Kreativitätstechnik, wenn bereits Ideen vorliegen und weiter bearbeitet werden sollen. Sie gibt Anhaltspunkte, an welchen Stellen etwas verändert werden kann, um zu einer kreativen Idee zu kommen.

Die Osborne Checkliste umfasst **zehn Punkte**:

1. Anders Verwenden (an anderer Stelle, zu anderem Zweck)
2. Anpassen (Ähnliches, Parallelen zu anderen suchen)
3. Ändern (Form, Bedeutung, Farbe, Größe, Klang)
4. Vergrößern (größer, höher, länger, häufiger)
5. Verkleinern (kürzen, leichter, tiefer, aufspalten)
6. Ersetzen (austauschen – fremde Elemente hinzufügen)
7. Umstellen (Reihenfolge ändern, Ursache und Wirkung umdrehen)
8. Umkehren (Gegenteil, Spiegelbild der Idee)
9. Kombinieren (mit anderen Ideen verbinden, zerlegen)
10. Transformieren (Konsistenz ändern, ausdehnen)

Die **ABC-Liste** ist eine Technik, bei der die Probanden strukturiert von A bis Z nach Begriffen und Eigenschaften suchen, die in Verbindung mit der betrachteten Problemstellung stehen. Bei der ABC-Liste teilt der Moderator Blätter, die jeweils mit den Buchstaben von A bis Z gekennzeichnet sind, an die Teilnehmer aus oder bringt sie an einer Wand an. Jeder Teilnehmer schreibt dann einen oder mehrere Begriffe pro Blatt auf, die jeweils mit dem Buchstaben beginnen und eine Lösung des Problems oder neue Ideen sind. Danach wird gewechselt bzw. das Blatt weitergegeben. Alternativ kann die gesamte Gruppe das Alphabet auch nacheinander abarbeiten.

Bei der Methode der **War-Games** geht es darum, konkurrierende Produkte oder Marken vielseitig und kritisch miteinander zu vergleichen, zu bewerten und zueinander ins Verhältnis setzten. Bei Produkten kann dies aufgrund ihrer Produkteigenschaften oder Nutzenstiftung, bei Marken beispielsweise hinsichtlich der gewählten Kommunikationsstrategie geschehen. Dadurch lassen sich detaillierte Unterschiede identifizieren, die Aufschluss über neue Produktideen geben können.

Brainstorming ist die am häufigsten angewendete kreative Methode zur Unterstützung der Ideenfindung. Sie wurde bereits in den späten 30er Jahren von *Alex Osborne* entwickelt. Durch das Brainstorming lässt sich das Wissen mehrerer Personen zur Lösung eines Problems nutzen. Denkpsychologische Blockaden werden ausgeschaltet und durch die Ausgrenzung restriktiver Äußerungen die Lösungsvielfalt erweitert. Unnötige Diskussionen werden während des Brainstormings völlig ausgeschaltet, das Kommunikationsverhalten der Beteiligten wird dadurch gestrafft und „demokratisiert".

Brainstorming ist besonders zur Lösung von **weniger komplexen** und **klar definierten Problemstellungen** geeignet. Wesentliche Vorteile liegen in der Nutzung der Kreativität vieler Beteiligter und dem Sammeln einer großen Zahl von Vorschlägen innerhalb kurzer Zeit. Dabei ist die Technik selbst leicht erlernbar und verursacht nur geringe Kosten.

Beim Brainstorming sollten die Teilnehmer auf jegliche Kritik oder Wertung der eigenen oder fremden Ideen verzichten, ein **freier Lauf der Assoziationen** und ungehemmtes Äußern von Gedanken, auch außergewöhnlicher, scheinbar nicht realisierbarer Einfälle, ist gerade das Ziel dieser Methode. Dabei geht Quantität vor Qualität. Je größer die Ideenmenge, desto höher die Wahrscheinlichkeit, dass sich unter ihnen die optimale Idee befindet. Das Aufgreifen und Weiterentwickeln von Ideen anderer, also die Nutzung von Synergie-Effekten, sowie die Visualisierung aller Vorschläge, z. B. mit Moderationskarten auf der Pinnwand, haben sich dabei bewährt.

Die ideale **Gruppengröße** beim Brainstorming beträgt zwischen fünf und sieben Teilnehmern. Bei zu kleinen Gruppen ist oft das assoziative Potenzial zu gering für einen ausreichenden Ideenfluss. Bei zu großen Gruppen muss mit kommunikativen Störungen gerechnet werden. Gruppen sollten im Hinblick auf das Problem interdisziplinär besetzt werden, auch eine Mischung aus Fachleuten und Laien ist denkbar. Hierarchische Unterschiede zwischen den Teilnehmern können zu spürbaren Hemmungen führen. Ein Brainstorming dauert in der Regel zwischen 20 bis 40 Minuten.

Viele Abwandlungen und Formen des Brainstormings haben sich im Laufe der Zeit gebildet. Eine Methode des Brainwritings ist die **635 Methode**. Die Grundidee lässt sich leicht beschreiben: 6 Teilnehmer, je 3 Ideen und je 5 Minuten Zeit. Jeder der sechs Probanden schreibt drei Ideen auf ein Blatt. Nach fünf Minuten werden die Blätter an ein anderes Teammitglied weitergegeben. Die vorhandenen Ideen werden so weiterentwickelt, dass drei neue Ideen entstehen. Das Blatt wird alle fünf Minuten weitergereicht, bis jeder sechsmal drei Vorschläge entwickelt hat

Beim **negativen Brainstorming** sammeln die Teilnehmer nicht die Ideen, die ein Problem lösen, sondern die Ideen, die ein Problem noch weiter verschlimmern. Neue Problemfelder können dadurch verdeutlicht werden. Die Gruppe analysiert dabei das Problem von der Worst-Case-Sichtweise aus und versucht die Schwachpunkte zu finden.

Die **Galerietechnik** bzw. das Brainwalking ist eine Weiterführung des Brainwritings, bei dem die Teilnehmer ihre Ideen auf an verschiedenen Stellen im Raum oder Gebäude aufgehängte Flipchart-Blätter schreiben. Dadurch lassen sich die Vorteile des Brainwritings (ungestörte Assoziationsmöglichkeiten, keine Bewertung durch Kollegen) übernehmen und dessen Nachteile (statisch, etwas komplizierte Nachbearbeitung) vermeiden.

Beim **Collective Notebook** werden die Teilnehmer gebeten, ihre Ideen und Gedanken zu einem Problem in einem Zeitraum von 2 bis 4 Wochen auf einem Notizblock schriftlich festzuhalten. Die Teilnehmer sollten den Notizblock nach Möglichkeit immer bei sich tragen, um auch spontan aufkommende Einfälle festhalten zu können. Diese Technik ist auch als Ergänzung zu anderen Kreativitätstechniken geeignet, um zusätzliche Ideen, die häufig durch die Entspannung nach einer Kreativitätssitzung als Geistesblitz entstehen, zu sammeln.

Imaginationstechniken dienen dazu, ein Problem aus unterschiedlichen Perspektiven zu beleuchten. Durch die Projektion auf bestimmte Rollen und Standpunkte, bewahren die Teilnehmer den nötigen Abstand zur üblichen Problemlösung und erweitern somit den Ideenradius um ein Vielfaches.

Besonders geeignet ist dieses Verfahren zur **Bewertung und Optimierung bereits erarbeiteter Lösungsansätze** und zur Erweiterung der Lösungsvielfalt durch unterschiedliche Blickwinkel. Die Wahrung einer gewissen Distanz zur Problemstellung ist dabei der größte Vorteil dieser Techniken.

Das **Laterale Denken** verlangt von den Teilnehmern in Bezug auf ein beliebiges Thema systematisch verschiedene Denk- und Wahrnehmungsperspektiven einzunehmen. Es wird zugelassen, dass vorliegende Informationen subjektiv bewertet und selektiv verwendet werden und Details somit nicht analytisch, sondern intuitiv erfasst werden. Gedankliche Sprünge und Assoziationen werden zugelassen, nicht jedes Zwischenergebnis muss richtig sein.

Je nach Problemstellung führt dies nicht zwangsläufig zu einer praktisch umsetzbaren Lösung, kann aber **neue Sichtweisen** eröffnen und hochinnovative Lösungen ermöglichen.

Im Rahmen von Gruppendiskussionen kann die Technik der **6 Denkhüte** von De Bono zum Einsatz kommen. Grundidee dieses Verfahrens ist es, die Teilnehmer durch verschiedenfarbige Hüte repräsentierte Rollen einnehmen zu lassen. Jeder Hut entspricht dabei einer Denkweise oder einem Blickwinkel, wodurch ein effizienter Diskurs über ein Thema erreicht werden kann.

Jeder „Hut" hat eine Bedeutung, und wer immer ihn trägt, muss versuchen, in seinem Beitrag bzw. mit seiner Idee von dieser Bedeutung auszugehen. Da gegen das Aufziehen von Hüten gelegentlich Vorbehalte bestehen, können auch Armbinden, Karten, kleine Tisch-Fahnen oder andere Symbole die Hüte ersetzen. Jeder Teilnehmer sollte während der kompletten Diskussionsrunde mindestens einmal eine der sechs **Denkhaltungen einnehmen**, um zu gewährleisten, dass das Problem von allen Seiten beleuchtet wird. Je nach Aufgabenstellung und Größe der Gruppe beträgt die Dauer der Diskussion zwischen 20 Minuten und 2 Stunden.

In der Analyse nach De Bono sind den einzelnen Hüten folgende **Sichtweisen** zugeordnet, die jedoch auch individuell angepasst werden können:

- Weißer Hut – objektives analytisches Denken, Konzentration auf Tatsachen
- Roter Hut – emotionales Denken, Konzentration auf Gefühle und Meinungen
- Schwarzer Hut – kritisches Denken, Risikobetrachtung, Skepsis, Kritik, Ängste
- Gelber Hut – optimistisches Denken, Was ist das Best-Case-Szenario
- Grüner Hut – kreatives assoziatives Denken, neue Ideen, Kreativität
- Blauer Hut – ordnendes moderierendes Denken, Überblick über die Prozesse

Die **Walt Disneys Denkstühle** funktionieren identisch wie die 6 Denkhüte von *de Bono*, hier kommen jedoch drei Denkstühle mit folgender Ausrichtung zum Einsatz:

- Stuhl des Träumers
  Der Träumer ist subjektiv orientiert und enthusiastisch, enthält sich aber eines praktischen Urteils zu einer Idee oder Analyse.
- Stuhl des Realisten
  Der Realist nimmt einen pragmatisch-praktischen Standpunkt ein, entwickelt Aktivitätenpläne und untersucht die notwendigen Arbeitsschritte, -mechanismen und Voraussetzungen.

- Stuhl des Kritikers
  Der Kritiker fordert heraus und prüft die Vorgaben der anderen. Ziel ist konstruktive und positive Kritik, die mögliche Fehlerquellen identifizieren hilft.

Projektive Verfahren sind eine indirekte Befragungsart, die Hemmungen und Antwortschranken der Konsumenten überwinden und tiefer liegende und unbewusste Motive des Verbraucherverhaltens ermitteln soll. Besonders beliebt sind sie im Rahmen von qualitativen Methoden zur Ermittlung von Motiven und Wünschen. Sie machen sich den tiefenpsychologischen Mechanismus der Projektion (Übertragung) zunutze, indem sie der Gesprächsperson „Projektionshilfen" geben und umgehen so die rationale Zensur der Antworten. Sie liefern Einblicke in die wirklichen und zentralen Wünsche, Einstellungen, Erwartungen, Motivationen und Bedürfnisse der Personen.

Projektive Fragen zeichnen sich durch **indirekte Fragestellungen** aus, bei denen der Interviewer nach dem Verhalten oder den Einstellungen und Wünschen dritter Personen fragt. Der Befragte soll sich in die Situation der dritten Person versetzen und aus dessen Sichtweise antworten. Dadurch gelingt ein Rückschluss auf die wahren und unbewussten Einstellungen der befragten Person. Vor allem bei der Gefahr durch Verzerrung durch sozial erwünschte Antworten, sind projektive Fragen hilfreich.

Statt der direkten Frage: „Warum fahren Sie einen *Porsche*?", lautet die **projektive Frage**: „Aus welchen Gründen, glauben Sie, fährt Ihr Nachbar einen *Porsche*?" oder statt: „Aus welchen Gründen haben Sie angefangen zu rauchen?" könnte man fragen: „Aus welchen Gründen fangen ihrer Meinung nach Jugendliche an zu rauchen?"

Teilnehmern werden bei der **Einkaufslisten-Technik** Listen mit verschiedenen Produkten, die sich bis auf das entscheidende Produkt nicht unterscheiden, vorgelegt. Sie sollen die vermutlich zu dieser Liste gehörende Person charakterisieren. Dadurch ist ein Rückschluss auf das Produkt möglich.

Die Gesprächspersonen können beispielsweise in zwei Gruppen aufgeteilt werden. Eine Gruppe erhält Einkaufsliste A, die andere Liste B mit der Bitte, die Person, von der diese Einkaufsliste stammt, zu beschreiben. An der Liste wird eine Position variiert (z. B. ein Produkt oder ein Markenname), sodass man die Unterschiede in den **Personenbeschreibungen** auf die unterschiedliche Bewertung des Produkts und seiner typischen Verwender zurückführen kann.

Bei der **Synektik** soll durch Analogien ein Abstand zum Problem erlangt werden, der es erlaubt, die emotionale Kreativität zu fördern. Problemfremde Strukturen lassen sich übertragen und sachlich nicht zusammenhängende Wissenselemente lassen sich zu neuen Lösungen kombinieren.

Die Synektik setzt sich aus folgenden **Schritten** zusammen:

1. Problemanalyse und -definition
2. Spontane Lösungen
3. Neu-Formulierung des Problems
4. Bildung direkter Analogien, z. B. aus der Natur

5. Persönliche Analogien, Identifikationen
6. Symbolische Analogien
7. Direkte Analogien, z. B. aus der Technik
8. Analyse der direkten Analogien
9. Übertragung auf das Problem
10. Entwicklung von Lösungsansätzen

Der Verfahrensablauf bei der Synektik ist durch die vielen Schritte recht kompliziert. Manchen Teilnehmern fällt das **heuristische Prinzip** der Strukturübertragung bzw. -kombination schwer, sie müssen dies erst lernen. Qualifizierte Moderatoren helfen, Hemmungen zu überwinden.

Bei dieser vereinfachten und weniger abstrakten **Abwandlung der klassischen Synektik** setzen sich die Teilnehmer mit Dingen und Ereignissen des Umfeldes (den Reizwörtern) bewusst und aufmerksam auseinander, um in diesen etwas zu entdecken (ein Prinzip, einen Ablauf, ein Gestaltelement), das eine Idee anstößt .

Die Reizwortanalyse folgt der folgenden **Vorgehensweise**:

1. Sorgfältige Analyse und Definition des gestellten Problems
2. „Abladen" aller spontan verfügbaren Ideen (Kurzbrainstorming)
3. Zufällige Sammlung von fünf bis sieben Reizwörtern
4. Analyse des ersten Reizwortes (Zufallsobjektes) und Auflistung der dort gefundenen Eigenschaften, Funktionen, Abläufe, Formen, Gestalten, Anordnungen und Handhabungen
5. Rückkopplung der Reizwortelemente zum gestellten Problem
6. Wiederholung der Schritte 4 und 5 für alle Reizwörter

Bei den im Rahmen der Produktinnovation eher technischen bzw. körperlich-gestalthaften Problemen sollten die Reizobjekte möglichst gegenständlicher (einschließlich der gesamten Natur und ihrer Lebewesen) Art sein.

Die Idee der **Bionik** besteht in der Entdeckung von Analogien aus der Natur bei technischen Problemen und der Übertragung der natürlichen Prinzipien in die Produktentwicklung. Bionik analysiert zunächst vorhandene natürliche Lösungen und bereitet die gefundenen Prinzipien auf, um sie in abstrahierter Form der Technik zugänglich zu machen.

Eine der bekanntesten **Übertragung von Naturprinzipien** ist das Prinzip der schmutz- und wasserabweisenden Oberflächenbeschaffenheit der Lotus-Blume. Die Oberflächenstruktur kommt heutzutage vielerorts zum Einsatz.

Eine systematische **Vorgehensweise** führt zu größeren Erfolgen:

1. Definition des Problems
2. Analogiesuche in der Natur
3. Adaption und Umsetzung
4. Korrektur und Weiterführung

Bionik stellt jedoch keine Blaupausen für die Technik bereit, sondern lebt vom **Austausch von Experten** aus verschiedenen Fachrichtungen.

5.3 Ideen bewerten

5.3.1 Eine Auswahl ohne Fehler

Das Ziel der Ideengenerierung besteht in der Sammlung einer **möglichst großen Zahl an Ideen**, die zuerst weitestgehend unreflektiert festgehalten werden. Oftmals sind es gerade die Ideen, die auf den ersten Blick nicht besonders vielversprechend oder realisierbar erscheinen, die im weiteren Verlauf zu radikalen Neuerungen weiterentwickelt werden können. Diese sollten natürlich nicht einer vorschnellen Aussortierung zum Opfer fallen.

Nach Beendigung des Suchprozesses muss hingegen eine **Bewertung der generierten Lösungsvorschläge** erfolgen, da ein Hersteller aus der Vielzahl an Ideen nur einige wenige weiterverfolgen und meist nur ein oder zwei Varianten bis zur Marktreife treiben kann.

Bei der Bewertung und der anschließenden Auswahl von Neuproduktideen können die Hersteller zwei Fehler begehen, die beide einen großen Verlust für das Unternehmen bedeuten können. Der **erste Fehler** besteht darin, eine Idee auszuwählen und weiterzuentwickeln, die dann im weiteren Verlauf verworfen oder bei der Markteinführung zu einem Misserfolg wird. Die Kosten für eine fehlgeschlagene Produktentwicklung können in immense Höhen steigen und sogar das Fortbestehen ganzer Unternehmen gefährden. Sie folgen einem progressiven Verlauf, je weiter man die Entwicklung also treibt, desto schneller steigen die Kosten dafür an.

Der **zweite Fehler** zieht zwar keine direkten Kosten nach sich, kann aber einen ebenso fatalen Effekt für den Hersteller haben: eine Idee, die sich später zu einem Markterfolg entwickeln würde, wird vor der Markteinführung verworfen. Mögliche Gewinne gehen dem Anbieter verloren und neue kostspielige Entwicklungen werden notwendig.

Eine sorgfältige Evaluierung und **Auswahl der Innovationsvorschläge** besitzt demzufolge eine große Relevanz für die Hersteller. Die Auswahl erfolgt in zwei Stufen. Im ersten Schritt, dem Grob-Screening, wählt der Anbieter Ideen aus, die für eine weitere Untersuchung lohnenswert sind. Die Feinselektion, der zweite Schritt, beschreibt eine detaillierte Analyse der verbliebenen Alternativen und ermöglicht die endgültige Auswahl der Vorschläge.

5.3.2 Grob-Screening

Eine erste Verringerung der Anzahl an gesammelten Ideen übernimmt das **Grob-Screening**. Da die Menge der zu bewertenden Alternativen noch sehr groß ist, stehen hier Methoden im Blickpunkt, bei denen viele Ideen nach festem Muster bewertet werden können. Neben den Scoring-Modellen bieten dies auch Checklisten-Verfahren.

Tab. 5.6 Wichtige Bewertungskriterien

Marktbezogene Bewertungskriterien	Marktvolumen, Marktwachstum, Marktpotenzial, Markteintrittsbarrieren
Kundenbezogene Bewertungskriterien	Bedürfniserfüllung, Zahlungsbereitschaft, Ansprechbarkeit
Wirtschaftliche Bewertungskriterien	Umsatz, Deckungsbeitrag,
Technische Bewertungskriterien	Technische Umsetzbarkeit, Qualität, Funktionsumfang
Zeitliche Bewertungskriterien	Time-to-market, Produktlebenszyklus
Konkurrenzbezogene Bewertungskriterien	Anzahl der Wettbewerber, Verhalten der Wettbewerber, Preiskampf
Handelsbezogene Bewertungskriterien	Handelsmacht, Akzeptanz im Handel
Unternehmensbezogene Bewertungskriterien	Synergieeffekte, Fit mit Unternehmenszielen, Fit mit Unternehmensimage
Juristische Bewertungskriterien	Rechtliche Beschränkungen, vorhandene Patentrechte, eigener Patentschutz
Unweltbezogene Bewertungskriterien	Gesellschaftliche Bedenken, Umwelt-Bedenken

Um Lösungsvorschläge in eine Rangfolge zu bringen und dahingehend die geeigneten Ideen auszuwählen, erfolgt bei **Scoring-Modellen** für jede Alternative eine Bewertung anhand vorher definierter Kriterien. Unterschiedliche Gewichtungen der Prüfgrößen tragen der unterschiedlich großen Bedeutung der einzelnen Punkte Rechnung. Als Ergebnis erhält man Teilwerte sowie einen Gesamtwert, der die Eignung der betrachteten Idee zur Lösung des Problems beschreibt.

Eine Bewertung von Innovationsvorschlägen anhand von Scoring-Modellen gewährt eine **hohe Transparenz** der Entscheidungsfindung. Durch die große Zahl standardisierter oder individuell bestimmter Bewertungskriterien lässt sich eine gut abgesicherte und an den Besonderheiten des Herstellers und des Marktes orientierte Entscheidung treffen. Die subjektive Festlegung der Gewichtungsfaktoren und die subjektive Bewertung der einzelnen Ideen führen jedoch zu einer starken Beeinflussbarkeit der Ergebnisse. Um dem entgegen zu wirken, ist die Festlegung von Gewichtungen und Bewertungen durch mehrere Personen und nicht nur durch eine einzelne Person empfehlenswert.

Standardmäßig läuft die **Durchführung** einer Bewertung mittels des Scoring-Modells folgendermaßen ab:

1. Festlegung der Bewertungskriterien
   Ausschlaggebend für das spätere Ergebnis ist zunächst die **Definition von Bewertungskriterien**, die als relevant für die Eignung der untersuchten Idee zur Lösung des gegebenen Problems erachtet wird. Die Kriterien sollten erfolgsrelevant, umfassend und überschneidungsfrei sein. Zumeist empfiehlt sich eine Unterteilung in Teilbereiche. Eine Auflistung üblicherweise eingesetzter Bewertungskriterien ist Tab. 5.6 zu entnehmen.

2. Bestimmung von Gewichtungsfaktoren
   Unterschiedliche Prüfkriterien können eine unterschiedliche Bedeutung für die Eignung von Neuproduktideen haben. Um dieser Tatsache Rechnung zu tragen, müssen **Gewichtungsfaktoren für jedes Bewertungskriterium** festgelegt werden. Dies kann durch einen Experten bzw. eine Gruppe von Experten (z. B. Abteilungsvertreter) oder mittels einer multivariaten Auswertung einer Kundenbefragung erfolgen (z. B. in Form einer Regressionsanalyse).

3. Bewertung der Ideen
   Nacheinander **bewerten** die **Experten** jede einzelne Alternative anhand aller Bewertungskriterien und vergeben jeweils einen Wert, beispielsweise eine Eins für eine sehr schlechte Eignung und eine zehn für eine sehr gute Eignung.

4. Berechnung der Scoring-Werte
   Durch Multiplikation der Bewertungen mit den Gewichtungsfaktoren werden die Einzel-Scoring-Werte ermittelt. Durch Addition aller Einzel-Scoring-Werte eines Bereichs erhält man den Teil-Scoring-Wert dieses Bereichs. Die Summe aller Teil-Scoring-Werte determiniert den **Gesamt-Scoring-Wert** und damit die **Gesamteignung** der betrachteten Idee.

5. Auswahl der favorisierten Idee
   Die Auswahl einer oder mehrerer Alternativen kann anhand des Gesamt-Scoring-Werts erfolgen. Auch lassen sich **Grenzwerte** für Einzel- oder Teil-Scoring-Werte festlegen, die zur Eliminierung der Alternative bei Nichterfüllung führen.

Tabelle 5.7 zeigt einen Ausschnitt aus einem **beispielhaften Scoring-Modell**. Im vorliegenden Beispiel ergänzen sich die Gewichte genau zu hundert, die Bewertung reicht von eins (sehr schlecht) bis 10 (sehr gut). Maximal kann eine Produktidee also 1000 Punkte (10×100) erreichen. Hier hat Produktidee 2 sowohl in den beiden Teilbereichen (119 du 168) als auch in der Gesamtbetrachtung (837) die meisten Punkte und erscheint als die beste Lösung.

Checklisten-Modelle orientieren sich stark am Vorgehen der Scoring-Modelle. Auch hier werden Prüfkriterien aufgestellt, die die Eignung der Ideen zur Problemlösung beschreiben – sogenannte Checkpunkte. Statt einer Bewertung der Ideen auf einer Skala von eins bis zehn, gibt es hier nur die Möglichkeit der Erfüllung oder Nicht-Erfüllung der Anforderung. Seltener wird auch eine Teilerfüllung als dritte Kategorie implementiert. Im Gegensatz zu den Scoring-Modellen findet hier keine Gewichtung mittels Gewichtungsfaktoren statt. Als Folge der Modifikationen erhält man keinen Scoring-Wert.

Nach der Festlegung der Checkpunkte, die für eine Weiterverfolgung der Idee erfüllt sein müssen, können die einzelnen **Alternativen** anhand der generierten Checkliste **geprüft** werden. Nacheinander wird für jede Idee entschieden, ob sie die einzelnen Checkpunkte erfüllt. Diese lassen sich dann entsprechend „abhaken". Um eine Idee im Innovationsprozess zu belassen, muss sie alle Checkpunkte erfüllen. Alternativ können auch Muss-Bedingungen, die in jedem Fall erfüllt sein müssen, und Partialkriterien bestimmt werden, von denen beispielsweise maximal drei nicht erfüllt sein dürfen.

Tab. 5.7 Scoring von Produktideen

Bewertungs-kriterien	Gewich-tung	Produktideen					
		Idee 1		Idee 2		Idee 3	
		Bew.	Gew.	Bew.	Gew.	Bew.	Gew
Marktbezogene Kriterien	$\sum$15		$\sum$59		$\sum$119		$\sum$78
Marktvolumen	7	5	35	9	63	2	14
Marktwachstum	8	3	24	7	56	8	64
Kundenbezogene Kriterien	$\sum$20		$\sum$112		$\sum$168		$\sum$148
Bedürfniserfüllung	12	6	72	10	120	7	84
Zahlungsbereitschaft	8	5	40	6	48	8	64
…	…		…		…		…
Gesamtbewertung	100		342		837		592

Checklisten sind **einfacher und schneller** durchzuführen als Scoring-Modelle. Dabei gewährleisten sie dennoch eine hohe Transparenz und Nachvollziehbarkeit der Entscheidungen. Die Entscheidungen sind jedoch **nicht so fundiert** wie die aufwendigeren Scoring-Ansätze.

5.3.3   Fein-Selektion

Das Grob-Screening führt meist zu einer **kleinen Zahl an Ideen**, die weiterverfolgt werden sollen. So könnten die fünf oder zehn Ideen mit den besten Scoring-Werten ausgesucht werden oder alle Ideen, die maximal einen Punkt auf der Checkliste nicht erfüllen.

Die Zahl der ausgewählten Alternativen muss dann ab einem gewissen Punkt im Innovationsprozess noch weiter verringert werden. Dazu eignen sich die Verfahren der **Fein-Selektion** wie Nutzenwertanalyse oder Risikoanalyse. Diese sind aufwendiger als die Grob-Screening-Verfahren, bieten aber eine genauere und tiefergehende Bewertung.

Bei der **Nutzenwertanalyse** geht man davon aus, dass jedes Teil und jede Funktion eines Produktes einen Nutzenwert stiftet, die Teilnutzen ergeben dann den Gesamtnutzen. Aus der Bestimmung der Nutzenbeiträge der einzelnen Teilfunktionen lassen sich wertvolle Erkenntnisse für den Produktentwicklungsprozess sowie die Eignung und die Kosten von Ideen ableiten.

Folgende Vorgehensweise ist ratsam:

1. Zerlegung einer Produktidee in Teilfunktionen bzw. Produktbestandteile
2. Bestimmung der Nutzenbeiträge der Teilfunktionen
3. Bestimmung der Kosten der Teilfunktionen
4. Gesamtbetrachtung von Qualität und Kosten der Produktidee
5. Ableitung von Verbesserungsvorschlägen

Die **Risikoanalyse** dient der Abschätzung von Risikopotenzialen verschiedener Produktideen. Besonders bei schwer einschätzbaren Umweltbedingungen kann sie helfen, das Risiko von Alternativen besser bewerten. Die Abschätzung des Risikos von Produktideen stellt eine wertvolle Zusatzinformation bei der Fein-Selektion von Lösungsvorschlägen dar.

Der Erfolg eines Produktes wird von vielen Einflussfaktoren bestimmt. Die Schätzung der Eintrittswahrscheinlichkeiten dieser Einflussfaktoren ist der erste Schritt bei der Risikoanalyse. Nachfolgend lässt sich durch die Kombination der Eintrittswahrscheinlichkeiten ein Risikoprofil für jede Alternative ableiten. Aus den generierten Profilen kann das **Gesamtrisiko der Ideen** bestimmt werden.

Literatur

Brockhoff, K. (1997): Wenn der Kunde stört – Differenzierungsnotwendigkeiten bei der Einbeziehung von Kunden in die Produktentwicklung. In Bruhn, M., Steffenhagen, H. (Hrsg.): *Marktorientierte Unternehmensführung – Reflexion, Denkanstöße, Perspektiven* (S. 351–370), Wiesbaden: Gabler.

Brockhoff, K. (2001): Produktinnovation. In Albers, S./Herrmann, A. (Hrsg.): *Handbuch Produktmanagement* (S. 26–54), Wiesbaden: Gabler.

Franke, N./Keinz, P./Schreier, M. (2008): Complementing Mass Customization Toolkits with User Communities: How Peer Input Improves Customer Self-Design, *Journal of Product Innovation Management* 25 (6), 546–559.

Franke, N./Schreier, M./Kaiser, U. (2010): The "I Designed It Myself" Effect in Mass Customization, *Management Science* 56 (1), 125–140.

Geschka, H. (1986): Kreativitätstechniken, in: Staudt, E. (Hrsg.): *Das Management von Innovationen* (S. 147–160), Frankfurt a. M.: Frankfurter Allgemeine Zeitung.

Hennig-Thurau, T. (2004): Planungs- und Entwicklungsprozess von Markenartikeln. In Bruhn, M. (Hrsg.): *Handbuch Markenführung. Kompendium zum erfolgreichen Markenmanagement* (S. 699–722), 2. Aufl., Wiesbaden: Gabler.

Herstatt, C./Lüthje, C. (2005): Quellen für Neuproduktideen, in: Albers, S./Gassmann, O. (Hrsg.): *Handbuch Technologie- und Innovationsmanagement* (S. 265–284), Wiesbaden: Gabler.

Herrmann, A./Tomczak, T./Heitmann, M./Brandenberg, A. (2007): Automobilwahl online – Gestaltung des Car-Konfigurators unter Berücksichtigung des individuellen Entscheidungsverhaltens, *Zeitschrift für betriebswirtschaftliche Forschung* 59, 390–412.

Hildebrand, C./Häubl, G./Herrmann, A./Landwehr, J. (2013): When Social Media Can Be Bad For You: Community Feedback Stifles Consumer Creativity and Reduces Satisfaction with Self-Designed Products, *Information Systems Research* 24 (1), 14–29.

Kepper, G. (2000): Methoden der qualitativen Marktforschung, in: Herrmann, A./Homburg, C. (Hrsg.): *Marktforschung*, (S. 159–202), Wiesbaden: Gabler.

Kunz, W. H./Mangold, M. (2004): Segmentierungsmodell für die Kundenintegration in Dienstleistungsprozesse. Eine Anreiz-Beitragstheoretische Analyse. In Bruhn, M./Stauss, B. (Hrsg.): *Dienstleistungsinnovationen. Forum Dienstleistungsmanagement* (S. 327–355), Wiesbaden: Gabler.

Moreau, P. C./Herd, K. B. (2010): To Each His Own? How Comparisons with Others Influence Consumers' Evaluations of Their Self-Designed Products, *Journal of Consumer Research* 36 (5), 806–819.

Reichwald, R./Meyer, A./Engelmann, M./Walcher, D. (2007): *Der Kunde als Innovationspartner. Konsumenten integrieren, Flop-Raten reduzieren, Angebote verbessern*, Wiesbaden: Gabler.

Rogers, E. M. (1983): *Diffusion of Innovations*, 3. Aufl., New York/London: Free Press.

Thomke, S./von Hippel, E. (2002): Customers as Innovators: A New Way to Create Value, *Harvard Business Review* 80 (4), 74–81.

von Hippel, E. (1978): Successful industrial products from customer ideas: presentation of a new customer-active paradigm with evidence and implications, *Journal of Marketing* 42 (1), 39–49.

von Hippel, E. (1985): Lead Users: A Source of Novel Product Concepts, *Management Science* 32 (7), 791–805.

von Hippel, E. (1988): Lead User Analyses for the Development of New Industrial Products, *Management Science* 34 (5), 569–582.

von Hippel, E. (2001): Perspective: User Toolkits for Innovation, *Journal of Product Innovation Management* 18 (4), 247–257.

von Hippel, E./Katz, R. (2002): Shifting Innovation to Users via Toolkits, *Management Science* 48 (7), 821–834.

Produktanforderungen ermitteln, strukturieren und gewichten   6

6.1 Von der Idee zum Produkt

Aus der Vielzahl der generierten Produktideen kristallisiert sich nach und nach eine Idee heraus, die das Unternehmen weiterverfolgen und bis zur Marktreife führen will. Der nächste Schritt in der Entwicklung des Neuproduktes ist eine möglichst verlässliche **Ermittlung der Produktanforderungen** der Konsumenten sowie die Strukturierung und Gewichtung der Anforderungen.

Ein Anbieter zielt immer darauf ab, seine Leistung so zu gestalten, dass sie den **Wünschen und Vorstellungen der tatsächlichen und potentiellen Nachfrager** entspricht. Dieses Anliegen konkretisiert sich in dem produktpolitischen Hauptziel, ein bedürfnisgerechtes beziehungsweise zwecktaugliches Produkt am Markt zu offerieren. So verstanden, sichert die Qualität (Zwecktauglichkeit, Bedürfnisgerechtigkeit) eines Produkts den Umsatz und Gewinn des Anbieters.

Dies gelingt nur, wenn der Hersteller systematisch die Produktanforderungen aus der Sicht der Kunden ermittelt. Eine **Bewertung der identifizierten Kundenwünsche** zeigt auf, welche Anforderungen in welchem Umfang umgesetzt werden sollten und welche nicht von vordergründiger Bedeutung sind. Dabei ist eine simple direkte Befragung der Verbraucher nach ihren Präferenzen oft nicht die beste Methode. Oftmals werden bestimmte Attribute bei der direkten Abfrage verzerrt und ihre Wichtigkeit falsch dargestellt. So geben viele Kunden auf Anfrage den Preis als ausschlaggebendes Kriterium bei einer Wahl eines bestimmten Produktes an, obwohl in der realen Kaufsituation andere Produkteigenschaften eine viel größere Kaufrelevanz besitzen. Der Preis wird dann systematisch in seiner Wichtigkeit überschätzt. Geeignete Methoden, die eine eher indirekte Abfrage der Wichtigkeiten vornehmen, wie beispielsweise die Conjoint Analyse, umgehen dieses Problem weitestgehend. Ihre Ergebnisse sind dadurch wesentlich valider und Entscheidungen, die darauf gestützt werden, können mit einer größeren Sicherheit getroffen werden.

A. Herrmann und F. Huber, *Produktmanagement*, DOI 10.1007/978-3-658-00004-2_6,
© Springer Fachmedien Wiesbaden 2013

Wichtig im Rahmen der Ermittlung der Produktanforderungen ist eine abschließende **Dokumentation der Anforderungen**, nur so können beispielsweise die Entwicklungsingenieure des Herstellers diese erfolgreich in dem neuen Produkt umsetzen.

6.2 Produktanforderungen ermitteln, strukturieren und gewichten

6.2.1 Kano-Methode

Ein in Wissenschaft und Praxis gleichermaßen diskutierter Ansatz zur Ermittlung und Strukturierung von Anforderungen geht auf Kano (1984) zurück. Kano unterscheidet in seinem Modell **drei Arten von Produktanforderungen**, deren Erfüllung einen unterschiedlichen Einfluss auf die Kundenzufriedenheit besitzt.

- Basisanforderungen
  Basisanforderungen (must be) verkörpern Musskriterien, die ein Gut unbedingt befriedigen sollte. Die Nicht-Erfüllung dieser Ansprüche bewirkt eine große Unzufriedenheit, wohingegen die Erfüllung dieser Erwartungen nicht zur Steigerung der Kundenzufriedenheit führt, also lediglich zu einer Nicht-Unzufriedenheit führt. Die Kunden setzen häufig unbewusst voraus, dass das Erzeugnis den Basisanforderungen gerecht wird. Durch neue Technologien kann es Unternehmen gelingen, die Basisanforderungen in einer Branche auf eine neue Stufe zu stellen, sodass alle Wettbewerber, die noch die alte Technologie offerieren, erhebliche Nachteile im Kampf um Umsatz- und Absatzanteile erleiden.
- Leistungsanforderungen
  Je höher das Ausmaß der Leistungserfüllung bei **Leistungsanforderungen** (one dimensional) erscheint, desto zufriedener ist der Kunde und umgekehrt. Solche Ansprüche werden in aller Regel vom Kunden ausdrücklich verlangt und dem Anbieter vorgetragen.
- Begeisterungsanforderungen
  Zu den **Begeisterungsanforderungen** (attractive) gehören jene Kriterien, die einen besonders großen Effekt auf die Zufriedenheit ausüben. Diese Wünsche werden vom Kunden im Allgemeinen nicht explizit formuliert und auch nicht erwartet. Die Erfüllung solcher Erwartungen erhöht die Zufriedenheit ganz erheblich, während bei einer Nicht-Erfüllung kein Gefühl der Unzufriedenheit aufkommt.

Diese Klassifikation der Kundenanforderungen liefert bedeutsame **Hinweise für die Produktgestaltung**. Aus der Unterteilung in Basis-, Leistungs- und Begeisterungsanforderungen resultieren Prioritäten für die Produktentwicklung. Es ergibt keinen Sinn, in die Erfüllung von Basisanforderungen zu investieren, sofern diese bereits zufriedenstellend erfüllt sind. Vielmehr ist in diesem Fall das Augenmerk auf die Leistungs- und Begeisterungsansprüche zu richten, da von diesen ein beachtlicher Effekt auf die Zufriedenheit ausgeht.

Das Kano-Modell vermittelt zudem wertvolle Hilfestellung zur Lösung von **trade offs in der Produktkonzeption** (Matzler et al. 2006). Lassen sich zwei Produktanforderungen aus technischen oder Kostengründen nicht gleichzeitig erfüllen, ist jener Anspruch zu berücksichtigen, der den größten Einfluss auf die Kundenzufriedenheit aufweist. Weiterhin bietet die gezielte Erfüllung von Begeisterungsanforderungen vielfältige Möglichkeiten zur Differenzierung eines Guts und damit zur Steigerung der Erfolgsaussichten am Markt. Genügt ein Erzeugnis lediglich den Basis- und Leistungsanforderungen, erscheint es in den Augen der Kunden als durchschnittlich und austauschbar.

Es bietet sich an, die **Vorgehensweise zum Einsatz der Kano-Methode** in vier Schritte zu unterteilen: Identifikation von Produktanforderungen, Konstruktion eines Fragebogens, Durchführung der Interviews sowie Auswertung und Interpretation.

1. Identifikation von Produktanforderungen

   In der Regel reichen 20 bis 30 **qualitative Interviews** mit Kunden aus, um etwa 90 bis 95 % der segmentspezifischen Produktanforderungen offenzulegen. Hierzu kommt insbesondere die Befragung von Fokusgruppen in Betracht, da sich durch gruppendynamische Prozesse wesentlich mehr und deutlich differenzierte Nachfragerbedürfnisse entdecken lassen.

2. Konstruktion eines Fragebogens

   Der Marktforscher formuliert für jede der zuvor identifizierten Produkteigenschaften **zwei Fragen mit jeweils fünf Antwortmöglichkeiten**. Die erste Frage besteht aus einer funktionalen Form, das heißt, das Merkmal ist vorhanden. Da die zweite Frage eine dysfunktionale Form aufweist, ist das interessierende Attribut nicht vorhanden. Das folgende Beispiel einer Digitalkamera verdeutlicht diese Befragungstechnik:

   Funktionale Form der Frage: Wenn die Digitalkamera über einen Bildstabilisator verfügt, wie denken Sie darüber?

   (1) Das würde mich freuen.

   (2) Das setze ich voraus.

   (3) Das ist mir egal.

   (4) Das könnte ich eventuell in Kauf nehmen.

   (5) Das würde mich sehr stören.

   Dysfunktionale Form der Frage: Wenn die Digitalkamera nicht über einen Bildstabilisator verfügt, wie denken Sie darüber?

   (1) Das würde mich freuen.

   (2) Das setze ich voraus.

   (3) Das ist mir egal.

   (4) Das könnte ich eventuell in Kauf nehmen.

   (5) Das würde mich sehr stören.

   Der Proband beantwortet zu jeder Produkteigenschaft beide Fragen. Antwortet er zum Beispiel auf die funktionale Frage *Das würde mich sehr freuen* und auf die dysfunktio-

Tab. 6.1 Kano-Matrix (Quelle: *Bailom et al.* 1996, S. 121)

Funktionale Frage	Dysfunktionale Frage				
	Würde mich sehr freuen	Setze ich voraus	Das ist mir egal	Könnte ich in Kauf nehmen	Würde mich sehr stören
Würde mich sehr freuen	Q	A	A	A	O
Setze ich voraus	R	I	I	I	M
Das ist mir egal	R	I	I	I	M
Könnte ich in Kauf nehmen	R	I	I	I	M
Würde mich sehr stören	R	R	R	R	Q

A(ttractive) = Begeisterungsanforderung
M(ust be) = Basisanforderung
R(everse) = entgegengesetzt
O(ne dimensional) = Leistungsanforderung
Q(uestionable) = fragwürdig
I(ndifferent) = indifferent

nale Frage *Das ist mit egal*, ergibt sich aus der Kombination dieser Nennungen in der **Kano-Matrix** (Tab. 6.1) die Kategorie A (attractive). Hierbei handelt es sich offenbar um eine Begeisterungsanforderung, da die Existenz dieses Produktmerkmals die Zufriedenheit erheblich erhöht, wohingegen das Nicht-Vorhandensein des Attributs die Zufriedenheit nicht entscheidend vermindert.

3. Durchführung der Interviews
Zur Durchführung der Interviews erweist sich vor allem die **schriftliche Befragung** sowie das standardisierte, mündliche Interview als tauglich.

4. Auswertung und Interpretation
Für jede Eigenschaft lässt sich dann der Prozentsatz an Usern ermitteln, die die **Eigenschaft als Basis-, Leistungs- oder Begeisterungsanforderung** ansehen. Häufig verkörpern die Nachfrager keine homogene Einheit, sondern unterscheiden sich im Hinblick auf ihre Erwartungen an ein Produkt. So kann es sein, dass beispielsweise 55 Prozent eine Eigenschaft als Basisanforderung und 40 Prozent als Leistungsanforderung einstufen.

Zur **Interpretation** sollte ein Unternehmen bei Entscheidungen über die Produktentwicklung zunächst jene Eigenschaften berücksichtigen, die den größten Einfluss auf die wahrgenommene Produktqualität ausüben. Dieser Vorgehensweise liegt die Idee zugrunde, dass jene Anforderungen vornehmlich zu erfüllen sind, die bei Nicht-Erfüllung Unzufriedenheit erzeugen. Für die Beantwortung der Frage nach den zu erfüllenden Begeisterungsanforderungen ist deren relative Bedeutung für den Kunden ausschlaggebend. Erfüllen die Produkte eines Anbieters zwei oder drei sehr wichtige Begeisterungsanforderungen des Kunden, liegen leistungsstarke Erzeugnisse vor.

In den letzten Jahren hat sich eine **Vielzahl neuer Methoden** zur Bestimmung von Basis-, Leistungs- und Begeisterungsfaktoren entwickelt. Die von Kano vorgeschlagene Verwendung funktionaler und dysfunktionaler Fragen wurde beispielsweise durch die Critical-Incident-Methode, die Importance-Grid-Methode und die Penalty-Reward-Analyse ergänzt (Matzler und Bailom 2006).

Bei der schon seit längerem angewandten **Critical-Incident-Methode** erfolgt eine Auswertung kritischer Ereignisse. Dabei sind Schlüsselereignisse zu erfragen, die im Hinblick auf die Zufriedenheit eine besondere Relevanz besitzen. Die Kunden sind aufgefordert, sich an konkrete positive und negative Ereignisse zu erinnern und diese möglichst konkret wiederzugeben. Es wird angenommen, dass kritische Ereignisse zu Konsumentenereignissen gehören, die Kunden als außergewöhnlich positiv oder negativ im Gedächtnis behalten.

Nach der Erhebung durch mündliche Interviews folgt eine **inhaltsanalytische Aufarbeitung**. Es sind Hauptkategorien zu bilden, denen die einzelnen Ereignisse zuzuordnen sind. Wird ein Ereignis immer als ein negatives wahrgenommen, dann ist damit die grundlegende Erwartung an einen Dienstleister verletzt und entspricht einem Basisfaktor. In den positiven Ereignissen sollen sich Erlebnisse widerspiegeln, in denen Kunden über die Kernleistung hinaus etwas erhalten, was ihre Erwartungen übersteigt und damit den wahrgenommenen Wert der Kernleistung erhöht. Die Faktoren, die im positiven wie auch im negativen Sinne erwähnt werden, sind den Leistungsfaktoren zuzuordnen.

Der besondere **Vorteil der Critical-Incident-Methode** liegt darin, dass konkrete Ereignisse als Grundlage dienen, die eine besondere Relevanz für den Kunden haben und als Mindestleistung erwartet oder als Werterhöhungsleistung honoriert werden. Diese Methode ermöglicht kundenrelevante Themenbereiche zu identifizieren, die im Vorhinein nicht bekannt sind. Zudem vermeidet die offene Art der Fragestellung, das Antwortverhalten der Probanden zu beeinflussen.

Die **Nachteile** betreffen praktische Implikationen wie der hohe Erhebungs- und Auswertungsaufwand, gegebenenfalls mangelnde Repräsentativität der Ergebnisse sowie Klassifizierungsprobleme und die Problematik der Aggregation komplexer Ereignisschilderungen. Eine Variante der CIT ist die Lob- und Beschwerdeanalyse.

Die Grundidee der **Importance-Grid-Methode** besteht im Vergleich der direkt erfragten, expliziten Wichtigkeit einzelner Produktattribute im Vergleich zur indirekt errechneten, impliziten Wichtigkeit. Die Importance-Grid-Methode geht von der Annahme aus, dass sich die relative Wichtigkeit eines Attributes in Abhängigkeit davon unterscheidet, ob diese explizit oder implizit abgeleitet wird. Eine implizite Ableitung basiert beispielsweise auf der Attributkorrelation mit einem externen Kriterium wie Gesamtzufriedenheit (Tab. 6.2).

Die **Annahmen** stützen sich darauf, dass Konsumenten bei direkter Befragung über die Wichtigkeit von Attributen Basisfaktoren in der Regel als am Wichtigsten betrachten. Diese haben jedoch lediglich einen geringen oder keinen Einfluss, wenn deren Leistung erfüllt ist. Im umgekehrten Fall sind Begeisterungsfaktoren zunächst eher unwichtig. Wenn sie anzutreffen sind, steigern sie die Zufriedenheit in einem hohen Maße. Insgesamt reflektiert die selbst eingeschätzte Wichtigkeit nicht die relative Wichtigkeit von Attributen und in Folge

Tab. 6.2 Das Importance Grid

		Explizite Wichtigkeit	
		Niedrig	Hoch
Implizite Wichtigkeit	Hoch	(4) Begeisterungsfaktoren	(3) Leistungsfaktoren (wichtig)
	Niedrig	(2) Leistungsfaktoren (unwichtig)	(1) Basisfaktoren

ebenso wenig den Zufriedenheits-Wichtigkeits-Zusammenhang. Der Lösungsansatz liegt im Kombinieren von expliziter und impliziter abgeleiteter Attributwichtigkeit in einem zwei-dimensionalen Wichtigkeitsgitter. Die indirekten Wichtigkeiten sind mit verschiedenen Verfahren abzuleiten. Häufig werden die Einzelzufriedenheiten gegen ein Maß der Gesamtzufriedenheit multipel linear regressiert. Der Mittelwert der Wichtigkeitsgewichtung stellt die Trennlinie zwischen beiden Matrixhälften dar, woraus sich vier Quadranten ergeben.

Im **zweidimensionalen Wichtigkeitsgitter** sind im Quadranten (1) die Basisfaktoren versammelt. Die Kunden halten diese Eigenschaften für explizit wichtig, doch ihre implizite berechnete Wichtigkeit ist gering. Zudem besitzen die Leistungsfaktoren, die mit hoher expliziter und impliziter Wichtigkeit ausgezeichnet sind, eine höhere Bedeutung als Leistungsfaktoren im Quadranten (2). Oberhalb links im Important-Grid-Raster sind Attribute der Kategorie Begeisterungsfaktoren zu finden, wenn sie dort aufgrund der Koordinaten von expliziter und impliziter Wichtigkeit positioniert sind.

Die Ermittlung der **subjektiv wahrgenommenen Wichtigkeit** durch die direkte Befragung ist nicht unproblematisch. Mit steigender Anzahl von Attributen sind die Probanden schnell in ihrer Beurteilungsfähigkeit überfordert. Zudem ist nicht klar zu deuten, ob ein Kunde sein Wichtigkeitsurteil in Bezug auf das Vorhandensein oder nicht Vorhandensein eines Attributs gibt. Ein anderer Fall resultiert, wenn Wichtigkeit als wünschenswert und nicht als „essentiell" interpretiert wird. Basisfaktoren werden dann unwichtig und Begeisterungsfaktoren bestimmend, sodass explizit abgeleitete Wichtigkeiten eine potenzielle Quelle für Fehlinterpretationen darstellen.

Ein erhebliches **Defizit** stellt die Einteilung der Quadranten anhand von Mittelwerten auf Ordinate und Abszisse dar. Diese erfolgt willkürlich, sodass die Identifikation von Basis-, Leistungs- und Begeisterungsfaktoren stark von der Grenzziehung zwischen niedriger und hoher Wichtigkeit abhängt. Die Klassifikation hängt somit von der Anzahl und der relativen Wichtigkeit der Attribute ab, die die Befragung beinhaltet.

Die Idee der **Penalty-Reward-Analyse** besteht darin, zwischen attributspezifischer Nicht-Bestätigung und globaler Zufriedenheit empirische Beziehungen herzustellen und von der Art der Beziehung auf die Art des Merkmals zu folgern. In der einfachen Verfahrensvariante sind die Personen zunächst gemäß ihrer globalen Zufriedenheit in zufriedene Personen und in unzufriedene Personen aufzuteilen. Als nächster Schritt erfolgt die Untersuchung, wie viele der Personen attributspezifisch eine positive Nichtbestätigung, eine

Bestätigung oder eine negative Nichtbestätigung wahrnehmen, in die Gruppe der Zufriedenen bzw. der Unzufriedenen fallen.

Die „Penalty Reward Contrast Analysis" (PRC-Analyse) ist ein Spezialtyp der multiplen **Regressionsanalyse mit Einsatz von Dummyvariablen**. Ein Set davon dient zur Ermittlung der Reward-Faktoren, die den Begeisterungsfaktoren entsprechen, ein anderes zur Quantifizierung von Penalty-Faktoren bzw. Basisfaktoren. Bei der Auswertung der Befragungsergebnisse werden zwei Dummy-Variablen eingeführt, mit der Ausprägung null oder eins, um die Attributzufriedenheitsbewertungen umzukodieren. Für jede Markierung, die über bzw. unter dem Mittelwert der Skala liegt, ist das entsprechende Dummy-Set auf eins gesetzt, das andere auf null. Beurteilte der Befragte ein Merkmal negativ, so wird der Penalty Variablen der Wert eins zugewiesen. Die Reward-Variable bleibt hingegen auf dem Wert von null. Diese durch Umkodierung gewonnenen sogenannten Dummies von „Bonuspunkten" und „Strafpunkten" sind anschließend als unabhängige Größe in eine multiple Regressionsgleichung einzusetzen. Die Gesamtzufriedenheit stellt bei der Berechnung die abhängige Variable dar. Ist der Koeffizient der Dummy-Variablen, der für negative Zufriedenheitsbewertungen steht, deutlich größer als der der Positiven, deutet dies auf eine stärkere Gewichtung negativer Aspekte und somit auf einen Basisfaktor hin. Liegt ein umgekehrter Zusammenhang vor, ist von Begeisterungsanforderungen zu sprechen. Sind die Regressionskoeffizienten in etwa gleich groß, dann liegt ein Leistungsfaktor vor.

6.2.2 Conjoint Analyse

Die Conjoint Analyse (alternativ: Conjoint Measurement) gilt als ein in Wissenschaft und Praxis populäres **Verfahren zur Konzeption eines neuen Produkts** oder zur Differenzierung beziehungsweise Variation eines bereits existierenden Guts. Die Grundidee der Conjoint Analyse besteht darin, dass Versuchsteilnehmer verschiedene Leistungsbündel (z. B. komplett beschriebene Produkte) entsprechend ihrer Präferenzen in eine Rangfolge bringen (Helm und Steiner 2008). Von den als „Ganzes" bewerteten Leistungsbündeln wird auf die Präferenzwerte der Merkmale des Produktes und ihrer Ausprägungen geschlossen (Gustafsson et al. 2007).

Eine kaum mehr überschaubare Anzahl von **Anwendungen**, wie die Entwicklung von Reinigungsmitteln, die Modifikation von Gütern des Maschinen- und Anlagebaus, die Planung von Dienstleistungen einer Fluggesellschaft, die Gestaltung von Tarifverträgen, die Spezifikation eines Girokontos sowie die Positionierung von Feinkosterzeugnissen signalisieren die Leistungsfähigkeit dieser Methode.

Die Conjoint Analyse umfasst eine Reihe von psychometrischen Ansätzen, deren Anliegen darin besteht, aus empirisch erhobenen globalen Urteilen über multiattributive Produkte (z. B. Fruchtsäfte) die **partiellen Beiträge einzelner Attribute** (z. B. Zuckergehalt und Fruchtgehalt) zum Zustandekommen des Globalurteils (z. B. Vorziehenswürdigkeit) zu ermitteln. Die zu beurteilenden Erzeugnisse lassen sich durch eine systematische Kombination von Ausprägungen (z. B. 0,7 Liter, 1,0 Liter und 1,5 Liter) der als bedeutsam er-

Tab. 6.3 Relevante Pkw-Merkmale und deren Ausprägungen

Pkw-Merkmal	Merkmalsausprägung
Marke	*Audi, BMW, Mercedes*
PS-Zahl	150, 180, 230
Ausstattung	Stoff, Velours, Leder
Lackierung	normal, metallic, perlmutt
Getriebe	Handschaltung, Automatik
Preis	30.000 Euro, 34.000 Euro, 38.000 Euro

Tab. 6.4 Zwölf vollständig beschriebene Pkw

Karten-nummer	Marke	PS-Zahl	Ausstattung	Lackierung	Getriebe	Preis (in Euro)
1	BMW	150	Stoff	Normal	Handschaltung	30.000
2	Mercedes	180	Stoff	normal	Automatik	34.000
3	BMW	230	Velours	normal	Handschaltung	34.000
4	BMW	230	Leder	metallic	Automatik	38.000
5	Audi	150	Leder	normal	Handschaltung	30.000
6	Audi	230	Velours	perlmutt	Handschaltung	38.000
7	Mercedes	230	Leder	perlmutt	Automatik	38.000
8	Mercedes	150	Velours	metallic	Handschaltung	30.000
9	BMW	180	Velours	perlmutt	Handschaltung	34.000
10	Audi	180	Stoff	metallic	Automatik	38.000
11	Mercedes	150	Leder	normal	Handschaltung	30.000
12	Audi	230	Stoff	normal	Handschaltung	34.000

achteten Eigenschaften (z. B. Flascheninhalt) konstruieren. Hierbei werden nicht die merkmalsspezifischen Einzelurteile zu einem Gesamturteil zusammengefasst (kompositioneller Ansatz), sondern man geht gerade umgekehrt vor, indem die Gesamturteile als Datenbasis dienen, um den Beitrag der einzelnen Merkmale beziehungsweise deren Ausprägungen für die Herausbildung eines Präferenzurteils zu bestimmen (dekompositioneller Ansatz).

Die **Leistungsfähigkeit der Conjoint Analyse** im Rahmen der nutzenorientierten Produktgestaltung lässt sich an einem Beispiel verdeutlichen. Aus einer Studie geht hervor, dass die in Tab. 6.3 dargestellten sechs Pkw-Merkmale mit insgesamt 17 Ausprägungen für die Kaufentscheidung der Nachfrager relevant sind. Aus den vorliegenden Merkmalsausprägungen lassen sich 486 (= $3 \cdot 3 \cdot 3 \cdot 3 \cdot 2 \cdot 3$) Fahrzeuge konstruieren. Bei der Datenerhebung wird, um die Probanden nicht zu überfordern und den Erfassungsaufwand zu beschränken, ein orthogonales Feld als Versuchsplan verwendet. Dadurch konnte man die Anzahl der 486 Ausprägungskombinationen auf 12 in Tab. 6.4 dargestellte Pkw reduzieren.

Den Auskunftspersonen liegt die Aufgabe vor, die 12 ihnen beispielsweise meist am Computer oder auch auf Karten präsentieren Fahrzeuge hinsichtlich ihrer Kaufpräferenz anzuordnen. Die sich hieraus ergebende **Rangordnung der Alternativen** fungiert als

Tab. 6.5 Relative Wichtigkeit der Pkw-Merkmale

Pkw-Merkmal	Nutzenbereich	Nutzenanteil in %
Marke	0,91 − 0,27 = 0,64	19,34
PS-Zahl	0,86 − 0,19 = 0,67	20,24
Ausstattung	0,54 − 0,28 = 0,26	7,85
Lackierung	0,72 − 0,35 = 0,37	11,18
Getriebe	0,63 − 0,12 = 0,51	15,41
Preis	1,00 − 0,14 = 0,86	25,98
Gesamtnutzen	Summe = 3,31	100,00

Tab. 6.6 Zahlungsbereitschaft für Angebotsverbesserungen

Pkw-Merkmal	Leistungsbereich mit Nutzenwert	Nutzendifferenz	Monetäre Differenz
Marke	BMW (0,43) gegenüber Audi (0,27)	**0,16**	1488 Euro
	Mercedes (0,91) gegenüber BMW (0,43)	**0,48**	4465 Euro
PS-Zahl	180 PS (0,62) gegenüber 150 PS (0,19)	**0,43**	4000 Euro
	230 PS (0,86) gegenüber 180 PS (0,62)	**0,24**	2233 Euro
Ausstattung	Velours (0,45) gegenüber Stoff (0,28)	**0,17**	1581 Euro
	Leder (0,54) gegenüber Velours (0,45)	**0,09**	837 Euro

Dateninput für die Conjoint Analyse. Eine Auswertung dieser Rohdaten liefert die Teilnutzenfunktionen für die sechs Eigenschaften. Aufgrund einer Normierung lassen sich die den Ausprägungen zugewiesenen Nutzenwerte über alle Eigenschaften direkt miteinander vergleichen. Insofern signalisieren die in Tab. 6.5 abgebildeten Nutzenbereiche der Attribute deren relative Wichtigkeit bei der Herausbildung eines Präferenzurteils. Grundsätzlich liegen für jeden Probanden individuelle Merkmalsgewichte und Teilnutzenwerte vor, die sich beispielsweise zur Nutzensegmentierung nutzen lassen. Zur Formulierung generalisierender Aussagen interessiert an dieser Stelle der durchschnittliche Nachfrager.

Der **Datenauswertung** zufolge bildet der Preis (mit 25,98 %) neben der PS-Zahl (mit 20,24 %) und der Marke (mit 19,34 %) ein ganz wichtiges Merkmal. Dabei fällt auf, dass die Preisabsatzfunktion insbesondere im Bereich zwischen 34.000 Euro und 38.000 Euro ihre Bestätigung findet. Eine Erhöhung des Fahrzeugpreises beispielsweise von 30.000 Euro auf 38.000 Euro geht ceteris paribus mit einer Verringerung des Nutzens um 0,86 (= 1,00 − 0,14) einher. Aus dieser Berechnung resultiert die Zahlungsbereitschaft der Nachfrager durch einfache Proportionalisierung der Teilnutzenwerte. Diese Größen der Preisfunktion lassen sich unmittelbar dazu verwenden, den Wert einzelner Leistungskomponenten (Eigenschaftsausprägungen) in Preiseinheiten auszudrücken. Zum Beispiel weist das Merkmal PS-Zahl eine Nutzendifferenz von 0,43 zwischen den Ausprägungen 150 PS (0,19) und 180 PS (0,62) auf. Tabelle 6.6 veranschaulicht, dass dieser Unterschied von 0,43 Nutzeneinheiten 4000 Euro entspricht. Die Befragten sind offenbar bereit für einen 180 PS-Motor 4000 Euro mehr auszugeben als für einen 150 PS-Motor.

Tab. 6.7 Nutzenwerte für drei Pkw

Merkmal	Pkw 1		Pkw 5		Pkw 1*	
	Merkmals-ausprägung	Teil-nutzen-wert	Merkmals-ausprägung	Teil-nutzen-wert	Merkmals-ausprägung	Teil-nutzen-wert
Marke	BMW	0,43	Audi	0,27	BMW	0,43
PS-Zahl	150	0,19	150	0,19	150	0,19
Ausstattung	Stoff	0,28	Leder	0,54	Stoff	0,28
Lackierung	normal	0,35	normal	0,35	normal	0,35
Getriebe	Handschaltung	0,12	Handschaltung	0,12	Automatik	0,63
Preis	30.000	1,00	30.000	1,00	34.000	0,77
Gesamtnutzen		2,37		2,47		2,65

Aus Kundensicht steigt die **Attraktivität eines Angebots**, sofern die Summe aus dem Nutzengewinn durch eine Variation der Leistungskomponenten den Nutzenverlust durch einen höheren Preis übersteigt. Ersetzt ein Anbieter beispielsweise den Stoffbezug durch einen Veloursbezug, gleicht die damit verbundene Nutzenerhöhung um 0,17 Einheiten (entspricht 1581 Euro) die Nutzenverringerung durch einen Preisanstieg von 30.000 Euro auf 34.000 Euro nicht aus. Dagegen erscheint für die Kunden zum Beispiel der Nutzenzuwachs durch die Marke *Mercedes* gegenüber *BMW* (= 0,48 Einheiten, die 4465 Euro entsprechen) größer als die mit einer Preiserhöhung von 30.000 Euro auf 34.000 Euro verquickte Nutzensenkung.

Aus diesen Aussagen lassen sich **Handlungsempfehlungen** für die Gestaltung eines Pkw formulieren (vgl. Tab. 6.7): Ein Vergleich des auf Karte 1 präsentierten Fahrzeugs von *BMW* mit seinem auf Karte 5 abgebildeten Wettbewerber von Audi zeigt, dass die Alternative von Audi einen höheren Gesamtnutzen (2,47 gegenüber 2,37) besitzt. Diese Differenz liegt darin begründet, dass der mit einem besseren Image (*BMW* gegenüber *Audi*) verknüpfte Nutzenvorteil des *BMW*-Modells den durch die schlechtere Ausstattung (Leder gegenüber Stoff) verursachten Nutzennachteil nicht wettmachen kann. Will *BMW* diesen Wettbewerbsnachteil beseitigen oder sogar in einen Wettbewerbsvorteil umwandeln, bietet es sich an, die Stoffbezüge durch Veloursbezüge zu ersetzen. Sofern der Preis konstant bleibt, steigt der Gesamtnutzen des *BMW*-Fahrzeugs auf 2,54 Nutzeneinheiten. Stattdessen ist es möglich, die PS-Zahl von 150 auf 180 anzuheben. Erfolgt diese Maßnahme preisneutral, erhöht sich der Gesamtnutzen des *BMW*-Pkw auf 2,80 Nutzeneinheiten.

Zur **Verbesserung der Absatzchance** für ein Produkt ist es nicht zwingend erforderlich, eine höherwertige Ausstattung (Leder gegenüber Velours, 180 PS gegenüber 150 PS usw.) zu einem konstanten Preis zu offerieren. Sieht BMW den serienmäßigen Einbau eines Automatikgetriebes vor, steigt der Gesamtnutzen von 2,37 auf 2,65, obgleich mit dieser Aktivität eine Preissteigerung von 30.000 DM auf 34.000 Euro einhergeht. Wie Tab. 6.7 verdeutlicht, ist für die Kunden der Nutzenzuwachs durch die Automatik größer als die mit der Preiserhöhung von 30.000 Euro auf 34.000 Euro verbundene Nutzensenkung (Pkw 1* gegenüber Pkw 1). Aufgrund des höheren Nutzenwerts, den Pkw 1* gegenüber Pkw 5 erzielt, verbessert *BMW* die Absatzchance für sein Produkt. Sofern die Preiserhöhung von 4000 Euro die variablen Kosten des Automatikgetriebes übersteigt, lässt sich auch der Deckungsbeitrag des *BMW*-Fahrzeugs verbessern.

Mit der schnellen Verbreitung der Conjoint Analyse in Wissenschaft und Praxis haben sich auch **neuere Varianten des Conjoint Measurements** herausgebildet. Die längst zum Standard gewordene Verwendung von Online-Tools zur Durchführung der Conjoint Analyse (die sogenannte Online Conjoint) eröffnet neue Möglichkeiten für die Anwendung. Neuere Methoden der Conjoint Analyse wurden dadurch ermöglicht. Bei der Adaptiven Conjoint Analyse ermittelt die Softwarelösung bereits während der Befragung erste Präferenzen des Probanden und passt das weitere Design der Studie direkt diesen Präferenzen an.

Eine Weiterentwicklung der klassischen Conjoint Analyse ist auch die **Choice-Based Conjoint Analyse**, die bei den Präferenzentscheidungen während der Befragung auch eine Entscheidung gegen die offerierten Alternativen (No-Option) bietet.

Die Besonderheit bei der **Adaptiven Conjoint Analyse**, auch ACA oder Leistungs-Conjoint genannt, besteht in der Anpassung des Studiendesigns noch während der Befragung an die bereits bekundeten Präferenzen des Probanden. Möglich wird dies durch den Einsatz von besonderen Computerprogrammen sowie durch den speziellen Aufbau der Adaptiven Conjoint Analyse.

Die **Durchführung der Adaptiven Conjoint Analyse** geschieht in zwei Stufen. Im ersten, kompositionellen Teil bewertet der Proband nacheinander explizit die Wichtigkeit aller Merkmale. Die gewonnenen ersten Erkenntnisse über die Präferenzstruktur jedes einzelnen Befragungsteilnehmers gehen in den zweiten, dekompositionellen Teil ein. Beim dekompositionellen Part gibt der Proband ein Präferenzurteil zu komplett beschriebenen Leistungsbündeln ab, die eine Softwarelösung auf Basis der kompositionellen Bewertungen erstellt. Folgende vier Schritte sind im Einzelnen zu durchlaufen:

1. Bewertung von Merkmalsausprägungen
   Bewertung der **Präferenzen von Merkmalsausprägungen** liefert erste Anhaltspunkte zur Nutzenstiftung. Hierbei können bereits für den Probanden nicht akzeptable und äußerst unattraktive Merkmalsausprägungen aus der gesamten weiteren Analyse ausgeschlossen werden. Dies ist die erste Stufe zur Verringerung der Variablenmenge, die bei der Adaptiven Conjoint Analyse die anfängliche Einbindung einer hohen Zahl an Produkteigenschaften ermöglicht.
2. Bewertung der Wichtigkeit von Unterschieden
   Die Bewertung der **Relevanz von Unterschieden** zwischen Merkmalsausprägungen führt zu Aussagen hinsichtlich der Wichtigkeit einzelner Merkmalsausprägungen.
3. Wahlentscheidung zwischen zwei vereinfachten Leistungen
   Im dritten Schritt werden jeweils zwei vereinfachte Leistungen (z. B. Produkte mit maximal fünf Merkmalen) zur Wahl gestellt. Der Proband muss die **Stärke seiner Präferenz**

für eine der beiden **Alternativen** ausdrücken. Die Wahlentscheidung zwischen diesen vereinfachten Leistungen simuliert realitätsnahe Entscheidungsvorgänge.

4. Wahlentscheidung umfassend beschriebener Leistungen

In der letzten Phase bewertet der Proband **komplett beschriebene Produkte**. Diese Wahlentscheidung umfassend beschriebener Leistungen bildet die reale Entscheidungssituation am besten ab.

Mit der **Adaptiven Conjoint Analyse** lässt sich eine deutlich **größere Zahl an Merkmalen** (bis zu 30 Merkmale) und Merkmalsausprägungen abfragen. Zudem ermöglicht die Adaptive Conjoint Analyse die Schätzung individueller Präferenzdaten, eine Individualanalyse auf der Ebene einzelner Probanden wird dadurch möglich. Es lassen sich so problemlos Segmentierungen nach den gewünschten Segmentierungskriterien (z. B. Stammkunde vs. Neukunde) durchführen.

Die Befragung bei der Choice-Based Conjoint Analyse (alternativ: CBC oder Discrete-Choice Conjoint Analyse) umfasst eine Möglichkeit, welche die **Entscheidungssituation als besonders realistische** erscheinen lässt: Der Proband kann sich anstatt für eines der dargebotenen Produkte auch gegen alle Produkte entscheiden, falls ihm keine der Alternativen gefällt. Man nennt dies die No-Option oder Nicht-Wahl.

Die Choice-Based Conjoint Analyse findet vor allem bei der **Ableitung von Preis-Absatz-Funktionen** sowie bei Preispositionierung von Produkten Anwendung. Durch die sehr realistische Entscheidungssituation durch die „Nein"-Option ist sie dazu prädestiniert.

Eine Berechnung **individueller Präferenzdaten** ist bei der Choice-Based Conjoint Analyse nicht möglich, eine Individualanalyse kann nicht erfolgen.

Beide Verfahren verfügen über spezifische Vorteile, aber auch Problemstellen. Die **Entscheidung** für eine der beiden Analyseformen muss immer vor dem Hintergrund der Aufgabenstellung erfolgen. Soll beispielsweise die Ausgestaltung eines Produktes untersucht werden, über das noch ein sehr geringer Kenntnisstand herrscht, das aber gleichzeitig sehr viele Merkmale und Merkmalsausprägungen aufweist, so erscheint die Anwendung der Adaptiven Conjoint Analyse sinnvoll. Besteht das Ziel der Untersuchung darin, vor allem die Preisbereitschaft der Konsumenten zu evaluieren, sollte eine Choice-Based Conjoint Analyse Anwendung finden.

Tabelle 6.8 stellt die Anwendungseigenschaften dieser beiden modernen Conjoint Analysemethoden im Überblick dar.

Die neueste Variante der Conjoint-Analyse umfasst die **Kombination der Adaptiven und der Choice-Based Conjoint Analyse**. Auf diese Weise lassen sich Fehler vermeiden und besonders aussagekräftige Ergebnisse erzielen. Beispielsweise neigt die Adaptive Conjoint Analyse dazu, die Wichtigkeit des Merkmals Preis zu unterschätzen.

Bei der kombinierten Anwendung erfolgt in der ersten Phase die Durchführung einer Adaptiven Conjoint Analyse und in der zweiten Phase eine Choice-Based Conjoint Analyse. Es werden also **zwei Studien mit zwei Stichproben** durchgeführt. Im B-to-B-Bereich könnte beispielsweise die erste Befragung an die Anwender gerichtet sein. Die zweite Studie richtet sich dann an die Entscheider im Unternehmen. Dies hat den großen Vorteil, dass

Tab. 6.8 ACA und CBC in der Anwendung

Beurteilungskriterien	ACA	CBC
Erhebungsart		
Persönlich, schriftlich	–	+
Persönlich, computergestützt	++	++
Postalisch, schriftlich	–	+
Postalisch, computergestützt	++	++
Telefonisch	+	(+)
Erhebungssituation		
Große Merkmalszahl	+	–
Individualanalyse	++	–
Individuelle Erhebungsprofile	++	–

die Entscheider, die in der Regel nur ein sehr knappes Zeitfenster für die Befragung haben, durch die kurze Dauer der für sie relevanten Choice-Based Conjoint Analyse entlastet werden.

Die **Ergebnisse der ersten Adaptiven Conjoint Analyse** dienen dabei als Input für die Durchführung und das Design der Choice-Based Conjoint Analyse. Der Marktforscher sollte auf eine ähnliche Anzahl von Ausprägungen je Merkmal achten, da ab fünf Merkmalsausprägungen Verzerrungseffekte zu erwarten sind.

6.2.3 Means-End-Analyse

Eine **Means-End-Analyse** legt den Zusammenhang zwischen den Triebkräften des Kauf- beziehungsweise Konsumverhaltens (Werthaltungen) und den Faktoren zur Gestaltung eines Guts, also den physikalisch-chemisch-technischen Eigenschaften, offen (Herrmann 1996). Damit ist sie sehr geeignet, im Rahmen des Innovationsprozesses Auskunft über die Produktanforderungen der Konsumenten zu geben und damit die optimale Ausgestaltung des Neuproduktes zu unterstützen.

Das **semantische Netz einer Person** verkörpert ihr Wissen über sinnlich wahrnehmbare oder lediglich in der Gedankenwelt existierende Phänomene. Zu diesem Wissen gehören auch ihre Vorstellungen über die Eigenschaften eines Produkts sowie die mit seinem Ge- oder Verbrauch verknüpften Nutzenkomponenten und Werthaltungen. Folglich liegt der Gedanke nahe, eine Means-End-Kette als einen Ausschnitt aus einem individuellen Begriffsgefüge aufzufassen.

Die **Rekonstruktion einer solchen Wissensstruktur** setzt die Spezifikation ihrer Elemente (Eigenschaften, Nutzenkomponenten und Werthaltungen) voraus. Hierzu dient Abb. 6.1, die ein aus den Means-End-Bausteinen rekonstruiertes semantisches Netz zeigt. Im Mittelpunkt dieses Begriffsgefüges befindet sich der Terminus *Nike* Sportschuhe, der als Startknoten für die Aktivierung der einzelnen Komponenten fungiert. Ein Blick auf

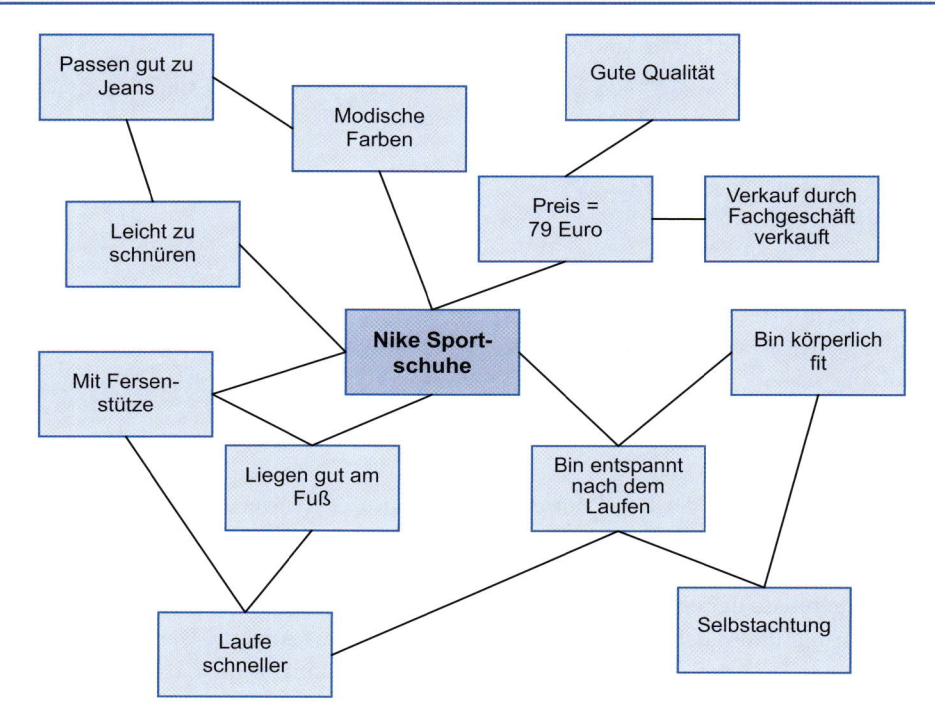

Abb. 6.1 Fiktives semantisches Netz mit Startknoten Nike Sportschuhe

diese Wissensstruktur lässt verschiedene Arten von Attributen, Nutzenkomponenten und Werthaltungen erkennen.

Eine **Unterteilung der Attribute** im Hinblick auf den Abstraktionsgrad erscheint naheliegend. Eine Eigenschaft gilt als konkret, sofern ihre Ausprägungen die physikalisch-chemisch-technische Beschaffenheit des Guts (z. B. *Nike* Sportschuhe) beschreiben (etwa mit Fersenstütze). Dagegen ermöglicht eine abstrakte Eigenschaft eine umfassende Beschreibung eines Guts (z. B. liegt gut am Fuß).

Gemäß der **Nutzentheorie von Vershofen** stiftet ein Erzeugnis einen funktionalen Nutzen, der sich aus seinen physikalisch-chemisch-technischen Eigenschaften ergibt. Im Unterschied dazu umfasst der soziale beziehungsweise psychische Nutzen alle für die eigentliche Funktionsfähigkeit des Erzeugnisses nicht zwingend erforderlichen Extras (z. B. ich bin entspannt nach dem Laufen).

Zur Charakterisierung der einzelnen Elemente des semantischen Netzes kommt auch die **Wertetheorie von Rokeach** in Betracht. Aus ihr geht hervor, dass eine instrumentale Werthaltung eine wünschenswerte Verhaltensweise verkörpert (z. B. ich bin körperlich fit). Dagegen lässt sich eine terminale Werthaltung als ein erstrebenswertes Lebensziel kennzeichnen (z. B. Selbstachtung).

Tab. 6.9 Ausgewählte Means-End-Ketten im Überblick

Means-End-Element	Produkt		
	Haarspray	Kartoffelchips	Französischer Wein
Konkrete Eigenschaft	Besitzt einen Zerstäuber	Sind sehr gut gewürzt	Wein kommt aus Frankreich
Abstrakte Eigenschaft	Generiert einen Nebel	Weisen hohe Qualität auf	Besitzt Qualität und Image
Funktionale Nutzenkomponente	Haare verkleben nicht	Es schmeckt den Gästen	–
Psychische Nutzenkomponente	Ich fühle mich attraktiv	Stimmung auf der Party steigt	Damit kann ich mich motivieren
Instrumentale Werthaltung	–	Ich bin ein guter Gastgeber	Verfolge Ziele mit Ehrgeiz
Terminale Werthaltung	Erlebe Selbstachtung	Genieße Freundschaft	Erfahre Anerkennung

Aus den Means-End-Elementen formt der Marktforscher eine **Means-End-Kette**, die einen Ausschnitt aus der zuvor dargestellten Wissensstruktur eines Individuums bildet. Hiernach führt die Absicht einer Person, ein Erzeugnis zu kaufen (z. B. *Nike* Sportschuhe), zunächst zu einer Aktivierung der mit ihm verknüpften konkreten (z. B. mit Fersenstütze) und abstrakten (z. B. liegen gut am Fuß) Eigenschaften. Daraufhin breitet sich dieser Impuls auf die funktionalen (z. B. ich laufe schneller) und sozialen beziehungsweise psychischen (z. B. bin entspannt nach dem Laufen) Nutzenkomponenten aus, bevor er die instrumentale (z. B. ich bin körperlich fit) und terminale (z. B. Selbstachtung) Werthaltung erreicht. Zur Veranschaulichung dieser Idee zeigt Tab. 6.9 drei fiktive Means-End-Ketten, die aus unterschiedlichen Lebensbereichen stammen und verschiedene Erzeugnisse beziehungsweise Produktgattungen betreffen.

Es ist zu erkennen, dass eine Person bei der **Wahl eines Haarsprays** auf den Zerstäuber achtet (konkrete Eigenschaft). Sein Vorzug besteht darin, dass er beim Sprühen einen Nebel generiert (abstrakte Eigenschaft). Da die Haare nicht verkleben (funktionale Nutzenkomponente), fühlt sich der Betroffene attraktiv (soziale und psychische Nutzenkomponente). Hinter dem Wunsch nach einem attraktiven Erscheinen verbirgt sich das Bedürfnis, Selbstachtung zu besitzen (terminale Werthaltung).

Ferner zeigt sich, dass ein Konsument beim **Kauf von Kartoffelchips** großen Wert auf die Würze (konkrete Eigenschaft) legt. Ein würziger Geschmack signalisiert aus der Sicht des Probanden eine hohe Qualität (abstrakte Eigenschaft). Solche Kartoffelchips schmecken den Gästen besonders gut (funktionale Nutzenkomponente), was zur Steigerung der Stimmung bei einer Party beiträgt (soziale und psychische Nutzenkomponente). Sofern sich die Gäste amüsieren, gilt der Befragte als ein guter Gastgeber (instrumentale Werthaltung). Dieses Urteil vermittelt ihm das Gefühl, in Freundschaft mit anderen zu leben (terminale Werthaltung).

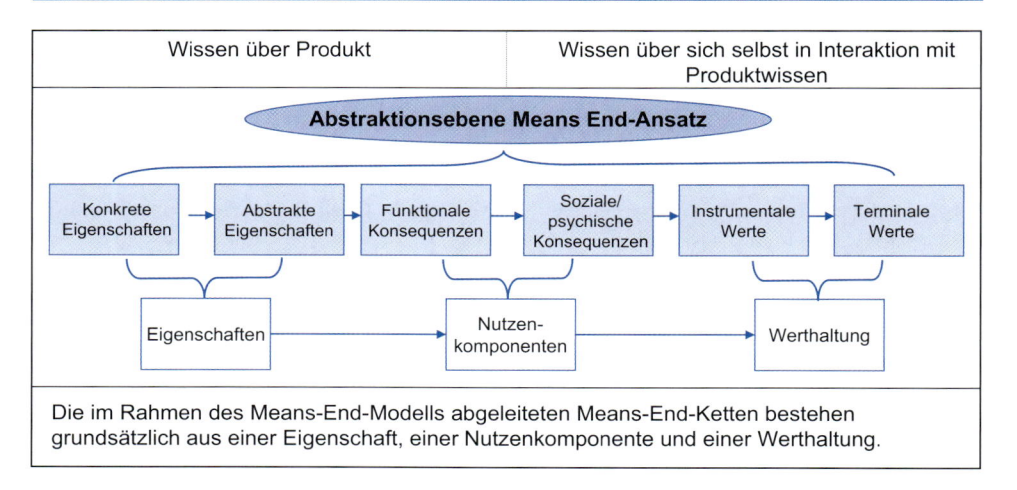

Abb. 6.2 Schema der Means-End-Ketten

Schließlich bringt diese Darstellung zum Ausdruck, dass die Versuchsperson **französischen Wein** bevorzugt (konkrete Eigenschaft). Weine aus Frankreich besitzen aus ihrer Sicht eine gehobene Qualität und ein gutes Image (abstrakte Eigenschaft). Der Genuss eines besonderen Produkts bildet eine Belohnung zum Beispiel für eine zuvor erbrachte Leistung oder dient der Motivation bei einer bevorstehenden Aufgabe (soziale und psychische Nutzenkomponente). Der große Ehrgeiz, mit dem der Betroffene seine Ziele verfolgt (instrumentale Werthaltung), äußert sich in dem Streben, die Anerkennung anderer zu gewinnen (terminale Werthaltung).

Abbildung 6.2 stellt das **Grundschema der Means-End-Ketten** mit allen Eigenschaften, Nutzenkomponenten und Werthaltungen noch einmal dar. Es wird ersichtlich, dass das Individuum beim Means-End-Ansatz sein Wissen über das Produkt mit dem Wissen über sich selbst verknüpft.

Um die **Means-End-Analyse im Produktentwicklungsprozess** einsetzen zu können, ist die Operationalisierung und Messung der Means-End-Elemente erforderlich. Dazu eignen sich Methoden wie der Repertory-Grid-Ansatz, das tiefenpsychologische Interview, die Inhaltsanalyse und das LadderingVerfahren. Alle Methoden dienen dazu, die zwischen Eigenschaften, Nutzenkomponenten und Werthaltungen existierenden Relationen zu rekonstruieren.

Das Anliegen der **Repertory-Grid-Methode** besteht in der Ermittlung der für die Wahl eines Produkts entscheidenden Eigenschaften. Zu diesem Zweck liegen der Versuchsperson in mehreren Befragungsrunden jeweils Tripel von Gütern mit der Aufforderung vor, die Merkmale zu nennen, nach denen zwei der Erzeugnisse einander ähnlich, beide aber dem dritten unähnlich sind. Dieses Verfahren wird so lange fortgesetzt, bis der Betroffene keine neuen Attribute mehr angibt und eine umfassende Liste von Eigenschaften mit der Häufigkeit ihrer Nennung existiert.

Tab. 6.10 Repertory-Grid-Matrix

Positiver Pol des Merkmals	Erfrischungsgetränke						Negativer Pol des Merkmals
	7-up	Pepsi	Fanta	Sprite	Coke	Bluna	
Sehr niedriger Preis	1	0	1	1	0	0	Sehr hoher Preis
Sehr wenige Kalorien	0	1	1	1	0	0	Sehr viele Kalorien
Sehr niedriger Fruchtgehalt	1	0	1	1	0	1	Sehr hoher Fruchtgehalt
…	…	…	…	…	…	…	…

1 = Tatsächliche Ausprägung entspricht dem positiven Pol
0 = Tatsächliche Ausprägung entspricht dem negativen Pol

Daraufhin bittet man die Versuchsperson, für jedes betrachtete Merkmal zwei **möglichst gegensätzliche (dichotome) Ausprägungen** zu nennen, die seinen positiven und negativen Pol repräsentieren. Mittels dieser Daten lässt sich die in Tab. 6.10 abgebildete Matrix (am Beispiel von Erfrischungsgetränken) konstruieren. Die Kopfzeile zeigt alle berücksichtigten Erfrischungsgetränke, während die erste und die letzte Spalte die beiden Pole der vorliegenden Eigenschaften ausdrücken.

Schließlich erhält die Auskunftsperson die Aufgabe, für jedes Produkt zu entscheiden, ob seine Ausprägung auf dem jeweiligen Attribut eher dem **positiven oder dem negativen Pol** entspricht. Die Urteile lassen sich mit 1 (tatsächliche Ausprägung entspricht dem positiven Pol) und 0 (tatsächliche Ausprägung entspricht dem negativen Pol) kodieren und in die Zellen eintragen.

Eine **Variante dieser Vorgehensweise** besteht darin, die betrachteten Produkte im Hinblick auf ihre Merkmalsausprägungen in eine Rangreihe zu bringen. Aus ihr geht zum Beispiel hervor, dass *Fanta* mehr Kalorien enthält als *Coke* und dieses Gut kalorienärmer ist als *Pepsi*. Die Antworten der Versuchsperson lassen sich im vorliegenden Fall auf einer Sechserskala abtragen und in die entsprechenden Zellen einordnen. Einer anderen Spielart liegt der Gedanke zugrunde, die Ausprägungen der betrachteten Güter für jedes Attribut (z. B. Preis) mittels einer Skala von 1 (sehr niedriger Preis) bis 9 (sehr hoher Preis) zu beurteilen. Die auf diese Weise erhobenen Nennungen des Befragten bilden den Input für die Zellen der Repertory-Grid-Matrix.

Auf der Basis dieser Rohdaten lässt sich die **zwischen den Eigenschaften bestehende Ähnlichkeit** untersuchen. Hierzu dient ein Vergleich einer bestimmten Zeile mit einer anderen (z. B. Zeilen 1 und 2 in Tab. 6.10), aus dem die Häufigkeit der Übereinstimmung von Null und Eins resultiert. Dieser Wert, der im betrachteten Beispiel Vier beträgt, lautet Matching Score. Eine hohe Zahl deutet auf eine positive Assoziation zwischen den beiden Merkmalen hin, während ein niedriger Wert einen negativen Zusammenhang zum Ausdruck bringt. Eine spaltenweise Bestimmung dieser Scores gibt Auskunft darüber, inwieweit zwei Güter einander ähneln. Liegen Rating-Daten anstelle der Ziffern Null und Eins vor, lassen sich differenzierte Analysemethoden einsetzen. Als mögliche Ansätze kommen die Rangkorrelationsanalyse von Spearman und das Korrelationsverfahren von Bravais und Pearson in Betracht.

Vor einer Anwendung des Repertory-Grid-Verfahrens bedarf es einer Entscheidung über die **Menge der vorzugebenden Produkte**. Als adäquate Methode zur Festlegung der relevanten Startmenge bietet sich der Evoked-Set-Ansatz an. Er kommt dort zum Einsatz, wo es um die Bestimmung einer Menge von Erzeugnissen geht, die sich nur in der Marke unterscheiden. Den Ausgangspunkt des Verfahrens bildet die freie Nennung bekannter Güter einer vorgegebenen Produktart im Rahmen einer Konsumentenbefragung. Nach diesem Free-Response-Ansatz liegen den Auskunftspersonen verschiedene Marken mit der Aufforderung vor, ähnliche oder substitutive Produkte anzugeben, deren Kauf ebenfalls vorstellbar ist. Eine Spielart besteht in der Frage nach Alternativen, wenn das am meisten bevorzugte Produkt in einer besonderen Situation nicht verfügbar ist (Forced Free Response).

Ein weiteres Problem betrifft die **Anzahl der einer Versuchsperson vorzulegenden Tripel**. Die Konfrontation eines Probanden mit allen möglichen Güterkombinationen dieser Art erscheint schon wegen ihrer großen Zahl wenig sinnvoll. Außerdem benötigen die meisten Individuen zur Nennung bedeutsamer Eigenschaften lediglich fünf bis acht Tripel. Unterschieden sich die betrachteten Marken nur im Hinblick auf ein Merkmal, reichte eine geringe Menge dieser Produktbündel aus. Damit reduzierte sich auch die Anzahl der zu berücksichtigenden Marken. Da jedoch vorab keine Kenntnis über die relevanten Attribute existiert, liegt die Schwierigkeit darin, geeignete Tripel auszuwählen. Insofern bleibt nur der Weg, den Befragten so lange mit Güterkombinationen zu konfrontieren, bis er keine neuen Merkmale mehr erwähnt.

Schließlich stellt sich die Frage nach einem **geeigneten Medium**, um die betrachteten Marken den Probanden zu präsentieren. Eine einfache Lösung besteht darin, die Markennamen der vorliegenden Güter auf Karten zu vermerken. Einige Marktforscher plädieren jedoch dafür, dem Betroffenen Fotos der Objekte vorzulegen. Eine bildgestützte Produktpräsentation schließt die Verwechslung einer Marke mit ähnlichen, jedoch nicht in die Analyse einbezogenen Erzeugnissen nahezu aus. Allerdings besteht die Gefahr, dass der Befragte vor allem deskriptive, nämlich Form, Farbe und Gestalt der Güter beschreibende Eigenschaften auflistet.

Hinter diesem Einwand verbirgt sich die **Befürchtung**, dass die Versuchsperson grundsätzlich nur jene Merkmale als Unterscheidungskriterien anführt, die sich aus der Art der Produktpräsentation ergeben. Empirische Untersuchungen liefern jedoch den Beweis, dass selbst visuelle Stimuli in der Lage sind, beim Probanden eine Assoziation zum Geruch und zum Geschmack auszulösen. Daneben zeigt ein Vergleich verschiedener Erhebungsmethoden, wie der direkten Befragung und der Grid-Erhebungstechnik, deren generelle Tauglichkeit zur Erfassung der für die Produktwahl der Auskunftsperson wesentlichen Merkmale. Grundsätzlich bietet es sich an, die Marken in einer der Kaufsituation vergleichbaren Atmosphäre zu präsentieren. Erscheint dies nicht möglich, bleibt immer noch die Option, die Bilder oder die Namen der Marken den Betroffenen vorzulegen.

Im Anschluss an die Datenerhebung richtet sich das Augenmerk auf die **Synthese der individuellen Repertory-Grid-Matrizen** zu einem für alle Probanden geltenden Urteilsraum. Da die Means-End-Analyse möglichst wenige, voneinander unabhängige Eigenschaften als Ausgangspunkt für die Identifikation der verhaltensprägenden Werte verlangt, steht die Reduzierung der als bedeutsam erkannten Merkmale auf orthogonale Dimensionen im Mittelpunkt der Betrachtung. Hierzu bieten sich zwei Ansätze an.

Das erste Verfahren besteht in einer **Faktorisierung der individuellen Repertory-Grid-Matrizen** auf Basis der Matching Scores. Es zielt im Kern auf eine Reduzierung der Dimensionen des Urteilsraums der jeweiligen Auskunftsperson auf die dahinterstehenden Eigenschaften (Faktoren) ab. Gegen diese Vorgehensweise lassen sich jedoch drei Einwände vorbringen:

- In den meisten empirischen Studien liegen maximal 20 Ratings pro Dimension als Messwerte vor. Insofern kommen Zweifel auf, ob diese Datenbasis ausreicht, um den Einsatz einer Faktorenanalyse zu rechtfertigen.
- Außerdem verlangt dieser Ansatz die Verbalisierung und Interpretation einer Fülle von Faktoren. Ihre genaue Zahl ergibt sich aus einer Multiplikation der Menge der Matrizen oder der Probanden und der Anzahl statistisch signifikanter Eigenschaften pro Matrix.
- Da zudem jeder Befragte unterschiedliche Merkmale zur Beurteilung der interessierenden Produkte heranzieht, lässt sich eine Synthese der individuellen Urteilsräume auch nicht über einen Vergleich der einzelnen Faktormengen bewerkstelligen. Folglich bleibt nur der Weg, die Faktormengen zu addieren und sie erneut den Versuchspersonen vorzulegen. Eine sich anschließende Faktorenanalyse dient dem Anliegen, einen für alle Betroffenen geltenden Urteilsraum aufzuspannen.

Die zweite Methode zeichnet sich dadurch aus, dass der Forscher (oder besser: ein unabhängiger Experte) eine **Auswahl bestimmter Eigenschaften** auf Basis der errechneten Matching Score**s** trifft. Eine Analyse dieser Werte dient der Elimination aller Attribute, die der Proband als Synonyme für ein bereits genanntes Merkmal heranzieht. Liegt eine Rating-Skala vor, lassen sich zusätzlich jene Eigenschaften aussondern, die lediglich zur Bewertung ausgewählter Produkte in Betracht kommen und für die meisten anderen Objekte als Beurteilungskriterien keine Relevanz besitzen.

Daneben bleiben auch jene Merkmale, die für alle Güter **identische Skalenwerte** aufweisen, aufgrund der damit verbundenen unzureichenden Urteilsvarianz von der weiteren Betrachtung ausgeschlossen. Ein Vergleich der Dimensionen verschiedener Matrizen erweist sich als problemlos, falls alle Probanden die gleichen Vorstellungen über das Wesen der einzelnen Eigenschaften besitzen. Für die von zwei Individuen ähnlich spezifizierten Attribute lassen sich matrizenübergreifende Scores zur Beantwortung der Frage ermitteln, ob sich hinter den geringfügig voneinander abweichenden Merkmalsumschreibungen der gleiche Inhalt verbirgt. Tritt neben ähnlichen Formulierungen auch ein hoher Matching

Score für die aus den beiden Matrizen stammenden Dimensionen auf, liegt die Vermutung nahe, dass die betrachteten Probanden das gleiche Attribut meinen.

Galt das Interesse bislang den für die Auswahl eines Produkts bedeutsamen Eigenschaften, richtet sich die Aufmerksamkeit im folgenden Abschnitt auf die **wahrgenommenen Nutzenkomponenten** und auf die **dahinterstehenden Werthaltungen**. Zur Erfassung dieser beiden Means-End-Elemente kommt das tiefenpsychologische Interview in Betracht (Salcher 1995).

Für die Kaufverhaltensforschung, die um Probleme der Wahrnehmung und der Beurteilung von Produkten durch Nachfrager sowie um die daraus resultierenden **Erlebens- und Verhaltensdispositionen** kreist, erscheinen Interviews schon vom Erkenntnisgegenstand her unentbehrlich. Dies gilt nicht nur für groß angelegte Erhebungen, zum Beispiel über die Anmutung und Zwecktauglichkeit einer Unternehmensleistung, sondern auch für die Erschließung individueller Nutzenvorstellungen und Werthaltungen mit differenzierten Befragungstechniken. Keine andere Methode zur Erfassung von Rohdaten kommt häufiger zum Einsatz und trug mehr zum empirischen Wissen im Marketing bei.

In Abhängigkeit vom Spielraum, den der Forscher bei der Formulierung von Fragen und der Proband bei der Beantwortung besitzen, lassen sich **verschiedene Arten des Interviews** unterscheiden.

Der im Marketing häufig favorisierten **standardisierten Befragung** liegt die Überlegung zugrunde, den Gesprächsverlauf so stark wie möglich zu strukturieren. Zu diesem Zweck stehen der Wortlaut und die Reihenfolge der zu stellenden Fragen von vornherein fest. Soweit nicht-verbale Vorlagen existieren, bedarf es einer Entscheidung über Art und Zeitpunkt ihrer Präsentation im Rahmen des Interviews. Die Standardisierung braucht sich jedoch nicht nur auf die Fragen, sondern kann sich auch auf die Antworten erstrecken (offene vs. geschlossene Frage).

Eine andere Form der mündlichen Befragung stellt das **freie Interview** dar, bei dem der Forscher durch selbst formulierte Fragen mit jeweils offenen Antwortmöglichkeiten den Ablauf der Datenbeschaffung steuert. Zur Eingrenzung des zu erörternden Problemkreises dienen frei formulierte Sondierungsfragen, deren Berücksichtigung der Interviewer nach eigenem Ermessen handhabt. Außerdem bietet sich die Benutzung eines Leitfadens mit relevanten Stichwörtern an, ohne jedoch die Freiheit des Wissenschaftlers bei der Formulierung von Fragen und der Festlegung ihrer Reihenfolge einzuschränken. Bei einem Gespräch dieser Art übt der Befragende einen großen Einfluss auf die Auskunftsperson aus, woraus nicht selten eine erhebliche Verzerrung der Antworten resultiert.

In der Motivforschung kommt eine abgewandelte Form des freien Interviews, das **Tiefeninterview**, zum Einsatz. Diese Gesprächstechnik, die häufig in einer freien Exploration mündet, zielt auf die Rekonstruktion einer möglichst unverzerrten psychischen Wirklichkeit ab. Hierbei stehen weniger das Wissen und die Vorstellungen einer Person über außerhalb von ihr gelegene Erscheinungen im Blickpunkt. Vielmehr richtet sich das Interesse auf die Versuchsperson selbst, die nicht nur als Reflektor für andere Phänomene dient, sondern in ihrer Eigenschaft als Analyseobjekt den zentralen Erkenntnisgegenstand einer ganzheitlichen, explorativen Untersuchung verkörpert.

Der Umfang eines solchen Interviews reicht von der Erkundung eines Lebenslaufs bis zu thematisch begrenzten Fragen, wie etwa der Analyse des Verhaltens einer Person beim Kauf von Bier. Selbst bei einer stark themenzentrierten Exploration zur Sache handelt es sich um ein **offenes, wenig strukturiertes Gespräch**, in dem die Auskunftsperson ihre Erlebnisse in einer spezifischen Situation ausbreitet.

Sofern der Forscher nicht die Methode der freien Exploration wählt, benutzt er einen **stichwortartigen Leitfaden** und verfährt so, wie es in Anbetracht der Befragungssituation zweckmäßig erscheint. Nur ein erfahrener und sachkundiger Interviewer, der das Erkenntnisziel stets vor Augen hat, kommt für eine Untersuchung dieser Art in Betracht.

Zur Erfassung der Nutzenkomponenten von Produkten und der dahinterstehenden Werthaltung bietet sich das **Laddering-Interview** an. Es lässt sich als eine mit psychologischem Sachverstand vorgenommene, nicht-standardisierte Befragung kennzeichnen. Ihr Anliegen besteht darin, die verhaltensprägenden Kräfte der Individuen bei der Güterwahl zu erforschen.

Methodisch gesehen dienen **mehrere aufeinanderfolgende Warum-Fragen** dazu, dass eine Auskunftsperson bestimmte Facetten ihrer subjektiven Realität preisgibt, angefangen von abstrakten Produkteigenschaften bis hin zu terminalen Werthaltungen. Das Laddering-Interview lässt sich als eine aus mehreren Befragungsrunden bestehende Erhebungstechnik charakterisieren. In einer ersten Runde interessiert die Beantwortung der Frage, warum die mit dem Repertory Grid-Verfahren identifizierten konkreten Merkmale für die Auskunftsperson bei der Selektion einer Marke eine große Bedeutung besitzen. Die aus den Antworten rekonstruierten abstrakten Attribute bilden den Ausgangspunkt, um in einer zweiten Runde die funktionalen Nutzenkomponenten der betrachteten Produkte zu ergründen.

Diese Nennungen vor Augen, geht es in einer dritten Runde darum, eine Vorstellung von den mit den betrachteten Marken verknüpften **psychischen Nutzenkomponenten** zu entwickeln. Die Befragung wird so lange fortgeführt, bis die Person Auskunft über ihre instrumentalen und terminalen Werthaltungen gibt.

Im Rahmen des Laddering-Interviews erhält das Individuum die Aufgabe, seine **persönliche Gegenstandswelt zu beschreiben**, über Erlebnisse und Erinnerungen, die es für wert hält, zu berichten und seinen psychischen Lebensraum zu erörtern. Eine wichtige Voraussetzung für den Erfolg dieses Erkundungsgesprächs bildet neben der Fähigkeit des Forschers auch die Bereitschaft des Befragten, sich mitzuteilen und für eine solche Kommunikation zu öffnen.

Empirische Studien zeigen jedoch, dass die **Probanden häufig nicht auf die Warum-Fragen eingehen** und somit keinen Aufschluss über die das Verhalten determinierenden Werthaltungen zulassen. Die Gründe hierfür liegen auf der Hand. Nur sehr wenige Versuchspersonen sind sich darüber bewusst, dass die Wertschätzung einer Produkteigenschaft und die Bedeutung einer damit verbundenen Nutzenkomponente vom dahinterstehenden Motiv abhängen. Außerdem berühren die im Laddering-Interview angesprochenen Themen einen Bereich, über den die Probanden nur in seltenen Fällen freizügig Auskunft erteilen. Daher bedarf es ausgefeilter Befragungstechniken, um trotz dieser Probleme die interessierenden Means-End-Ketten aufzudecken.

Aus den Äußerungen der Befragten ergeben sich **auf den ersten Blick nur wenige Hinweise** auf die interessierenden Nutzenkomponenten und die Werthaltungen. Aus diesem Grund bedarf es noch einer fachkundigen Interpretation des empirischen Materials. Dafür bietet sich die Inhaltsanalyse an.

In der empirischen Sozialforschung findet seit den 50er Jahren eine rege Diskussion über Möglichkeiten zur Analyse schriftlich fixierter sprachlicher Aussagen statt. Die bislang entwickelten Ansätze, die sich alle dem Begriff **Inhaltsanalyse** subsumieren lassen, bestehen im Kern aus Heuristiken zur Interpretation eines transkribierten Interviews. Regeln dieser Art erlauben einem Forscher, von manifesten Merkmalen eines Texts auf die soziale Wirklichkeit des Probanden zu schließen. Hieraus resultieren Anhaltspunkte für die interessierenden, jedoch im Tiefeninterview zumeist nicht explizit bekundeten Triebkräfte der individuellen Daseinsäußerungen.

Das auf der Basis eines tiefenpsychologischen Gesprächs erhobene **Material** erweist sich jedoch als äußerst **komplex, verwirrend vielschichtig** und daher für einen auf diesem Feld nicht ausgebildeten Forscher kaum zugänglich. Außerdem reichen die gesammelten Daten für die Rekonstruktion der Determinanten des individuellen Verhaltens häufig nicht aus. Als mögliche Quellen für ergänzende Informationen kommen entweder das Umfeld der Versuchsperson oder die Fähigkeit des Wissenschaftlers zur Deutung des realen Geschehens in Betracht.

Die qualitative Inhaltsanalyse ermöglicht eine quantitative Auswertung eines transkribierten Interviews, ohne den eigentlichen Sinn der Äußerungen des Befragten zu vernachlässigen. Die erforderlichen **Kategorien** werden jedoch **nicht im Voraus festgelegt**, sondern aus dem vorliegenden Text abgeleitet. Dem Vorteil, den latenten Inhalt des Dokuments aufzuspüren, steht jedoch der Nachteil einer eingeschränkten intersubjektiven Überprüfbarkeit des Resultats gegenüber. Die qualitative Inhaltsanalyse lässt sich in drei Arbeitsschritte unterteilen: Zusammenfassung des Dokuments, Explikation relevanter Textpassagen und Zuordnung der sprachlichen Einheiten zu bestimmten Kategorien.

1. Zusammenfassung des Dokuments

   Der erste Schritt besteht in einer **Reduktion der transkribierten Befragung** auf die inhaltstragenden Textelemente. Diesem Zweck dienen die Elimination aller irrelevanten Passagen des Dokuments und die Transformation der verbleibenden Textstellen in eine einheitliche Sprachform. Ein vom Forscher festgelegtes sprachliches Abstraktionsniveau bildet den Bezugspunkt für die Formulierung geeigneter Paraphrasen. Bei dieser sprachlichen Verallgemeinerung entstehen häufig inhaltsgleiche oder für die Interpretation des Dokuments bedeutungslose Ausdrücke, die keine weitere Beachtung finden. Alle sich aufeinander beziehenden Paraphrasen lassen sich zusammenfassen und gegebenenfalls durch einen Oberbegriff ersetzen.

2. Explikation relevanter Textpassagen

   Dem zweiten Schritt liegt die Erkenntnis zugrunde, dass sich Probanden im Rahmen der Exploration unklar und unvollständig ausdrücken oder einem Begriff eine eigene, ganz spezifische Bedeutung beimessen. In Anbetracht dieser erhebungstechnischen Schwierigkeit reicht die lexikalisch-grammatikalische Inhaltsanalyse zur Bestimmung der Determinanten des individuellen Verhaltens nur in seltenen Fällen aus. Es erscheint daher ratsam, eine **Textpassage mit Hilfe ergänzender Informationen zu erläutern**. Bei einer Analyse dieser Art leitet der Forscher aus dem supplementären Material mehrere Paraphrasen ab und fügt sie an die entsprechende Stelle im Dokument ein. In der Literatur finden sich zwei Varianten einer solchen Kontextanalyse: Bei der engen Kontextanalyse sind zur Explikation einer Textstelle lediglich Wörter und Sätze aus einem anderen Abschnitt des gleichen Dokuments zulässig. Bei der weiten Kontextanalyse kommt auch Material in Betracht, das Auskunft über Wesensmerkmale des Probanden und über sein soziales Umfeld gibt.

3. Zuordnung der sprachlichen Einheiten

   Im Anschluss an diese Vorarbeiten geht es im dritten Schritt um die **Zuordnung der Textelemente** zu bestimmten Kategorien. Diese Aufgabe zerfällt in zwei Teilschritte, nämlich die Bestimmung der sprachlichen Einheiten, die den gesuchten Textinhalt verbergen, und die Entwicklung eines Kategoriensystems zur Klassifikation dieser Elemente.

   Zur Aufdeckung der zentralen Aussagen eines Dokuments stehen grundsätzlich Wörter, Sätze und Abschnitte zur Verfügung. Die Entscheidung für bestimmte **Konfigurationen** hängt davon ab, wo sich Hinweise auf die Determinanten des individuellen Verhaltens verbergen. Steht die Untersuchung von Werbebroschüren, Fernseh- oder Radiospots im Blickpunkt, bilden ganze Texte die relevanten sprachlichen Einheiten. Dagegen erfordert die Erfassung der von einem Nachfrager wahrgenommenen Nutzenkomponenten eines Produkts eine Analyse einzelner Wörter oder Sätze.

   Anknüpfend an die Bestimmung der relevanten Textelemente wird ein **Kategoriensystem** zur Strukturierung des vorliegenden Materials konzipiert. In einem Schema dieser Art repräsentiert jede Kategorie eine bestimmte Bedeutungsdimension. Die Wörter beziehungsweise Sätze lassen sich in Bezug auf ihre Bedeutungsgleichheit (oder besser: semantische Ähnlichkeit) einer dieser Dimensionen zuordnen. Auf diese Weise gelingt es, die Vielfalt sprachlicher Artikulation auf geistig bewältigbare und methodisch handhabbare Klassen zu reduzieren. Die Gewährleistung einer möglichst reliablen und validen Kategorisierung der sprachlichen Einheiten erfordert eine exakte Spezifikation der Klassen.

Ein in diesem Sinne taugliches Kategoriensystem muss die folgenden **Voraussetzungen** erfüllen:

- Ein derartiges Schema sollte sich aus einem einheitlichen Klassifikationsprinzip ableiten. Dabei sollte sich jede Kategorie nur auf eine einzige Bedeutungsdimension beziehen.
- Die Klassen schließen einander aus. Daher gehört jede sprachliche Einheit nur einer Kategorie an.
- Jede auf eine Bedeutungsdimension bezogene sprachliche Konfiguration muss sich einer der bestehenden Klassen zuordnen lassen (Vollständigkeit des Kategoriensystems).

Diese drei Anwendungsvoraussetzungen der qualitativen Inhaltsanalyse bilden im Folgenden die **methodische Basis für die Auswertung** der transkribierten Interviews. Im Mittelpunkt des Interesses steht die Entwicklung eines Kategoriensystems, das eine Rekonstruktion der individuellen Means-End-Leitern ermöglicht. Die Bewältigung dieser Aufgabe erfordert nach Einschätzung zahlreicher Autoren den sicheren Umgang mit allen Interpretationstechniken der qualitativen Datenanalyse.

Die bis hierhin angestellten **Überlegungen lassen sich wie folgt zusammenfassen**: Den Ausgangspunkt bildet die Repertory Grid-Methode zur Bestimmung der relevanten Eigenschaften von Marken. Anschließend dienen tiefenpsychologische Interviews dazu, die Vorstellungen der Probanden über die gewünschten Nutzenkomponenten und angestrebten Werthaltungen zu erfassen. Im Verlauf der Untersuchung kommt eine Inhaltsanalyse zum Einsatz, um geeignete Bedeutungsdimensionen (Kategorien, Klassen) zu identifizieren und die vage formulierten Äußerungen der Probanden diesen Klassen zuzuordnen. Nach diesen Vorarbeiten interessiert im folgenden Abschnitt die Rekonstruktion der Means-End-Kette auf der Basis der zuvor ermittelten Kategorien. Zu diesem Zweck eignet sich die Laddering-Methode.

Das Mitte der 80er Jahre entstandene Laddering-Verfahren besteht im Kern aus einer Heuristik, die auf die Identifikation der von den Probanden besonders oft genannten **Means-End-Elemente** abzielt. Solche Komponenten bilden die Basis für die Rekonstruktion von Means-End-Ketten, die das kognitive Gefüge typischer Konsumenten verkörpern. Sofern unterschiedliche Gruppen von Nachfragern mit verschiedenen repräsentativen Ketten dieser Art existieren, lässt sich eine Hierarchical-Value-Map entwickeln. Diese Landkarte der Kognitionen bringt für eine Menge von Auskunftspersonen die aus verhaltenswissenschaftlicher Sicht bedeutsamen und für die Ableitung marketingpolitischer Handlungsempfehlungen sehr wichtigen Verknüpfungen der Komponenten zum Ausdruck.

Methodisch gesehen bildet die **Implikationsmatrix** den Ausgangspunkt für die Rekonstruktion der Hierarchical-Value-Map. Die Zeilen und Spalten dieser Matrix bestehen aus den Means-End-Elementen, die Zellen enthalten Häufigkeitswerte. Dabei gibt ein Tabellenwert die Anzahl der Probanden an, die das in der Spalte angeordnete Element mit dem in der Zeile abgetragenen verknüpfen. Die Bestimmung dieser Matrix setzt voraus, dass der Marktforscher die Frequenz erfasst, mit der jedes Element zum anderen Element führt. Diese Aufgabe erscheint auf den ersten Blick leicht lösbar, da sie lediglich eine Auswertung aller ermittelten Leitern erfordert. Bei genauer Betrachtung taucht jedoch das Problem auf,

Tab. 6.11 Beispielhafte Implikationsmatrix

	E1	E2	E3	NK1	NK2	NK3	WH1	WH2	WH3
E1	–	–	–	19	7	6	4	17	32
E2	–	–	–	9	20	13	26	8	11
E3	–	–	–	5	9	24	5	9	5
NK1	–	–	–	–	–	–	15	9	3
NK2	–	–	–	–	–	–	7	4	18
NK3	–	–	–	–	–	–	4	19	7

E = Eigenschaft
NK = Nutzenkomponente
WH = Werthaltung

dass zwei unterschiedliche Arten von Beziehungen zwischen den Komponenten existieren. Dieser Einwand lässt sich anhand einer fiktiven, aus drei Elementen bestehenden Means-End-Leiter erläutern: Garantierte Frische, den Durst löschen, sich belohnen.

Während die Komponenten garantierte Frische und den Durst löschen beziehungsweise den Durst löschen und sich belohnen in einem direkten Zusammenhang stehen, besteht zwischen garantierter Frische und sich belohnen eine indirekte Relation. Die Implikationsmatrix sollte sowohl alle **direkten** als auch alle **indirekten Beziehungen** erfassen. Die beispielhafte Implikationsmatrix in Tab. 6.11 enthält alle direkten und indirekten Verbindungen zwischen den Einstellungen, Nutzenkomponenten und Werthaltungen.

Die identifizierten Häufigkeitswerte bilden die Basis zur Rekonstruktion einer **Hierarchical-Value-Map** mittels der Laddering-Methode. Dieses Verfahren zielt auf eine Identifikation jener Elemente ab, die eine bestimmte Anzahl von Probanden direkt oder indirekt miteinander verknüpfen. Aus dieser Matrix geht hervor, dass nahezu jede Variable mit jeder anderen in einer Beziehung steht. Eine von diesem Sachverhalt ausgehende, sehr weit gefasste und daher viele Relationen einbeziehende Hierarchical-Value-Map wäre weder gedanklich durchdringbar noch grafisch darstellbar. Außerdem ließen sich die für die Gestaltung der marketingpolitischen Aktivitäten relevanten Means-End-Ketten nur sehr schwer oder überhaupt nicht erkennen.

Obwohl die **Erörterung dieses Problems** in der einschlägigen Literatur einen breiten Raum einnimmt, liegt bislang keine operationale Anweisung vor, die es erlaubt, bedeutsame Beziehungen zwischen den Komponenten aus der Gesamtmenge aller Relationen herauszulösen. Eine praktikable Lösung besteht darin, alle Größen miteinander zu verzahnen, die den Aussagen von mindestens sieben bis zehn Prozent der Befragten zufolge in einer direkten oder indirekten Beziehung miteinander stehen.

Den methodischen Kern des Laddering-Verfahrens bildet die **zeilenweise Bestimmung aller Tabellenwerte**, die die kritische Zahl von sieben bis zehn Prozent aller Probanden übersteigen. Beträgt der kritische Wert beispielsweise zwölf Nennungen, so ist der erste Fall, der in der Beispieltabelle 6.11 über diesen zwölf liegt, die Beziehung zwischen der Einstellung E1 und der Nutzenkomponente NK1. Lautet beispielsweise die Eigenschaft E1

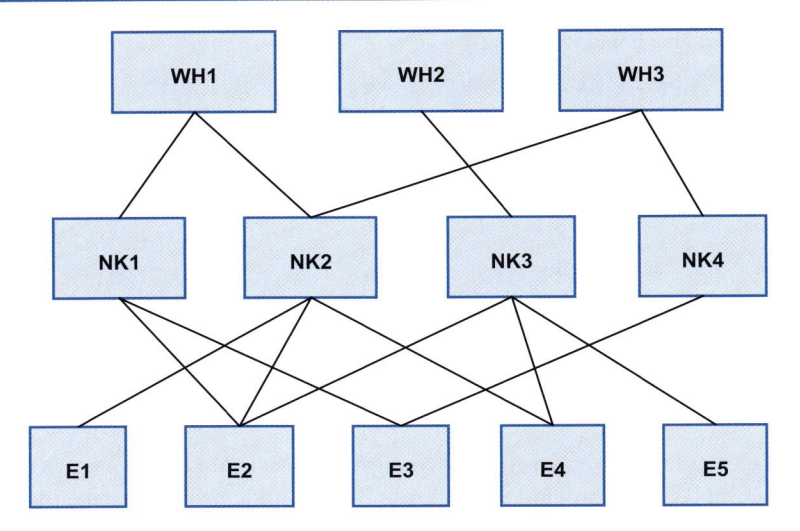

Abb. 6.3 Beispielhafte Hierarchical-Value-Map

„Kalorienarme Limonade" und NK1 steht für „Körpergewicht konstant halten", so sehen genau 19 Probanden den Vorzug einer kalorienarmen Limonade darin, das Körpergewicht konstant zu halten. Diese beiden Größen bilden das erste Element der ersten Means-End-Kette. Von dort ausgehend schaut der Marktforscher nach den nächsten Verbindungen, die eine ausreichende Zahl an Probanden genannt hat.

Dieses **iterative Verfahren** wird so lange fortgesetzt, bis alle von mehr als sieben bis zehn Prozent der Individuen direkt oder indirekt miteinander verknüpften Elemente zumindest einer Means-End-Kette angehören. Die Hierarchical-Value-Map bildet in der Untersuchung das Ergebnis der Laddering-Methode. Eine beispielhafte Hierarchical-Value-Map ist in Abb. 6.3 dargestellt.

6.2.4   Quality Function Deployment

Ziel des **Quality Function Deployments** ist es, die Stimme des Kunden in die Sprache des Ingenieurs zu übertragen. Hierzu erfolgt eine Transformation der Kundenwünsche in Konstruktionsmerkmale, Teilemerkmale, Betriebsabläufe und Produktionserfordernisse.

Manager auf einer Werft von Mitsubishi Industries in Kobe legten 1972 einen Ansatz zur systematischen Transformation der „Stimme des Kunden" in die „Sprache des Ingenieurs" vor. Im Mittelpunkt ihrer Bemühungen stand die Idee, die Ansprüche und Bedürfnisse der tatsächlichen und potenziellen **Nachfrager zum Ausgangspunkt der Produktgestaltung** zu erheben (Bauer und Huber 1998). *Toyota* und seine Zulieferer griffen dieses Quality Function Deployment-Modell auf und entwickelten es in der Folgezeit auf vielfältige Weise weiter. Inzwischen führen eine beachtliche Zahl von Unternehmen, wie *General Motors*,

Hewlett Packard, *ITT* und *AT&T*, Quality Function Deployment-Projekte durch (zu den Erfolgsfaktoren, vgl. Herrmann und Huber 2000).

Die **Grundidee** des Quality Function Deployment-Ansatzes lässt sich anhand eines Beispiels zeigen: Den Ausgangspunkt bilden jene Produktmerkmale, die aus Kundensicht eine große Wichtigkeit besitzen. Beispielsweise fordern Personen unter anderem, dass eine Wagentür leicht zu öffnen und zu schließen ist, am Berg nicht zuschlägt und auch keine Fahrgeräusche durchlässt. Zur Strukturierung dieser bedeutsamen Attribute bietet es sich an, verschiedene Kategorien, wie „leicht zu öffnen und zu schließen", Isolierung und Armstütze, zu bilden.

Im Anschluss daran bedarf es einer Quantifizierung der **relativen Bedeutung der einzelnen Merkmale** für die Nachfrager. Hierzu kommt etwa das Ergebnis einer Conjoint-Analyse in Betracht (vgl. Abschn. 6.2.2), das die relative Wichtigkeit jeder Eigenschaft zum Ausdruck bringt. Dazu kommen die Nennungen der Auskunftspersonen bezüglich der Ausprägungen der interessierenden Autotür und der entsprechenden Konkurrenzprodukte bei den einzelnen Attributen.

Nach diesen Vorarbeiten besteht das Anliegen des Marktforschers darin, die für Kunden wichtigen Türeigenschaften in konstruktive Merkmale zu übersetzen. Hierbei gibt das Marketing vor, was zu tun ist, während die technische Entwicklung Anhaltspunkte dafür liefert, wie dies geschieht. Diese **Vorgehensweise** zielt darauf ab, Möglichkeiten zur Beeinflussung der in den Augen der Abnehmer wichtigen Attribute durch die konkreten Eigenschaften aufzuzeigen. In Abb. 6.4 stehen die aus Nachfragersicht relevanten Attribute den konstruktiven Eigenschaften gegenüber. Dabei signalisiert das Minuszeichen vor dem Merkmal „Energieaufwand beim Türschließen", dass die Ingenieure bemüht sind, diesen Aufwand zu verringern. Ein Pluszeichen vor dem Attribut „Widerstandskraft auf ebener Fläche" deutet auf die Absicht der Techniker hin, diese Kraft zu erhöhen.

Im Anschluss fügen die Marktforscher, Ingenieure und Techniker in die Felder der Matrix Werte beziehungsweise Symbole ein, die die **Intensität der Beziehung** zwischen einem konstruktiven Merkmal und einem aus Kundensicht wichtigen Attribut angeben. Bei der Beurteilung der interessierenden Relation greifen die Mitglieder des Teams auf Kundenreaktionen und Konstruktionserfahrungen zurück. Abbildung 6.4 zeigt das Resultat des Bewertungsprozesses, wobei ein Haken für einen positiven Zusammenhang und ein Kreuz für einen negativen steht. Beispielsweise führt die Erhöhung der Widerstandskraft auf der Ebene dazu, dass kein Zuschlagen am Berg erfolgt. Dagegen vermittelt eine geringere Abdichtung dem Käufer das Empfinden, dass sich die Tür leichter schließen lässt.

Nach einer **Verknüpfung** der in den Augen der Nachfrager relevanten Eigenschaften mit den konstruktiven Attributen dienen die in der Abbildung eingefügten Zeilen dazu, objektive, also physikalisch-chemisch-technische Werte für die einzelnen Konstruktionsmerkmale anzugeben. Diese fungieren als Richtlinien und Maßstäbe für die Entwicklung eines neuen Produkts oder die Variation beziehungsweise Differenzierung eines bereits existierenden Erzeugnisses. Im vorliegenden Beispiel zeigt sich, dass die betrachtete Wagentür einen Energieaufwand beim Schließen von 11 ft-lb erfordert, wohingegen die Konkurrenzprodukte lediglich 9 beziehungsweise 9,5 ft-lb benötigen.

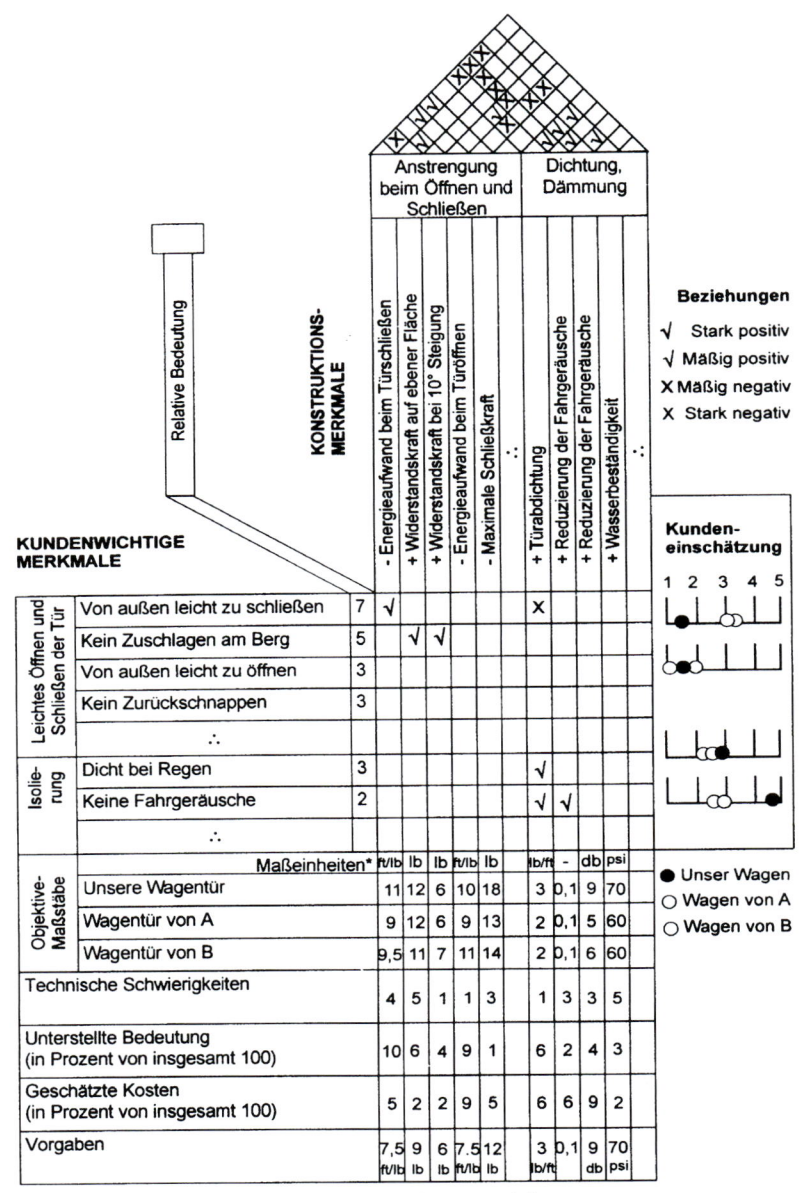

Im Folgenden gilt die Aufmerksamkeit dem Wirkungszusammenhang der konstruktiven Merkmale. Diese Analyse ist erforderlich, um die **Auswirkung einer konstruktiven Veränderung** auf andere physikalisch-chemisch-technischen Stellgrößen zu verstehen. Nur so sind Ingenieure in der Lage, ein aus Kundensicht wichtiges Merkmal zu verbessern, ohne ein anderes dadurch zu beeinträchtigen. Aus der Beispiel-Abbildung geht hervor, dass die Reduktion des Energieaufwands beim Schließen einer Tür in einer negativen Beziehung zur Verbesserung der Türabdichtung steht. Im Unterschied dazu existiert zwischen der Reduzierung der Fahrgeräusche und der Verbesserung der Türabdichtung eine positive Relation.

Aus der **empirischen Studie** geht hervor, dass sich die interessierende **Wagentür** nach Auffassung der Befragten viel schwerer von außen schließen lässt als die Türen der Wettbewerber. Darüber hinaus verdeutlicht das Untersuchungsergebnis die Relevanz dieses Merkmals bei der Produktwahl der Individuen. Ein Blick auf das in Abb. 6.4 dargestellten House of Quality veranschaulicht die konstruktiven Merkmale, die mit diesem Attribut in einem Zusammenhang stehen. Demzufolge bilden der Energieaufwand beim Türschließen und die maximale Schließkraft zwei Ansatzpunkte, um das Schließen der Wagentür zu erleichtern.

Außerdem fällt auf, dass die beiden konstruktiven Merkmale in einer **mäßig positiven Beziehung** stehen. Allerdings liegen auch negative Relationen vor, etwa zwischen dem Energieaufwand beim Schließen der Tür und der Türabdichtung oder der Schallübertragung. Offenbar bewirken die Reduzierung des Energieaufwands beim Türschließen und die Verminderung der maximalen Schließkraft eine geringere Türabdichtung und eine größere Schallübertragung. Dadurch hört der Fahrer mehr Geräusche und ist möglicherweise von undichten Stellen bei Regen betroffen.

Sofern die Verantwortlichen in Marketing, Produktion, Forschung und Entwicklung zu dem Resultat gelangen, dass die **Vorteile der Änderung** die Nachteile überwiegen, gilt es, Richtwerte für den Energieaufwand beim Türschließen und für die maximale Schließkraft zu formulieren. Diese können in Anbetracht der entsprechenden Werte der Wettbewerbsprodukte beispielsweise 7,5 ft-lb beziehungsweise 12 ft-lb lauten. Hinzu kommen häufig Indikatoren, die die technischen Schwierigkeiten und die marketingpolitische Bedeutung dieser Maßnahmen relativ zu anderen Aktivitäten verdeutlichen. Außerdem tauchen in vielen Houses of Quality die geschätzten Kosten der Aktionen im Vergleich zu anderen Vorgehensweisen auf.

Ein **zentrales Charakteristikum** des zuvor präsentierten Quality Function Deployment-Konzepts ist die Orientierung des Marktforschers an physikalisch-chemisch-technischen Eigenschaften von Produkten als Ausgangspunkt einer Transformation „der Stimme des Kunden" in „die Sprache des Ingenieurs". Viele Autoren beklagen diese an objektiven Sachverhalten ausgerichtete Vorgehensweise und fordern eine ausreichende Berücksichtigung der subjektiven Ansprüche und Bedürfnisse der Nachfrager in bestimmten Produktverwendungssituationen.

Anknüpfend an die Arbeit von Griffin und Hauser (1993) schlagen Herrmann et al. (1997) den **Voice of the Customer-Ansatz** vor. Dieses Konzept zeichnet sich dadurch aus, dass der Betroffene im Rahmen der Rekonstruktion der für den Kauf und Konsum eines Produkts relevanten Attribute die Verwendungssituation vor Augen hat. Offenbar geht es den Autoren darum, das Individuum bei der Datenerfassung in seine Kauf- und Konsumwelt zu versetzen, um aussagekräftige Informationen über die Anforderungen an ein Gut zu erheben.

Die **Idee** des Voice of the Customer-Konzepts lässt sich in drei Schritten verdeutlichen:

1. Erfassung der Nachfragerwünsche
   Mittels **tiefenpsychologischer Interviews** geht es insbesondere um die Beantwortung der Fragen, wer, wo, wann, warum und wie das interessierende Erzeugnis verwendet. Die Nennungen bilden die Basis zur Ermittlung der für einen erfolgreichen Absatz eines Produkts am Markt relevanten Merkmale und deren Ausprägungen und zur Transformation der Aussagen des Individuums in Produktqualitätsvorgaben.
2. Generierung von Produktideen
   Zur Entwicklung eines neuen Produkts vor dem Hintergrund tatsächlicher und potentieller Verwendungszwecke kommt die von *Osborne* konzipierte **Checkliste** in Betracht. Wie erinnerlich umfasst die Checkliste zehn Punkte, die jeweils unterschiedliche Facetten des Kernprodukts beziehungsweise der mit ihm verbundenen Verwendungszwecke erfassen (eine Beschreibung der Osborne-Checkliste ist Gegenstand der Ausführungen zu Kreativitätstechniken in Abschn. 5.2.4):
   - Anders Verwenden (an anderer Stelle, zu anderem Zweck)
   - Anpassen (Ähnliches, Parallelen zu anderen suchen)
   - Ändern (Form, Bedeutung, Farbe, Größe, Klang)
   - Vergrößern (größer, höher, länger, häufiger)
   - Verkleinern (kürzen, leichter, tiefer, aufspalten)
   - Ersetzen (austauschen – fremde Elemente hinzufügen)
   - Umstellen (Reihenfolge ändern, Ursache und Wirkung umdrehen)
   - Umkehren (Gegenteil, Spiegelbild der Idee)
   - Kombinieren (mit anderen Ideen verbinden, zerlegen)
   - Transformieren (Konsistenz ändern, ausdehnen)
3. Verzahnung von Kundenwünschen und Produktideen
   Nach diesen Vorarbeiten lassen sich die rekonstruierten **Nachfragerwünsche den generierten Produktideen gegenüberstellen**. Dabei zielt der Produktmanager darauf ab, den vielfältigen Bedürfnissen der Individuen geeignete Produktkonzepte zuzuweisen. Diese Kombinationen aus jeweils einer Produktidee und einer Nachfragervorstellung bilden die Basis zur Gestaltung der Unternehmensleistung. Ein in diesem Sinne konzipiertes Erzeugnis erfüllt nicht nur die Anforderungen der Individuen an die physikalisch-chemisch-technische Beschaffenheit eines Guts, sondern befriedigt auch die Nutzenvorstellungen und Werthaltungen der Individuen.
   So gesehen lässt sich dieser **Ansatz als Brücke** zwischen dem auf das Unternehmensgeschehen fokussierten Quality Function Deployment-Ansatz und dem auf die Treiber des Kauf- und Konsumverhaltens ausgerichteten Means End-Modell charakterisieren.

Anknüpfend an den Voice of the Customer-Ansatz legten Gustafsson und Johnson (1997) das **Bridging the Gap-Modell** vor, dem die folgende Idee zugrunde liegt. Den Ausgangspunkt der Produktgestaltung bilden physikalisch-chemisch-technische Eigenschaften, die der Nachfrager wahrnimmt und beurteilt. Aus dem Wirkungszusammenhang der Attribute entwickelt das Individuum bestimmte Nutzenvorstellungen häufig vor dem Hintergrund spezifischer Produktverwendungszwecke. Entspricht ein Erzeugnis den Nutzenvorstellungen des Verwenders, stellt sich bei diesem Zufriedenheit ein. Da zufriedene Nachfrager zum Wiederkauf neigen und anderen Käufern über ihre Erfahrungen berichten, ist mit einer Verbesserung des Unternehmenserfolgs zu rechnen.

6.2.5 Securities Trading of Concepts (STOC)

Eine der innovativsten Methoden, Produktanforderungen zu ermitteln und neue Produktkonzepte durch die Konsumenten bewerten zu lassen, ist **Securities Trading of Concepts** (STOC). Das Konzept von STOC besteht darin, ein Online-Börsenspiel zu veranstalten, bei dem Benutzer in spielerischer Form mit Produktkonzepten statt mit Aktien handeln können (Dahan und Hauser 2001).

Ein gutes Beispiel für die Anwendung des Securities Trading of Concepts-Verfahrens, ist der in den USA seit einigen Jahren bestehende **Hollywood Stock Exchange**. Er ist ein Online-Spiel für interessierte User, das als Prognoseinstrument für den Erfolg von Kinofilmen dient. Angemeldete Benutzer können neue Filme, aber auch Darsteller oder Regisseure online handeln. Aus dem Kurs, zu dem beispielsweise Filme gehandelt werden, also deren Marktpreis, lässt sich auf den Publikumserfolg und das Einspielergebnis des Filmes schließen. Abbildung 6.5 zeigt dieses für User wie Filmgesellschaften hochinteressante Konzept.

Unternehmen können solche speziellen Börsenspiele, die einige Dienstleister zur Verfügung stellen, zum **Testen von Produktkonzepten** nutzen. Mit den in der virtuellen Welt aus Kundensicht gewonnenen Erkenntnissen kann der Hersteller Rückschlüsse auf die Produktanforderungen in der Realität ziehen – und das mit erstaunlicher Genauigkeit und Zuverlässigkeit. Das belegt das Beispiel von Wahl\$treet, des zu den Bundestagswahlen von der *ZEIT* ins Leben gerufene Börsenspiel. 2005 handelten dort fast 3000 Internetuser vor der Wahl mit fiktiven Aktien der Parteien (siehe Abb. 6.6). Das überraschende Ergebnis: Wahl\$treet sagte die Wahlergebnisse der einzelnen Parteien mit einer durchschnittlichen Differenz von nur ca. 1 % voraus. Damit schlug es in der Wahlprognose alle führenden deutschen Meinungsforschungsinstitute.

Beim Securities Trading of Concepts können Internetuser auf eine Internetplattform zugreifen und dort wie Börsenhändler agieren. Alle Teilnehmer sind gleichzeitig online und **kaufen bzw. verkaufen Produktkonzepte**. Sie erhalten zusammen mit einzelnen Konzeptwertschätzungen auch die Meinung der Gruppe zu den Konzepten. Abbildung 6.7 zeigt das STOC Trading User Interface.

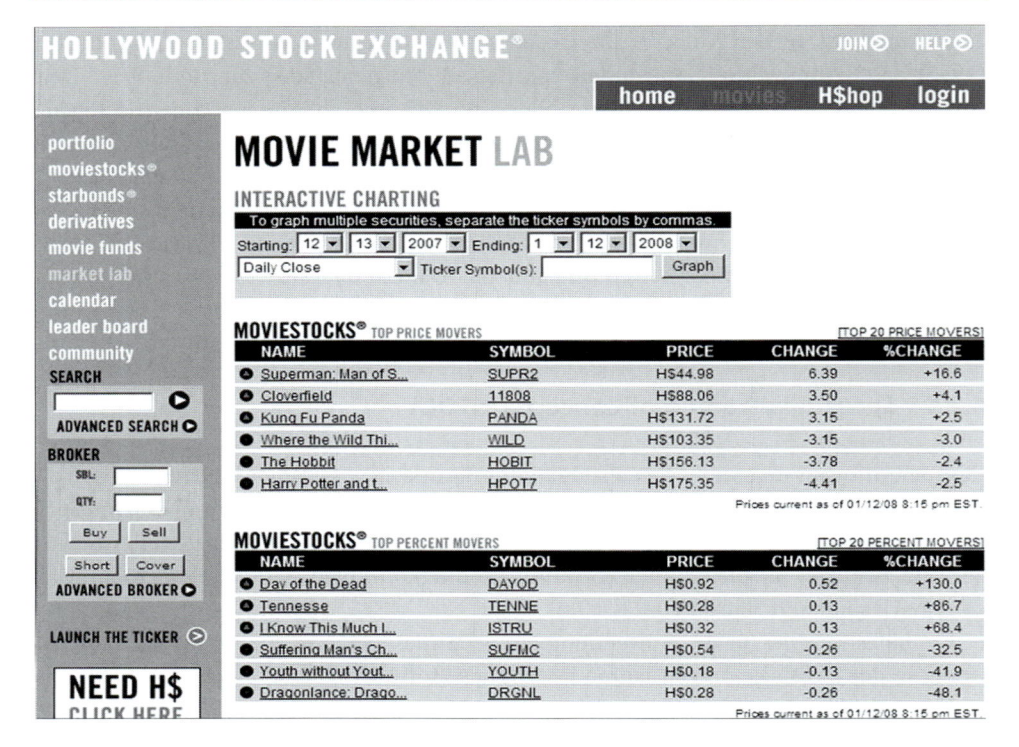

Abb. 6.5   Hollywood Stock Exchange (Quelle: Hollywood Stock Exchange 2008)

A N A L Y S E B U N D E S T A G S W A H L 2 0 0 5				>> Aktualisieren der Kurse uber reload im Browser. **interactive Charts**	
Aktie	Mittelkurs Vortag	Mittelkurs aktuell	Differenz	Kurs aktuell	Anz. gehandelte Aktien Vortag
1 : SPD	32,73	32,73	0,00 (0,00%)	33,11	0
2 : CDU/CSU	40,51	40,51	0,00 (0,00%)	39,99	0
3 : Gruene	7,82	7,82	0,00 (0,00%)	7,84	0
4 : FDP	8,37	8,37	0,00 (0,00%)	9,70	0
5 : Linkspartei	7,80	7,80	0,00 (0,00%)	7,68	0
6 : Sonstige	2,91	2,91	0,00 (0,00%)	2,87	0

Abb. 6.6   Zwischenstand bei der Wahl$treet-Prognose 2005 (Quelle: Zeit.de 2005)

Die gehandelten Produktkonzepte sind alle **Wettbewerbsprodukte** innerhalb einer Produktkategorie. Hersteller können am Securities Trading of Concepts partizipieren, indem sie neuartige Produktkonzepte in die Onlinebörse einstellen und aus den Marktpreisen, also den Kursen, zu denen die User das Konzept handeln, im Vergleich zu den Preisen der Konkurrenzprodukte auf die Nutzenstiftung der Produktspezifikationen und letztlich auf

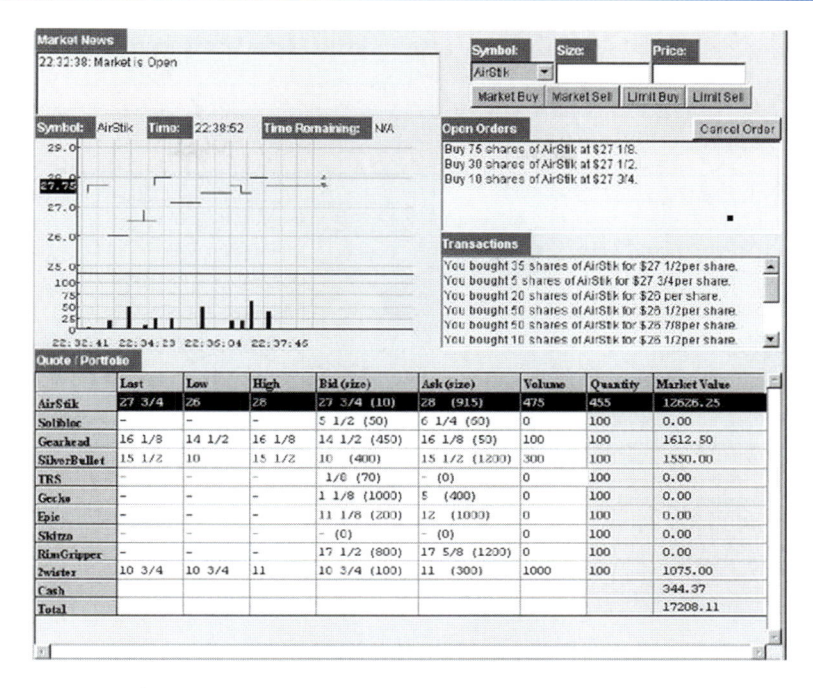

Abb. 6.7 STOC Trading User Interface (Quelle: Dahan und Hauser 2002, S. 347)

den zu erwartenden Markterfolg schließen. Der Marktpreis der Produktkonzepte zeigt so die relativen Werte der Produktlösungen auf.

Das Konzept der Securities Trading of Concepts weist bisherigen Erkenntnisse zu Folge eine sehr gute **interne Validität** auf. Weitere Verifizierungen stehen jedoch noch aus und könnten letzte Sicherheit über die Eignung von Securities Trading of Concepts zur Prognose der Produktanforderungen von Innovationen geben.

6.2.6 User Design

Eine weitere sehr innovative Methode, Produktanforderungen zu ermitteln, ist das **internetbasierte User Design** (Dahan und Hauser 2001). Es greift auf das Konzept der Toolkits zurück (vgl. Abschn. 5.3.3), bei dem Internetuser unter Zuhilfenahme von vorgegebenen Designwerkzeugen (den Toolkits) ein Produkt nach den eigenen Vorstellungen gestalten kann. Ziel des User Design im Rahmen des Innovationsprozesses ist es, herauszubekommen, welche Produktmerkmale der Kunde vorzieht und welche Merkmalskombination das beste Ergebnis für den Kunden darstellt, ihm also den größten Nutzen verspricht.

Die Probanden gestalten auf einer Internetseite ein Produkt nach ihren Vorstellungen, indem sie im **Trial-and-Error-Verfahren** die Produktmerkmale auswählen, die ihr

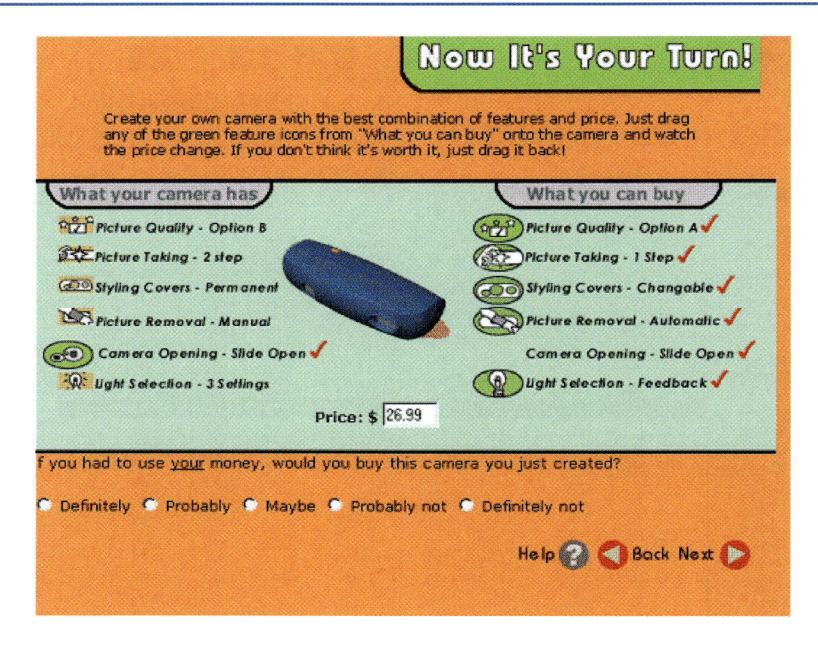

Abb. 6.8 User Design (Quelle: Dahan und Hauser 2002, S. 347)

Produkt aufweisen soll. Zudem liefern Trade-off Entscheidungen Informationen darüber, welche Merkmale das Produkt in jedem Fall aufweisen sollte. Die Anwendung des User-Designs am Beispiel von Digitalkameras ist in Abb. 6.8 zu sehen.

Durch das User Design gelingt es den Herstellern, eine **größere Anzahl von Merkmalen** in die Untersuchung zu integrieren. Zudem lassen sich Wechselbeziehungen zwischen den einzelnen Produktmerkmalen beobachten und daraus Schlüsse auf die Zusammenstellung der Neuprodukte ziehen. Eine Reaktion des Probanden auf jede Merkmalskombination ist hingegen nicht möglich.

6.3 Produktanforderungen dokumentieren

Die letzte Aufgabe in der Ermittlung der Produktanforderungen besteht in einer **genauen Dokumentation** der erzielten Erkenntnisse. Mit diesem Schritt geht die treibende Kraft im Innovationsprozess von den marktforschenden Abteilungen vorübergehend an die technischen Entwicklungsabteilungen der Unternehmen.

Ohne eine detaillierte **Zusammenstellung aller Produktanforderungen** der Kunden hinsichtlich des Leistungsumfangs des Produkts kann die Entwicklung nicht wie geplant vonstatten gehen. Das Lastenheft ist prinzipiell für alle Produkte erstellbar. Je nach Art des Produktes unterscheiden sich die Lastenhefte unterschiedlicher Produkte teilweise erheblich in Inhalt und Umfang. Eine gute Orientierungshilfe für die individuelle Ausgestaltung des Lastenheftes geben die folgenden acht Inhaltspunkte.

1. Ermittlung der Anforderungsträger
2. Ermittlung der Produktanforderungen aus Kundensicht
3. Ermittlung der kaufentscheidenden Faktoren
4. Ermittlung der Anforderungen aus der Umwelt
5. Anforderungen aus dem Unternehmen ermitteln
6. Anforderungen des Vertriebs ermitteln
7. Anforderungen der Lieferanten und Kooperationspartner ermitteln
8. Ermittlung von Produktprofilen für die Zielmarktsegmente

Durch die Verwendung eines für alle einzusehenden und **verpflichtenden Lastenheftes** können einheitliche Vorgaben für alle am Entwicklungsprozess Beteiligten geschaffen werden. Durch die systematische Dokumentation lassen sich Missverständnisse weitgehend vermeiden. Versäumnisse durch fehlerhafte Instruierung der Entwicklungsabteilung werden minimiert und der Kommunikationsaufwand zwischen Ingenieuren und Marktforschern kann gesteuert werden.

Eine sorgfältige Erstellung des Lastenheftes ist mit hohem Aufwand verbunden. Da aufgrund der vielen Besonderheiten, die jedes neue Produkt auszeichnen, **keine Standardisierung des Lastenheftes** möglich ist, muss es für jedes Produkt individuell erstellt werden. Eine gewissenhafte Abarbeitung der acht vorgestellten Inhaltspunkte des Lastenheftes und die Auflistung jeglicher Anforderungen nehmen dabei große Zeitressourcen in Anspruch. Dennoch ist die Anfertigung und Verwendung eines Lastenheftes immer zu empfehlen.

Literatur

Bauer, H. H./Huber, F. (1998): Qualitätsorientierte Unternehmensführung – Eine kaufverhaltenstheoretische Erweiterung des Quality Function Deployment zur Steigerung der Kundenzufriedenheit, *Der Betriebswirt* 3, 29–31.

Gustafsson, A./Herrmann, A./Huber, F. (2007): Conjoint Analysis as an Instrument of Market Research Practice. In Gustafsson, A./Herrmann, A./Huber, F., (Hrsg.), *Conjoint Measurement: Methods and Applications* (S. 5–46), 4. Aufl., Berlin: Springer.

Dahan, E./Hauser, J. R. (2001): The Virtual Customer, *Journal of Product Innovation Management* 19 (5), 332–354.

Griffin, A./Hauser, J. (1993). The Voice of the Customer, *Marketing Science* 12 (1), 1–27.

Gustafsson, A./Johnson, M. D. (1997): Bridging the Quality-Satisfaction Gap, *Quality Management Journal* 4 (3), 27–43.

Helm, R./Steiner, M. (2008): *Präferenzmessung. Methodengestützte Entwicklung zielgruppenspezifischer Produktinnovationen*, Stuttgart: Kohlhammer.

Herrmann, A. (1996): *Nachfrageorientierte Produktgestaltung auf der Basis der Means End-Theorie*, Wiesbaden: Gabler.

Herrmann, A./Huber, F. (2000): Determinanten des Erfolgs von quality function deployment-Projekten, *Zeitschrift für Betriebswirtschaft* 70 (1), 27–52.

Herrmann, A./Huber, F./Gustafsson, A./Elg, M. (1997): *An integrative framework for product development and satisfaction measurement, Proceedings of the Third Annual International QFD Symposium 2*, University of Linköping.

Kano, N. (1984). Attractive Quality and Must-be Quality, *Journal of the Japanese Society for Quality Control* 4, 39–48.

Matzler K./Bailom F. (2006): Messung von Kundenzufriedenheit. In: Hinterhuber H./Matzler K. (Hrsg.): *Kundenorientierte Unternehmensführung* (S. 241–271), 5. Aufl., Wiesbaden: Gabler.

Matzler, K./Sauerwein, E./Stark, C. (2006): Methoden zur Identifikation von Basis-, Leistungs- und Begeisterungsfaktoren, in: Hinterhuber, H./Matzler, K. (Hrsg.): *Kundenorientierte Unternehmensführung* (S. 317–339), 5. Aufl., Wiesbaden: Gabler.

Salcher, E. F. (1995): *Psychologische Marktforschung*, 2. Aufl., Berlin: de Gruyter.

Produkte testen

7

7.1 Bedeutung der Testphase

Produktideen, die sich bis in die Testphase durchsetzen konnten, sind in der Regel schon mehrere Modifikationsphasen durchlaufen. Gleichwohl steht ihnen die eigentliche Bewährungsprobe noch bevor. Sie müssen in ihrer endgültigen Beschaffenheit auf **Akzeptanz bei den Nachfragern** stoßen und gleichzeitig unter wirtschaftlichen Gesichtspunkten erfolgreich sein. Dabei steht nicht primär die Erfüllung technisch-funktionaler Produktmerkmale im Vordergrund, vielmehr sind Präferenz- und Akzeptanzwirkungen auf Kundenseite von Interesse. Studien konnten aufzeigen, dass nur 8 % aller Neuproduktprojekte jemals Marktreife erlangen, wobei von diesen wenigen wiederum 83 % am Markt scheitern (Erichson 2007). Das bedeutet, dass sich von 1000 ursprünglich generierten Produktideen letztlich nur eine einzige am Markt zu einem erfolgreichen Erzeugnis entwickelt. Gründe hierfür liegen u. a. in einem zu geringen Neuheitsgrad der Produktkonzeption, einem zu hohen Preis, Qualitätsmängeln, unpassenden Positionierungen, schlechten Werbekonzeptionen und vermehrt auch in einer ungenügenden Distribution.

Es bleibt festzuhalten, dass sich die Entwicklung und Vermarktung neuer Produkte sowohl durch **erhebliche Marketinganstrengungen**, als auch durch ein **großes Maß an Unsicherheit** auszeichnet. Unternehmen sollten daher bestrebt sein, in jeder Phase der Produktgestaltung die Erfolgsträchtigkeit des Produktes zu überprüfen. Da die Kosten der Produkt- bzw. Ideenentwicklung mit dem Verlauf des Entwicklungsprozesses bis hin zur Markteinführung überproportional ansteigen, gilt es, anstehende Produkteliminationen so früh wie möglich durchzuführen (vgl. Abb. 7.1). Mit der Markteinführung fallen beispielsweise Kosten für die Schaffung von Produktionskapazitäten und Distributionswegen sowie für die Bekanntmachung des Neuprodukts an, die gerade im Bereich von Verbrauchsgütern empfindliche Ausmaße annehmen können. Allein die Werbeanstrengungen zur Bekanntmachung des neuen Produktes und/oder der neuen Marke umfassen nicht selten zweistellige Millionenbeträge. Gleichzeitig gestaltet sich die Erfolgsprognose in frühen Entwicklungsstadien besonders schwer, wodurch die Gefahr steigt, ein potentiell erfolgreiches

A. Herrmann und F. Huber, *Produktmanagement*, DOI 10.1007/978-3-658-00004-2_7,
© Springer Fachmedien Wiesbaden 2013

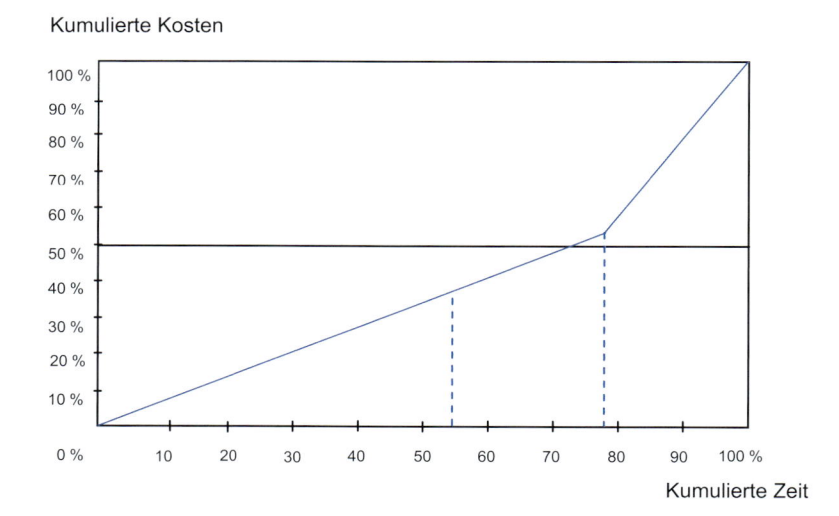

Abb. 7.1 Verlauf der Kosten einer Neuproduktentwicklung bis zur Markteinführung (Quelle: Erichson 2007, S. 399)

Produkt fälschlicherweise aus der Entwicklungs-Pipeline herauszunehmen. Produkttests an der Schnittstelle zur Markteinführung sind deshalb von zentraler Bedeutung für das Produktmanagement und den Unternehmenserfolg.

Die Realität nimmt jedoch in vielen Fällen andere Formen an. Viele Unternehmen **verzichten** auf eine, der Markteinführung vorgeschalteten, **Testphase**. Der Markt dient bei diesem Vorgehen direkt dazu, erste Erfahrungen seitens der Kunden z. B. in Form von Reklamationen zu sammeln. Diese zeigen Verbesserungsnotwendigkeiten auf, sodass das neue Produkt erst Schritt für Schritt seine wirkliche Marktreife erhält. Gründe für eine solche Vorgehensweise sind vornehmlich in der zeitlichen Verkürzung der sogenannten „Time-to-market" zu sehen. Diese umfasst den gesamten Zeitraum von der Produktentwicklung bis hin zur Einführung des Produktes am Markt, in welchem der Unternehmung hohe Kosten entstehen, Umsätze jedoch ausbleiben. Risiken einer fehlenden Testphase eröffnen sich dagegen besonders dann, wenn Erstkäufer durch unausgereifte Produkte enttäuscht werden. Da sich negative Mund-zu-Mund-Propaganda bedeutend schneller ausbreitet als positive, kann dies fatale Folgen, gerade in der Startphase des Produktlebenszyklus, mit sich bringen. Ebenso sind Kundenverluste bei anderen Produkten des Herstellers möglich.

Betrachtet man die verschiedenen **Phasen der Prüfung von Neuproduktideen** im Zeitablauf, findet sich idealtypischerweise der folgende Ablauf wieder: Nach Abschluss der vielfachen Konzepttests finden zunächst verschiedene Partialtests unter verstärkter Einbeziehung der Konsumenten statt. Nach Implementierung der Ergebnisse sind darauf aufbauend ganzheitliche Produkttests zur Identifizierung der Präferenz- und Gefallenswirkungen auf Seiten der Konsumenten durchzuführen. Vor der eigentlichen Markteinführung bleiben noch quantitative Prognosen über zu erwartende Marktanteils-

Abb. 7.2 Idealtypischer Verlauf der Entwicklungsphase
von Neuprodukten

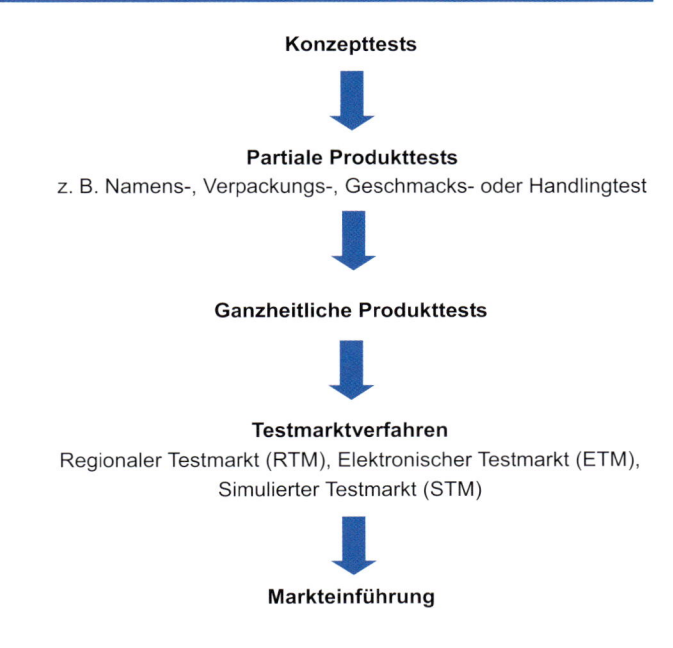

Konzepttests

Partiale Produkttests
z. B. Namens-, Verpackungs-, Geschmacks- oder Handlingtest

Ganzheitliche Produkttests

Testmarktverfahren
Regionaler Testmarkt (RTM), Elektronischer Testmarkt (ETM),
Simulierter Testmarkt (STM)

Markteinführung

oder Absatzvolumina anhand von realeren oder simulierten Testmarktverfahren abzuleiten (vgl. Abb. 7.2). Eine Wirtschaftlichkeitsüberprüfung sollte die Produktentwicklung
von Anfang an begleitend unterstützen.

   Die dargestellten Testphasen und -vorgehensweisen sollen im Folgenden eine genauere
Betrachtung erfahren.

7.2   Klassifizierung von Produkttests

Produkttests übernehmen im Allgemeinen die Aufgabe, das fertige, marktreife Produkt
aus Sicht der potentiellen Nachfrager auf seine **subjektive Qualität** (Beurteilung) hin zu
überprüfen. Hierzu gilt es zunächst eine zielgerichtete Auswahl von Konsumenten der angestrebten Zielgruppe einzuladen und im Rahmen von Studio- oder Home-use-Tests zu
befragen. Diese Tests sind jedoch klar von technischen Qualitätskontrollen des Herstellers
oder Warentests von unabhängigen Instituten zu unterscheiden. Im Gegensatz zu diesen,
steht bei kundenorientierten Produkttests nicht die objektive Qualität im Vordergrund.
Vielmehr ist die Präferenz- und Gefallenswirkung der Kunden von Interesse. Vorgeschalte-
te Partialtests untersuchen in der Regel einzelne Produktkomponenten, wie z. B. den Markennamen, die Verpackung, den Geschmack oder die Handhabung des Produktes.

   Die **Durchführung von Produkttests** beginnt zunächst mit der Auswahl von 200 bis
400 Testpersonen, die Mitglieder der angestrebten Zielgruppen darstellen sollten. Es besteht sowohl die Möglichkeit die Personen speziell für einen einzelnen Test anzuwerben,

Tab. 7.1 Gestaltungsoptionen von Produkttests (Quelle: Bruhn und Hadwich (2006), S. 243)

Differenzierungskriterien	Ausprägungen von Produkttests
Testzweck	Konzepttest, Volltest, Partialtest
Anzahl der zu testenden Produkte	Einzeltest, Vergleichstest
Präsentation des Produktes	Offener Test, Blindtest
Testdauer	Kurzzeittest, Langzeittest
Testort	Studio-Test, Home-use-Test
Art der Fragestellungen	Präferenztest, Deskriptionstest, Akzeptanztest, Diskriminationstest, Evaluationstest
Häufigkeit der Testdurchführung	Einmaltest, Mehrfachtest
Stichprobengröße	Einzeltest, Gruppentest
Zusammensetzung der Stichprobe	Repräsentative Stichprobe, Auswahl von einzelnen Personengruppen (z. B. Lead User, Zielgruppe)

als auch sie aus einem bewährten Produkttest-Panel, beispielsweise von einem beauftragten Marktforschungsinstitut, auszuwählen. Mit Hilfe geeigneter qualitativer und quantitativer Verfahren sind dann Informationen zu den Präferenzen, Einstellungen und Kaufabsichten der Zielgruppe zu sammeln. Gleicherweise lassen sich anhand offener Fragestellungen die sogenannten „likes" und „dislikes" ermitteln.

Insgesamt sind unzählige **Gestaltungsmöglichkeiten von Produkttests** denkbar. Anhand geeigneter Differenzierungsdimensionen gibt Tab. 7.1 einen Überblick über ausgewählte Optionen. Im Anschluss erfahren die wichtigsten Formen eine kurze Betrachtung.

Eine Möglichkeit zur **Differenzierung von Produkttestvarianten** bietet der Zweck des Produkttests. Hier lassen sich zunächst der Konzepttest (mit virtuellen Produkten), der Partialtest und der Volltest (mit realen Produkten) unterscheiden. Im Rahmen des Konzepttests wird überprüft, ob Konsumenten die Produktkonzeption und die durch sie zu befriedigenden Bedürfnisse verstehen. Bis vor einiger Zeit erfolgte dies nur anhand verbaler oder schriftlicher Erläuterung einer Produktidee, einer Modelldarstellung oder eines Funktionsmusters. Die Reaktionen der Testpersonen auf das dargestellte Konzept bildeten daraufhin die Grundlage für Rückschlüsse auf eine potentielle Reaktion der tatsächlichen Nachfrager auf das reale Produkt. Heute ermöglichen moderne, computergestützte Präsentationsformen der Produktkonzepte eine weitaus realistischere Darstellung. Zum Teil sind sogar Interaktionen zwischen den Testpersonen und dem Konzept möglich. So lässt sich ein Konzept beispielsweise durch multimediale Darstellung aus verschiedenen Blickwinkeln betrachten. Häufig werden Konzepttests auch in Form von moderierten Gruppendiskussionen durchgeführt, in welchen 8 bis 10 Teilnehmer die Stärken und Schwächen des Konzeptes diskutieren. Hinweise auf die optimale Gestaltung des Produktes lassen sich beispielsweise mit Hilfe der Conjoint Analyse erarbeiten. Bei Konzepttests bleibt jedoch immer zu beachten, dass ihre Zwecktauglichkeit grundsätzlich von der betrachteten Produktkategorie bzw. Produktart abhängt. Im Falle einer neuen Eiscreme lässt sich das reale Produkterlebnis beispielsweise nur schlecht durch einen Konzepttest vermitteln, wodurch auch wichtige Rückschlüsse auf das Konzept entfallen. Die Erzielung äußerst interessanter, und für die Gestaltung der marketingpolitischen Instrumente wichtiger Assoziationen ist dagegen durch genau kontrollierte und auf das tatsächliche „Erlebnis" der Konsumenten ausgerichtete Untersuchungen möglich.

Als Verbindungsstufe zwischen Konzept- und Volltests sind die **Partialtests** anzusehen. Durch sie lassen sich parallel die Wirkungen einzelner Produktkomponenten oder -merkmale auf den Konsumenten erfassen. Im Allgemeinen weist die isolierte Betrachtung von Produktmerkmalen kaum Bedeutung für die Prognose des Produkterfolges auf. Die Erzielung aufschlussreicher Informationen ist jedoch beispielsweise anhand von Namens-, Geschmacks- oder Verpackungstests möglich. Volltests betrachten dagegen die Präferenz- und Gefallenswirkungen aller Produkteigenschaften kombiniert in einem ganzheitlichen Produkt. Durch sie sind Rückschlüsse auf eventuelle Schwächen neuer Produkte und Hinweise auf die optimale Auswahl alternativer Produktvarianten möglich.

Die Anzahl der den Testpersonen zur Beurteilung dargebotenen Produkte bestimmt, ob es sich um einen **monadischen Test** (Einzeltest) oder einen **Vergleichstest** handelt. Bei den Vergleichstests lassen sich weiterhin Paarvergleiche, triadische Tests und multiple Tests unterscheiden. Vergleichstests sind v. a. dann von Nutzen, wenn alternative Produktvarianten zur Auswahl stehen. Sie eignen sich aber auch für den Test eines einzelnen Produktes, wenn diesem (als Vergleichsprodukt) entweder führende Marken, die Stammmarke der Testperson oder andere relevante Marken des betreffenden Zielmarktes gegenübergestellt werden können. Auch messtechnische Gründe sprechen für den Einsatz der Vergleichstests im Vergleich zu den monadischen Tests.

Ausgehend von der Art des Testortes sind Produkttests weiterhin in **Studio-Tests und Home-use-Tests** zu unterteilen. Im ersteren Falle findet der Test an einem räumlich abgegrenzten, kontrollierbaren Ort, wie z. B. einem Restaurant, einem Hotel oder auch einem entsprechend aufbereiteten Autobus, statt. Die Befragungen selbst erfolgen in der Regel persönlich durch einen Interviewer. Im Fall eines Home-use-Tests dürfen die Testpersonen das Testprodukt mit nach Hause nehmen. Sie sind so in der Lage erste Nutzungserfahrungen über einen längeren Zeitraum und in ihrem bekannten Umfeld zu sammeln. Die Befragung erfolgt hierbei in der Regel schriftlich auf postalischem Wege oder via Internet.

Die Art der Darbietung der zu testenden Produkte bestimmt die Zuordnung zur Kategorie der **Blindtests oder** der **identifizierten Tests**. Beim Blindtest erhält die Testperson ein Produkt, dessen Namen und/oder Herkunft nicht erkenntlich ist, d. h. die Produktaufmachung ist neutral gehalten. Dieses Vorgehen ist dann sinnvoll, wenn die eigentliche Leistung des Produktes abzubilden ist, unabhängig und unbeeinflusst durch die Verpackung, die Markierung oder dem Image des Herstellers. Letztendlich handelt es sich deshalb immer um einen Partialtest. Eine ungleich größere Realitätsnähe weist dagegen der identifizierte Test auf. Dieser ermöglicht der Testperson eine ganzheitliche Wahrnehmung von Produkt und Marke und eröffnet so ein realistischeres Gesamterlebnis. Trotz des geringeren

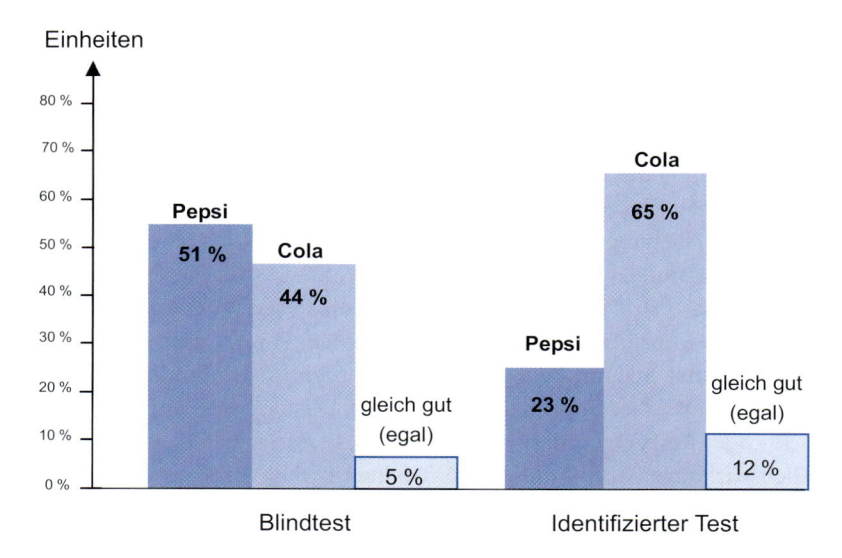

Abb. 7.3 Überblick über den Coca-Cola/Pepsi Vergleichstest (Quelle: Chernatony und McDonald 1992, S. 9)

Realitätsgrades besitzt der Blindtest in bestimmten Situationen eindeutige Vorzüge gegenüber dem Vergleichstest. Liegt das Untersuchungsziel beispielsweise in der Aufdeckung
der Wahrnehmung einzelner Produktkomponenten, ist der Blindtest in der Lage, eine weit
höhere Trennschärfe zu erzeugen. Es besteht grundsätzlich die Möglichkeit, beide Tests
kombiniert durchzuführen, um so beispielsweise nutzensteigernde oder nutzendämpfende
Einflüsse der betrachteten Marke zu untersuchen. Ein bekanntes Beispiel stellt der sogenannte *Coca-Cola* Test von Chernatony und McDonald (1992) dar. Die Probanden des
Vergleichstests bekamen zunächst in einem Blindtest Cola-Getränke der Marken *Coca-
Cola* und *Pepsi* präsentiert, die sie einem Geschmackstest unterziehen sollten. Im zweiten
Schritt wurde ein identifizierter Test mit den gleichen Markengetränken durchgeführt. Die
Ergebnisse zeigten ein interessantes Phänomen: Im Blindtest bevorzugten 51 % der Proban-
den die *Pepsi-Cola*, die *Coca-Cola* erreichte nur 44 % der Präferenzen. Der identifizierende
Test fiel dagegen grundlegend anders aus, hier bevorzugten lediglich 23 % die *Pepsi-Cola*,
während *Coca-Cola* eindeutig mit 65 % an der Spitze lag. Der Test konnte den enormen
Einfluss der Marke auf die Wahrnehmung von Produktqualität nachweisen, was auf Basis
eines isolierten identifizierenden Tests nicht möglich gewesen wäre. Abbildung 7.3 fasst die
Ergebnisse beider Tests zusammen.

Weitere Unterschiede im Ablauf und in der **Vorgehensweise eines Produkttest** sind in
der Art der verwendeten Fragestellungen begründet. So zielt ein Präferenztest beispielsweise auf die Fragestellung ab, ob und aus welchen Gründen Konsumenten ein bestimmtes
Produkt einem anderen, vergleichbaren vorziehen. Deskriptionstests sollen dagegen Produktmerkmale aufzeigen, die für den Konsumenten am deutlichsten herausstechen. Um

Kaufabsichten der Konsumenten aufzudecken, eignet sich besonders der Akzeptanztest, während zur Identifikation der, vom Kunden wahrgenommenen Unterschiede zwischen Produkten vorzugsweise der Diskriminationstest anzuwenden ist. Eine vollständige Bewertung eines Produktes unter Berücksichtigung aller Kriterien erfolgt letztendlich beim Evaluationstest.

Zentrale **Vorteile von Produkttests** sind in ihrer relativ schnellen und kostengünstigen Abwicklung zu sehen. Durch sie gewonnene Informationen zeigen in der Regel wertvolle Hinweise für die Ausgestaltung und Verbesserung neuer und bestehender Leistungen auf. Risiken einer inadäquaten Steuerung der Produktgestaltung sind dagegen v. a. in den Testumständen und -bedingungen zu sehen, die der realen Kaufsituation zumeist nur ungenügend entsprechen.

7.3 Bewertung der Wirtschaftlichkeit neuer Produkte

Die Produktneuheiten, die sich im Auswahlprozess durchsetzen konnten, gilt es auf ihre **Wirtschaftlichkeit** hin zu überprüfen. Für diese Aufgabe stehen dem Produktmanager verschiedene Methoden zur Verfügung, deren Eignung und Zwecktauglichkeit jedoch stark von den individuellen und situationsspezifischen Anforderungen des Untersuchungsobjektes abhängt. Die im Folgenden vorgestellten Verfahren der statischen und dynamischen Investitionsrechnung sowie der Break-Even-Analyse sind selbstverständlich auch in nachfolgenden Phasen des Produkteinführungsprozesses einsetzbar. Ihre Datenbasis stellen zumeist aus Marktanteilsprognosen abgeleitete Absatzzahlen sowie interne Kostenschätzungen dar.

Die Verfahren der **Investitionsrechnung** unterstellen, dass sich die Absatzmengen des neuen Produktes und somit die resultierenden Ein- und Auszahlungsströme ohne Probleme schätzen lassen. Die statischen Verfahren der Investitionsrechnung sind als Einperiodenmodelle zu verstehen und werden auch als Hilfs- oder Näherungsverfahren bezeichnet. Sie sind in der Regel mit geringem finanziellen und zeitlichen Aufwand durchführbar und erfreuen sich auch dank ihrer unkomplizierten Anwendung großer Beliebtheit bei den Unternehmen. Zu ihnen zählen u. a. die Rentabilitätsrechnung und die Amortisationsrechung. Im Rahmen der Rentabilitätsrechung besteht die Möglichkeit, sowohl alternative Neuprodukt-Projekte zu vergleichen, als auch einzelne Projekte auf das Erreichen einer vorgegebenen Mindestrentabilität hin zu untersuchen. Die Rentabilität ergibt sich dabei aus der Division der durchschnittlichen Gewinne durch den durchschnittlichen Kapitaleinsatz. Die Amortisationsrechnung zielt dagegen zusätzlich auf die Abschätzung des zu erwartenden Risikos ab. Die Amortisationszeit berechnet sich durch die Division der projektspezifischen Investition durch den durchschnittlichen Cash-Flow des betreffenden Projektes. Der zentrale Mangel der statischen Verfahren liegt in der fehlenden Berücksichtigung des Zeitfaktors. Es fließen lediglich Durchschnittswerte in die Betrachtung ein, während zeitliche Unterschiede der Ein- und Auszahlungen ohne Beachtung bleiben.

Die **dynamischen Verfahren** der Investitionsrechnung stellen Möglichkeiten dar, den Nachteilen der statischen Methoden zu begegnen. Ihre Anwendung ist v. a. deshalb sinnvoll, da sich die Kosten einer Produkteinführung meist über mehrere Perioden erstrecken. Während statische Verfahren lediglich eine Momentaufnahme ermöglichen, sind die dynamischen Verfahren in der Lage auch zukünftige Entwicklungen mit abzubilden. Eine verbreitete Analyse der Investitionsrechnung ist in der Kapitalwertmethode zu sehen. In einem ersten Schritt sind hier zunächst alle mit der Entwicklung, Einführung und Vermarktung des Untersuchungsobjektes verbundenen Kosten und Erlöse zu schätzen. Neben produktbezogenen Informationen wie die erwartete regionale Verbreitung oder die angestrebte Lebensdauer finden auch umweltbezogene Daten, wie das bisherige und das zukünftige Wachstum des Zielmarktes, der erzielbare Marktanteil und der Preis, Berücksichtigung. Die Differenz aus den, für jede Periode (t) prognostizierten Erlösen (E_t) und Kosten (K_t) wird daraufhin mit einem Kalkulationszinssatz (r = Marktzins + Risikoaufschlag) auf die Gegenwart diskontiert und aufsummiert. Der Planungszeithorizont T ergibt sich beispielsweise aus der erwarteten Lebensdauer des Produktes. Die zugrunde liegende Formel nimmt dabei die folgende Form an:

$$\text{KW} = \sum_{t=0}^{T} (E_t - K_t) \cdot (1 + r)^{-t} \, .$$

Als **Entscheidungsrege**l ist die folgende Heuristik heranzuziehen: Fällt der Kapitalwert eines Neuprodukt-Projektes positiv aus, ist eine Umsetzung ernsthaft in Betracht zu ziehen. Tabelle 7.2 veranschaulicht ein Anwendungsbeispiel der Kapitalwertmethode. Die Berechnung ergibt zwar eine schwach positive Bewertung des Neuproduktkonzeptes, gleichzeitig deutet die Berechnung jedoch auf eine sehr späte Amortisation der Anfangsaufwendungen hin, genauer: in der letzten Planungsperiode. Hier wird deutlich, dass die isolierte Bewertung einer Neuproduktidee aus einer einzigen Blickrichtung die tatsächlichen Chancen und Risiken nur unzureichend abbildet. Deshalb gilt es zusätzliche Faktoren wie Möglichkeiten der Absatzsteigerung, der Beschleunigung der Diffusion, der potentiellen Verlängerung des Produktlebenszyklus sowie u. U. auch der Kostenreduktion zu prüfen.

Ein häufig **kritisierter Punkt der Kapitalwertmethode** stellt ihre enorme Abhängigkeit von den prognostizierten Zukunftsentwicklungen dar. Diese unterliegen in der Regel subjektiven Erwartungen, Hoffnungen oder Zielsetzungen der Auftraggeber oder Entscheider des Neuprodukt-Projektes. Vor diesem Hintergrund ist besondere Rücksicht auf die Realitätsnähe der Ausgangsdaten zu nehmen. Auch die Entwicklung unterschiedlicher Zukunftsbilder im Sinne von „best-case" und „worst-case" Szenarien kann als Grundlage der Kapitalwertberechnung von großem Nutzen sein. Ebenfalls erhöhen Sensitivitätsanalysen, die die Abhängigkeit des Kapitalwertes von Schwankungen der Einflussgrößen aufzeigen, den Realitätsbezug der Investitionsplanung. Insgesamt stellen marktbezogene Unsicherheiten wie Absatzzahlen und Preisentwicklungen weitaus schlechter abzuschätzende Einflussgrößen dar, als unternehmensinterne Aspekte wie beispielsweise die Kosten. Zusätzlich zu

Tab. 7.2 Beispielhafte Kapitalwertberechnung (Quelle: Herrmann 1998, S. 522)

Kriterium	Zahlungsreihe					
	$t = 0$	$t = 1$	$t = 2$	$t = 3$	$t = 4$	$t = 5$
Investitionen für F&E	150.000 €					
Investition für Produktion und Absatz		200.000 €				
Absetzbare Stückzahl			10.000	16.000	20.000	8000
Erzielbarer Stückpreis			15 €	16 €	16 €	17 €
Variable Stückkosten			6 €	5 €	4 €	3 €
Fixe Kosten			30.000 €	30.000 €	30.000 €	30.000 €
Erlöse (E_t)			150.000 €	256.000 €	320.000 €	136.000 €
Kosten (K_t)	150.000 €	200.000 €	90.000 €	110.000 €	110.000 €	54.000 €
Erlösüberschuss ($E_t - K_t$)	−150.000 €	−200.000 €	60.000 €	146.000 €	210.000 €	82.000 €
Abgezinster Erlösüberschuss	−150.000 €	−183.486 €	50.501 €	112.739 €	162.159 €	53.294 €
Kumulierter abgezinster Erlösüberschuss	−150.000 €	−333.486 €	−282.985 €	−170.246 €	−8.087 €	**45.207 €** **(KW)**

den genannten Schwachstellen bleibt noch auf die generellen Restriktionen der Kapital-wertmethode aus der finanzwissenschaftlichen Literatur hinzuweisen.

Eine weitere Möglichkeit der Wirtschaftlichkeitsprüfung von Neuprodukten ist in der **Break-Even Analyse** zu sehen. Sie begegnet dem Problem, dass sich zukünftige Absatz-mengen einer Produktidee in der Regel nur schwer abschätzen lassen. Deshalb ermittelt das Verfahren die Absatzmenge, ab der die Kosten des Neuprodukt-Projektes den dadurch erzielten Erlösen entsprechen: den sogenannten „Break-Even Point" (vgl. Abb. 7.4). Eine Überschreitung dieses Punktes führt folglich zur Realisierung von Gewinnen, eine Un-terscheidung dagegen zu Verlusten. Die Kenntnis des Break-Even Points ergibt für den Produktmanager die erfolgskritische Frage, ob und zu welchem Zeitpunkt die Erreichung dieser (Mindest-)Absatzmenge wahrscheinlich ist.

Ausgangspunkt der Berechnung der Break-Even Menge bildet die **Deckungsbeitrags-rechnung**. Deren Formel gilt es so umzustellen, dass sich genau die Absatzmenge eines Deckungsbeitrags von Null identifizieren lässt. Die Kenntnis folgender Größen ist jedoch Voraussetzung für die Anwendung des Verfahrens:

- Netto-Erlös pro Einheit abgesetzter Menge. Hierfür gilt es eventuelle Erlösminderungen wie Rabatte, Skonti oder Provisionen vom Verkaufspreis abzuziehen.

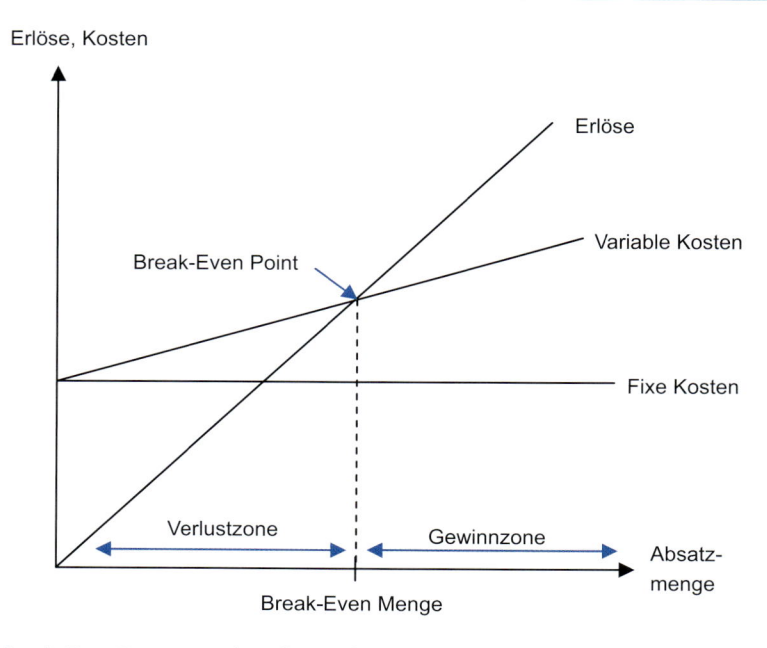

Abb. 7.4 Break-Even Diagramm (Quelle: Erichson 2007, S. 406)

- Variable Kosten pro Einheit abgesetzter Menge, z. B. Rohstoffkosten, Fertigungslöhne, etc.
- Fixe Kosten pro Periode, d. h. kurzfristig nicht veränderbare Kosten wie Gehälter, Mietaufwendungen oder Abschreibungen.

Die Umformung der Deckungsbeitragsformel zur Ermittlung der Break-Even Menge nimmt folgende Gestalt an:

$$D = p \cdot x - k \cdot x = 0$$

mit:

D = Deckungsbeitrag
p = Nettoerlös pro Einheit abgesetzter Menge
k = Variable Kosten pro Einheit abgesetzter Menge
F = Fixkosten.

$$x_{BE} = \frac{F}{(p - k)} = \frac{F}{d}$$

mit:

X_{BE} = Break-Even Menge
d = Stückdeckungsbeitrag.

Das dargestellte Grundmodell der Break-Even Analyse geht von einem Einprodukt-unternehmen mit linearen Kosten- und Erlösverläufen aus. Trotz dieser starken Vereinfachung der realen Gegebenheiten lassen sich **aussagekräftige Zusammenhänge** erkennen. So sind beispielsweise Auswirkungen einer Preiserhöhung auf die Break-Even Menge abbildbar. Um zu betrieblichen Informationszwecken im Einzelfall dennoch einen größeren Realitätsbezug herzustellen, weist das Modell verschiedene Erweiterungsmöglichkeiten auf. So lassen sich beispielsweise nicht-lineare Kosten- und Erlösverläufe integrieren oder nur spezielle Kostenarten betrachten. Ebenfalls existieren Multiprodukt-Ansätze, die die weitaus komplexeren Erlösstrukturen von Mehrproduktunternehmen erfassen können. In jedem Fall gilt es jedoch den zusätzlichen Nutzen gegen den dafür notwendigen Aufwand abzuwägen.

Kritikpunkte der Break-Even Analyse liegen v. a. in der Statik ihrer Berechnung. Kosten zukünftiger Perioden lassen sich im Vorhinein meist nur schwer abschätzen, besonders dann, wenn sie abhängig von der produzierten Menge sind. Überschreitet die Ausbringungsmenge einen bestimmten Umfang, sind außerdem zusätzliche Investitionen in Produktionsstätten und/oder Arbeitskräfte notwendig, die sich in der Untersuchung nur unzureichend abbilden lassen. Diese zusätzlichen „variablen" Kosten gehen ab einem bestimmten Zeitpunkt auch in den Fixkostenblock mit ein, wodurch sich der Verlauf der Kostenfunktion wiederum ändert. Auch stellen die teilweise wettbewerbsabhängigen Preisstrukturen der realen Wirtschaftswelt das Modell vor große Herausforderungen. Letztendlich müsste die Berechnung aus unzähligen Partialmodellen bestehen, um diesen Gegebenheiten gerecht zu werden.

7.4 Markttest

7.4.1 Zweck und Arten von Testmärkten

Produkttests dienen der Überprüfung von Erfolgsaussichten einzelner Produkte. Diese sagen allerdings nichts darüber aus, wie erfolgreich sie im Wettbewerb und damit am Markt sein werden. Eine sogenannte Nullserie, also die erstmalige Produktion des entwickelten Produkts in einer bestimmten, aber relativ kleinen Menge, macht die Durchführung eines Markttests in seiner klassischen Form möglich. Markttests bieten sich vor allem bei Produkten an, die ein hohes finanzielles Risiko für das Unternehmen bergen.

Markttests sind in ihrer Erscheinungsweise sehr unterschiedlich, stimmen jedoch immer in ihrer Zielsetzung überein. Mit einem Markttest erfolgt die Prüfung des Erfolgspotenzials (Abverkauf) eines Produkts in einem räumlich begrenzten Gebiet bei Einsatz des

Umfeld Produkt	Real	Virtuell
Real	Markttests in ihren klassischen Formen	Accelerated Information
Virtuell	Angereicherte Konzepttests mit multimedialer Darstellung	Konzepttests in virtuellen Welten

Abb. 7.5 Kategorisierung von Markttests

vollumfänglichen Marketinginstrumentariums und damit unter realen Bedingungen. Damit steht die Überprüfung der Produkte unter realen Bedingungen im Vordergrund.

Der Markttest stellt damit den **letzten Schritt vor der Produkteinführung** dar. Neben der Ermittlung der Verkaufszahlen als zentrales Ziel besteht auch die Möglichkeit, Werbe- und Preisstrategien auf ihre Wirkung hin zu untersuchen. Problematisch sind bei Markttests relativ hohe Kosten, nicht zuletzt, da sich die kooperierenden Handelsunternehmen für ihre Mitarbeit bezahlen lassen. Zudem fehlt es häufig an regionalen Medien, die im Rahmen des Markttests eingesetzt werden können.

Eine **Kategorisierung** kann anhand der Gegenüberstellung von Umfeld und Produkt erfolgen, bei jeweiliger Unterscheidung in reales und virtuelles Umfeld bzw. Produkt. So können sowohl das Umfeld in der Realität umgesetzt sein oder auch virtuell, als auch das Produkt kann real existieren bzw. lediglich in virtueller Form vorliegen, wie z. B. ein Computermodell. Abbildung 7.5 gibt einen Überblick einschließlich der Einordnung verschiedener Verfahren.

Die Präsentation eines real existierenden Produkts in einem realen Marktumfeld wird als **klassischer Markttest** bezeichnet. Ist die Produktentwicklung noch nicht ausreichend weit vorangeschritten oder zu teuer, bietet sich die multimediale Darstellung von Konzepten an. So kann der Betrachter das Abbild eines Produkts aus verschiedensten Perspektiven begutachten.

Das Umfeld kann jedoch auch gänzlich virtuell sein, weshalb man diese auch als Markttests in virtuellen Welten bezeichnet. Erfolgt die Präsentation eines realen Produkts in der virtuellen Welt, werden zukünftige Umweltbedingungen für die Nutzung des Produkts deutlich gemacht. Sofern die valide Abbildung der Zukunft gelingt, kann die Überlebens- und Zukunftsfähigkeit abgeschätzt werden. Diese Art von Markttests wird als „**Information Acceleration**" bezeichnet. Steht die Entwicklung eines radikal neuen Produkts unter gleichzeitiger Berücksichtigung des in der Zukunft zu erwartenden Umfelds im Vordergrund, spricht man von Konzepttests in virtuellen Welten.

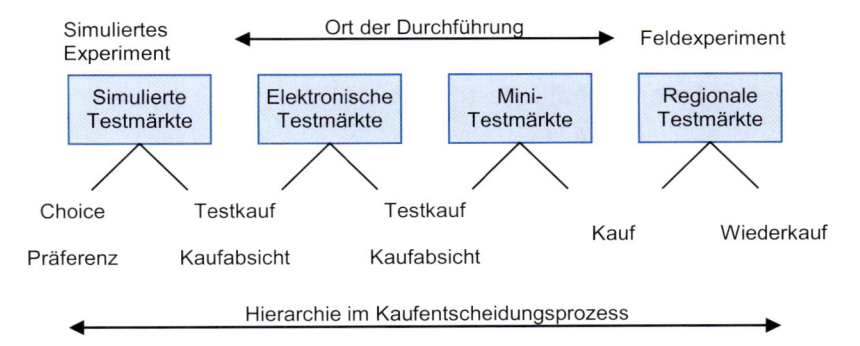

Abb. 7.6 Arten von konventionellen Testmärkten

Bei der Einführung eines Produkts zur Prüfung des potenziellen Erfolges, kann sich das Ausmaß der Verbreitung stark unterscheiden. Die folgenden **Formen** können in dieser Hinsicht unterschieden werden:

- Testmarktsimulation, d. h. eine Kombination aus Produkttest und Kaufmarktsimulation
- Mini-Testmarkt, d. h. lokal beschränkte Testmärkte von Marktforschungsinstituten
- Regionaler Testmarkt, d. h. regional abgegrenztes und für das gesamte Land repräsentatives Testgebiet

Testmärkte lassen sich demnach auch danach unterschieden, ob sie ein **simuliertes Experiment oder ein Feldexperiment** darstellen. Je nach Zuordnung auf diesem Kontinuum repräsentiert das Ergebnis des Markttests unterschiedliche Hierarchien im Kaufentscheidungsprozess. So kann das Resultat eines Markttests lediglich eine Präferenz für ein Produkt unter mehreren Alternativen sein oder aber auch eine konkrete Kaufabsicht bis hin zum tatsächlichen Kauf. Dies hängt von der Art des Testmarkts ab (Abb. 7.6).

Aufgrund der unterschiedlichen Aussagen, in die die einzelnen Varianten resultieren, ist eine genaue **Prüfung ihrer Eignung** hinsichtlich des mit dem Markttest verfolgten Ziels notwendig. Daher ist es erforderlich, dass alle zur Verfügung stehenden Testmarktalternativen im Projektverlauf anhand der folgenden Kriterien bewertet werden:

- Lieferung der gewünschten Informationen durch den Test
- Angemessenheit des Tests für die vorliegenden Produkt- und Marktcharakteristika
- Güte des Markttests, d. h. Validität und Reliabilität
- Kosten und Zeitbedarf für die Durchführung
- Vergleichbarkeit der Ergebnisse mit anderen Testergebnissen

In den folgenden Ausführungen werden sämtliche Kategorien von Testmärkten ausführlich abgehandelt.

7.4.2 Klassischer Testmarkt

7.4.2.1 Regionaler und lokaler Testmarkt

Entsprechend der geografischen Erstreckung lässt sich das klassische Feldexperiment in **lokale und regionale Testmärkte** unterteilen. Während sich der regionale Testmarkt meist über ein komplettes Bundesland erstreckt, beschränkt sich der lokale Testmarkt in der Regel auf eine oder mehrere Städte, wobei sich Stadtländer wie Hamburg oder Bremen besonders anbieten. In diesen Grenzen kann das zu prüfende Marketing-Konzept ganzheitlich und repräsentativ für das ganze Bundesgebiet getestet sowie eine Produkteinführung unter strenger Kontrolle und Überwachung durchgeführt werden. Aus den Absatzzahlen und den ersten Kauf- und Konsumerfahrungen der Nachfrager lassen sich wichtige Schlüsse und Konsequenzen für die weitere Produktstrategie ableiten.

Um diese Zielsetzungen gewährleisten zu können, muss ein Testmarkt gewisse **Anforderungen** erfüllen:

- Die sozioökonomische und demografische Schichtung des Testmarktes sollte der des potentiell angestrebten Zielmarktes entsprechen.
- Die Wettbewerbssituation des Test-Gebietes sollte die des Gesamtmarktes widerspiegeln.
- Das Testmarkt-Gebiet sollte eine regional zusammenhängende Einheit bilden, um Käufe von Konsumenten außerhalb der Regionengrenze weitestgehend zu vermeiden.
- Die Verfügbarkeit von Distributionskanälen und Medien sollte dem Gesamtmarkt entsprechen.
- Sowohl das Konsumverhalten der Testpersonen als auch potentielle Einflussfaktoren sind beispielsweise mittels Verbraucher- oder Handelspanels messbar zu machen.

Eine weitere Unterteilung der Markttests ist entsprechend ihres grundsätzlichen Aufbaus angebracht. Hier unterscheidet man zwischen projektiven und experimentellen Testmärkten. Im Rahmen von **projektiven Markttests** werden komplette Produktkonzepte bzw. Marketingkonzeptionen auf ihren Markterfolg getestet und die so erreichten Ergebnisse im Anschluss auf den Gesamtmarkt hochgerechnet. Auf diese Weise lassen sich frühzeitig Prognosen über die zu erwartende Absatzentwicklung bei Einführung in den nationalen Gesamtmarkt ableiten. Zentrale Zielgrößen stellen deshalb Umsatzvolumina und Marktanteile dar, die der Absatzstatistik des Herstellers oder idealerweise einem Verbraucher- oder Handelspanel zu entnehmen sind. Hier erweist es sich als sinnvoll, neben reinen Erstkaufzahlen auch Wiederholungskäufe und Absatzzahlen der Konkurrenz abzubilden. Letztere sind häufig von beauftragten Marktforschungsinstituten zu beziehen. Um Wiederholungskäufe erfassen zu können, muss zunächst Kenntnis über die durchschnittliche Gebrauchsdauer und Verbrauchshäufigkeit der Produktgruppe bestehen. Erfahrungsgemäß sollte eine durchschnittliche Testdauer in Abhängigkeit von dieser Kauffrequenz zehn bis sechzehn Monate betragen. Unterschreitet ein Unternehmen dagegen eine bestimmte Mindestdauer, besteht die Gefahr empfindlicher Reliabilitätsverluste.

Die externe Validität hängt insgesamt nicht nur von der geografischen Größe des Testmarktes ab, vielmehr spielt dessen Repräsentanz bezüglich der dort ansässigen Bevölkerungs-, Medien- und Handelsstrukturen eine Rolle.

Experimentelle Markttests weisen eine abweichende Zielsetzung auf. Hier stehen Wirkungen alternativer Marketingkonzeptionen, z. B. im Hinblick auf die Verkaufsförderung, Werbung oder auch den Preis im Mittelpunkt. Die einzelnen Konzept-Varianten lassen sich zum einen über verschiedene Teilgebiete testen, um so beispielsweise Wirkungen abweichender Werbeauftritte oder der Verteilung von Produktproben abzubilden. Zum anderen können aber auch einzelne Testgeschäfte ausgewählt werden, um dort z. B. abweichende Preise oder Verkaufsförderungsmaßnahmen direkt vor Ort zu testen. Insgesamt steht den Markttests die gesamte Palette experimenteller Untersuchungsdesigns wie Varianzanalysen etc. zur Verfügung, zur Auswahl der zu vergleichenden Testgeschäfte oder -gebiete eignet sich besonders die Cluster-Analyse.

Der zentrale **Vorteil von Testmärkten** im Allgemeinen und von regionalen und lokalen Testmärkten im Speziellen, ist in ihrer enormen Realitätsnähe zu sehen. Sie stellen zudem die einzigen Verfahren dar, durch die sich ein Produktkonzept mit einer Vielzahl an Marketingvariablen simultan testen lässt. Auch sind die Handelsakzeptanz und der optimale Werbedruck messbar. Jedoch ergeben sich im Rahmen der praktischen Anwendung auch eine Reihe, zum Teil schwerwiegender Nachteile:

- Die Durchführung regionaler/lokaler Testmärkte ist in der Regel mit sehr hohen direkten Kosten verbunden. Es gilt Händler zu finden, die ihre bereits knappen Regalplätze zur Verfügung stellen. Diese regionale Listung von Testprodukten ist, wenn überhaupt akzeptiert, meist mit hohen Vergütungen verbunden.
- Die Überregionalität der Medien, insbesondere die des Fernsehens, stellt den Markttest und die lokale Bekanntmachung von Neuprodukten vor große Probleme. Häufig ist deshalb eine (meist vom Fernsehen dominierte) Werbestreuung im Testmarkt nicht in dem Rahmen möglich, in dem sie für den nationalen Markt geplant ist.
- Es besteht die Gefahr von Enttäuschungswirkungen auf Seiten der Kunden, wenn Produkte nur im Testgebiet selbst erhältlich sind und dort u. U. nur eine geringe Verbreitungswirkung erzielen. Zudem stellt die „Übertestung" von häufig genutzten Testgebieten wie Berlin oder das Saarland ein Problem dar. Händler, Wettbewerber und Verbraucher verhalten sich in diesem Falle nicht entsprechend ihrer normalen Verhaltensmuster und verfälschen so die Ergebnisse.
- Die bisher genannten Faktoren reduzieren bereits die Validität des Testmarktes empfindlich und senken seine Aussagekraft. Gleichzeitig liegen in der Regel keine landesweit einheitlichen Präferenz- und Konsumstrukturen vor, sodass die Repräsentanz eines einzelnen regionalen Testmarktes für den nationalen Markt sehr gering ist. In Deutschland liegt dieser Effekt durch die Wiedervereinigung verstärkt vor.
- Ein über mehrere Wochen oder Monate dauernder Test lässt sich nicht ohne Weiteres vor der Konkurrenz geheim halten. Gezielte Störungsmaßnahmen der Wettbewerber können empfindliche Auswirkungen auf die Validität und Reliabilität des Markttests mit

sich bringen. Als solche sind beispielsweise temporäre Preisnachlässe, Sonderaktionen oder verstärkte Werbeanstrengungen zu sehen.

Als **Folge dieser Problemstellungen** ist die Durchführung regionaler Testmärkte in den letzten Jahren stark zurückgegangen. Heute finden stattdessen verstärkt alternative, zum Teil multimediale Verfahren wie elektronische oder simulierte Testmärkte Anwendung.

7.4.2.2   Mini-Testmarkt

Die Schwächen des traditionellen regionalen Testmarktes führten zur Entwicklung alternativer Konzepte, zu denen auch der **Mini-Testmarkt** zählt. Das Verfahren baut auf einem Store-Test auf, der durch ein angeschlossenes Haushalts-Panel um individuelle Daten erweitert wird. Ein Beispiel für einen, in Deutschland vertretenen Mini-Testmarkt stellt das ERIM-Panel der *Gesellschaft für Konsumforschung* (GfK) dar. Es wurde Anfang der 70er Jahre von dem französischen Institut Emploi Rationel de l'Informatique en Marketing S. A. (ERIM) entwickelt und umfasst heute vier, in Deutschland verteilte Verbrauchermärkte. An diese Märkte sind jeweils 600 Panelhaushalte angeschlossen, die laut GfK eine repräsentative Stichprobe aller Haushalte in Westdeutschland ergeben. Die Erfassung des Einkaufs- und Konsumverhaltens dieser 2400 Testhaushalte erfolgt über scannerlesbare ID-Karten direkt am Point-of-Sale, wodurch den reinen Kaufdaten auch individuelle Daten der Konsumenten zuzuordnen sind. Durch diese Vorgehensweise lässt sich über einen längeren Zeitraum ermitteln, wann und zu welchem Preis die Testpersonen die angebotenen Waren kaufen. Über die kostenlos angebotene Programmzeitschrift *HÖRZU* besteht zudem die Möglichkeit, die Testhaushalte mit speziellen Werbeanzeigen der Testprodukte zu erreichen.

Als **vorteilhaft ist beim Mini-Testmarkt** hervorzuheben, dass er neben der reinen Kaufsituation auch Individualdaten der Testpersonen erfasst. Auf diese Weise ergeben sich verbesserte Auswertungs- und Prognosemöglichkeiten für den Test von Neuprodukten. Auch lässt sich die Werbeansprache der Testprodukte über die „manipulierbare" Programmzeitschrift zumindest in begrenztem Maße kommunizieren. Allerdings erfolgt die werbliche Unterstützung lediglich auf sehr geringem Niveau, da neben der Print-Werbung keine weitere Unterstützung, beispielsweise in Form von Fernsehen oder Radio, möglich ist. Auch der von der GfK erhobene Anspruch auf Repräsentativität ist zweifelhaft, da lediglich vier Verbrauchermärkte in der Untersuchung Berücksichtigung finden. Zusammengefasst bleibt festzuhalten, dass sich Mini-Testmärkte nur in beschränktem Umfang zum Test neuer Produkte eignen. Von größerem Nutzen sind sie dagegen für Tests einzelner Elemente des Marketing-Mix, wie z. B. Veränderungen der Preissetzung oder der Verpackungsgestaltung.

7.4.2.3   Elektronischer Testmarkt

Der **elektronische Testmarkt** bildet die Weiterentwicklung des Mini-Testmarkts. Die Installation eines elektronischen Testmarktes erfolgt in einem regional begrenzten, hinsichtlich der Kaufkraftströme und Medienreichweite möglichst abgeschlossenen Gebiet, das in seiner Bevölkerungs-, Handels-, Konkurrenz- und Mediastruktur zumindest keine groben Abweichungen vom Gesamtmarkt aufweisen sollte. Es handelt sich hier um einen lokalen realen Testmarkt, der aus einer Kombination von Haushalts- und Handels-Panel besteht und durch die Erfassung von Mediadaten ergänzt wird (z. B. Erfassung von Fernsehverhalten durch TV-Meter). Dieses Vorgehen ermöglicht umfassende Informationen über das Kaufverhalten der Testpersonen und ist so in der Lage, die Einkäufe eines Haushaltes komplett über die Zeit und verschiedene Einkaufsstätten aufzuzeichnen. Hi-Tech-Bausteine wie Scannerkassensysteme, Mikrocomputer, Kabeltechnik, etc. sind in das Testsystem integriert. Die Erfassung der Kaufdaten der Konsumenten erfolgt durch Datenkassen-Systeme in den angeschlossenen Geschäften, in welchen sich der Konsument mit einer Kundenkarte identifiziert. Es besteht auch hier die Möglichkeit der Kundenansprache durch Testwerbung, im Gegensatz zu den Mini-Testmärkten jedoch auch in Form von Fernsehwerbung. Als Vorzeigebeispiel für elektronische Testmärkte sei der *Behavior-Scan*® der GfK im Folgenden kurz dargestellt.

Der **BehaviorScan**® wurde unter Beteiligung des amerikanischen Marktforschungsinstituts *IRI* entwickelt und im Jahre 1985 durch die GfK in Deutschland eingeführt. Er verfügte als erster experimenteller Testmarkt Europas über das sogenannte „Targetable TV". Standort des Testsystems ist Haßloch im Rhein-Neckar Gebiet bei Ludwigshafen. Die distributive Basis der Marktexperimente bildet eine Vielzahl von Lebensmittel-Einzelhandelsgeschäften, die über entsprechende Kooperationsvereinbarungen in das System integriert sind. Etwa 90 bis 95 % des gesamten Lebensmittel-Einzelhandels-Umsatzes in Haßloch sind über diese Geschäfte abgedeckt, wobei auch branchenspezifische Ergänzungen durch Bäckereien, Tankstellen o. ä. verfügbar sind (Abb. 7.7).

Das **Herzstück des Testmarktes** bilden die ca. 3000 angeschlossenen Haushalte, die laut GfK in Bezug auf demografische Struktur, Kaufkraftkennziffern und Einkaufsverhalten ein verkleinertes Abbild der gesamten Haushalte in Deutschland darstellen. Von diesen 3000 Haushalten sind 2000 mit GfK-Boxen ausgestattet, die durch Anwendung des „Targetable-TV" den Empfang spezieller Testwerbung ermöglichen. Bei 200 GfK-Boxen erfolgt weiterhin eine sekundengenaue Registrierung der Einschaltquoten. Das Einkaufsverhalten der Testpersonen erfährt trotz der GfK-Boxen keine Beeinflussung, da die Testwerbung nicht gesondert als solche gekennzeichnet ist. Neben TV-Spots sind auch andere Träger von Testwerbung einsetzbar, wie z. B. Mailings, Couponing-Aktionen, Inhome-Samplings oder Anzeigen in der kostenlosen Programmzeitschrift *HÖRZU*. Die restlichen 1000 Haushalte bilden eine Kontrollgruppe, bei der keine spezielle Ansprache mit Testwerbung stattfindet.

Die **Erfassung der Kaufdaten** erfolgt über die Kassen der kooperierenden Einzelhandels-Geschäfte, in welchen auch sämtliche Wettbewerbsaktivitäten aufgezeichnet werden. Die Testpersonen legen an der Kasse eine Identifikationskarte vor, die mit einer haushaltspezifischen Identifikationsnummer versehen ist. Auf diese Weise lassen sich die „Testkäufe" ohne Beeinträchtigung der Haushalte über einen langen Zeitraum hinweg verfolgen. Jährlich in den Panel-Haushalten durchgeführte Struktur-, Einstellungs- und Besitzstandsmessungen liefern zusätzliche Informationen zum Einkaufsverhalten der Testgruppe. Als Motivation

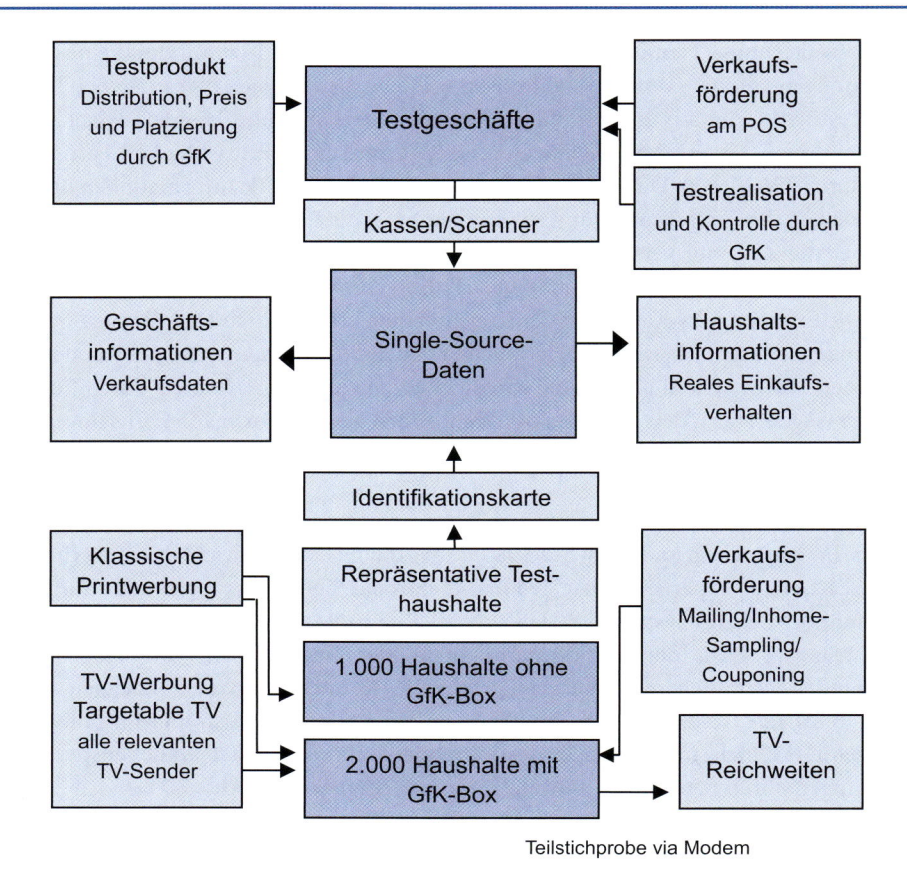

Abb. 7.7 Systematik des BehaviorScan® der GfK (Quelle: Litzenroth und Hertle 2007, S. 1017)

zur Teilnahme am Haushalts-Panel bietet die GfK eine Teilerstattung der monatlichen Kabelgebühr, einen kostenlosen Bezug der Programmzeitschrift *HÖRZU* und verschiedene Verlosungen von Geld- und Sachpreisen an.

Die zu testenden Produktkonzepte und Marketingprogramme lassen sich anhand des BehaviorScan® auf folgende **Fragestellungen** hin untersuchen:

- Wie viele Erst- und Wiederkäufer sind erreichbar?
- Wie setzt sich die Käufer-/Zielgruppe zusammen?
- Welche Produktvarianten und Packungsgrößen verkaufen sich am besten?
- Wie sehr lohnen sich Promotions, Mailings, Couponing-Aktionen oder Inhome-Samplings?
- Wie erfolgreich ist die geplante Fernsehwerbung und welchen Beitrag zum Marktergebnis kann sie leisten?

Abb. 7.8 Prozess der Adoption neuer Produkte

- Welcher Werbedruck und welche Werbekampagne sind optimal?
- Welcher Marktanteil ist mit dem neuen Produkt erreichbar?

Um **valide Ergebnisse** zu erhalten, ist sowohl auf eine ausreichend lange Testphase als auch auf eine optimale und zielgruppenspezifische Zusammenstellung der Haushalte zu achten. Die Kosten für ein mehrwöchiges Experiment liegen in der Regel zwischen 50.000 € und 100.000 €. Dieser hohe Betrag relativiert sich jedoch wieder vor dem Hintergrund einer Studie des Markenverbandes, der GfK und Serviceplan aus 2006, die feststellte, dass 70 % der neu eingeführten Fast Moving Consumer Goods (FMCG) am Markt versagen und so jährlich Fehlinvestitionen von rund 10 Milliarden € entstehen.

7.4.2.4 Simulierte Testmärkte

Testmarktsimulationen stellen im Gegensatz zu den bisher vorgestellten Verfahren Laborexperimente dar. In reinen Labortests erfolgt meist unter Zuhilfenahme von apparativen Verfahren wie Schnellgreifbühnen, Blickaufzeichnungen oder Messungen von Körperreaktionen die Analyse von Reaktionen und Gefallenswirkungen bei den Konsumenten auf neue Produkte. Die Datenerhebung erfolgt in einer künstlichen Studiosituation und nicht auf dem realen Markt. Vorteile von Produkttests dieser Art liegen in der Möglichkeit der Geheimhaltung vor Konkurrenten sowie in der Schnelligkeit und Kostengünstigkeit der Durchführung.

Im Falle simulierter Testmärkte (STM) findet dagegen im Rahmen eines mehrstufigen Verfahrens die **Simulation des Adoptionsprozesses** der neuen Produkte auf Basis einer repräsentativen Stichprobe der Zielgruppe statt. (Abbildung 7.8 stellt den Adoptionsprozess schematisch dar.) Dies ermöglicht die Abschätzung des zu erwartenden Marktanteils sowie langfristig erreichbarer Absatzvolumina.

Zur Darstellung der **Vorgehensweise** von Testmarktsimulationen wird im Folgenden stellvertretend für die verschiedenen Simulatoren auf den Ablauf des TESI-Modells der

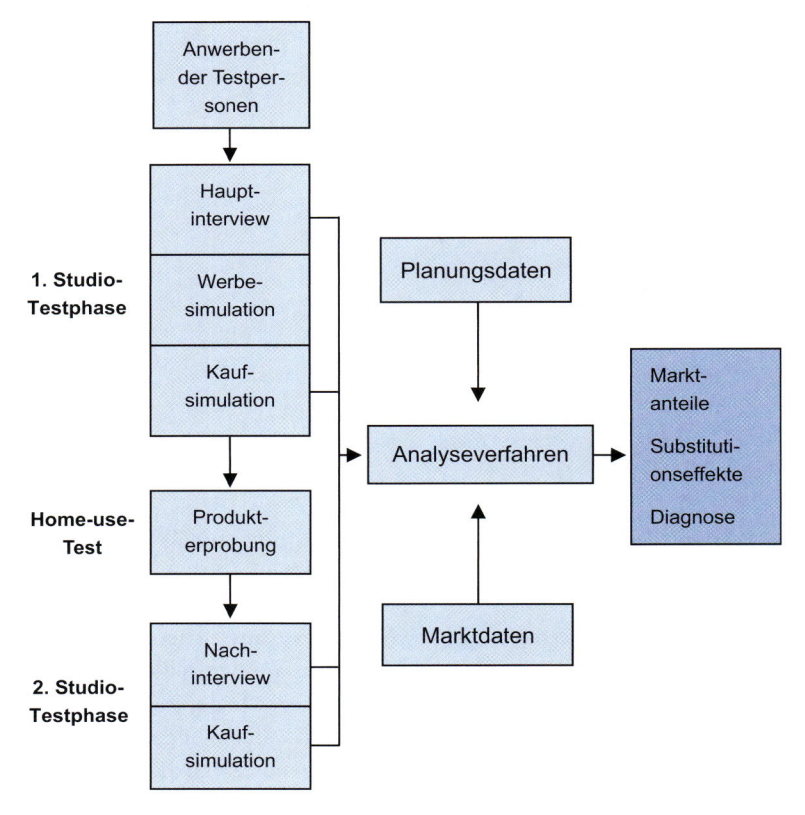

Abb. 7.9 Ablauf der Testmarktsimulation (Quelle: In Anlehnung an Bruhn und Hadwich 2006, S. 245)

GfK zurückgegriffen (vgl. Abb. 7.9). Das System konnte sich bereits in über 500 Anwendungen bewähren und zählt zu den verbreitetsten in Deutschland. Das Vorgehen gestaltet sich dabei wie folgt:

In der ersten **Studio-Testphase** erfolgt zunächst die Einladung von 200 bis 400 Testpersonen der potentiellen Zielgruppe in das Testlabor. Diese Personen geben im Rahmen eines ersten Hauptinterviews Auskunft zu Soziodemografika, bisherigen Produkt- bzw. Markenpräferenzen, Einkaufsverhaltensweisen und sonstigen Gewohnheiten. Über Angaben zu Markenbekanntheiten, Markenverwendung, Präferenz- und Einstellungsdaten zu den Produkten der interessierenden Branche lässt sich das „relevant set" der jeweiligen Testperson ermitteln. Dieses beinhaltet jene Marken, die für die Kaufentscheidung relevant sind. In einem weiteren Schritt erfolgt eine Werbesimulation mit Anzeigen oder Werbespots des zuvor erhobenen relevant set, inklusive des zu testenden Produkts. Die anschließende Kaufsimulation stellt die Probanden vor die Aufgabe, sich für eines der beworbenen Produkte zu entscheiden. Zusätzlich werden Angaben zu Ersatzkäufen erhoben, die bei nicht-Vorhandensein des zuerst gewählten Produktes durchgeführt würden. Diese Aussagen dienen zur Schätzung der Erstkaufrate (Penetration) des Testprodukts.

Im nächsten Schritt erhalten die Nicht-Käufer das Produkt als Geschenk mit nach Hause, um dort erste **Nutzungserfahrungen zu sammeln**. Die Käufer bekommen dagegen das, als Hauptkonkurrent angesehene Produkt oder eines der bisherigen Lieblingsmarke. Der darauf folgende Home-use-Test stellt den eigentlichen Produkttest dar. Um Erfahrungen mit dem Testprodukt sammeln und die Einstellung zu diesem entwickeln zu können, sind die Testpersonen angehalten, die erhaltenen Produkte aktiv auszuprobieren. Nach mehreren Wochen der Produktverwendung werden die Probanden zu einem Nachinterview eingeladen. Dieses erfasst zunächst die gleichen Informationen bezüglich der Präferenz und Einstellung der Probanden wie das Hauptinterview. Zusätzlich erfolgt jedoch auch die Erfassung von Verwendungserfahrungen sowie von besonders positiven und negativen Aspekten der Produkte (likes und dislikes). Durch eine abermalige Kaufsimulation sind Rückschlüsse auf das Wiederkaufverhalten möglich. Die Zusammenführung der gesammelten Informationen erfolgt unter Einbeziehung zusätzlich erhobener Planungs- und Marktdaten und Anwendung ausgewählter mathematischer Modelle. Die übergeordnete Zielsetzung liegt dabei immer in einer möglichst realistischen Prognose der Marktchancen des Testproduktes.

Um aus den Ergebnissen der Testmarktsimulation **Prognosen zum Markterfolg** zu gewinnen, sind verschiedene mathematische Modelle denkbar. Viele Unternehmen greifen auf das ASSESSOR-Modell von Silk und Urban (1978) zurück, das auch die Basis der Verfahren TESI (GfK) und DESIGNOR (Novaction) bildet. Der Ansatz ist v. a. zur Bewertung von Produkten geeignet, deren Strategieplanung in Bezug auf Marketing-Mix-Gestaltung, Zielgruppenwahl usw. bereits weitgehend feststeht. Durch ihn lassen sich folgende Ergebnisse erzielen:

- Prognosen des langfristigen Marktanteils eines neuen Produktes.
- Einschätzungen, von welchen am Markt bereits vorhandenen Produkten der Marktanteil des Neuproduktes abgeht. Im Falle eigener Produkte spricht man von Kannibalisierungseffekten.
- Hinweise auf Verbesserungspotentiale des Neuproduktes, die zu einer Verbesserung der Marktanteilsprognosen führen.

Der Ansatz umfasst zwei **parallel geschaltete Teilmodelle**, die unabhängig voneinander Marktanteilsprognosen ermitteln: das Trial-Repeat Modell und das Präferenzmodell. Der letztendliche Marktanteil ergibt sich aus dem Mittelwert beider Teilprognosen. Das Trial-Repeat Modell stützt seine Berechnungen auf die Erst- bzw. Versuchskäufe sowie das Wiederkaufverhalten. Es geht von folgender Formel zur Berechnung des langfristigen Marktanteils (M) des neuen Produktes (Z) aus:

$$M(Z) = T \cdot S \ .$$

„*T*" steht dabei für die Penetrations- bzw. Versuchskaufrate, „*S*" für die Wiederkauf-
bzw. Bedarfsdeckungsrate. Die Versuchskaufrate „*T*" ist dabei abhängig von der Versuchs-
kaufwahrscheinlichkeit (F), dem Bekanntheitsgrad (K) und der Erhältlichkeit (D) des neu-
en Produktes, der Wahrscheinlichkeit, dass das neue Produkt kostenlos durch eine Probe
oder einen Warengutschein erhältlich ist (C) und der bedingten Wahrscheinlichkeit, dass
der Kunde diesen unentgeltlichen Gutschein auch tatsächlich nutzt (U). Die zugrunde liegende Berechnungsformel gestaltet sich dabei:

$$T = F \cdot K \cdot D + C \cdot U - (F \cdot K \cdot D) \cdot (C \cdot U) \ .$$

Die Subtraktion des hinteren Terms dient zur **Vermeidung der doppelten Erfassung**
solcher Probanden, die sowohl im Anteil $F \cdot K \cdot D$, als auch im Anteil $C \cdot U$ enthalten sind.

Die Ermittlung der Wiederkaufrate „*S*" orientiert sich an einem sogenannten **Markov-
Prozess**, der die beiden Zustände „Kauf des neuen Produktes" (Zustand „1") und „Kauf
eines bereits am Markt etablierten Produktes" (Zustand „0") aufweist. Die Variable p_{ij} bezeichnet die Wahrscheinlichkeit, dass sich ein Konsument nach dem Kauf von Produkt i
beim nächsten Kauf für Produkt j entscheidet. Sie bildet also die Übergangswahrscheinlichkeit ab. So stellt also die Größe p_{01} die Übergangswahrscheinlichkeit vom Kauf eines
etablierten Produktes zum Kauf des neuen Produktes dar, p_{11} dementsprechend die Wahrscheinlichkeit eines Wiederkaufs.

Weist ein Produkt in Periode t-1 die Wiederkaufrate S_{t-1} auf, ergibt sich eine Wiederkaufrate in der Folgeperiode von:

$$S_t = p_{11} \cdot S_{t-1} + p_{01} \cdot (1 - S_{t-1}) \ .$$

Um die langfristige Wiederkaufrate S ermitteln zu können, benötigt man zunächst die
Gleichgewichtswiederkaufrate des neuen Produktes in Bezug auf die Nachfrager, die das
Produkt bereits ausprobiert haben. Setzt man die Gleichgewichtsbedingung $S_t = S_{t-1} = S$
in die obige Gleichung ein und löst daraufhin nach S auf, ergibt sich der Ausdruck:

$$S = \frac{p_{01}}{1 + p_{01}} - p_{11} \ .$$

Die verwendeten **Übergangswahrscheinlichkeiten** lassen sich beispielsweise **durch
Paarvergleiche** ermitteln, in denen sich der Proband nach der Nutzung des Neuproduktes
zwischen diesem und bestehenden Produkten entscheiden muss. Alternativ besteht auch
die Möglichkeit einer direkten Abfrage. Nach Schätzung der einzelnen Größen lässt sich
der Marktanteil des neuen Produktes über die oben abgebildete Formel ermitteln.

Die zweite Komponente des ASSESSOR-Modells stellt ein **Präferenzmodell** dar. Es bezieht sich auf Daten, die aus paarweisen Vergleichen der simulierten Produkte hervorgehen. Hierfür werden in der Regel Konstantsummenskalen herangezogen, in welchen der
Proband entsprechend seiner Präferenzen eine ungerade Anzahl von Punkten zwischen
zwei Produktalternativen vergeben muss. Dieser Vergleich erfolgt für alle Produkte des

Tab. 7.3 Beispielhafte Paarvergleichsdaten im Präferenzmodell (Quelle: Homburg und Kromer 2006, S. 590)

	A	B	C	D	Summe
Punktvergabe für jeden Paarvergleich	3	8			11
	1		10		11
	2			9	11
		5	6		11
		4		7	11
			8	3	11
Präferenzwerte	6	17	24	19	66
Kaufwahrscheinlichkeiten	6/66	17/66	24/66	19/66	

„relevant set" des Probanden. Aus den so ermittelten Größen lassen sich im Anschluss die Präferenzwerte und Kaufwahrscheinlichkeiten für die einzelnen Produkte ableiten. Anhand des folgenden Beispiels lässt sich die Vorgehensweise verdeutlichen:

Das „relevant set" eines Probanden umfasse die Produkte A, B, C und D, für welche er die aus Tab. 7.3 zu entnehmenden Paarvergleichswerte vergibt. Im nächsten Schritt sind die **Bewertungen jedes Produktes zu addieren** und durch die Summe aller Einzelbewertungen zu teilen. Auf diese Weise lässt sich die Kaufwahrscheinlichkeit ($p_i(m)$) für jeden Probanden i ($i = 1,\dots,N$) und für jedes Produkt m ($m = 1,\dots,L$) ermitteln. Ist ein Produkt nicht im relevant set eines Probanden vertreten, beträgt die Kaufwahrscheinlichkeit Null. Im nächsten Schritt erfolgt eine wiederholte Erhebung der Paarvergleichsdaten, dieses Mal jedoch unter Berücksichtigung des Neuproduktes und nur für diejenigen Probanden, die in der Simulation das Neuprodukt Z gewählt haben. Diese Kaufwahrscheinlichkeit wird mit $\tilde{p}_i(m)$ bezeichnet.

Die **Schätzung der Marktanteile** nimmt unter der Annahme, dass die Probanden 1 bis n das Neuprodukt gewählt haben, folgende Form an: Für alle etablierten Produkte m ($m = 1,\dots,L$) sind die beiden Größen $M_1(m)$ und $M_2(m)$ zu berechnen. $M_1(m)$ verdeutlicht dabei den Marktanteil des Produktes m in der Gruppe von Probanden, die das Produkt bereits getestet haben. $M_2(m)$ umfasst dagegen den Marktanteil in der Gruppe derer, die das Produkt noch nicht getestet haben:

$$M_1(m) = \frac{1}{N} \cdot \sum_{i=n+1}^{N} \tilde{p}_i(m) \text{ und}$$

$$M_2(m) = \frac{1}{N-n} \cdot \sum_{i=n+1}^{N} p_i(m).$$

Sei der Anteil aller Konsumenten, die das Neuprodukt Z in ihr relevant set aufgenommen haben als E_Z bezeichnet, gestaltet sich die Schätzung des Marktanteils nach (!) Einführung des Neuprodukts für die etablierten Produkte wie folgt:

$$M(m) = E_Z \cdot M_1(m) + (1 - E_Z) \cdot M_2(m).$$

Dieser Wert gibt durch einen Vergleich mit den aktuellen Marktanteilen Hinweise darauf, wie stark die etablierten Produkte vom Neuprodukt beeinträchtigt werden. Die Marktanteile der etablierten Produkte $M(m)$ vor (!) der Markteinführung von Z lassen sich dagegen durch diese Formel ermitteln:

$$M(m) = \frac{1}{N} \sum_{i=1}^{N} p_i(m).$$

Die **abschließende Marktanteilsschätzung** des Neuprodukts Z nimmt folgende Form an:

$$M(Z) = E_Z \cdot M_1(Z) = E_Z \cdot \frac{1}{n} \cdot \sum_{i=1}^{n} \tilde{p}_i(Z).$$

Die bisherigen Darstellungen zusammenfassend, lässt sich festhalten, dass das **ASSESSOR-Modell** ein durchaus **leistungsfähiges Verfahren** zur Prognose von Marktanteilen darstellt. Der Hauptgrund für seine hohe Prognosequalität ist in der zweifachen Fundierung der Prognose durch die beiden Teilmodelle gegeben.

Praktische Anwendung erfährt die Testmarktsimulation **primär bei Konsumgütern** des täglichen Bedarfs, da dem Wiederkaufverhalten im Falle hoher Kaufhäufigkeiten im Hinblick auf den Marktanteil eine zentrale Rolle zukommt. Das Untersuchungsobjekt stellt dabei in den meisten Fällen das fertige Produkt mitsamt Verpackung, Preis und Werbekampagne vor dem Hintergrund aller konkurrierenden Marken dar. Marketing-Mix-Elemente, die sich nicht abbilden bzw. simulieren lassen, sind dagegen im Werbedruck oder den Verkaufsförderungsmaßnahmen am POS zu sehen. Auch Akzeptanzwirkungen von Seiten den Handels lassen sich nicht in die Untersuchung integrieren, was jedoch auch im Rahmen der anderen Testmarktvarianten nicht oder nur schwer möglich ist. Auch ist das Verfahren für instabile Märkte mit häufig wechselnden Konsumentenpräferenzen nur bedingt geeignet.

Neben dem Grundmodell des ASSESSORS bzw. dessen **Weiterentwicklung TESI** werden in Europa noch eine Reihe weiterer Marktsimulatoren angeboten (vgl. Tab. 7.4). Der Designor-Ansatz von *M&E Novaction* entspricht dabei weitestgehend dem ASSESSOR-Verfahren, das sich in den USA als Marktführer behauptet und sich mittlerweile im Besitz des Marktforschungsunternehmens *IRI* befindet. Im Folgenden werden die Ansätze Quartz und Microtest exemplarisch betrachtet.

Zum Marktforschungsunternehmen *A. C. Nielsen* gehört das **Quartz-Verfahren**, das in den Standorten Hamburg, München, Frankfurt, Leipzig, Köln und Rostock angeboten wird. Die Durchführung der Marktsimulation erfolgt bei *Nielsen* nicht im Untersuchungslabor, sondern bei den Testpersonen zu Hause. Zunächst werden bei ca. 400 potentiellen und/oder aktuellen Kunden der Warengruppe aus dem A. C. *Nielsen* Haushalts-Panel Befragungen zu den wahrgenommenen Eigenschaften des Testprodukts durchgeführt. Erst im

Tab. 7.4 Überblick über Anbieter von Marktsimulationen in Deutschland (Quelle: Gaul et al. 1996, S. 203–217)

	Designor	TESI	Bases	Microtest	Quartz
Anbieter	M&E Novaction	GfK	Infratest Burke	IVE Research Intern.	A.C. Nielsen
Ursprung	Assessor	Assessor	Bases	Microtest	Quartz
Art	Komparativ (Vergleich mit Wettbewerbsprodukten)	Komparativ (Vergleich mit Wettbewerbsprodukten)	Monadisch (ohne Vergleich)	Monadisch (ohne Vergleich)	Monadisch (ohne Vergleich)
Zielgruppe (300–400)	Verwender der Warengruppe		Aktuelle und potentielle Käufer		
Anzahl Testorte	2–3	1–2	5	5	Meistens 6

nächsten Schritt erfolgt die direkte Konfrontation mit dem Testprodukt anhand mehrerer Fernseh-Werbespots. Aufbauend auf diesen ersten Eindrücken bekommen die Testpersonen die Möglichkeit, sich über „likes" und „dislikes" zu äußern und eine Gesamtbewertung abzugeben. Präferenzrankings zwischen dem Testprodukt und seinen Konkurrenzprodukten dienen zudem zur Konkretisierung der generellen Kaufbereitschaft der Konsumenten, die als Ausgangspunkt der weiteren Analyse fungiert. Neben der Erfassung von geplanten Kaufmengen, -häufigkeiten und Preisbereitschaften finden auch soziodemografische Daten der Teilnehmer Berücksichtigung. Die Abgrenzung des relevanten Marktes erfolgt bei diesem Verfahren über die bereits vorliegenden Daten des Haushalts-Panels. Diagnostische Fragen sollen die Einschätzung hinsichtlich der Ursachen für das Konsumentenverhalten unterstützen. Hat das zu testende Produkt bereits einen bestimmten Reifegrad erreicht, erhalten die Probanden Exemplare des Produktes zur Probenutzung. Im Anschluss an diese Nutzungsphase erfolgt bei ca. 90 bis 95 % der Probanden im Rahmen eines persönlichen Besuchs eine Nachbefragung, die sich wiederum auf Kaufbereitschaften, Kaufhäufigkeiten, „likes" und „dislikes" sowie die Gesamtbewertung des Produkts bezieht. Zusätzlich findet eine weitere Befragung der Probanden bezüglich ihrer anfänglichen Erwartungshaltungen und der Erfüllung oder nicht-Erfüllung dieser durch das Produkt statt. Wiederholt dienen zusätzliche diagnostische Fragen zur besseren Nachvollziehbarkeit der Angaben der Testpersonen. Das Absatzvolumen ergibt sich bei diesem Vorgehen aus der Wahrscheinlichkeit, das Testprodukt im Handel wahrzunehmen, ein Produkt der Warengruppe zu kaufen und sich dabei auch tatsächlich für das Testprodukt zu entscheiden.

Der **Microtest von IVE Research International** findet wie der ASSESSOR unter Laborbedingungen statt. In den Standorten Leipzig, Frankfurt, Hamburg, Nürnberg und Dortmund erfolgen im ersten Schritt anstelle einer Vorbefragung Konzepttests zu dem Neuprodukt. Die rund 300 ausgewählten Testpersonen erhalten einzeln Konzeptkarten mit Angaben über Inhalt und Preis des Produktes. Als visuelle Konkretisierung des Bewertungsobjektes dienen in der Regel Fotos oder Packungsabbildungen; die Konfrontation mit dem eigentlichen Produkt erfolgt erst in einem nächsten Schritt anhand von z. T. animierten Werbespots. Durch Aufteilung der Stichprobe in verschiedene Untergruppen ist auch ein Test verschiedener Packungsvarianten denkbar. Über die Erhebung des Kaufverhaltens im Produktfeld soll im nächsten Schritt ein Preismodell gebildet werden, wobei die Abgrenzung des relevanten Marktes über die Soziodemografika der Testpersonen erfolgt. Ähnlich wie bei Quartz werden daraufhin Angaben zu „likes" und „dislikes" sowie zur Gesamtbeurteilung erhoben. Zusätzlich beantworten die Probanden jedoch auch Fragen zum generellen Konzeptinteresse, dem wahrgenommenen Preis-Leistungs-Verhältnis und der Uniqueness, der Einzigartigkeit des Produktes. Im nächsten Schritt erhalten die Testpersonen das Produkt mit nach Hause, um im Sinne eines Home-use-Tests erste Erfahrungen mit ihm zu sammeln. Die abschließende Befragung nach dem Testgebrauch umfasst Fragestellungen zum Kaufinteresse, dem wahrgenommenen Wert, wiederum dem Preis-Leistungs-Verhältnis sowie zum Grad der Vertrautheit mit dem Produkt. Diese Ergebnisse werden mit den zuvor erhobenen Daten abgeglichen und zur Berechnung des potentiell erreichbaren Absatzvolumens herangezogen. Hierfür finden verschiedene, hintereinander geschaltete Partialmodelle Anwendung, welche die wahrgenommene Markenpräsenz (Brand Visibility Model), die individuelle Erstkauf- (Trial Model) und Wiederkaufwahrscheinlichkeiten (Adoption Model) sowie das weitere Kaufverhalten (Intensity) simulieren. Die individuell erhobenen Zwischenergebnisse werden im letzten Schritt aggregiert und bilden so die Prognose des Absatzvolumens in Bezug auf das Testprodukt und dessen Konkurrenzprodukte.

7.4.2.5 Vergleich der klassischen Testmärkte

Ein **Vergleich der verschiedenen Testmarktvarianten** kann zwangsläufig zu keinem eindeutigen Urteil über die generelle Vor- oder Nachteilhaftigkeit der einzelnen Instrumente führen. Die Zweckmäßigkeit jedes Verfahrens ist immer in Abhängigkeit von der konkreten Fragestellung und des jeweiligen Untersuchungsgegenstandes zu sehen. Tabelle 7.5 gibt einen Überblick über ausgewählte Kriteriendimensionen, die für einen Vergleich der Verfahren geeignet sind. Insgesamt lassen sich die folgenden Punkte festhalten:

Als einziges der **vorgestellten Verfahren**, ist der reale, regionale Testmarkt dazu in der Lage, die Handelsakzeptanz zumindest teilweise zu ermitteln und dadurch auch die voraussichtliche Distribution abzubilden. Sowohl der elektronische als auch der simulierte Testmarkt weisen hier klare Schwächen auf. Mit weitem Abstand ist der reale Testmarkt jedoch gleichzeitig auch der kosten- und zeitintensivste, was gerade vor dem Hintergrund des enormen Zeitdrucks in der Produkteinführungsphase als kritisch zu betrachten ist.

Im Hinblick auf die Geheimhaltung der Markttests schneidet der **simulierte Testmarkt** mit einer fast 100 %gen Sicherheit am besten ab. Er weist gleichzeitig das **größte diagnostische Potentia**l auf und bietet durch seine schier unbegrenzte zeitliche und räumliche Einsetzbarkeit auch ein hohes Maß an internationaler Vergleichbarkeit der Ergebnisse. Auch die Kostensituation ist als positiv zu bewerten. Besonders im Vergleich zu den anderen dargestellten Varianten ist die Marktsimulation mit sehr geringen Kosten verbunden. Der häufige Einsatz des Verfahrens konnte das Vertrauen in die Validität der Prognosen zwar

Tab. 7.5 Vergleich von Testmarktverfahren (Quelle: Erichson 2007, S. 417)

Kriterien	Regionaler Testmarkt (RTM)	Elektronischer Testmarkt (ETM)	Testmarktsimulation (SMT)
Testbare Marketing-Mix-Elemente	Alle (Distribution eingeschränkt)	Alle, außer Distribution	Produkt, Preis, Verpackung, Werbung
Messung	Reales Kaufverhalten	Reales Kaufverhalten	Simuliertes Kaufverhalten und Psychometrie
Validität	Theoretisch sehr gut, praktisch meist jedoch sehr eingeschränkt	Sehr gut, aber eingeschränkt durch Stichprobe	Gut, in bestimmten Fällen durch Laborsituation eingeschränkt
Reliabilität	Sehr hoch	Hoch	Abhängig vom Stichprobenumfang
Verfügbarkeit	Begrenzt	Sehr begrenzt	Unbegrenzt
Kosten	Sehr hoch	Gering	Sehr gering
Zeitbedarf	Sehr langsam	langsam	Sehr schnell
Geheimhaltung	Nein	Nein	Ja
Internationale Einsetzbarkeit	Gering	Gering	Sehr gut
Diagnostisches Potential	Gering (zusätzliche Erhebungen erforderlich)	Gering, da Einfrage ins Panel nicht möglich	Sehr hoch

festigen, in bestimmten Fällen ist diese jedoch als stark eingeschränkt zu bewerten. So wirken sich in der Simulation beispielsweise Preisempfindlichkeiten weitaus geringer aus als in der Realität, Prestigeeffekte oder die soziale Erwünschtheit bestimmter Antworten dagegen deutlich stärker. Insgesamt hängt die Validität jedoch v. a. von der Abgrenzbarkeit des relevanten Marktes und der Höhe der Kauffrequenz in diesem ab. Negativ fällt bei den Marktsimulationen auf, dass die Erfassung von Variationen des Werbedrucks oder von Verkaufsförderungsmaßnahmen nicht möglich ist.

Die **Stärken des elektronischen Markttests** liegen eindeutig in der Wirkungsmessung von Werbekampagnen und Verkaufsförderungsaktionen. Da diese zudem auf realen Kaufentscheidungen beruhen, sind die Ergebnisse als weitaus realitätsnaher und aussagekräftiger einzuschätzen, als es im Falle von simulierten Erhebungen der Fall ist. Allerdings benötigt ein solches Vorgehen auch entsprechend mehr Zeit, wodurch die Gesamtkosten in der Regel höher ausfallen als bei der Testmarktsimulation.

7.4.3 Markttests mit multimedialer und virtueller Unterstützung

7.4.3.1 Konzeption virtueller Welten und Charakteristika von Online-Tests

Stark verbreitet ist inzwischen die **Durchführung von Studien im Internet**, mit dem Ziel der Abschätzung des Marktpotenzials neuer Produkte. Auch möglich ist der Markttest an Laborcomputern mittels spezifischer Software. All diese Medien ermöglichen die multimediale Darstellung des Produkts in einem realen oder einem virtuellen Umfeld bis hin zur Präsentation eines virtuellen Produkts. Auf diese Art und Weise bietet sich dem Probanden die Möglichkeit, das Produkt noch besser beurteilen zu können. Das trifft vor allem auf radikal neue Produkte zu, die in der Realität lediglich durch Modelle überprüft werden können. Hierbei stellt sich allerdings das Problem, dass diese hinsichtlich der notwendigen Technologie noch nicht ausgereift sind und bei vielen Produktkategorien hohe Kosten verursachen können.

Während die Darstellung von Produkten mittels Computern mittlerweile zum Standardrepertoire gehört, ist die **Umsetzung kompletter Testmärkte** in dieser Weise noch weniger weit verbreitet. Das Stichwort zur Umsetzung dieser Szenarien sind virtuelle Welten, in denen sich der Teilnehmer während der Studie aufhält und agiert. Der Begriff „virtuell" beschreibt hierbei etwas noch nicht Existentes und damit Potenzielles oder Gedachtes, das keine Gegenständlichkeit besitzt. Die Definitionen von Virtual Reality (VR) sind jedoch äußerst vielfältig. Hennig beschreibt Virtual Reality als Schnittstelle zwischen Mensch und Maschine „…, die es erlaubt, eine computergenerierte Umwelt in Ansprache mehrerer Sinne als Realität wahrzunehmen" (1997, S. 14).

Im Gegensatz zu konventionellen Medien wie TV, Radio oder Print können in der virtuellen Realität **sämtliche Wahrnehmungssinne des Menschen angesprochen** werden. Sie ermöglichen dem Probanden damit, ein Produkt erleben und besser beurteilen zu können. Derzeit liegt der Fokus jedoch noch eindeutig auf der Vermittlung visueller und akustischer Signale.

Der Begriff künstliche Realität ist von der virtuellen Realität klar abzugrenzen. Künstliche Realität ist lediglich eine im Computer simulierte Realität, die der Betrachter von außen wahrnimmt und in diesem Moment nicht mit seiner eigenen Realität gleichsetzt. Eine **virtuelle Realität** entsteht erst dadurch, dass der Mensch in diese eintaucht und sie damit als eigene Realität wahrnimmt. Dabei kann sich diese Realität auch von der tatsächlichen Realität unterscheiden.

Das Internet bietet als Medium zur Durchführung von Markttests großes Potenzial gegenüber konventionellen Tests oder denen, die in Labors durchgeführt werden. Dies resultiert aus den mit dem Einsatz des Internets einhergehenden **Vorteilen**. Folgende Aspekte sind hier zu nennen:

- Kosten und Zeitvorteile, z. B. keine Druckkosten für eventuelle Fragebögen und schnellerer Rücklauf ausgefüllter Fragebögen
- Gestaltungsvorteile, z. B. multimediale Unterstützung durch Grafiken, Animationen, Videos oder auch virtuelle Welten

- Reichweitenvorteile, z. B. bessere Umsetzbarkeit globaler Tests
- Größere Stichproben, z. B. durch Senkung der Erhebungskosten und der großen Reichweite bzw. der leichteren Ansprache einer größeren Anzahl von Auskunftspersonen
- Automatische Datenerfassung und -analyse, z. B. Erfassung von Benutzerverhalten in Log-Dateien oder Analyse des Kaufverhaltens in Datenbanken

Allerdings weisen Online-Studien und -experimente auch einige Nachteile auf:

- Selbstselektion der Teilnehmer, sofern dies nicht über Sicherheitsmaßnahmen und Nutzung eines Panels eingeschränkt wird
- Bestimmte Altersgruppen, wie die über 60 Jährigen, sind weiterhin stark unterrepräsentiert im Internet und daher auf diese Art nur schwer zu erreichen.

Auch die Validität von im Internet durchgeführten Experimenten ist sichergestellt und mit der von konventionellen Experimenten vergleichbar.

7.4.3.2 Information Acceleration

Unter **Information Acceleration** (IA) versteht man nach der oben beschrieben Kategorisierung die Präsentation eines realen Produktes in einem virtuellen Umfeld. Auf diese Weise können neue Produkte, vor allem aber radikale Innovationen, auf ihre potenzielle Akzeptanz im Markt getestet werden. Vereinfacht gesagt wird bei dieser Methodik eine potenzielle Kaufsituation mit virtueller bzw. künstlicher Realität simuliert mit dem Ziel, die Konsumenten in eine möglichst authentische Situation zu versetzen. Gleichzeitig werden dabei bestehende Produkte berücksichtigt.

Das Information Acceleration-Verfahren wurde zum ersten Mal im Jahr 1991 vom Automobilhersteller *General Motors* angewendet. Dabei kam die IA in **Verbindung mit weiteren Marktforschungsmethoden** (z. B. Konzeptbewertungen, Conjoint Analyse) zur Anwendung. Das Ziel des Projekts war die Bestimmung des Marktpotenzials eines Elektroautos. Zur Sicherstellung der Validität der Studie war im Kontext des Elektroautos auf die Zusammensetzung der Stichprobe zu achten. Sie muss zum einen potenzielle Abnehmer eines umweltfreundlichen Autos darstellen. Gleichzeitig ist erforderlich, dass das vorgestellte Vehikel den individuellen Bedürfnissen und Vorlieben der Personen genügt (bspw. wenige Langstreckenfahrten).

Unter den beschriebenen Voraussetzungen gelingt durch den Information Acceleration-Ansatz eine **valide Abbildung des zukünftigen Kaufverhaltens** der Konsumenten. Der Ansatz sieht vor, dass die Konsumenten in dieser virtuellen Welt auf sämtliche Informationsquellen zurückgreifen können, die sie auch in der realen Welt zur Verfügung hätten. Dazu zählen Medien (Zeitungs- und Magazinartikel sowie Werbefilme), andere Kunden oder Verkaufspersonal. Damit integriert das Verfahren auch die Interaktion mit anderen Personen, statt ausschließlicher Vermittlung objektiver Information über das Produkt. Das zentrale Element sind sogenannte virtuelle Showrooms, in denen sich die Testperson das zu überprüfende Produkt anschauen und testen kann (Abb. 7.10).

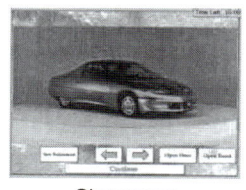
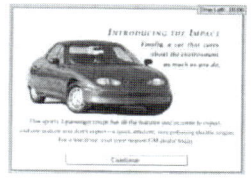

| Showroom | Anzeige | Mundwerbung |

Abb. 7.10 Beispielhafte Informationsquellen bei Information Acceleration (Quelle: Urban et al. 1997, S. 144)

Gleichzeitig müssen den teilnehmenden Personen aber auch **notwendige Kontextin-formationen zur Verfügung** gestellt werden. Dies umfasst positive und negative Informationen rund um die zukünftige Entwicklung der betreffenden Produktkategorie sowie Daten hinsichtlich der in der Zukunft vorliegenden Umwelt in der das Produkt zur Anwendung kommt. Der einzelne Teilnehmer soll sich damit eine Meinung über den Nutzen und die Eignung des Produkts machen können – Voraussetzungen, die zwingend mit einer tatsächlichen Entscheidung verbunden sind und damit die Validität sicherstellen.

Damit die Ergebnisse der Information Acceleration auch für die Ableitung von Empfehlungen an das Management genutzt werden können, muss ein **gewisses Maß an Nutzungs-erfahrung** mit dem potenziellen Produkt seitens der Probanden vorliegen. Daher kann und sollte das Verfahren an dieser Stelle um die Nutzung eines realen Prototyps ergänzt werden. Im Falle des Automobils von *GM* wurden Testfahrten mit einem modifizierten bereits bestehenden Autotyp in den Test integriert, um das Fahrverhalten und andere Eigenschaften besser beurteilen zu können.

Mit dem beschriebenen Verfahren gelingt die **Abbildung der Realität** und vor allem des Käuferverhaltens in hohem Maße. Die Verbraucher bekommen nicht wie bei anderen Methoden vorselektierte Informationen vorgehalten. Sie haben vielmehr die Wahl jeweils individuell interessierende Informationen einzusehen und die Dauer der Informationssuche selbst zu bestimmen. Die Information Acceleration ist damit zusammenfassend durch fünf Charakteristika bestimmt:

- Möglichkeiten zur vollständigen Information
- Vermittlung von Zukunftsszenarien
- Sammeln von Erfahrungen mit dem Produkt für die Teilnehmer
- Aktive Informationssuche durch den Nutzer
- Nutzer hat die Kontrolle über den Marktforschungsprozess

Bei der Durchführung der Studie bewerten die Teilnehmer zunächst Eigenschaften, die sie hinsichtlich des untersuchten Produkts für besonders bedeutend halten. Aus diesen Angaben resultierend wird ihnen ein entsprechendes Produkt präsentiert und gleichzeitig relevanten Alternativen gegenübergestellt. Im Falle des Elektroautos sind dies ein weiteres Automobil mit anderem alternativen Antrieb sowie eines mit konventionellem Antrieb.

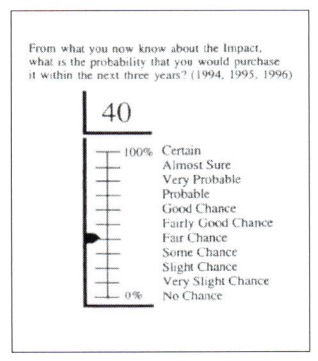

Kaufwahrscheinlichkeit

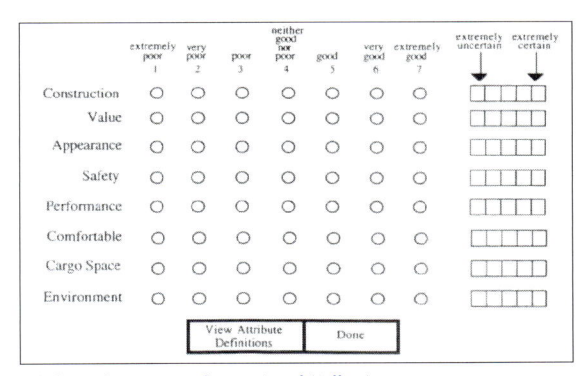

Wahrnehmung relevanter Attribute

Abb. 7.11 Messung der Kaufwahrscheinlichkeit bei Information Acceleration (Quelle: Urban et al. 1997, S. 145.)

Im Kern zielt die IA darauf ab, die **Kaufwahrscheinlichkeit** für einzelne Produkte **sowie Motive für die Entscheidung zu ermitteln**. Daraus lassen sich im Anschluss zukünftige Marktanteile und damit Verkaufszahlen ermitteln (Abb. 7.11).

Neben der Ermittlung der Kaufwahrscheinlichkeit ist aus den Angaben auch die **Abschätzung von potenziellen Preisen** möglich. Diese sind zum einen auf die angewendete Technologie (z. B. Elektromotor) aber auch auf die anderen Produkteigenschaften zurückzuführen. Mit Hilfe von Marktsimulationen kann mittels der Daten über die Bedeutung einzelner Attribute, der Kaufwahrscheinlichkeiten und der Preisinformationen die Änderung der Marktanteile der verschiedenen Produkte abgeschätzt werden.

Im Ergebnis lässt sich mittels der **Durchführung** von Information Acceleration eine äußerst komplexe Kaufsituation simulieren. Das gelingt unter anderem durch die dem Ansatz immanente Kombination von Experiment und Simulation. Damit bietet sich die Möglichkeit der Kontrolle von Störeinflüssen und des individuellen Verhaltens durch die Teilnehmer. Durch die Art und Weise der Informationsdarbietung (z. B. Showrooms) ist Information Acceleration wesentlich lebendiger und realistischer als konventionelle Konzeptbeschreibungen. Zudem ist die interne Validität des Verfahrens gewährleistet: Sie drückt sich in der Möglichkeit aus, physische Prototypen zu präsentieren und menschliche Interaktion zu simulieren.

Das Verfahren geht jedoch mit **relativ hohen Kosten** einher. Ein solches Projekt verursacht Kosten in Höhe von 100.000–750.000 $, sodass es für bestimmte Produktkategorien tendenziell auszuschließen ist. Außerdem ist die externe Validität nur in eingeschränktem Maße gewährleistet, d. h. die Ableitung einer guten Prognose zukünftiger Abverkäufe eines Produkts ist schwierig. Die Ursache dafür sind die teilweise hypothetischen Annahmen über die zukünftigen Zustände der relevanten Umwelt.

7.4.3.3   Markttest mit virtuellen Produkten

Zur Überprüfung noch nicht real existierender Produkte durch eine Testmarkt-Simulation ist eine virtuelle Realität nicht zwingend erforderlich. Der Teilnehmer kann auch vor dem heimischen Monitor sitzend an der Simulation teilnehmen und damit in einer **künstlichen Realität** agieren. Der Testmarkt kann über eine spezifische Software realisiert werden, aber auch über das Internets angeboten werden. Laut *Forrester* lag 2006 die Reichweite des Internet schon bei 58 % der Bevölkerung in Europa. Damit erschließt dieser Kommunikationskanal inzwischen ein riesiges Potenzial an potenziellen Probanden und Panel-Mitgliedern für Marktforschungszwecke.

Allgemein boomt das **Internet-Shopping**, was auf unterschiedliche Eigenschaften dieses Mediums zurückzuführen ist. Nicht nur zahlreiche Suchfunktionen stehen dem Nutzer zur Verfügung und sind eine Verbesserung im Vergleich zu herkömmlichen Katalogen. Gleichzeitig ermöglicht Shopping im Internet einen relativ einfachen Preisvergleich zwischen verschiedenen Anbietern. Hör- und Leseproben bei Büchern und Musik unterstreichen diese Vorteile. Auch Öffnungszeiten kennen Internet-Shops nicht. Was für den Kunden eine bequeme und zeitsparende Möglichkeit darstellt, rund um die Uhr seine Einkäufe zu tätigen, ist für den Marktforscher ein neues und interessantes Betätigungsfeld. Mit verschiedenen Methoden der Beobachtung ist es möglich, den Kunden in einem dreidimensionalen Virtuellen Supermarkt im Internet zu beobachten, ohne dass er sich seiner Position als Testperson bewusst ist.

Der Einsatz sogenannter **3D-Supermärkte** für Verkaufstests kann über das Internet erfolgen. Der Kunde kann vom heimischen Computer aus seine Einkäufe tätigen. Er bewegt sich per Maus durch ein dreidimensionales Abbild eines Supermarktes, kann Produkte aus dem Regal nehmen, drehen und Hintergrundinformationen aus einer Datenbank abfragen. Produkte, die er kaufen möchte, legt er per Mausklick in einen Einkaufswagen, den aktuellen Stand der Summe aller Preise im Einkaufswagen kann er sich jederzeit anzeigen lassen. Damit gelingt ein vollständiges künstliches bzw. virtuelles Abbild der Realität.

Der Kunde hat dadurch Zugriff auf jedes einzelne Produkt, in einer **Entscheidungssituation, wie er sie auch in der realen Welt** vorfindet. Bei einer Testmarkt-Simulation im Internet ist der Kauf des Produkts in der virtuellen Welt stellvertretend für die Kaufabsicht bzw. die Präferenz des Probanden in der Realität. Bei einem realen virtuellen Online-Shop kauft der Kunde das Produkt direkt, kann dabei jedoch beobachtet werden. Zusätzliche Informationen wie die Verweildauer vor den einzelnen Regalen im Supermarkt lassen weitere Rückschlüsse zu, analog zur Beobachtung in klassischen Testsupermärkten. Genauso verhält es sich mit der Dauer der detaillierten Betrachtung eines Produkts im virtuellen Supermarkt. An die Simulation schließt eine Web-Befragung zu Produktpräferenzen oder den Einkaufsgewohnheiten des Probanden an (Abb. 7.12).

Der **Vorteil** gegenüber konventionellen Testmarkt-Simulationen ist die Möglichkeit zur schnellen und kostengünstigen Variation des Verpackungs- und Produktdesigns und der Regalbelegung. In der realen Welt geht dieser Prozess mit wesentlich größerem Aufwand einher (z. B. Anbringen neuer Preisschilder).

Abb. 7.12 Virtuelle Testregale (Quelle: *Dialego AG* 2006)

Abb. 7.13 Second Life als Testplattform für Produkte (Quelle: *Second Life*)

Die ersten als Markttest zu interpretierenden Aktionen sind inzwischen auch in der virtuellen Welt von „**Second Life**" zu beobachten. Die Mitglieder der Second Life-Kartei haben die Möglichkeit in dieser künstlichen Welt Einzelhändler zu besuchen (Abb. 7.13). Denkbar ist dabei auch die Nutzung einer virtuellen Realität und damit das vollständige Eintauchen in die Welt von Second Life.

Der Vorteil bei der Durchführung von **Markttests in Second Life** ist die Überprüfung von Produkten in einem nicht experimentellen Umfeld. Im Rahmen gängiger Testmarkt-Simulationen sind sich die Probanden stets des Experimentcharakters bewusst. Zudem projizieren sie die Aktionen der Unternehmen in der virtuellen Welt nicht unbedingt auf die reale Welt, sodass negative Effekte auf die jeweilige Marke reduziert werden. Nachteilig wirkt sich aus, dass die Probanden zu keiner Zeit direkt mit dem Produkt in Kontakt kommen können.

Markttests in künstlicher oder virtueller Realität weisen grundsätzlich einige **Vorteile** auf (Hahn und Jerusalem 2003). Durch die Möglichkeit des Probanden, den Einkauf in Ruhe vom heimischen Computer aus zu tätigen und die Unwissenheit darüber, dass der Einzelne als Testperson fungiert, wird der typische Laboreffekt vermieden. Ein weiterer Vorteil, der sich Kosten senkend auswirkt, ist die Tatsache, dass bei Verkaufstests im Internet die menschliche Beobachtungsperson eingespart werden kann. Im Internet-Supermarkt kann die Verweildauer der Kunden im Supermarkt, der Weg, der zurückgelegt wird, die Beschäftigung mit einem Produkt, z. B. das Herausnehmen und das Drehen und die Kaufaktion oder das Zurückstellen des Produktes festgehalten werden, ohne dem Probanden das Gefühl zu geben, er werde beobachtet.

Des Weiteren bietet diese Art der Datenerhebung einen **zeitlichen Vorteil**, da bereits während des eigentlichen Vorgangs Daten zur Auswertung zur Verfügung stehen. Das Medium Internet ist weltweit verfügbar, was den Vorteil mit sich bringt ohne gravierende Mehrkosten auch ausländische Märkte auf die Akzeptanz des Testproduktes zu überprüfen.

Während das **Verhalten des Online-Shoppers** wie beispielsweise das Stehenbleiben vor einem Regal, das Herausnehmen und das Betrachten eines Produktes und das Zögern bei Aktionen in Online-Welten festgehalten werden kann, besteht im Gegensatz zur klassischen Beobachtung mit menschlichen Beobachtern oder Kameras nicht die Möglichkeit, die Mimik, beispielsweise Lächeln, als positive Reaktion auf ein Produkt oder Verziehen des Gesichtes als negative Reaktion festzuhalten. Um den ersten Eindruck, den ein Produkt vermittelt, zu festzuhalten, ist man auf die Auskunftsbereitschaft der Testperson angewiesen.

Einen weiteren **Nachteil** haben der **Verkaufstest im Virtuellen Laden** und die klassische Form im realen Geschäft gemeinsam. Das zu testende Produkt wird vor endgültiger Markteinführung der Öffentlichkeit und somit auch der Konkurrenz präsentiert. Damit sind die Voraussetzungen für den Wettbewerb geschaffen, mit geeigneten Gegenmaßnahmen zu reagieren. Eine geschlossene Online-Plattform in Anlehnung an Mini-Testmärkte bietet hier die Möglichkeit, den Kreis der Eingeweihten gering zu halten.

Literatur

Bruhn, M./Hadwich, K. (2006): *Produkt- und Servicemanagement*, München: Vahlen.

Chernatony, L./McDonald, M. (1992): Creating Powerful Brands. The Strategic Route to Success in Consumer, Industrial and Service Markets, Oxford: Butterworth-Heinemann.

Dialego AG (2006): Methoden. Virtuelles Testregal. http://cms.dialego.de/futuremarketshelfte.0. html?&L=9

Erichson, B. (2007): Prüfung von Produktideen und Konzepten. In Albers, S./Herrmann, A. (Hrsg.): *Handbuch Produktmanagement: Strategieentwicklung – Produktplanung – Organisation – Kontrolle* (S. 395–420), 3. Aufl., Wiesbaden: Gabler.

Gaul, W./Baier, D./Apergis, A. (1996): Testmarktsimulationsverfahren in Deutschland – Eine vergleichende Analyse, *Marketing ZFP* 4, 203–217.

Hahn, A./Jerusalem, M. (2003): Reliabilität und Validität in der Online-Forschung. In Theobald, A./Dreyer, M./Starsetzki, T. (Hrsg.): *Online-Marktforschung* (S. 161–186), Wiesbaden: Gabler.

Hennig, A. (1997): *Die andere Wirklichkeit – Virtual Reality – Konzepte, Standards, Lösungen*, Bonn: Addison-Wesley.

Homburg, C./Krohmer, H. (2006): *Marketingmanagement: Strategie – Instrumente – Umsetzung – Unternehmensführung*, 2. Aufl., Wiesbaden: Gabler.

Litzenroth, H./Hertle, T. (2007): Testmarktsimulation am Beispiel von Körperpflegemittel. In Albers, S./Herrmann, A. (Hrsg.): *Handbuch Produktmanagement: Strategieentwicklung – Produktplanung – Organisation – Kontrolle* (S. 1003–1034), 3.. Aufl., Wiesbaden: Gabler.

Silk, A. J./Urban, G. L. (1978). Pre-Test-Market Evaluation of New Packaged Goods: A Model and Measurement Methodology, *Journal of Marketing Research* 15, 171–191.

Urban, G. L./Hauser, J. R./Qualls, W. J./Weinberg, B. D./Bohlmann, J. D./Chicos, R. A. (1997): Information Acceleration: Validation and Lessons from the Field, *Journal of Marketing Research* 34 (1), 143–53.

Produkte am Markt einführen 8

8.1 Bedeutung der Wahl einer geeigneten Markteintrittsstrategie

Nachdem der Produktmanager mittels geeigneter Methoden die Entscheidung über ein Erfolg versprechendes Produktkonzept gefällt hat, steht er vor der Aufgabe die **Markteinführung** des Produkts zu **planen und durchzuführen**. Die Bedeutung dieser Phase wird anhand von Praxisbeispielen deutlich. Die Einführung der ersten Homevideo-Systeme in den 1970er Jahren führen Autoren immer wieder als exemplarisch für die Herausforderungen im Rahmen der Wahl einer adäquaten Markteinführungsstrategie an.

Das **Video 2000-System** wurde 1979 als Nachfolger des ursprünglichen Systems VCR von den Unternehmen *Philips* und *Grundig* auf den Markt gebracht. Es hatte einige Vorteile gegenüber dem VHS-System, wie zum Beispiel die Möglichkeit zur beidseitigen Verwendung der Bänder, konnte sich aber am Markt nicht gegen die VHS-Konkurrenz behaupten. Das zum *Matsushita*-Konzern gehörende Unternehmen *JVC* führte sein System (VHS) weltweit zeitgleich ein. Im Ergebnis hatte das VHS-System zur Zeit des Markteintritts der Konkurrenten *Philips* und *Grundig* bereits solch großen Marktanteil und ebenso hohe Markteintrittsbarrieren aufgebaut, dass es nicht mehr vom Markt zu verdrängen war. *JVC* setzte einen Quasi-Standard, indem VHS exklusiv über die meisten Videotheken vertrieben wurde. Die Ursache für die Sicherung dieses wichtigen Distributionskanals waren die wesentlich geringeren Lizenzgebühren die *JVC* verlangte. Das Ergebnis: Wenige Jahre nach der Einführung musste das Video 2000-System wieder vom Markt genommen werden. Im Jahr 1980 wurde das VHS-System zum anerkannten Standard.

Das Beispiel der Homevideo-Systeme verdeutlicht die **Relevanz vieler Faktoren für den Erfolg** eines Produkts. Auf Grund der Notwendigkeit eines einzigen Videostandards (Kompatibilitätsgründe) ist es zwar ein besonderes Beispiel, aber auch in anderen Bereichen liegen Beispiele vor, die die Bedeutung der Wahl einer adäquaten Markteintrittsstrategie herausstellen. Die Idee für ein Kleinwagenkonzept entstand bei *Mercedes-Benz* bereits in den 1970er Jahren, allerdings wurde das Produkt zu dieser Zeit wegen mangelndem Marktpotenzial nicht verwirklicht. Jahrzehnte später führte man den *Smart* am Markt ein,

A. Herrmann und F. Huber, *Produktmanagement*, DOI 10.1007/978-3-658-00004-2_8,
© Springer Fachmedien Wiesbaden 2013

zunächst aber lediglich mit mäßigem Erfolg. Die eigenen Umsatz- und Absatzziele hat der Konzern mit dem Produkt bis heute nicht erreicht. Heute ist man davon überzeugt, dass das Produkt an den Bedürfnissen des Marktes vorbeiging und auch nicht adäquat positioniert wurde. In den Jahren nach 2000 scheint der *Smart* auf wesentlich günstigere Bedingungen zu treffen. Wegen der gestiegenen Benzinpreise und den Diskussionen um den Klimaschutz trifft der *Smart* die Bedürfnisse des breiten Marktes.

Diese Fälle aus der Unternehmenspraxis machen deutlich, welche Bedeutung die **Markteinführungsstrategie** für ein neues Produkt hat. Auch wenn das eigene Produkt dem der Konkurrenz noch so sehr überlegen ist, kann ein ungeeignetes Vorgehen beim Markteintritt zum Misserfolg des Produkts führen. Nicht zuletzt deshalb beträgt die Flop-Rate bei neuen Produkten bis zu 90 %. Die Ursachen sind in der hohen Wettbewerbsintensität, dem schnellen technologischen Fortschritt, einem dynamischen Bedürfniswandel und der hohen Marktsättigung zu suchen - kaum kontrollierbare Herausforderungen, sodass die Unternehmenspraxis bestrebt sein muss, die ihrer Kontrolle unterliegenden Einflüsse optimal auszugestalten.

Die Bedeutung der formulierten Markteinführungsstrategie und deren Umsetzung für den Erfolg eines Produkts sind damit offenkundig. Welchen **Stellenwert für den Unternehmenserfolg** insgesamt dieser Bereich mitbringt, wird in der Entwicklung der letzten Jahrzehnte deutlich: Während noch in den 1970er Jahren der Produktlebenszyklus in der Automobilindustrie im Durchschnitt bei 10 Jahren lag, betrug dieser 10 Jahre später nur noch knapp 6 Jahre. Heute ist man bei durchschnittlichen Lebensdauern in der Automobilindustrie von 2 bis 3 Jahren angekommen. Danach wird ein Produkt aus dem bestehenden Angebot eliminiert und durch ein Neues ersetzt. Die Planung von Markteinführungen ist demnach eine regelmäßige Aufgabe des Managements. Problematisch erscheint dabei die Beurteilung der Güte der Entscheidungen. Sie wird erst nach längerer Zeit offenbar. Die ausführliche Planung einer Strategie ist demnach zwingend erforderlich.

Die **Entscheidungen hinsichtlich der Markteinführung** betreffen eine Vielzahl von Bereichen. Um den Bereich besser abgrenzen zu können, ist eine Definition des Begriffs zweckdienlich. Unter Markteinführungsstrategie wird die Gesamtheit aller strategischen Entscheidungen verstanden, mit denen Eintrittsmärkte des Unternehmens ausgewählt und die institutionellen Formen, die Zeitpunkte, die Reihenfolge und die Schnelligkeit des Markteintritts bestimmt werden.

8.2 Grundlagen zum Markteintritt

8.2.1 Auswahl der Eintrittsmärkte

Die Formulierung der Markteintrittsstrategie bedarf notwendigerweise der **Festlegung des Zielmarkts**. Als Markt soll hier nicht zwingend ein über die Geografie begrenzter Markt (Länder oder Regionen) bezeichnet werden, auch die angesprochene Zielgruppe kann der Abgrenzung des Zielmarkts dienen. Folgt man dieser Definition ist es von großer Bedeutung, ob und bei welchen Kundensegmenten die entwickelten Produkte und Technologien zur Bedürfnisbefriedigung geeignet sind. Häufig resultiert aus dieser Erkenntnis bereits die Anzahl der zu bearbeitenden Kundensegmente. Generell ist die Festlegung der Anzahl von zu bearbeitenden Segmenten eine kritische Frage bei der Planung der Markteinführung.

Die **Komplexität bei der Entscheidung** zur Anzahl der anzusprechenden Segmente ist aber auch das Resultat des Neuheitsgrades des Produkts. Handelt es sich um die Modifikation eines Produkts, sind die Anzahl der Segmente und damit auch die Art der Ansprache tendenziell bekannt. Bei radikalen Produktinnovationen gestaltet sich die Auswahl der Zielmärkte etwas schwieriger, da Konsumenten angesprochen werden müssen, die einerseits risikobereit und andererseits kaufkräftig sind. Ihre Ansprache gestaltet sich nicht immer ganz einfach und kann über Kommunikationskanäle und Medien erfolgen, die eine hohe selektive Reichweite aufweisen und damit auch bevorzugt von diesen Personen genutzt werden. Beispielhaft sind hier Life-Style-Magazine oder In-Lokale zu nennen.

Zwar existiert in jedem Markt eine kleine Gruppe von Konsumenten, die gegenüber Neuprodukten äußerst aufgeschlossen ist, die sogenannten **Innovatoren**, allerdings wäre die alleinige Konzentration auf diese Gruppe nicht Ziel führend. Die Wahrscheinlichkeit, einen Misserfolg zu erleiden, wäre zu groß, da sie nicht stellvertretend für die Masse der Konsumenten die Tauglichkeit des Produkts bezeugen können. Trotzdem besitzen sie wegen ihrer Meinungsführerfunktion einen großen Einfluss auf die breite Masse der Verbraucher (siehe Abschn. 8.5.2).

Die Herausforderung bei der **Definition des relevanten Markts** im Rahmen der Planung der Markteinführung liegt damit auch darin, den Markt nicht zu eng und nicht zu weit festzulegen. Bei einer zu engen Definition entgehen dem Unternehmen möglicherweise potenzielle Zielgruppen, die dann unbearbeitet bleiben. Damit geht aber auch die Gefahr einher, mögliche Konkurrenz- und damit Substitutprodukte zum Angebot des eigenen Unternehmens zu übersehen. Dies würde zu einer Unterschätzung und damit Verharmlosung des Wettbewerbs führen. Der gegenteilige Fall wäre ein Zu-weit-Fassen des Markts, sodass sich eine zu geringe Spezialisierung ergibt. Damit sinkt die Wahrscheinlichkeit, die Bedürfnisse der Konsumenten in ausreichendem Maße befriedigen zu können. In der Folge weichen die Konsumenten auf das Angebot der Konkurrenz aus.

Neben der Auswahl der einzelnen zu bearbeitenden Kundensegmente ist die **Bestimmung der geografischen Märkte** von großer Relevanz. Eine Vielzahl von Unternehmen ist heutzutage wegen des hohen Konkurrenzdrucks gezwungen, auf mehreren geografischen Märkten tätig zu sein. Für ein Unternehmen ist die Entscheidung für oder gegen einen geografischen Markt ganz stark abhängig vom Ertrag und vom Risiko. Durch Gegenüberstellung marktspezifischer ertrags- und risikobezogener Kriterien kann eine systematische Auswahl erfolgen (Kuhn 2007). Damit kann die Zielmarktauswahl beschrieben werden als die Identifikation von Märkten, auf denen ein Unternehmen erfolgreich sein kann, bei gleichzeitiger Minimierung des Risikos. Die Tab. 8.1 gibt einen Überblick hinsichtlich der in diesem Zusammenhang relevanten Kriterien.

Tab. 8.1 Kriterien bei der Auswahl des geografischen Markts

Ertragsbezogene Kriterien	Risikobezogene Kriterien
Volumen	Verlustgefahr durch die Marktbearbeitung
Potenzial	Länderrisiken bei grenzüberschreitendem
Distributive Struktur des Marktes	Markteintritt
Weitere technische, politisch-rechtliche,	Enteignungsrisiko
ökologische und allgemein-gesellschaftliche	Dispositionsrisiko
Eigenschaften	Transferrisiko
	Allgemeine Sicherheitsrisiken
	Fiskalische Risiken

8.2.2 Herausforderungen bei der Markteinführung

Wie oben bereits erwähnt, ist die **Auswahl der Eintrittsmärkte** abhängig von der Situation im jeweiligen Markt. Diese kann einigen Unternehmen entgegen kommen, für andere aber auch ein Hemmnis darstellen. In Anlehnung an die SWOT-Analyse kommt es hier darauf an, ob Stärken oder Schwächen des Unternehmens hinsichtlich der aktuellen Situation im Markt vorliegen. Die Frage ist, ob sich daraus Chancen oder Risiken für den Akteur ergeben. Bei der Betrachtung von potenziellen Märkten unterscheidet man Vorteilhaftigkeitsfaktoren und Begrenzungsfaktoren. Vorteilhaftigkeitsfaktoren sind zum Beispiel ein großes Marktpotenzial oder ein grundsätzlich geringes Länderrisiko, das sich aus sicheren gesetzlichen Bestimmungen ergeben kann. Begrenzungsfaktoren erschweren den Markteintritt oder schließen bestimmte Eintrittsstrategien direkt aus.

Eintrittsbarrieren sind der **bedeutendste Begrenzungsfaktor** bezüglich des Markteintritts (von der Oelsnitz 2000). Viele Staaten erhalten beispielsweise nach wie vor ihre Importkontingente oder nationalen Schutzzölle aufrecht, was den Eintritt in einen ausländischen Markt stark erschwert. So führte US-Präsident Bush im Jahr 2002 Schutzzölle für den Stahlsektor ein, um die eigene Stahlwirtschaft vor dem internationalen Wettbewerb zu schützen. Für die deutsche Stahlindustrie wurde zu diesem Zeitpunkt ein Absatzeinbruch von 75 % auf dem US-amerikanischen Markt prognostiziert. Deutlich wird die Bedeutung einer solchen Maßnahme bei Analyse der Beziehungen auf den Märkten. Bei der US-amerikanischen Stahlindustrie waren die Schutzzölle zwar gewünscht, für die Automobilindustrie und ihre Zulieferer brachten sie doch eine Menge Probleme mit sich.

Aber auch im Stammland eines Unternehmens, also auf dem **Heimatmarkt**, können **Eintrittsbarrieren,** wie beispielsweise bereits besetzte Vertriebskanäle, existieren. Liegen solche Eintrittsbarrieren vor, bei gleichzeitigen Defiziten des eigenen Unternehmens zum Wettbewerb, zum Beispiel Kostennachteile oder fehlendes Management Know-how, verschärft sich die Situation weiter.

Porter (1980) identifiziert als die **wesentlichen Markteintrittsbarrieren** die folgenden Aspekte:

- Kostenvorteile des Wettbewerbs auf Basis von Economies of Scale
- Kostenvorteile unabhängig von der Größe des Wettbewerbers (z. B. Subventionen)
- Vorteile des Wettbewerbs durch ein überlegenes Angebot (Funktion und Image)
- Hohe Kapitalerfordernisse für den Markteintritt
- Umstellungskosten der Kunden bei Wechsel zu einem anderen Produkt
- Zugang zu wichtigen Vertriebskanälen
- Politik des Staates (zum Beispiel Gesetzgebung)

Zusammengefasst sind die **Ursachen für einen erschwerten Markteintritt** damit bei Wettbewerb, Markt, Kunden und Politik zu suchen. Bei Berücksichtigung aller Varianten solcher Markteintrittsbarrieren geht ihre Zahl bis in die Tausende.

Eintrittsbarrieren sind aber häufig nicht als unumstößlich zu bewerten, sie sind vielmehr **regelmäßigen Veränderungen** unterworfen. Das künstliche Monopol der *Deutschen Post* im Briefbereich (bis 50 Gramm) war im Postgesetz festgeschrieben und ist Ende 2007 ausgelaufen. Dies macht den Markt für die privaten Postunternehmen sehr viel attraktiver. Eine Lockerung der Gesetzgebung ist damit ursächlich für den Fall von Markteintrittsbarrieren. Der Zweck von Lobbyarbeit ist genau hier anzusiedeln. Das Management öffentlicher Beziehungen (PR) hat ebenfalls großen Einfluss auf die Existenz von Eintrittsbarrieren. Mit Hilfe der Schaffung von Interessen am Markteintritt des eigenen Unternehmens in der Gesellschaft und Öffentlichkeit kann eine breite Unterstützung für den Markteintritt gewonnen werden, was sich wiederum auf die Höhe der Eintrittsbarrieren niederschlägt.

Daneben ist aber auch eine restriktivere Politik von Seiten des Staats möglich. **Gesetzesänderungen** können dazu führen, dass die Anwendung neuer Technologien und damit auch ihre Entwicklung attraktiver werden oder sich die Nachfragerstruktur verschiebt. Fest steht damit, dass Markteintrittsbarrieren zwar nur in den seltensten Fällen von der Unternehmenspraxis direkt beeinflusst werden können, sie aber den Markt auf lange Sicht nicht vor neuen Marktteilnehmern zu verschließen in der Lage sind.

Bei der Planung des Markteintritts ist die **Ausarbeitung einer geeigneten Strategie** von großer Bedeutung, da sie nicht nur dazu beiträgt, Markteintrittsbarrieren zu senken, sondern auch das Erfolgspotenzial neuer Produkte zu steigern. Ein wesentlicher Bestandteil der zu definierenden Strategie ist die Entscheidung des Zeitpunkts des Markteintritts und damit, ob das Unternehmen als Pionier oder als Folger am Markt auftritt.

8.3 Timing der Markteinführung

8.3.1 Unterschiedliche Rollen beim Markteintritt

Die **Timingentscheidung** bezüglich des Markteintritts betrifft die Festlegung des optimalen Markteintrittszeitpunkts (Golder und Tellis 1993). Zudem ist eine Entscheidung zu treffen, in wie weit mehrere Märkte simultan oder besser chronologisch zu bearbeiten sind. Grundsätzlich lassen sich Unternehmen in Pionier und Folger als Ergebnis der Timingentscheidung unterteilen. Die Folger können wiederum genauer definiert werden, indem nochmals in die frühen und die späten Folger unterschieden wird. Die Definition erfolgt demnach nach der zeitlichen Nähe zum Markteintritt des Pioniers. Die nachträgliche Einordnung eines Unternehmens hinsichtlich seiner Rolle als Folger ist dabei nur relativ zum jeweiligen Markt möglich. In einem Polypol ist das fünfte in den Markt eintretende Unternehmen ein sehr früher Folger, im Vergleich dazu wäre ein solches Unternehmen in einem Oligopol eher ein später Folger.

Die Entscheidung bezüglich des Timings ist von großer Bedeutung, da je nach Ausstattung des Unternehmens mit **Ressourcen und Fähigkeiten** die Strategie als Pionier oder als Folger vorteilhaft oder nachteilig sein kann. Zudem entscheidet die Strategie in wesentlichem Ausmaß über die Markteintrittsbarrieren. So kann vorweg genommen werden, dass frühe Folger häufig Vorteile gegenüber späten Folgern aufweisen, da die Kostenvorteile des Pioniers (zum Beispiel Economies of Scale, vgl. Abschn. 9.2.2) weniger weit fortgeschritten sind. Die Strategien des Markteintritts als Pionier und Folger werden im folgenden Abschnitt ausführlich erläutert.

8.3.2   Der Markteintritt als Pionier und Folger

Der **Pionier** tritt grundsätzlich zuerst in einen neuen Markt ein (Buchholz 1998). Dies kann wie bereits beschrieben ein anhand geografischer Kriterien definierter Zielmarkt oder aber ein anhand von Segmenten festgelegter Markt sein. Die Pionierstrategie wird in der Praxis häufig als die überlegene angesehen, da Produktlebenszyklen im Laufe der letzten Jahrzehnte immer kürzer geworden sind, was unter anderem mit einem starken und schnellen Preisverfall verbunden ist (Lieberman und Montgomery 1988).

Der Markteintritt als Pionier lässt hinsichtlich des Preises eine **Skimming-Strategie** zu, also das kontinuierliche Abschöpfen der Konsumentenrente durch Einführung eines zu Beginn sehr hohen Preises der mit der Zeit weiter gesenkt wird, um zusätzliche Zielgruppen zu erreichen. Somit kommt bei allen Kundengruppen die maximale Zahlungsbereitschaft zur Geltung. Die Wahrscheinlichkeit der Amortisation der Entwicklungs- und Markteinführungskosten steigt damit stark an. Die Befürworter dieser Strategie begründen ihre Meinung vor allem mit Hilfe der Ergebnisse der sogenannten PIMS-Studie (Profit Impact of Marketing Strategy).

Weitere **Vorteile der Pionierstrategie** liegen im vergleichsweise höheren Gewinnpotenzial. Die zu Beginn aufgebaute Bekanntheit der eigenen Produkte hält lange an und ist damit die Quelle eines späteren Wettbewerbsvorteils. Die Entstehung eines positiven Images, das der Pionier als innovatives, dynamisches Unternehmen innehat, und die Möglichkeit Standards zu setzen sind weitere Vorteile. Der Konsument bringt jeder Leistung am entsprechenden Markt dadurch Qualitätserwartungen entgegen, die die Konkurrenz möglicherweise nicht erfüllen kann. Im Ergebnis verbucht der Pionier ein höheres Umsatzpotenzial für sich. Gleichzeitig kann er Kostenvorteile realisieren, was zusammen genommen in höheren Gewinnen resultiert.

Tab. 8.2 Chancen und Gefahren der Pionierstrategie

Chancen für den Pionier	Gefahren für den Pionier
Positives Image bzw. Präferenzaufbau durch Technologieführerschaft	Imageverlust bei nicht ausgereifter Technologie
Schaffung von Loyalität der Kunden	Hohe Kosten und hoher Ressourceneinsatz der Markterschließung
Monopolistische Vorteile der Markterschließung	Fehlende Erfahrungswerte hinsichtlich der Marktverhältnisse und Marktaustrittsbarrieren
Kostenvorteile durch Erfahrungskurveneffekt und Economies of Scale	Unsicherheit bezüglich der Nachfrageentwicklung
Aufbau möglicher Marktbarrieren/Industriestandards	Fehlende Erfahrung mit der Funktionalität des Produkts in der Anwendung durch Kunden
Sicherung wichtiger Distributionskanäle	

Die zentrale **Gefahr der Pionierstrategie** erwächst aus dem möglichen Imageschaden bei einem Scheitern des neuen Produkts. Dabei würde das Unternehmen langfristigen Schaden nehmen, der auch auf den Erfolg anderer Produkte ausstrahlt. Auch ist unbestritten, dass die Rolle des Pioniers höhere Einführungskosten mit sich bringen kann, schließlich kann die Notwendigkeit eines vollständigen Marktaufbaus bestehen. Beispielsweise können sehr intensive Werbe- und Vertriebsaktivitäten zur Schaffung von Bekanntheit und zur Überzeugung der potenziellen Kunden nötig sein. Hinsichtlich des Marktes birgt die Pionierstrategie außerdem das Risiko fehlender Kenntnisse der Marktverhältnisse und der Austrittsbarrieren. Zudem ist die Entwicklung der Nachfrage eine Quelle von Unsicherheiten für das Unternehmen, gleichzeitig weisen die Konsumenten eine zu geringe Erfahrung mit der Anwendung des neuen Produkts auf (Tab. 8.2).

Der **Folger** hat im Wesentlichen, unabhängig vom Ausmaß der zeitlichen Verzögerung des Markteintritts, drei unterschiedliche Optionen hinsichtlich der zu entwickelten und später offerierten Produkte: Er kann das Produkt der Konkurrenz bzw. des Pioniers imitieren (Me-Too-Strategie), die Produkte der Konkurrenz in unterschiedlichem Ausmaß modifizieren oder aber mit innovativen Produkten an den Markt gehen. Im Kern ist damit zu entscheiden, ob der Folger mit einem eng an das Original angelehnten Produkt aktiv wird oder ob er die bestehenden Produkte in Frage stellt und damit einen eher unkonventionellen Weg beschreitet.

Der **frühe Folger** gilt als der größte und für den Pionier gefährlichste Konkurrent. Aufgrund der zeitlichen Verzögerung des Markteintritts hat der Folger die Möglichkeit, sein Produkt im Vergleich zum Pionier zu verbessern. Der Pionier kann somit als Test für das folgende Unternehmen angesehen werden und bietet Einblicke, wie das Produkt grundsätzlich bedürfnisgerechter ausgestaltet werden kann oder wie die Technologie weiter verbessert werden kann. So wurde das Tintenstrahlverfahren für den Bau von Tintenstrahldruckern ursprünglich nicht von *Hewlett-Packard* oder *Canon* entwickelt. Die Unternehmen entwickelten das Produkt aber in der Art weiter, dass es tauglich für den Massenmarkt wurde und die genannten Unternehmen bis heute die erfolgreichsten Anbieter in dem Sektor sind. Die Lerneffekte für den Folger sind jedoch nicht nur auf die

Tab. 8.3 Chancen und Gefahren der Folgerstrategie

Chancen für den Folger	Gefahren für den Folger
Möglichkeit zur Verbesserung des Pionierprodukts	Geringe Bekanntheit und weniger bekanntes Image erschweren Markteintritt
Möglichkeit zur Analyse der relevanten Distributionskanäle	Exklusiven Besetzung wichtiger Distributionskanäle durch den Pionier
Nutzung der Marktaufbauleistung des Pioniers	Geringer Marktanteil und damit kaum Realisierung von Kostendegressionseffekten

Entwicklung des Produkts beschränkt. Darüber hinaus kann der Folger auch die Distributionskanäle des Pioniers und deren Akzeptanz hinsichtlich des Produkts oder auch die Akzeptanz des Distributionskanals bei den Verbrauchern analysieren. Auch der Aufbau eines adäquaten Marktes ist mit großem Aufwand verbunden und in erster Linie vom Pionierunternehmen zu bewältigen. Der frühe oder späte Folger kann auf diese Aufbauleistung zurückgreifen und eventuell freie Marktnischen problemlos besetzen und somit Marktanteile vom Pionier hinzugewinnen.

Nachteile hat der **Folger** durch seine im Vergleich geringe Bekanntheit und sein weniger profiliertes Image beim Konsumenten. Beide Faktoren sind starke Quellen der Kundenbindung und stellen den Folger damit vor große Herausforderungen. Die Besetzung der zentralen und strategisch relevanten Distributionskanäle durch den Pionier ist ebenfalls kritisch für den Erfolg des folgenden Unternehmens. Bei entsprechend vollständiger Besetzung der Absatzkanäle verbunden mit Exklusivverträgen, kann dies eine unüberwindbare Markteintrittsbarriere darstellen. Aus den geschilderten Gründen ergeben sich naturgemäß geringe Marktanteile für den Folger kurz nach dem Markteintritt, was jegliche Möglichkeit auf die Erzielung von Kostendegressionseffekten nimmt.

Der **späte Folger** tritt im Gegensatz zum frühen Folger teilweise erst Jahre nach dem Markteintritt des Pioniers auf. Beurteilt man deren Chancen auf einen Markterfolg auf Basis der beschriebenen Sachverhalte mag das Ergebnis nicht für diese Strategie sprechen. Unter der Bedingung eines finanzstarken Unternehmens mit ausreichendem Management-Know-how kann jedoch auch ein später Markteintritt langfristig erfolgreich sein. Große Erfolge des späten Folgers sind grundsätzlich auch Jahrzehnte nach der Marktbegründung durch einen Konkurrenten denkbar. Die Praxis hat solche Fälle bereits mehrfach hervorgebracht. Insbesondere dann, wenn die gesamte Marktentwicklung nicht prognostizierbar ist, kann ein später Folger bei plötzlichem Boom eines Marktes schnell unter Rückgriff auf die Erfahrungen des ehemaligen Pioniers reagieren, so beispielsweise das US-amerikanische Unternehmen *IBM,* das erst Jahrzehnte später in den Markt der Personalcomputer eintrat. Der Markteintritt als später Folger ist dabei in den seltensten Fällen geplant, sondern die Folge einer überdurchschnittlichen und unerwartet positiven Marktentwicklung. Zu den Chancen und Gefahren der Folgerstrategie siehe Tab. 8.3.

Die **Bedeutung der Timingentscheidung** erscheint offensichtlich anhand der oben beschriebenen Zusammenhänge. Eine Vielzahl von Studien kann das Ausmaß der Bedeutung der Markteinführungsstrategie jedoch nicht unterstützen, sondern lässt eher Raum für einen eingeschränkten Erfolgsbeitrag (Fischer et al. 2007; Robinson und Min 2002). Die Analyse dieser Studien legt nahe, dass die Wahl der Markteinführungsstrategie zwar Erfolg entscheidend sein kann, die aktuelle Marktsituation jedoch stets zu prüfen ist (Kerin et al. 1992; Clement et al. 1998). Die Berücksichtigung der Rahmenbedingungen kann das Timing beim Markteintritt zu einem wesentlichen Erfolgsfaktor machen. Die Markteinführung bedarf somit eines gezielten Managements.

Bei der Wahl der Markteintrittsentscheidung ist die **Analyse der eigenen Fähigkeiten** des Unternehmens relevant. Unter Berücksichtigung der Herausforderungen, die sich aus einer bestimmten Strategie ergeben, ist zu beurteilen, ob das Unternehmen der fokussierten Strategie folgen sollte. Bei der Entscheidung für eine der Markteinführungsstrategien und damit auch das Timing sind folgende Leitfragen hilfreich:

- Wann soll das neue Produkt eingeführt werden?
- Inwieweit sollen Marketingaktivitäten bereits im Vorfeld der Produktverfügbarkeit durchgeführt werden (Prämarketing)?
- An welche Zielgruppe soll das neue Produkt vermarktet werden?
- Welches sind die Innovatoren/frühen Adopter, denen im Rahmen der Markteinführung besondere Aufmerksamkeit zukommen soll?
- In welchen geografischen Märkten soll das neue Produkt in welcher Reihenfolge eingeführt werden?
- Wie soll die Produktpolitik im Rahmen der Markteinführung gestaltet werden?
- Wie soll die Preispolitik im Rahmen der Preispolitik gestaltet werden?
- Wie soll die Kommunikationspolitik im Rahmen der Markteinführung gestaltet werden?
- Wie soll die Vertriebspolitik im Rahmen der Markteinführung gestaltet werden?

8.3.3 Einfluss von Situationsvariablen auf den Erfolg der Timingstrategie

Die **Einflussfaktoren** auf den **potenziellen Erfolg** von Markteintrittsstrategien lassen sich in vier Kategorien einteilen. Relevant für den Erfolg sind der Absatzmarkt (Wettbewerb und Kunden), das Unternehmen, das Produkt und die Technologie (Abb. 8.1) (Meffert et al. 2008).

Die angesprochenen Situationsvariablen können nicht direkt vom Unternehmen beeinflusst werden, entscheiden aber zu einem großen Teil über das Erfolgspotenzial des Markteintrittszeitpunkts. Eine dieser Variablen ist das Unternehmen selbst. Die Entscheidung hinsichtlich des zeitlichen Markteintritts ist dabei insbesondere von der **strategischen Grundhaltung des Unternehmens** abhängig. Hier hat ein Abgleich zwischen der Unternehmensstrategie und den Konsequenzen des jeweiligen Timings beim Markteintritt zu erfolgen. Es stellt sich also die Frage, ob die gewählte Timingstrategie strategiekonform

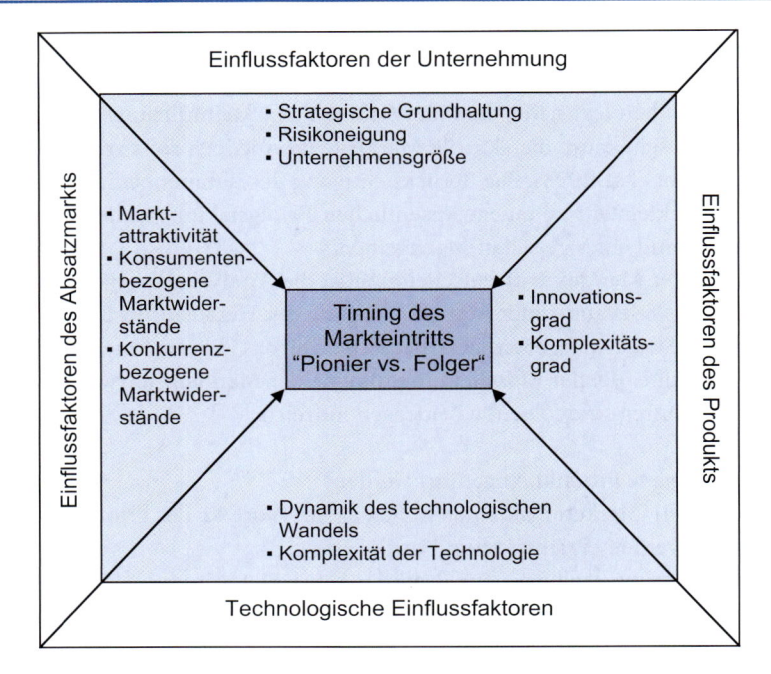

Abb. 8.1 Determinanten der Markteinführung (Quelle: Meffert et al. 2008, S. 446)

ist. Dabei ist auch zu berücksichtigen, inwieweit das Unternehmen die Bereitschaft zu größeren Risiken mitbringt. In Verbindung damit hat die Ressourcenausstattung des Unternehmens großen Einfluss auf den Erfolg der Timingstrategie. Im hohen Maße vorhandene finanzielle Ressourcen können beispielsweise zu einer Reduzierung der Risikobereitschaft beitragen.

Neben der Kategorie Unternehmen sind das **Produkt** und die damit verbundenen Kriterien von großer Relevanz für die Entscheidung hinsichtlich des Timings. Für die Strategie, als Pionier auf den Markt zu treten, spricht ein Produkt, das einen hohen Innovationsgrad, hohe Wechselkosten bei den Kunden und ein großes Standardisierungspotenzial aufweist. Weniger eindeutig ist die Bedeutung der Produktkomplexität. Bei hoher Komplexität ist das Produkt zwar schwer durch die Konkurrenz zu imitieren, auf Seite der Nachfrager besteht aber die Gefahr, dass sie das Produkt sehr viel langsamer oder gar nicht akzeptieren.

Darüber hinaus ist die **Technologie** im Rahmen des neuen Produkts von großer Bedeutung für die Entscheidung, als Pionier oder als Folger zu agieren. Der Fokus liegt hier auf der Technologie zur Fertigung von Produkten. Kritisch ist, ob das neue Produkt mit dem bisherigen Fertigungsverfahren übereinstimmt oder ob neue Verfahren und damit auch Anlagen notwendig sind. Das verlangt nicht nur das nötige Know-how, sondern auch massive Investitionen. Im Zusammenhang mit der Fertigungstechnologie ist zudem die Erfahrung des Unternehmens ein kritischer Faktor.

Die verbleibenden für den Eintrittszeitpunkt entscheidenden Faktoren sind die **Kunden und der Markt**. Die für die einzuführende Leistung potenziellen Kunden sollten in großer Zahl vorhanden sein, um die Entscheidung zu Gunsten der Pionierstrategie zu rechtfertigen. Zudem ist es von Vorteil, wenn die potenziellen Kunden drei wesentliche Charakteristika aufweisen:

- Sie sollten ein gewisses Maß an Risikobereitschaft mitbringen, da dies die Voraussetzung für den Kauf neuer innovativer Produkte ist.
- Es sollten Präferenzen bezüglich des Anbieters vorhanden sein, da die Wahrscheinlichkeit der Akzeptanz des Produkts damit steigt.
- Erfahrungen mit vergleichbaren Leistungen erhöhen zudem die Wahrscheinlichkeit, dass das Produkt akzeptiert wird.

Den Markt betreffend ist ein ausreichend **großes Potenzial notwendig**, sodass die Amortisation der Investitionen überhaupt erst möglich wird. Die Entscheidung zu Gunsten der Pionierstrategie ist aber nicht eindeutig mit einem großen Marktpotenzial verknüpft. Je größer das Marktpotenzial ist, desto eher kann auch der Folger auf dem Markt noch erfolgreich sein, ohne ein solch großes Risiko wie der Pionier eingehen zu müssen. Ein geringes Marktpotenzial spricht dagegen zwar eindeutig für die Entscheidung zugunsten der Pionierstrategie, es birgt jedoch auch immense Risiken für das Unternehmen. Problematisch ist auch die Abschätzung des Marktpotenzials, da dies einerseits eine große Unbekannte darstellt, aber zugleich notwendige Bedingung für die Beurteilung der Marktattraktivität ist.

Liegt zudem ein **hohes Marktwachstum** vor, ist dies wegen der hohen Nachfrage gleichbedeutend mit weniger Wettbewerbsdruck. Ein schnell wachsender Markt ist aber zudem äußerst attraktiv und lockt zwangsläufig mehr Wettbewerber an. So kann es mittel- bis langfristig zu einem starken Konkurrenzkampf kommen. Dies führt dazu, dass der Pionier nicht zwingend seine Vorteile entfalten kann (Produktstandards setzen und dadurch Eintrittsbarrieren aufbauen) und folglich einem besseren Wettbewerbsprodukt gegenübersteht.

Auch die **Entwicklung des Marktes** hat in die Beurteilung und Entscheidung hinsichtlich der Einführungsstrategie einzufließen. Die Dynamik jedes Marktes hinsichtlich Bedürfnis- und Präferenzverschiebungen oder auch technologischen Veränderungen kann die Position des Pioniers gefährden. Denkbar wäre eine zu starke Flexibilität des Unternehmens, was sich in der mangelnden Identifikation solcher Veränderungen manifestiert. In dieser Hinsicht verbesserte Produkte durch den Wettbewerb können zu einer wirklichen Herausforderung für den Pionier führen. Hohe Investitionen in bestimmte Technologien können eine Ursache für eine solche Entwicklung sein. Im Ergebnis sind Pioniervorteile demnach in stabilen Märkten dauerhafter als in dynamischen und sich schnell verändernden Märkten. Für die Entscheidung, als Pionier auf dem Markt aufzutreten, sprechen wiederum distributionspolitische Markteintrittsbarrieren und geringe staatliche Reglementierungen.

Aktuelle **politische Regelungen** können bei der Einführung eines neuen Produkts von besonderer Bedeutung sein. So unterstützt der Staat bestimmte Branchen mit Fördermitteln oder stellt durch den Patentschutz sicher, dass der Pionier die faire Chance hat, seine Investitionen zu amortisieren. Solche Patente können sich sowohl auf das Produkt als auch auf den Herstellungsprozess beziehen.

Auch die **Wettbewerbsintensität** ist entscheidend für die Markteintrittsentscheidung. Je größer die Anzahl von Wettbewerbern ist, desto höher sind die Kosten eines Markteintritts. Dabei spielt allerdings der Markttyp eine große Rolle. Bei der Unterscheidung und Analyse von Konsumgüter-, Industriegüter- und Dienstleistungsmärkten können unterschiedliche Charakteristika identifiziert werden. Ein großer Unterschied zwischen Konsum- und Industriegütermarkt ist die Tatsache, dass auf Industriegütermärkten häufig ganze Organisationen als Marktteilnehmer auftreten und Entscheidungen hier mit einem wesentlich höheren finanziellen Risiko verbunden sind. Auf Konsumgütermärkten sind Entscheidungen stärker emotional getrieben, die Markenbildung spielt dadurch eine große Rolle für den Erfolg. Auf Industriegütermärkten agieren dagegen stärker rationale Entscheider, folglich sind hier die Produkteigenschaften und der Preis zentral. Auf Dienstleistungsmärkten sind Pioniervorteile stark ausgeprägt, da die Qualität der Leistung im Voraus nicht beurteilt werden kann (Dienstleistung als Vertrauensgut). Die Gefahr für den Pionier ist aber die relativ einfache Imitation der Leistung durch die Folger, wenn nicht zu hohe Anfangsinvestitionen notwendig sind.

Eine abschließende Übersicht unter welchen **Bedingungen** eher der Pionier oder eher der Folger einen Erfolg zu erwarten hat, darüber gibt die Tab. 8.4 Aufschluss.

Im Ergebnis kann **keine eindeutige Aussage bezüglich der Überlegenheit** einer der beiden Strategien gemacht werden. Während in einigen, vor allem älteren Studien die Pionierstrategie als überlegen gegenüber dem Folger angesehen wird, ist dieser Effekt in aktuellen Studien nicht nachweisbar. Der Grund ist die Berücksichtigung weiterer Variablen, neben den beschriebenen Situationsvariablen, auf die das Unternehmen Einfluss nehmen kann. Diese steuerbaren Variablen werden als Strategievariablen bezeichnet.

8.3.4 Einfluss von Strategievariablen auf den Erfolg der Timingstrategie

Im Vordergrund stehen bei den sogenannten Strategievariablen die **Marketingaktivitäten** des Unternehmens während der Einführung eines neuen Produkts. Insbesondere sind die klassischen Marketing-Mix-Instrumente hier zu nennen: Produkt, Kommunikation, Preis und Distribution.

Der **Bekanntmachung des Produkts**, sodass es im Bewusstsein der Konsumenten verankert wird, kommt eine besondere Bedeutung zu. Zentral ist dabei, die Konsumenten über entsprechende Kommunikationsmaßnahmen zu einem Probekauf zu motivieren. Das Unternehmen hat bei positiver Wahrnehmung der Leistung und bei Zufriedenheit mit der Leistung die Aussicht auf einen wiederholten Kauf durch die Testkäufer. In diesem Zusammenhang kann der Pionier im Vergleich zum Folger hinsichtlich der Werbewirkung

Tab. 8.4 Relevante Kriterien bei der Timing-Entscheidung (Quelle: von der Oelsnitz 1996, S. 110)

Situationsvariable	Begünstigt eher den Pionier	Begünstigt eher den Folger
Unternehmen		
Strategische Grundhaltung	Offensiv	Defensiv
Risikoneigung	Groß	Gering
Ressourcenstärke	Groß	Gering
Technologie		
Übereinstimmung mit bisherigem Fertigungsprogramm	Groß	Gering
Einsatz vorhandener Fertigungsanlagen	Möglich	Nicht/kaum möglich
Erfahrung mit Fertigungstechnologie	Groß	Gering
Wettbewerbsbedeutung der Fertigungstechnologie	Groß	Gering
Produkt		
Komplexität	Nicht eindeutig	Gering
Innovationsgrad	Groß	Gering
Produktwechselkosten	Hoch	Gering
Normierungs und Standardisierungstauglichkeit	Groß	Gering
Kunden		
Anteil neuer Kunden	Groß	Gering
Risikobereitschaft	Groß	Gering
Anbieterpräferenzen	Stark	Schwach
Erfahrung mit vergleichbaren Leistungsangeboten	Groß	Keine/kaum
Markt		
Marktpotenzial	Nicht eindeutig	Groß
Marktwachstum	Hoch	Niedrig
Distributionspolitische Eintrittsbarrieren	Leicht zu errichten	Schwierig zu errichten
Staatliche Reglementierung	Gering	Groß

Vorteile realisieren. Der Verbraucher bringt der Kommunikationsmaßnahme dann wegen ihres Neuheitsgrades oder aber wegen des Neuheitsgrades der präsentierten Leistung besondere Aufmerksamkeit entgegen. Die Wahrscheinlichkeit auf eine intensive Verarbeitung der Werbebotschaft steigt dadurch an. Der Folger kann dementsprechend von dieser Wirkung nur sehr selten profitieren, da das Produkt in Funktion und Idee bereits bekannt ist.

Bei Eintritt in den neuen Markt ist die Festlegung der **Breite der Produktpalette** relevant für das Erfolgspotenzial am Markt. Je breiter die Produktpalette, desto besser können spezifische Kundenbedürfnisse befriedigt werden. Auch das Variety-Seeking, also das Streben nach Abwechslung, wird auf diese Weise abgedeckt. Abzuwägen ist hierbei allerdings immer die steigende Komplexität, die mit einer solchen Vielfalt von Produktvarianten einhergeht. Für das Unternehmen steigt die Komplexität in der Produktion und dem Management der Produkte am Markt, der Kunde kann durch die Vielzahl an unterschiedlichen Varianten in seinem Urteilsprozess überfordert sein. Damit schlägt sich die breite Produktpalette auch ökonomisch unmittelbar nieder und ist gleichbedeutend mit einem Abwägen zwischen einem großen Marktanteil durch die breite Produktpalette und einem geringeren Gewinn durch höhere Kosten in der Produktion.

Auch die **Qualität der Produkte** ist direkt vom Unternehmen beeinflussbar. Die größere Reife der eingeführten Produkte geht meist mit einer längeren Entwicklungszeit einher und macht daher einen Trade-Off seitens des Unternehmens erforderlich. In der Situation eines Entwicklungswettlaufs ist das Risiko einer Fehlentwicklung besonders hoch. Schwächen des Produkts werden teilweise ganz bewusst in Kauf genommen, nur um möglichst schnell am Markt zu sein. Die mittel- bis langfristigen Konsequenzen erfahren hierbei nicht immer eine ausreichende Prüfung. Unternehmen mit einer radikal innovativen Leistung sehen sich einem überdurchschnittlich hohen Risiko gegenüber. Der Imageschaden durch die Einführung eines nicht ausgereiften Produkts kann immens sein. Dagegen birgt eine herausragende Produktqualität das Potenzial einen Standard im Markt zu setzen und dadurch als Unternehmen schwer austauschbar zu werden. Der Wettbewerb bekommt damit große Probleme bei der Profilierung seiner eigenen Produkte.

Die **Preisstrategie** ist als Bestandteil des Marketing-Mix ebenfalls eine der Strategievariablen. Die erstmalige Festlegung des Preises für eine Produktneuheit durch den Pionier gilt für die Konsumenten als Referenzpreis und wird damit zum Datum für spätere Markteinführungen. Damit ist die Position des Pioniers hinsichtlich des späteren Preisverhaltens immer besser als die des Folgers. Zwangsläufig haben Preisänderungen des Pioniers eine Signalwirkung im Markt und damit auch eine größere Wirkung als die des Folgers.

Bei der Eintrittsentscheidung sollte sich ein Unternehmen stets auch an den eigenen **Stärken und Schwächen** orientieren. Hier sind vor allem die Ressourcen und Fähigkeiten bei der Abwägung unterschiedlicher Markteinführungsstrategien zu analysieren. So sind beispielsweise hohe Markteintrittsbarrieren ausschließlich mit einer ausreichenden Ausstattung mit Ressourcen und Fähigkeiten zu überwinden. Auch die Produktentwicklung bedarf einer guten Ressourcenausstattung und guter Fähigkeiten. Die Ansprüche der Pionier- und der Folgerstrategie sind jedoch sehr unterschiedlich. Die genauen Anforderungen zur besseren Eignung eines Unternehmens als Pionier oder Folger können nicht spezifiziert werden. Erkenntnisse dazu sind spärlich, allerdings kann davon ausgegangen werden, dass Vorteile in der Forschung und Entwicklung eine Pionierstrategie begünstigen. Vorteile in der Produktion bedingen eher Vorteile für die Strategie als Folger. Die Chancen des späten Folgers sind wesentlich höher, wenn dieser bekannte Marken im Portfolio hat. Gleichzeitig ist für bekannte Marken ein gescheitertes Produkt von besonders großer Brisanz, da der Imageschaden hier enorm hoch ist. Tendenziell empfiehlt sich für starke Marken also nicht unbedingt der Markteintritt als Pionier, jedenfalls wenn die Unsicherheit bezüglich der Akzeptanz des Produkts zu hoch ist. Zusammenfassend gilt also, dass es die spezifischen Fähigkeiten und Ressourcen des Unternehmens sind, die es für eine bestimmte Strategie (dis-)qualifizieren.

8.4 Vorgehensweisen bei der Bearbeitung ausgewählter Zielmärkte

8.4.1 Grundsätzliche Strategieoptionen für den Eintritt auf mehreren Märkten

In den Ausführungen bisher stand der Zeitpunkt des Markteintritts im Vergleich zum Wettbewerb im Fokus. Daneben ist aber auch die **Planung der räumlich-zeitlichen Reihenfolge** der Bearbeitung mehrerer ausgewählter Zielmärkte durchzuführen. Grundsätzlich können hier die Wasserfallstrategie und die Sprinklerstrategie unterschieden werden (Backhaus et al. 2003).

Die **Wasserfallstrategie** sieht ein sequentielles Betreten der Zielmärkte vor, sodass die Eintritte auf den anvisierten Märkten jeweils mit zeitlicher Verzögerung vollzogen werden. Das Motiv der Unternehmen, die dieser Strategie folgen, ist die Analyse weit entfernter Auslandsmärkte, um damit die Risiken eines geplanten Eintritts und das Ertragspotenzial besser einschätzen zu können. Die Wasserfallstrategie ist wegen der zwar langsameren aber auch risikoärmeren Vorgehensweise als konservativ einzustufen. Adäquat erscheint diese Strategie bei völlig unterschiedlichen Zielmärkten hinsichtlich ihrer Struktur oder Kultur. Gleichzeitig wäre ein simultaner Markteintritt für finanziell schwächer aufgestellte Unternehmen oder aber solchen mit geringen personellen Ressourcen undenkbar. Als relevante Kriterien sind in diesem Fall die folgenden Wettbewerbsbedingungen als Entscheidungsgrundlage heranzuziehen:

- Attraktivität der Konkurrenzangebote
- Besonderheiten und Komplexität der Nachfragerwünsche
- Gestalt der Handelsstruktur

Das Gegenteil der Wasserfallstrategie ist die **Sprinklerstrategie**, da das Unternehmen hier seine Produkte auf allen Zielmärkten gleichzeitig einführt. Damit wird eine schnelle Marktdurchdringung der Produkte auf den anvisierten Märkten erreicht. Dieses Vorgehen ist zwar mit hohen Aufwendungen verbunden, die sich nicht jedes Unternehmen leisten kann, allerdings können damit Gefahren aus der möglichen Imitation der eigenen Produkte durch die Konkurrenz reduziert werden. Damit liegt nahe, dass die Strategie vor allem bei solchen Produkten zur Anwendung kommt, die einfach und schnell nachgeahmt werden können (Abb. 8.2).

Beide Strategien stellen extreme **Vertreter eines Kontinuums** dar. In der Praxis sind diese reinen Formen kaum bis gar nicht anzutreffen, da sich Kombinationen aus Wasserfall- und Sprinklerstrategie als zweckmäßiger anbieten. Die Kombinationsstrategie wird daher häufig auch als abgeschwächte Sprinklerstrategie oder auch als kombinierte Wasserfall-Sprinklerstrategie bezeichnet. Ursächlich für die Dominanz von Mischstrategien ist, dass die Unternehmenspraxis gar keine andere Möglichkeit hat, als bei der Markteinführung Schwerpunkte auf einzelne Märkte zu setzen. Schließlich ist die Ressourcenausstattung der

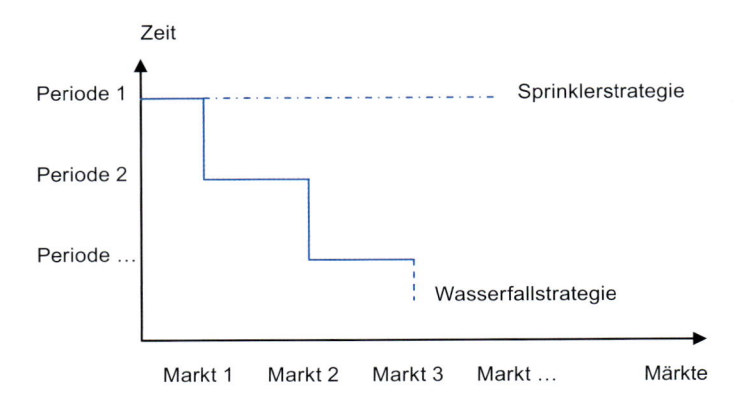

Abb. 8.2 Wasserfall- und Sprinklerstrategie im Vergleich

Unternehmen grundsätzlich beschränkt und die Märkte sind zu unterschiedlich, als dass sie gleich behandelt werden können.

Das **Ziel der Planung** ist damit auch die Identifikation der zu bevorzugenden Märkte. Die Einführung von Produkten nach der Sprinklerstrategie auf allen Märkten empfiehlt sich erst dann, wenn nach einer teilweisen Erschließung unterschiedlicher ausländischer Märkte in großer Zahl Erfolge abzusehen sind. Beispiele für diese Entwicklung finden sich in der Praxis viele, unter anderem auch deshalb, weil die weltweite Einführung von Produkten zu Beginn häufig gar nicht angedacht ist. So sind die Marken *Nivea* oder *Camel* inzwischen weltweit vertreten, obwohl sie ursprünglich nicht global eingeführt wurden. Bei diesen Weltmarken ist vielmehr eine Kombinationsstrategie zu beobachten, sie wurden nach und nach auf den relevanten Absatzmärkten eingeführt.

Der großen Mehrheit von Unternehmen ist es aufgrund knapper personeller und finanzieller Ressourcen nicht möglich, viele verschiedene ausländische Märkte parallel zu erschließen. Eine **Fokussierung** auf einige strategisch bedeutende Zielmärkte ist daher unumgänglich, um im Wettbewerb bestehen zu können. Dabei ist die Gefahr von Fehlentscheidungen auf vielen ausländischen Märkten wegen mangelnder Transparenz sehr hoch. Fehlerhafte oder unvollständige Informationen hinsichtlich der Märkte und der gesellschaftlichen und politischen Systeme sind dafür die Ursache.

Demnach ist der **Aufbau von Informationen** über verschiedene Zielmärkte dringend notwendig. Das Wissen über die Marktattraktivität, die Funktionsweise des Marktes, die Kundenpräferenzen und der Ressourcenzugang ist ein kritischer Erfolgsfaktor. Zusätzlich müssen die globalen Informations- und Warenströme analysiert werden, z. B. Export- und Importquoten in den verschieden Zielmärkten. Weitere Hemmnisse und Begünstigungen sind im politischen und gesellschaftlichen System der Zielmärkte zu suchen und auch auf fiskalische Faktoren sowie Beschränkungen im Kapitalverkehr ist zu achten.

Abb. 8.3 Unterschiedliche Markteintrittsformen (Quelle: Fritz und von der Oelsnitz 2007, S. 80)

8.4.2   Markteintrittsalternativen

Unabhängig von den bereits besprochenen Entscheidungen über das Timing und die zeitlich-räumliche Abfolge der Markteintritte hat das Unternehmen die Wahl, **alleine am Markt aufzutreten oder** aber mit weiteren Akteuren zu **kooperieren**. Wichtig ist diese Entscheidung vor allem für Aktivitäten bei denen das Unternehmen auf den Märkten physisch präsent ist, da hier hohe Investitionen zu tätigen sind.

Ein Unternehmen kann sich aus verschiedenen Gründen für einen **selbstständigen Markteintritt** entscheiden und damit ohne fremde Hilfe ein Produkt in den Markt einführen. Kritisch bei der Auswahl des Vorgehens sind vor allem die Kontrollierbarkeit der Aktivitäten (Abhängigkeiten zu anderen Akteuren) und die Beanspruchung der Ressourcen. Aus diesen beiden Faktoren resultieren unterschiedliche Formen der Neumarktaktivitäten (Abb. 8.3).

Der **Markteintritt über eine Tochtergesellschaft** oder eine Produktionsstätte sowie über ein neu gegründetes Unternehmen (Start-Up) beansprucht die eigenen Ressourcen am stärksten. Der auf diese Weise vollkommen selbstständige Markteintritt führt zwangs-läufig zu starken Belastungen der eigenen Ressourcen, bringt aber gleichzeitig das höchste Maß an Kontrollierbarkeit mit sich. Ein Charakteristikum der Gründung eines Start-Ups zur Einführung neuer Produkte ist, dass es meist mit innovativen Leistungen einhergeht. Die innovativen Leistungen resultieren aus den Forschungs- und Entwicklungsanstren-gungen des eigenen Unternehmens, versprechen auch einen hohen Gewinn, bergen aber auch ein hohes Risiko bei mangelnder Akzeptanz durch die Verbraucher. Motive für den mit Innovationen verbundenen Aufwand und das Risiko ist die Chance auf Erwerb neu-en Wissens, das wiederum die Quelle für Wettbewerbsvorteile ist und zur Profilierung gegenüber der Konkurrenz genutzt werden kann.

Während man das Offerieren radikal innovativer Leistungen als **interne Diversifikation** bezeichnet – die Produkte werden durch die eigene Forschungsabteilung entwickelt – kön-nen Unternehmen auch neue Produkte extern akquirieren. In diesem Fall spricht man von externer Diversifikation. Mittels Akquisition erkauft sich das Unternehmen die von einem anderen Marktakteur entwickelte Leistung. Dabei ist auch der Kauf ganzer Unternehmen denkbar. Auch die Fusion von mehreren Unternehmen ist hier einzuordnen. Wichtig hier-bei ist die sorgfältige Prüfung der Akquisitions- bzw. Fusionskandidaten auf potenzielle Gefahren für das eigene Unternehmen. Mergers & Acquisitions (M&A) sind nach wie vor hoch im Trend. So war das weltweite M&A-Volumen im Jahr 2005 um 43 % höher als das im Vorjahr (vgl. Abb. 8.4). In 2006 wurde das Volumen noch einmal um 36 % gesteigert und erreichte ein Rekordhoch von ca. 4 Bio. US$. Das Beispiel *Daimler* und die (Quasi-) Akquisition der Unternehmen *Mitsubishi* und *Chrysler* zeigt das Gefahrenpotenzial die-ses Vorgehens. Der Erwerb von Rechten an einzelnen Produkten ist wesentlich weniger kosten- und risikointensiv als die Übernahme ganzer Unternehmen. Gleichzeitig versetzt es das Unternehmen in die Lage, ein ausgeglichenes Sortiment anzubieten oder im Falle eines Entwicklungsvorsprungs ein besseres Produkt anbieten zu können. Die Akquisition vollständig entwickelter Produkte bringt zudem Zeitvorteile, die insbesondere unter Be-rücksichtigung von immer kürzeren Produktlebenszyklen in der Unternehmenspraxis an Relevanz gewinnen.

Ein ebenfalls eigenständiger Eintritt in den neuen Markt stellen der **direkte Absatz oder Exporte** dar. Unterschieden werden muss hier, ob die Leistung national oder international vertrieben wird. Sowohl beim direkten Absatz als auch beim direkten Export an die End-kunden bleibt die Kontrollierbarkeit der Tätigkeit sehr hoch, die Ressourcen werden jedoch weniger stark beansprucht, als wenn das Unternehmen eine eigene Produktionsstätte im Ausland errichtet.

Beim **direkten Absatz umgeht das Unternehmen den Handel** bewusst, um die Han-delsspanne einzubehalten und Abhängigkeiten zu vermeiden. Die Lieferung erfolgt dann direkt an den Endkunden. In der Unternehmenspraxis wird diese Eintrittsform vor allem bei stark erklärungsbedürftigen Produkten gewählt. In erster Linie trifft dies auf Investiti-onsgüter zu, aber auch der Konsumentenmarkt weist viele Produkte auf, bei denen dieser Vertriebsweg gewählt wird (Bsp. *Vorwerk* oder *Dell*). Auch eigene Niederlassungen für den Verkauf sind häufig zu finden (Bsp. Automobilbranche), wobei diese Form der Markter-

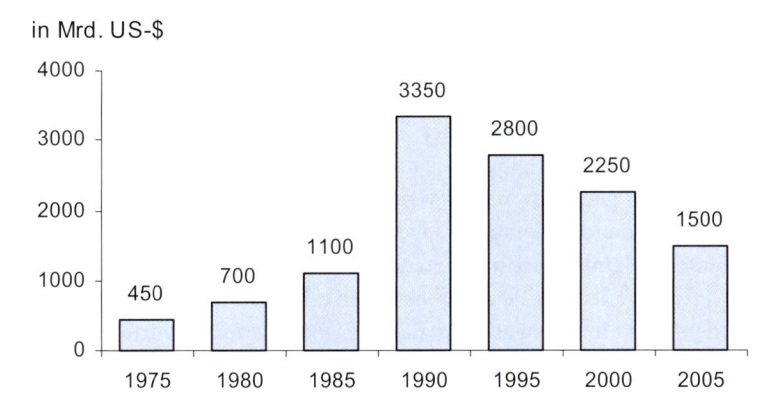

Abb. 8.4 Entwicklung der Fusionen & Akquisitionen seit 1975 (Quelle: M&A Database 2006). Reduktion in 2005 ist auf Änderung der Bekanntmachungsregeln zurückzuführen

schließung stark rückläufig ist. Der direkte Export ist nahezu deckungsgleich mit dem direkten Absatz, bezieht sich allerdings auf den Auslandsmarkt. Auch hier werden die Kunden direkt beliefert, ohne einen Händler zwischen das Unternehmen und die Endkunden zu schalten. Die Kosten sind dabei im Vergleich zum Aufbau ganzer Tochtergesellschaften oder Produktionsstätten gering. Wegen der Komplexität bei der Bearbeitung einer möglicherweise großen Anzahl von Märkten sollte allerdings der systematische Aufbau einer geeigneten Vertriebsorganisation überdacht werden.

Die Durchführung eines vollkommen selbstständigen Markteintritts ist auch über **neue Medien** realisierbar. Einige Unternehmen nutzen das Internet zur Präsentation ihrer Produkte, andere wickeln vollständige Transaktionen bis hin zu sämtlichen geschäftlichen Aktivitäten darüber ab. Die technologische Entwicklung führte hier zu einer barrierefreien Kommunikation, die vor wenigen Jahren noch nicht denkbar gewesen wäre (z. B. EDI als sehr spezifisches Format vs. XML als kompatibles Format). Mit Hilfe dieser Technologien sind auch kleinere Unternehmen in der Lage, weltweit ihre Leistungen anzubieten, ohne mit großen finanziellen Ressourcen ausgestattet sein zu müssen (z. B. benötigt eine ausländische Direktbank kein eigenes Filialnetz, um in Deutschland aktiv zu sein). Diese Form des Markteintritts verkörpert die geringsten Kosten für den Markteintritt, bei gleichzeitiger Beibehaltung der Kontrolle durch das Unternehmen.

Neben all diesen Möglichkeiten des eigenständigen Markteintritts, besteht auch die **Alternative eines kooperativen Vorgehens**. Diese Form der Markterschließung birgt den Vorteil auf externe Kompetenzen zurückzugreifen, um mittels der Fähigkeiten und Potenziale anderer Organisationen die Erfolgsaussichten zu steigern. Zusätzlich ist es möglich, über die Kooperation mit anderen Unternehmen die Investitionserfordernisse zu senken. Das Pendant zu den eben beschriebenen Alternativen direkter Absatz und direkter Export sind der indirekte Absatz oder der Export. Hierbei werden Handelskanäle zwischen das eigene Unternehmen und die Endkunden geschaltet, die zwar den eigenen Ressourceneinsatz auf ein Minimum reduzieren, aber auch zur Aufgabe der Kontrollierbarkeit führen.

Der **indirekte Absatz** (indirekter Vertrieb) sieht die Einschaltung eines rechtlich selbstständigen Absatzmittlers vor, also eines Handelsunternehmens. Durch die rechtliche Selbstständigkeit des Händlers gibt das Unternehmen wie angesprochen die Kontrollierbarkeit völlig auf. Dies geht teilweise so weit, dass der Händler bei der Produktgestaltung mitbestimmten darf oder der Hersteller sogenannte Markteintrittsgelder für die Aufnahme der Produkte in das Händlersortiment zu zahlen hat. Die Vorteile dieser Strategie liegen in geringeren Investitionen für den Aufbau einer eigenen Vertriebsstruktur, nicht zuletzt damit verbunden sind ein geringes finanzielles Risiko sowie Zeitvorteile durch den Wegfall des Aufbaus eigener Absatzkanäle. Die angesprochenen Handelsunternehmen sind den Schilderungen entsprechend zuständig für die Vermittlung eines Geschäfts zwischen Hersteller und Endkunde, wobei grundsätzlich zwischen Großhändler und Einzelhändler zu unterscheiden ist.

Der indirekte Absatz bezieht sich auf den **nationalen Vertrieb der Ware durch einen Händler**. Bei Vertrieb in ausländische Märkte beliefert das Unternehmen eine ausländische Handelsorganisation direkt, bevor diese die Leistung an den Endkunden vermittelt. Der indirekte Export überträgt die Aufgabe der Organisation des gesamten Auslandsgeschäfts auf eine andere inländische, rechtlich selbstständige und unabhängige Organisation. In den meisten Fällen handelt es sich dabei um Spezialisten, die sich auf den Außenhandel spezialisiert haben. Im Detail handelt es sich bei diesen Absatzmittlern um inländische Exporteure, internationale Handelsgesellschaften oder Einkaufsniederlassungen eines ausländischen Handelsunternehmens, das somit eigene Beschaffungsaktivitäten entwickelt. Unternehmen die sich für diese Vorgehensweise entscheiden, schätzen vor allem die geringe finanzielle Belastung bei der Einführung ihrer Produkte auf ausländischen Märkten und die geringere Bindung eigener Ressourcen im Vergleich zu der Gründung von Tochtergesellschaften. Die Unternehmen müssen sich bei ihrer Entscheidung für diese Art des Markteintritts jedoch darüber im Klaren sein, dass der Informationsfluss vom Auslandsmarkt eingeschränkt oder sogar gänzlich unterbunden ist, sodass innerhalb der eigenen Organisation keine Erfahrungen mit und Kenntnisse über den Auslandsmarkt gesammelt werden können. Auch der Aufbau von Kontakten ist kaum möglich, da die gesamte Korrespondenz über den Absatzmittler erfolgt.

Eine ebenfalls sehr geringe Beanspruchung der eigenen Ressourcen, bei gleichzeitig höherer Kontrollierbarkeit des Geschehens ergibt sich aus der **Vergabe von Lizenzen** für den Vertrieb von unternehmenseigenen Leistungen oder einer Vertragsfertigung. So einigte sich die *Audi* AG mit dem chinesischen Automobilhersteller *First Automotive Works* (FAW) auf einen Lizenzierungsvertrag für ihre Aktivitäten auf dem chinesischen Markt. Der Markteintritt wäre wegen der geringen Marktkenntnis gar nicht möglich gewesen. Bei der Vertragsfertigung überträgt ein Unternehmen einzelne Stufen der Produktion an eine andere Organisation. Aus solchen Kooperationen ergeben sich häufig auch weitergehende Konstrukte wie zum Beispiel das **Joint Venture**. Ein Joint Venture ist ein häufig auch grenzüberschreitendes Gemeinschaftsunternehmen, bei dem zwei oder auch mehrere Partner vertraglich zusammenarbeiten. Die Idee hierbei ist die Gründung eines Unternehmens im Zielmarkt mit der Aufgabe, Gewinn und Risiko unter Partnern zu verteilen. Kapitalbeteiligungen sind dabei im Voraus festgelegt. Die Konstellationen sind dabei sehr vielfältig, so können bspw. private und staatliche Unternehmen zusammenarbeiten, genauso wie inländische und ausländische Vertreter. So arbeiten *VW* und *Ford* bei der Erschließung asiatischer Märkte eng zusammen. Ein Joint Venture ist meist zeitlich befristet angelegt, um ein gemeinsames Entwicklungsprojekt oder einen aufwendigen Markteintritt zu bewältigen, wenn die Beanspruchung der finanziellen Ressourcen zu hoch wäre. Da an einem Joint Venture auch ausländische Unternehmen beteiligt sein können, ist es eine gute Möglichkeit, für Unternehmen auf staatlich regulierte Märkte einzutreten. Dies können z. B. protektionistische Maßnahmen durch den Staat sein. Die Verminderung des finanziellen Risikos und die Verteilung der Investitionskosten für den Aufbau eines Unternehmens in einem Markt macht die Form der Gemeinschaftsunternehmen bzw. Joint Ventures für mittlere und kleine Unternehmen sehr attraktiv. Die rechtlichen Rahmenbedingungen in einigen Ländern lassen außerdem in manchen Fällen keine andere Möglichkeit zu, da dort der 100%ige Kapitalbesitz nicht-heimischer Firmen untersagt ist.

Das **Franchising** fällt ebenfalls in die Kategorie Kooperation. Der Markteintritt wird hier durch mehrere Partner bewältigt. Der sogenannte Franchisenehmer zahlt dem produzierenden Unternehmen eine Gebühr dafür, dass er die Leistungen des Unternehmens nutzen darf und Unterstützung in Form von Management-Know-how erhält. Die Form des Markteintritts wird häufig in der Dienstleistungsbranche verfolgt. Ein weltweit tätiges und beispielhaftes Franchise-System ist die Fast-Food-Kette *McDonald's*. Die Franchisenehmer betreiben die Restaurants und verpflichten sich zum Beispiel, die vom Unternehmen festgelegten Qualitätsstandards zu befolgen, währenddessen der Franchisegeber *McDonald's* die Restaurants mit Kommunikationskampagnen oder anderweitig unterstützt. Der Hersteller profitiert bei diesem Vorgehen von einer größeren Flexibilität, da er bei relativ geringem finanziellen Aufwand und ausreichender Kontrollierbarkeit schnell einzelne Aktivitäten in großen Wirtschaftsräumen durchführen kann. Der Franchisenehmer trägt größtenteils das finanzielle Risiko, stellt das Personal und die Räumlichkeiten. Als Gegenleistung sinkt das Marktrisiko durch die Nutzung einer starken Marke oder von Management-Know-how.

Hinsichtlich der Kontrollierbarkeit und der Ressourcenbeanspruchung sind **strategische Netzwerke und Allianzen** mit dem Joint Venture vergleichbar. Bei beiden Eintrittsformen handelt es sich um einen kooperativen Markteintritt, wobei sie sich hinsichtlich der Wertschöpfungsstufe unterscheiden. In strategischen Netzwerken sind Unternehmen organisiert, die nicht auf derselben Wirtschaftsstufe arbeiten, in einer strategischen Allianz kooperieren potenzielle Konkurrenten miteinander. Aufwändige Markteintritte sind mittels dieser Vorgehensweisen häufig überhaupt erst finanzierbar, einen einzelnen Akteur würden sie überfordern. Gleichzeitig erlangen die beteiligten Unternehmen Zugang zu kostengünstigen Ressourcen und produkt- und verfahrensbezogenen Innovationen.

Der **Managementvertrag** als Markteintrittsform bietet eine relativ hohe Kontrollierbarkeit (ähnlich dem Franchising), ist allerdings durch eine stärkere Ressourcenbeanspruchung gekennzeichnet. Bei einer solchen Konstellation fragt ein ausländisches, am Markteintritt interessiertes Unternehmen einen Managementvertrag nach. Der Anbieter eines solchen Vertrags ist ein inländisches Unternehmen, das damit beauftragt wird, einen Betrieb im Auftrag des Managementvertrag-Nachfragers aufzubauen. Zwar ist die direkte finanzielle Beteiligung durch das ausländische Unternehmen in der Regel nicht erforderlich, der Managementvertrag-Geber stellt jedoch oft Personal zur Verfügung, das in Rechnung gestellt wird. Der Nutzen für den Nachfrager dieses Vertragswerks ist ein geringer finanzieller Aufwand bei gleichzeitiger Chance auf eine schnelle nationale und internationale Expansion. Bei Dienstleistungsunternehmen bietet sich das Vorgehen an, Pioniere in diesem Bereich sind daher zum Beispiel die *Hyatt Hotel Corporation*.

Die bereits erwähnten **virtuellen Unternehmen** stellen die letzte noch nicht beschriebene Markteintrittsform dar. Sie sind zu verstehen als Netzwerkverbindungen, wobei die beteiligten Unternehmen nicht hierarchisch miteinander verbunden sind. Stattdessen basiert die Verbindung auf einer rein informationstechnischen Basis. Das Auftreten einer Marktchance ist Anlass für mehrere Unternehmen, sich zu einem sogenannten virtuellen Unternehmen zusammen zu schließen. Die Kooperation hat Projektcharakter in dem Sinne, dass die miteinander vernetzten Unternehmen lediglich nach einer temporären Zusammenarbeit streben. Der verbindende Zweck ist die Lösung eines konkreten Kundenproblems. Die beteiligten Unternehmen bringen ihre jeweiligen Kernkompetenzen in das Netzwerk ein. Der Auf- und Abbau eines virtuellen Unternehmens erfolgt sehr schnell, indem u. a. auf genau spezifizierte Verträge verzichtet wird. Dadurch können solche Herausforderungen meist nicht nur besser, sondern auch billiger, schneller und flexibler gemeistert werden. Dem Auftraggeber erscheint das virtuelle Unternehmen als eine Einheit, das eine Lösung aus einer Hand anbietet. Attraktiv ist diese Organisationsform auch bezüglich einer internationalen Markteinführung. Da virtuelle Unternehmen nicht den rechtlichen Bestimmungen der Zielländer unterliegen, werden politische und rechtliche Probleme bei der Zusammenarbeit mit ausländischen Partnern reduziert.

8.5   Der Nachfrager als zentraler Faktor des Markteintritts

8.5.1   Der Adoptionsprozess als Abbild des Verhaltens von einzelnen Konsumenten

Mit Abschluss der Planungen bezüglich Timing und Markteintrittsform geht das Unternehmen dazu über, die erfolgreich getesteten Produkte tatsächlich am Markt zu lancieren. Die kritische Frage ist hier, ob das Produkt vom Gesamtmarkt akzeptiert wird, lediglich die Bedürfnisse einer kleinen Gruppe von Konsumenten abdeckt oder sogar wieder vollständig aus dem Markt genommen werden muss. Der Prozess von der Einführung und damit dem ersten Kontakt der Nachfrager mit der Unternehmensleistung bis zur endgültigen dauerhaften Nutzung wird durch **Adoptions- bzw. Diffusionsprozesse** beschrieben. Zwar sind diese Prozesse für spezifische Produkte erst im Nachhinein beobachtbar, die Erfahrungen

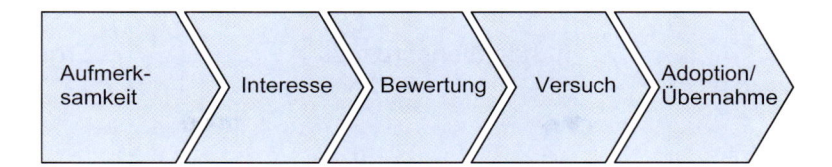

Abb. 8.5 Adoptionsprozess nach Rogers (Quelle: Rogers 2003, S. 170)

mit den Verläufen aus der Vergangenheit und das Verständnis für diesen Vorgang sind allerdings eine wichtige Grundlage für die Wahl der Markteinführungsstrategie.

Der Adoptionsprozess ist idealtypisch in verschiedene Phasen gegliedert. Mit Adoption ist die Übernahme und damit die **Akzeptanz und regelmäßige Nutzung einer Marktneuheit** durch den Konsumenten gemeint. Die Anzahl der Phasen unterscheidet sich je nach Autor, wobei der populärste Ansatz zur Beschreibung des Adoptionsprozesses der von Rogers (2003) mit insgesamt fünf Phasen ist (Abb. 8.5).

Zu Begin des Prozesses steht die Phase der **Wahrnehmung des Produkts** im Fokus. Der Konsument setzt sich hier nicht intensiv mit dem Produkt auseinander, sondern nimmt es lediglich wahr und registriert dessen Existenz. Bei diesem Schritt ist meist die Kommunikation durch das Unternehmen, zum Beispiel Werbung, ein ausschlaggebender Faktor. Der Konsument verfügt noch über keine oder nur sehr wenige Informationen hinsichtlich des Produkts.

Erst in der zweiten Phase wird das **Interesse des Konsumenten** berücksichtigt. Er holt weitere Informationen über das Produkt ein, um sich ein Bild machen zu können. Das Interesse kann mittels geeigneter Maßnahmen des Unternehmens gesteigert werden. Geeignete Werbung sollte also nicht mehr nur auf die Wahrnehmung abstellen, sondern auch auf die Vermittlung von Informationen und die Kommunikation von relativen Vorteilen gegenüber Produkten der Konkurrenz. In der Folge holt der Verbraucher ausführlichere Informationen ein, was grundsätzlich die Wahrscheinlichkeit der Akzeptanz steigert. Denn die hier geschaffene Informationsbasis ist Grundlage für die spätere Bewertung des Produkts, wobei die Verfügbarkeit vieler Informationen die wahrgenommene Unsicherheit bezüglich des Produkts tendenziell senkt.

Die dritte Stufe des Adoptionsprozesses ist die **Bewertung des Produkts**. Wie beschrieben greift das Individuum dabei auf die zuvor geschaffene Informationsbasis zurück und holt wenn nötig weitere Informationen ein. Neben der eigenen Urteilsbildung über objektive Informationen, sucht der Konsument hier auch nach Entscheidungshilfen. Er holt die Meinung Dritter ein (häufig Meinungsführer) und wendet, je nach wahrgenommenem Risiko, Entscheidungsheuristiken oder Regeln an. Je nach Bedeutung der Entscheidung für den Konsumenten setzt er sich intensiver mit dem Produkt auseinander (Entscheidungsregel) oder greift auf wenige einzelne Kriterien zurück, um die Entscheidung zu vereinfachen (Heuristik).

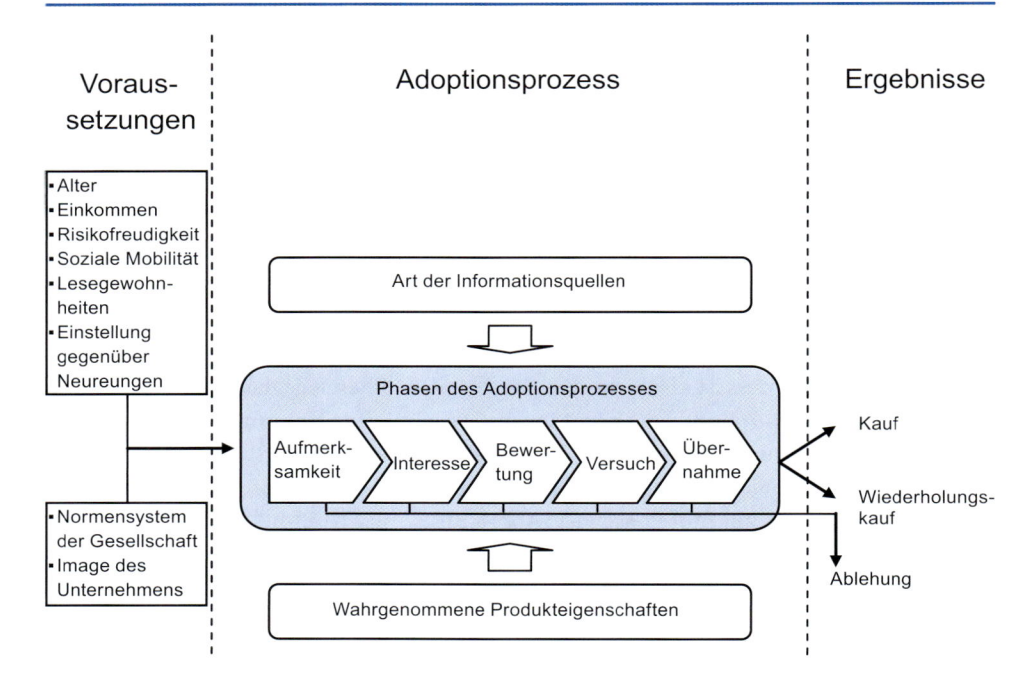

Abb. 8.6 Adoptionsprozess mit Voraussetzungen und Ergebnis (Quelle: Meffert et al. 2008, S. 449)

Im Falle einer positiven Bewertung geht der Konsument zur vierten Phase des Adoptionsprozesses über, dem **Probekauf**. Er verfolgt dabei die Absicht, das Produkt auf seine Funktionalitäten zu testen und sein ex ante gebildetes Urteil zu bestätigen. Der endgültige und dauerhafte Konsum des Produkts steht dabei noch nicht im Fokus, das Produkt soll lediglich besser eingeschätzt werden können.

Im Falle eines erfolgreichen Probekaufs wird sich der Konsument potenziell dafür entscheiden, das Produkt **regelmäßig zu konsumieren** und damit zu adoptieren.

Der **Adoptionsprozess** gilt dann als **erfolgreich** für ein Unternehmen, wenn er über alle fünf Phasen hinweg vom Konsumenten durchlaufen wird. Das positive Absolvieren einer Stufe ist aber nicht gleichbedeutend mit einem endgültigen Erfolg hinsichtlich dieser Stufe. Ein Rücksprung auf eine vorgelagerte Stufe ist jederzeit möglich. Ursache dafür kann beispielsweise die Aufnahme neuer Informationen sein, die der Konsument beim Test des Produkts in der Versuchsphase aufgenommen hat. Vor dem möglichen Übergang in die Phase Kauf wird das Produkt vollständig neu bewertet. Auch das Abbrechen des gesamten Prozesses ist selbstverständlich auf jeder Stufe möglich, was mit einem Misserfolg des Unternehmens bezüglich dieses einen Konsumenten gleichbedeutend ist (Abb. 8.6).

Die Stufe Kauf respektive Implementierung erreicht der einzelne Konsument nur, wenn sogenannte **adoptionsrelevante Eigenschaften** vorhanden sind. Darunter versteht man eben solche Charakteristika, die für eine Adoption zwingend notwendig sind:

- Hoher relativer Vorteil des Produkts: Überlegenheit gegenüber dem Produkt, das sie verdrängen sollen. Dieser Vorteil ist ein subjektives Maß, das sowohl ökonomische als auch Sozialprestige und andere Faktoren umfasst.
- Geringe Komplexität der Produktneuheit: Geringe Schwierigkeit hinsichtlich Verständnis oder Anwendung einer Innovation.
- Hohe Kompatibilität zu verwandten Produkten: Ausmaß, in dem das neue Produkt mit den Werten, Erfahrungen und Anforderungen der potenziellen Käufer übereinstimmt.
- Erprobbarkeit der Leistung: Grad in dem das Produkt zeit- oder teilweise übernommen werden kann.
- Kommunizierbarkeit der Leistung: Ausmaß, in dem das Produkt mittels Erzählung wahrgenommen und verstanden werden kann und damit auch vorstellbar wird hinsichtlich seiner Anwendung.

Verschiedene Konsumenten übernehmen ein neues Produkt zu völlig **unterschiedlichen Zeitpunkten**. Bei der Verbrauchergruppe, die das Produkt zu einem frühen Zeitpunkt übernimmt, liegen noch keine oder kaum Erfahrungswerte dazu vor. Daher steigert ein geringes wahrgenommenes Risiko in Form des technischen, sozialen und ökonomischen Risikos die Adoptionschancen enorm.

Wichtig für den Markterfolg ist, basierend auf dem Adoptionsprozess, die Wahl der Markteinführungsstrategie der Gestalt, dass der Konsument den Prozess mit **möglichst geringem kognitivem Aufwand** vollständig durchlaufen kann. Konsumenten, die grundsätzliches Interesse an einem Produkt haben, können beispielsweise durch die Ausgabe von Gratisproben in die Versuchsphase transferiert werden. Die Abb. 8.7 verschafft einen Überblick über die wesentlichen Adoptionsmodelle.

Während die Adoption bzw. der Adoptionsprozess das Individuum betrifft, beschäftigt sich die Diffusionsforschung mit dem gesamten Markt.

8.5.2 Das Verhalten des Gesamtmarktes

8.5.2.1 Der Diffusionsprozess als Abbild des Verhaltens des Gesamtmarktes

Als Diffusion wird die **Ausbreitung eines neuen Produkts** über den Zeitablauf im Gesamtmarkt bezeichnet (Schmalen und Xander 2000). Damit resultiert sie direkt aus der Gesamtheit aller Adoptionsprozesse der einzelnen Individuen. Die Betrachtungsebene ist allerdings sehr vielfältig und kann aus unterschiedlichen Aggregationsebenen erfolgen. So kann die Verbreitung einzelner Produkte (z. B. Mobiltelefon) im Markt über den Diffusionsverlauf aufgezeigt werden oder die Marktausbreitung einer vollständigen Produktkategorie (z. B. Kommunikationsprodukte). Grundsätzlich unterscheidet man drei Kategorien von Diffusionsmodellen:

- Deskriptive Ansätze
- Prognostische Ansätze
- Normative Ansätze

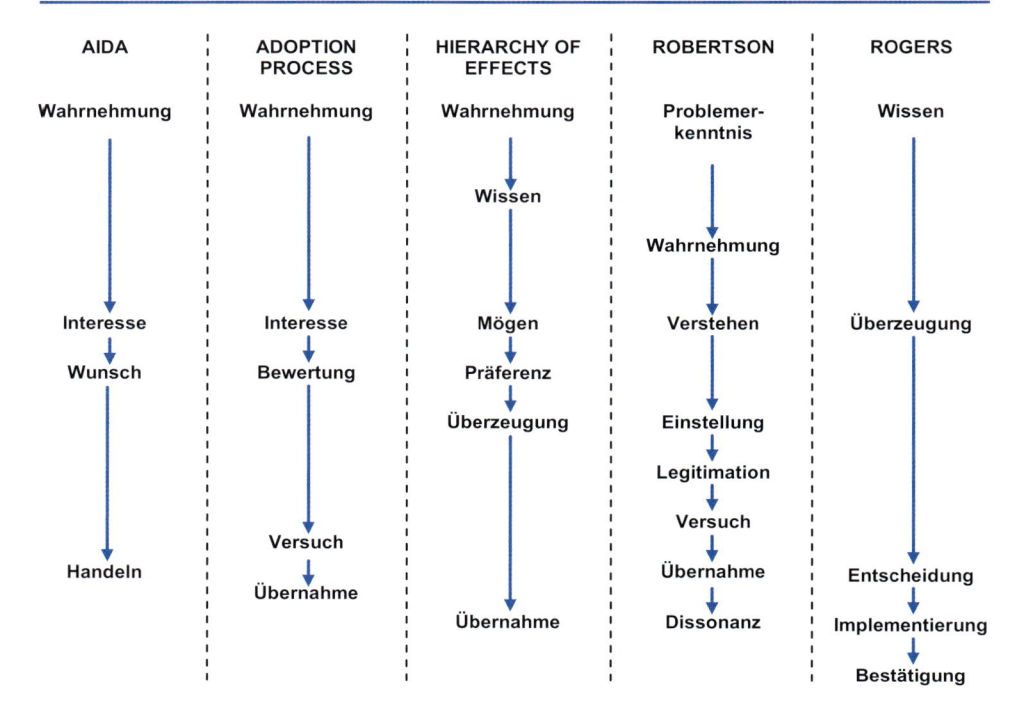

Abb. 8.7 Adoptionsmodelle im Überblick (Quelle: In Anlehnung an Antil 1988, S. 7.)

Die auch als Verhaltensmodelle bezeichneten **deskriptiven Ansätze** sollen ein besseres Verständnis für die Zusammenhänge des Diffusionsprozesses aus mikro- und makroökonomischer Perspektive schaffen. Die mikroökonomischen Modelle konzentrieren sich auf die Beschreibung der individuellen Übernahmeentscheidung für alle Phasen des Diffusionsprozesses und greifen dabei auf adoptionstheoretische Erkenntnisse zurück. Einflussfaktoren, wie die bereits angesprochene wahrgenommene Unsicherheit, werden dabei in die Betrachtung integriert. Die makroökonomische Perspektive beschreibt die Übernahme des Produkts aus aggregierter Sicht, der Verlauf im Gesamtmarkt steht damit im Fokus der Analyse.

Die zweite Gruppe von Diffusionsmodellen sind die **prognostischen Ansätze**, die auch als Prognosemodelle bezeichnet werden. Sie dienen dem Zweck, Erfahrungen auf die Zukunft zu übertragen. Damit wird versucht, basierend auf einem in der Vergangenheit beobachteten Diffusionsverlauf, einen solchen in der Zukunft liegenden Verlauf zu konstruieren. Das zentrale Ziel ist die Unterstützung der Planung des Markteintritts. Es hat sich gezeigt, dass die Prognosen auf Basis vergangener Diffusionsverläufe nicht allzu gut und solche Vorhersagen damit grundsätzlich als schwierig einzustufen sind.

Bei den **normativen Ansätzen** handelt es sich um sogenannte Marketing-Mix-Modelle. Diese Modelle sind in ihrer Struktur sehr viel detaillierter als andere Ansätze, da sie einzel-

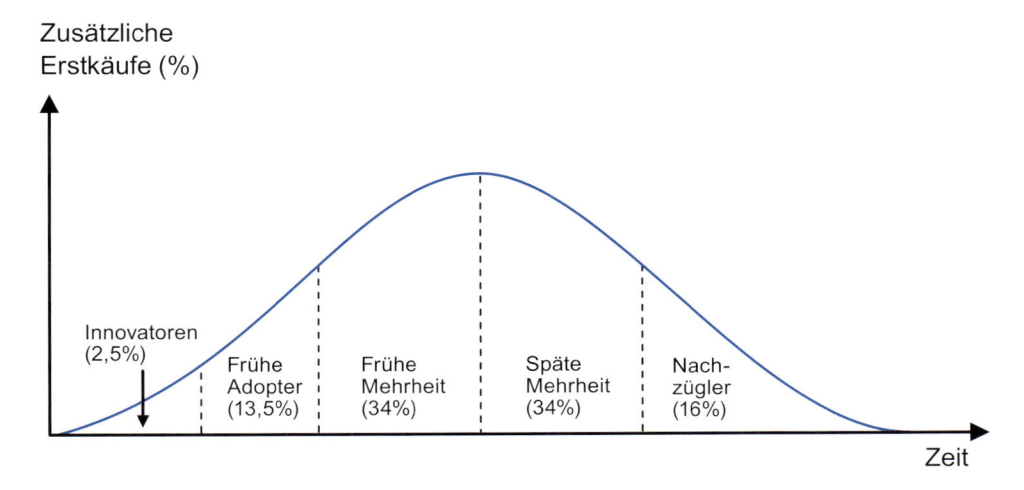

Abb. 8.8 Klassisches Diffusionsmodell nach Rogers (Quelle: Rogers 1962, S. 247)

ne Marketing-Mix-Komponenten und deren Einfluss auf den Diffusionsprozess berücksichtigen. Über die Identifikation der wesentlichen Diffusionstreiber kann der optimale Marketing-Mix zur Maximierung der Erfolgswahrscheinlichkeit ausgestaltet werden.

Unter Berücksichtigung dieser drei grundsätzlichen Erscheinungsformen von Diffusionsansätzen ist das Ziel der Diffusionsforschung, die verhaltenswissenschaftlichen **Gesetzmäßigkeiten des Ausbreitungsprozesses** einer Marktneuheit in eine mathematischfunktionale Beziehung zu bringen. Bezieht man alle Individuen am Markt in den Diffusionsverlauf mit ein, so ergeben deren Kaufprozesse den Diffusionsverlauf für ein bestimmtes Produkt oder auch eine Produktkategorie. Von großer Bedeutung zur Ableitung des Diffusionsverlaufs sind vor allem die Erstkäufe der Konsumenten. Der Wiederkauf eines Produkts findet lediglich in der letzten Phase des Adoptionsprozesses Berücksichtigung, nicht aber bei der Diffusion.

Der **Diffusionskurve** können unterschiedliche Gruppen von Individuen zugeordnet werden. Allgemein kann zwischen Innovatoren, also solchen Personen, die eine Neuheit sehr schnell testen bzw. übernehmen, und Imitatoren unterschieden werden. Den idealtypischen Verlauf der Diffusion hat Rogers (1962) skizziert (Abb. 8.8).

Rogers unterscheidet in seinem Modell **fünf Gruppen** von Konsumenten hinsichtlich ihrer Geschwindigkeit, mit der sie ein Neuprodukt übernehmen:

- Innovatoren: Bei Produktneuheiten eher risikobereit und grundsätzlich unternehmungslustig
- Frühe Adopter: Meinungsführer in ihrem gesellschaftlichen Umfeld und streben nach Prestige. Sie sind zwar vorsichtig, übernehmen neue Ideen dennoch frühzeitig
- Frühe Mehrheit: Nimmt neue Ideen und damit neue Produkte früher auf als der durchschnittliche Konsument und handelt wohl überlegt

- Späte Mehrheit: Übernimmt Produktneuheiten erst dann, wenn sie sich bei der Mehrheit der Konsumenten bereits bewährt und durchgesetzt haben. Stehen Neuem eher skeptisch gegenüber
- Nachzügler: Übernehmen Produktneuheiten nur, wenn sie in ihrem Umfeld als integriert und zu einem gewissen Grad als traditionell gelten. Sie sind grundsätzlich misstrauisch und sehr traditionsbewusst

Am **Beginn der Diffusionsforschung** wurden ausschließlich zwei Gruppen von Personen unterschieden. Es gab solche Individuen, die das Produkt kauften und solche die das Produkt nicht kauften. Zudem wurde die gesamte Unternehmensumwelt als statisch angesehen, um die Modellannahmen möglichst einfach zu halten. So wurde auch das Marktpotenzial als konstant und homogen angesehen. Auch mögliche Veränderungen am Produkt und Wechselwirkungen mit anderen Neueinführungen wurden nicht berücksichtigt. Moderne Modelle der Diffusionsforschung haben sich von diesen naiven Annahmen gelöst. In Anlehnung an die vereinfachte Aufteilung in die Gruppe der innovativen Verbraucher und der imitativen Verbraucher lassen sich folgende Grundmodelle ableiten:

- Modelle mit ausschließlicher Berücksichtigung innovatorischen Kaufverhaltens
- Modelle mit ausschließlicher Berücksichtigung imitatorischen Kaufverhaltens
- Modelle mit Berücksichtigung sowohl innovatorischen als auch imitatorischen Kaufverhaltens

Das **Modell von Fourt und Woodlock** (1960) ist exemplarisch für solche, die sich ausschließlich auf innovatorisches Kaufverhalten konzentrieren. Es berücksichtigt lediglich einen exogenen Einfluss auf die möglichen Adopter und bildet nur dann einen guten Erklärungsansatz, wenn bei Einführung des neuen Produkts bereits eine größere Nachfrage vorhanden ist. Das Modell geht davon aus, dass sich die Anzahl der Erstkäufer in einer bestimmten Periode wie folgt zusammensetzt:

$$q_t = \alpha \cdot (\bar{Q} - Q_{t-1}) .$$

Die **Anzahl der Erstkäufer** resultiert damit aus der Differenz des gesamten Marktpotenzials $\bar{Q}$ und der kumulierten Käufer bis zur letzten Periode Q_{t-1}. Der Parameter α stellt die sogenannte Diffusions- bzw. Penetrationsrate dar. Sie bedeutet rein inhaltlich, dass die Diffusion bei einem hohen α-Wert schnell verläuft und somit viele Individuen zu einer zügigen Übernahme des neuen Produkts neigen. Die Anzahl der Erstkäufer wird mit der Zeit immer geringer, da sich das Modell auf die innovatorischen Konsumenten beschränkt.

Das **Modell von Mansfield** (1961) beschreibt im Gegensatz zu dem eben geschilderten Modell das Kaufverhalten der imitatorischen Individuen. Es basiert im Wesentlichen auf der Berücksichtigung der Kommunikation zwischen den Individuen und gibt daher die innere Dynamik des Diffusionsprozesses wieder. Daraus ergibt sich auch die Grundvoraussetzung für den Beginn dieses Prozesses. Es bedarf eines sogenannten „infizierten"

Adopters. Mansfield formuliert zur Beschreibung der Diffusion eine Gleichung in Anlehnung an Fourt und Woodlock:

$$\frac{q_t}{\bar{Q} - Q_{t-1}} = \beta \cdot \left(\frac{Q_{t-1}}{\bar{Q}}\right).$$

Die zentrale **Aussage des Modells** ist damit, dass die Anzahl der bisherigen Nicht-Käufer eines Produkts, die es aber in Periode t kaufen werden, mit zunehmender Marktdurchdringung steigt. Demnach steigt die Wahrscheinlichkeit, dass ein Individuum ein eingeführtes Produkt zu einem beliebigen Zeitpunkt kaufen wird an, je mehr Zeit seit der Einführung vergangen ist. Der Parameter β ist in seiner Bedeutung analog zum Modell von Fourt und Woodlock zu interpretieren als die Intensität des Imitationsverhaltens. Die Anzahl der Käufer in Periode t kann damit beschrieben werden als:

$$q_t = \beta \cdot \frac{Q_{t-1}}{\bar{Q}}(\bar{Q} - Q_{t-1}).$$

Der **Diffusionsverlauf folgt damit einer Glockenkurve,** wie sie auch dem Modell von Rogers entnommen werden kann. Diese scheinbare Bestätigung des Modells durch andere Ansätze ist aber auch die zentrale Kritik an dem Ansatz. Die Empirie beobachtet eher asymmetrische anstelle von symmetrischen Diffusionsverläufen.

Die dritte Gruppe von Diffusionsmodellen führt die beiden anderen Kategorien zusammen, indem sie in einem Modell integriert werden. Der bedeutendste Vertreter dieser Modellgruppe ist das **Modell von Bass** (1969). Die große Verbreitung dieses Ansatzes ist auf die relativ einfache Handhabung als Prognosemodell zurückzuführen. Gleichzeitig verfügt das Modell über einen plausiblen verhaltenswissenschaftlichen Hintergrund. Das Modell von Bass berücksichtigt sowohl **innovatorische als auch imitatorische Käufe**, wobei es die beiden zuvor beschriebenen Ansätze additiv verknüpft. Die Absatzmenge in der Periode t ergibt sich dementsprechend als:

$$q_t = \alpha \cdot (\bar{Q} - Q_{t-1}) + \beta \cdot \frac{Q_{t-1}}{\bar{Q}}(\bar{Q} - Q_{t-1}).$$

Vereinfacht beschrieben ergibt sich die abgesetzte Menge q_t damit Summe der innovatorischen und der imitatorischen Käufe. Durch Variation der Parameter α und β ergeben sich unterschiedliche Verläufe der Diffusionskurve. Eine **Meta-Analyse** der Forscher Sutlan, Farley und Lehmann (1990) ermittelten in einer Meta-Analyse α-Werte von 0,03 und β-Werte von 0,38. Demnach ergibt sich aus den imitatorischen Käufen ein wesentlicher größerer Einfluss auf die Absatzmenge als aus den innovatorischen Käufen. Das Modell von Bass wurde in einer Reihe von Studien empirisch überprüft und auch bestätigt.

Die unterschiedlichen Diffusionsmodelle sind allerdings grundsätzlich nur eingeschränkt für die **praktische Anwendung** geeignet. Das Innovationsmanagement kann daraus keine Erkenntnisse ziehen, da sich die Schätzung des Kurvenverlaufs schwierig gestaltet. Das Management bleibt darauf angewiesen, die in der Vergangenheit beobachteten Diffusionsverläufe auf die zukünftige Entwicklung zu übertragen und daraus Annahmen abzuleiten. Sie leisten aber einen ganz wesentlichen Beitrag in der Aufarbeitung einer durchgeführten Markteinführung und damit der Analyse der Diffusion neuer Produkte im Ganzen.

Eine der zentralen **Handlungsempfehlungen** der Diffusionsforschung für die Unternehmenspraxis ist die gezielte Ansprache von Innovatoren und frühen Adoptern. Dazu ist es notwendig, diese in ihrer Funktion als Meinungsführer sehr bedeutenden Gruppen anhand geeigneter Kriterien zu identifizieren. Solche Maßnahmen zur Steigerung der Erfolgswahrscheinlichkeit innovativer Produkte sind in Zeiten von immer kürzer werdenden Produktlebenszyklen zwingend notwendig. Sie fördern u. a. die schnellere Verbreitung von Leistungen im Gesamtmarkt. Das Wissen um die Existenz dieser unterschiedlichen Gruppen macht die Mundpropaganda zu einem wesentlichen Treiber einer erfolgreichen Produkteinführung, indem die Meinungsführer die Meinungsfolger in ihrem Handeln beeinflussen. Dabei sind es die Meinungsführer, die die ersten Erfahrungen mit dem Produkt machen und ihr Wissen an die Meinungsfolger weitergeben – häufig in Form einer konkreten Produktempfehlung. Die innovativen Meinungsführer sind zum einen von ihrem großen Interesse an Marktneuheiten angetrieben, streben aber gleichzeitig nach Image und Prestige durch die Nutzung der aktuellsten Produkte. Sie verarbeiten Werbung für Innovationen besonders aufmerksam und machen einen Kauf auch nicht vom bisherigen Markterfolg, also dem Kauf des Produkts durch andere Personen abhängig. Die Meinungsfolger kaufen das Produkt dabei erst mit einigem zeitlichen Abstand. Sie legen demnach sehr viel Wert auf eine größere Verbreitung des Produkts, um damit mögliche Unsicherheiten zu minimieren.

8.5.2.2 Erweiterungen der Diffusionsmodelle

Betrachtet man die Diffusionsmodelle noch detaillierter, ergeben sich **weitere Ansatzpunkte** für die erfolgreiche Verbreitung neuer Produkte. Der Verlauf des Absatzes ist in den angesprochenen Modellen abhängig von mehreren Parametern: α, β und $\bar{Q}$. Inhaltlich sind das die Intensität des Innovationsverhaltens (α), die Intensität des Imitationsverhaltens (β) und das gesamte Marktpotenzial ($\bar{Q}$). Mit diesem Wissen ist die Suche nach geeigneten Marketing-Mix-Maßnahmen zur schnellen und weiten Verbreitung der neuen Produkte ein Erfolg versprechender Schritt. Eine größere Anzahl von Studien hat sich mittlerweile mit diesem Thema auseinandergesetzt. So erweitern zum Beispiel die Autoren Dolan und Jeuland (1981) oder Weiser (1990) den Ansatz von Bass durch Berücksichtigung von Preisänderungen im Zeitablauf und deren Auswirkung auf die Absatzmenge. Horsky und Simon (1983) integrieren den Einfluss der Werbeintensität auf die Entwicklung des Absatzes. Kalish (1985) integrierte wiederum die Erweiterungen, indem er die Wirkung der Werbeintesität und der Änderungen des Preises berücksichtigt. Damit entstand eine neue Generation von Diffusionsmodellen, die jedoch meist auf dem Ansatz von Bass basieren (Tab. 8.5).

Daneben wurden aber auch Erweiterungen abseits der **Integration von Marketing-Mix-Variablen** entwickelt. So löst sich Parker (1992) von der Bass'schen Annahme eines konstanten Marktpotenzials. Die Heterogenität der Nachfrage berücksichtigen die Auto-

Tab. 8.5 Ausgewählte Erweiterungen des Bass-Modells (Quelle: Schmalen und Xander 2000, S. 425.)

Variable	Autor
Preis zusätzliche Anwendungen	Robinson und Lakhani 1975; Bass 1980; Dolan und Jeuland 1981 Wiederholungskäufe: Jeuland und Dolan 1982 Variables Marktpotenzial: Kalish 1983 Lieferfähigkeit: Weiser 1990
Werbung zusätzliche Anwendung	Horsky und Simon 1983 Wiederholungskäufe: Mahajan et al. 1984 Negative Informationen: Hesse 1987
Preis/Werbung	Thompson und Teng 1984; Kalish 1985

ren Easingwood et al. (1983). Darüber hinaus existieren Ansätze, die mehrere Produkte oder Zielgruppen einbeziehen, wie die der Forscher Norton und Bass (1987), Kumar und Krishnan (2002) oder Mahajan et al. (2000). Die Bedeutung des Marketing-Mix für den positiven Diffusionsverlauf ist nicht zuletzt dadurch unbestritten. Hervorzuheben ist hier der Einfluss von Kommunikationsmaßnahmen, unter anderem wegen ihrer Bedeutung für den Kauf von Meinungsführern. Die Kommunikation entfaltet demnach ihre Wirkung über zwei Kanäle: Das Unternehmen spricht die Nachfrager direkt über die Kampagne an und erreicht zudem eine indirekte Kommunikation in Form von Mund-zu-Mund-Propaganda zwischen den Konsumenten. Damit folgt die Kommunikation den Annahmen der mehrstufigen Kommunikationsmodelle. Die Meinungsführer nehmen die Informationen über das Produkt auf und geben ihr Wissen, zusätzlich angereichert mit eventuellen Erfahrungen, an die Folger weiter. Diese adaptieren die Meinung oder auch direkt das Kaufverhalten der Meinungsführer. Die Beobachtung anderer Personen wird auch als unpersönliche Kommunikation bezeichnet und ist insbesondere bei Produkten mit emotionalem Zusatznutzen anzutreffen.

Eine ganz wesentliche Erweiterung betrifft das **Angebot und die Aktivitäten der Konkurrenz**. Die Vernachlässigung dieser Einflussfaktoren wäre eine zu naive Abbildung des Marktes, weshalb sogenannte abhängige Diffusionsprozesse entwickelt wurden. Die Diffusion eines Produkts ist damit abhängig von der Ausbreitung und damit dem Erfolg der Produkte anderer Unternehmen. Peterson und Mahajan (1978) erweitern das Bass-Modell um die Berücksichtigung von Konkurrenzprodukten, indem die Art der Beziehung (substitutiv vs. komplementär) unterschieden wird. Der Erfolg eines komplementären Konkurrenzprodukts wäre förderlich für die Verbreitung des eigenen Produkts, eine substitutive Beziehung gefährdet den Erfolg des eigenen Produkts. Der Fall einer Substitutionsbeziehung trifft auch auf die Einführung einer neuen, nachfolgenden Produktgeneration auf. Zwei wesentliche Effekte rücken bei der Einführung einer neuen Generation von Produkten in den Fokus:

- Erweiterung des bisherigen Marktes (Markterweiterungseffekt)
- Substitutions- bzw. Kannibalisierungseffekte zwischen den Generationen

Insbesondere unter Berücksichtigung der bereits angesprochenen Problematik der Einführung von neuen Produkten auf ausländischen Märkten und damit einer meist länderübergreifenden Diffusion sind komplementäre Produktbeziehungen ein interessantes Beispiel für **abhängige Diffusionsprozesse.** Berücksichtigt werden muss hier eine Vielzahl weiterer relevanter Variablen. Die Ähnlichkeit der Diffusionsverläufe in völlig unterschiedlichen Ländern oder der Einfluss von Besonderheiten der einzelnen Zielländer auf den Diffusionsverlauf und damit auch auf eine adäquate Einführungsstrategie sind hier von Bedeutung.

Im **Ergebnis** ist der Verlauf des Diffusionsprozesses abhängig von einer Reihe an unterschiedlichen Einflussfaktoren. Der Leser hat damit einen Überblick über die Vielfältigkeit der wesentlichen Einflüsse auf den Erfolg neuer Produkte und damit auch auf die Wahl der Markteinführungsstrategie. Gleichzeitig wurde aber auch deutlich, dass die Integration dieser vielfältigen Faktoren die Diffusionsmodelle sehr schnell komplex werden lässt, was deren Anwendung als Prognosemodelle stark erschwert.

8.6 Reaktion der etablierten Marktteilnehmer auf den Eintritt eines neuen Konkurrenten

Bei der Beschreibung der Diffusionsmodelle wurde bereits erläutert, dass die **Nicht-Berücksichtigung der Konkurrenz eine zu naive Annahme** wäre. In dem heutzutage sehr intensiven Wettbewerb haben es Unternehmen stets mit Aktivitäten der Konkurrenz zu tun. Diese führen nicht nur eventuell ihre eigenen Produkte zeitgleich am Markt ein, sondern reagieren auch über andere Maßnahmen auf die Einführung neuer Produkte anderer Marktteilnehmer. Dass die Konkurrenz reagiert, ist ein unausweichlicher Fakt und damit ist die Intensität und die Art und Weise der Reaktion relevant (Abb. 8.9).

Grundsätzlich sind dies Produkt-, Preis-, Kommunikations- und Distributionspolitik, aus denen der Etablierte für seine Handlung schöpfen kann. Die **Reaktion der** ebenfalls bereits am Markt **aktiven Konkurrenten** kann zum Beispiel eine Kommunikationskampagne sein. Hierbei stellt die Konkurrenz die potenziellen Vorteile der eigenen Leistung in den Fokus oder lenkt durch entsprechenden Werbedruck von der neuen Leistung der Konkurrenz ab. Auch eine Preiskampagne, wie die Senkung des Preises, ist denkbar. Die Anwendung der Marketing-Mix-Variablen erfolgt aber nicht alleine – das Unternehmen kann den Einsatz der Instrumente vielmehr miteinander kombinieren. Denkbar wäre eine temporäre Preissenkung mit gleichzeitiger Kommunikationskampagne, um die Aktion zu bewerben.

Neben diesen Entscheidungen den Marketing-Mix betreffend, fällen die Konkurrenten eine **Entscheidung hinsichtlich des Marktes,** auf dem die Reaktion gezeigt wird. Vordergründig erscheint es plausibel, wenn man auf dem Markt reagiert, auf dem das neue Produkt eingeführt wird. Wirkungsvoll kann aber auch die Reaktion auf einen anderen Markt sein. Die Absicht ist dabei immer, dem Wettbewerber einen möglichst großen Schaden zuzufügen. So wäre beispielsweise ein Angriff auf den Kernmarkt des Konkurrenten

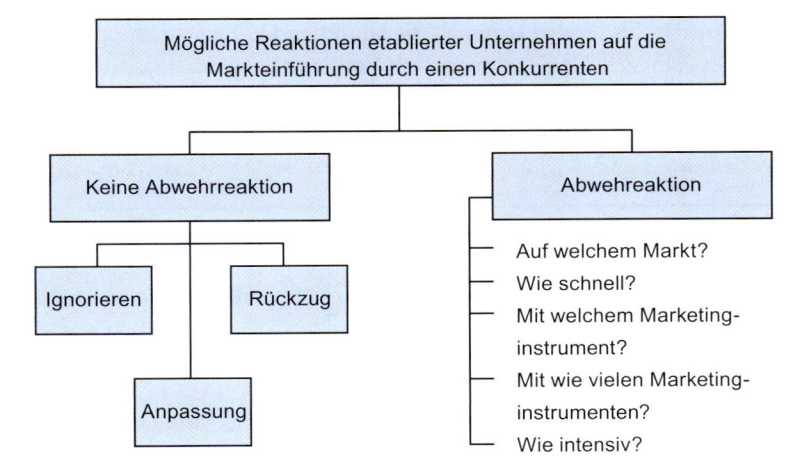

Abb. 8.9 Mögliche Reaktionen etablierter Unternehmen auf die Markteinführung durch einen Konkurrenten (Quelle: Kuester et al. 1999, S. 91.)

möglich. Die Frage stellt sich also bezüglich des Marktes, auf dem der etablierte Konkurrent seine Reaktion zeigt. Neben der Entscheidung, ob und auf welchem Markt die Reaktion gezeigt wird, treten weitere Fragen auf.

So ist zu entscheiden **wie intensiv das Verhalten** ausfallen soll. Angewandt auf die Preispolitik ist exemplarisch zu entscheiden, wie stark der Preis gesenkt werden soll. Auch der Faktor Zeit ist von großer Bedeutung bei der Reaktion der Konkurrenz auf die Einführung eines Produkts durch das eigene Unternehmen. Vor allem die Geschwindigkeit der Reaktion ist bedeutend. Der Wettbewerb kann sich entscheiden, die Reaktion so lange zu verzögern, bis der Erfolg und damit die Gefahr des neuen Produkts für die eigenen Leistungen besser abgeschätzt werden kann.

All diese Sachverhalte müssen in die Formulierung der Markteintrittsstrategie berücksichtigt werden. Dabei ist es möglich, die Ursachen für unterschiedliche **Reaktionen unterschiedlichen Kategorien** zuzuordnen. So konnten produkt-, markt- und konkurrenzbezogene Ursachen für unterschiedliche Reaktionen identifiziert werden:

- Je innovativer das neue Produkt, desto eher wird der etablierte Marktteilnehmer auch neue Produkte entwickeln.
- Je höher das Marktwachstum, desto schneller führen etablierte Marktteilnehmer neue Produkte zur Verteidigung der eigenen Position ein.
- Je geringer die produktbezogenen Wechselkosten, desto schneller die Reaktion der Etablierten.
- Je größer das etablierte Unternehmen ist, desto träger ist die Reaktion auf einen neuen Marktteilnehmer.
- Je höher der Marktanteil des Etablierten, desto intensiver ist deren Reaktion hinsichtlich Werbemaßnahmen.

Diskutiert wurden bis hierher lediglich die zu treffenden Entscheidungen bei einer Reaktion durch das etablierte Unternehmen. Der Etablierte hat jedoch auch die **Option nicht auf den Markteintritt** des neuen Marktteilnehmers **zu reagieren** und diesen entweder gänzlich zu ignorieren, sich anzupassen oder sich aus dem Markt zurückzuziehen.

Literatur

Antil, J. H., (1988): New Product Adoption – When Does it Happen? *Journal of Consumer Marketing* 5 (2), 5–16.

Backhaus, K./Büschken, J./Voeth, M. (2003): *Internationales Marketing*. 4. Aufl., Stuttgart: Schäffer-Poeschel.

Bass, F. (1969): A New Product Growth Model for Consumer Durables, *Management Science* 15, 215–227.

Bass, F. M. (1980): The relationship between diffusion rates, experience curves, and demand elasticities for consumer durable technological innovations, *Journal of Business* 53 (3), 51–67.

Buchholz, W. (1998): Timingstrategien – Zeitoptimale Ausgestaltung von Produktentwicklungsbeginn und Markteintritt, *Zeitschrift für betriebswirtschaftliche Forschung* 50 (1), 21–39.

Clement, M./Litfin, T./Vanini, S. (1998): Ist die Pionierrolle ein Erfolgsfaktor? *Zeitschrift für Betriebswirtschaft* 68 (2), 205–226.

Dolan, R. J./Jeuland, A. P. (1981): Experience curves and dynamic demand models: implications for optimal pricing strategies, *Journal of Marketing* 45 (1), 52–62.

Easingwood C./Mahajan V./Muller E. (1983): A Nonuniform Influence Innovation Diffusion Model of New Product Acceptance, *Marketing Science* 2 (3), 273–295.

Fischer, M./Himme, A./Albers, S. (2007): Pionier, Früher Folger oder Später Folger: Welche Strategie verspricht den größten Erfolg? *Zeitschrift für Betriebswirtschaft* 77 (5), 539–573.

Fourt, L./Woodlock, J. (1960): Early prediction of market success for grocery products, *Journal of Marketing* 25, 31–38.

Fritz, W./von der Oelsnitz, D. (2007): Markteintrittsstrategien, in: Albers, S./Herrmann, A. (Hrsg.): *Handbuch Produktmanagement* (S. 76–99), 3. Aufl., Wiesbaden: Gabler.

Golder, P./Tellis, G. (1993): Pionier Advantage: Marketing Logic or Marketing Legend? *Journal of Marketing Research* 30 (2), 158–171.

Hesse, H. W. (1987): *Kommunikation und Diffusion von Produktinnovationen im Konsumgüterbereich*, Berlin: Duncker & Humblot.

Horsky D./Simon L. S. (1983): Advertising and the Diffusion of New Products, *Marketing Science* 2 (1), 1–17.

Jeuland, A. P./Dolan R. J. (1982): An aspect of new product planning: dynamic pricing, *TIMS Studies in the Management Sciences* 18, Marketing Planning Models. New York.

Kalish, S. (1985): A New Product Adoption Model with Price, Advertising, and Uncertainty, *Management Science* 31 (12), 1569–1585.

Kalish, S. (1983): Monopolistic pricing with dynamic demand and production cost, *Marketing Science* 2 (2), 135–160.

Kerin, R./Varadarajan, P./Peterson, R. (1992): First-Mover-Advantages: A Synthesis, Conceptual Framework and Research Propositions, *Journal of Marketing* 56 (4), 33–52.

Kuester, S./Homburg, C./Robertson, T.S. (1999), Retaliatory Behavior to New Product Entry, *Journal of Marketing* 63 (4), 90–106.

Kuhn, J. (2007): *Markteinführung neuer Produkte*, Berlin: Springer.

Kumar, V./Krishnan, T. V. (2002): Multinational diffusion models: an alternative framework, *Marketing Science* 21 (3), 318–330.

Lieberman, M. B.,/Montgomery, D. B. (1988): First-Mover Advantages, *Strategic Management Journal* 9, 41–58.

Mahajan V./Muller E./Kerin R. A. (1984): Introduction Strategy for New Products with Positive and Negative Word-of-Mouth, *Management Science* 30 (12), 1389–1404.

Mahajan, V./Muller, E./Wind, Y. (2000): *New-Product diffusion models*. Boston: Kluwer.

Mansfield E. (1961): Technological Change and the Rate of Imitation, *Econometrica* 29 (4), 741–766.

Meffert, H./Burmann, C./Kirchgeorg, (2008): *Marketing. Grundlagen marktorientierter Unternehmensführung. Konzepte – Instrumente – Praxisbeispiele*, 10. Aufl., Wiesbaden: Gabler.

Norton, J. A./Bass, F. M. (1987): A diffusion theory model of adoption and substitution for successive generations of high-technology products, *Management Science* 33 (9), 1069–1086.

Parker, P. M. (1992): Price elasticity dynamics over the product life cycles, *Journal of Marketing Research* 29 (3), 358–367.

Peterson R. A./Mahajan V. (1978): Multi-Product Growth Models. In Sheth, J. (Hrsg.): *Research in Marketing Vol. 1 (S. 201–231)*, Emerald Group.

Porter, M. E. (1980): *Competitive Strategy: Techniques for Analyzing Industries and Competitors*, New York: Free Press.

Robinson B./Lakhani C. (1975): Dynamic Price Models for New-Product Planning, *Management Science* 21 (10), 1113–1122.

Robinson, W./Min, S. (2002): Is the First to Market the First to Fail? Empirical Evidence for Industrial Goods Businesses, *Journal of Marketing Research* 39 (1), 120–128.

Rogers, E. (1962): *Diffusion of Innovations*, New York: Free Press.

Rogers, E. (2003): *Diffusion of Innovations*, 5th ed. New York: Free Press.

Schmalen, H./Xander, H. (2000): Produkteinführung und Diffusion. In Albers, S./Herrmann, A.: *Handbuch Produktmanagement (S. 411–440)*, Wiesbaden: Gabler.

Thompson, G. L./Teng, J. T. (1984): Optimal pricing and advertising policies for new product oligopoly models, *Marketing Science* 3 (2), 148–168.

von der Oelsnitz, D. (1996): Ist der „Firstcomer" immer der Sieger? Einflußfaktoren für die Wahl des optimalen Markteintrittszeitpunkts, *Marktforschung und Management* 40 (3), 108–111.

von der Oelsnitz, D. (2000): *Markteintrittsmanagement*, Stuttgart: Schäffer-Poeschel.

Weiser, C. (1990): *Simultane Optimierung von Preis- und Investitionsstrategien*, Wiesbaden: Dt. Univ.-Verl.

Am Markt eingeführte Produkte kontrollieren 9

9.1 Bedeutung der Erfolgskontrolle im Produktmanagement

Die **Kontrolle des Erfolgs** von neu eingeführten Produkten ist von großer Bedeutung, um den Unternehmenserfolg zu gewährleisten. Die zentrale Größe ist dabei die Zufriedenheit der Kunden mit der Leistung des Anbieters, da sie letztlich zu Kundenbindung und darüber auch zu Profitabilität eines Unternehmens führt (Herrmann et al. 2000a; Mittal und Kamakura 2001). Damit muss die Kundenzufriedenheit zum Ziel, zwangsläufig aber auch zur Kontrollgröße eines Unternehmens werden und stellt eine wesentliche Herausforderung für das Produktmanagement dar. Alle bisher geschilderten und durch das Management ergriffenen Maßnahmen zielen zwar auf die Gestaltung möglichst bedürfnisgerechter Leistungen ab, die Überprüfung der Zufriedenheit macht aber transparent, ob dies tatsächlich gelungen ist (Abb. 9.1).

Die **Zufriedenheit der Kunden** führt über die Loyalität gegenüber den Produkten des Unternehmens zu Markt- und wirtschaftlichem Erfolg (Fischer et al. 2001). Diese Kausalkette unterstreicht die Notwendigkeit der Ausgestaltung einer markt- und damit auch kundenorientierten Organisationsstruktur. Die Voraussetzungen einer kundenorientierten Organisation sind in insgesamt fünf Bereichen zu schaffen:

- Aufbau- und Ablauforganisation
- Personalführung
- Informationssysteme
- Planung und Kontrolle
- Unternehmenskultur

Zum besseren Verständnis der Bedeutung des Begriffs **Unternehmenserfolg** muss zwischen Markterfolg und wirtschaftlichem Erfolg unterschieden werden. Der Markterfolg bezieht sich auf solche Größen wie Marktanteil, Wachstum des Marktanteils oder Gewinnung neuer Kunden. Der wirtschaftliche Erfolg drückt sich primär in ökonomischen Größen aus,

A. Herrmann und F. Huber, *Produktmanagement*, DOI 10.1007/978-3-658-00004-2_9, © Springer Fachmedien Wiesbaden 2013

Abb. 9.1 Wirkungskette der Kundenzufriedenheit

wie bspw. die Umsatzrendite. Die Kundenzufriedenheit als Voraussetzung des Unternehmenserfolgs, egal wie dieser geartet ist, wird damit offensichtlich.

Das **Anliegen der Kundenzufriedenheitsforschung** bzw. der Durchführung von Zufriedenheitsstudien besteht darin, die Bedürfnisgerechtigkeit der Unternehmensleistung zu analysieren. Aus den Erkenntnissen, die ein Unternehmen aus einer Zufriedenheitsstudie generiert, ergeben sich Anhaltspunkte für die Modifikation einer bereits existierenden Leistung oder die Entwicklung und Gestaltung zukünftiger Unternehmensleistungen. Die Relevanz des Zufriedenheitsurteils resultiert dabei aus seiner vermuteten Indikatorfunktion für den Unternehmenserfolg.

9.2 Das Konzept der Kundenzufriedenheit

9.2.1 Das Confirmation/Disconfirmation-Paradigma als integrativer Rahmen der Zufriedenheit

Die Kundenzufriedenheit kann beschrieben werden als „… to be a post-consumption evaluation … dependent on perceived quality or value, expectations, and confirmation/disconfirmation – the degree (if any) of discrepancy between actual and expected quality …" (Anderson 1994, S. 20). Demnach ergibt sich die (Un-)Zufriedenheit aus einem **Soll-Ist-Vergleich** und damit einem Abgleich zwischen den Erfahrungen eines Nachfragers mit der erlebten Leistung (Ist) und seiner Erwartung hinsichtlich der Qualität, Zwecktauglichkeit oder Bedürfnisgerechtigkeit des Produkts (Soll). Die resultierende (Nicht-)Übereinstimmung von Erfahrung und Erwartung kommt in der (Nicht-)Bestätigung zum Ausdruck.

Dieser als **Confirmation/Disconfirmation-Paradigma** (C/D-Paradigma) bezeichnete Ansatz ist das wesentliche Konzept zur Erklärung und Beschreibung des Phänomens Kundenzufriedenheit (Johnson und Fornell 1991). Es ist das Basismodell, in das speziellere Ansätze eingeordnet werden können und auf das sich andere Theorien im Zusammenhang mit der Kundenzufriedenheit beziehen (Yi 1990). Das Confirmation/Disconfirmation-Paradigma geht von zwei wesentlichen Komponenten bei der Bildung von Zufriedenheitsurteilen aus. Die (Un-)Zufriedenheit setzt sich demnach wie bereits erwähnt aus einer Ist- und einer Soll-Komponente zusammen. Die Ist-Komponente bezieht sich auf die Erfahrung, die ein Konsument mit einem Produkt gemacht hat, die Soll-Komponente stellt,

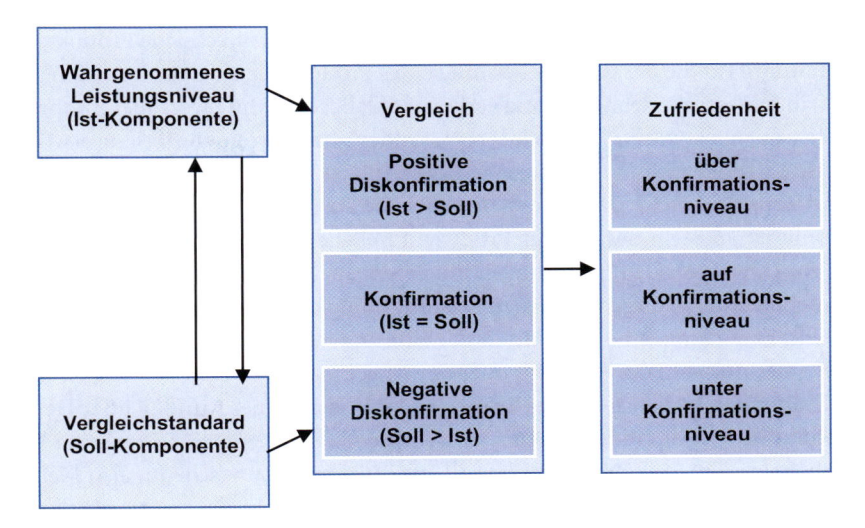

Abb. 9.2 Das C/D-Paradigma im Überblick (Quelle: In Anlehnung an Homburg und Stock-Homburg 2006, S. 21)

vereinfacht gesagt, die Erwartungen an das Produkt dar. Bei exakter Übereinstimmung der Erwartung mit der Erfahrung wird vom Konfirmationsniveau der Zufriedenheit gesprochen. Wenn die Ist-Komponente höher liegt als die Soll-Komponente führt dies zu Zufriedenheit, im umgekehrten Fall resultiert Unzufriedenheit aus der Nutzung einer Unternehmensleistung (siehe Abb. 9.2). Diese Sachverhalte lassen es notwendig erscheinen, zunächst einmal näher auf die Soll- und die Ist-Komponente einzugehen.

Die **Soll-Komponente ist das individuelle Anspruchsniveau** eines Konsumenten und stellt damit eine Erwartung an die Unternehmensleistung dar. Da die Erwartungen grundsätzlich den aktuellen Entwicklungen in der Umwelt folgen, ist die Soll-Komponente ein dynamisches Konstrukt. Der Wandel der Bedürfnisse und der wahrgenommene Leistungsmangel oder die erlebte Leistungserfüllung führen zu einer Anspruchsanpassung. Dabei erhöhen positive Erfahrungen die Erwartungen, während negative Erfahrungen die Erwartungen senken. Als Vergleichsstandard werden im Wesentlichen die folgenden Größen herangezogen (Miller 1977, S. 76 ff.):

- Eigene Erwartungen
- Erwartungsnormen
- Ideale

Die **eigenen Erwartungen** beziehen sich auf die antizipierte Leistung des Produkts, die Erwartungsnormen berücksichtigen die Erfahrungen des Kunden mit gleichen oder ähnlichen Produkten und bei den Idealen handelt es sich um das vom Kunden als optimal wahrgenommene Produkt.

Das erwartete Produkt und das den Erwartungsnormen entsprechende Produkt als **Vergleichsstandard** für die tatsächliche Leistung eines Produkts beruht damit auf den bisherigen Kauf- und Konsumerlebnissen und verkörpert daher den Mittelwert aller Erfahrungen. Im Hinblick auf ein konkretes Erzeugnis repräsentiert diese Größe alle bislang erworbenen Kenntnisse und erlebten Empfindungen in Bezug auf das Produkt, den Hersteller sowie das Kauf- und Konsumumfeld. Damit fließt hier auch die Vorstellung des Individuums über ein Angebot mit ein, das ein bestimmter Produzent üblicherweise erbringt. Dieses Maß entstammt jedoch weniger den Erfahrungen mit einem spezifischen Produkt, sondern ergibt sich vielmehr aus der wahrgenommenen Leistungsfähigkeit der gesamten Branche. Bei der Bildung von Erwartungen berücksichtigt der Konsument aber auch die eigenen Anstrengungen bei der Auswahl des Produkts oder der Angemessenheit der eingesetzten Mittel.

Das Ideale spiegelt ebenso wie das Erwartete das **Wissen eines Kunden über Hersteller und Produkt** wider. Allerdings ergänzt der Betroffene seine Kenntnisse um seine Vorstellungen über eine Unternehmensleistung, die maximal möglich erscheint, also Merkmalsausprägungen aufweist, die seinen Wünschen entsprechen oder diese sogar übersteigen.

Diese Ausführungen verdeutlichen, dass die **Soll-Komponente des Zufriedenheitsurteils** aus kognitiven, affektiven und konativen (verhaltensbezogenen) Teilkomponenten besteht. Die Gewichtung dieser einzelnen Subkomponenten und deren Verknüpfung zu einem Vergleichsstandard erfolgt vor dem Hintergrund der Lebensumstände des Betroffenen. So gesehen stellt der Bezugspunkt einen interindividuell unterschiedlichen, aus mehreren Elementen bestehenden Maßstab dar. Viele Studien zur Kundenzufriedenheit nutzen ein für eine Produktkategorie als durchschnittlich oder typisch angesehenes Produkt als Referenz- oder Ankerpunkt. Damit besitzt das für eine Gattung als repräsentativ betrachtetes Erzeugnis eine zentrale Bedeutung bei der Operationalisierung der Soll-Komponente.

Die **Ist-Komponente** ist weniger facettenreich, da sie in den Augen nahezu aller Autoren die Erfahrungen des Kunden mit dem Erzeugnis bündelt. Ungeachtet der inhaltlichen Spezifikation dieses Elements taucht die Schwierigkeit auf, dass der Kunde nicht die objektive Wirklichkeit, sondern die subjektive Realität preisgibt. Damit weisen die Aussagen bzw. die Wahrnehmungen der Konsumenten stets Verzerrungen auf. Beispielhaft sind hier Schwelleneffekte, Assimilations-Kontrast-Effekte und Ausstrahlungseffekte zu nennen. Zum Tragen kommen diese insbesondere dann, wenn eine Diskrepanz zwischen Soll- und Ist-Komponente vorliegt.

9.2.2   Einflüsse auf die Wahrnehmung von Ist- und Soll-Komponente

Der Vergleich von Ist- und Soll-Komponente ist ganz zentral bei der Herausbildung eines Zufriedenheitsurteils und damit das **Bindeglied zwischen den einzelnen Elementen** (Soll und Ist) und dem endgültigen Urteil. Die drei grundsätzlich möglichen Konstellationen sind die Folgenden:

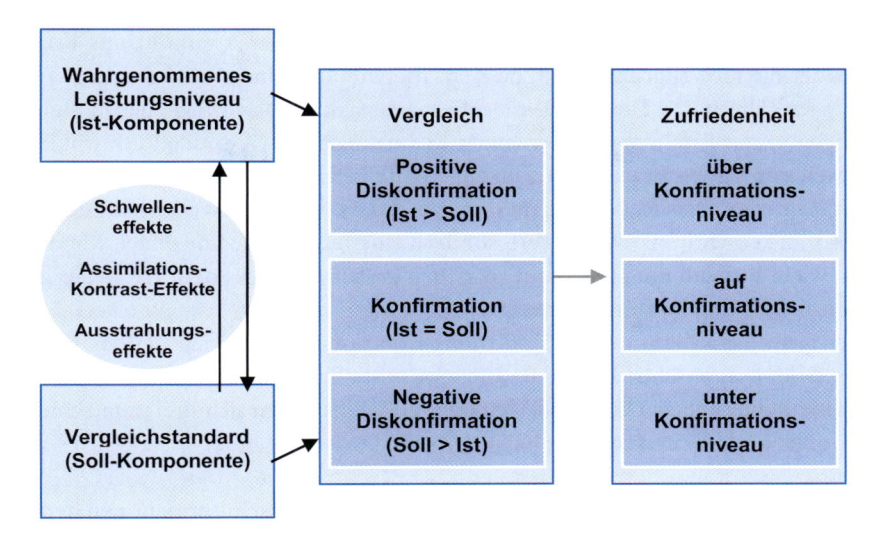

Abb. 9.3 Effekte bei der Bildung des Vergleichsurteils (Quelle: In Anlehnung an Homburg und Stock-Homburg 2006, S. 21)

- Positive Diskonfirmation (Ist > Soll)
- Konfirmation (Ist = Soll)
- Negative Diskonfirmation (Ist < Soll).

Bei der **Erfassung dieser möglichen Diskrepanz** wurde in der Vergangenheit auf eine indirekte Berechnung zurückgegriffen. Demnach wurde die Wahrnehmung von Ist- und Soll-Komponente getrennt erhoben und anschließend miteinander verrechnet. Dieses Vorgehen wird heute aber als kritisch angesehen, sodass inzwischen die empfundene Diskrepanz direkt erhoben wird. Das eigentlich interessierende Zufriedenheitsurteil ist damit das Ergebnis eines kognitiven Vergleichsprozesses, wobei das Ergebnis auch stark abhängig ist von der emotionalen Konstitution des Kunden. Damit hat eine affektive Komponente große Bedeutung für die Herausbildung eines Zufriedenheitsurteils. Zudem wirken die eben bereits genannten Effekte verzerrend auf den Soll/Ist-Vergleich ein (Abb. 9.3).

Schwelleneffekte lassen sich darauf zurückführen, dass die Wahrnehmung eines Stimulus nicht von der absoluten Reizstärke abhängt, sondern von der Änderung des wahrgenommenen Reizes gegenüber dem Bezugsreiz (Sixtl 1982). Der Konsument kann erst bei diesen Schwellen einen Unterschied zwischen unterschiedlichen Stimuli wahrnehmen. Übertragen auf das Zufriedenheitskonzept bedeutet diese Erkenntnis Folgendes: Je höher die Erwartungen an ein Gut sind, desto stärker müssen die Erfahrungen davon abweichen, damit die Person eine Differenz feststellt. Sie identifiziert nur dann eine geringe Differenz zwischen Erfahrungen und Erwartungen, sofern die Erwartungen an das Produkt sehr niedrig sind.

Zu einem ganz ähnlichen Schluss führt die Anwendung der **Assimilations-Kontrast-Theorie**, der die Idee zugrunde liegt, dass ein Individuum seine Wahrnehmung systematisch verzerrt (Sherif und Hovland 1961). Hiernach passt ein Nachfrager geringfügige Abweichungen seiner Erfahrungen von seinen Erwartungen an (Assimilation), wohingegen er sehr weit von seinen Erwartungen divergierende Erfahrungen als noch weiter entfernt auffasst (Kontrast). Dies legt die Vermutung nahe, dass der Schwellenwert auf der Zufriedenheitsskala keinen Punkt verkörpert, sondern eine Indifferenzzone bildet. Mit anderen Worten ist ein Individuum auch dann zufrieden gestellt, wenn es dem Hersteller gelingt, die Erwartungen in etwa zu erfüllen.

Neben dem Schwellen- und Assimilations-Kontrast-Effekt spielen bei der Wahrnehmung und der sich anschließenden Beurteilung eines Erzeugnisses auch **Ausstrahlungseffekte** eine Rolle (Kroeber-Riel und Weinberg 2003). Es lassen sich drei unterschiedliche Muster voneinander unterscheiden:

- Zur Urteilsbildung zieht der Nachfrager bestimmte Schlüsselinformationen heran, die eine weitere Auseinandersetzung mit dem fraglichen Objekt ersparen und ihn damit entlasten. Beispiele dafür sind die Folgerung vom Preis auf die Qualität eines Guts und die Vorstellung, ein hilfsbereiter Verkäufer reflektiere die Kundenorientierung eines Unternehmens.
- Der Rückgriff von einem verfestigten Globalurteil über ein Produkt trägt ebenfalls zur kognitiven Vereinfachung der Informationsaufnahme und -verarbeitung bei. Der Abnehmer geht bei diesem als Halo-Effekt bezeichneten Phänomen davon aus, dass das Produkt in allen Facetten zwecktauglich ist, da es sich bislang als zufriedenstellend herausstellte.
- Die Übertragung der Erfahrungen mit einem Attribut auf ein anderes kommt durch Analogieschlüsse oder Eindrucksverknüpfungen zustande. Irradiationen dieser Art führen zum Beispiel dazu, dass die Kleidung des Verkäufers als Ankergröße für die Beurteilung der Funktionsfähigkeit des Produkts oder der Kulanz des Produzenten fungiert.

Ursache für diese Effekte ist die **Neigung** der Individuen, ihre Informationsaufnahme und -verarbeitung und damit auch die **Produktwahl vereinfachen** zu wollen. Bei der Entscheidungsfindung konzentriert es sich daher wie beschrieben auf Schlüsselinformationen, die eine Fülle von Produkt- und Umfeldcharakteristika bündeln und dem Nachfrager eine sichere Orientierung in Anbetracht der zahlreichen und vielfältigen auf ihn einwirkenden Stimuli erlauben.

Insbesondere im Fall des erstmaligen Kaufs beziehungsweise Konsums einer Leistung leitet der Nachfrager aus den Preisen der zur Auswahl stehenden Alternativen eine Vorstellung über die Qualität eines Erzeugnisses ab. Damit verkörpert der **Preis eine Schlüsselinformation**, die dem Betroffenen einen Hinweis über die Zwecktauglichkeit beziehungsweise Bedürfnisgerechtigkeit des fraglichen Guts vermittelt.

Hinter dieser Verhaltensweise steckt die Vorstellung vieler Abnehmer, dass der **Preis eines Erzeugnisses** die Güte der Beschaffenheit und damit auch die Qualität reflektiert. Diese Sichtweise lässt sich jedoch nur unter zwei Bedingungen rechtfertigen:

- Die Anbieter verfolgen eine kostenorientierte Preispolitik, und es treten keine erheblichen (allenfalls geringfügige) Ineffizienzen bei der Beschaffung, Produktion und Vermarktung auf. Unter dieser Voraussetzung könnte ein höherer Preis auf eine höhere Güte der offerierten Produkte hindeuten.
- Für den Nachfrager bedeutet ein Mehr an Güte (z. B. größere PS-Zahl, besseres Image) auch eine höhere Produktqualität. Dies gilt allerdings nur dann, wenn eine Verbesserung der objektiven Produktqualität mit einer Steigerung der Zwecktauglichkeit, respektive Bedürfnisgerechtigkeit einhergeht.

Diese konsequente Kundenorientierung konkretisiert sich in der **Gestaltung der marketingpolitischen Aktivitäten**:

- Produktpolitik
  - Konzentration auf technisch und qualitativ hochwertige Geräte
  - Applikation und Konfiguration nach speziellen Kundenwünschen
  - Ständige und nachhaltige Verbesserung der Produktqualität
  - Kundenwünsche bilden Ausgangspunkt der Produktentwicklung
- Vertriebspolitik
  - Kostengünstiges Direktmarketing
  - Ausgefeiltes Telefonmarketing
  - Zusammenarbeit mit Vertriebspartnern für Komplettlösungen
  - Direkte Zusammenarbeit mit den Kunden
  - Umfassende Unterstützung der Anwender
- Preispolitik
  - Kostenvorteile werden durch Preisreduzierungen weitergegeben
  - Senkung der Betriebskosten durch rigoroses Kostenmanagement

Wie bereits erwähnt kommt dem Preis eine besondere Bedeutung bei der Beurteilung von Produkten und damit der Bildung von Zufriedenheit zu. Relevant ist dabei aber nicht ausschließlich der objektiv bezahlte Preis, sondern dessen subjektive Interpretation für das Zufriedenheitsurteil. Der Konsument beurteilt die **Fairness des Angebotspreises** und berücksichtigt dieses Ergebnis bei der Herausbildung seines Zufriedenheitsurteils. Damit ist die Preisfairness eine ganz wesentliche Voraussetzung für die Entstehung von Kundenzufriedenheit.

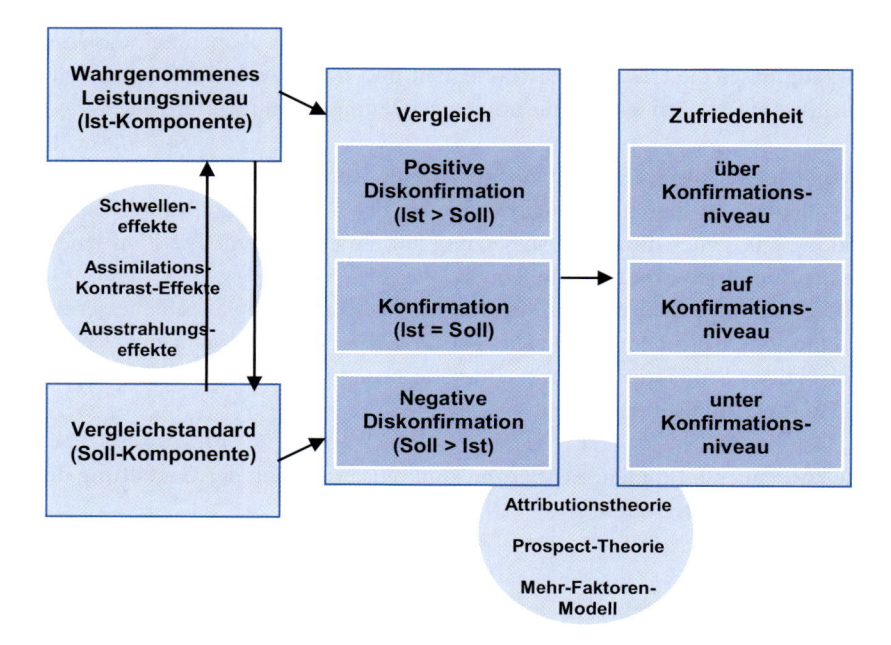

Abb. 9.4 Effekte bei der Bildung des Zufriedenheitsurteils (Quelle: In Anlehnung an Homburg und Stock-Homburg 2006, S. 21)

9.2.3   Einflüsse auf den Soll/Ist-Vergleich als Basis des Zufriedenheitsurteils

9.2.3.1   Attributionstheorie

Die Diskrepanz zwischen der Ist- und der Soll-Komponente bzw. deren Niveau ist ursächlich für das Urteil über ein Produkt. Wie auch für die beiden Komponenten selbst, existieren hier aus der subjektiven Wahrnehmung resultierende Effekte, die **Einfluss auf das Zufriedenheitsniveau** ausüben. Zu nennen sind hier die Attributionstheorie, die Prospect-Theorie und das Mehr-Faktoren-Modell der Kundenzufriedenheit (Abb. 9.4).

Die **Attributionstheorie** liefert eine Begründung dafür, dass nicht pauschal von einem bestimmten Zufriedenheitsniveau bei einer gewissen Erwartungserfüllung ausgegangen werden kann (Weiner 1985; Kelley 1972). Vielmehr gibt es bestimmte Gründe, weshalb das Zufriedenheitsniveau trotz identischer Erwartungserfüllung unterschiedlich hoch ausfallen kann. Verantwortlich dafür sind Attributionen, also die Zuschreibung bestimmter Ursachen für das Eintreten eines Ereignisses bzw. für fremdes oder das eigene Verhalten.

Übertragen auf die Kauf- und Konsumsituation bedeutet dies, dass ein Konsument nach den **Gründen einer sehr guten oder besonders schlechten Unternehmensleistung** sucht. Erst nach einer Identifikation und Evaluation dieser Ursachen stellt sich beim Betroffenen (Un-)Zufriedenheit ein. Hierbei sind drei Dimensionen zur Einschätzung und Bewertung von Ereignissen relevant, die maßgeblichen Einfluss auf die (Un-)Zufriedenheit mit einer Leistung haben:

- Ort: Die Ursachen lassen sich entweder dem Kunden (intern) oder dem Anbieter oder der Kauf- und Konsumsituation (extern) zuschreiben.
- Stabilität: Die Ursachen werden entweder als dauerhaft (stabil) oder als vorübergehend (instabil) wahrgenommen.
- Kontrollierbarkeit: Die Ursachen sind unter Kontrolle des Unternehmens (kontrollierbar) oder entziehen sich seiner Kontrolle (unkontrollierbar).

Der **Ort** wird dabei am häufigsten von den Konsumenten herangezogen, um die Erfüllung bzw. Nichterfüllung der Erwartungen zu erklären. Das Niveau der Zufriedenheit ist damit zu einem großen Teil davon abhängig, wer in den Augen der Kunden für die (Nicht-) Erfüllung verantwortlich ist. Die Erfüllung der Erwartungen des Kunden führt zu größerer Zufriedenheit, wenn er sich selbst als verantwortlich dafür sieht. Ist der Anbieter ursächlich für die Erwartungserfüllung, ist das resultierende Zufriedenheitsniveau wesentlich geringer. Bei der Unzufriedenheit ist es gerade umgekehrt. Hier führt die Nichterfüllung der Erwartung durch eigenes Verschulden zu geringerer Unzufriedenheit als durch das Verschulden durch den Anbieter.

Die **Stabilität der Erwartungserfüllung** hat ebenfalls ein höheres Zufriedenheitsniveau zur Folge, als wenn das Ausmaß der Erfüllung der Erwartungen stark im Zeitablauf schwankt. Der Konsument folgert aus einer stabilen Erwartungserfüllung auch die Erfüllung seiner Erwartungen in der Zukunft. Stabilität über eine gewisse Zeit führt demnach zu höherer Zufriedenheit. Hinsichtlich der Nichterfüllung der Erwartungen ist eine Instabilität der Ursachen positiv, da die Zufriedenheit dann nur in geringem Maße unter das Konfirmationsniveau fällt. Andernfalls, also bei Stabilität des ursächlichen Verhaltens, gleitet das Konfirmationsniveau stärker ab. Folglich ist Kundenzufriedenheit nicht das Ergebnis eines einmaligen Kauf- beziehungsweise Konsumerlebnisses, sie ist eher das Resultat aller bisherigen Kauf- und Konsumerfahrungen. Dieser Vorstellung zufolge reflektiert das Zufriedenheitsurteil weniger das aus einem Produkterlebnis resultierende Wohlbefinden des Individuums zu einem bestimmten Zeitpunkt. Vielmehr spiegelt dieses Urteil die Zwecktauglichkeit eines Produkts vor dem Hintergrund aller bisherigen Kauf- und Konsumerfahrungen wider.

Nimmt der Konsument die **Ursachen für die Nichterfüllung** der Erwartungen zudem als durch das Unternehmen kontrollierbar wahr, so führt dies zu größerer Unzufriedenheit, als wenn sie als unkontrollierbar eingeschätzt werden.

Ist eine Person mit dem Erzeugnis eines Herstellers unzufrieden, relativiert sich im **Resultat** also ihre Unzufriedenheit, sofern sie weiß, dass dieser Mangel nicht dauerhaft ist und seine Ursachen außerhalb der Kontrolle des Produzenten liegen (z. B. Fehlleistung aufgrund eines Streiks). Dagegen mag ein Individuum die bekundete Zufriedenheit mit einem Produkt einschränken, sofern es in Erfahrung bringt, dass die Erstellung der Leistung auf seinen Einsatz zurückgeht, zeitlich instabil ist und sich jeder Kontrolle entzieht (z. B.

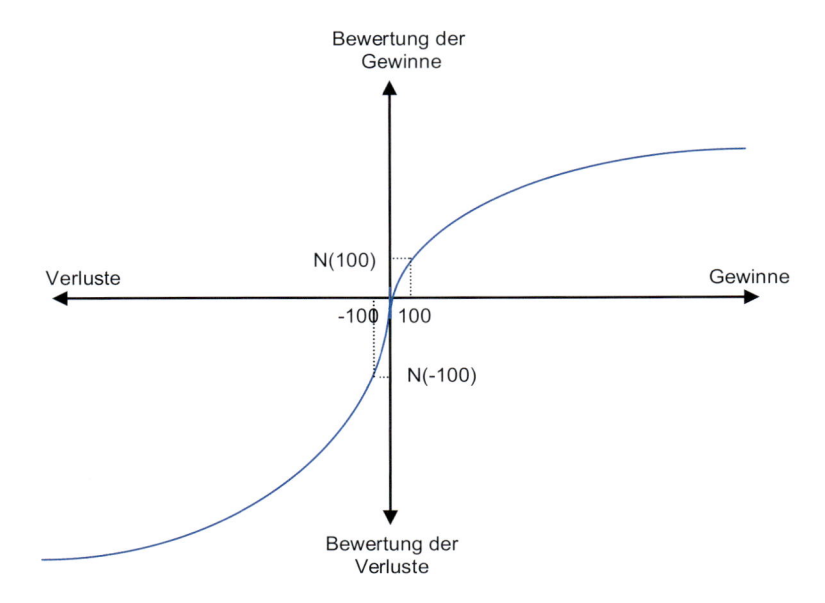

Abb. 9.5 Funktionsverlauf der Prospect-Theorie

eine überaus erfolgreiche Beratungsleistung, die jedoch maßgeblich vom Klienten selbst erbracht wurde).

9.2.3.2   Prospect-Theorie

Die **Prospect-Theorie** ist eine Nutzentheorie, die den wahrgenommenen Nutzen als positive oder negative Abweichungen von einem Referenzpunkt formuliert. Der Konsument ist dabei streng verlustavers, d. h. er bewertet einen Verlust als Abweichung zum Referenzpunkt deutlich negativer als er einen im Betrag identisch hohen Gewinn positiv beurteilt (Kahneman und Tversky 1979). Übertragen auf das Phänomen Zufriedenheit bedeutet dies, dass die Nichterfüllung der Erwartungen eine größere Wirkung entfaltet als die Erfüllung der Erwartungen. Abbildung 9.5 zeigt den Funktionsverlauf der Prospekt-Theorie.

In zahlreichen Kundenzufriedenheitsanalysen findet diese **asymmetrische Bewertung der positiven und negativen Unternehmensleistung** durch den Befragten keine Beachtung. Aus der empirischen Entscheidungsforschung ist bekannt, dass ein Proband ein negatives Kauf- und Konsumerlebnis sehr viel stärker gewichtet als ein im Ausmaß identisches positives Erlebnis (Herrmann et al. 1998). Zwei Beispiele tragen zur Verdeutlichung dieser Überlegungen bei:

Beispiel

Ein Geschäftsmann lädt zwei Freunde zu einem Abendessen in sein bevorzugtes italienisches Restaurant ein. Als Stammkunde kennt er die sehr gute Qualität der Speisen und Getränke bei in seinen Augen zwar hohen, aber durchaus angemessenen Preisen. Entgegen den sonst üblichen Gepflogenheiten erscheint der Koch an diesem Abend nicht im Restaurant, um sich nach dem Befinden der Gäste zu erkundigen. Während der Geschäftsmann diese Nachlässigkeit im Service mit großer Unzufriedenheit bemängelt, betonen seine Geschäftsfreunde ihre volle Zufriedenheit mit den offerierten Speisen und Getränken.

Beispiel

Ein Mann bittet seine Frau, die sich auf dem Weg zum Einkauf befindet, zwei Flaschen Rotwein seiner Lieblingsmarke zu besorgen. Da die präferierte Marke in der Weinhandlung nicht verfügbar ist, wählt die Frau zwei andere, ihrem Mann bislang nicht bekannte Rotweinmarken aus. Die eine ist im Hinblick auf Qualität und Preis höher als die Lieblingsmarke einzustufen, wohingegen die andere bezüglich der beiden Kriterien unterhalb der gewünschten Marke liegt. Während die erste Marke auf Zustimmung stößt, beeinträchtigt die zweite die Freude des Mannes über einen stimmungsvollen Abend ganz erheblich.

Im ersten Beispiel besitzt der vom Entscheider herangezogene **Referenzpunkt eine zentrale Bedeutung** für das Zufriedenheitsurteil. Wählt man, wie der Geschäftsmann, die beim letzten Besuch in diesem Restaurant erfahrene Aufmerksamkeit durch den Koch als Ankerpunkt, liegt diesmal ein Leistungsdefizit vor. Wird dagegen, wie von den Geschäftsfreunden, die Leistung eines anderen Restaurants als Bezugspunkt erhoben, scheint kein Leistungsmangel vorzuliegen. Im zweiten Beispiel kommt es beim Urteil des Befragten über die Zufriedenheit mit den beiden neuen Weinmarken entscheidend auf die symmetrische Bewertung der Qualitätsminderung beziehungsweise -steigerung sowie der Preisreduzierung beziehungsweise -erhöhung gegenüber der Lieblingsmarke an. Allen Erfahrungen zufolge schätzt der Befragte die möglicherweise im Ausmaß identischen positiven und negativen Qualitäts- und Preisänderungen im Vergleich zum favorisierten Produkt ganz unterschiedlich ein.

Das Kundezufriedenheitsurteil ist aber nicht nur abhängig von der Qualität der betrachteten und zu beurteilenden Leistung. Die Vorstellung des Individuums bezüglich der **Zwecktauglichkeit alternativer Erzeugnisse** spielt bei der Analyse des Zufriedenheitsurteils über das erworbene und konsumierte Produkt ebenfalls eine Rolle (Adam et al. 2002). Aus empirischen Untersuchungen ist bekannt, dass die Erwartungen an die Qualität der Alternativen das Urteil über das tatsächlich gekaufte Erzeugnis beeinflussen. Zwei Beispiele verdeutlichen diese Idee:

Beispiel

Ein Pkw-Besitzer erhält die Aufgabe, ein Urteil über die Zufriedenheit bezüglich der Qualität des kürzlich erworbenen Fahrzeugs (z. B. *Mercedes C-Klasse*) abzugeben. Obgleich das fragliche Automobil ohne Einschränkung funktionsfähig ist, meint der Betroffene, dass die nicht erworbene Alternative (z. B. *BMW 3er*) erhebliche Vorteile aufweist. Daher wird er bei der Formulierung des geforderten Zufriedenheitsurteils den nicht gekauften, aber von ihm als bemerkenswert eingestuften Pkw der Konkurrenz mit ins Kalkül ziehen. Insofern erscheint es für den betrachteten Automobilhersteller nahezu unmöglich, trotz einer beachtlichen Leistung den Kunden zufrieden zu stellen.

Beispiel

Ein Individuum entscheidet sich, den Urlaub an einem bestimmten Ort (z. B. Mallorca) zu verbringen. Im Vorfeld dieser Entscheidung kam auch ein anderes Reiseziel (z. B. Kreta) als durchaus gleichwertige Alternative in Betracht. Während des Urlaubs auf Mallorca lässt die Qualität der Unterkunft zu wünschen übrig, während alle anderen Leistungen ohne Einschränkungen den Vorstellungen des Gasts entsprechen. Unmittelbar nach der Rückkehr beklagt sich der Betroffene sehr vehement beim Reiseveranstalter und ärgert sich darüber, nicht Kreta als Urlaubsort gewählt zu haben.

Im ersten Beispiel geht von den Erwartungen an den nicht erworbenen Pkw ein großer Einfluss auf das Zufriedenheitsurteil über das gekaufte Automobil aus. Offenbar spielen die möglicherweise weit überzogenen Vorstellungen im Hinblick auf die **Zwecktauglichkeit der anderen Option eine zentrale Rolle**. Dies lässt die Vermutung zu, dass die Zufriedenheit mit dem erlebten Produkt umso geringer ist, je größer die Erwartungen an die Alternative sind. Im zweiten Beispiel liegt ein bestimmter Leistungsmangel vor, der den Urlauber zum Protest bewegt und ihn aufgrund seiner subjektiv empfundenen Fehlentscheidung hadern lässt. Das wahrgenommene Leistungsmanko scheint in den Augen des Betroffenen die vermutete Zwecktauglichkeit der nicht gewählten Option zu erhöhen. Es besteht daher Grund zur Annahme, dass die Erwartungen an die Alternative einen besonders großen Einfluss auf das Urteil bezüglich der Zufriedenheit mit dem erworbenen Erzeugnis ausüben, falls letzteres ein Leistungsdefizit aufweist.

Unter Rückgriff auf die Prospect-Theorie gelingt es, die Herausbildung eines Zufriedenheitsurteils bei Alternativenbetrachtung (Referenzpunkt) zu erklären.

9.2.3.3   Typologisierung verschiedener Arten von Kundenzufriedenheit

Aus der beschriebenen Dynamik hinsichtlich des Vergleichsstandards bei der Bildung eines Zufriedenheitsurteils seitens der Konsumenten, also das Variieren der Soll-Komponente, kann eine **Typologisierung der Kundenzufriedenheit** vorgenommen werden. Zentral ist dabei die Unterstellung einer sich im Zeitverlauf verändernden Erwartungshaltung der Konsumenten. Es kann unterstellt werden, dass das Erwartungsniveau absinken, konstant bleiben oder ansteigen kann. Je nachdem ob das Konfirmationsniveau über- oder unterschritten wird, entstehen damit unterschiedliche Typen von Konsumenten, die anhand ihrer (Un-)Zufriedenheit kategorisiert werden können (Tab. 9.1).

Die **klassische Einstellungstheorie** unterscheidet drei unterschiedliche Komponenten von Einstellungen: emotionaler, kognitiver und intentionaler Seinszustand. Dies kann auch auf die (Un-)Zufriedenheit übertragen werden. Beispielsweise kommt Zufriedenheit auf der emotionalen Ebene durch freudige Zuversicht zum Ausdruck, während der wütende Protest eines Individuums seine Unzufriedenheit signalisiert. Die kognitive Ebene besteht

Tab. 9.1 Zufriedenheit- und Unzufriedenheitstypen im Überblick (Quelle: In Anlehnung an Stauss und Neuhaus 2004)

Formen der	Seinszustand eines Individuums		
	Emotion	Kognition	Intention
Der fordernd Zufriedene	Optimismus und Zuversicht	… die Leistung muss Schritt halten …	… kaufe wieder, da die Leistung bislang mit meinen Anforderungen Schritt hielt …
Der stabil Zufriedene	Beständigkeit und Vertrauen	… die Leistung soll so bleiben …	… kaufe wieder, da die Leistung bislang meinen Anforderungen entsprach …
Der resignativ Zufriedene	Gleichgültigkeit und Anpassung	… mehr kann ich nicht erwarten …	… kaufe wieder, da die Leistung anderer Anbieter auch nicht besser ist …
Der fordernd Unzufriedene	Protest und Einflussnahme	… die Leistung muss sich verbessern …	… kaufe nicht wieder, da nicht auf meine Wünsche eingegangen wurde …
Der stabil Unzufriedene	Enttäuschung und Ratlosigkeit	… ich erwarte mehr, aber was soll ich machen …	… kaufe nicht wieder, kann aber einen konkreten Grund nicht sagen …

aus erfahrungsgeprägten Erwartungen an die Leistung des Unternehmens, etwa dahingehend, dass der Kunde mit einer Steigerung oder Senkung der Zwecktauglichkeit des Erzeugnisses rechnet. Auf der emotional-kognitiven Basis entsteht eine Verhaltensintention im Sinne der Bereitschaft, an der Geschäftsbeziehung festzuhalten oder zukünftig einen Wechsel vorzunehmen. Dabei gehen bestimmte emotionale, kognitive und intentionale Seinszustände mit verschiedenen Erscheinungsformen der Zufriedenheit beziehungsweise Unzufriedenheit einher. Anwenden lässt sich diese Erkenntnis auf die oben dargestellten Typen von Zufriedenheit:

- Der progressiv Zufriedene erwartet aufgrund seiner bisherigen Erfahrungen, dass der Anbieter die steigenden Ansprüche erfüllt. Grundsätzlich hält er an der Geschäftsbeziehung fest, allerdings ist seine Bereitschaft an eine Verbesserung der Unternehmensleistung gebunden.
- Der stabil Zufriedene zeichnet sich durch seine sehr geringen Anforderungen an einen Anbieter beziehungsweise dessen Produkt aus. Ein solcher Nachfrager will ohne Einschränkung die Geschäftsbeziehung in der derzeitigen Form aufrechterhalten und setzt darauf, dass diese so bleibt wie sie ist.

- Das Urteil des resignativ Zufriedenen beruht weniger auf dem Bewusstsein einer angemessenen Erfüllung der Erwartungen, sondern viel eher auf der Einschätzung, nicht mehr das Erhaltene erhoffen zu können. Da sich Gleichgültigkeit einstellt, unternimmt er keine Anstrengungen, seine Ansprüche zu überdenken und gegenüber dem Anbieter zu formulieren.

Ein mit der Leistung des Herstellers unzufriedener Kunde hat kaum Anlass, die Geschäftsbeziehung aufrechtzuerhalten. Dennoch denkt ein Individuum bei einer geringfügigen Abweichung der erlebten Produktqualität von seinen Erwartungen nicht unmittelbar an einen Markenwechsel. Erst bei einer stark ausgeprägten Unzufriedenheit sieht es den **Aufwand der Suche und Prüfung alternativer Erzeugnisse** als gerechtfertigt an. Darüber hinaus wirken auch rechtliche, ökonomische und persönliche Wechselbarrieren, die einer unmittelbaren Abwanderung vorbeugen. Zur Erfassung dieser Erscheinung liegt es nahe, die verschiedenen Typen von Unzufriedenen zu kennzeichnen.

- Der stabil Unzufriedene besitzt zum Anbieter einen emotionalen Bezug, der durch Enttäuschung und Ratlosigkeit charakterisiert ist. Obgleich das Individuum seine Erwartungen an das Erzeugnis auch zukünftig nicht erfüllt sieht, verharrt es in der existierenden Geschäftsbeziehung. Zwar ist es grundsätzlich zum Produktwechsel bereit, aufgrund seiner Trägheit bleibt jedoch nicht auszuschließen, dass es die Relation zum Unternehmen aufrechterhält, bis ein besonderer Anlass zum Wechsel eintritt.
- Der fordernd Unzufriedene ist in Anbetracht der unerfüllten Erwartungen bereit, gegenüber dem Anbieter zu protestieren. Hierbei drückt er seinen Wunsch nach einer Verbesserung der Zwecktauglichkeit der Unternehmensleistung unmissverständlich aus. Aufgrund der unzureichenden Anstrengungen des Herstellers zur Erhöhung der Produktqualität fühlt sich der Nachfrager nicht mehr an diesen gebunden und entscheidet sich beim nächsten Kauf- beziehungsweise Konsumakt für die Marke eines anderer Produzenten.

Der **Status des einzelnen Kunden** hinsichtlich dieser Typologisierung kann nicht als starr aufgefasst werden. Vielmehr wechselt ein Individuum zwangsläufig zwischen den einzelnen Erscheinungsformen. So wird ein fordernd zufriedener Kunde bei zu starker Steigerung seiner Erwartungen zu einem fordernd unzufriedenen Kunden, da der Anbieter nicht in der Lage ist, die Erwartungen entsprechend zu erfüllen.

9.2.4   Konsequenzen der Kundenzufriedenheit

Die Kundenzufriedenheit selbst wirkt sich wiederum auf zukünftige Entscheidungen des Konsumenten aus. Dabei kommen **unterschiedliche Perspektiven zur Erklärung** dieses Verhaltens in Frage, dazu gehören die Equity-Theorie, die Lerntheorie und die Risikotheorie.

Unter Rückgriff auf die **Equity-Theorie** (Adams 1965) kann davon ausgegangen werden, dass der Konsument die Gerechtigkeit der Austauschbeziehung beurteilt. Dabei stellt er die erhaltenen Erträge (Outcomes) den erbrachten Aufwendungen (Input) gegenüber. Der Input umfasst sämtliche Kosten für den Konsumenten, wie z. B. der Preis und die Informationssuche, dem Ertrag lässt sich der Wert der Leistung sowie deren funktionaler, sozialer und psychischer Nutzen subsumieren. Das daraus zu bildende Verhältnis vergleicht er mit dem anderer Kunden oder aber dem des Anbieters. Je nachdem wie dieser Vergleich ausfällt, empfindet er Gerechtigkeit oder Ungerechtigkeit. Letztere kann positiv oder negativ sein. Das Individuum ist mit dem Tausch zufrieden, sofern es das Verhältnis zwischen Input und Output unter Berücksichtigung des Verhältnisses anderer Marktteilnehmer als günstig empfindet. Da das Individuum bestrebt ist, den eigenen Nutzen zu maximieren, wird es insbesondere bei einem negativen Ungleichgewicht reagieren. Zu erwartende Verhaltensweisen sind die Folgenden:

- Änderung der Einstellung gegenüber dem Anbieter
- Abbruch der Beziehung zum Anbieter
- Beeinflussung des Austauschpartners
- Veränderung des Inputs

Lerntheorien beschreiben den Prozess der Aufnahme von Informationen und damit der Erlangung von Erfahrungen. Die Integration neuen Wissens in die vorhandenen Informationen bedingen Verhaltensänderungen beim Konsumenten. Die Theorie des instrumentellen Lernens beschreibt die Berücksichtigung individuell wahrgenommener Belohnungen und Bestrafungen. Übertragen auf die Kundenzufriedenheit gilt es, diesen Ansatz im Kontext einer Austauschbeziehung zwischen Anbieter und Kunde zu verstehen. Im Sinne der Theorie des instrumentellen Lernens wird der Konsument bestraft, wenn er sich für das falsche Produkt entschieden hat, indem er Unzufriedenheit empfindet. Eine Belohnung erfährt er durch eine positive Entscheidung und der damit einhergehenden Kundenzufriedenheit. In beiden Fällen wird eine Verhaltensänderung bewirkt, das Erlebnis wird im Bewusstsein gespeichert. Lediglich wenn ein Verhalten weder bestraft noch belohnt wurde, erfolgt keine Speicherung im Gedächtnis des Konsumenten (siehe Abb. 9.6).

Die **soziale Lerntheorie** unterstellt, dass die Verhaltensweisen und Einstellungen von Individuen auf das Beobachten anderer Personen zurückzuführen ist. Dabei wird deren Verhalten entweder direkt nachgeahmt oder der Beobachter leitet seine zukünftigen Verhaltensweisen aus der Berücksichtigung der positiven oder negativen Konsequenzen der Handlungen der anderen Personen ab. Übertragen auf die Zufriedenheitsforschung bedeutet dies, dass eine Person die Loyalität einer anderen Person gegenüber einem Anbieter beobachten kann und daher selbst zur Loyalität neigt (Imitation) oder aber, dass er beobachtet, wie ein Kunde Qualitätsrisiken ausschließt, indem er loyal gegenüber einem Anbieter ist, der zufriedenstellende Leistungen offeriert.

Aus der **Risikotheorie** wird abgeleitet, dass Konsumenten stets bestrebt sind, das subjektiv empfundene Risiko beim Kauf oder Konsum zu reduzieren. Die für das wahrge-

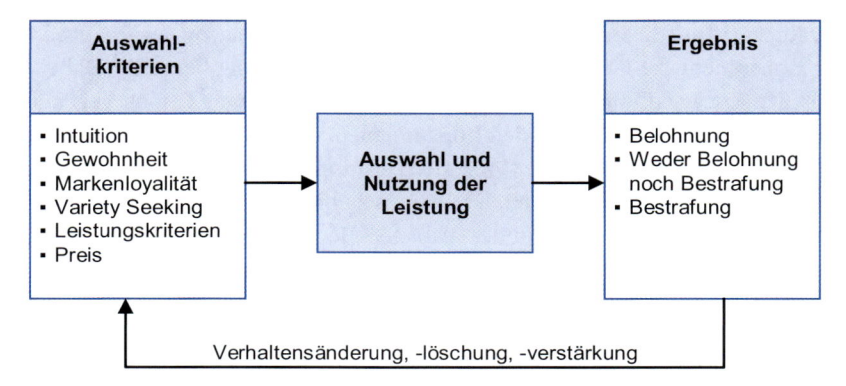

Abb. 9.6 Prozess des instrumentellen Lernens im Rahmen der Zufriedenheit (Quelle: In Anlehnung an Hoyer und MacInnis 2004, S. 255)

nommene Risiko verantwortliche Unsicherheit gegenüber einer Leistung resultiert aus der unvollständigen Information des Konsumenten in der Entscheidungs- bzw. Kaufsituation. Grundsätzlich können folgende Kategorien des Risikos unterschieden werden:

- Funktionales Risiko (bezieht sich auf die Eigenschaften einer Leistung)
- Finanzielles Risiko (bezieht sich auf eine mögliche Fehlinvestition)
- Soziales Risiko (bezieht sich auf die Gefahr einer Reduktion der sozialen Stellung)
- Psychologisches Risiko (bezieht sich auf die möglicherweise mangelnde Identifikation mit der Leistung)
- Physisches Risiko (bezieht sich auf die körperliche Gefährdung durch eine Leistung)

Der Kunde muss nun je **nach Risikoniveau entscheiden**, ob er eine Leistung in Anspruch nehmen möchte oder nicht. Die Art des Risikos kann sich dabei zwischen den einzelnen Individuen stark unterscheiden. Die Folge eines hohen wahrgenommenen Risikos könnte bspw. die Loyalität des Konsumenten gegenüber einem Anbieter sein.

9.3   Ansätze zur Erfassung von Kundenzufriedenheitsurteilen

Die Eignung der Kundenzufriedenheit für die Ausgestaltung marketingpolitischer Maßnahmen hängt entscheidend von deren **Messung** ab (Beutin 2006). In der Vergangenheit wurden unterschiedliche Verfahren zur Erhebung der Zufriedenheit diskutiert (Andreasen 1982). Die populärste Unterscheidung ist die in subjektive und objektive Messverfahren (Abb. 9.7).

In der Unternehmenspraxis finden **objektive Verfahren** große Beachtung. Diese Methoden erfassen Größen, die nicht auf der Einschätzung von Betroffenen beruhen. Hierzu zählen insbesondere Umsatz- und Marktanteilszahlen sowie die Loyalitätsrate. Häufig er-

Objektive Verfahren	Subjektive Verfahren		
	Merkmalgestützte Verfahren		Ereignisorientierte Verfahren
	Implizite Methoden	Explizite Methoden	
• Umsatz • Marktanteil • Wechselrate • Wiederkaufrate	• Analyse von Beschwerden • Ermittlung von Leistungsmängeln • Befragung von Verkäufern und Absatzmittlern	• Messung des Erfüllungsgrads von Erwartungen • Messung der Globalzufriedenheit • Messung der Dimensionen von Zufriedenheit mit Multiattributiv-modellen	• Methode der kritischen Ereignisse

Abb. 9.7 Ansätze zur Messung der Kundenzufriedenheit

hebt ein Anbieter auch das Auftreten von Gewährleistungsansprüchen und die Reparaturhäufigkeit. Diese Informationen vermitteln Hinweise auf Leistungsdefizite und damit auf mögliche Ursachen von Unzufriedenheit.

Auf Grund der individuell unterschiedlichen Wahrnehmung einer gleichartigen Kaufbeziehungsweise Konsumsituation beklagen viele Forscher die mangelnde Validität objektiver Kriterien. Daher liegt es auf der Hand, die Zufriedenheit der Abnehmer auf **subjektiver Basis** zu ermitteln. Dieser Ansatz, der zwischen merkmalsgestützten und ereignisorientierten Verfahren differenziert, gründet auf der Vorstellung, dass sich die Bedürfnisgerechtigkeit einer angebotenen Leistung nur auf der Grundlage von Kundenbefragungen ermitteln lässt.

Die subjektiven Verfahren lassen sich weiter unterscheiden in merkmalsgestützte und ereignisorientierte Methoden. Damit liegt dieser Kategorisierung die **Orientierung des Messinhalts** zugrunde. Bei merkmalsorientierten Methoden besteht die Möglichkeit die Zufriedenheit einerseits auf indirektem Wege durch Indikatoren zu erfassen. Der Konsument macht sich im Zeitverlauf ein Bild von den Leistungen eines Unternehmens, sodass eine gezielte Abfrage der Zufriedenheit mit einem Produkt oder einem Service erfolgen kann. Die Befragung kann sich auch auf einzelne Produktmerkmale beziehen, sodass von unterschiedlichen Abstraktionsniveaus der Erhebung gesprochen werden kann.

Die **ereignisorientierten Verfahren** beziehen sich auf ein bestimmtes Kundenkontaktereignis (z. B. Beratungsgespräch für einen Handykauf). Der Fokus liegt bei diesen Verfahren ausschließlich auf der Erhebung der Zufriedenheit mit einem spezifischen Ereignis, meist hat der Kunde dabei direkten Kontakt zum Anbieter. Grundsätzlich können die folgenden Verfahren den ereignisorientierten Methoden zugeschrieben werden:

- Kontaktpunktanalyse
- Frequenz-Relevanz-Analyse
- Analyse von Standardereignissen

- Critical Incident Technique

Die Fokussierung auf Ereignisse legt nahe, dass die dieser Kategorie zugehörigen Verfahren insbesondere bei **Dienstleistungen** zur Anwendung kommen. Bei der Kontaktpunktanalyse stehen die direkten Kontakte des Kunden mit dem Unternehmen im Vordergrund. Die Frequenz-Relevanz-Analyse sortiert auftretende Probleme nach Häufigkeit und Bedeutung. Die Analyse von Standardereignissen stellt auf die Untersuchung gewöhnlicher Ereignisse in der Kontaktsituation ab, die zu (Un-)Zufriedenheit führen können. Bei der Critical-Incident-Technique werden die Kunden mit offenen Fragen nach ihren Eindrücken und Erlebnissen befragt, um Einblicke in die Entstehung von (Un-)Zufriedenheit zu erlangen.

Die Grundidee der **Critical-Incident-Methode** als zentrales Verfahren zur Gewinnung von Hinweisen über die Kundenzufriedenheit besteht darin, Kunden aufzufordern, über Kauf- und Konsumerlebnisse zu berichten, die sie als besonders positiv oder sehr negativ einstufen. Am Beispiel einer Interaktion zwischen einen Fluggast und einem Mitarbeiter einer Fluggesellschaft am Check In-Schalter lassen sich wichtige Hinweise für die Verbesserung der Unternehmensleistung enthüllen:

- Es war nur ein Abfertigungsschalter der Fluggesellschaft besetzt, weshalb sich eine Warteschlange bildete.
- Der Repräsentant schien nicht befugt zu sein, für einen Passagier eine Ausnahme zu machen.
- Durch Umschreiben des Tickets entstand ein höherer Preis, was der Passagier nicht einsah.
- Der Passagier erhielt keine Informationen über den Flugplan und die Verbindungen anderer Fluglinien.

Durch diesen Ansatz gelangt ein Unternehmen zu Schlüsselinformationen, die im Rahmen einer standardisierten, merkmalsgestützten Erhebung nicht zu erfassen sind. Es empfiehlt sich daher, diese Technik vor allem dann einzusetzen, wenn es um die Erstellung einer **Liste mit relevanten Attributen** geht. Dabei darf jedoch nicht der große Aufwand bei der Datensammlung und der für die Datenauswertung erforderliche Bedarf an psychologischem Sachverstand und notwendiger Bearbeitungszeit übersehen werden.

Die obigen Beschreibungen zeigen auf, dass die **merkmalsorientierten Ansätze** wesentlich umfassender und universeller anwendbar sind. Diese lassen sich unterteilen in implizite und explizite Verfahren. Die **implizite Erhebung** von Kundenzufriedenheitsurteilen umfasst bspw. die Erfassung des Beschwerdeverhaltens sowie die Registrierung der von den Kunden wahrgenommenen Leistungsmängel (z. B. zu hoher Preis). Mittels der Erfassung aller Beschwerden über den Zeitverlauf lassen sich Rückschlüsse auf die Kundenzufriedenheit ableiten. Das Problem dieses Verfahrens ist die Notwendigkeit aktiven Beschwerdeverhaltens der Konsumenten, wobei sich zum einen lediglich ein kleiner Prozentsatz aller Verbraucher beschwert, zum anderen wendet sich ein Kunde im Beschwerde-

Tab. 9.2 Vor- und Nachteile unterschiedlicher Befragungsarten (Quelle: in Anlehnung an Beutin 2006, S. 121)

	Persönliche Befragung	Telefonische Befragung	Schriftliche Befragung	Internet/Online-Befragung
Teilnahmequote	Hoch (ca. 40–80 %)	Hoch (ca. 30–70 %)	Eher niedrig (ca. 10–40 %)	Eher niedrig (ca. 10–30 %)
Flexibilität	Sehr hoch	Hoch	Gering	Gering
Interaktions-möglichkeit	Sehr groß	Groß	Gering	Gering bis mittel
Probleme	Zahlreich	Gering	Gering bis mittel	Zahlreich
Eignung bei Komplexität	Sehr gut	Gut	Gering	Gering
Externe Validität	Sehr hoch	Hoch	Gering bis hoch	Gering bis hoch
Beeinflussbarkeit der Ergebnisse	Problematisch (Interviewerein-fluss)	Problematisch (Interviewerein-fluss)	Keine	Keine
Erhebbare Datenmenge	Groß (ca. 50–100 Fragen)	Groß (ca. 50–100 Fragen)	Mittel (ca. 30–70 Fragen)	Gering (ca. 20–50 Fragen)
Kosten pro Erhebungsfall	Hoch (100–2000 €)	Gering (15–100 €)	Gering (5–25 €)	Mittel bis hoch (5–70 €)
Notwendiger Zeitaufwand	Hoch (ca. 30–120 Min.)	Mittel (ca. 15–30 Min.)	Eher hoch (ca. 20–40 Min.)	Mittel (ca. 15–30 Min.)
Dauer der Erhebung	Mittel (ca. 3–4 Wochen)	Eher kurz (ca. 2–4 Wochen)	Eher lang (3–8 Wochen)	Eher lang (ca. 3–8 Wochen)

fall bereits häufig vom Anbieter ab, sodass die Information über die Zufriedenheit dieses Kunden zu spät erlangt wird. Außerdem ist eine Vielzahl von Beschwerden nicht immer ein Signal für Unzufriedenheit.

Die **expliziten Verfahren** messen dagegen den Grad der Bedürfnisbefriedigung direkt über ein- oder mehrdimensionale Zufriedenheitsskalen. Diese Skalen sind zumeist so aufgebaut, dass sie einen Vergleich der Erwartungen an das Erzeugnis mit den Erfahrungen aus dem Kauf- beziehungsweise Konsumakt ermöglichen oder aber direkt die Zufriedenheit abfragen. Die Erhebung kann über persönliche, telefonische, schriftliche oder Online-Befragung erfolgen. Die Auswahl einer Befragungsart hängt von der jeweiligen Situation ab, da jede Befragungsart völlig unterschiedliche Voraussetzungen mitbringt (Tab. 9.2).

Zur Erfassung der Zufriedenheit gelangen in vielen Studien sehr einfache, eindimensionale **Rating-Skalen** zum Einsatz, auf denen der Kunde den Grad seiner Bedürfnisbefriedigung angibt. Die Alternative stellen mehrdimensionale Skalen dar – die Kategorisierung erfolgt demnach anhand der Dimensionalität. Der eindimensionalen Vorgehensweise steht jedoch der Einwand gegenüber, dass keine Informationen über einzelne Facetten der Zufriedenheit vorliegen und daher eine differenzierte Diagnose der Ursachen von Fehlleistungen nicht möglich ist. Die Zufriedenheit wird ausschließlich global, im Extremfall über eine Frage erhoben. Eine Identifikation jener Leistungsbestandteile, die beim Kunden

Bedürfniserfüllung bewirken und die Leistungsfähigkeit des Unternehmens im Vergleich zu Konkurrenten offenlegen, gestatten die multiattributiven Ansätze. Sie sind daher auch mittlerweile das am weitesten verbreitete Verfahren zur Messung der Kundenzufriedenheit.

Legt man die Gegenüberstellung von Erwartungen und tatsächlicher Leistung des Anbieters zur Berechnung der Zufriedenheit zugrunde, so lässt sich weiter nach dem **Zeitpunkt der Messung** kategorisieren. Meist kommen die beiden Verfahren aber kombiniert zur Anwendung, da Erwartung und Erfahrung abgeglichen werden, um zu einer Aussage bezüglich der Zufriedenheit zu gelangen. Ein Beispiel eines solchen Vorgehens findet sich bei dem zur Messung der Dienstleistungsqualität entwickelten SERVQUAL-Ansatz (Parasuraman et al. 1988). Wegen des großen Aufwandes verliert dieser aber stetig an Bedeutung.

Wegen der mittlerweile dominierenden Rolle der **multidimensionalen Methode**, soll dieser im Folgenden größere Aufmerksamkeit geschenkt werden. Ein solches Vorgehen kann grundsätzlich in sechs Schritte unterteilt werden und hat die Identifikation für die Zufriedenheit relevanter Produktmerkmale zum Ziel. Der folgende Ablauf skizziert diese sechs Stufen beispielhaft anhand einer Studie zur Zufriedenheit einzelner Segmente mit einem Pkw (Homburg et al. 1997):

1. Festlegung der Probanden,
2. Erfassung der Kundenerwartungen,
3. Zusammensetzung der Stichprobe und Studienkonzeption,
4. Durchführung der Erhebung,
5. Erhebung ergänzender Daten,
6. Transformation der Daten und Erstellung des Berichts.

Es bedarf einer sorgfältigen **Festlegung der zu befragenden Probanden**. Im Allgemeinen erscheint es ratsam, sich vor allem auf tatsächliche Kunden (hier Autobesitzer und -fahrer) und weniger auf potenzielle Abnehmer zu konzentrieren. In vielen Fällen erleichtert eine ABC-Analyse die Auswahl der für die Studie interessanten Personen.

Vor der eigentlichen Erfassung des Zufriedenheitsurteils sind im Rahmen einer Voruntersuchung die **Erwartungen der Individuen** an das fragliche Produkt zu bestimmen. Hilfreich ist hierbei die in Abb. 9.8 dargestellte Matrix, die mögliche Zielgruppen und Leistungskomponenten für einen Automobilhersteller zeigt.

Es ist zu erkennen, dass insgesamt **vier Zielgruppen** existieren, die sich bezüglich ihrer Anforderungen an einen Pkw erheblich voneinander unterscheiden. Beispielsweise achtet der sportliche Fahrer insbesondere auf die Geschwindigkeit und die Motorisierung. Dagegen spielen für eine junge Familie die Ladefläche und die Wirtschaftlichkeit eine beachtliche Rolle. Aus dieser explorativen Voruntersuchung lassen sich Anhaltspunkte für die Gestaltung der Hauptstudie ableiten. Diese häufig in persönlichen Gesprächen gewonnenen Erkenntnisse erleichtern die Auswahl der Analysemethode, die Bestimmung der relevanten Beurteilungskriterien und die Selektion der zu befragenden Personen.

Leistungs-komponenten	Zielgruppen			
	Junge Familie	Sportliche Fahrer	Geschäfts-leute	Allein-stehende
• Motorisierung		✓	✓	✓
• Innenausstattung			✓	✓
• Farbe				
• Ladefläche	✓			
• Zuverlässigkeit	✓	✓	✓	
• Markenimage			✓	✓
• Wirtschaftlichkeit	✓	✓	✓	✓
• Geschwindigkeit			✓	✓
* = relevante Leistungskomponente für die entsprechende Zielgruppe				

Abb. 9.8 Matrix möglicher Zielgruppen und Leistungskomponenten

Tab. 9.3 Beispiele für geschlossene, offene und Benchmarking-Fragen

Art der Frage	Beispiel
Geschlossene Frage	Wie zufrieden sind Sie mit der Innenausstattung Ihres Pkw? Geben Sie die Antwort auf einer Skala, die von 1 = sehr unzufrieden bis 7 = sehr zufrieden reicht.
Offene Frage	Welche Kritikpunkte oder Verbesserungsvorschläge haben Sie in Bezug auf die Innenausstattung ihres Pkw?
Benchmarking-Frage	Fällt Ihnen ein anderer Fahrzeughersteller ein, dessen Modelle eine besonders attraktive Innenausstattung besitzen?

Es sind Entscheidungen im Hinblick auf den **Umfang und die Zusammensetzung der Stichprobe** zu treffen. Relevant könnte zum Beispiel sein, welche Altersgruppen oder welches Geschlecht in welchem Umfang zu berücksichtigen sind. Darüber hinaus ist die Befragungsmethode (schriftlich, telefonisch, persönlich oder online) festzulegen und die Art der zu stellenden Fragen (geschlossen, offen oder als Benchmark) zu bestimmen. Bei offenen Fragen liegen dem Probanden keine vorab spezifizierten Antworten vor. Vielmehr muss er seine Antworten selbst formulieren, weshalb sich häufig ein vom Marktforscher unerwarteter Sachverhalt entdecken lässt. Dagegen bestehen bei geschlossenen Fragen zuvor bestimmte Antworten, die im einfachsten Fall „Ja" und „Nein" lauten und gegebenenfalls eine neutrale Kategorie „keine Antwort" umfassen. Eine Variante bildet zum Beispiel die Vorgabe einer 7er-Skala, die von sehr unzufrieden bis sehr zufrieden reicht (Tab. 9.3).

Bei der Konzeption der Studie ist des Weiteren darauf zu achten, dass zwischen drei **Kategorien von Befragungsinhalten** zu unterscheiden ist, die allesamt in der Erhebung Berücksichtigung erfahren sollen:

- Gesamtparameter (globale Bewertungen),
- Leistungsparameter (beziehen sich auf den Kontakt zwischen Kunden und Unternehmen),
- Leistungskriterien (Bestandteile der Leistungsparameter, die zur weiteren Differenzierung der Produktmerkmale geeignet sind).

Bei der **Festlegung der Befragungsinhalte** wird zunächst die grobe Struktur der Befragung festgelegt. Dazu gehören vor allem die abzufragenden Leistungsparameter mit Fokus auf den Kontakt zwischen Kunden und Unternehmen. Hilfreich ist hierbei die Analyse des gesamten Wertschöpfungsprozesses, um eine umfassende und vollständige Erfassung zu gewährleisten. Die Leistungskriterien sind im Gegensatz zu den Leistungsparametern unternehmensspezifisch, sodass die Zufriedenheitsbefragungen unterschiedlicher Unternehmen in diesem Punkt stark differieren. Abzuraten ist von der Kombination mehrerer Leistungskriterien in einer Frage wie z. B. die Zuverlässigkeit und Sicherheit des offerierten Produkts. Die Gesamtparameter beziehen sich auf Gesamtfragen zur Kundenzufriedenheit, sodass der Konsument die gesamte Geschäftsbeziehung bewertet.

Vor der eigentlichen Datenerfassung ist eine **Pilotstudie durchzuführen**, aus der die Tauglichkeit der Untersuchungsanordnung hervorgeht. Bereits sehr kleine Fehler bei der Gestaltung schränken die Aussagekraft des erzielten Ergebnisses beachtlich ein. Zusätzlich besteht die Gefahr der Formulierung absatzwirtschaftlicher Implikationen, die sich als ungeeignet erweisen.

Für eine erfolgreiche Erhebung im Sinne von sorgfältig und vor allem in ausreichender Quantität ausgefüllter Fragebögen bietet sich auch eine **Incentivierung der Teilnehmer** an. Die potenziellen Probanden können zur Teilnahme an der Studie motiviert werden, indem ihnen Geschenke oder Gewinnspiele angeboten werden.

Bei der Durchführung der Hauptstudie ist darauf zu achten, dass neben den interessierenden Fragen nach der Zufriedenheit mit einer Leistung auch **sozio- und psychografische Aspekte** ihre Berücksichtigung finden. Diese Daten erweisen sich häufig als hilfreich, um die ermittelten Segmente zu charakterisieren und auf diese Probanden bei einer neuerlichen Analyse zurückgreifen zu können.

Aus der Tab. 9.4 geht das Ergebnis einer fiktiven Analyse der **Zufriedenheit von Pkw-Kunden** hervor. Bei z. B. auf einer 7er-Skala erfassten Daten bietet es sich an, diese auf eine 100er-Skala zu transformieren. Diese Datenumwandlung vereinfacht insbesondere den Managern den Umgang mit dem erzielten Resultat und erleichtert die Spezifikation marketingpolitischer Maßnahmen. Nach dieser Datenumwandlung ergibt sich im Rahmen der oben genannten Studie zu Automobilen für die Kundenzufriedenheit ein beachtlicher durchschnittlicher Wert von 76 (auf der 100er-Skala). Die differenzierte Betrachtung nach Leistungskomponenten und Kundensegmenten ergibt dagegen ein anderes Bild. Beispiels-

Tab. 9.4   Zufriedenheit der Individuen mit einzelnen Leistungskomponenten und deren Wichtigkeit bei der Produktwahl

| | Zielgruppe | | | | | | | |
| | Junge Familie | | Sportliche Fahrer | | Geschäftsleute | | Alleinstehende | |
	Z	W	Z	W	Z	W	Z	W
Motorisierung	5	3	3	7	4	5	6	4
Innenausstattung	4	4	2	5	5	7	4	6
Farbe	6	1	5	5	3	3	3	5
Ladefläche	2	6	5	1	3	2	6	2
Zuverlässigkeit	3	5	6	3	2	5	5	4
Markenimage	5	2	3	6	4	6	3	5
Wirtschaftlichkeit	5	7	5	2	3	1	6	2
Geschwindigkeit	3	3	4	6	3	5	6	5

* Z = Zufriedenheit; W = Wichtigkeit

weise bemängeln die sportlichen Fahrer vor allem die Motorisierung der Fahrzeuge, wohingegen die Alleinstehenden mit der Ausprägung dieser Pkw-Eigenschaft durchaus zufrieden sind. Außerdem fällt auf, dass die jungen Familien das Markenimage und die Wirtschaftlichkeit als bedürfnisgerecht einstufen, wohingegen die Geschäftsleute nur einen mittleren Zufriedenheitswert für diese beiden Kriterien vergeben.

Neben der Frage nach der Zufriedenheit der Nachfrager mit den einzelnen Leistungskomponenten ist auch die Frage nach der **Wichtigkeit dieser Produktmerkmale** zu beantworten. Hierzu kommt die bereits zur Erfassung der Zufriedenheitsurteile eingesetzte 7er-Skala in Betracht, indem die Wichtigkeiten direkt erfasst werden. Dies bringt jedoch die Schwierigkeit mit sich, dass der Umfang des Fragebogens steigt und die Reliabilität der Ergebnisse problematisch ist. Daher erscheint es sinnvoll, die Relevanz der jeweiligen Produkteigenschaft beispielsweise mittels des Conjoint Measurement oder einer Kausalanalyse (z. B. Jöreskog und Sörbom 1982) zu bestimmen (siehe Fallbeispiel am Ende dieses Kapitels). Das aus Gründen der Vereinfachung präsentierte Resultat einer direkten Erfassung der Wichtigkeit einzelner Attribute verdeutlicht, dass die rekonstruierten Segmente ganz verschiedene Anforderungen an einen Pkw stellen.

Zur **Spezifikation der erforderlichen marketingpolitischen Handlungen** ist es ratsam, die Zufriedenheit der Kunden mit den einzelnen Leistungsdimensionen und die relative Bedeutung (Wichtigkeit) dieser Produktattribute einander gegenüberzustellen. Ein Blick auf die Tabelle verdeutlicht, dass die von den jungen Familien als zufriedenstellend eingestuften Leistungskomponenten, zum Beispiel Motorisierung, Farbe und Markenimage, nicht zwingend auch wichtige Produktmerkmale darstellen. Umgekehrt gilt, dass der Hersteller ein aus Kundensicht wichtiges Attribut, wie Ladefläche und Wirtschaftlichkeit, möglicherweise nicht in der gewünschten Ausprägung anbietet (Abb. 9.9).

Wichtigkeit	Zufriedenheit	
	hoch	**niedrig**
hoch	• Innenausstattung	• Ladefläche
	• Wirtschaftlichkeit	• Zuverlässigkeit
	Strategischer Wettbewerbs-vorteil muss ausgebaut werden	Strategischer Wettbewerbs-nachteil muss abgebaut werden
niedrig	• Motorisierung	• Geschwindigkeit
	• Farbe	
	• Markenimage	
	Irrelevanter Wettbewerbsvorteil	Akzeptabler Wettbewerbs-nachteil

Abb. 9.9 Handlungsoptionen auf Grund einer Analyse der Kundenzufriedenheit für die Zielgruppe junge Familien

Grundsätzlich sollte ein Anbieter seine **Ressourcen** auf die in den Augen der tatsächlichen und potentiellen Kunden relevanten Produktmerkmale lenken. Diese Teilleistungen tragen im besonderen Maße zur Gesamtzufriedenheit der Individuen mit der Unternehmensleistung bei. Existiert bereits ein sehr hoher Zufriedenheitswert für diese Eigenschaften, besteht die Aufgabe darin, diesen strategischen Wettbewerbsvorteil auszubauen. Ist in Anbetracht der Zufriedenheitsanalyse hingegen ein Leistungsdefizit zu konstatieren, sind nachhaltige Anstrengungen zur Beseitigung des Mangels zu unternehmen.

Stellt sich im Rahmen einer empirischen Studie heraus, dass bestimmte Leistungskomponenten für die Herausbildung eines Urteils über die Globalzufriedenheit keine Bedeutung besitzen, ist dem Anbieter der Ratschlag zu erteilen, seine **Ressourcen anderweitig im Unternehmen einzusetzen**. Dieser Hinweis gilt insbesondere dann, wenn bei diesen Teilleistungen hohe Zufriedenheitswerte zu verzeichnen sind, diese jedoch im Vorfeld sehr große Anstrengungen erfordern. Hier erscheint es sinnvoll, einen Abbau der Aktivitäten vorzunehmen und die finanziellen und personellen Mittel auf unter dem Aufwand-Ertrags-Gesichtspunkt rentable Leistungskomponenten zu richten.

Zur Strukturierung der Zufriedenheitsurteile aus der Erhebung bietet sich auch eine sogenannte **Ampelskala** an. Dabei wird die (u. U. transformierte) Skala in drei Bereiche eingeteilt:

- Roter Bereich: Unterdurchschnittliche Zufriedenheit (Bewertung < 70)
- Gelber Bereich: Durchschnittliche Zufriedenheit (70 < Bewertung > 80)
- Grüner Bereich: Überdurchschnittlicher Zufriedenheit (Werte > 80)

Die Werte wichtiger Leistungsmerkmale (Leistungskriterien) sollten daher Werte größer 80 aufweisen. Die Werte im roten Bereich sollten dringend verbessert werden, wobei die Wichtigkeiten zu berücksichtigen sind. In diesem Zusammenhang können auch aus den sehr detaillierten Zufriedenheitswerten **aggregierte Indizes** berechnet werden, wie z. B. für ein Land oder einen Unternehmensbereich. Ein strukturiertes und systematisches Berichtswesen ist die Voraussetzung für die vollständige Ausschöpfung einer durchgeführten Zufriedenheitsstudie.

9.4 Kundenbindung und Unternehmenserfolg als Konsequenzen der Zufriedenheit

9.4.1 Definition der Kundenbindung

Heute weiß man, dass **Kundenzufriedenheit zu Kundenbindung** führt. Wie bereits erläutert, lässt sich die Zufriedenheit dabei als das Ergebnis eines komplexen Informationsverarbeitungsprozesses auffassen, der im Kern aus einem Vergleich zwischen den Erwartungen des Kunden an eine Leistung und den aus seinem Kauf- beziehungsweise Konsumerlebnis resultierenden Erfahrungen besteht.

Die Kundenbindung bzw. -loyalität bezieht sich auf den **Aufbau und die Aufrechterhaltung einer Geschäftsbeziehung**. Damit zielt sie auf eine nicht zufällige Folge von Markttransaktionen zwischen Anbieter und Kunde ab. Die Bedingung ist damit, dass auf der Lieferanten- und/oder Abnehmerseite gute Gründe für eine planmäßige Verbindung zwischen den Einzeltransaktionen vorliegen.

Kundenbindung kann beschrieben werden als Bemühen, die Abnehmer mit ökonomischen, sozialen, technischen oder juristischen Mitteln an einen Lieferanten zu ketten. Dabei steht das Anliegen eines Lieferanten im Mittelpunkt, eine **dauerhafte Beziehung zu einem Abnehmer** mittels gezielter Marketingstrategien und -maßnahmen aufzubauen. Das Motiv ist, den Konsumenten an einem Wechsel zu einem anderen Anbieter zu hindern und zum wiederholten Erwerb der eigenen Erzeugnisse zu bewegen.

Bei einer deutlichen Betonung des Konsumenten bei der Wesensfestlegung, lässt sich **Kundenbindung als Einstellung eines Abnehmers** zu einer Geschäftsbeziehung mit einem bestimmten Produzenten kennzeichnen. Sie schlägt sich in der Bereitschaft des einzelnen Konsumenten zu Folgetransaktionen mit diesem Hersteller nieder. Gilt das Augenmerk hingegen einer besonderen Geschäftsbeziehung, lässt sich Kundenbindung über das Ausmaß des tatsächlichen individuellen Kauf- beziehungsweise Konsumverhaltens definieren.

Kundenbindung geht mit **vier Effekten** einher, aus der sich auch der unternehmerische Erfolg ableitet:

- Wiederkauf (u. U. auch Kauf in kürzeren Abständen)
- Weiterempfehlungsverhalten

- Cross-Selling-Potenzial (Erwerb anderer Produkte eines Unternehmens)
- Senkung der Preiselastizität (auch Durchsetzung von Preispremien)

Die **Festlegung des Zeitraums**, innerhalb dessen sich die Transaktion wiederholen muss, um den Tatbestand der Kundenbindung zu erfüllen, hängt ganz entscheidend vom interessierenden Erzeugnis ab. Die Zeitspanne zwischen zwei Käufen erstreckt sich bei Automobilen auf mehrere Jahre, während sie bei Kleidung einige Monate umfasst. Geht es dagegen um Lebensmittel, so beträgt dieser Zeitraum oft nur wenige Tage.

Vernachlässigt werden dürfen aber auch nicht die von der **Kundenbindung ausgehenden Gefahren** für ein Unternehmen. Ein gebundener Kunde stiftet dem Anbieter zwar offensichtlich einige Vorteile, unter bestimmten Bedingungen resultieren aber auch Gefahren daraus. Dies ist insbesondere dann der Fall, wenn sich ein Anbieter durch die vermeintlichen Vorteile gebundener Kunden auf diese fokussiert. Zentral sind dabei die folgenden fünf Gefahren:

- Abwehrreaktionen gebundener Kunden
- Verärgerung nicht gebundener Abnehmer
- Überalterung des Kundenstamms
- Vernachlässigung neuer lukrativer Kundensegmente
- Nachlassen akquisitorischer Bemühungen

9.4.2 Der Zusammenhang zwischen Kundenzufriedenheit und Kundenbindung

Die Annahme eines Zusammenhangs zwischen der Kundenzufriedenheit und der Kundenbindung unterstützen die in vielen Ländern vorhandenen Kundenbarometer. Demnach geht mit **zunehmender Zufriedenheit auch eine steigende Kundenbindung** einher. Die Kundenbarometer messen das Ausmaß der Kundenzufriedenheit in einer Vielzahl von Wirtschaftszweigen mit dem Ziel, den Unternehmen marketingrelevante Benchmarks und den Verbrauchern verlässliche Informationen über ihr Verhalten zu liefern (Bruhn 2003). Darüber hinaus fungieren sie als Datenbasis für einen Vergleich der Produktqualität in verschiedenen Staaten. Hierbei sind die Kundenbarometer in Schweden, Deutschland und den USA zu nennen (Fornell 1992).

Die Analyse sämtlicher bedeutender **Kundenzufriedenheitsbarometer** deutet auf einen positiven Zusammenhang zwischen der Kundenzufriedenheit und der Kundenbindung hin (Giering 2000; Herrmann und Johnson 1999; Homburg et al. 1999; Huber et al. 2006; Peter 1997). Erkenntnisse belegen, dass der Zusammenhang umso stärker ist, je ausgeprägter der Wettbewerb in einer Branche ist. Ebenfalls positiv wirkt sich eine kleine Produktpalette auf den Zusammenhang zwischen Zufriedenheit und Bindung aus. Bei größerer Produktauswahl ist die Beziehung weniger stark.

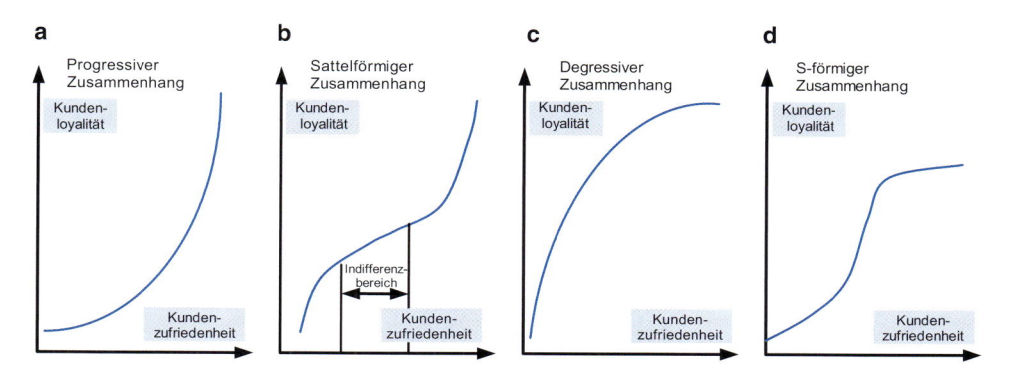

Abb. 9.10 Überblick über funktionale Zusammenhänge zwischen Zufriedenheit und Bindung (Quelle: In Anlehnung an Homburg und Bucerius 2006, S. 60)

Es existieren auch **sektorspezifische Untersuchungen** zur Kundenzufriedenheit und -bindung, wie die New Car Buyer Study (NCBS) oder das European Customer Satisfaction Survey (ECSS). Von Automobilherstellern in Auftrag gegeben und von Marktforschungsgesellschaften durchgeführt, vermitteln sowohl die NCBS als auch die ECSS den Produzenten einen differenzierten Einblick in die Zufriedenheit ihrer Abnehmer.

In der Marketingliteratur finden sich nicht nur branchenübergreifende und sektorspezifische Analysen der Kundenzufriedenheit, sondern auch eine Reihe **anbieterbezogener Studien**. Eine Dokumentation dieser Untersuchungen erscheint kaum möglich und wäre auch nicht sinnvoll, da die meisten lediglich Informationen über das Niveau der Produkt- und Servicezufriedenheit sowie das Ausmaß der Marken- und Händlerloyalität liefern. Einige Arbeiten vermitteln jedoch Erkenntnisse über den Zusammenhang zwischen Kundenzufriedenheit und -bindung in der Pkw-Branche. Der Zusammenhang zwischen der Kundenzufriedenheit und der Kundenbindung kann auch hier im Wesentlichen bestätigt werden.

Bei dem Versuch, die Beziehung zwischen Kundenzufriedenheit und Kundenbindung mittels einer **mathematischen Funktion** zu beschreiben, gehen die Meinungen über deren Verlauf stark auseinander. Lediglich ein linearer Verlauf dieses Zusammenhangs wird geradezu ausgeschlossen. Die Abb. 9.10 gibt einen Überblick über die populärsten unterstellten Zusammenhänge:

Der **progressive Zusammenhang** unterstellt einen überproportionalen Zuwachs der Kundenloyalität bei Steigerung der Zufriedenheit. Dabei wird der Effekt auf die Loyalität bei hohen Zufriedenheitswerten immer stärker. Der **sattelförmige Verlauf** unterstellt einen Indifferenzbereich beim Zusammenhang zwischen Zufriedenheit und Loyalität. Im mittleren Zufriedenheitsbereich wirkt sich diese nur sehr gering auf die Loyalität aus. Der **degressive Verlauf** postuliert, dass die Zufriedenheit zwar zu Beginn einen großen Beitrag hinsichtlich der Loyalität leistet, dieser allerdings bei größerer Zufriedenheit abnimmt. Der **s-förmige Verlauf** beschreibt das Phänomen, dass die Kundenzufriedenheit erst ab einer

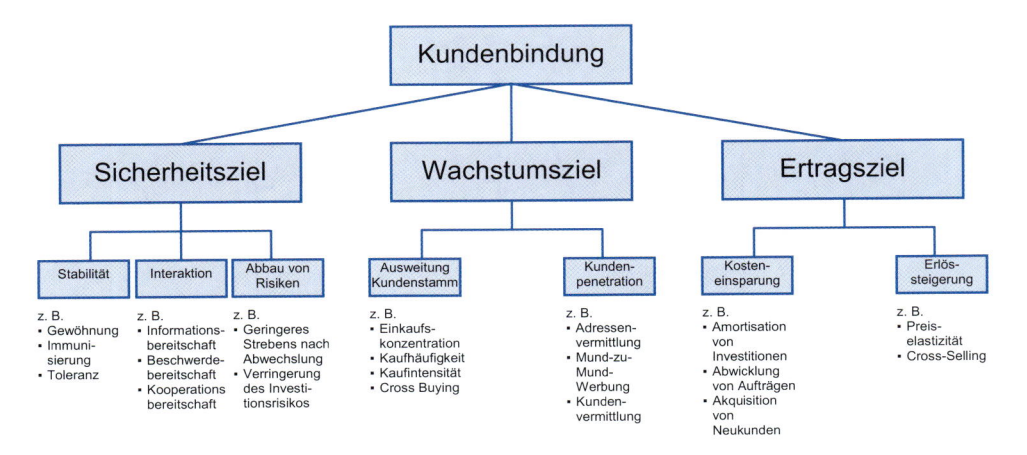

Abb. 9.11 Ziele der Kundenbindung

kritischen Grenze ihre Wirkung hinsichtlich der Loyalität zu entfalten beginnt, diese aber auch nicht unbegrenzt ist. Im hohen Zufriedenheitsbereich ist der Beitrag zur Loyalität eher gering.

Wichtig ist, bei der Betrachtung der möglichen Verläufe des Zusammenhangs zwischen Zufriedenheit und Loyalität vor allem eine Vorstellung von möglichen Zusammenhängen zu erhalten (Bauer et al. 1997). Die **exemplarischen Verläufe** verdeutlichen, dass eine Vielzahl weiterer Einflussgrößen auf die Loyalität existiert (Mittal und Kamakura 2001).

9.4.3 Auswirkungen der Kundenbindung auf den Unternehmenserfolg

Bei der Analyse der **Wirkung der Kundenbindung auf den Umsatz** und damit den Erfolg des Anbieters erscheinen drei Arten von Zielen relevant: Sicherheit, Wachstum und Ertrag (Abb. 9.11). Obgleich sich die Effekte in der Realität überlagern, ist eine isolierte Betrachtung aus didaktischer Sicht ratsam. Die unmittelbare Wirkung, die für ein Unternehmen aus einer stärkeren Kundenbindung resultiert, besteht in einem höheren Maß an Sicherheit, das eine langfristige vertragliche Vereinbarung oder lediglich die zunehmende Habitualisierung des Kauf- beziehungsweise Konsumverhaltens von Abnehmern gewährt.

Die **Sicherheit des Herstellers** resultiert aus der zunehmenden gegenseitigen Toleranz zwischen Anbieter und Abnehmer. Dies impliziert beispielsweise, dass sich das Verhältnis zu einem Stammkunden, der mit der Begleichung einer Rechnung im Verzug ist, nicht unmittelbar verschlechtert. Umgekehrt bleibt ein solcher Kunde seinem Stammlieferanten in der Regel auch dann treu, wenn dieser einmal eine nicht zufriedenstellende Leistung erbringt. Die größere Toleranz hängt insbesondere mit einem höheren Maß an Interaktion zusammen, die bei einer länger andauernden Relation zwischen den Partnern entsteht.

Dieses intensive Miteinander schlägt sich unter anderem in einer verstärkten gegenseitigen Auskunfts- und Beschwerdebereitschaft nieder.

Unternehmen wie die **Lufthansa AG und die Deutsche Bahn AG** nutzen dieses kooperative Verhalten ihrer Klientel, in dem sie Kundenforen einrichten. Auf diese Weise lässt sich die Produktqualität laufend kontrollieren und innovative Güter und Dienste generieren. Ein weiterer die Sicherheit des Herstellers verstärkender Effekt der Kundenbindung besteht in der Verringerung verschiedener Risiken, wie Bonitäts-, Transport- und Währungsrisiken. Darüber hinaus vermindert sich das Produktinnovationsrisiko, da der Anbieter die Kundenbedürfnisse besser kennt. Eng damit verbunden ist die Reduktion des Investitionsrisikos durch eine stärker an den Erfordernissen des Absatzmarkts ausgerichtete Innovationspolitik des Managements.

Neben der Gewährleistung von Sicherheit birgt eine langfristige Kundenbindung auch erhebliche **Wachstumschancen** für ein Unternehmen. Diese Facette erscheint in Anbetracht der zu beobachtenden Sättigung in vielen Konsum- und Investitionsgütermärkten von zentraler Bedeutung. Eine Intensivierung der Kontakte führt oftmals zu einer verstärkten Kundenpenetration. D. h., die Kauffrequenz sowie das Kaufvolumen steigen mit zunehmender Dauer der Geschäftsbeziehung. Hinzu treten Cross Buying-Effekte, da die Kunden auch zu anderen Angeboten aus der Leistungspalette ihres traditionellen Lieferanten greifen.

Zur Verdeutlichung der skizzierten Wirkung weisen viele Autoren auf das Kriterium des **Lebenszeitumsatzes** hin, das die Summe der über die Gesamtdauer einer Relation mit einem Kunden realisierten Erlöse ausdrückt. Unternehmenswachstum resultiert nicht nur aus einer stärkeren Kundenpenetration, sondern auch aus einer Ausweitung der Menge der treuen Nachfrager. Dazu tragen ganz besonders die erhöhte Referenzbereitschaft und Empfehlungsneigung der Stammkunden bei. Bekannterweise gilt die Mundwerbung als besonders glaubwürdig, weil sie vom Anbieter nicht beeinflusst ist. Dieser Zusammenhang zwischen Kundenbindung und Weiterempfehlungsbereitschaft geht auch aus den Daten des Deutschen Kundenbarometers hervor. Dort zeigt sich eine nahezu lineare Beziehung zwischen den beiden Größen in der Automobilindustrie. Enge Beziehungen zur Klientel erleichtern auch die Gewinnung von Neukunden, wie dies seit langer Zeit beispielsweise in der Zeitungsbranche verbreitet ist. Es gilt als erwiesen, dass Personen, die aufgrund einer Empfehlung von Bekannten kaufen, eher zu loyalem Verhalten tendieren, als jene, die zum Beispiel über eine Anzeige vom Angebot des Produzenten erfuhren. Insofern trägt die Mundpropaganda maßgeblich zum Aufbau eines Kundenstamms bei.

9.4.4 Erscheinungsformen der Kundenbindung

Es wurde bereits beschrieben, dass ein Zusammenhang zwischen der Kundenzufriedenheit und der Kundenbindung existiert. Allerdings ist diese Beziehung keine lineare, denn Kunden mit einer Zufriedenheit von 80–90 % kann eine Bindung an den Anbieter zu nur

Tab. 9.5 Typen von Konsumenten in Abhängigkeit ihrer Zufriedenheit und Loyalität

Kundenbindung	Kundenzufriedenheit	
	Hoch	Niedrig
Hoch	Die Loyalen	Die Gefangenen
Niedrig	Die Söldner	Die Terroristen

30–40 % Wahrscheinlichkeit zugesprochen werden. Daher ist es sinnvoll eine **Unterteilung der Nachfrager** in vier Typen vorzunehmen, wie in Tab. 9.5 dargestellt.

Die **Loyalen** sind mit der Unternehmensleistung sehr zufrieden und beabsichtigen das fragliche Produkt bei der nächsten Gelegenheit noch einmal nachzufragen. Bei diesen Individuen besteht keine Gefahr der Abwanderung, da es dem Anbieter offenbar gelang, eine sehr stabile Geschäftsbeziehung aufzubauen.

Zu den **Terroristen** gehören jene Abnehmer, die mit dem Produkt des Herstellers unzufrieden sind und aus diesem Grund einen Wechsel der Marke vornehmen. Außerdem tendieren diese Konsumenten dazu, anderen Personen über ihre, vor allem schlechten, Erfahrungen mit dem Produzenten zu berichten.

Bei den **Söldnern** fällt der Wunsch nach einem Markenwechsel auf, obgleich sie mit der Leistung des Anbieters durchaus zufrieden sind. Hinter diesem Verhalten steht vor allem das Bedürfnis nach Abwechslung in Anbetracht einer breiten Angebotspalette in einem umkämpften Markt, wie etwa in der Automobilbranche.

Die **Gefangenen** zeichnen sich durch eine permanente Unzufriedenheit mit der Leistung des Unternehmens aus. Gleichwohl besteht für sie keine Möglichkeit zum Markenwechsel, da entweder die Wechselbarrieren sehr hoch sind oder ein Monopolist als Anbieter agiert, wie zum Beispiel im öffentlichen Transportsektor.

Neben der bereits umfassend diskutierten Zufriedenheit, determinieren offenbar noch anderen Faktoren die Bereitschaft von Kunden, sich an den Anbieter zu binden (Herrmann et al. 2000b). Zwei besonders wichtige Einflussfaktoren, die **Wechselneigung und die Wechselbarrieren**, bilden den Gegenstand der folgenden Ausführungen. Insbesondere im Zusammenhang mit der genannten Typologisierung gebundener Kunden, sind diese Einflussfaktoren unterschiedlich bedeutsam.

Die bisherige Argumentation lässt erkennen, dass Geschäftsbeziehungen auch deshalb andauern, weil **Abnehmer mit Wechselbarrieren konfrontiert** sind (vgl. beispielsweise die Gefangenen). Dabei können ökonomische und nicht-ökonomische Wechselbarrieren unterschieden werden. Während die erste Begriffsbestimmung vor allem auf die finanziellen Erschwernisse der Abwanderung abstellt, bezieht die zweite Sichtweise auch nicht-ökonomische Hemmnisse ein.

Ökonomische Wechselbarrieren liegen dann vor, wenn ein Kunde bestimmte Aufwendungen tätigt, die im Falle der Abwanderung zu einem anderen Anbieter wertlos wären. Als Beispiele lassen sich Telekommunikations-, Fertigungsautomatisierungs- und Bürokommunikationssysteme, aber auch Einrichtungskombinationen mit Erweiterungsmöglichkeiten anführen. Ein Abnehmer erwirbt solche Systeme zumeist nicht zu einem einzigen Zeitpunkt als Gesamtpaket, sondern in der Regel sukzessive in mehreren kleinen Einheiten. Aus dem Zustandekommen des ersten Kaufs resultieren Folgekäufe, da der Betroffene aufgrund der spezifischen Technologie an den Produzenten gebunden ist.

Eine andere Erscheinungsform ökonomischer Wechselbarrieren verkörpern die unterschiedlichen **Treue- und Stammkundenrabatte**. Ein Individuum, das mit zunehmender Dauer einer Geschäftsbeziehung oder einer größeren Abnahmemenge günstigere Konditionen eingeräumt bekommt, überlegt lange, ob es zu einem anderen Lieferanten abwandert und den Bonus verfallen lässt. Preisnachlässe dieser Art finden sich in nahezu allen Branchen, wobei diese Vergünstigungen in einer mehr oder weniger institutionalisierten Weise auftreten können.

Psychische und soziale Wechselbarrieren verkörpern für ein Individuum keinen unmittelbaren materiellen Vorteil, sondern schlagen sich in einer positiven Empfindung gegenüber dem Lieferanten nieder. Ein Kunde, der im Zuge zahlreicher Kontakte und Transaktionen gute Erfahrungen mit einem Hersteller macht, entwickelt Vertrauen. Da sich somit das Risiko bei der Kaufentscheidung reduziert, verzichtet der Abnehmer auf Informations- und Kontrollmöglichkeiten in Bezug auf die Aktivitäten des Anbieters. Vertrauen entsteht jedoch nur in seltenen Fällen bereits bei der Kontaktaufnahme, sondern entwickelt sich häufig sehr langsam aufgrund der beiderseitigen Erfahrungen.

Soziale Wechselbarrieren ergeben sich aus unterschiedlichen Formen der Integration der Klientel in das Unternehmensgeschehen. Die Einbindung der Nachfrager nimmt ein breites Spektrum verschiedener Formen an, wie die Etablierung von Kundenbeiräten und die Beteiligung von Schlüsselkunden an Forschungs- und Entwicklungsvorhaben (vgl. hierzu die *Lufthansa AG* und die *Deutsche Bahn AG*). Darüber hinaus lassen sich zwischenmenschliche Kontakte bis hin zu persönlichen Freundschaften als soziale Wechselhemmnisse charakterisieren.

Im Bereich der Zufriedenheits- und Bindungsforschung genießt neben den ökonomischen, psychischen und sozialen Wechselbarrieren auch die **Wechselneigung der Individuen** ein hohes Maß an Aufmerksamkeit. Beobachtungen des Kauf- und Konsumverhaltens in mehreren aufeinander folgenden Perioden verdeutlichen, dass Verbraucher häufig zwischen Marken (z. B. *Pepsi*, *Fanta*) gleicher Produktgattung (alkoholfreie Erfrischungsgetränke) wechseln. Es ist leicht vorstellbar, dass ein Käufer etwa am Montag *Pepsi* präferiert, am Dienstag *Lipton Eistee* wählt, am Mittwoch *Coke* bevorzugt und am Donnerstag zu *Sprite* greift.

Diesem Gedanken zufolge determiniert nicht nur der eigentliche Produktnutzen der zur Auswahl stehenden Alternativen die Güterwahlhandlung der Konsumenten. Vielmehr existiert auch ein **Nutzen des Wechsels**, der dafür verantwortlich ist, dass ein Konsument trotz des mehrfachen Kaufs zum Beispiel eines fruchtigen Erfrischungsgetränks (*Fanta*) bei einer bestimmten Gelegenheit zu einem koffeinhaltigen (*Coke*) greift.

Die Erklärungskraft des Konstrukts **Neigung zum Markenwechsel** birgt beträchtliches Potential zur Erhellung der Erscheinung Kundenbindung. Beispielsweise vermag der Abwechslungsnutzen zu erklären, weshalb zufriedene Kunden dennoch den Anbieter oder die Marke wechseln (vgl. die Söldner).

Ein **Söldner** besitzt noch **kein** in sich abgeschlossenes **Evoked Set** an Alternativen. Jede Kaufentscheidung verkörpert im Kern einen einmaligen Vorgang, der mit der Erfassung möglicher Alternativen beginnt. Daraufhin nimmt der Betroffene alle verfügbaren Produkt- und Umfeldinformationen auf und fügt sie zu einem Gesamtbild über die zur Auswahl stehenden Erzeugnisse zusammen. Zur Selektion eines Objekts bedarf es der Bestimmung von Problemlösungskriterien und der Entwicklung von Entscheidungsmustern. Diese für den Söldner typische Vorgehensweise bei der Güterwahl gleicht dem zuvor diskutierten extensiven Kaufentscheidungsprozess.

Im Unterschied dazu weist ein **Loyaler** bestimmte **Problemlösungsmuster** und Entscheidungskriterien auf, die sich in zahlreichen Kauf- beziehungsweise Konsumsituationen bewährten. Die Berücksichtigung solcher Regeln oder Heuristiken reduziert den kognitiven Aufwand bei der Produktwahlhandlung beachtlich. Da zudem nur sehr wenige Produkte in die engere Wahl gelangen, bleiben die gedanklichen Anstrengungen zur Informationsaufnahme und -verarbeitung begrenzt.

Ein **Beispiel** verdeutlicht diese Überlegung: Den Ausgangspunkt bilden zwei Nachfrager, die sich für den Kauf eines neuen Fahrzeugs interessieren. Der eine (der Söldner) besitzt kaum Erfahrungen mit Pkw, zumal er beim letzten Kauf ein für seinen Verwendungszweck untaugliches Automobil erwarb. Aufgrund seiner großen Unzufriedenheit kommen beim nächsten Kauf zahlreiche Alternativen in Betracht. Außerdem achtet der Proband auf alle verfügbaren Informationen, die ihm die Selektion eines bedürfnisgerechten Fahrzeugs erleichtern. Dagegen weist der andere (ein Loyaler) vielfältige Erfahrungen mit Pkw auf und fährt derzeit ein Automobil, das seinen Vorstellungen entspricht. In Anbetracht der hohen Zufriedenheit mit dem Fahrzeug und der damit verbundenen Wiederkaufabsicht erspart er sich die oftmals mühevolle und langatmige Sammlung und Auswahl von Informationen. Folglich umfasst sein Evoked Set nur wenige Produkte, die er für einen Kauf in Erwägung zieht.

Die Ausführungen in diesem Abschnitt des vorliegenden Buches zeigen, dass **zufriedene Kunden im Durchschnitt loyaler** sind als unzufriedene Kunden. Die Kundenzufriedenheit ist damit ein wesentlicher Treiber des Unternehmenserfolgs, der sich über den Umsatz oder den Marktanteil quantifizieren lässt. Daher ist es nicht nur notwendig, Unternehmensleistungen mit dem Ziel maximaler Zufriedenheit (durch Bedürfnisgerechtigkeit) zu konzipieren, sondern diese auch regelmäßig zu überprüfen (Johnson et al. 2006). Dafür geeignete Ansätze wurden ausführlich geschildert, ein weiteres Anwendungsbeispiel zeigt der folgende Abschnitt über den Einsatz der Kausalmodellierung zur Analyse der Kundenzufriedenheit.

9.5   Beispiel: Kundenzufriedenheit mit dem Check-In bei Flughäfen

Zentraler Aspekt bei der Ableitung von Handlungsempfehlungen für ein Unternehmen auf Basis der Ergebnisse einer Kundenzufriedenheitsanalyse sind die Wichtigkeiten der einzelnen Teilaspekte. Nur mit Hilfe dieser Informationen können Schwerpunkte gesetzt und

Ressourcen adäquat verteilt werden. Die angesprochene **direkte Erfassung von Wichtigkeiten** mittels Befragung weist einige Nachteile auf, weshalb eine indirekte Ermittlung zu empfehlen ist:

- Kunden geben strategische Antworten, um sich einen zukünftigen Vorteil zu verschaffen (z. B. „der Preis ist am wichtigsten").
- Kunden antworten entsprechend den Erwartungen ihrer Umwelt (Effekt der sozialen Erwünschtheit, z. B. „das Produkt muss energieeffizient sein").
- Kunden sind sich nicht immer aller relevanten Entscheidungskriterien bewusst (z. B. gute Beziehung zum Anbieter).
- Außerdem erscheinen Kunden bei der direkten Abfrage der Wichtigkeiten häufig alle Merkmale als sehr relevant und die Befragten neigen schnell zu kognitiver Überlastung.

Eine **indirekte Ermittlung der Wichtigkeiten** einzelner Leistungsaspekte für die Zufriedenheit mit einem Produkt kann über Strukturgleichungsmodelle erfolgen. Ursprünglich geht der Ansatz, den einige Wissenschaftler auch als Kovarianzstrukturanalyse oder Kausalanalyse bezeichnen, auf die Pfadanalyse zurück. Soziologen und Statistiker entwickelten in den 60er Jahren die Pfadanalyse, ohne jedoch ein Konzept zu generieren, das sich auf einen beliebigen kausalen Sachverhalt anwenden lässt. Erst Jöreskog und Wiley legten in den 70er Jahren einen standardisierten Ansatz in Form eines Linearen Strukturgleichungsmodells vor. Im Marketing ist die Kausalanalyse eng mit den Arbeiten von Bagozzi verknüpft. Er bietet seit den 80er Jahren eine anspruchsvolle Auseinandersetzung mit dem Phänomen Kausalität, und vermittelt eine umfassende Erörterung der Grundstruktur von Kausalmodellen.

Zur Schätzung der **Linearen Strukturgleichungsmodelle** stehen mehrere komplexe mathematische Verfahren zur Verfügung. Die bekanntesten Vertreter sind die kovarianzbasierten (Jöreskog und Sörbom 1982) und die varianzbasierten Verfahren (Jöreskog und Wold 1982). Ein vollständiges Kausalmodell besteht aus einem Strukturmodell sowie den Messmodellen für die im Modell berücksichtigten Größen.

Zur Verdeutlichung des Potenzials der Anwendung von linearen Strukturgleichungsmodellen im Rahmen der Messung von Kundenzufriedenheit dient ein Modell zur Analyse der Zufriedenheiten im Kontext des Check-In bei Fluggesellschaften. Die **Zielsetzung** dieser Studie ist demnach die Aufdeckung von Zufriedenheiten und Bedeutung einzelner Leistungsaspekte von Kundendienstleistungen im Rahmen der Passagierabfertigung. Das für die Analyse der Zufriedenheit mit dem Check-In an Flughäfen entwickelte Modell ist das Ergebnis von Beobachtung und Untersuchung von Check-in-Prozessen an deutschen Flughäfen. Zur Abbildung der Realität in einem Modell ist zunächst eine Visualisierung der Kundenkontaktpunkte des Check-in-Prozesses notwendig. Dabei kristallisieren sich insgesamt vier Kontaktbereiche als relevant heraus, die ein Kunde vor und während des Check-in-Prozesses erlebt und die seine Zufriedenheit beeinflussen (können). Reiseabschnitte, die eine zeitliche, jedoch nur bedingt inhaltliche Nähe zur Passagierabfertigung haben und daher nicht berücksichtigt werden, sind in Abb. 9.12 gestrichelt dargestellt.

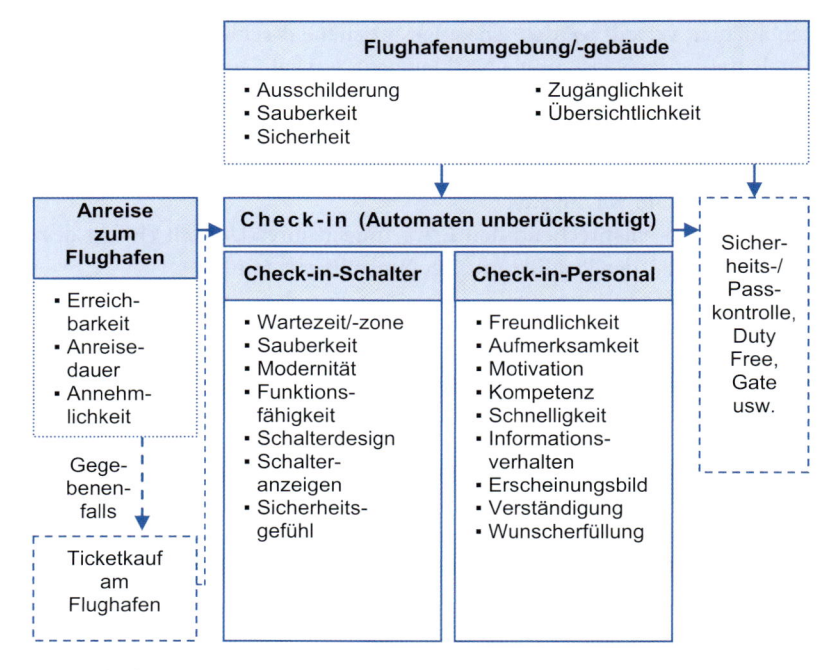

Abb. 9.12 Kundenkontaktpunkte des Check-In Prozesses

Die **Anreise zum Flughafen** ist der erste Bereich, dem ein Einfluss auf die Zufriedenheit mit dem Check-In-Bereich unterstellt wird. Dabei lassen sich mehrere der Anreise zugehörige Merkmale identifizieren. Diese sind die Erreichbarkeit des Flughafens, die Anreisedauer und die allgemeine Bequemlichkeit. Ein positives oder negatives Erlebnis im Rahmen der Anreise kann die Beurteilung des ersten Kontaktpunktes einer Fluggesellschaft (i. d. R. der Check-in) mitbestimmen. Es kann erwartet werden, dass die Messergebnisse dieses Abschnittes sehr unterschiedlich sind, da Passagiere verschiedene Verkehrsmittel wählen, um den Flughafen zu erreichen (z. B. öffentliche Verkehrsmittel, Privat-Pkw, Taxi). Weiterhin kann die Anreise von anderen Ereignissen beeinflusst werden, beispielsweise dem Wetter (Schneefälle sind für den Autofahrer relevant, für den Bahnfahrer weniger). Die Art des Verkehrsmittels ist in dieser Studie jedoch irrelevant, da es lediglich auf den Gemütszustand ankommt, in welchem sich ein Passagier beim ersten Kontakt mit der Airline infolge seiner „Vor-Check-in-Erlebnisse" befindet.

Das **Umfeld während des Check-In** kann nicht außer Acht gelassen werden. Aus diesem Grund wird die räumliche Umgebung des Check-in-Bereiches als relevant für die Bewertung der Dienstleistung angesehen. Vom Konsumenten beurteilbare Kriterien sind Ausschilderung, Übersichtlichkeit und Sauberkeit im Terminal sowie eine leichte Zugänglichkeit des Schalterbereiches. Das Gefühl der Sicherheit im Flughafengebäude erscheint wegen der Bedrohung dieser Einrichtungen, z. B. durch Terroristen, und wegen seines öffentlichen Charakters von Bedeutung.

Der eigentlich zentrale **Kontaktpunkt Check-in** beinhaltet in der Studie zwei Schwerpunktbereiche, mit denen die Zufriedenheit dieses Prozesses ermittelt werden soll. Die kundenseitige Einschätzung des Schalters beleuchtet die **räumliche Kontaktebene**, die Beurteilung der Interaktion mit dem Abfertigungspersonal die **soziale Kontaktebene** während des Check-in-Vorganges. Der zu bewertende Abschnitt Check-in-Schalter umfasst Merkmale, die direkt die Qualitäten des Counters (Modernität, Funktionsfähigkeit, Design, Schalteranzeigen) und des unmittelbaren Raumes vor diesem (Wartezone und -zeit, Sauberkeit) betreffen. Das Sicherheitsgefühl des Passagiers während des Eincheckens findet ebenso Berücksichtigung (z. B. Diskretionsabstand zum nächsten Gast). Wichtige Kriterien zur Beurteilung des Check-in-Mitarbeiters stellen für den Kunden dessen Freundlichkeit/Höflichkeit, Motivation, Aufmerksamkeit/Hilfsbereitschaft und äußeres Erscheinungsbild dar. Neben diesen Eigenschaften, die in der Kontaktperson liegen, fließen auch Einschätzungen über fachliche Qualitäten, wie Kompetenz, Schnelligkeit, Informationsverhalten und Verständigung (Fremdsprachen), in das Zufriedenheitsurteil ein. Der Grad der Erfüllung der Kundenwünsche als möglicher Einflussfaktor wird berücksichtigt. Denkbar ist, dass der Passagier dem Check-in-Agenten die Verantwortung für diese Nichterfüllung anlastet.

Die identifizierten **Prozessbereiche** und deren Merkmale erlauben eine Untersuchung der Zusammenhänge zwischen diesen Abschnitten und der Erforschung ihrer **Wirkung auf die Globalzufriedenheit** mit dem Check-in-Prozess. Es kann davon ausgegangen werden, dass die Globalzufriedenheiten mit den einzelnen Kontaktsituationen auf die Zufriedenheit mit dem gesamten Check-In wirken. Daraus ergibt sich das in Abb. 9.13 gezeigte Modell zur Analyse der Entstehung von Zufriedenheit beim Check-In-Prozess.

Die **schriftliche Befragung** zur Erhebung der Zufriedenheitswerte wurde in den Warteräumen der Flughäfen durchgeführt, demzufolge direkt vor dem Flugereignis und zeitnah nach dem Check-in-Erlebnis. Die Auswahl der Befragungspersonen erfolgte nach dem Zufallsprinzip. Fluggäste, die einen Check-in-Automaten genutzt oder ihre Bordkarte an einem anderen Flughafen erhalten haben (z. B. Rückflugbordkarte), nahmen nicht teil. Dies ist durch gezielte Fragen vor der Ausgabe eines Fragebogens sichergestellt worden. Die ausgewählten Passagiere wurden gebeten, den Bogen selbst auszufüllen. Somit ist die Objektivität der Erhebung gewährleistet. Die gültige Stichprobe beträgt 506 Personen.

Für die Auswertung des linearen Strukturgleichungsmodells kam das **PLS-Verfahren** zur Anwendung (Huber et al. 2007). Die Indikatoren sind aus den Items des eingesetzten Fragebogens abgeleitet worden. Die in Abb. 9.14 dargestellten Werte sind die mit PLS berechneten Gewichtungsfaktoren.

Die **Ergebnisse** zeigen, dass die Zufriedenheit mit dem Check-In nicht von allen vier Bereichen in gleichem Ausmaß beeinflusst wird. Die zur Prüfung der Signifikanz des Einflusses herangezogene t-Statistik besagt, dass lediglich die Schalter- und die Personalzufriedenheit signifikant auf die globale Check-In-Zufriedenheit einwirken. Insgesamt können ca. 43 % der Gesamtzufriedenheit durch das Modell erklärt werden. Transformiert man den Wert für die Zufriedenheit mit dem Check-In auf eine Skala von 0 bis 100 liegt diese im Durchschnitt bei 82,5 %.

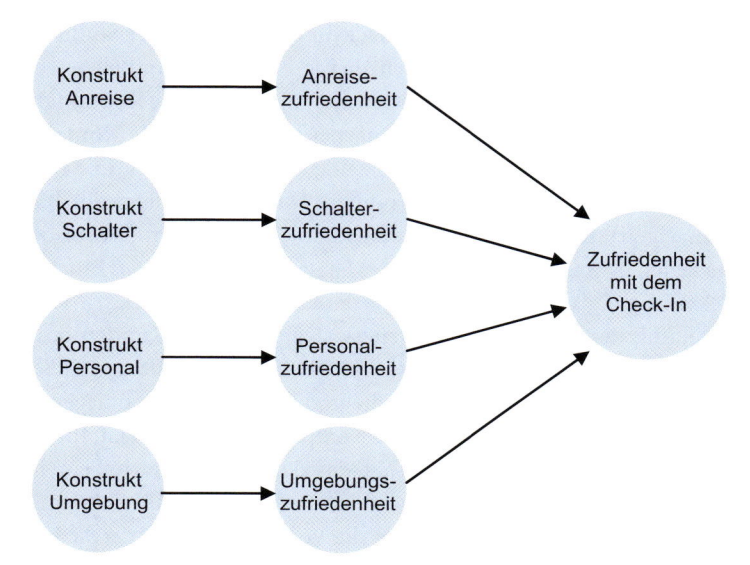

Abb. 9.13 Modell zur Analyse der Check-In-Zufriedenheit

Die Ergebnisse zeigen darüber hinaus, dass die **Zufriedenheit mit dem Check-in-Schalter** eine wesentlich höhere Wirkung auf die Check-in-Zufriedenheit aufweist als alle anderen Faktoren. Der Einfluss des Schalters mit einem Gewichtungsfaktor von 0,487 ist etwa 2,5 Mal größer als der Effekt der Zufriedenheit mit dem Personal.

Betrachtet man die Zusammensetzung der Zufriedenheit mit dem Schalter genauer, so sieht man, dass die **Wartezeit vor dem Check-in** die größte Wirkung auf die Zufriedenheit mit dem (physischen) Schalter (Gewichtungsfaktor 0,519) ausübt. Ebenfalls bedeutend für die Passagiere ist die Funktionsfähigkeit des Schalters und der dazugehörigen Geräte (0,406), z. B. Computer. Beide Indikatorvariablen sind hochsignifikant. Etwas weniger wichtig und statistisch nicht signifikant, jedoch in ihrer Bedeutung nicht zu unterschätzen, sind die Einflüsse der Schalteranzeigen (0,234) und der Sauberkeit und Ordnung am Counter (0,197) auf die Schalterzufriedenheit. Alle anderen Faktoren scheinen bei der Eigenabfertigung kaum von Relevanz.

Bei Analyse des Konstrukts **Zufriedenheit mit dem Personal** wird deutlich, dass die Freundlichkeit/Höflichkeit des Schalterpersonals einen hochsignifikanten und den mit Abstand größten Einfluss auf die Globalzufriedenheit mit dem Personal hat (Gewichtungsfaktor 0,712). Mit einem signifikanten Gewicht von 0,221 spielt auch das äußere Erscheinungsbild eine wichtige Rolle. Die Kompetenz (0,199) und Motivation (0,115) des Check-in-Agenten haben eine geringere Wirkung. Alle anderen Indikatoren sind eher unbedeutend.

Entsprechende **Implikationen** lassen sich damit ableiten, indem zum einen die Wichtigkeiten der Indikatoren berücksichtigt werden und gleichzeitig deren aktuellen Bewer-

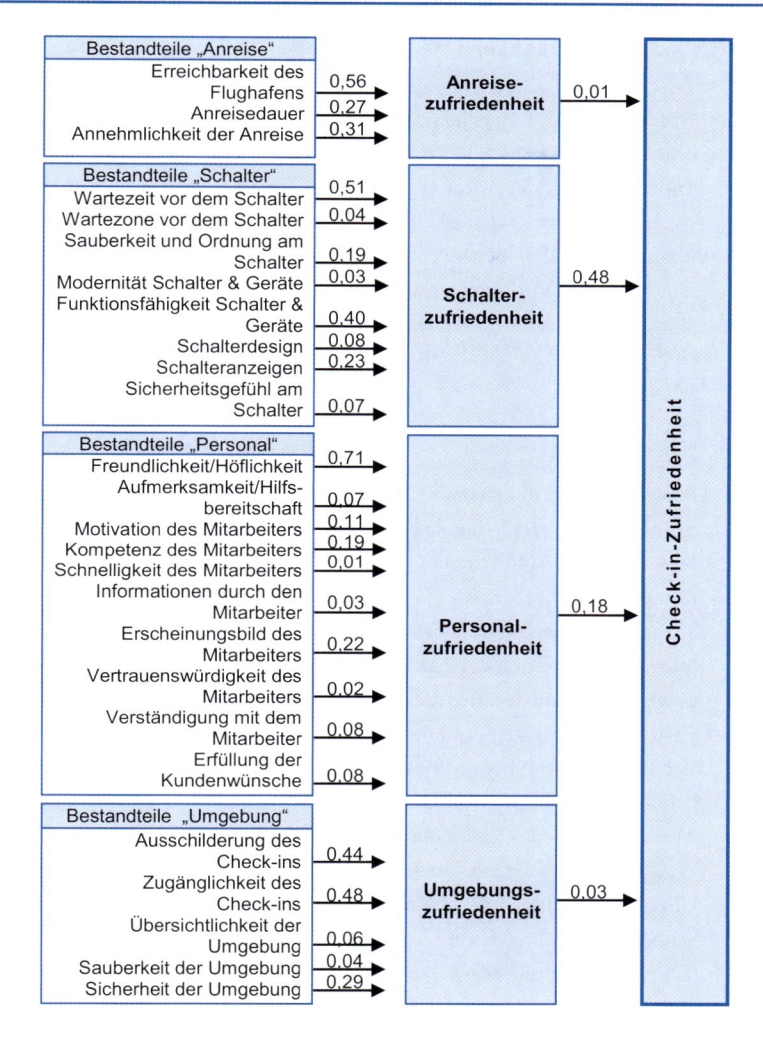

Abb. 9.14 Ergebnis der Auswertung des PLS-Modells

tungen in den Planungen Berücksichtigung finden. Die Tab. 9.6 gibt einen Überblick hinsichtlich der konkreten Ergebnisse der an Flughäfen für den Check-In durchgeführten Zufriedenheitsstudie.

Ein erster Blick auf die **Mittelwerte der Zufriedenheiten** zeigt, dass sämtliche Aspekte des Check-In relativ positiv beurteilt wurden. Dies ist ein häufig zu beobachtender Effekt bei Kundenzufriedenheitsbefragungen. Daher ist es notwendig, die einzelnen Bewertungen nicht nur absolut, sondern auch relativ zueinander zu beurteilen.

Die Ergebnisse der PLS-Schätzung haben offen gelegt, dass die Konstrukte **Personal und Schalter** einen signifikanten Effekt auf die Gesamtzufriedenheit mit dem Check-In

Tab. 9.6 Überblick der Bewertungen und Wichtigkeiten der Aspekte des Check-In

Konstrukt	Indikatoren	Bewertung*	Wichtigkeit
Anreise	Erreichbarkeit des Flughafens	1,95	0,56
	Anreisedauer	2,03	0,27
	Annehmlichkeit der Anreise	2,14	0,31
Schalter	Wartezeit vor dem Schalter	1,79	0,51
	Wartezone vor dem Schalter	1,99	0,04
	Sauberkeit und Ordnung am Schalter	1,72	0,19
	Modernität Schalter & Geräte	1,89	0,03
	Funktionsfähigkeit Schalter & Geräte	1,85	0,40
	Schalterdesign	2,19	0,08
	Schalteranzeigen	2,16	0,23
	Sicherheitsgefühl am Schalter	1,88	0,07
Personal	Freundlichkeit/Höflichkeit	1,71	0,71
	Aufmerksamkeit/Hilfsbereitschaft	1,78	0,07
	Motivation des Mitarbeiters	1,98	0,11
	Kompetenz des Mitarbeiters	1,87	0,19
	Schnelligkeit des Mitarbeiters	1,78	0,01
	Informationen durch den Mitarbeiter	1,87	0,03
	Erscheinungsbild des Mitarbeiters	1,71	0,22
	Vertrauenswürdigkeit des Mitarbeiters	1,80	0,02
	Verständigung mit dem Mitarbeiter	1,78	0,08
	Erfüllung der Kundenwünsche	1,77	0,08
Umgebung	Ausschilderung des Check-ins	2,27	0,44
	Zugänglichkeit des Check-ins	2,11	0,48
	Übersichtlichkeit der Umgebung	2,26	0,06
	Sauberkeit der Umgebung	1,90	0,04
	Sicherheit der Umgebung	1,93	0,29

* Bewertungen von 1 (sehr zufrieden) bis 5 (sehr unzufrieden)

ausüben. Daher ist es von besonderer Relevanz, die dazugehörigen Aspekte zu betrachten. Dabei fällt bspw. auf, dass die Schalteranzeigen einen relativ starken Effekt aufweisen, allerdings unterdurchschnittlich bewertet werden. Mittels dieses Vorgehens lassen sich Handlungsempfehlungen für die Ausgestaltung eines bedürfnisgerechten Check-In ableiten.

Literatur

Adam, R./Herrmann, A./Huber, F./Wricke, M. (2002): Kundenzufriedenheit und Preisbereitschaft – Empirische Erkenntnisse aus der Hotelbranche, *Zeitschrift für betriebswirtschaftliche Forschung* 54 (12), 762–778.

Adams, J. S. (1965): Inequity in social exchange, *Advances in Experimental Social Psychology* 62, 335–343.

Anderson, E. W. (1994): Cross-Category Variation in Customer Satisfaction and Retention, *Marketing Letters* 5 (1), 19–30.

Andreasen, A. R. (1982): Verbraucherzufriedenheit als Beurteilungsmaßstab für die unternehmerische Marktleistung. In Hansen, U./Stauss, B./Riemer, M. (Hrsg.), *Marketing und Verbraucherpolitik* (S. 182–195), Stuttgart: Poeschel.

Bauer, H. H./Huber, F./Bräutigam, F. (1997): Method Supplied Investigation of Customer Loyalty in the Automotive Industry. In Johnson, M. D./Herrmann, A./Huber, F./Gustafsson, A. (Hrsg.): *Customer Retention in the Automotive Industry* (S. 167–214), Wiesbaden: Gabler.

Beutin, N. (2006): Verfahren zur Messung der Kundenzufriedenheit im Überblick, in: Homburg, Ch. (Hrsg.): *Kundenzufriedenheit* (S. 121–169), 6. Aufl., Wiesbaden: Gabler.

Bruhn, M. (2003): Kundenbindung auf der Grundlage von Kundenbarometern. In Bruhn, M./Homburg, C. (Hrsg.): *Handbuch Kundenbindungsmanagement: Strategien und Instrumente für ein erfolgreiches CRM* (S. 507–551), 4. Aufl., Wiesbaden: Gabler.

Fischer, M./Herrmann, A./Huber, F. (2001): Return on Customer Satisfaction, *Zeitschrift für Betriebswirtschaft* 71 (10), 1161–1190.

Fornell, C. (1992): A National Consumer Satisfaction Barometer: The Swedish Experience, *Journal of Marketing* 56 (1), 6–21.

Giering, A. (2000): *Der Zusammenhang zwischen Kundenzufriedenheit und Kundenloyalität: Eine Untersuchung moderierender Effekte*, Wiesbaden: Dt. Univ.-Verlag.

Herrmann, A./Johnson, M. D. (1999): Die Kundenzufriedenheit als Bestimmungsfaktor der Kundenbindung, *Zeitschrift für betriebswirtschaftliche Forschung* 51 (6), 576–598.

Herrmann, A./v. Nitzsch, R./Huber, F. (1998): Referenzpunktbezogenheit, Verlustaversion und abnehmende Sensitivität bei Kundenzufriedenheitsurteilen, *Zeitschrift für Betriebswirtschaftslehre* 68 (11), 1225–1244.

Herrmann, A./Huber, F./Braunstein, C. (2000a): Ein Erklärungsansatz der Kundenbindung unter Berücksichtigung der wahrgenommenen Handlungskontrolle, *Die Betriebswirtschaft* 60 (3), 293–314.

Herrmann, A./Huber, F./Braunstein, Ch. (2000b): Kundenzufriedenheit garantiert nicht immer mehr Gewinn, *Harvard Business manager* 22 (1), 45–55.

Homburg, C., Rudolph, B. & Werner, H. (1997). Messung und Management von Kundenzufriedenheit in Industriegüterunternehmen. In Simon H. & Homburg, Ch.: *Kundenzufriedenheit*, Wiesbaden: Gabler.

Homburg, C./Giering, A./Hentschel (1999): Der Zusammenhang zwischen Kundenzufriedenheit und Kundenbindung, *Die Betriebswirtschaft* 59 (2), 174–195.

Homburg, C./Bucerius, M. (2006): Kundenzufriedenheit als Managementherausforderung. In Homburg, Ch. (Hrsg.): *Kundenzufriedenheit* (S. 53–89), 6. Aufl., Wiesbaden: Gabler.

Homburg, C./Stock-Homburg, R. (2006): Theoretische Perspektiven zur Kundenzufriedenheit. In Homburg, C. (Hrsg.): *Kundenzufriedenheit* (S. 17–51), 6. Aufl., Wiesbaden: Gabler.

Hoyer, W. D./MacInnis, D. J. (2004): *Consumer Behavior*, 3. Aufl., Boston: Houghton Mifflin Company.

Huber, F./Herrmann, A./Braunstein, Ch. (2006): Der Zusammenhang zwischen Produktqualität, Kundenzufriedenheit und Unternehmenserfolg. In Hinterhuber, H./Matzler, K. (Hrsg.): *Kundenorientierte Unternehmensführung: Kundenorientierung, Kundenzufriedenheit, Kundenbindung* (S. 67–84), 5. Aufl., Wiesbaden: Gabler.

Huber, F./Herrmann, A./Meyer, F./Vogel, J./Vollhardt, K. (2007): *Kausalmodellierung mit Partial Least Squares*, Wiesbaden: Gabler.

Jöreskog, K. G./Sörbom, D. (1982): Recent Developments in Structural Equation Modeling, in: Journal of Marketing Research, Vol. 19, 4, S. 404–416.

Jöreskog, K. G./Wold, H. (1982): The ML and PLS Techniques For Modeling with Latent Variables: Historical and Comparative Aspects. In Wold, H./Jöreskog, K. (Hrsg.): *Systems Under Indirect Observation: Causality, Structure, Prediction (Vol. I)* (S. 263–270), Amsterdam: North-Holland.

Johnson, M. D./Fornell, C. (1991): A framework for comparing customer satisfaction across individuals and product categories, *Journal of Economic Psychology* 12 (2), 267–286.

Johnson, M. D./Herrmann, A./Huber, F. (2006): The Evolution of Loyalty Intentions, *Journal of Marketing* 70 (2), 122–132.

Kahneman, D./Tversky, A. (1979): Prospect Theory: An Analysis of Decision under Risk, *Econometrica* 47 (2), 263–291.

Kelley, H. (1972): Causal Schemata and the Attribution Process. In Jones, E. (Hrsg): *Attribution: Perceiving the Causes of Behavior* (S. 151–174), Morristown: General Learning Press.

Kroeber-Riel, W./Weinberg, P. (2003): *Konsumentenverhalten*, 8. Aufl., München: Vahlen.

Miller, J. (1977): Studying Satisfaction, Modifying Models, Eliciting Expectations, Posing Problems, and Making Meaningful Measurements. In Hunt, H. K. (Hrsg.): *Conceptualization and Measurement of Consumer Satisfaction and Dissatisfaction* (S. 72–91), Bloomington: Marketing Science Institute.

Mittal, V./Kamakura, A.W. (2001): Satisfaction, repurchase intent, and repurchase behavior: Investigating the moderating effect of customer, *Journal of Marketing Research* 38 (1), 131–142.

Parasuraman, A./Zeithaml, V./Berry, L. (1988): SERVQUAL: A Multiple-Item Scale for Measuring Consumer Perception of Service Quality, *Journal of Retailing*, 64(1), 12–40.

Peter, S. (1997): *Kundenbindung als Marketingziel: Identifikation und Analyse zentraler Determinanten*, Wiesbaden: Gabler.

Sherif, M./Hovland, C. (1961): *Social Judgement: Assimilation and Contrast Effects in Communication and Attitude Change*, New Haven: Yale Univ. Press.

Sixtl, F. (1982): *Meßmethoden der Psychologie – Grundlagen und Probleme*, 2. Aufl., Weinheim: Beltz.

Stauss, B./Neuhaus, P. (2004): Das Qualitative Zufriedenheitsmodell (QZM) In Hinterhuber, H./Matzler, K. (Hrsg.): *Kundenorientierte Unternehmensführung – Kundenorientierung, Kundenzufriedenheit, Kundenbindung* (S. 85–100), 5. Aufl., Wiesbaden: Gabler.

Weiner, B. (1985): "Spontaneous" causal thinking, *Psychological Bulletin* 97 (1), 74–84.

Yi, Y. (1990): A Critical Review of Customer Satisfaction. In Zeithaml, V. (Hrsg.): *Review of Marketing* (S. 68–123), Chicago: American Marketing Association.

Produkte mit Zusatznutzen ausstatten   10

10.1 Begriff der Marke

Für Unternehmen existieren verschiedene Möglichkeiten, ihr Gut aus der **Anonymität des Marktes** herauszuheben, auf bestimmte Eigenarten hinzuweisen und Verwendungszwecke sowie Nutzenversprechen zu suggerieren. Neben kommunikationspolitischen Aktivitäten, wie Werbung und Verkaufsförderung, kommt vor allem die Markierung der Leistung in Betracht. Wie so häufig in der wissenschaftlichen Literatur, existieren jedoch verschiedene Ansichten, was genau unter dem Begriff der „Marke" zu verstehen ist.

Wie in der Wissenschaft häufig der Fall, existiert in der Literatur keine einheitliche Definition des **Markenbegriffs**. Dieser Zustand ist nicht nur auf eine generelle Uneinigkeit zurückzuführen, vielmehr stellen die spezielle Zielsetzung und der Forschungskontext den Entscheidungsrahmen dafür, welche Begriffsdefinition im Einzelfall geeignet und zu verwenden ist. Aus etymologischer Sicht kann der Begriff der Marke auf das mittelhochdeutschen Wort „marc", gleichbedeutend mit Grenzlinie, Grenze sowie den französischen Handelsbegriff „marque" mit der Bedeutung des Warenzeichens zurückgeführt werden. Wie auch im angloamerikanischen Sprachraum die Wörter „brand" bzw. „branding", trägt der ursprüngliche Begriff der Marke die Bedeutung eines Herkunftsnachweises in sich. Von diesem sehr eng gezogenen Markenbegriff hat sich die Forschungswelt jedoch in den letzten Jahrzehnten distanziert. Heute kennzeichnet die Marke ein geschütztes Rechtsgut, sie charakterisiert einen bestimmten Warentyp und umfasst sowohl rationale Erwartungshaltungen als auch emotionale Leitbilder.

Nach der rechtlichen Markendefinition entsprechend § 3 Abs. 1 des **Gesetzes über den Schutz von Marken und sonstigen Kennzeichen** (MarkenG) stellen Marken geschützte Zeichen, Wörter, Personennamen, Abbildungen, Buchstaben, Zahlen, Hörzeichen, dreidimensionale Gestaltungen einschließlich der Form einer Ware oder ihrer Verpackung sowie sonstige Aufmachungen einschließlich Farben und Farbzusammenstellungen dar, die geeignet sind, Güter oder Dienstleistungen eines Unternehmens von denen anderer Unternehmen zu unterscheiden (Lips 2001). Als Markenware sind entsprechend § 38 a

A. Herrmann und F. Huber, *Produktmanagement*, DOI 10.1007/978-3-658-00004-2_10,
© Springer Fachmedien Wiesbaden 2013

Abs. 2 des Gesetzes gegen Wettbewerbsbeschränkungen (GWB) solche Erzeugnisse anzusehen, deren Herkunft mit einem der oben genannten Zeichen o. ä. gekennzeichnet ist,
sofern ihre Lieferung in gleichbleibender oder verbesserter Qualität gewährleistet ist. Das
bedeutet, dass sowohl das markierende Kennzeichen als auch das Erzeugnis bzw. das Unternehmen als Marke angesehen und geschützt werden. Der Schutz der Marke entsteht nach
§ 4 MarkenG entweder durch Eintragung des Markenzeichens in das Markenregister des
Deutschen Patent- und Markenamtes in Jena, durch Aufbau von Verkehrsgeltung in den
beteiligten Verkehrskreisen (ohne Eintragung) oder dadurch, dass es nach § 4 MarkenG
entsprechend des Art. 6 der Pariser Verbandsübereinkunft „notorisch bekannt" ist. Die Gemeinschaftsmarktverordnung (GMV) bietet seit einigen Jahren die Möglichkeit, sich durch
eine Eintragung beim Harmonisierungsamt Binnenmarkt in Alicante europaweit eine einheitliche Marke zu sichern. Ein solcher Markenschutz gewährt allein dem Inhaber oder
anderen, die dieser daran teilhaben lässt, das Recht, Waren, deren Verpackung oder Aufmachung mit dem Markenzeichen zu versehen. Nur er darf unter dem Zeichen eben diese
Waren in den Verkehr bringen, Dienstleistungen anbieten oder es im Rahmen von Werbung, auf Briefpapier, Preislisten, Rechnungen o. ä. einsetzen. Diese Exklusivität hält nach
dem MarkenG für zehn Jahre an und ist durch Zahlung einer Verlängerungsgebühr beliebig
oft um die gleiche Frist verlängerbar.

Die auf Mellerowicz (1963) zurückgehende Definition grenzt den Markenartikel aus
absatzwirtschaftlicher Sicht ein. Hier stellt die Marke eine für den privaten Gebrauch erstellte Fertigware, die über eine ausreichende Verkehrsgeltung bei Verbrauchern, Händlern
und Herstellern verfügt und eine, ihre Herkunft identifizierende Markierung aufweist. Zudem ist sie dauerhaft in gleicher Menge, einheitlicher Aufmachung und gleich bleibender
oder verbesserter Qualität in einem großen Absatzraum erhältlich. Diese Wesensabgrenzung scheint heutzutage jedoch nicht mehr zeitgemäß, da sie Erzeugnisse wie Investitionsgüter, Dienstleistungen oder Vorprodukte ausschließt und lediglich Fertigerzeugnisse
umfasst. Gerade seit dem Aufkommen starker Dienstleistungsmarken wie beispielsweise
TUI oder *Lufthansa* empfiehlt es sich, eine Definition zu finden, die nicht am physischen
Merkmalsbündel „Marke" ansetzt, sondern vielmehr dessen Wahrnehmung und Beurteilung von Seiten der Nachfrager berücksichtigt.

Eine vollkommen andere Sichtweise fordert dementsprechend Berekoven (1978), der
den Betrachtungsfokus in Richtung eines **wirkungsorientierten Ansatzes** verschiebt. Nach
seiner Ansicht entsteht eine Marke bzw. ein Markenerzeugnis erst durch die Wertschätzung, die ihr/ihm durch die Nachfrager entgegengebracht wird. Im Vergleich zur unmarkierten Ware stiftet das Warenerzeugnis dem Nachfrager einen Nutzenmehrwert, der sich
in der Kaufbereitschaft niederschlägt und sich als konative Einstellungskomponente zum
Bestandteil der Marke entwickelt. Auf diese Weise hebt sich das Produkt oder die Dienstleistung von der breiten Masse ab und kann so zur Generierung einer größeren Nachfrage
beitragen. Meffert führt diesen Gedanken weiter und definiert die Marke als ein in der Psyche des Nachfragers „verankertes, unverwechselbares Vorstellungsbild von einem Produkt
oder einer Dienstleistung" (Meffert 2000). Ein solches Vorstellungsbild umfasst neben etwaigen markenspezifischen physisch-technischen Eigenschaften vor allem Charakterzüge

und Persönlichkeitsmerkmale, die sonst Menschen aufweisen. So spricht man heutzutage auch von Markenpersönlichkeiten. Gelingt dem Hersteller der Aufbau einer solchen einzigartigen Marke, lässt sich seine Ware (oder Dienstleistung) um einiges leichter aus der Anonymität des Marktes herauslösen und so die Bildung eines nachhaltigen Mehrwerts für den Nachfrager voranbringen. Auch der immaterielle Charakter der Marke tritt hier deutlich zu Tage, sie existiert ausschließlich in den Köpfen der Konsumenten.

10.2 Zusatznutzen

Ein Blick auf das Wirtschaftsgeschehen zeigt, dass gerade Dienstleistungen im Vergleich zu Realprodukten sehr stark an Bedeutung gewinnen. Nutzentheoretisch argumentiert, dienen Dienstleistungen dazu, das **Kernprodukt anzureichern** und damit einen zusätzlichen Wert – einen Added-Value – zu vermitteln. Im Added-Value steckt das Potential zur Profilierung und Differenzierung der Unternehmensleistung. Ein noch weiter reichender Schritt der Vermittlung von Zusatznutzen stellt die Markierung der angebotenen Leistung dar, was sich anhand des sogenannten Produktkranzes verdeutlichen lässt (vgl. Abb. 10.1). Hiernach sind das Kernprodukt, der Added-Value durch Dienstleistungen und das Erlebnis durch die Marke zu unterscheiden. Entsprechend dieser Logik stellt eine Tafel Schokolade als objektiv abgrenzbares, physisches Kaufobjekt den Leistungskern dar. Das Angebot eines schlüsselfertigen Wohnhauses schließt dagegen zusätzliche, für den Konsumenten wertvolle Dienstleistungen mit ein, wodurch für den Konsumenten ein Zusatznutzen, der oben genannte Added-Value entsteht. Umfasst ein Leistungsangebot darüber hinaus zusätzliche Erlebniswelten, wie sie z. B. durch den Erwerb eines Anzuges von *Armani* entstehen, entsteht für den Konsumenten eine Art Erlebnis durch die Marke. Diese Art von Zusatznutzen besteht im Gegensatz zum Added-Value durch Dienstleistungen nur in der Wahrnehmung der Konsumenten. Sie ist dadurch gleichwohl subjektiv und individuell als auch überaus schwer zu quantifizieren und zu steuern.

Vershofen entwickelte Ende der 50er Jahre eine diesem Ansatz folgende, eigenständige **Nutzentheorie** (1959). Sie basiert auf der Vorstellung, dass Personen Erlebnisse suchen, die anregen, Freude schaffen, die Phantasie beflügeln, die Gefühle vertiefen, das Denken stimulieren und zum Handeln treiben. Zu diesen Erlebnissen ist auch der Güterkauf zu zählen, dessen Bestimmungsfaktoren Vershofen in den Mittelpunkt seiner Forschung stellt. Zur Erforschung der Determinanten des Güterkaufs entlieh er der Mikroökonomie den Begriff „Nutzen", der als allgemeine Kategorie für alle möglichen Kauf- und Konsumgründe (Motive) dient. Es bedarf, so argumentiert Vershofen, lediglich einer Umdeutung dieser Motive in Nutzenarten, um ihnen ökonomische Relevanz zu verleihen. Der aus dieser Überlegung resultierende Nutzenbegriff umfasst, im Unterschied zu dem aus der Mikroökonomie stammenden, auch Erlebnisse aus der sozialen und psychischen Sphäre des Individuums. Gleichzeitig wehrt sich Vershofen dagegen, die Grenzen zum Unerforschten im Menschen und damit zu der aus seiner Sicht spekulativen Erfassung von Motiven zu überschreiten. Anknüpfend an diese Begriffsdefinition erarbeitete Vershofen eine Nutzenleiter, die ihren

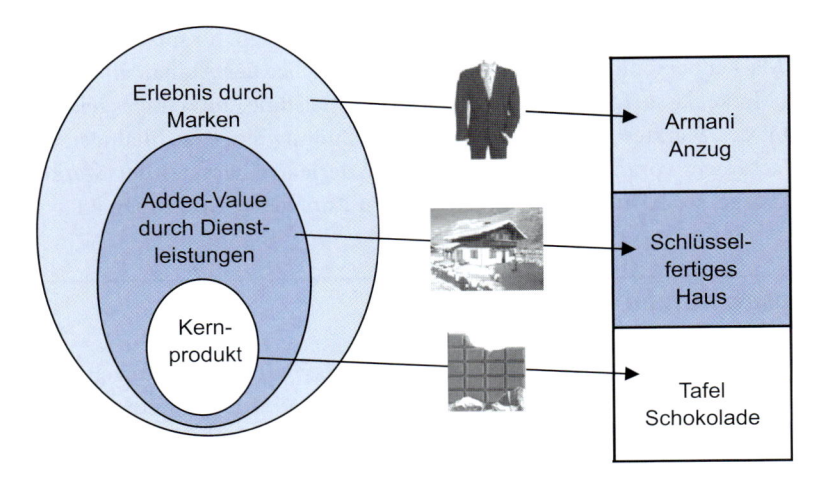

Abb. 10.1 Produktkranz

Ausgangspunkt in der zuvor erläuterten Unterscheidung zwischen Grund- und Zusatznutzen nimmt (vgl. Abb. 10.2). Der Grundnutzen ist dabei als eine stofflich-technische, der Zusatznutzen als eine geistig-seelische Komponente definiert. Einschränkend ist jedoch diese starre Differenzierung in der ganzheitlichen Erlebniswelt des Konsumenten nur tendenziell als gegeben anzusehen. Allein aus analytischen Gründen erscheint es deshalb ratsam, das wechselseitige Miteinander in ein Neben- oder Nacheinander aufzugliedern.

Ein Blick auf die **Nutzenleiter** verdeutlicht, dass der Grundnutzen keine tiefer gehende Aufteilung erfährt. Obwohl Vershofen ohne Zweifel die Vielfalt der naturwissenschaftlich-technischen Eigenschaften von Produkten kannte, gelang es ihm offenbar nicht, eine geeignete Systematik zu finden. Dagegen existiert für den Zusatznutzen eine tief gestaffelte Hierarchie an Nutzenarten. Gemäß diesem Schema lässt sich der geistig-seelische Nutzen auf der obersten Sprosse der Vershofen'schen Leiter in den Geltungsnutzen (Nutzen aus der sozialen Sphäre) und Erbauungsnutzen (Nutzen aus der persönlichen Sphäre) zerlegen. Die letztgenannte Nutzenart besteht weiterhin aus den Komponenten der Schaffensfreude (Nutzen aus Leistung) und der Zuversicht (Nutzen aus Wertung). Die Zuversicht gliedert sich ihrerseits in die beiden Nutzenarten Ästhetik (Harmonie) und Transzendenz (Zurechtfindung) auf, wohingegen die unterste Sprosse der Leiter den Nutzen der transzendenten Art in die Elemente der Ethik (Ordnung) und der Phantasie (Magie) unterteilt.

Aus dieser Hierarchie von Nutzenarten leitet Vershofen eine Heuristik zur Beschreibung des Nachfragerverhaltens beim Kaufakt ab. Den Kern der sogenannten **Nürnberger Regel** stellt die folgende Logik dar: Je spezieller eine Nutzenkomponente im Sinne der Nutzenleiter ausfällt, desto stärker beeinflusst sie den Konsumenten in seiner Kaufentscheidung. Da sie einen großen Einfluss auf die Entscheidung besitzt, ist sie als der ausschlaggebende Hauptnutzen anzusehen. Gleichzeitig stößt ein Gut, das mehrere Nutzenarten umfasst (z. B. Magie, Zurechtfindung, Zuversicht) immer aufgrund der in der

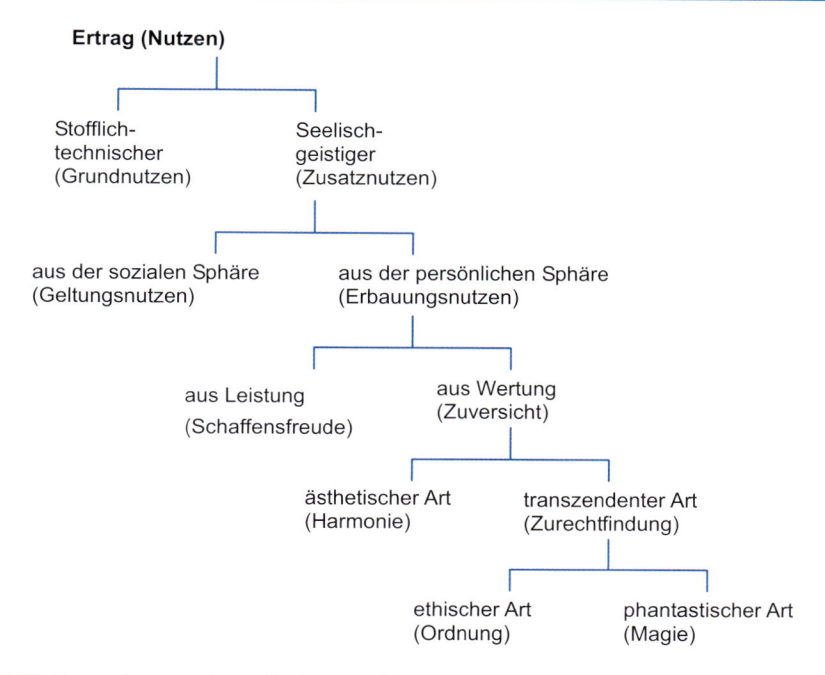

Abb. 10.2 Nutzenleiter nach Vershofen (Quelle: In Anlehnung an Vershofen 1959, S. 89)

Leiter am tiefsten angesiedelten Nutzenkomponente (Magie) beim Nachfrager auf Interesse. So besitzt beispielsweise ein Glücksbringer für ein Individuum weniger aufgrund seiner physikalisch-chemisch-technischen Beschaffenheit einen sehr hohen Wert. Es ist vielmehr die Überzeugung, mit diesem Gegenstand jede Prüfung bestehen zu können, die ihm einen großen Nutzen verleiht.

Genau hier liegt die Bedeutung der Vershofen'schen Nutzenlehre für das Marketing. Sie ebnete der Erkenntnis den Weg, dass bei vielen Produkten nicht der aus physikalisch-chemisch-technischen Eigenschaften resultierende Grundnutzen die Kaufentscheidung steuert. Weit mehr bestimmen die, unter Umständen von objektiven Gegebenheiten abweichenden, Zusatznutzenarten die Wahlhandlung des Individuums. Demzufolge erscheint es für den Markterfolg eines Erzeugnisses unerlässlich, jene in der Leiter angesiedelten **geistig-seelischen Nutzenarten** zu identifizieren, die sich Käufer von einem Produkt versprechen. Erst nach Offenlegung der Nutzenvorstellungen potentieller Abnehmer lassen sich Erfolg versprechende Güter entwickeln, überzeugende Werbekonzepte gestalten und schlagkräftige Argumente für das Verkaufsgespräch erarbeiten. Das von der Nutzenleiter repräsentierte Gefüge von Nutzenarten und deren Zusammenspiel mit der Nürnberger Regel reflektieren Vershofens Anliegen, alle wesentlichen Bereiche des menschlichen Denkens und Empfindens, die beim Kauf eines Gutes eine Rolle spielen, aufzuspüren und in einen Wirkungszusammenhang zu bringen. So gesehen bildet die Nutzenlehre eine reine

Klassifikation und hat dadurch hauptsächlich deskriptive Bedeutung (Bauer et al. 1997). Insofern teilt die Leiter das klassische Schicksal von Typisierungsversuchen. Es liegt der Verdacht nahe, der Autor könnte Aspekte unberücksichtigt lassen oder eine andere Perspektive könne grundsätzlich zu einer abweichenden Typisierung gelangen. Andererseits liefert die Nutzenlehre jedoch auch einen explikativen Beitrag. So gibt sie beispielsweise Auskunft darüber, welche spezifische Gewichtung von Nutzenarten beim Erwerb eines Produktes vorliegt und wie das Auftreten einer bestimmten Kombination von Nutzenarten zum Kauf eines Gutes führt. Allerdings bleibt die Leistungsfähigkeit der Vershofen'schen Nutzenlehre zur Analyse von Produktwahlverhalten auf Grund verschiedener Schwächen beschränkt. Zunächst besteht das Problem unklarer Definitionen der verwendeten Begriffe. Was verbirgt sich hinter „Zuversicht" und „Erbauung"? Klare und prägnante Wesensbestimmungen wären gerade in den unteren Kategorien der Nutzenleiter von Vorteil. Ein weiterer Kritikpunkt betrifft die Gleichsetzung des Nutzens aus der „sozialen Sphäre" mit dem „Geltungsnutzen". Bestimmte Güter eröffnen soziale Kontakte, die keinesfalls aus Geltungsansprüchen resultieren. Vershofen selbst spricht in seiner Aufgliederung des Geltungsnutzens zum Beispiel von „Erholung", „Geschäft", „Freundschaft" sowie „Begegnung". Er bemerkt dabei zu Recht, dass sich diese Begriffe im Hinblick auf die zum Ausdruck kommenden Geltungselemente voneinander unterscheiden. Schließlich bleibt unklar, was der Autor unter der Nutzenart „Wertung" versteht, die er mit Zuversicht umschreibt und in „Harmonie" und „Zurechtfindung" unterteilt. Die Spezifizierung scheint anzudeuten, dass lediglich ästhetische und ethische Wertungen existieren. Die Beziehung des Terminus zum Nutzenbegriff bleibt zudem unklar.

Die **Markierung von Leistungen** stellt vor dem Hintergrund der Nutzentheorie nach Vershofen eine Möglichkeit dar, ein Produkt mit einem geistig-seelischen Zusatznutzen auszustatten, der möglichst spezifisch im Sinne des Schemas der Leiter ausfällt. Eine Marke weist jedoch darüber hinaus zusätzliche Vorzüge auf, die eine profitablere Vermarktung im Vergleich zu unmarkierter Ware versprechen.

10.3   Funktionen der Marke

Die Zielsetzung, mit der die Markierung einer Leistung erfolgt, unterscheidet sich je nach der Perspektive des Betrachters. So erfüllt die Marke für **verschiedene Anspruchgruppen** unterschiedliche Funktionen (Aaker 1992; Dichtl 1992). Eine Betrachtung erfahren im Weiteren die Sichtweisen des Nachfragers, des Markenführers und des Absatzmittlers (Bauer und Huber 1997). Abbildung 10.3 fasst die zentralen Funktionen überblickartig zusammen.

Die Kennzeichnung einer Leistung als Markenware stellt für den **Nachfrager** eine deutliche Vereinfachung der Identifikation gewünschter Erzeugnisse dar, was zu einer kognitiven Entlastung im Kaufentscheidungsprozess führt. Die Marke übernimmt so auch die Funktion einer Orientierungshilfe bei der Auswahl von Leistungen. Die Signalisierung einer gleich bleibend hohen Produktqualität kann zudem das wahrgenommene Risiko der

Funktionen der Marke aus Sicht der...

Nachfrager

- Identifikationsfunktion, Orientierungshilfe im Kaufprozess
- Stiftung eines Zusatznutzens durch Image- und Prestigefunktion
- Entlastung bei Suche und Auswahl von Leistungen
- Signalisierung einer gleich bleibend hohen Qualität
- Reduzierung des wahrgenommenen Risikos beim Güterkauf

Markenführer

- Profilierung gegenüber der Konkurrenz, gezielter Aufbau des Markenimages
- Generierung von Markenpräferenz, -loyalität und -bindung beim Kunden
- Verbesserte Preisdurchsetzung
- Wirkung als Markteintrittsbarriere für potentielle Konkurrenten
- Größere Verhandlungsmacht gegenüber dem Handel
- Planungs- und Verkaufsunterstützung
- Erleichterte Neueinführung von Produkten

Absatzmittler

- Verminderung Absatzrisiko durch Selbstverkäuflichkeit des Markenartikels
- Renditefunktion
- Reduzierte Beanspruchung eigener Marketinginstrumente
- Kostenersparnis durch schnelleren Produktumschlag
- Profilierung gegenüber den Herstellern
- Solidarisierungsfunktion im Handelsverbund

Abb. 10.3 Funktionen der Marke

Fehlentscheidung beim Güterkauf reduzieren. Neben dem funktionalen Nutzen stiftet eine Marke durch ihre Image- und Prestigefunktion dem Konsumenten gleichzeitig einen emotionalen Zusatznutzen. Bestimmte sozial erwünschte, markenspezifische Eigenschaften können durch Käufer nach außen getragen werden und unterstützen so dessen Selbstdarstellung.

Aus der Sicht des **Markenführers** bedeutet eine markierte Ware dagegen die Möglichkeit einer eindeutigen Differenzierung von den Angeboten der Konkurrenz. Das Firmenimage kann gezielt gestaltet und so die Vorzüge des Unternehmens herausgestellt werden. Dies ist v. a. in Branchen von Bedeutung, in denen sich die Wettbewerbsprodukte in funktionaler Hinsicht relativ ähnlich sind. Durch die Profilierung gegenüber dem Wettbewerb und der Signalisierung hoher Qualität entsteht für den Markenführer die Chance, zusätzliche Präferenzen für die markierten Leistungen zu schaffen und so letztendlich Markenloyalität und -bindung beim Kunden aufzubauen. Nehmen Konsumenten einen Zusatznutzen beim Kauf und Gebrauch von Markenware wahr, sind sie eher dazu bereit, einen höheren Preis für die angebotene Ware zu akzeptieren, wodurch sich der preispolitische Spielraum des Markenführers vergrößert. Ebenfalls erschweren markenloyale bzw. -gebundene

Kunden neuen Wettbewerbern einen erfolgreichen Eintritt in den Markt, was sich ebenfalls positiv auf die Preisdurchsetzbarkeit auswirkt. Eine gestärkte Marktposition verbessert gleichzeitig die Verhandlungsmacht gegenüber dem Handel und optimiert auf diese Weise die Planung und den Verkauf der eigenen Waren. Eine erfolgreich etablierte Marke erleichtert letztendlich die Neueinführung von Produkten und ermöglicht positive Spill-over und Goodwill Effekte vom Ursprungs- zum Neuprodukt.

Durch die Führung etablierter Marken bietet sich dem **Absatzmittler** die Möglichkeit, sein eigenes Absatzrisiko zu mindern. Die Präferenz bildende Wirkung der Marke äußert sich in einer regelrechten Selbstverkäuflichkeit der Waren. Der gesteigerte Produktumschlag, die Entlastung der eigenen Marketinginstrumente sowie die in der Regel höheren Handelsspannen resultieren in einer Art Gewinngarantie für den Absatzmittler. Der gezielte Vertrieb von Markenware führt außerdem zu einer Profilierung des Absatzmittlers gegenüber den Markenherstellern. Viele Absatzmittler gehen heute dazu über, die Vorzüge der Markenführung auf ihr eigenes Unternehmen anzuwenden. Sie vertreiben neben den klassischen Herstellermarken eigenständige Handelsmarken, wie z. B. *Rewe* mit *ja!*. Die Funktionen der Marke entsprechen in diesem Fall denen des Markenführers.

Wie aber genau lassen sich diese positiven Wirkungen bei den Nachfragern und dadurch auch den Herstellern und Absatzmittlern erreichen? Wie ist der durch die Marke hervorzurufende Zusatznutzen optimal in den Markt zu kommunizieren und in der Wahrnehmung der Konsumenten zu verankern? Abschnitt 10.4 befasst sich im Weiteren mit dem nachfrager- und dadurch nutzenoptimalen **Aufbau von Marken** und ihrer Kommunikation.

10.4   Zusatznutzen kommunizieren

10.4.1   Markenname und Markenbild

Die Markierung eine Leistung setzt sich aus verschiedenen, unter dem Begriff **Branding** zusammenzufassenden, Gestaltungselementen zusammen (Esch und Langner 2004). Die Kombination dieser Elemente sollte derart gestaltet sein, dass sie einerseits ein Höchstmaß an Verständnis-, Gefallens- und Behaltenswirkung beim Konsumenten hervorruft und andererseits die markierte Ware optimal von der Masse an Konkurrenzangeboten abhebt. Sie umfasst dabei sowohl inhaltliche als auch formale Gestaltungsmittel, wobei der Fokus hier auf die inhaltlichen gerichtet ist. Den größten Beitrag zur Positionierung einer Marke und zum Aufbau von Markenwissen weisen dabei verbale und visuelle Elemente in Form des Markennamens und des Markenbildes auf.

Der Begriff **Markenname** umfasst den verbal wiedergebbaren und artikulierbaren Teil einer Marke. Er setzt sich aus einer Kombination von Buchstaben, Ziffern und/oder Interpunktionszeichen zusammen. Buchstabenkombinationen sind beispielsweise bei *BMW* oder *Hella* zu finden, Ziffern bei *4711* oder *8 × 4* und Interpunktionszeichen als Akzentuierung bei *Joop!* oder *ja!*. Der Markenname übernimmt die zentrale Funktion eines Kommunikationsmittlers und ermöglicht eine eindeutige verbale Zuordnung aller Angebote einer Marke in Form eines Rufnamens. Als Kriterien zur Klassifizierung von Markennamen bieten sich die folgenden Dimensionen an:

- Art der eingesetzten Zeichen (Buchstaben, Ziffern, Interpunktionszeichen),
- Länge des Namens (Anzahl der Zeichen, Wörter),
- Herkunft des Namens (z. B. Kunstwort, Sprache),
- Wortart des Namens (Adjektiv, Subjektiv, Verb),
- Bedeutung des Namens (bedeutungshaltig, bedeutungslos),
- Bezug des Namens zum Angebot (beschreibend, assoziativ, ohne Bezug),
- Botschaftsinhalt des Namens (z. B. Hinweise auf Eigenschaften des Produktes, Nutzenkomponenten oder Herkunft).

Vor dem Hintergrund der zentralen Anforderungen des Brandings, dem Verstehen, Gefallen und Behalten, weisen Markennamen v. a. zwei Zielsetzungen auf: der Aufbau von **Markenbekanntheit und Markenimage**. Aus diesem Grund sind besonders die Dimensionen „Bezug des Markenimages zum angestrebten Markenimage" und „Konkretheit der Assoziationen zu einem Markennamen" von Interesse. Ein eindeutiger Bezug des Markennamens zum angestrebten Image führt in der Regel zu einer weit besseren Verständnis- und Behaltenswirkung in Bezug auf das Branding. Die beiden Extrema dieser Dimension können durch das „Julia-Prinzip" auf der einen und durch das „Joyce-Prinzip" auf der anderen Seite verdeutlicht werden. Nach dem Julia-Prinzip ist ein Markenname so zu wählen, dass er in keinem Bezug zum Image oder zum Produkt steht. Es ist mit anderen Worten ein beliebiger Name zu entwickeln, der im Anschluss durch gezielte Kommunikation ein bestimmtes Image vermitteln soll. Ein Beispiel für dieses Vorgehen stellt die Marke *Bounty* von *Procter & Gamble* dar, die in der Tat weder einen Bezug zu dem Produkt des Küchentuchs noch zu einem angezielten Image aufweist. Dieses ist vollkommen durch die Markenkommunikation aufzubauen. Das Joyce-Prinzip, benannt nach dem Schriftsteller *James Joyce*, ist als das Gegenstück zum Julia-Prinzip zu sehen. Es nimmt Bezug zu *Joyces* Vorliebe für Lautsymbole und orientiert sich an der Logik „A rose is a rose is a rose …". Hiernach ist ein Markenname so zu gestalten, dass er optimal zum Aufbau des angestrebten Images beitragen kann. Als Beispiel für diese Herangehensweise ist in der Marke *Patros* von *Hochland* zu sehen. Trotz seiner Bedeutungslosigkeit vermittelt der Name klare Assoziationen und suggeriert eine griechische Herkunft des Feta-Käses. Da die Namensgebung nach dem Joyce-Prinzip einen optimalen Beitrag zum Imageaufbau leistet, ist diese als einzig sinnvolle Alternative zu sehen. Die leichte Vermittlung wichtiger Assoziationen entlastet die Kommunikation beim Aufbau von Markenwissen und reduziert so sowohl die Kosten als auch das Risiko des Markenaufbaus.

Auch die Konkretheit der vom Namen hervorgerufenen Assoziationen tragen zur **Gefallens- und Behaltenswirkung** des Brandings bei. So unterstützen Namen, die klare und bildhafte Assoziationen hervorrufen, wesentlich den Aufbau eines klaren und leicht verständlichen Markenimages. Studien von Robertson (1987) und Paivio (1991) bele-

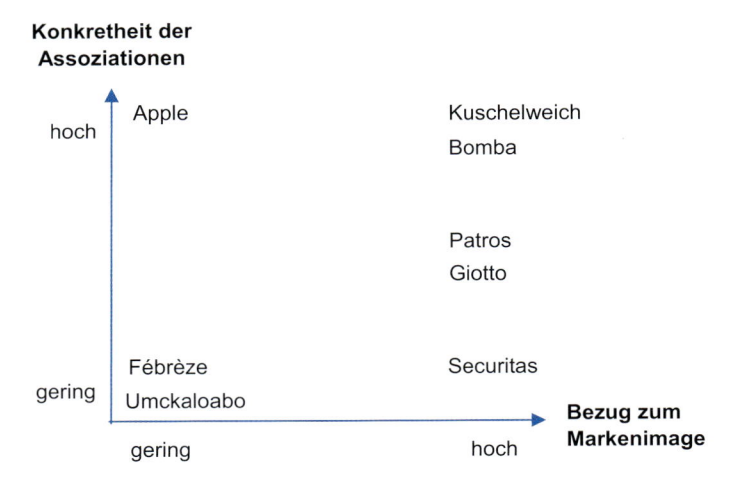

Abb. 10.4 Beitrag des Markennamens zum Aufbau des Markenwissens (Quelle: Langner 2002, S. 31)

gen, dass Namen, die konkrete Assoziationen beim Kunden hervorrufen, zu signifikant besseren Recall- und Recognitionwirkungen führen als solche, die abstrakte und wenig bildhafte Assoziationen verwenden. Die Vermittlung von Assoziationen ist überwiegend auf die Phonetik und Semantik der Markennamen zurückzuführen (Heath et al. 1990). Der Vorteil bedeutungshaltiger Namen liegt in ihrer einfachen Kommunikation klarer Assoziationen. So vermitteln Namen wie „Kuschelweich" oder „Streichzart" ein eindeutiges Bild von den Vorzügen der zu erwerbenden Ware. Nachteile treten dagegen im Rahmen des rechtlichen Schutzes auf. Begriffe des Alltags sind weitaus schwerer zu schützen als Kunstwörter. Zudem verliert sich der inhaltliche Bezug durch Verwendung der Landessprache meist beim Übergang zu internationalen Markenstrategien. Die Verwendung von Kunstwörtern als Markennamen überwindet die Nachteile bedeutungshaltiger Namen. Trotz ihrer Bedeutungslosigkeit besteht die Möglichkeit, durch phonetische Mittel eindeutige Assoziationen zu wecken und so einen Beitrag zum Aufbau des Markenimages zu leisten. Sie sind zudem leichter rechtlich abzusichern und finden häufig international Verwendung.

Bildet man verschiedene Markennamen in einem zweidimensionalen Raum anhand der Dimensionen „Bezug zum Markenimage" und „Konkretheit der Assoziationen" ab, lassen sich **Implikationen für das Branding** erarbeiten (Esch 2008). Mit zunehmender Entfernung vom Ursprung nimmt der Beitrag zum Aufbau eines klaren Markenimages zu (vgl. Abb. 10.4). Je weiter sich ein Markenname also den positiven Extrema der Dimensionen nähert (Bereich rechts oben), desto deutlicher kommuniziert er klare, bildhafte Assoziationen, die kongruent mit dem Markenimage sind und so den Markenaufbau beschleunigen.

Das **Markenbild** oder auch Markenzeichen findet in der Marketing-Literatur keine einheitliche Definition. Grundsätzlich kann jedoch zwischen einem Gedächtnisbild der Marke, welches die Konsumenten vor ihrem inneren Auge sehen, und einem physischen Abbild unterschieden werden. Das Gedächtnisbild der Marke (inneres Markenbild) repräsentiert verfestigte visuelle Vorstellungen des Kunden über die Marke, die sich bei ihm einstellen, wenn er an die Marke denkt. Sie sind somit das Ergebnis von Lernprozessen, die durch Kontakt mit dem Markenbild im Rahmen der kommunikativen Ansprache anlaufen. Das Markenbild umfasst daher Bilder, die langfristig und konsistent das Bild der Markenkommunikation prägen, um so gezielt Markenwissen beim Kunden aufzubauen. Tiefer gehend sind Markenbilder weiterhin in die Kategorien Schlüsselbild und Markensignal zu unterteilen.

Schlüsselbilder repräsentieren den visuellen Kern des Markenauftrittes bzw. der Werbebotschaft (Esch 2008; Roth 2005). Sie vermitteln emotionale und/oder informative Assoziationen und unterstützen so den Aufbau des angestrebten Markenimages. Neben einer reinen Verwendung als visuelles Mittel der Markenkommunikation sind sie ebenfalls zur eigentlichen Markierung eines Produktes verwendbar. So verwendet die Marke *Beck's* das Schlüsselbild des grünen Segelschiffes konsistent zur Vermittlung der Markenbotschaft „Das Bier mit der maritimen Frische". Dagegen setzt die Marke *Spee* das Schlüsselbild des „Schlauen Fuchs" zusätzlich zur Kommunikation auch als Mittel zur eigentlichen Markierung ihrer Produkte ein.

Markensignale weisen im Gegensatz dazu die Zielsetzung auf, die reine Bekanntheit einer Marke auszuweiten. Dabei sollen sich bestimmte markenbezogene Bildelemente im Gedächtnis der Konsumenten verankern, ohne gleichzeitig zentrale inhaltliche Botschaften oder Vorstellungen zu vermitteln. Auf diese Weise trägt das Markensignal in Entscheidungssituationen dazu bei, den Markennamen im Bewusstsein des Nachfragers zu aktivieren. Signale können einerseits eine abstrakte Form aufweisen, andererseits aber auch konkreter Natur sein. Abstrakte Markensignale bilden Kombinationen aus Elementarformen, welche keinen ikonischen Bezug zu realen Objekten aufweisen. So beispielsweise das Markenzeichen der *Dresdner Bank* oder der *Vereinten Krankenversicherungen*. Konkrete Markensignale wie der Apfel von *Apple*, der Baum von *Timberland* oder der Frosch von *Frosch* stellen dagegen Bilder realer Gegenstände dar (vgl. Abb. 10.5).

Das **Markenbild** ist, wie der Markenname, mit der Zielsetzung zu entwickeln, einen möglichst großen und positiven Beitrag zum Aufbau von Markenwissen im Bewusstsein der Konsumenten zu leisten. Wie bereits beim Markennamen, sind auch hier die wirkungsorientierten Dimensionen „Bezug des Markenbildes zum angestrebten Markenimage" und „Konkretheit der durch Markenbilder ausgelösten Assoziationen" von entscheidender Bedeutung. So sollen Schlüsselbilder gezielt die zentralen Assoziationen des Markenimages vermitteln, was ihren direkten Bezug zum Markenimage verdeutlicht. Markensignale weisen dagegen in der Regel keinen direkten Bezug zum angestrebten Markenimage auf, weshalb eine Verwendung beim Aufbau neuer Marken wenig sinnvoll erscheint. Vielmehr sollte die Wahrnehmung des Markenzeichens direkt eindeutige, auf das angestrebte Markenimage abgestimmte Assoziationen vermitteln und so den Imageaufbau unterstützen. In einem zweidimensionalen Raum zwischen den Dimensionen „Bezug zum Markenimage" und „Konkretheit der Assoziationen" abgetragen, geben Markenbilder wiederum Hinweise auf ihren Beitrag zum Markenaufbau. Solche im Bereich rechts oben weisen dabei durch

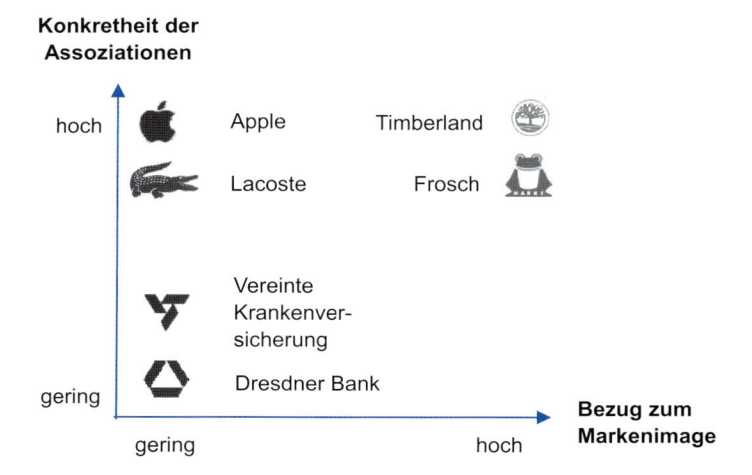

Abb. 10.5 Beitrag von Markensignalen zum Aufbau des Markenwissens (Quelle: Langner 2002, S. 37)

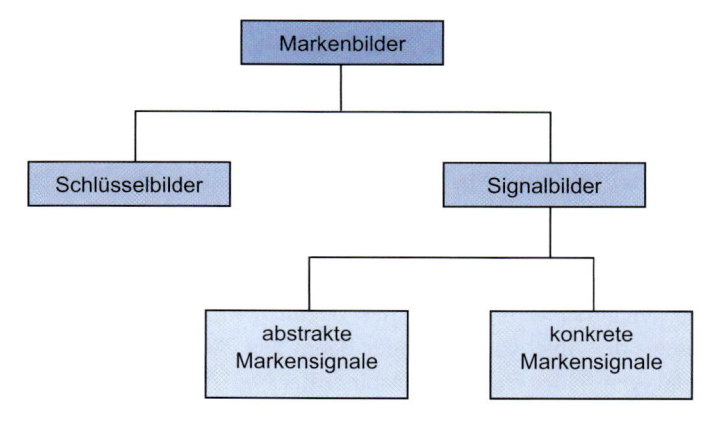

Abb. 10.6 Hierarchische Klassifikation von Markenbildern

ihre klaren und konkreten Assoziationen, die das Markenimage eindeutig charakterisieren den größten Beitrag auf. Abstrakte Markenbilder im Bereich links unten bringen den Aufbau des Markenwissens dagegen kaum voran (vgl. Abb. 10.6).

Die **Findung von Markenname und Markenbild** erfordert einen systematischen und durchdachten Entwicklungsprozess. Dieser sollte jedoch keine isolierte Erarbeitung von Name und Bild darstellen, sondern vielmehr an einer Integration beider, im Sinne eines ganzheitlichen Branding-Ansatzes, ausgerichtet sein.

10.4.2 Integriertes Branding

Hintergrund des integrierten Brandings ist die Frage, wie Markenname und Markenbild beschaffen sein müssen, um gemeinsam das angestrebte **Markenimage möglichst wirkungsvoll zu vermitteln**. Konsumenten nehmen in der Regel Markenname, Markenbild und Produkt gemeinsam wahr, weshalb die durch sie ausgelösten Assoziationen in Wechselwirkungen zueinander stehen und so einen holistischen Gesamteindruck des Brandings bilden. Als grundlegende Zielsetzungen des integrierten Brandings sind deshalb folgende Punkte zu identifizieren (Esch und Langner 2004; Langner 2003).

Zunächst ist eine beabsichtigte Markenpositionierung mit einer **integrierten Markenbild- und Markenzeichengestaltung** deutlich effizienter und effektiver zu vermitteln, wodurch sich eine bessere Verstehenswirkung ergibt. Gleichzeitig rufen semantisch redundante Wort-Bild-Kombinationen wesentlich bessere ästhetische Beurteilungen durch die Rezipienten hervor, als diskrepante Verknüpfungen. In Kombination mit einer schnelleren kognitiven Verarbeitung bewirken sie so eine deutlich bessere Gefallenswirkung. Auch die Erinnerungs- und Lernwirkung von bedeutungshaltigen Wörtern ist durch die gleichzeitige Präsentation ihrer Abbilder zu verbessern. Durch integriertes Branding können die Wissensstrukturen (Schemata) von Markenname und Markenbild zu einem einzigen, gemeinsamen Schema verknüpft werden. Auf diese Weise lassen sich neue Informationen mit weitaus geringerem Aufwand speichern und wieder abrufen, als es bei einer diskrepanten Verknüpfung (zwei getrennten Schemata) der Fall wäre. Unter Berücksichtigung jüngster Erkenntnisse der Gedächtnispsychologie ergeben sich so Techniken zur integrativen Verknüpfung von Markenname und Markenbild, durch die sich eine überlegene Wirkung auf das Verstehen, Gefallen und Behalten des Brandings erzielen lassen.

Die Vorgehensweise der **selektiven Modifikation** verbindet Markenname und Markenbild über eine gemeinsame Eigenschaft miteinander. Dabei übernimmt der Markenname die gleiche Funktion wie Adjektive in unserer Sprache und präzisiert eine (möglichst vorteilhafte) Eigenschaft des Markenbildes. So verkörpert beispielsweise der Markenname „Robusto" die Ausprägung „stabil". Koffer verfügen über die Eigenschaft „Stabilität". Die Wort-Bild-Kombination Robusto und Koffer vermitteln daher das Image des „stabilen Koffers". Die Entwicklung einer geeigneten Markenpositionierung im Rahmen der selektiven Modifikation konzentriert sich zunächst auf die Suche nach einer herausragenden Eigenschaft der Marke. Diese sollte für den Konsumenten kaufentscheidungsrelevant sein und gleichzeitig eine Differenzierung zur Konkurrenz ermöglichen. Die zentrale Fragestellung lautet demnach: „Welche Eigenschaft macht die Marke im Wettbewerb einzigartig?". Ist eine solche gefunden, beginnt die Suche nach Adjektiven, die diese Positionierung bildhaft ausdrücken. Das gefundene Adjektiv ist im Anschluss in einen semantisch kongruenten, assoziativen Namen zu überführen.

Soll beispielsweise ein Computer über die Eigenschaft „einfache Bedienbarkeit" am Markt positioniert werden, bieten sich Adjektive wie „leicht", „problemlos", „unkompliziert" oder „simpel" an. Aus „simpel" lässt sich im nächsten Schritt der assoziative Name „Simplicio" ableiten. Als Ergebnis vermittelt die **Wort-Bild-Kombination** aus Simplicio

- Effizienz: Sehr groß, sehr schnelles Verständnis der Wort-Bild-Kombinationen
- Effektivität: Sehr groß, in 92 % der Fälle Verständnis der selektiven Modifikation gemäß der angestrebten Markenpositionierung
- Markenname: Übernimmt die Funktion eines Adjektivs
- Vorgehen: Suche nach Adjektiven, die die angestrebte Positionierung vermitteln; anschließende Ableitung des Markennamens aus diesen Adjektiven
- Funktionsweise: Der Markenname greift eine Eigenschaft des Markenbildes auf und präzisiert diese

Abb. 10.7 Selektive Modifikation im Überblick (Quelle: In Anlehnung an Langner 2003, S. 271)

und Computer unmissverständlich die angestrebte Markenpositionierung. Einen Überblick über selektive Modifikationen gibt Abb. 10.7.

Im Rahmen der **inhaltlichen Redundanz** vermitteln Markenname und Markenbild die gleichen Assoziationen. So liegen beim Wort „Dimeus" beispielsweise Assoziationen rund um das Themenfeld „griechisch" nahe, gleiches gilt für das Bild eines Tempels. Eine Kombination beider Elemente kommuniziert daher die Assoziation „griechisch" in verstärktem Maße. Wort-Bild-Redundanzen werden vom Rezipienten sehr schnell und in der Regel entsprechend der beabsichtigten Aussage verstanden. Sie sind demnach zur Vermittlung angestrebter Markenpositionierungen hervorragend geeignet. Die Vorgehensweise zur Bildung von inhaltlich redundanten Wort-Bild-Kombinationen umfasst mehrere Schritte. Am Anfang steht hierbei die Formulierung einer geeigneten Markenpositionierung, bevor mit der Suche nach Objekten (Substantiven) oder Tätigkeiten (Verben) begonnen werden kann, welche im Einklang mit der angestrebten Positionierung stehen. Das identifizierte Objekt (bzw. die Tätigkeit) ist dann in einen assoziativen Markennamen zu übersetzen, der eine ähnliche Assoziationsstruktur aufweist, wie das Objekt (Tätigkeit). Ist ein solcher, mit der Positionierung konformer Name gefunden, wird er durch ein semantisch kongruentes Markenbild ergänzt.

Will beispielsweise ein Markenführer ein Produkt anhand der Assoziation „ägyptisch" positionieren, eignen sich Objekte wie der Nil, Pyramiden, Pharaonen, Mumien o. ä. zur Vermittlung dieser Assoziationen. Das assoziativ stark mit dem alten Ägypten verbundene Wort Pharao kann beispielsweise in den Namen „Phareus" übersetzt werden. Das Bild einer Pyramide ergänzt die assoziative Struktur höchst wirkungsvoll, sodass sich eine **Wort-Bild-Redundanz** ergibt, die die Markenpositionierung „ägyptisch" leicht verständlich vermittelt (Abb. 10.8).

Wie im Falle der selektiven Modifikation ist auch bei der Integration von Markenname und Markenbild durch **Eigenschaftsübertragung,** die Verknüpfung über eine gemeinsame Eigenschaft zu bilden. Das Ziel stellt hierbei die Übertragung einer Eigenschaft des Markenbildes auf den Markennamen (oder umgekehrt) dar. Die beiden Markenelemente weisen hier bei der Vermittlung der Markenpositionierung eine klare Aufgabenteilung auf, wobei sowohl Markenname als auch Markenbild den Bezug zur Produktkategorie herstellen können. Aus diesem Grund sind Eigenschaftsübertragungen besonders gut dazu geeig-

- Effizienz: Sehr groß, sehr schnelles Verständnis der Wort-Bild-Redundanzen
- Effektivität: Sehr groß, in 97 % der Fälle Verständnis der Wort-Bild-Redundanzen gemäß der angestrebten Markenpositionierung
- Markenname: Wird aus einem Substantiv oder Verb abgeleitet
- Vorgehen: Suche nach Objekten oder Tätigkeiten, die die angestrebte Markenpositionierung vermitteln und anschließende Ableitung des Markennamens aus diesen Begriffen
- Funktionsweise: Markenname und Markenbild sind semantisch redundant; sie vermitteln die gleichen Assoziationen

Abb. 10.8 Wort-Bild-Redundanz im Überblick (Quelle: In Anlehnung an Langner 2003, S. 272)

net, einen gewünschten Produktkategoriebezug zu vermitteln. Die zentrale Voraussetzung stellt dabei das Vorhandensein einer stark herausstechenden Eigenschaft eines der beiden Markenelemente dar, die sich auf das andere Element übertragen lässt. Verkörpert das Bild oder der Name dagegen die betroffene Eigenschaft nicht dominant genug, ist die Eigenschaftsübertragung nicht eindeutig zu verstehen. Daher sind im Vorfeld der Markteinführung Pretests vonnöten, die die Salienz (Herausstechendheit) der Eigenschaft überprüfen. Insgesamt ist festzuhalten, dass Wort-Bild-Kombinationen entsprechend der Eigenschaftsübertragung Markenpositionierungen mit großer Effizienz und Effektivität vermitteln.

Die **Generierung einer Eigenschaftsübertragung** beginnt entsprechend der zuvor genannten Techniken mit der Suche nach einer geeigneten Markenpositionierung. Diese reduziert sich jedoch hier, wie bei der selektiven Modifikation, auf die Frage, welche im Wettbewerbsumfeld eigenständige Eigenschaft der Marke für den Konsumenten kaufentscheidungsrelevant ist. Die zentrale Fragestellung ist demnach auch hier: „Welche Eigenschaft macht die Marke im Wettbewerb einzigartig?" Ist diese Eigenschaft identifiziert, steht die Entscheidung über den Platzhalter des Produktkategoriebezugs an. Welches Attribut diese Aufgabe übernimmt, hängt zum einen davon ab, wie bedeutend der Kategoriebezug für die Markenkommunikation ist. Zum anderen sind die, für den Aufbau der Marke benötigten, Kommunikationsbedingungen ausschlaggebend. Langner belegt in seiner Studie zum integrierten Branding (2003), dass im Falle eines Nicht-Verstehens der Wort-Bild-Kombination das Markenbild einen weitaus größeren Einfluss auf die Assoziationen aufweist als der Markenname. Da unter low-involvement-Bedingungen die Betrachtungszeiträume im Sekundenbereich liegen, ist hier die Gefahr besonders groß, dass eine Kombination nicht verstanden wird. Dennoch nimmt der Rezipient die Inhalte des Markenbildes auf. Unter low-involvement-Bedingungen empfiehlt es sich deshalb, den Teil der Positionierungsaussage über das Markenbild zu vermitteln, der für den Markenerfolg von größerer Bedeutung scheint.

Fällt die Entscheidung auf den **Markennamen als Kommunikator** der Produktkategorie, ist er aus Objekten (Substantiven) oder Tätigkeiten (Verben) abzuleiten, die in enger Verbindung zur Produktkategorie stehen. Das Markenbild ist daraufhin so zu wählen, dass es die zu vermittelnde Positionierungseigenschaft so gut wie möglich ausdrückt. So ist beispielsweise die Positionierung eines Klebstoffs über die Eigenschaft „starke Klebwirkung"

■ Effizienz: Sehr groß, sehr schnelles Verständnis der Wort-Bild-Kombinationen nach dem Muster der Eigenschaftsübertragung

■ Effektivität: Groß, in 85 % der Fälle Verständnis der Wort-Bild-Kombinationen nach dem Muster der Eigenschaftsübertragung gemäß der angestrebten Markenpositionierung

■ Markenname: Wird aus einem Substantiv oder einem Verb abgeleitet

■ Vorgehen: Suche nach Objekten oder Tätigkeiten, die über eine mit der Markenpositionierung konforme, herausstechende Eigenschaft verfügen; alternativ Suche nach Markennamen, die einen Hinweis auf die Produktkategorie geben

■ Funktionsweise: Markenname und Markenbild vermitteln unterschiedliche Assoziationen; eines der beiden Elemente verfügt über eine stark herausstechende Eigenschaft, die auf das andere Element zu übertragen ist

Abb. 10.9 Eigenschaftsübertragung im Überblick (Quelle: In Anlehnung an Langner 2003, S. 274)

denkbar. Die Wortsilbe „Kleb" erlaubt eine Konstruktion des Namen „Klebex", welcher starke Assoziationen zum Themenfeld „Klebstoffe" auslöst. Die zentrale Positionierungseigenschaft „starke Klebewirkung" lässt sich dagegen durch das Bild eines angespannten, muskulösen Bizeps vermitteln. Die Kombination des Namens Klebex mit dem Bild des Bizepses verdeutlicht demnach die angestrebte Positionierung des stark haftenden Klebstoffs.

Soll dagegen der **Name die zentrale Positionierungseigenschaft** kommunizieren, ist der Ablauf umgekehrt durchzuführen. Die Ableitung des Markennamens erfolgt nun aus Objekten (Substantiven) oder Tätigkeiten (Verben), die die angestrebte Positionierung bestmöglich vermitteln. So kommuniziert der Name „Mausino" durch seine Nähe zum Begriff „Maus" die Assoziation „klein". In Kombination mit dem Bild eines Handys ergibt sich die Markenpositionierung eines besonders kleinen Handys. In Abb. 10.9 sind die Eigenschaftsübertragungen im Überblick dargestellt.

Die Integrationsmethode der **relationalen Verknüpfung** von Markenname und Markenbild folgt einer, von den vorherigen Ansätzen abweichenden Logik. Hier weisen Bild und Name voneinander abweichende Aussagen auf. Sie teilen in der Regel keine gemeinsamen Eigenschaften, sondern sind über eine thematische Beziehung in eine Kontextgeschichte eingebunden, die eine sinnvolle Deutung und Interpretation der Wort-Bild-Kombination ermöglicht. Wie auch die Eigenschaftsübertragung weist die relationale Verknüpfung bei Vermittlung der angestrebten Positionierung eine klare Aufgabenteilung für Markenname und Markenbild auf. Eines der Elemente übernimmt wiederum die Vermittlung des Kategoriebezugs, das andere kommuniziert eine zentrale Eigenschaft der Marke. Deshalb sind relationale Verknüpfungen, wie schon die Eigenschaftsübertragung, besonders gut dazu geeignet, einen ausgeprägten Bezug zu einer Produktkategorie herauszustellen. Dieser kann dabei sowohl vom Namen als auch vom Bild übernommen werden. Auch hier gilt die Faustregel, dass der Kategoriebezug unter low-involvement-Bedingungen besonders dann vom Markenbild vermittelt werden sollte, wenn er für das Branding von essentieller Bedeutung ist.

Die **Effektivität von Relationalen Verknüpfungen** unterliegt, je nach eingesetzter thematischer Beziehung, großen Schwankungen. Aus der psychologischen Linguistik sind zahlreiche potentielle Relationen bekannt, die theoretisch bei der relationalen Verknüpfung Anwendung finden können. Jedoch sind nicht alle dieser Beziehungen für den Rezipienten leicht zu deuten und nachzuvollziehen. Geläufige Relationen versprechen jedoch überaus effektive Wort-Bild-Kombinationen. Tabelle 10.1 ist ein Überblick über Wort-Bild-Kombinationen zu entnehmen, die eine Markenpositionierung wirkungsvoll vermitteln. Um ein Verständnis beim Nachfrager tatsächlich gewährleisten zu können, ist ein Einsatz abweichender Relationen nur unter Vorschaltung umfangreicher Pretests zu empfehlen.

Die **Entwicklung relationaler Wort-Bild-Verknüpfungen** beginnt mit der Ermittlung einer geeigneten thematischen Beziehung, in der Name und Bild zueinander stehen. Diese sollte in der Lage sein, die zentrale Stärke der Marke eindeutig herauszustellen. Die verschiedenen Arten von Relationen dienen dabei als Zugang zur Suche nach geeigneten Positionierungsideen. So gibt die „gemacht-aus"-Beziehung beispielsweise Hinweise auf einzigartige Inhaltsstoffe o. ä. der Marke, die sie von Konkurrenzangeboten abhebt. Die „für/zu"-Beziehung verdeutlicht eine Besonderheit der Marke, die sich auf ihre Eignung für eine spezielle Zielgruppe oder auf einen außergewöhnlichen Verwendungszusammenhang stützt. Eine „verursacht"-Beziehung dokumentiert dagegen etwas Positives, das durch die Marke ausgelöst wird und sie dadurch von der Konkurrenz unterscheidet. Die „lokalisiert"-Beziehung ist dann von Vorteil, wenn die Herkunft der Marke ihr eine Art Einzigartigkeit oder Exklusivität verleiht. Selbstverständlich ist eine Vielzahl weiterer Relationen denkbar, die zur Bildung von relationalen Wort-Bild-Kombinationen verwendbar sind, allerdings gehen diese meist mit einer verminderten Effektivität einher. Nach Festlegung der thematischen Beziehung, über welche die Positionierungsaussage zu formulieren ist, steht die Auswahl des Markenelements an, welches den Bezug zur Produktkategorie vermitteln soll. Dem anderen Element fällt dann die Aufgabe der Vermittlung der zentralen Positionierungsbotschaft zu. Wie bei der Eigenschaftsübertragung trifft auch hier die Empfehlung über den Einsatz des Markenbildes als Kommunikator der bedeutenderen Positionierungsaussage unter low-involvement-Bedingungen zu.

Liegt es nahe, den **Kategoriebezug** über den Markennamen zu kommunizieren, ist der Name aus Substantiven oder Verben abzuleiten, die in einem deutlichen Zusammenhang zur Produktkategorie stehen. Im Anschluss beginnt die Suche nach einem Markenbild, welches die Positionierungseigenschaft wirkungsvoll verdeutlicht. Will eine pharmazeutische Marke beispielsweise die Verwendung einer bestimmten Zutat durch seine Positionierung kommunizieren, bietet sich die Anwendung einer „gemacht-aus"-Beziehung an. Die Zutat (z. B. ein Sonnenblumenextrakt) sollte dabei durch das Markenbild vermittelt werden, da sie die zentrale Größe für den Markenerfolg darstellt. Assoziationen zu Produkten der Pharmabranche sind beispielsweise Krankheit, Medikament, Arzt und Medizin. Der Wortstamm „Med" ermöglicht die Ableitung des Markennamens „Medusin", der beim Rezipienten starke Assoziationen zur Produktkategorie der Medikamente hervorruft. Die Kombination des Namens mit dem Markenbild einer Sonnenblume erreicht so eine effektive Vermittlung der angestrebten Positionierung „Medikament aus Sonnenblumen".

Tab. 10.1 Effektive Thematische Beziehungen der relationalen Verknüpfung (Quelle: In Anlehnung an Langner 2003, S. 277)

Thematische Relation	Angestrebte Markenpositionierung Die Marke steht für …	Fiktive Beispiele
„gemacht-aus"-Beziehung	… Medizin aus Sonnenblumen.	Medusin
	… Fahrräder aus Aluminium.	Aluminia
„für/zum"-Beziehung	… eine Zahncreme für Kinder.	Dentadont
	… eine Salbe für Sportler.	Sportivo
„verursacht"-Beziehung	… ein Müsli, das stärkend wirkt.	Cerealis
	… ein Medikament, das eine Gewichtsreduzierung bewirkt.	Figurella
„lokalisiert"-Beziehung	… schweizer Sprudel.	Sprudella
	… mexikanischer Käse.	Mexikal

Ist die **Positionierungseigenschaft** dagegen über den Markennamen zu vermitteln, sind Objekte oder Tätigkeiten zu suchen, die diese Eigenschaft wirkungsvoll ausdrücken. Im Anschluss erfolgt die Übersetzung in einen assoziativen Markennamen. Das Markenbild ist dagegen so zu wählen, dass es den Bezug zur Produktkategorie verdeutlicht. Soll ein medizinisches Produkt anhand einer „verursacht"-Beziehung, also beispielsweise über sei-

- Effizienz: Mittel, weit größerer kognitiver Aufwand bei der Verarbeitung von relationalen Wort-Bild-Kombinationen als bei den vorangegangenen Techniken

- Effektivität: Mittel bis groß, bei Verwendung geläufiger thematischer Beziehungen Verständnis der Markenpositionierung in über 90 % der Fälle; weit geringere Effektivität bei weniger geläufigen relationalen Verknüpfungen

- Markenname: Wird aus einem Substantiv oder einem Verb abgeleitet; er drückt entweder die zu vermittelnde Eigenschaft oder den Produktbezug aus

- Funktionsweise: Markenname und Markenbild vermitteln unterschiedliche Assoziationen und sind über eine thematische Beziehung miteinander verbunden

Abb. 10.10 Relationale Wort-Bild-Kombinationen im Überblick (Quelle: In Anlehnung an Langner 2003, S. 275)

ne schlankheitsfördernde Wirkung positioniert werden, bietet sich aufbauend auf dem Wort „Figur" die Ableitung des Markennamens „Figurella" an. Zusammen mit dem Bild eines Tablettenröhrchens ergibt sich so die Positionierung „Tablette, die schlank macht". In Abb. 10.10 sind die relationalen Wort-Bild-Kombinationen im Überblick dargestellt.

10.5   Marken strategisch führen

10.5.1   Erscheinungsformen der Marke

In Wissenschaft und Praxis taucht eine Vielzahl von Wortverbindungen auf, die sich der Marke als Begriffskern bedienen. Tabelle 10.2 zeigt verschiedene **Erscheinungsformen von Marken**, die sich im Hinblick auf folgende Kriterien klassifizieren lassen (Esch et al. 2006): institutionelle Stellung des Markenträgers, geografische Reichweite und vertikale Reichweite der Marke, Anzahl der Markeneigner, Anzahl der markierten Güter, bearbeitete Marktsegmente, inhaltlicher Bezug der Marke, Verwendung von Markierungsmitteln, Art der Markierung und Herstellerbekenntnis.

Von besonderer Relevanz für die Markenführung ist das **Kriterium der institutionellen Stellung** des Markenträgers. Eine verbreitete Variante bildet nach wie vor die Herstellermarke, die nahezu alle Zweige der Konsumgüterindustrie, aber auch viele Sektoren der Gebrauchs- und Industriegüterbranche durchdrungen hat. In den letzten Jahrzehnten hat sich der Handel im besonderen Maße in einer für viele Produzenten unliebsamen Weise des Markenkonzepts bemächtigt. Handelsmarken ganz unterschiedlicher Produktbereiche sind heute bei allen Betriebsformen des Handels wie Filialbetrieben, Versandhäusern, Einkaufs- und Konsumgenossenschaften oder anderen Handelsketten zu erwerben. Auf diese Weise versuchen Handelsorganisationen sich aus der Abhängigkeit von Markenartikelherstellern zu lösen und sich ihrerseits als solche zu profilieren. Tabelle 10.3 vermittelt einen Überblick über die Entwicklung von Handelsmarken, ausgehend von sogenannten „no name"-Produkten bis hin zu segmentspezifischen Marken. Es fällt auf, dass Handelsor-

Tab. 10.2 Klassifikation der Erscheinungsformen von Marken

Merkmalskategorien für Marken	Erscheinungsformen	Beispiel
Institutionelle Stellung des Trägers der Marke	Herstellermarke	*Jacobs* Krönung
	Handelsmarke	*Albrecht* Kaffee
	Dienstleistungsmarke	*TUI*
Geografische Reichweite der Marke	Regionale Marke	*Südmilch*
	Nationale Marke	*Ernte 23*
	Internationale Marke	*Opel*
	Weltmarke	*Coca-Cola*
Vertikale Reichweite der Marke	Vorproduktmarke	*Intel*
	Fertigproduktmarke	*Boss*
Anzahl der Markeneigner	Individualmarke	*Rosenthal*
	Kollektivmarke	*Gruppe 21*
Anzahl der markierten Güter	Einzelmarke	*Odol*
	Familienmarke	*Nivea*
	Dachmarke	*Siemens*
Bearbeitete Marktsegmente	Erstmarke	*Henkell Trocken*
	Zweitmarke	*Carstens SC*
Inhaltlicher Bezug der Marke	Firmenmarke	*Bahlsen-Kekse*
	Phantasiemarke	*Merci-Schokolade*
Verwendung von Markierungsmitteln	Akustische Marke	*Dallas* (Melodie)
	Optische Marke	*Mohr von Sarotti*
	Olfaktorische Marke	*4711*
	Taktile Marke	*Nylon*
Art der Markierung	Wortmarke	*Mercedes-Benz*
	Bildmarke	*Stern von Mercedes*
Herstellerbekenntnis	Eigenmarke	*Bahlsen Schoko Leibniz*
	Fremdmarke	*Palazzo* (Schoko-Keks)

ganisationen nicht nur preisgünstige, qualitativ minderwertige Handelsmarken offerieren. Vielmehr bieten sie diese Erzeugnisse sehr oft als qualitativ hochwertige Güter zu einem hohen Preis an.

Banken und Versicherungen, Touristik- sowie Verkehrsbetriebe stellen in der Regel **Dienstleistungsmarken** dar. Der Name des Unternehmens bildet hier häufig die Basis der Markenbezeichnung (z. B. *Deutsche Bank*). Allerdings weisen nicht selten einzelne Angebote des Dienstleistungsunternehmens alle Attribute eines Markenartikels auf, wie z. B. die *Bahncard* der *Deutschen Bahn*.

Nach der **Anzahl der markierten Güter** lassen sich weiterhin Einzelmarken, Familienmarken und Dachmarken unterscheiden. Bei der Einzelmarkenstrategie (auch Produkt- oder Monomarkenstrategie) wird jedes Produkt eines Unternehmens unter einer eigenen

Tab. 10.3 Entwicklungsstufen von Handelsmarken

Kriterium	Entwicklungsstufe			
	1. Generation	2. Generation	3. Generation	4. Generation
Marke	No name	Quasi Marken	Dachmarke des Handels	Segmentspezifische Handelsmarke
Produkt	Basislebensmittel	Einzelartikel, in großen Volumen	Produktkategorien durch Marken abgedeckt	Produkte, die Image bilden
Technologie	Basistechnologie	Eine Generation hinter dem Marktführer	Nahe am Marktführer	Innovativ
Qualität/ Image	Deutlich geringer als Herstellermarke	Mittel, aber als gering eingeschätzt	Wie führende Marken	Besser oder so gut wie führende Marken
Kaufgrund	Preis 20 % bis 50 % unter Markenartikel	Sehr guter Preis	Preis-Qualitäts-Verhältnis	Sehr gutes Produkt
Hersteller	National, zumeist nicht spezialisiert	National, häufig spezialisiert auf Handelsmarken	National, häufig spezialisiert auf Handelsmarken	International, spezialisiert auf Handelsmarken
Ziel des Handels	Margenverbesserung und Kundenbindung	Verbesserung der Marge und Verhandlungsposition gegenüber dem Hersteller	Sortimentsverbreiterung und Imagebildung	Margenverbesserung in Produktkategorie und Kundenbindung über Produktqualität

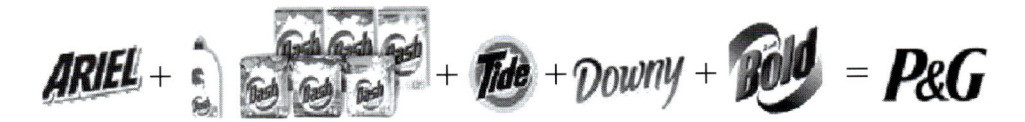

Abb. 10.11 Auswahl an Einzelmarken von Procter & Gamble

Marke angeboten. Als Beispiele für Einzelmarken sind *Nutella, Duplo, Rafaello* (*Ferrero*), *Meister Proper* und *Pampers* (*Procter & Gamble*) zu nennen (Abb. 10.11). Der Markenname nimmt üblicherweise keinen Bezug auf den übergeordneten Firmennamen. Der Anbieter bleibt somit im Hintergrund, was dazu führt, dass der Zielgruppe das Unternehmen unter Umständen nicht bekannt ist. Diese Vorgehensweise soll u. a. verhindern, dass die Reputation des eigentlichen Herstellers bei einem Misserfolg des Produktes leidet und Badwill-Transfereffekte auf andere Produkte des Unternehmens stattfinden.

Die **Einzelmarkenstrategie** ist somit auf die Schaffung einer klaren, unverwechselbaren Markenpersönlichkeit ausgerichtet, um eine überdurchschnittliche Preisstellung am

Markt zu realisieren, monopolistische Spielräume zu schaffen und zu nutzen. Die Strategie ist insbesondere bei einer sehr heterogenen Produktstruktur eines Unternehmens empfehlenswert. Jedes Produkt kann eine einzigartige Positionierung vermitteln und so gezielt unterschiedliche Zielgruppen ansprechen. Ein weiterer Vorteil liegt in der Möglichkeit, für jede Marke eine eigene Markenpersönlichkeit mit einer spezifischen Kompetenz aufzubauen und so beispielsweise den Innovationscharakter neuer Produkte pointiert herauszustellen. Weiterhin ermöglicht die Einzelmarkenstrategie eine genau auf die Marke abgestimmte Profilierung und Positionierung im Rahmen des gesamten Produktlebenszyklus. Gleichzeitig besteht ein geringer Koordinationsbedarf der Marketingmaßnahmen für die unterschiedlichen Marken. Als nachteilig ist jedoch einzustufen, dass die Einzelmarke in allen Lebenszyklen die gesamten Marketingaufwendungen alleine zu tragen hat. Im Gegensatz zu Familienmarken- oder Dachmarkenstrategien entstehen dem Unternehmen bei der Markeneinführung und dem Markenaufbau hohe Kosten. Der Profilierungsaufwand für Marken wird angesichts der zunehmenden Markenvielfalt und des dadurch verstärkten Markenwettbewerbs immer größer. Auch das Erreichen echter Leistungsvorteile ist bei einer Vielzahl von Einzelmarken schwierig zu realisieren (vgl. Tab. 10.4). Neben den Stärken und Schwächen ist die Entscheidung für die Einzelmarkenstrategie deshalb v. a. von situativen Faktoren der Unternehmung und des Marktes abhängig. Die Strategie eignet sich z. B. häufig für Innovationen mit hohem Markt- und Ertragspotential. Ebenso spielen Branchenbedingungen eine Rolle. Bei Dienstleistungen beispielsweise kommt es oft weniger auf die Profilierung einzelner Leistungen an, sondern vielmehr auf die Kompetenz und Vertrauenswürdigkeit des Unternehmens, was eher für die Strategie einer Firmen- oder Dachmarke spräche.

Die Grundidee der **Familienmarkenstrategie** (auch als Produktgruppen- oder -Range-Markenstrategie bezeichnet) liegt in der Wahl einer einheitlichen Markierung für bestimmte Produktgruppen oder -linien. Damit partizipieren alle unter dieser Familienmarke laufenden Waren am gemeinsam aufgebauten, produktgruppenspezifischen Markenimage. Die Chancen liegen hierbei vor allem in der Möglichkeit, sowohl grundlegende Vorzüge der Einzelmarken, wie z. B. den Profilierungsvorteil, als auch solche der Dachmarke, wie z. B. dem Ökonomievorteil, zu nutzen, ohne die Risiken in gleicher Höhe in Kauf nehmen zu müssen (vgl. Tab. 10.5). Dieser Markentyp bietet sich vor allem dann an, wenn mehrere Produkte eines insgesamt heterogenen Programms zu Produktlinien zusammen gefasst werden können oder sich auf Basis bereits am Markt bestehender Leitprodukte durch Produktlinienerweiterungen/-bildungen Potentiale in neuen Teilmärkten erschließen lassen. In letzterem Fall bilden meistens übergeordnete Philosophien linienspezifische Nutzenversprechen oder auch Nutzenklammern, welche die gesamte Linie umspannen. Anwendung findet das Konzept insbesondere im Konsumgüterbereich, Beispiele stellen hier die *Nivea*-Linie von *Beiersdorf* oder die *Milka*-Linie von *Kraft Jacobs Suchard* dar.

Die **Dachmarkenstrategie** ist dadurch gekennzeichnet, dass sämtliche Produkte eines Unternehmens unter einer einheitlichen Marke ("umbrella branding") angeboten werden. In vielen Fällen stellt dabei der eigentliche Unternehmensname den Markennamen dar. Dachmarken sind häufig bei Industriegütern, langlebigen Gebrauchsgütern und Gütern

Tab. 10.4 Vor- und Nachteile der Einzelmarkenstrategie (Quelle: In Anlehnung an Becker 2006, S. 275)

Vorteile	Nachteile
Klare und pointierte Profilierung einzelner Produkte	Einzelnes Produkt muss gesamten Markenaufwand alleine tragen (Markenbudget)
Konzentration auf eine definierte Zielgruppe möglich	Tragfähiges Marktvolumen Voraussetzung für Erfolg
Wahl einer spezifischen Markenpositionierung möglich	Markenpersönlichkeit wird nur langsam aufgebaut
Innovationscharakter von Neuprodukten gut darstellbar	Tendenziell kürzer werdende Produkt-Lebenszyklen erhöhen Gefahr, dass Break-Even-Point nicht erreicht wird
Freiheit zu Profilierungs- und Positionierungsmaßnahmen im Produktlebenszyklus	Strukturwandel der Märkte gefährdet Überlebensfähigkeit produktspezifischer Marken
Bei Misserfolg Vermeidung von Badwill-Transfereffekten auf andere Produkte des Unternehmens	Wachsende Problematik der Findung geeigneter und schutzfähiger Markennamen

des täglichen Bedarfs zu finden. Im Bereich von Dienstleistungsmarken sind sogar nahezu 80 % der angemeldeten Marken als Dachmarken einzustufen. Gängige Beispiele für diese Art der Strategie sind u. a. *Porsche*, *Siemens*, *Kodak* oder *Pfanni*. Die Dachmarkenstrategie wird vor allem dann gewählt, wenn der Umfang des Produktprogramms zu groß für eine sinnvolle und ökonomische Einzelmarkenstrategie ist oder sich Zielgruppen, bzw. die Positionierung der Programmteile, nicht oder nur unwesentlich voneinander unterscheiden. Von Vorteil ist dabei, dass das Floprisiko von Neuprodukteinführungen eher gering ausfällt, da die Akzeptanz des Produktes von Seiten der Konsumenten und des Handels relativ groß ist. Aufgrund der engen Beziehung zwischen Marke und Hersteller bietet die Dachmarkenstrategie die Möglichkeit, eine unverwechselbare Unternehmens- und Markenidentität aufzubauen, was dagegen z. B. bei der Familienmarkenstrategie nicht möglich ist. Alle Produkte können zur Profilierung und Stützung der Dachmarke beitragen und kommen für den erforderlichen Markenaufwand gemeinsam auf. Auch gefährden kurze Produktlebenszyklen einzelner Produkte nicht gleich die gesamte Marke und deren Wirtschaftlichkeit.

Der größte **Nachteil der Strategie** besteht in der Gefahr einer Markenerosion, wenn die Konsumenten den Kompetenzanspruch des Unternehmens nicht mehr für alle Produkte akzeptieren. Dies geschieht v. a. dann, wenn die unter der Dachmarke vertriebenen Produkte in zu unterschiedlichen Segmenten angesiedelt sind. Auch eine Konzentration auf spezielle Zielgruppen ist im Prinzip nicht möglich und Besonderheiten einzelner Programmteile lassen sich nicht spezifisch herausstellen und ausloben. Im Falle des Scheiterns eines Produktes besteht zudem die Gefahr von Badwill-Transfereffekten auf

Tab. 10.5 Vor- und Nachteile der Familienmarkenstrategie (Quelle: In Anlehnung an Becker 2006, S. 277)

Vorteile	Nachteile
Möglichkeit zur spezifischen Profilierung einzelner Produkte, insbesondere bei gemeinsamer Nutzenphilosophie der Produktlinie	Markenkern der Ausgangsmarke beschränkt Innovationsmöglichkeiten der restlichen Linie
Mehrere Produkte teilen sich den erforderlichen Markenaufwand (Markenbudget)	Konzept nur anwendbar, wenn Angebotssysteme mit übergeordneten Nutzenklammern vom Kunden akzeptiert werden
Neue Produkte profitieren vom Goodwill der Familienmarke (Starthilfe)	Profilierung einzelner Produkte nur unter Rücksichtnahme auf die Basispositionierung
Besonders bei Vorhandensein einer gemeinsamen Nutzenphilosophie gute Ausschöpfungsmöglichkeiten von neuen Teilmärkten (Sattelitenstrategie)	Relativ begrenzte Möglichkeiten zu wettbewerbsbedingten Restrukturierungsmaßnahmen (besonders im Vergleich zu Einzelmarken)
Markenimage wird durch jedes neue „philosophiegerechte" Produkt gestärkt	Gefahr der Markenüberdehnung bzw. -verwässerung bei Aufnahme „nicht philosophiegerechter" Neuprodukte
Bildung eigenständiger strategischer Geschäftsfelder möglich (Organisationseinheiten mit eigenen strategischen Erfolgsfaktoren)	Familienmarkensysteme nur dann wirksam, wenn Handel das System möglichst vollständig aufnimmt und als solches präsentiert

die Dachmarke und somit auf alle unter ihr angebotenen Produkte (vgl. Tab. 10.6). Um dieses Risiko zu verringern, kombinieren immer mehr Unternehmen die Dachmarken- mit der Familienmarken- oder Einzelmarkenstrategie. Als Beispiel kann hier das Nahrungsmittelunternehmen *Dr. Oetker* gesehen werden, welches unter seiner (Firmen-)Dachmarke mehrere Markenfamilien (z. B. *Gutes Backen*, *Feine Desserts*, etc.) führt.

Auch die **geografische Reichweite des Absatzraums** stellt ein nützliches Differenzierungsmerkmal dar. So lassen sich regionale, nationale, internationale und globale Marken (Weltmarken) voneinander abgrenzen. Regionale Marken weisen aufgrund ihres stark eingeschränkten Absatzraumes nur lokal begrenzte Bedeutung auf, wohingegen nationale Marken den Markt innerhalb der gesamten Staatsgrenze bedienen. Umfasst der Absatzmarkt dagegen mehrere Länder/Staaten, spricht man von einer internationalen Marke. Weltmarken stellen dagegen Erzeugnisse dar, die weltweit mit einem weitgehend einheitlichen, prägnanten Markenauftritt eine hohe Verkehrsgeltung und Wertschätzung erreichen, was sich u. a. in hohen Marktanteilen ausdrückt. Zu den bekanntesten Weltmarken zählen *Coca-Cola*, *Marlboro* oder auch *Sony*, als Dienstleistungsmarke ist insbesondere *McDonald's* hervorzuheben.

Tab. 10.6 Vor- und Nachteile der Dachmarkenstrategie (Quelle: In Anlehnung an Becker 2006, S. 279)

Vorteile	Nachteile
Markenaufwand wird von allen Produkten gemeinsam getragen (Markenbudget)	Klare Profilierung eines umfangreichen Produktprogramms unter einer einzigen Marke nicht pointiert möglich bzw. stark erschwert, lediglich „runde" Profilierung
Relativ leichte Einführung neuer Produkte durch Vorhandensein der Dachmarke	Konzentration auf einzelne Zielgruppen nahezu unmöglich
Neue Produkte können vom Goodwill der Dachmarke profitieren	Lediglich allgemeine, eher unspezifische Positionierung möglich
Engagement des Unternehmens in kleinen Teilmärkten möglich	Keine Berücksichtigung von individuellen Besonderheiten bei Positionierungen von Programmteilen, auch bei Relaunchaktivitäten
Kurze Produktlebenszyklen einzelner Produkte gefährden nicht die Gesamtökonomie der Unternehmung	Keine spezifische Auslobung oder Profilierung von Innovationen
Aufwändiger Prozess der Suche geeigneter, schutzfähiger Namen entfällt	Bei Scheitern eines Produktes Gefahr von Badwill-Transfereffekten auf die Marke und deren restliche Produkte

10.5.2 Markenpositionierung als Grundlage der Markenführung

Nachdem die Architektur der Marke an den Zielsetzungen des Unternehmens ausgerichtet wurde, gilt es, eine geeignete Position in der **Vorstellung und Wahrnehmung der Konsumenten** zu finden (Esch 2008). Der Begriff der Positionierung umfasst dabei den strategischen und aktiven Prozess der gezielten Imagegestaltung. Den Maßstab für eine erfolgreiche Umsetzung der Positionierung bildet dabei die subjektive Wahrnehmung der Konsumenten, nicht dagegen objektive Leistungseigenschaften. Es gilt also, spezifische und bedürfnisrelevante Gedächtnisinhalte in Bezug auf die Marke in den Köpfen der Konsumenten aufzubauen. Einen wichtigen Anhaltspunkt stellt hier die Kenntnis von zugrunde liegenden Lernvorgängen und Wissenspräsentationen der Konsumenten dar. Bereits vorhandenes Wissen ist als eine wichtige Einflussgröße auf die Aufnahme, Verarbeitung und Speicherung neuer Informationen zu verstehen. Während also die „Soll-Positionierung" bestimmte, Präferenz bildende Gedächtnisstrukturen und Vorstellungsinhalte in der Wahrnehmung der Konsumenten vermitteln will, gibt die „Ist-Positionierung" die, durch das Marketing und unmittelbare Erfahrungen aufgebauten Gedächtnisinhalte wieder. Der Aufbau einer starken Marke ist in großem Maße davon abhängig, inwiefern sie über eine klare Positionierung am Markt verfügt, die zum Unternehmen im weitesten Sinne passt und für den Nachfrager relevant ist. Die Positionierung sollte von diesen auch tatsächlich subjektiv in der gewünschten Form wahrgenommen werden, eine eindeutige Abgrenzung zur Konkurrenz sowie eine langfristige Verfolgbarkeit gewährleisten.

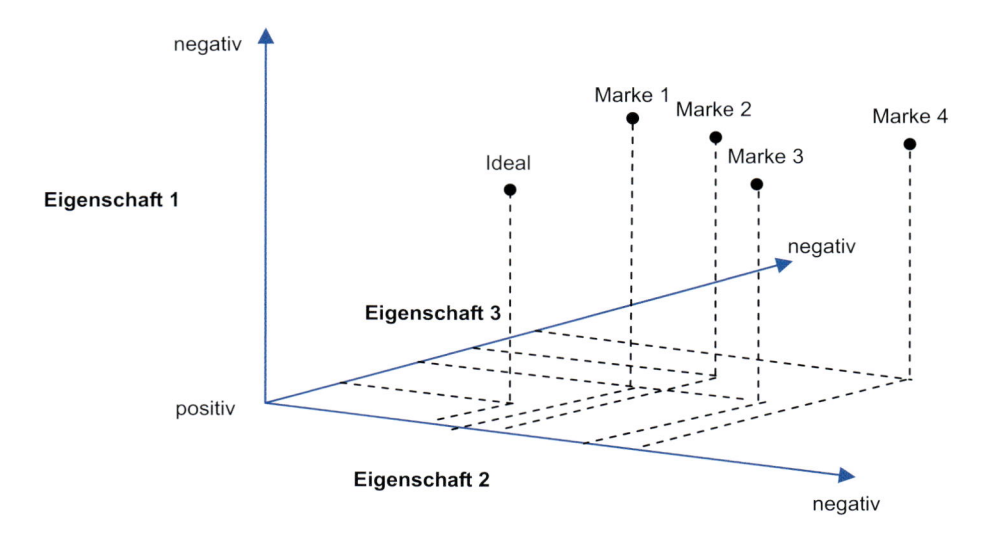

Abb. 10.12 Darstellung eines mehrdimensionalen Positionierungsmodells

Zur grafischen Darstellung der **Positionierung** werden häufig vereinfachende zwei- oder mehrdimensionale Positionierungsmodelle herangezogen (vgl. Abb. 10.12). Diese geben die subjektiv wahrgenommene Stellung der eigenen Marke sowie der von Konkurrenzmarken in Relation zu einem oder mehreren subjektiven Idealpunkten in Bezug auf relevante Positionierungseigenschaften wieder. Auf diese Weise ist eine methodisch stark vereinfachte Darstellung von markenbezogenen Gedächtnisstrukturen der Konsumenten möglich.

Die Distanz der eigenen Marke zu den anderen Marken und der Idealpositionierung gibt Aufschluss über die **Position der Marke im Wahrnehmungsraum** der Konsumenten. Die räumliche Nähe zwischen den abgebildeten Marken ist dabei als Indikator für deren Ähnlichkeit bzw. Substituierbarkeit aus Sicht der Verbraucher zu sehen. Die Nähe zum Idealpunkt gibt dagegen den Grad der Übereinstimmung mit den Idealvorstellungen für diesen Produktbereich an. Je kürzer die Distanz zwischen zwei Marken ist, desto leichter lassen sie sich gegeneinander austauschen. Je näher eine Marke am Idealpunkt liegt, desto eher bevorzugen sie die Konsumenten.

Wie in Abb. 10.12 erkenntlich, lassen sich in dem **stark vereinfachten Modell** nur wenige Dimensionen abbilden, die für eine Positionierung geeignet wären. Solche könnten beispielsweise bereits durch Konkurrenzmarken belegt sein oder aber noch unbearbeitete Marktnischen darstellen, in welchen eine Alleinstellung möglich wäre. Insgesamt kann deshalb festgehalten werden, dass Positionierungsmodelle zwar der Veranschaulichung von Positionierungen dienen können, sie jedoch bei der Suche nach neuen Positionierungsmöglichkeiten noch nicht belegte Marktsegmente vernachlässigen. Gleichzeitig wird jedoch ein wichtiger Aspekt der Positionierung deutlich: Sie sollte sich grundsätzlich auf eine bzw. einige wenige Eigenschaften konzentrieren. Ist dies nicht der Fall, besteht zunächst die Gefahr des Verlusts konsistenter Richtlinien zur Umsetzung der Positionierung und des Aufkommens eines stärkeren Wettbewerbs mit mehr konkurrierenden Anbietern. Das Markenimage kann zudem durch eine übermäßige Anzahl an „Charaktereigenschaften" schnell verwässern und so die Effektivität der Positionierung behindern. Auch sind die Kosten einer solchen Positionierung weit höher als bei der Konzentration auf wenige, präzise Eigenschaften. Die zentralen Schwächen des Positionierungsmodells sind in seiner fehlenden Zukunftsorientierung sowie der unzureichenden Fähigkeit zur Darstellung feiner Positionierungsnuancen zu sehen.

Das Vorgehen zu Bildung einer zielorientierten Markenpositionierung setzt bei der **Feststellung der aktuellen Ist-Positionierung** z. B. mithilfe eines Positionierungsmodells an. Darauf aufbauend sind konkrete strategische Maßnahmen festzulegen, die das weitere Vorgehen zur Positionierung der Marke bestimmen. Ziel ist dabei die Verringerung des wahrgenommen Abstandes zwischen der eigenen Marke und den vom Konsumenten wahrgenommenen Idealvorstellungen unter Berücksichtigung von potentiellen Gewinnerzielungsoptionen. Eine Möglichkeit zur Klassifizierung der verschiedenen Strategieoptionen ist die Unterscheidung nach Bearbeitung eines alten oder eines neuen Positionierungsraums (vgl. Abb. 10.13).

Aus dieser Unterscheidung ergeben sich drei **Grundstrategien der Markenpositionierung**: die Beibehaltung der bisherigen Positionierung, die Umpositionierung und die Neupositionierung. Die bestehende Markenpositionierung kann dann beibehalten werden, wenn der Abstand zur Idealpositionierung sehr klein ist und keine andere, eventuell stärkere Marke eine ähnliche Positionierung verfolgt. Diese Strategie ist allerdings nicht mit einer Erstarrung oder einem Ausbleiben der Marketingmaßnahmen zu verwechseln. Auch die aktuelle Positionierung ist mit geeigneten Mitteln dauerhaft zu kommunizieren und in den Köpfen der Konsumenten zu verstärken. *Marlboro* beispielsweise unterstützt die Erlebniswelt des *Marlboro*-Cowboys seit Jahren mit massiven Werbeauftritten, um ihre Präsenz in der Konsumentenwahrnehmung nachhaltig zu behaupten. Diese Marketingmaßnahmen gilt es fortlaufend zu überprüfen und gegebenenfalls unter Berücksichtigung von Markenidentität und -image an den Zeitgeist oder an aktuelle Strömungen anzupassen.

Eine **Umpositionierung** ist dann angebracht, wenn die aktuelle Ist-Positionierung eine zu große Distanz zur Idealvorstellung der Kunden aufweist. Soll dies im alten Positionierungsraum geschehen, ergeben sich die Möglichkeiten der Anpassung des Angebotes an die Konsumentenwünsche und der Beeinflussung der Kundenwünsche in Richtung des Angebotes. Der Zielgruppenkern der Positionierung bleibt in beiden Fällen erhalten. Im Falle der ersten Strategie gelten die Konsumentenbedürfnisse als Datum. Die Marke ist demnach so zu gestalten, dass sie sich der wahrgenommenen Idealvorstellung der Konsumenten annähert. Ein Nachteil der alleinigen Verfolgung dieser Vorgehensweise liegt allerdings in der Gefahr der Annäherung an solche Marken, die die Idealvorstellungen der Konsumenten ursprünglich mitgeprägt haben. Das Risiko der Austauschbarkeit mit diesen Marken steigt. Deshalb zielt die zweite Strategie auf die Beeinflussung der Konsumentenwünsche und -bedürfnisse in Richtung des aktuellen Angebots ab. Diese Bedürfnisverschiebung ist da-

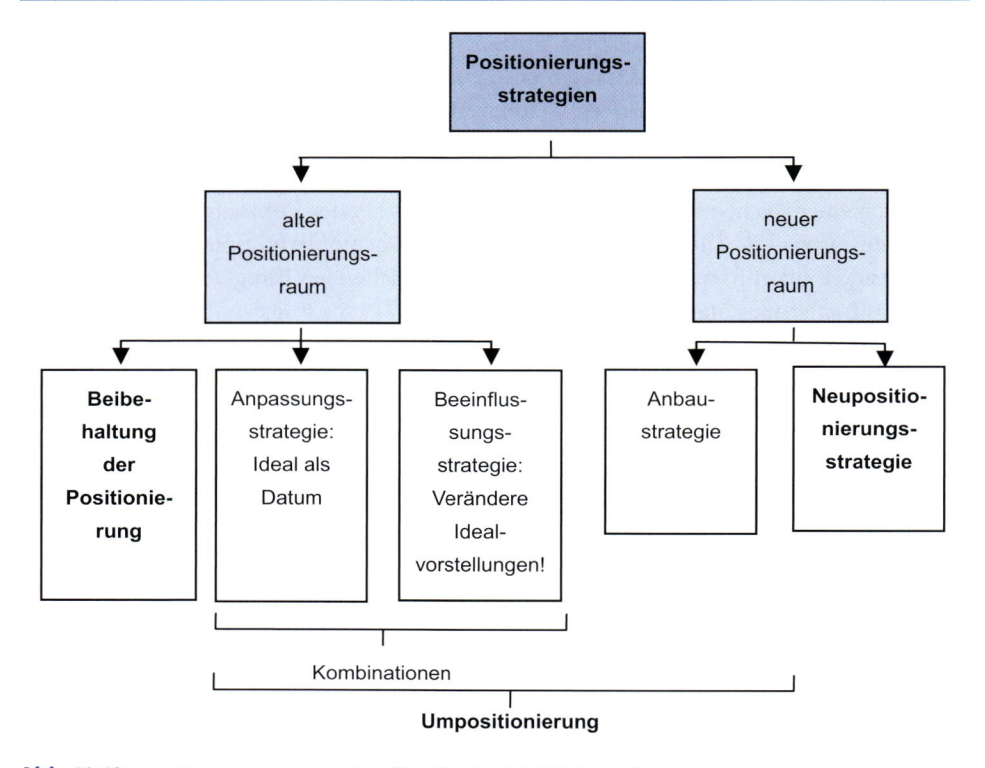

Abb. 10.13 Positionierungsstrategien (Quelle: Esch 2008, S. 246)

bei durch einen gezielten Einsatz der Marketinginstrumente zu erreichen. Auf diese Weise ergibt sich zudem die Möglichkeit, einen neuen markenspezifischen Wahrnehmungsraum aufzuspannen und so eine Alleinstellung anzustreben. Die Zielsetzung beider Strategien liegt jedoch immer in der Verringerung des wahrgenommenen Abstandes zwischen der eigenen Markenpositionierung und der Idealvorstellung der Konsumenten.

Zielt die Umpositionierung dagegen auf die Ausweitung des aktuellen Positionierungsraums ab, ergibt sich die **Anbaustrategie** als weitere Alternative. Sie erweitert die bestehende Markenpositionierung um eine zusätzliche, für andere Teilzielgruppen wichtige Positionierungseigenschaft. Im Idealfall lässt sich auf diese Weise ein neuer Positionierungsraum eröffnen. Dieses Vorgehen ist zum einen dann sinnvoll, wenn die oben genannte Anpassungsstrategie zur Entwicklung eines Me-Too-Angebotes führt, weil andere Marken bereits die Positionierung der Idealvorstellung besetzen. Zum anderen ist die Strategie geeignet, wenn die Beeinflussung der Konsumentenbedürfnisse zu kostenintensiv ausfallen oder sich bereits eine sehr große Anzahl an Marken im bisherigen Positionierungsraum befindet. Die Zielsetzung der Anbaustrategie liegt insgesamt darin, einen Teil der Ausgangszielgruppe beizubehalten und gleichzeitig neue Zielgruppen anzusprechen.

Befindet sich die Ist-Positionierung zu weit von der wahrgenommenen Idealvorstellung der Konsumenten entfernt, empfiehlt sich u. U. eine **Neupositionierung** in einem völlig neuen Positionierungsraum. Verstärkt wird diese Tendenz, wenn sich bereits andere Marken im Ausgangsraum auf starken Positionierungen etablieren konnten und so zusätzliche Marketinginvestitionen kaum Erfolg versprechend sind. Um eine Neupositionierung zu erreichen, sollte die Marke einen neuen, für andere wirtschaftlich tragbare Zielgruppen relevanten Positionierungsraum belegen. Bisherige Marketinginvestitionen in die Ausgangszielgruppe können somit zu Recht als „sunk costs" bezeichnet werden, da diese Aufwendungen offensichtlich nicht zur Etablierung einer wirkungsvollen Imagestruktur für die Marke beitragen konnten. Deshalb gilt es, die Marke anhand eines völlig neuen Images anhand anderer Eigenschaften in einem bisher unbearbeiteten Positionierungsraum zu etablieren, um so neue Zielgruppen ansprechen zu können.

10.6   Markenerfolg kontrollieren

Die Markenführung ist nicht als reiner Selbstzweck an sich zu verstehen, ihre **Zielsetzung** liegt vielmehr in ihrem Beitrag zum Unternehmenserfolg. Dieser sollte daher jederzeit messbar, nachvollziehbar und dadurch kontrollierbar sein. Nur auf diese Weise sind eventuelle Abweichungen von Zielgrößen oder Strategierichtungen erkennbar und die Erarbeitung von Gegenmaßnahmen möglich.

Die Kontrolle von Sachverhalten oder Zuständen ist grundsätzlich nur dann sinnvoll, wenn sie auf einer vorherigen Planung aufbaut. Übertragen auf die Markenführung bedeutet dies, dass ein **Markencontrolling** mit markenspezifischen Planungs-, Steuerungs- und Kontrollprozessen notwendig ist. Controllingsysteme in ihrer allgemeinen Form beinhalten sowohl systemgestaltende als auch systemnutzende Aktivitäten. Dieser Aufbau ist auch auf das Markencontrolling zu übertragen. Während auf der einen Seite systemgestaltende Funktionen den Aufbau von geeigneten Rahmenbedingungen für die Markenführung gewährleisten, befassen sich die systemnutzenden Funktionen mit der Bereitstellung von relevanten Informationen. Grundlegende Kontrollaspekte der Markenführung sind dabei u. a. in der Überprüfung von markenspezifischen Zielen und geplanten Maßnahmen zu sehen. Die anschließende Umsetzung dieser Ziele und Maßnahmen in konkrete Handlungen gilt es jedoch genauso zu überwachen und zu kontrollieren wie die erreichten Ergebnisse.

Im Vordergrund der Konzeption eines geeigneten Markencontrollings sollte der Aufbau und Einsatz eines vernetzten und mit mess- und kontrollierbaren Größen verknüpften **Steuerungskonzeptes** stehen. Um dabei die Markenentwicklung sinnvoll abbilden zu können, gilt es, bei den zu messenden Markenindikatoren verschiedene Aspekte zu berücksichtigen. In Bezug auf den Zeitraum und den Zeitpunkt der Betrachtung sind mehrere Varianten denkbar. Zum einen lassen sich Marketingmaßnahmen sowohl ex ante, also zu einem Zeitpunkt vor ihrem Einsatz im Markt, als auch ex post, also nach ihrem Einsatz testen. Eine zeitraumbezogene Überwachung findet dagegen in der Regel ex post, z. B. in Form von Panelstudien statt. Ex ante Überprüfungen von Marketingmaßnahmen werden auch als Pretests bezeichnet. Sie befassen sich vor allem mit der (werblichen) Gestaltung und Wirkungsprüfung von Produkten und Kommunikationsmaßnahmen. Markenbezogene Kommunikationswirkungen (zeitraumbezogen) sowie Markentracking- und Markenstatus-Untersuchungen (zeitpunktbezogen) sind derweil Gegenstand von Posttests. Als mögliche Zielgrößen der Markenkontrolle sind sowohl ökonomische Größen, wie Umsatz oder Ertrag, als auch verhaltenswissenschaftliche Indikatoren, wie Bekanntheit und Image, denkbar. Sie können dabei sowohl quantitativer als auch qualitativer Art sein. In Bezug auf die verhaltenswissenschaftlichen, psychografischen Größen bleibt zu beachten, dass sie im Wirkungsablauf den monetären vorgeschaltet sind. Daher stellen sie hoch sensible Frühindikatoren für zukünftige Marktentwicklungen der Marke dar. Bevor sich Umsatz- oder Absatzzahlen verändern, sind in der Regel Veränderungen bei der Markenbekanntheit, dem Markenimage und/oder dem Markenvertrauen zu erkennen. Insgesamt ist neben den Aspekten Zeitpunkt, Zeitraum sowie Zielgrößen der Messung noch die Ausrichtung der Markenkontrolle zu beachten. Sie kann dabei sowohl eine interne, wie auch eine externe Betrachtungsweise einnehmen.

10.7 Markenwert

Wie bereits ersichtlich wurde, stellen Marken ein herausragendes Erfolgspotential von Unternehmen dar, das sich in Form des **Markenwertes** manifestiert. So entfallen nach der neuesten Umfrage von *PricewaterhouseCoopers* (PWC) und Sattler aus dem Jahre 2005 unter den 100 umsatzstärksten deutschen Unternehmen sowie den Mitgliedern des Deutschen Markenverbandes im Durchschnitt mehr als 65 % des Gesamtunternehmenswertes auf Marken (PricewaterhouseCoopers et al. 2006). 85 % der befragten Unternehmen bezeichnen die Marke als einen wichtigen oder sehr wichtigen Beitrag zum Unternehmenserfolg und für fast die Hälfte (46 %) gehört sie zu den bedeutendsten Unternehmenswerten.

Der Markenwert ist also als ein Indikator für den Erfolg bzw. das Erfolgspotential einer Marke zu verstehen. Trotz seiner großen Bedeutung wird der Begriff des Markenwerts sehr unterschiedlich definiert und verwendet. Diese Tatsache ist besonders auf die verschiedenen **Perspektiven und Zielsetzungen** der Markenbewertung zurückzuführen. Auch spiegeln sich die abweichenden Vorstellungen über die Entstehung und Erfassung des Markenwertes in den Messansätzen wider. Ungeachtet aller Unterschiede im Detail lassen sich die vorhandenen Begriffsauffassungen des Markenwertes in zwei Gruppen unterteilen: zum einen in die finanzorientierten und zum anderen in die verhaltenswissenschaftlichen Ansätze (Farsky und Sattler 2007; Gerpott und Thomas 2004). Verfechter der ersteren stellen den monetären Markenwert im Sinne eines Bilanzwertes in den Vordergrund ihrer Untersuchungen. Solche der zweiten Gruppe richten den Fokus dagegen überwiegend auf die Markensteuerung und zielen dabei auf die Darstellung von Ursache-Wirkungs-Zusammenhängen anhand zum Teil umfangreicher Kriterienkataloge ab. Gemeinsam ist jedoch allen bisherigen Ansätzen die Absicht der Beschreibung eines Maßes, mit dem der immaterielle Wert, der durch ein Markenzeichen oder einen Markennamen unabhängig vom restlichen Firmenwert entsteht, abbildbar gemacht werden kann. Dieses Maß stellt den inkrementalen Mehrwert dar, den ein markiertes Produkt gegenüber den physisch-chemisch-technischen Eigenschaften eines identischen, aber unmarkierten Produktes erzeugt.

Der Wortlaut des Begriffs Markenwert scheint zu implizieren, dass es sich hierbei zwangsläufig um eine monetäre Größe handelt. Tatsächlich ist es in der Literatur jedoch üblich, den Begriff sowohl für **monetäre** als auch für **nicht-monetäre Maße** zu verwenden. Insgesamt dominiert die Zielsetzung der jeweiligen Betrachtung die spezifische Markenwertdefinition. Dies ist besonders deutlich im Rahmen der Finanzorientierung zu erkennen. Hier ist der Markenwert häufig im Sinne eines langfristigen, investitionstheoretischen Wertes zu verstehen, der durch den Kapitalwert der abgezinsten zukünftigen markeninduzierten Zahlungsüberschüsse ausgedrückt wird. Er stellt somit einen rein finanziellen, immateriellen Aktivposten dar, dessen Höhe von der laufenden Geschäftstätigkeit abhängt. Eine alternative, kurzfristige und gewinnorientierte Auffassung sieht den Markenwert dagegen als Summe aller Erlöse, die auf die Markengeltung zurückzuführen sind. Als solche sind Einzahlungsströme einzustufen, deren Höhe über den Wert der physischen Produkteigenschaften hinausgeht, abzüglich der für die Marke aufzubringenden Kosten. Zudem bestimmt die gewählte Weite der Begriffsabgrenzung, z. B. in Bezug auf den zeitlichen Rahmen, die Definition. Diese kontextspezifischen Faktoren bedingen sowohl die Definition des zu messenden hypothetischen Konstruktes Markenwert als auch das zu verwendende Messverfahren.

Grundlage der verhaltenswissenschaftlichen, **nachfrageorientierten Perspektive** ist die Überzeugung, dass die Bestimmung des Markenwertes nicht nur finanzwissenschaftliche Daten, sondern v. a. die Urteile der Verbraucher in Bezug auf das markierte Produkt berücksichtigen muss. Im Mittelpunkt steht hierbei vor allem die Erfassung qualitativer Parameter. Srivastava und Shocker (1991) definieren den nachfrageorientierten Markenwert als ein, aus Sicht der Kunden, Anspruchsgruppen und der Muttergesellschaft wahrgenommenes Set an Assoziationen und Verhaltensweisen, das der Marke zum einen sowohl größere Umsatzvolumina als auch höhere Gewinnspannen ermöglicht, als dies ohne Markierung der Fall wäre, und ihr zum anderen einen starken, nachhaltigen Wettbewerbsvorteil gegenüber der Konkurrenz verleiht. Aaker geht ebenfalls davon aus, dass sich der Wert einer Marke nicht im Unternehmen selbst, sondern in den Köpfen der Konsumenten widerspiegelt. Die bedeutendsten Determinanten eines auf diese Weise definierten Markenwertes liegen deshalb nach Aaker in der Bekanntheit der Marke, ihrer wahrgenommenen Qualität, den mit der Marke verbundenen Assoziationen, der Markentreue sowie weiteren Markenvorzügen wie Patenten oder Markenrechten. Eine isolierte finanzorientierte Analyse könne dagegen der Komplexität des vielseitigen Phänomens der Marke kaum gerecht werden. Im Zentrum der verhaltenswissenschaftlichen Forschungsrichtung steht daher in der Regel die Messung und die Analyse von Indikatoren, sogenannten Brand Value Driver, die für den Aufbau und die Erhaltung des Markenwertes in der Wahrnehmung der Konsumenten verantwortlich sind. Wie hier erkenntlich, existiert auch innerhalb dieser Forschungsrichtungen trotz vieler Übereinstimmungen keine Einigkeit über eine

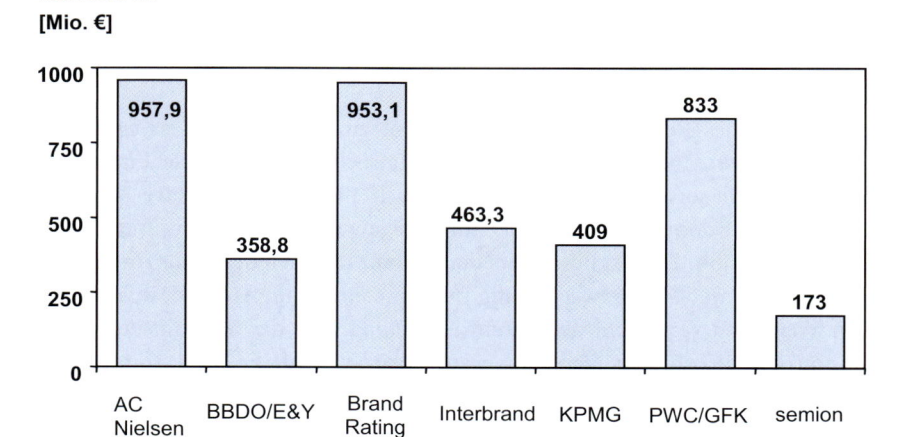

Abb. 10.14 Bewertungsunterschiede verschiedener Bewertungsansätze (Quelle: Hanser 2004)

einzelne, verbindliche Definition. So existieren beispielsweise Ansätze der Markenstärke, der Markenrelevanz oder des Markenpotentials, welche zwar eine ähnliche Sichtweise einnehmen, sich aber dennoch nicht entsprechen.

Zusammenfassend ist also festzuhalten, dass die Zielsetzung der jeweiligen Untersuchung ausschlaggebend für die letztendliche Begriffsauffassung ist. Auch wird deutlich, dass die Vielzahl der Definitionsansätze zwangsläufig Konsequenzen für die **Einheitlichkeit der Ergebnisse von Markenwertanalysen** mit sich bringen muss. Da die führenden Markenbewertungsanbieter am Markt ihre Analysemethoden in den meisten Fällen auf abweichenden Definitionen aufbauen, ist eine Vergleichbarkeit der Ergebnisse meist von vornherein nicht gegeben. Einen objektiven eindeutigen Markenwert, unabhängig von den Sichtweisen und Interessen der Beteiligten sowie des spezifischen Bewertungsanlasses kann es demnach nicht geben. Die Zeitschrift *Absatzwirtschaft* verglich 2004 in einer Studie die Bewertungsergebnisse einer fiktiven Marke anhand der bekanntesten Ansätze. Das Ergebnis war ein Bewertungsunterschied von bis zu 550 %, je nach angewendetem Verfahren (vgl. Abb. 10.14).

10.7.1   Anlässe der Markenbewertung

Der Bewertung einer Marke kann eine Vielzahl von **Anlässen und Zielsetzungen** zugrunde liegen. So dienen ihre Ergebnisse u. a. als Informationen im Rahmen der Entscheidungsunterstützung, wodurch sie eine zentrale Rolle für die zielorientierte, strategische Marken- und Unternehmensführung einnimmt (Esch 2008). Als mögliche Anspruchsgruppen solcher Informationen sind v. a. Markeneigentümer, potentielle Eigentümer, Topmanager,

Tab. 10.7 Verwendungszwecke von Markenbewertungen (Quelle: In Anlehnung an Farsky und Sattler 2007, S. 225)

Verwendungszweck	Ausprägung
Markentransaktionen	Kauf/Verkauf/Fusion von Unternehmen bzw. Unternehmensteilen mit bedeutenden Marken Lizenzierung von Marken
Markenschutz	Schadensersatzbestimmung bei Markenrechtsverletzungen
Markenführung	Steuerung und Kontrolle von Marken Allokation des Marketingbudgets Steuerung und Kontrolle von Führungskräften
Markendokumentation	Unternehmensinterne Berichterstattung Unternehmensexterne Berichterstattung außerhalb des Jahresabschlusses Unternehmensexterne Berichterstattung innerhalb des Jahresabschlusses
Markenfinanzierung	Kreditabsicherung durch Marken Kreditakquisition durch Marken

verantwortliche Markenmanager und Controller zu sehen. Von den Interessen und Informationsbedürfnissen dieser Personengruppen hängt zwangsläufig auch die spezifische Konzeption, der Aufbau und Ablauf der Markenwertmessung ab. Entsprechend der zuvor geschilderten unterschiedlichen Perspektiven des Markenwertverständnisses lassen sich die verschiedenen Anlässe der Markenbewertung ebenfalls nach ihrer monetären oder nicht-monetären Zielsetzung unterscheiden. Die meist verbreiteten, mehrheitlich monetären Bewertungsanlässe nach *PricewaterhouseCoopers* und Sattler (2005) sind in abfallender Wichtigkeitsrangfolge in Tab. 10.7 abgebildet.

Den höchsten Stellenwert für die in der Studie von PricewaterhouseCoopers und Sattler befragten Unternehmen nimmt die Markenbewertung im Rahmen von **Markentransaktionen** bei Käufen, Verkäufen und Fusionen von Unternehmen bzw. Unternehmensteilen ein. Als Hintergrund ist hier die in den 1980er und 90er Jahren einsetzende Fusionswelle und die seither exponentiell gestiegene Anzahl von Mergers & Acquisitions zu sehen. Viele Unternehmen sind zu der Einsicht gelangt, dass gerade in gesättigten Märkten der Kauf von Marken mit einem weit geringeren Risiko behaftet ist als die Einführung einer vollkommen neuen Marke. Eine weitere Ursache des Markenübernahmebooms ist im Einstellungswandel der Manager gegenüber Marken zu sehen. Gaben früher noch Produktionskapazitäten oder Fertigungstechnologien den Ausschlag für Unternehmensübernahmen, tritt heute verstärkt die Bedeutung des Markennamens und die Positionierung der Marke im Wahrnehmungsraum der Konsumenten in den Vordergrund unternehmensstrategischer Überlegungen. In vielen Fällen ist der Fokus von einer primär an physischen Markenattributen ausgerichteten Orientierung abgekommen und wurde verstärkt auch auf die immateriellen, intangiblen Vermögenswerte, wie z. B. Marken, gerichtet.

Als zweitwichtigsten Anwendungszweck stufen die Unternehmen **Markenschutzaspekte** ein. Die Bewertung der Marke stellt hier die Grundlage für eine etwaige Berechnung von Schadensersatzforderungen infolge von Markenrechtsverletzungen o. ä. dar. Diese treten z. B. bei unrechtmäßiger Verwendung von Markenzeichen, bei Rufschädigungen oder der, in letzter Zeit immer weiter verbreiteten Markenpiraterie auf.

Wie erinnerlich nimmt die Markenbewertung im Rahmen der **Markenführung** eine zentrale Rolle ein, wobei hier die Steuerung und Kontrolle von Marken dominiert. Sinnvolle Verwendung findet der Markenwert hier z. B. als Controlling-Instrument in Form regelmäßiger Soll-Ist-Abgleiche (Tomczak et al. 2004). Auf diese Weise können sowohl Abweichungen von Zielgrößen erkannt, als auch deren Ursachen analysiert werden, um gegebenenfalls Gegensteuerungsmaßnahmen einzuleiten. Die Zweckmäßigkeit dieses Vorgehens hängt jedoch entscheidend davon ab, inwiefern der ermittelte Wert auch den langfristigen Einfluss markenspezifischer Maßnahmen wie Imagekampagnen, Relaunchaktivitäten oder Markentransfers umfasst. Der Abbildung und Deutung von Ursache-Wirkungs-Zusammenhängen kommt deshalb eine zentrale Rolle zu. Auch im Rahmen der Mitarbeiterführung bzw. -entlohnung findet der Markenwert sinnvolle Anwendungsmöglichkeiten. So bietet es sich in bestimmten Fällen an, die durch einen Markenverantwortlichen hervorgerufenen Markenwertveränderungen an dessen finanzielle Bezüge zu koppeln. Da der Markenwert auch langfristige Effekte markenbezogener Aktivitäten wie Werbung und Verkaufsförderung integrieren kann, wirkt dieses Vorgehen ebenfalls der häufig kritisierten Kurzfristorientierung der Entlohnungspraxis entgegen. Ein Grund für die bisher lediglich geringe Verbreitung dieses Steuerungs- und Kontrollinstrumentes ist möglicherweise in der immer noch vorherrschenden Skepsis der Unternehmenspraxis gegenüber den verbreiteten Markenbewertungsansätzen zu sehen. Die Bedeutung des Markenwertes als Instrument der Budgetallokation schätzen die befragten Unternehmen insgesamt lediglich als mittelmäßig ein.

Von eher mittelmäßiger Wichtigkeit ist die Bedeutung des Markenwertes für die **Markendokumentation** einzustufen. Die unternehmensinterne Berichterstattung nimmt hier noch die bedeutendste Stellung ein, wohingegen die Verwendung im Rahmen der unternehmensexternen Berichterstattung besonders innerhalb des Jahresabschlusses als wenig bedeutsam erachtet wird. Um diese Einschätzung nachvollziehen zu können, ist zu betonen, dass in Deutschland bisher nach § 248 (2) des Handelsgesetzbuchs (HGB) aus Gründen des Gläubigerschutzes ein Aktivierungsverbot für selbst erstellte immaterielle Vermögensgegenstände des Anlagevermögens herrscht. Im Falle entgeltlich erworbener Marken und Markenrechte sieht die Situation dagegen anders aus. Hier besteht aufgrund des Vollständigkeitsgebots des § 246 (1) i. V. m. § 248 (2) HGB eine regelmäßige Aktivierungspflicht, was die Bedeutung einer realistischen und objektiven Markenbewertung für Marken- und Markenlizenzübernahmen nochmals erhöht. Da sich im Rahmen der international vorherrschenden Konzernrechnungslegung nach US-GAAP und IAS verschiedene Neuerungen der bilanziellen Behandlung von Marken ergeben haben, dürfte diesem Anwendungsfeld der Markenbewertung in Zukunft größere Bedeutung zukommen.

Als nur unterdurchschnittlich wichtig ist bislang der Bewertungsanlass der **Markenfinanzierung** in Form der Kreditabsicherung und Kreditakquisition angesehen. Dies kann auf den Umstand zurückzuführen sein, dass sich viele Unternehmen ihrer Möglichkeiten diesbezüglich noch nicht hinreichend bewusst sind. Das Gesetz über die Erstreckung von gewerblichen Schutzrechten vom 23.04.1992 löst die Bindung des Waren- oder Markenzeichens an den Geschäftsbetrieb. Dies führt dazu, dass sich das Markenzeichen zu einem eigenständigen Wirtschaftsgut entwickelt und darauf aufbauend ebenfalls als Instrument der Kreditsicherung zur Verfügung steht. Dieser zusätzliche Verwendungszweck zeigt wiederum die hohe Bedeutung der Entwicklung einheitlicher Bewertungsmaßstäbe bzw. -standards für die Zukunft auf.

10.7.2 Bewertungsverfahren

Entsprechend der Diversität der Markenwertdefinitionen und Markenbewertungsanlässe existiert sowohl in der Theorie als auch der Praxis eine kaum überschaubare **Anzahl an Markenbewertungsverfahren**. Um dennoch einen Überblick über diese teilweise höchst heterogene Masse an Verfahren zu erhalten, empfiehlt es sich, diese anhand geeigneter Kriterien in möglichst homogene Gruppen zu unterteilen. Als solche Kriterien können beispielsweise der Bewertungsumfang, der Abstraktionsgrad, die Bewertungsperspektive oder die Bewertungszielsetzung dienen. Um eine möglichst große Konsistenz mit den zuvor abgegrenzten Markenwertdefinitionen und Bewertungsanlässen zu gewährleisten, eignet sich auch hier die Unterteilung der Ansätze in finanzorientierte und verhaltenswissenschaftliche Methoden. Zusätzlich zu diesen Grundverfahrenstypen konnte sich in den letzten Jahren eine Reihe weiterer Verfahren durchsetzen, welche sich zur dritten Methodengruppe der kombinativ-zweistufigen oder auch hybriden Modelle zusammenfassen lassen. Abbildung 10.15 gibt einen Überblick über verbreitete Markenbewertungsverfahren der drei Methodengruppen. Im Folgenden erfahren verschiedene, ausgewählte Markenbewertungsverfahren eine kurze Erläuterung. Die Auswahl der, primär von Marktforschungsunternehmen sowie Unternehmensberatungen angebotenen, verhaltenswissenschaftlichen und hybriden Verfahren erfolgt dabei anhand einer Studie von Schimansky (2004), die die Bekanntheit von Markenbewertungsverfahren und deren Anbietern untersucht. Dabei finden vorrangig die bekanntesten Verfahren Berücksichtigung.

Die **finanzorientierten Bewertungsansätze** vereint die Grundidee der Ermittlung eines ganzheitlichen monetären Markenwertes, ohne dabei dessen Determinanten, Konsequenzen und Implikationen aus Konsumentenperspektive zu berücksichtigen. Einen generellen Vorteil dieser Methoden stellt die Möglichkeit der Verwendung unternehmensinterner Daten des Rechnungswesens zur Ermittlung des Markenwertes dar. Auf diese Weise entfällt die äußerst aufwendige und kostspielige Primärdatenerhebung bei den Konsumenten. Des Weiteren zeichnen sich die Methoden durch eine relativ einfach strukturierte Vorgehensweise aus, wodurch die Berechnung in der Regel schnell und kostengünstig durchzuführen ist. Die verschiedenen finanzorientierten Ansätze lassen sich entsprechend ihrer Vorge-

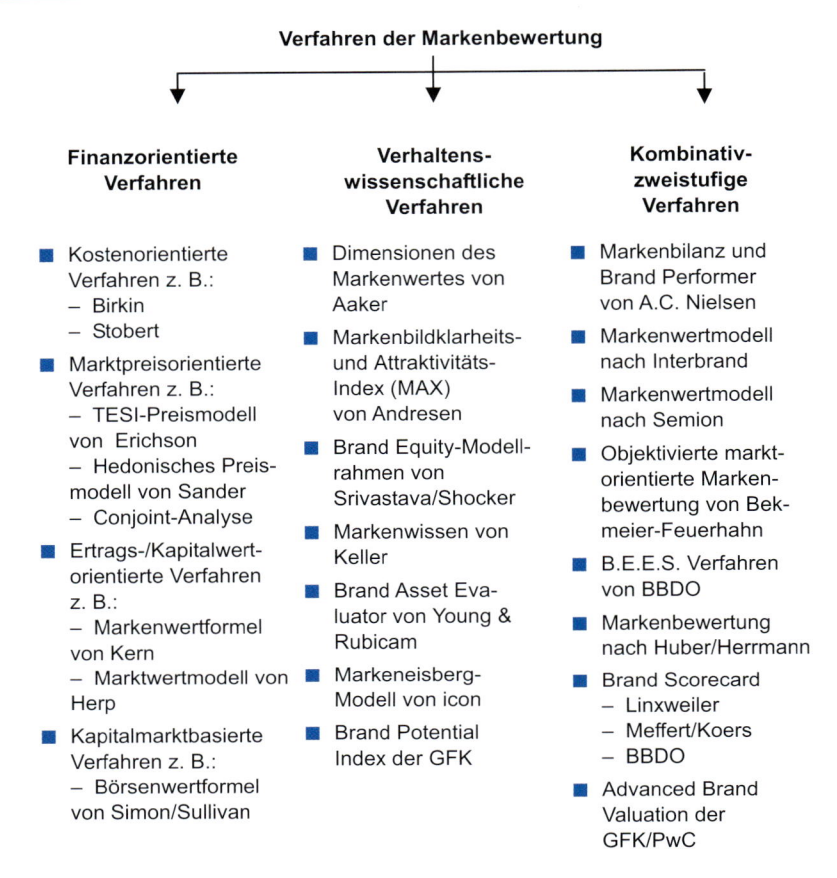

Verfahren der Markenbewertung

Finanzorientierte Verfahren	**Verhaltenswissenschaftliche Verfahren**	**Kombinativzweistufige Verfahren**

■ Kostenorientierte Verfahren z. B.:
  – Birkin
  – Stobert
■ Marktpreisorientierte Verfahren z. B.:
  – TESI-Preismodell von Erichson
  – Hedonisches Preismodell von Sander
  – Conjoint-Analyse
■ Ertrags-/Kapitalwertorientierte Verfahren z. B.:
  – Markenwertformel von Kern
  – Marktwertmodell von Herp
■ Kapitalmarktbasierte Verfahren z. B.:
  – Börsenwertformel von Simon/Sullivan
	■ Dimensionen des Markenwertes von Aaker
	■ Markenbildklarheits- und Attraktivitäts-Index (MAX) von Andresen
	■ Brand Equity-Modellrahmen von Srivastava/Shocker
	■ Markenwissen von Keller
	■ Brand Asset Evaluator von Young & Rubicam
	■ Markeneisberg-Modell von icon
	■ Brand Potential Index der GFK
		■ Markenbilanz und Brand Performer von A.C. Nielsen
		■ Markenwertmodell nach Interbrand
		■ Markenwertmodell nach Semion
		■ Objektivierte marktorientierte Markenbewertung von Bekmeier-Feuerhahn
		■ B.E.E.S. Verfahren von BBDO
		■ Markenbewertung nach Huber/Herrmann
		■ Brand Scorecard
		  – Linxweiler
		  – Meffert/Koers
		  – BBDO
		■ Advanced Brand Valuation der GFK/PwC

Abb. 10.15 Markenbewertungsverfahren (Quelle: In Anlehnung an Gerpott und Thomas 2004, S. 396)

hensweise in kosten-, marktpreis-, kapital-/ertragswert- und kapitalmarktorientierte Verfahren untergliedern.

Die **kostenorientierten Verfahren** berechnen den Markenwert entweder auf Basis der in der Vergangenheit angefallenen Kosten des Markenaufbaus oder auf Basis des potentiellen Wiederbeschaffungswertes der Marke. Dem ersten Ansatz liegt die Idee zugrunde, dass die Marke das Resultat der bisherigen markenspezifischen Investitionen darstellt. Zu diesen markenspezifischen Kosten werden u. a. Markenrechtskosten, Markenkommunikations- und -führungskosten sowie F&E-Kosten gezählt. Eine Marke ist dementsprechend umso wertvoller, je mehr in ihren Aufbau investiert wurde. Als Nachteil ist hier vor allem die Schwierigkeit der Isolierung von markenrelevanten Investitionen zu sehen. Gerade bei Mehrmarken-Unternehmen sind häufig zentralisierte Markenführungskonzepte verbreitet, wodurch in den meisten Fällen eine eindeutige, überschneidungsfreie Zuordnung der Aufwandsgrößen nicht ohne weiteres möglich ist. Der zweite Ansatz ermittelt den Markenwert auf Basis des gegenwartsorientierten Wiederbeschaffungswertes. Als kritisch ist hierbei jedoch die Vernachlässigung einmaliger historischer Kontextfaktoren und spezieller Rahmenbedingungen des Markenaufbaus in der Vergangenheit einzustufen. Ein analoger Transfer dieser in die Gegenwart bzw. Zukunft ist in der Regel nicht ohne weiteres möglich. Beide Ansätze beruhen zudem lediglich auf historischen und/oder gegenwartsbezogenen Größen. Marktwirkungen bereits getätigter oder zukünftiger Investitionen sowie Effizienzüberlegungen bleiben dagegen ohne Berücksichtigung.

Bei den **marktpreisorientierten Verfahren** basiert die Wertermittlung auf der Analyse der durchgeführten Markttransaktionen und den dadurch erzielten Transaktionspreisen. Die zugrunde liegende Idee ist hierbei, dass Unternehmen infolge des Wertes ihrer Marke einen gewissen Preisaufschlag (Preispremium) verlangen können, der für ein unmarkiertes Produkt am Markt nicht durchsetzbar wäre. Somit gilt es, den durch die Marke entstandenen monetären Mehrwert abzubilden, der sich in Form einer zusätzlichen Preisbereitschaft der Kunden ausdrückt. Diese Preisprämien werden entweder anhand von Marktpreisbeobachtungen oder direkten bzw. indirekten Verbraucherbefragungen ermittelt (Ailawadi et al. 2003). Im Rahmen der indirekten Befragungen eignet sich v. a. das Verfahren der Conjoint-Analyse. Es ist u. a. in der Lage, die zusätzliche Zahlungsbereitschaft der Kunden gegenüber einer Referenzmarke zu ermitteln. Sind die durchschnittlichen Nachfragemengen pro Konsument innerhalb einer bestimmten Periode bekannt, lässt sich der gegenwärtige Wert der Marke auf Basis einer repräsentativen Stichprobe hochrechnen. Vorteile der marktpreisorientierten Ansätze sind zum einen in der unmittelbaren Zugänglichkeit des Ansatzes und zum anderen in seiner einfachen Anwendbarkeit und Verständlichkeit zu sehen. Auch erlaubt die Vorgehensweise eine isolierte Bewertung einzelner Marken, ungeachtet anderer, zum Unternehmen gehörender Schwestermarken. Als nachteilig ist jedoch wie bei den kostenorientierten Verfahren festzustellen, dass sich das Verfahren ausschließlich auf Vergangenheitsdaten und -werte bezieht, wodurch mögliche Verbundwirkungen zukünftiger Markenentscheidungen vollkommen außer Acht gelassen werden. Zudem ist das Verfahren ausschließlich bei Gütern anzuwenden, in deren Branche auch unmarkierte Produkte existieren, da ansonsten kein Referenzpreis vorhanden ist.

Die Verfahren der **kapital- oder ertragswertorientierten Ansatzgruppe** beziehen neben historischen Daten explizit Prognosen der zukünftigen Markenerfolge und der darauf aufbauenden Markenwertveränderungen mit ein (Simon und Sullivan 1993). Es erfolgt dabei eine, dem Vorgehen der klassischen Investitionsrechnung entsprechende Abdiskontierung bestimmter Ein- und Auszahlungen auf Basis des Discounted Cash Flows. Die Auszahlungen sind dabei weitgehend mit den historischen Größen der kostenorientierten Verfahren identisch. Die positiven Zahlungsströme setzen sich dagegen beispielsweise aus Markentransaktionen, markeninduzierten Preis-, Mengen- oder Umsatzsteigerungen sowie neuen Absatzleistungen im Rahmen von Markentransfers zusammen. Ein klassisches Beispiel der ertragswertorientierten Verfahren stellt der Bewertungsansatz von Kern (1962) dar. Er multipliziert die durchschnittlich für einen Betrachtungszeitraum erwarteten Umsätze eines markierten Produktes mit einem branchenüblichen Prozentfaktor, welcher die Entgelte widerspiegelt, mit denen der Markeninhaber beim Falle einer Lizenzie-

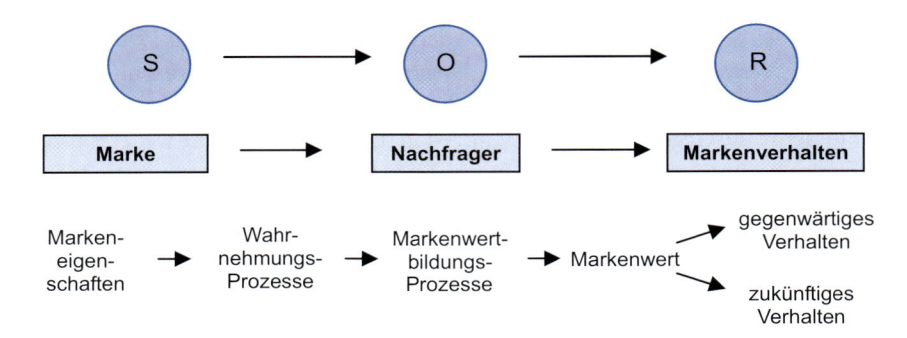

Abb. 10.16 Systematisierung verhaltenswissenschaftlicher Markenbewertungsansätze anhand des S-O-R-Schemas (Quelle: In Anlehnung an Bekmeier-Feuerhahn 1994, S. 385)

rung der Markenrechte rechnen kann. Kern unterstellt dabei, dass sowohl die marken-induzierten Zahlungsströme als auch die branchenspezifischen Lizenzsätze über die verschiedenen Perioden des Betrachtungszeitraums konstant bleiben. Dadurch lässt sich der Bar-/Ertragswert der Marke durch die Multiplikation der Perioden-Lizenzeinnahmen mit dem Rentenbarwertfaktor ermitteln. In diesen Annahmen ist der größte Kritikpunkt des Ansatzes zu sehen. Gleichzeitig bleiben Veränderungstrends und Unsicherheitsaspekte in der Markenbewertung weitgehend unberücksichtigt. Trotz der zahlreichen Unzulänglichkeiten hat das Verfahren in der Wissenschaft, Praxis und Rechtsprechung weitgehend Anerkennung erlangt, was zu einem großen Teil auf die noch gravierenderen Probleme und Mängel der marktpreis- und kostenorientierten Verfahren zurückzuführen ist.

Die **verhaltenswissenschaftlichen Ansätze** zielen im Gegensatz zu den monetären Verfahren auf eine Erklärung des Markenwertaufbaus im Bewusstsein der Nachfrager ab. Vor dem Hintergrund des neobehavoristischen Forschungsparadigmas lässt sich die Grundidee anhand des Stimulus-Organismus-Response-Schemas verdeutlichen (vgl. Abb. 10.16). Die Marke nimmt die Funktion des Stimulus ein, welcher durch den Organismus in Person des Nachfragers wahrgenommen wird und so psychische Prozesse auslöst. Diese Prozesse bewirken wiederum den Aufbau des Markenwertes in der Psyche der Nachfrager, welcher sich letztlich in der Response manifestiert, also in der Art und Weise seines gegenwärtigen und zukünftigen Markenverhaltens.

Die **Zielgrößen der verhaltenswissenschaftlichen Markenbewertungsverfahren** sind also die, in den Köpfen der Konsumenten verankerten Determinanten des Markenwertes. Um diese greifbar zu machen, werden in standardisierten Befragungen entweder Beschreibungen von Markenattributen, markenbezogene Erinnerungsleistungen, Präferenzurteile oder Einstellungen zu den Marken erhoben. Zusätzlich haben sich Analysen von beobachtbaren Kundenverhaltensweisen in der Praxis durchgesetzt. Deren Operationalisierung erfolgt dabei durch Determinanten wie Wiederkaufverhalten und mengen- oder umsatzbezogene Marktanteile.

Tab. 10.8 Top 15 der bekanntesten Anbieter von Markenbewertungsverfahren nach Schimansky (2004, S. 20)

Bekanntheit des Anbieters bei …	… Prozent von 344 Befragten
icon brand navigation group	34,0 %
Institut für Markentechnik	32,0 %
Interbrand Zintzmeyer & Lux	23,0 %
A. C. Nielsen	19,2 %
BBDO	18,6 %
Facit (Serviceplan)	18,4 %
Grey	17,6 %
Konzept & Analyse	16,8 %
Roland Berger	15,4 %
GfK	15,2 %
Bates	14,2 %
semion brand-broker	14,0 %
PricewaterhouseCoopers	12,3 %
Young & Rubicam	11,7 %
McCann-Erickson	11,4 %

Die **Studie von Schimansky** (2004) untersuchte die Bekanntheit, Qualität und Nutzung von 32 am Markt vertretenen Markenbewertungsverfahren sowie deren Anbietern. Datenbasis stellten dabei Einschätzungen von 344 Markenverantwortlichen und Experten aus dem Bereich Marketing und Markenführung dar. Dabei konnte sich das Beratungsunternehmen *icon Added Value* mit seinem Markeneisbergmodell (*icon brand* navigator) als der bekannteste Anbieter durchsetzen (vgl. Tab. 10.8).

Die **Eisbergsystematik** geht davon aus, dass sich die Stärke einer Marke zum einen aus dem Markenbild (Markeniconografie) und zum anderen aus dem Markenguthaben zusammensetzt (Andresen und Esch 2001). Das Markenguthaben ist durch die Loyalität, die Sympathie und das Vertrauen gekennzeichnet, welches der Nachfrager der Marke entgegenbringt. Das Markenbild setzt sich dagegen aus der Bekanntheit der Marke, der Einprägsamkeit ihrer Werbung, der Klarheit und Attraktivität des inneren Markenbildes, dem subjektiv wahrgenommenen Werbedruck sowie der Eigenständigkeit des Markenauftritts zusammen. Durch die Trennung der Markenwertdimensionen lässt sich der vom Konsumenten wahrgenommene sichtbare Teil der Marke (das Markenbild) als Ergebnis des kurzfristigen Markenauftrittes in Form einer eigenständigen Komponente berücksichtigen. Die Komponente des Markenguthabens schließt dagegen emotional-evaluative und relativ stabile Grundeinstellungen der Konsumenten gegenüber der Marke in die Betrachtung mit ein. Sie sind als der „unsichtbare" Teil einer Marke, in Analogie zu einem Eisberg, als der größere, sich unter der Wasseroberfläche befindliche Teil dargestellt (vgl. Abb. 10.17). Die Grundidee des Ansatzes liegt demnach in der Annahme, dass Investitionen in Marketingaktivitäten auf kurze Sicht die Markeniconografie stärken und diese wiederum lang-

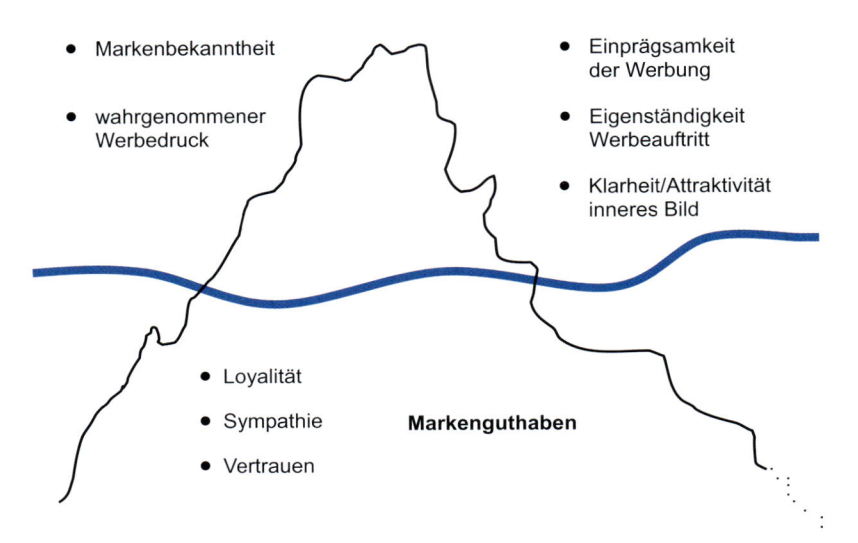

Markeniconographie

- Markenbekanntheit
- wahrgenommener Werbedruck

- Einprägsamkeit der Werbung
- Eigenständigkeit Werbeauftritt
- Klarheit/Attraktivität inneres Bild

- Loyalität
- Sympathie
- Vertrauen

Markenguthaben

Abb. 10.17 Komponenten des Markeneisbergs von icon (Quelle: In Anlehnung an Gerpott und Thomas 2004, S. 398)

fristig zum Aufbau von Markenguthaben im Sinne einer emotionalen Bindung der Kunden an die Marke beiträgt.

Die Markenbewertung erfolgt bei icon anhand einer quantitativen Erfassung der Markenkomponenten durch **Kunden- und Expertenbefragungen**. Das Ergebnis stellt ein aus neun Subdimensionen bestehendes Markenprofil dar, welches unter Berücksichtigung von markenspezifischen Optionen und speziellen Branchen-Risiken zu interpretieren ist. Dabei besteht die Möglichkeit, anhand von Resultaten früherer Bewertungen der eigenen Marke oder Konkurrenzmarken Benchmarking- und Best-Practice-Vergleiche durchzuführen. Stärken des Verfahrens sind v. a. in der Berücksichtigung innerer Bilder und der Unterscheidung in kurz- und langfristige Markenwirkungen zu sehen. Negativ fällt dagegen der hohe Grad an Subjektivität bei der Bewertung durch Experten und Kunden sowie die mangelhafte Transparenz und Dokumentation in Bezug auf die Methodik und die Erhebungsqualität auf. Die Unterteilung in Markeniconografie und Markenguthaben ist zwar intuitiv einleuchtend, hohe Korrelationen zwischen den Items können jedoch nicht ausgeschlossen werden.

Eine klassische, wiederum nicht-monetäre Bewertungsmethode stellt das **Markenwertmodell von Keller** (1993) dar. Das Modell weist dem Markenwissen eine zentrale Rolle im Markenwertaufbau zu und sieht in ihm die unterschiedlichen Reaktionen der Konsumenten auf die Wahrnehmung von Marken begründet. Der Ansatz unterstellt, dass am Markt v. a. solche Marken erfolgreich sind, die ein klares, mit positiven Assoziationen verbundenes Bild in der Wahrnehmung der Konsumenten verfestigen können. Keller unterteilt das Markenwissen tiefergehend nach den Komponenten der Markenbekanntheit und dem Markenimage, in welchen er die wesentlichen Grundlagen des Markenwertaufbaus sieht. Die Markenbekanntheit ist dabei als die Fähigkeit der Konsumenten definiert, eine Marke in verschiedenen Situationen und unter abweichenden Rahmenbedingungen wieder zu erkennen oder sich ihrer zu erinnern. Sie wird daher in der Regel als notwendige Bedingung für die Bildung eines spezifischen Markenimages gesehen. Unter dem Markenimage ist dagegen die Wahrnehmung und Präferenzwirkung einer Marke auf Grund von gespeicherten Markenassoziationen zu verstehen. Die beiden Konstrukte untergliedern sich in weitere, differenziertere Subdimensionen, die Abb. 10.18 zu entnehmen sind. Zur Messung der Dimensionen des Markenwissens werden u. a. Recall- und Recognition-Tests herangezogen. Die Operationalisierung des Markenimages erfolgt über die Dimensionen der Art, der Stärke, der Vorteilhaftigkeit und der Einzigartigkeit der durch die Marke hervorgerufenen Assoziationen.

Zu den großen **Vorteilen des Markenwertmodells nach Keller** zählt die Erkenntnis, dass der Aufbau des Markenwissens und somit auch der Markenstärke auf der Basis von Lernprozessen abläuft. Das aktuelle Markenwissen setzt sich demnach aus dem Ergebnis der vergangenen Investitionen in die Marke, aus den persönlichen Erfahrungen der Konsumenten mit der Marke sowie dem aktuellen Markenauftritt zusammen. Sind sich Markenverantwortliche dieser Tatsache bewusst, ergeben sich wichtige Denkanstöße sowohl für das operative als auch für das strategische Markenmanagement. Auch durch die **Operationalisierung der markenspezifischen Gedächtnisstrukturen** der Nachfrager lassen sich Hinweise auf die Beiträge verschiedener Marketing-Mix-Instrumente zum Aufbau des Markenwissens erarbeiten. Dadurch sind eine zielgerichtete Allokation des Marketingbudgets sowie eine effektivere Ausrichtung des kommunikativen Auftritts möglich. Nachteile des Ansatzes sind dagegen in den Problemen des „klassischen" Positionierungsmodells zu sehen. So ist beispielsweise die Annahme zweifelhaft, dass alle Markenassoziationen für alle Konsumenten von identischer und gleich bleibender Relevanz sind. Ebenfalls bleiben Wechselwirkungen mit konkurrierenden Marken weitgehend unberücksichtigt. Dies wäre jedoch von Vorteil, da Marken häufig bei außergewöhnlich stark ausgeprägten Assoziationen der Konkurrenzmarken gezwungen sind, auf Alternativen auszuweichen.

Insgesamt bleibt festzuhalten, dass sich der zentrale **Vorteil der verhaltenswissenschaftlichen Markenbewertungsverfahren** aus ihrem Beitrag zum besseren Verständnis kundenbezogener Ursachen des Stärkeniveaus von Marken ergibt. Dies erreichen sie insbesondere durch die Verknüpfung von Befragungs- und Kaufdaten und ermöglichen so den Unternehmen, Maßnahmen für eine zielgerichtete Markenwertentwicklung abzuleiten und deren Ergebnisse zu kontrollieren. Die anhand der verschiedenen Verfahren ermittelten relativen Teilnutzenwerte erlauben es zudem, Rückschlüsse auf das Wertgefüge aus Sicht der urteilenden Konsumenten zu ziehen. Ergebnisse dieser Art sind vor allem dort sinnvoll und nützlich, wo keine monetäre Umrechnung der Teilwerte möglich oder beabsichtigt ist. Den Vorzügen steht jedoch auch eine Reihe gravierender Nachteile gegenüber. So herrscht in der Praxis beispielsweise kein Konsens über eine angemessene Auswahl und

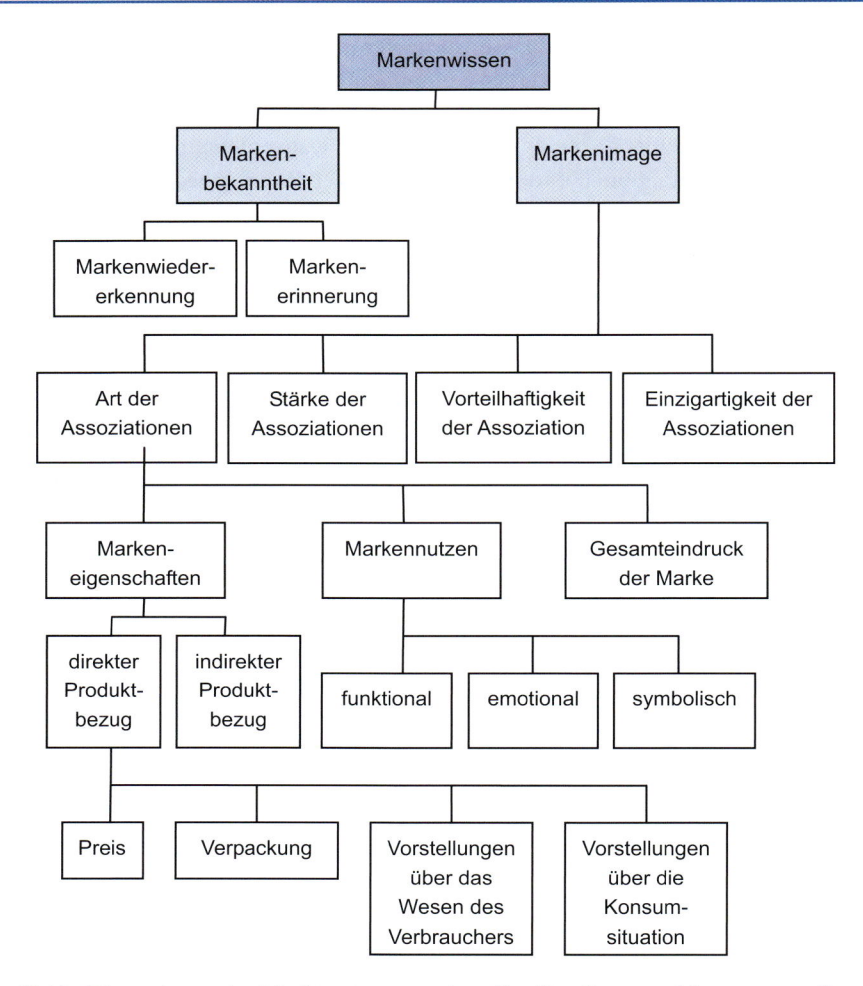

Abb. 10.18 Dimensionen des Markenwissens nach Keller (Quelle: In Anlehnung an Keller 1993, S. 7)

Gewichtung der verschiedenen Nachfragerverhaltens- und -erlebnisvariablen. Ebenso ist bislang noch nicht empirisch nachgewiesen, inwiefern bei befragungsgestützten Ansätzen Einstellungs- und Verhaltensbehauptungen der Konsumenten tatsächlich auch in der Realität zu positiven Kaufentscheidungen führen. Bei beobachtungsgestützten Verfahren ist dagegen eine Einschätzung der Höhe des Markeneinflusses auf die Kaufentscheidung unabhängig von anderen kommunikationspolitischen Instrumenten nur schwer möglich. Als kritisch ist zudem die weitgehende Vergangenheitsorientierung der Ansätze zu beurteilen. Auf diese Weise lassen sich zukünftige Markenerfolgspotentiale in der Bewertung kaum berücksichtigen. Auch eine spätere Transformation von nicht-monetären Befragungs- oder

Beobachtungsergebnissen in monetär dimensionierte betriebswirtschaftliche Erfolgskriterien ist in den wenigsten Fällen sinnvoll bzw. möglich.

Die Ansätze der **hybriden oder kombinativ-zweistufigen Markenbewertung** bilden die dritte Verfahrensgruppe. Sie setzen sich in der Regel aus mehreren Ablaufschritten zusammen, in denen typischerweise verhaltenswissenschaftliche Befragungs- und Verhaltensdaten mit Informationen aus finanzorientierten Bewertungsansätzen zusammengeführt werden. Auf diese Weise ergibt sich die Möglichkeit, unter Berücksichtigung von kundenorientierten Daten einen monetär dimensionierten Markenwert zu ermitteln und so den zentralen Schwachstellen der rein monetären bzw. rein verhaltenswissenschaftlichen Ansätze zu begegnen. Ungeachtet der zahlreichen Unterschiede der verschiedenen Verfahren herrscht weitgehende Einigkeit, dass der Markenwert vom zukünftigen Ertragspotential der Marke abhängig ist. Diese Einsicht verhindert den häufig kritisierten Schwachpunkt der Vergangenheitsorientierung anderer Verfahren, insbesondere im Rahmen der finanzwissenschaftlichen Ansätze.

In der Studie von Schimansky (2004) konnte sich **Brand Consultants Interbrand Zintzmeyer & Lux** mit seinem Bewertungsmodell auf den dritten Platz der Bekanntheitsrangfolge durchsetzen. Das dem Verfahren zugrunde liegende Markenwertverständnis sieht den Markenwert als Summe aller Werte, welche den verschiedenen Komponenten der Marke, wie z. B. dem Namen, Logo oder Erscheinungsbild zugeordnet werden können. Interbrand entwickelte das Modell 1988 in Zusammenarbeit mit der *London Business School* und unterzog es 1993 einer Überarbeitung und Modifikation (Stucky 2004). Seitdem erfolgten ca. 3500 Markenbewertungen mit Hilfe des Verfahrens. Es ist überwiegend auf das strategische Markenmanagement ausgerichtet und verspricht ein Höchstmaß an Nutzen im Zusammenhang mit Marketing-Controlling, wertschöpfungsorientiertem Markenmanagement und der Performance-Messung. Interbrand erhebt den Anspruch, auf Basis einer transparenten, verlässlichen und nachvollziehbaren Methode sowohl einen Einblick in die markenindividuellen Wertschöpfungstreiber zu eröffnen als auch die ökonomischen Funktionen der Marke ganzheitlich abzubilden. Das Vorgehen umfasst seit seiner Modifizierung die in Abb. 10.19 dargestellten fünf Schritte.

Im ersten Schritt erfolgt eine **Segmentierung der markeneigenen Kunden** entsprechend ihres Kaufverhaltens und ihrer Einstellung gegenüber der Marke. Dabei finden sowohl produkt-, markt- als auch vertriebsbezogene Kriterien Anwendung, was eine getrennte Markenbewertung für verschiedene Zielgruppen ermöglicht. Der nächste Schritt der Finanzanalyse umfasst die monetäre Einschätzung des Unternehmenswertes durch die Bestimmung des Economic Value Added „EVA" der einzelnen markierten Geschäftsbereiche. Der EVA beschreibt die Fähigkeit des Unternehmens Gewinne zu generieren, welche die Kosten des eingesetzten Kapitals übersteigen. Der Schritt der Nachfrageranalyse identifiziert auf Basis von Marktforschungsstudien die Wertschöpfungskette der Marke und analysiert die Markenpositionierung im Wahrnehmungsraum der Konsumenten. Die Berechnung der markeninduzierten Wertschöpfung, also des Anteils der Marke am EVA, erfolgt über eine Analyse der Faktoren, die einen direkten Einfluss auf die Kaufmotivation und -entscheidung der Nachfrager aufweisen. Gewichtungsfaktoren drücken die wahrgenom-

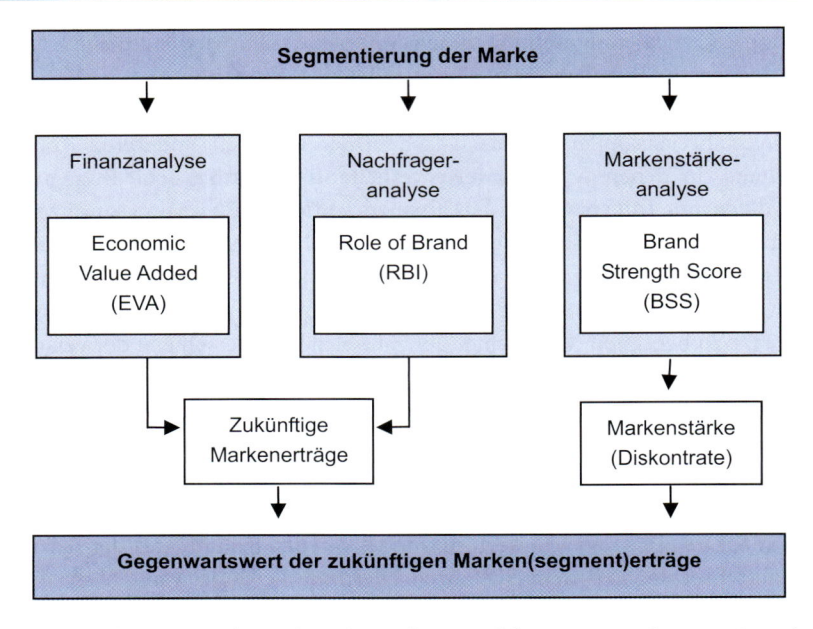

Abb. 10.19   Ablaufschritte nach Interbrand (Quelle: In Anlehnung an Stucky 2004, S. 438)

menen Wichtigkeiten der Treiber aus, wodurch sich ihr spezifischer Beitrag anhand eines Scoring-Modells berechnen lässt. Die Summe der einzelnen Beiträge bilden den sogenannten Role of Brand Index „RBI", der nach Multiplikation mit dem EVA in den Markenertrag eingeht. Die diesem Vorgehen zugrunde liegende These besagt, dass der Anteil einer Marke an der Gesamtwertschöpfung umso größer ist, je stärker der Kunde seine Kaufentscheidung von ihr abhängig macht.

Den vorletzten Schritt nimmt die **Analyse der Markenstärke** ein, wobei unterstellt wird, dass starke Marken ein weit geringeres wirtschaftliches Risikoniveau in Bezug auf erzielbare Markenerträge aufweisen. Anhand der sieben gewichteten Kriterien des Marktes, der Stabilität, der Markenführerschaft, des Trends, der Markenunterstützung, der Markendiversifizierung und des rechtlichen Markenschutzes erfolgt deshalb ein direkter Vergleich der Markenstärke der zu untersuchenden Marke mit der von verschiedenen Konkurrenzmarken. Die Bewertung erfolgt über 80 Indikatoren auf Basis eines weiteren Scoring-Verfahrens. Dieses Vorgehen ermöglicht eine ganzheitliche Diagnose der Wettbewerbspositionierung der betrachteten Marke, welche sich im Brand Strength Score „BSS" ausdrückt. Der letzte Schritt umfasst die Ermittlung des gegenwärtigen Nettowertes der betrachteten Marke. Hier findet die These Anwendung, dass der ökonomische Wert der zukünftigen Markenerträge negativ mit dem Markenrisiko korreliert, welches wiederum in einem direkten Zusammenhang mit der Markenstärke steht. Um das Markenrisiko zu bestimmen, erfolgt eine Transformation der Markenstärke über eine Markenindex-Kurve mit S-förmigem Verlauf in den Diskontsatz (vgl. Abb. 10.20). Für starke Marken wird

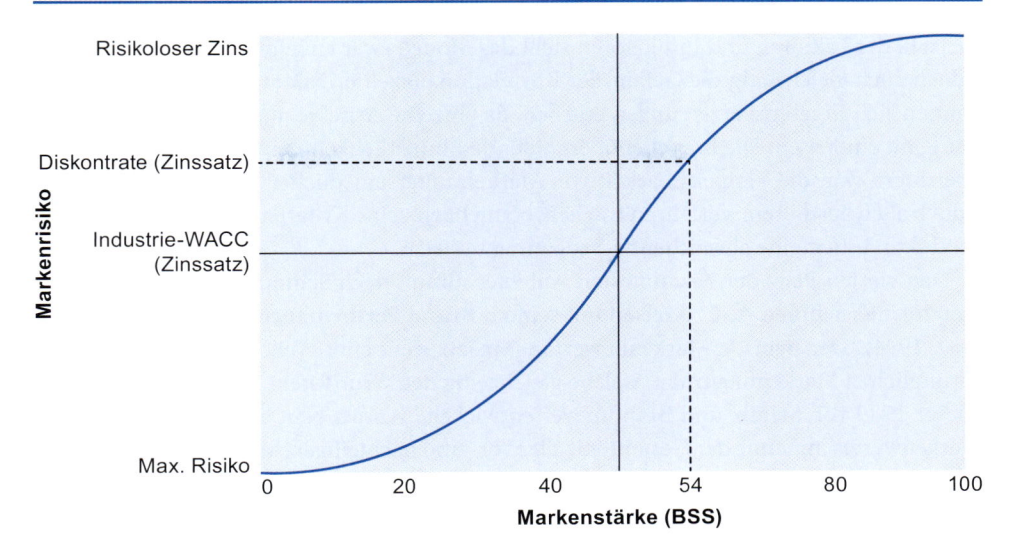

Abb. 10.20 Transformation des Brand Strength Score in die Diskontrate (Quelle: In Anlehnung an Stucky 2004, S. 446)

der risikofreie Zins des Gesamtmarktes zur Diskontierung herangezogen, durchschnittlich starke Marken sind dagegen mit dem WACC der jeweiligen Branche zu diskontieren. Der Gesamtwert der Marke ergibt sich abschließend aus den diskontierten Erträgen des Prognosezeitraums und der Kalkulation einer ewigen Rente.

Eine klare **Stärke des Interbrand Ansatzes** ist in seiner detaillierten Erfassung der Einflussfaktoren des Markenwertes zu sehen, wodurch sich dessen Entstehung anschaulich nachvollziehen und darstellen lässt. Der Anwender ist so in der Lage, die Ergebnisse im Rahmen der strategischen Markenführung auch tatsächlich einzusetzen. Den Vorzügen stehen jedoch mehrere Schwächen gegenüber. So kann der Wert einer Marke stark mit deren „Alter" oder Position im Produktlebenszyklus korrelieren. Derartige Unterschiede bleiben jedoch unberücksichtigt. Weiterhin deutet *Interbrand* die wachsende Marktmacht des Handels auf den Markenerfolg zwar an, spezifiziert ihn jedoch bei der Markenwertermittlung nicht weiter. Problematisch scheint aber v. a. die Transformation bzw. die Skalierung des Markenmultiplikators zu sein. Auch wenn der S-förmige Verlauf des funktionalen Zusammenhangs grundsätzlich akzeptiert werden kann, ergibt sich ein erhebliches Beeinflussungspotential durch die Festlegung der Maximalausprägung des Multiplikators der „perfekten Marke". Zur Bestimmung dieses Wertes geht Interbrand von dem Multiplikator einer risikofreien Kapitalmarktinvestition aus, der wegen der, für eine Marke in der Realität nicht zutreffenden Annahme der Risikofreiheit „somewhat" nach unten anzupassen ist. Zudem ist die Verwendung eines Scoring-Modells stets mit der Gefahr von Subjektivität und Willkür verbunden. In erster Linie betrifft dies die Anzahl und die Gewichtung der verschiedenen Faktoren und Kriterien sowie die Abgrenzung des relevanten Marktes. Die

Vielzahl der Faktoren und Indikatoren stellt das Modell zwar auf eine breite Basis, es steigt jedoch auch gleichzeitig die Gefahr der Korrelation einzelner Faktoren. Aus einer solchen können sich Ergebnisverzerrungen ergeben, da einzelne Aspekte mehrfach in die Berechnung mit einfließen. Die branchenübergreifende Einheitlichkeit der Gewichtungsfaktoren erleichtert zwar die Vergleichbarkeit von Marken unterschiedlicher Produktmärkte, es ist jedoch auch bei diesem Verfahren fraglich, ob nicht einzelne Kriterien in unterschiedlichen Produktmärkten eine abweichende Bedeutung besitzen.

Den vierten Platz der bekanntesten Anbieter nimmt nach Schimansky das Market Research Unternehmen **A. C. Nielsen** mit seinem **Brand Performance System** ein (Franzen et al. 1994). Der hybride Markenbewertungsansatz stellt eine Weiterentwicklung der ursprünglichen Markenbilanz dar, welche gleichzeitig den Grundstein des Verfahrens bildet. Dieser 1989 von Schulz und Brandmeyer entwickelte Ansatz baut auf der Definition des Markenwertes im Sinne der Gesamtheit aller vor- und nachteiligen Assoziationen und Vorstellungen, die der Konsument mit einer Marke verbindet, und die sich im Markterfolg und in den ökonomischen Daten des markenführenden Unternehmens widerspiegeln. Die Markenbilanz erhebt insgesamt den Anspruch, ein Instrument des strategischen Markenmanagements und der Markenführung zu sein. Der Begriff der Bilanz weist dabei auf die Notwendigkeit hin, im Rahmen der Wertbestimmung von Marken positive und negative Aspekte gegeneinander abzuwägen und in einer Art Saldo zu manifestieren. Dieser möglichst positive Saldo verkörpert daraufhin den Wert der untersuchten Marke. Das Modell umfasst, wie für Verfahren der hybriden Gruppe typisch, zwei Stufen der Bewertung. Zunächst erfolgt auf Basis eines Scoring-Modells die **Ermittlung eines Markenstärkeindex**. Tabelle 10.9 gibt einen Auszug des verwendeten Kriterienkatalogs wieder. Die genaue Art der Skalierung, Gewichtung und Bewertung hält *A. C. Nielsen* aus Wettbewerbsgründen geheim. Es ist lediglich bekannt, dass Punktwerte die im ersten Schritt ermittelten Kriterienausprägungen repräsentieren und diese mit den dazugehörigen Gewichtungsfaktoren zu multiplizieren und über alle Kriterien zu summieren sind. Im zweiten, finanzorientierten Schritt dient ein Ertragswertverfahren dazu, auf Basis des zuvor ermittelten Indexwertes den monetären Markenwert zu berechnen.

Den Vorteilen der detaillierten Darstellung der Einflussfaktoren des Markenwertes und der Erhebung der Nachfragerdaten durch Panelbefragungen steht jedoch eine **Reihe schwerwiegender Nachteile** gegenüber. Ein zentraler Schwachpunkt ist beispielsweise in der fehlenden Transparenz in Bezug auf die generelle Vorgehensweise, insbesondere im Rahmen der Markenstärkeermittlung zu sehen.

Das enorme **Verbesserungspotential der Markenbilanz** und die stetig wachsenden Anforderungsbereiche der Markenbewertung veranlassten *A. C. Nielsen* dazu, 1993 in Zusammenarbeit mit *Trommsdorff* ein neues, allgemeiner gehaltenes Modell zu entwickeln. Das daraus hervorgehende Brand Performance System weist einen modularen Aufbau auf, um so ein möglichst großes Anwendungsspektrum gewährleisten zu können. Das neue Modell baut auf der Markenbilanz auf und setzt sich im weiteren aus den Bewertungsmodellen des Brand-Steering-Systems, des Brand-Control-Systems, des Brand-Value-Systems und des Brand Monitors zusammen. Durch die modulare Struktur des Gesamtmodells wird

Tab. 10.9 Markenstärkefaktoren der Markenbilanz von A. C. Nielsen (Quelle: In Anlehnung an Franzen 2004, S. 151)

Kategorien	Kriterien
Was gibt der Markt her?	Wert des Marktes Entwicklung des Marktes Wertschöpfung des Marktes
Welchen Anteil holt sich die Marke aus ihrem Markt?	Wertmäßiger Marktanteil Relativer Marktanteil Marktanteilsentwicklung Gewinn-Marktanteil
Wie bewertet der Handel die Marke?	Gewichtete Distribution Handels-Attraktivität der Marke
Was tut das Unternehmen für die Marke?	Produktqualität Preisverhalten der Marke Share of Voice
Wie stark sind die Konsumenten mit der Marke verbunden?	Markentreue Vertrauenskapital der Marke Share of Mind Werbe-Erinnerung Markenidentifikation
Wie groß ist der Geltungsbereich der Marke?	Internationalität der Marke Internationaler Markenschutz

nicht nur eine qualitative Markenwertmessung möglich, es besteht außerdem die Möglichkeit differenzierte Analysen für die finanzielle Bewertung, Steuerung und Kontrolle der Marke durchzuführen. Den Kern des Modells stellt der Brand Monitor dar. Er ermittelt anhand eines Scoring-Modells auf Basis von handels-, markt- und konsumentenbezogenen Daten den verhaltenswissenschaftlichen Wert der betrachteten Marke im Vergleich zu anderen Marken. Die Auswahl und Gewichtung der Bewertungskriterien erfolgt anhand empirischer (Kausal-)Analysen und ist somit als weitaus objektiver und valider als im Falle der Markenbilanz einzustufen. Um Mess- bzw. Korrelationsprobleme zu reduzieren, fällt zudem die Anzahl der herangezogenen Kriterien weit geringer aus (vgl. Abb. 10.21). Die vier Faktoren der Entwicklung, der Position der Marke, der Endkundesicht und der Verkehrsgeltung der Marke werden über ein Punktbewertungsverfahren zu einem Markenstärkeindex verdichtet und in Relation zu den Markenstärkeindizes aller untersuchten Marken gesetzt. Daraus ergibt sich der relative Markenstärkeindex „RMS_m".

Das **Brand-Value-System** erweitert die Berechnung um die Ermittlung des Ertragspotentials des Marktes „E" durch Schätzung von Marktvolumen und Umsatzrendite p. a. Der Markenwertanteil „MWA_m" der betrachteten Marke „m" für das Bezugsjahr ergibt sich daraufhin durch Multiplikation des Ertragspotentials mit dem relativen Markenstärkeindex. Der letzte Schritt umfasst die Berechnung des Markenwertes „MW_m" als ewige Rente mit einem Zinsfaktor „i", beispielsweise dem Zins für langfristige Kapitalanlagen. Abbil-

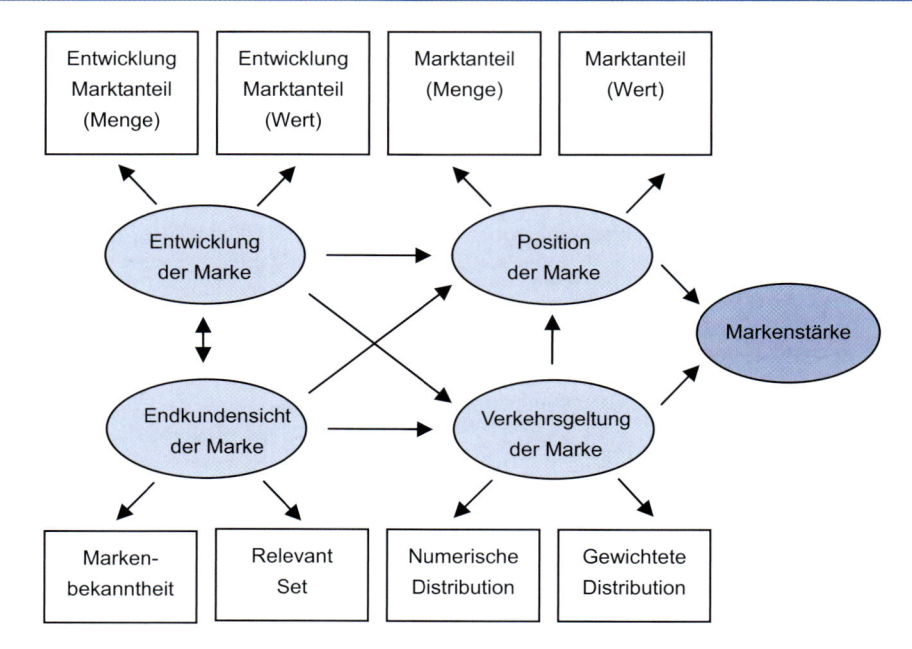

Abb. 10.21 Modell der Markenstärke nach A. C. Nielsen (Quelle: Franzen 2004, S. 16)

dung 10.22 führt eine beispielhafte Berechnung des Markenwertes nach Nielsen anhand eines fiktiven Unternehmens durch.

Das **Brand-Steering System** führt einen Abgleich der derzeitigen Position der Marke mit den strategischen Zielvorstellungen des Unternehmens durch. Gleichzeitig werden die Marketingaktivitäten anhand einer strategischen Imageanalyse einer Stärken-Schwächen-Analyse unterzogen. Das Brand-Control System setzt abschließend die Marketinginvestitionen in Beziehung zum Erfolg der Marketingmaßnahmen.

Die Markenbewertung nach **A. C. Nielsen weist v. a. den Vorteil auf**, dass die Bewertung vor dem Hintergrund der direkten Konkurrenzmarken stattfindet. Der Rückgriff auf die A. C. Nielsen Paneldaten vereinfacht zudem die Datenbeschaffung und ermöglicht ohne großen Mehraufwand die Ableitung der relativen Position der Marke am Markt. Auch die verbesserte Transparenz und Objektivität der einzelnen Ablaufschritte sind hervorzuheben. Als fragwürdig ist dagegen die einheitliche Gewichtung der Markenstärke-Faktoren für alle Branchen sowie die Annahmen konstanter Umsatzrenditen und unendlicher Lebensdauer einzustufen. Auch findet keine branchenspezifische Berechnung des Zinssatzes statt, wodurch das Risiko keine explizite Berücksichtigung in der Markenbewertung erfährt. Auf der verhaltenswissenschaftlichen Seite bleiben zudem die Wissensstrukturen der Konsumenten bezüglich der Marke unbeachtet. Insgesamt ist festzuhalten, dass keine Bewertung der Marke als immaterieller Vermögensgegenstand stattfindet, es herrscht vielmehr eine objektorientierte Sichtweise der Marke vor.

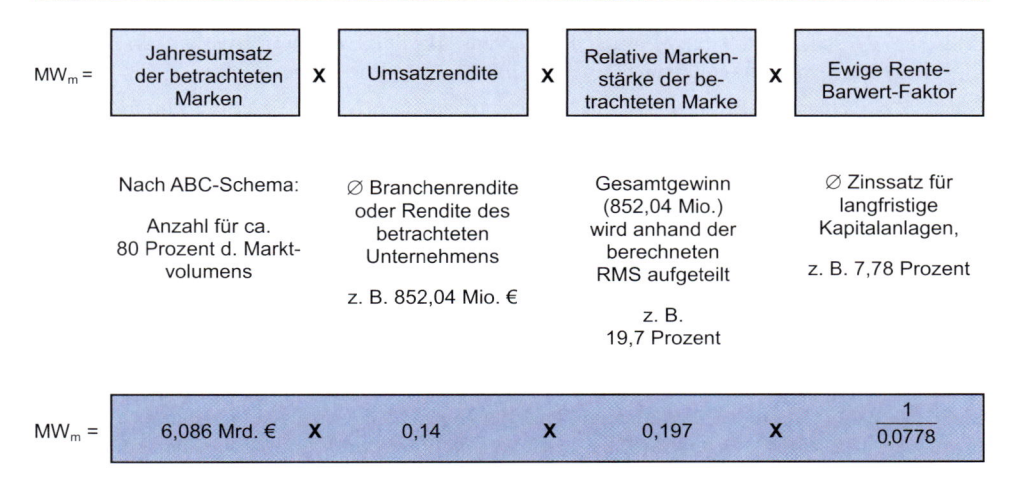

Abb. 10.22 Markenwertberechnung nach A. C. Nielsen

Zusammenfassend bleibt festzuhalten, dass sich die **kombinativ-zweistufigen Verfahren** in der Wirtschaftspraxis jüngster Zeit in zunehmendem Maße **großer Beliebtheit** erfreuen. Positiv hervorzuheben ist dabei v. a. die in der Regel einfache Handhabung der Modelle und deren diagnostische Möglichkeiten. Die erzielten Ergebnisse lassen sich sowohl als Steuerungs- und Kontrollgröße, als auch für Kauf- oder Lizenzpreisbestimmungen einsetzen. Die dargestellten Modelle verbindet jedoch ein großes Maß an Subjektivität, hervorgerufen durch die subjektive Auswahl und Gewichtung der zu bewertenden Faktoren der Scoring-Modelle. Zudem liegt in den meisten Fällen keine ausreichende Transparenz in Bezug auf die Entwicklung, den Ablauf und die empirische Validierung der Verfahren vor. Vor diesem Hintergrund kann in den meisten Fällen eine Nachvollziehbarkeit der Ergebnisse nicht vollständig gewährleistet werden. Es bleibt abschließend im Einzelfall zu prüfen, ob die Verschmelzung verschiedener unabhängiger Dimensionen des theoretischen Konstruktes Markenwert zu einem Totalwert den Ansprüchen eines fundierten wissenschaftlichen Verfahrens genügen kann. Ansonsten entsprechen die Verfahren bestenfalls dem Bedürfnis der Unternehmenspraxis eine „griffige Gesamtwertzahl" zur Verfügung zu haben, tragen aber nicht zu einem besseren Verständnis der Markenwertkomponenten bei.

Literatur

Aaker, D. A. (1992): Management des Markenwerts, Frankfurt a. M./New York: Campus.

Ailawadi, K./Lehmann, D. R./Neslin, S. A. (2003): Revenue Premium as an Outcome Measure of Brand Equity, *Journal of Marketing* 67 (4), 1–17.

Andresen, T./Esch, F.-R. (2001): Messung der Markenstärke durch den Markeneisberg. In Esch, F.J. (Hrsg): Moderne Markenführung (S. 1018–1103), 3. Aufl., Wiesbaden: Gabler.

Bauer, H. H./Huber, F. (1997): *Der Wert der Marke, Arbeitspapier Nr. 120 des Instituts für Marketing*, Universität Mannheim, Mannheim.

Bauer, H. H./Herrmann, A./Huber, F. (1997): Eine entscheidungstheoretische Interpretation der Nutzenlehre von Wilhelm Vershofen, *Wirtschaftswissenschaftliches Studium* 26 (6), 279–283.

Bekmeier-Feuerhahn, S. (1994): Emotionale Bildkommunikation mittels nonverbaler Kommunikation: eine interdisziplinäre Betrachtung der Wirkung nonverbaler Bildreize. In: Kroeber-Riel, W. (Hrsg.): *Konsumentenforschung: gewidmet Werner Kroeber-Riel zum 60. Geburtstag* (S. 89–105), München: Vahlen.

Berekoven, L. (1978): *Zum Verständnis und Selbstverständnis des Markenwesens, Markenartikel heute. Marke, Markt und Marketing* (S. 35–48). Wiesbaden: Gabler.

Dichtl, E. (1992): Grundidee, Varianten und Funktionen der Markierung von Waren und Dienstleistungen. In Dichtl, E./Eggers, W. (Hrsg.): *Marke und Markenartikel als Instrumente des Wettbewerbs* (S. 1–23), München: Beck.

Esch, F.-R. (2008): *Strategie und Technik der Markenführung*, 5. Aufl., München: Vahlen.

Esch, F.-R./Langner, T. (2004): Integriertes Branding – Baupläne zur Gestaltung neuer Marken. In Bruhn, M. (Hrsg.): *Handbuch Markenführung* (S. 1131–1156), 2. Aufl., 2. Bd., Wiesbaden: Gabler.

Esch, F.-R./Herrmann, A./Sattler, E. (2006): *Marketing – eine managementorientierte Einführung*, München: Vahlen.

Farsky, M./Sattler, H. (2007): Markenbewertung. In Albers, S./Herrmann, A. (Hrsg.): *Handbuch Produktmanagement: Strategieentwicklung – Produktplanung – Organisation – Kontrolle* (S. 219–242), 3. Aufl., Wiesbaden: Gabler.

Franzen, O. (2004): Das Brand Performance System von ACNielsen. In Schimansky, A. (Hrsg.): *Der Wert der Marke – Markenwertungsverfahren für ein erfolgreiches Markenmanagement* (S. 146–167), München: Vahlen.

Franzen, O./Trommsdorff, V./Riedel, F. (1994): Ansätze der Markenbewertung und der Markenbilanz. In Bruhn, M. (Hrsg.): *Handbuch Markenartikel* (S. 1373–1401), Band 2, Stuttgart: Schäffer-Poeschel.

Gerpott, T./Thomas, S. (2004): Markenbewertungsverfahren: Einsatzfelder und Verfahrensüberblick, *Wirtschaftswissenschaftliches Studium* 33 (7), 394–400.

Hanser, P (2004): *absatzwirtschaft: Markenbewertung. Die Tank AG. Wie neun Bewertungsexperten eine fiktive Marke bewerten*, Verlag-Gruppe Handelsblatt.

Heath, T. B./Chatterjee, S./France, K. R. (1990): Using the phonemes of brand names to symbolize brand attributes. In Bearden, W./Parasuraman, A. (Hrsg.): *The AMA educator's proceedings: Enhancing knowledge development in marketing* (S. 38–42), Chicago: American Marketing Association.

Keller, K. L. (1993): Conceptualizing, measuring, and managing customer-based brand equity, *Journal of Marketing* 57 (1), 1–22.

Langner, T. (2003): *Integriertes Branding: Baupläne zur Gestaltung erfolgreicher Marken*, Wiesbaden: Dt. Univ.-Verl.

Lips, P. (2001): Neuere Entwicklungen des Markenschutzes. Erfahrungen aus der Praxis. In Köhler, R./Majer, W./Wiezorek, H. (Hrsg.): *Erfolgsfaktor Marke. Neue Strategien des Markenmanagements* (S. 323–331), München: Vahlen.

Meffert, H. (2000): *Marketing – Grundlagen marktorientierter Unternehmensführung*, 9. Aufl., Wiesbaden: Gabler.

Mellerowicz, K. (1963): *Markenartikel: Die ökonomischen Gesetze ihrer Preisbildung und Preisbindung*, 2. Aufl., München: Beck.

Paivio, A. (1991): Dual coding theory: Retrospect and current status, *Canadian Journal of Psychology* 45 (3), 255–287.

PricewaterhouseCoopers/Sattler, H./GfK/Markenverband (2006): *Praxis von Markenbewertung und Markenmanagement in deutschen Unternehmen: Neue Befragung 2005*, Frankfurt.

Robertson, K. R. (1987): Recall and Recognition Effects of Brand Name Imagery, *Psychology of Marketing* 4 (1), 3–15.

Roth, S. (2005): *Akustische Reize als Instrument der Markenkommunikation*, Weisbaden: Dt. Univ.-Verlag.

Schimansky, A. (2004): *Wert der Marke: Markenbewertungsverfahren für ein erfolgreiches Markenmanagement*, München: Vahlen.

Simon, C. J./Sullivan, M. W. (1993): The Measurements and Determinants of Brand Equity: A Financial Approach, *Marketing Science* 12 (1), 28–52.

Srivastava, R. K., & Shocker, A. D. (1991). *Brand equity: a perspective on its meaning and measurement*. Marketing Science Institute.

Stucky, N. (2004): Monetäre Markenbewertung nach dem Interbrand-Ansatz. In Schimansky, A.(Hrsg): *Der Wert der Marke* (S. 430–459), München: Vahlen.

Tomczak, T./Reineke, S./Kaetzke, P. (2004): Markencontrolling – Sicherstellung der Effektivität und Effizienz der Markenführung. In Bruhn, M. (Hrsg.): Handbuch Markenführung, Band 2 (S. 1821–1852), 2. Aufl., Wiesbaden: Gabler.

Vershofen, W. (1959): *Die Marktentnahme als Kernstück der Wirtschaftsforschung*, Berlin: Heymanns.

Gestaltungsmöglichkeiten im Produktmanagement nutzen 11

11.1 Leistungen optimieren

11.1.1 Produktvariationen

Ist ein Unternehmen an dem Punkt angelangt, an welchem es seine Leistungen erfolgreich in den Zielmarkt einführen und dort positionieren konnte, gilt es diesen von nun an **kontinuierlich zu pflegen** und gegebenenfalls zu optimieren. Angestrebte Zielsetzungen liegen dabei insbesondere in der Verlängerung der Produktlebenszyklen, der Absicherung und Verteidigung erkämpfter Marktpositionen, der Steigerung von Umsatz und Gewinn, der Optimierung von Leistungs- und Kundenpotentialen und der Verbesserung von Kapazitätsauslastungen sowie der generellen Leistungserstellungsprozesse. Um bereits frühzeitig Hinweise auf die Notwendigkeit von Veränderungsmaßnahmen zu erhalten, empfiehlt sich die Implementierung eines Frühwarnsystems. Dieses sollte dazu in der Lage sein, anhand geeigneter Indikatoren externe Entwicklungen abzubilden und so den Handlungsbedarf des Unternehmens aufzuzeigen. Als Indikatoren können beispielsweise absolute Verkaufszahlen, Verkaufspotentiale, relative Marktanteile, Umsatzwachstum, Umsatzpotentiale oder auch „weiche" Faktoren wie die Markentreue dienen. Eine Möglichkeit auf identifizierte negative Entwicklungen zu reagieren, stellt die Modifikation der bisherigen Leistungen dar.

Wird im Zuge einer **Produktmodifikation** das bestehende Produkt durch eine Leistungsvariante ersetzt, spricht man von einer Produktvariation (Büschken und von Thaden 2007). Das grundsätzliche Anliegen besteht darin, ein Bündel an Eigenschaften bzw. Nutzenkomponenten, die ein bisher angebotenes Produkt auszeichnen, ganz bewusst zu verändern. Die Frage, inwieweit durch die Modifikation ein völlig neues oder nur ein abgewandeltes Erzeugnis entsteht, vermag letztlich nur der Käufer zu entscheiden (Goldenberg et al. 2001). Grundsätzlich bleiben bei der Produktvariation die Basisfunktion des Gutes, sein Verwendungszweck und seine Anwendungsmöglichkeiten erhalten. Vornehmlich geht es darum, ästhetische Facetten wie Design, Farbe und Form, physikalische Eigenschaf-

A. Herrmann und F. Huber, *Produktmanagement*, DOI 10.1007/978-3-658-00004-2_11,
© Springer Fachmedien Wiesbaden 2013

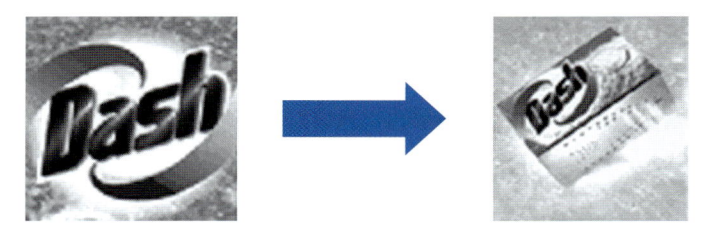

Abb. 11.1 Leistungsvariation des Waschmittels Dash

ten wie Material und Qualität, funktionale Merkmale wie Kundendienst und Finanzierung sowie symbolische Aspekte, zu denen etwa die zusatznutzenstiftenden Attribute gehören, zu modifizieren. Gründe für die Wahl einer solchen Strategieoption sind vielfältig. Da sich in der Regel die Wünsche und Bedürfnisse der Nachfrager im Zeitverlauf ändern, ist eine Anpassung der nutzenstiftenden Attribute eines Gutes für den Erfolg unerlässlich. Gesetzliche Auflagen, wie im Automobilsektor oder in der Waschmittelbranche, zwingen Unternehmen immer wieder dazu, Erzeugnisse bei einem oder mehreren Merkmalen zu variieren. Diese Argumente und ein Rückgriff auf die Ausführungen zur Produktpositionierung (vgl. Abschn. 11.3.2) verdeutlichen, dass die Produktvariation vornehmlich zwei Zielen dient: Ein Unternehmen ist bestrebt, eine im Hinblick auf Absatz, Umsatz oder Gewinn als optimal identifizierte Lage am Markt zu verteidigen, sofern andere Akteure die Positionierung angreifen. Erscheint eine andere als die bisherige Position am Markt günstiger, kommt eine Repositionierung in Betracht, die sich durch eine Variation der nutzenstiftenden Eigenschaften unterstützen lässt. Als Beispiel bietet sich die Leistungsvariation des Waschmittels *Dash* an. Das Ausgangsprodukt stellte ein „2 in 1"-Konzept, bestehend aus Waschmittel und Weichspüler, dar. Das neue *Dash* weist dagegen den Zusatznutzenaspekt einer vereinfachten Bügelhandhabung und verstärkter Atmungsaktivität der Wäsche auf (Abb. 11.1). Hier wird bereits deutlich, dass Produktvariationen gerade im Konsumgüterbereich durch sehr starke Kommunikationspläne zu unterstützen sind. Die Modifizierung eines bereits in den Köpfen der Konsumenten verankerten Markenimages stellt vor allem dann eine große Herausforderung dar, wenn der Hersteller zentrale, bereits vorhandene positive Markenaspekte beibehalten will.

Ein Blick auf die produktpolitischen Aktivitäten von Unternehmen zeigt, dass v. a. zwei **Spielarten der Produktvariation** verbreitet sind: die Produktpflege und der Produktrelaunch. Beiden Varianten gemein ist die Tatsache, dass die Gesamtzahl der vom Anbieter offerierten Erzeugnisse konstant bleibt.

Den Gegenstand der **Produktpflege** bildet die kontinuierliche Verbesserung des am Markt eingeführten Erzeugnisses. Maßnahmen dieser Art sind geeignet, die nach der Produkteinführung auftretenden Mängel zu beheben. Darüber hinaus trägt die Produktpflege dazu bei, den Herstellungsprozess zu vereinfachen und die Abläufe in anderen betrieblichen Einheiten zu verbessern. Auch kommt es darauf an, die Aktualität eines Gutes durch regelmäßige Anpassung an Modetrends o. ä. zu sichern. Beispielsweise führt das steigen-

Tab. 11.1 Ausgewählte Variationen des Waschmittels Persil

Zeit	Trend	Variation von Persil	Schlagwort
1965	Verbreitung der Trommelwaschmaschinen	Beimischung von Schauminhibitoren	Die vollkommene Waschpflege
1970	Einführung von synthetischen Geweben	Zusetzung von Enzymen	Persil mit Weißmacher
1973	Waschpulver muss waschmaschinenschonend sein	Beimengung von Korrosionsinhibitoren	Persil waschmaschinen-schonend
1986	Weniger Schadstoffe sollen ins Abwasser gelangen	Waschmittel ohne Phosphat	Persil phosphatfrei
1994	Kleinere Verpackungen gewünscht	Waschmittel als Perlen anstatt aus Pulver	Persil mit den Megaperls

de Gesundheitsbewusstsein der Individuen dazu, dass die Produzenten den Zucker- und Fettgehalt von Lebensmitteln senken. Aufgrund der Verpackungsordnung entscheiden sich viele Hersteller von Milchprodukten für leicht recycelbare Materialien anstelle der bislang üblichen Kunststoffverpackungen.

Der **Produktrelaunch** kennzeichnet eine umfassende Modifikation eines Erzeugnisses bei einem oder mehreren Produktmerkmalen. Zur Unterstützung der Absatzwirkung einer solchen umfangreicheren Produktveränderung kommen häufig auch andere Marketing-instrumente zum Einsatz. Denkbar sind beispielsweise eine Reduktion des Preises, eine Intensivierung der Werbung oder die Auswahl neuer Vertriebswege. Mit einem Produkt-relaunch reagiert ein Anbieter meistens auf eine unbefriedigende Absatz-, Umsatz- oder Gewinnentwicklung. Viele Beispiele verdeutlichen, dass sich die Lebensdauer eines Gutes durch eine Modifikation mitunter erheblich verlängern lässt. Allerdings bleibt sorgfältig abzuwägen, inwieweit der durch den Relaunch ausgelöste Umsatzschub die mit der Produktveränderung einhergehenden Kosten ausgleicht. Das klassische Beispiel des Waschmittels *Persil* macht deutlich, wie der Lebenszyklus eines Produkts durch produktpolitische Maßnahmen ausgedehnt werden kann. Der Markenführer *Henkel* modifizierte die Waschmittelmarke *Persil* seit ihrer Einführung im Jahre 1907 mehrmals, um so veränderten Nachfragerwünschen, rechtlichen Auflagen und produktionstechnischen Gegebenheiten zu entsprechen. Einige Meilensteine sind beispielhaft in Tab. 11.1 dargestellt.

11.1.2 Produktdifferenzierung

Eine **Produktdifferenzierung** zielt auf eine andere Art der Modifikation des Ursprungsgutes ab: hier ist ein bestehendes Gut um eine zusätzliche, abgewandelte Variante zu ergänzen (Büschken und von Thaden 2007). Gründe für die Popularität dieser Vorgehensweise liegen v. a. im Bestreben von Unternehmen, den Besonderheiten einzelner Märkte und Zielgruppen Rechnung zu tragen. Die Notwendigkeit den segmentspezifischen Anforderungen zu genügen kann sowohl in (geänderten) gesetzlichen Regelungen als auch in unterschiedlichen Nachfragerpräferenzen der Segmente begründet sein. Ein anschauliches Beispiel stellt das Reinigungsmittel *Antikal* von *Procter & Gamble* dar. Obwohl *Antikal* das erfolgreichste Produkt im Bereich der Kalkentferner darstellte, erreichte das Umsatzwachstum vor einiger Zeit den Sättigungspunkt im Produktlebenszyklus. Intensive Marktanalysen zeigten auf, dass das Produkt aufgrund seiner Markenbekanntheit und Beliebtheit ebenfalls großes Potential im Bereich der Badreiniger aufwies. Nach verschiedenen Marktstudien entwickelte *Procter & Gamble* auf Basis der Grundformel des Kalkentferners das *Antikal Spray*. Der Erfolg sprach für sich, die Marke *Antikal* konnte ein Wachstum von über 50 % verzeichnen.

Obgleich die Produktdifferenzierung als geeignetes Instrument zur segmentspezifischen Bearbeitung der Nachfrager und zur teilmarktbezogenen Herausforderung der Wettbewerber gilt, tauchen bei ihrer konsequenten Umsetzung einige **Schwierigkeiten** auf. So sind beispielsweise die Wahl des Handlungszeitpunkts, die Anzahl der Varianten und das Ausmaß der Veränderung als erfolgskritische Entscheidungen zu verstehen. Zur Ermittlung des Handlungszeitpunkts bietet sich beispielsweise ein Rückgriff auf den Produktlebenszyklus an. Grundsätzlich ist es ratsam, eine Differenzierung vorzunehmen, bevor das Produkt in die Stagnations- oder Degenerationsphase gelangt. Eine steigende Anzahl von Varianten geht in der Regel mit einer deutlich überproportionalen Erhöhung der Komplexitätskosten einher. Auch vor diesem Hintergrund erweist sich die Differenzierungsentscheidung als äußerst schwierig. Außerdem ist die Frage nach dem Ausmaß der Veränderung aller ins Auge gefassten Varianten gegenüber dem Basisprodukt zu beantworten. Hierbei spielen die Bedürfnisse der Nachfrager, die Komplexitätskosten und wettbewerbspolitische Überlegungen eine Rolle. Darüber hinaus stehen die Varianten häufig in einem vielschichtigen Wirkungsverbund, der sich im Partizipations- und Substitutionseffekt niederschlägt. Der Partizipationseffekt bezeichnet die durch die Produktvariante hinzugewonnenen Nachfrager, die bislang Produkte der Konkurrenten erwarben. Ein Substitutionseffekt liegt vor, wenn die Kunden von einer Produktvariante zu einer anderen wechseln. Das bedeutet, es besteht Wettbewerb zwischen den Erzeugnissen eines Anbieters (Kannibalisierung).

Im Anschluss an diese grundlegenden Überlegungen zur Produktdifferenzierung interessieren zwei in der Literatur besonders intensiv **diskutierte Gesichtspunkte**: die Begründung der ökonomischen Relevanz der Produktdifferenzierung und die Möglichkeit, Produkte durch Dienstleistungen zu differenzieren.

11.1.2.1 Ökonomische Relevanz der Differenzierung

Die ökonomische Relevanz der Produktdifferenzierung lässt sich durch einen Rückgriff auf die **neoklassische Haushaltstheorie** und auf den **Ansatz von Lancaster** verdeutlichen. Im mikroökonomischen Grundmodell sind die angebotenen Güter für die Nachfrager identisch und vollständig substituierbar. Die Homogenität des Angebots hat einen einheitlichen Preis zur Folge, der den Grenzkosten entspricht und für jedes Unternehmen ein Datum bildet. Bietet der Hersteller unter diesem Preis an, erleidet er einen Verlust. Liegt der Preis darüber, verliert der Produzent seine Kunden. Sind die offerierten Leistungen hingegen differenziert, weil sie aus der Sicht der Nachfrager keine Substitute darstellen, besitzt jeder Anbieter für sein Produkt eine individuelle Nachfragekurve. Dies eröffnet dem Unternehmen die Möglichkeit den Preis seines Erzeugnisses zu erhöhen, ohne dass sofort alle Abnehmer zu den Wettbewerbern abwandern. Je größer das Ausmaß der Differenzierung ist, desto eher erreicht der Akteur eine Monopolstellung. Das bedeutet, dass für sein Gut kein Substitutionsprodukt existiert und Spielraum für Preiserhöhungen besteht. Eine Analyse der Marktgegebenheiten verschiedener Wirtschaftszweige zeigt einige wichtige Gemeinsamkeiten in Bezug auf die Differenzierung von Leistungen auf:

- Obgleich Produktvielfalt herrscht, ist die Palette an Möglichkeiten zur Differenzierung nur unvollständig ausgeschöpft.
- Unternehmen stellen lediglich einen sehr kleinen Teil der grundsätzlich möglichen Produktvarianten her.
- Insbesondere im Konsumgütersektor fällt auf, dass einige wenige Anbieter die Vielzahl der differenzierten Erzeugnisse produzieren.
- Die Nachfrager lassen sich in nahezu allen Branchen durch heterogene Präferenzen charakterisieren.
- Individuen nehmen Unterschiede zwischen Produkten wahr und vergleichen diese im Hinblick auf ihre Substituierbarkeit.
- Jeder Konsument erwirbt selbst über einen längeren Zeitraum hinweg nur einen kleinen Teil der angebotenen Güter.

Zur Beschreibung und Erklärung dieser sogenannten „**awkward facts**" kommen zwei Ansätze in Betracht: die address-Modelle, die auf Hotelling zurückgehen, und die non address-Modelle, die auf Chamberlin (1948) aufbauen. Der Ansatz von Hotelling lässt sich an einem Beispiel verdeutlichen: Hierzu seien zwei Eisverkäufer an einem Strand betrachtet, die identisches Eis anbieten, das sie zum gleichen Einkaufspreis beziehen (vgl. Abb. 11.2).

Die Badegäste besitzen **keine spezifischen Präferenzen**, außer dass sie jenen Eisverkäufer bevorzugen, der ihnen am nächsten ist. Aus Abb. 11.2, Fall 1, ist zu erkennen, dass Badegast 1 sein Eis beim Verkäufer A nachfragt, da dessen Stand näher liegt als der von B. Badegast 2 erwirbt aus dem gleichen Grund sein Eis bei Händler B. Nur Gast 3, der sich genau in der Mitte zwischen A und B befindet, ist im Hinblick auf die Wahl eines Verkaufsstands indifferent. Angenommen, A ist bestrebt, seinen Gewinn zu maximieren und B entscheidet sich für den in Feld 1 bereits markierten Standort, so lässt sich A genau links von B nieder, um alle Kunden, die sich bis zum linken Ende des Strands aufhalten, zu bedienen. Sofern B die Möglichkeit besitzt, nach der Standortwahl von A seinen eigenen Standort zu verlegen, wird er sich links von A niederlassen, um eine möglichst große Zahl von Nachfragern zu erreichen. Dieser Prozess ist erst dann beendet, wenn sich beide Verkäufer in der Mitte des Strandes befinden und jeweils die Hälfte der Badegäste bedienen (vgl. Fall 2). Dieses Prinzip der minimalen Differenzierung verliert jedoch seine Gültigkeit,

Abb. 11.2 Grundstruktur des Modells von Hotelling

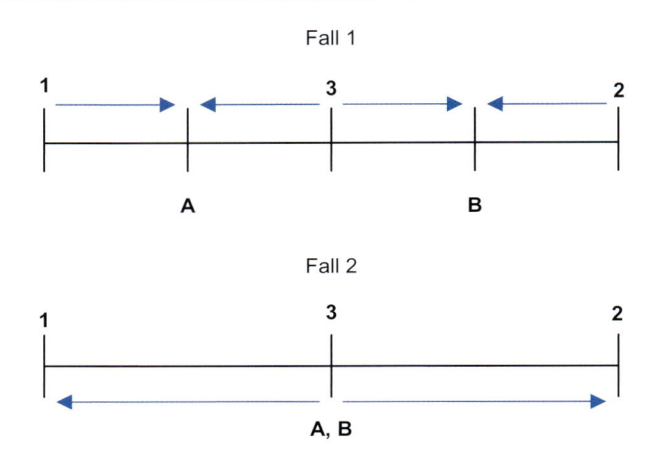

sofern die beiden Akteure neben dem Standort auch den Preis unter Vernachlässigung von Kosten ändern können.

Den **address-Modellen** liegt die Vorstellung zugrunde, dass jeder Nachfrager nur ein einziges Produkt kauft. Diese Prämisse gilt für die Modellierung des Kaufs von Gebrauchsgütern, nicht jedoch für die Beschreibung und Erklärung des Erwerbs von Verbrauchsgütern. Hierfür bieten sich die non address-Ansätze an, zu denen das Modell von Chamberlin gehört. Ohne die Details dieses Ansatzes tiefergehend zu erläutern, lässt sich zeigen, dass die Anzahl der offerierten Produkte von zwei Faktoren abhängt: Obwohl der Preis kurzfristig über den variablen Durchschnittskosten liegen kann, produziert ein Hersteller das von den Nachfragern gewünschte Produkt nicht, sofern die Fixkosten so hoch sind, dass sich langfristig Verluste einstellen. Die Anzahl der offerierten Güter kann also höher sein als im Wohlfahrtsoptimum, weil neue Konkurrenten mit substitutiven Produkten die Gewinnerosion infolge des zusätzlichen Angebots nicht berücksichtigen.

Als **Fazit dieser mikroökonomischen Ausführungen** bleibt festzuhalten, dass die Produktdifferenzierung prinzipiell die Möglichkeit eröffnet, einen deutlich über den Kosten liegenden Preis durchzusetzen. Allerdings reagieren die präsentierten Modelle sehr empfindlich auf nur geringfügige Änderungen der zugrunde liegenden Annahmen. Daher liefert diese wissenschaftliche Tradition nur wenige Erkenntnisse, die sich für die Gestaltung der produktpolitischen Aktivitäten heranziehen lassen. Um das „anything can happen"-Problem zu lösen, sind im Einzelfall die in einem Markt mit differenzierten Produkten geltenden Mechanismen zu untersuchen.

11.1.2.2 Produktdifferenzierung durch Dienstleistungen

Anknüpfend an die Ausführungen zu den begleitenden Diensten (vgl. Abschn. 11.1) liegt der Schluss nahe, Dienstleistungen zur Differenzierung von Produkten heranzuziehen. Hierbei gilt das Augenmerk jenen Unternehmen, die eine **Dienstleistung mit dem Kernerzeugnis verknüpfen** und das Leistungsbündel aus einer materiellen Basiskomponente und einer immateriellen Zusatzkomponente zusammenstellen. Hinter einer Produktdifferenzierung durch Dienstleistungen steht langfristig immer das Anliegen, den Absatz, Umsatz und vor allem den Gewinn zu steigern. Allerdings kann es kurzfristig auch um Profilierungsziele gehen, wie die prägnante Abgrenzung verschiedener Leistungen, die Eroberung neuer Kundensegmente, die Aktualisierung der Leistungspalette oder die Differenzierung gegenüber den Angeboten der Konkurrenten. Im Gegensatz zu anderen produkt-differenzierenden Maßnahmen, wie kommunikations- oder distributionsbezogenen Aktionen, bieten Dienstleistungen vielfältige Möglichkeiten zur Verbesserung der Situation eines Unternehmens im Wettbewerb:

- Der direkte Kontakt zwischen Dienstleister und Nachfrager erlaubt einen gezielten Einsatz des produktpolitischen Instrumentariums. So lassen sich ebenfalls die Erfolgswirkungen der Produktpolitik einerseits steigern und andererseits leichter messen und kontrollieren.
- Der Anbieter erfährt in persönlichen Gesprächen die Wünsche und Vorstellungen der Konsumenten. Dies verbessert im Unternehmen das Bewusstsein für Kundenbedürfnisse und ermöglicht eine marktadäquate Gestaltung der Leistungen.
- Durch innovative Dienste lässt sich ein homogenes, standardisiertes Kernprodukt vom Preiswettbewerb entkoppeln. Dieses, im Vergleich zu den Angeboten der Konkurrenten differenzierte Leistungsbündel, bietet die Möglichkeit, dem Preiskampf zu entkommen.
- Für den Kunden bedeutet der Erwerb einer Problemlösung im Vergleich zum Kauf eines Produkts, dass sich seine Koordinations- und Transaktionskosten bei der Alternativensuche und -auswahl reduzieren. Hieraus resultiert idealerweise die Bereitschaft einen deutlich höheren Preis für die Option „alles aus einer Hand" zu bezahlen.

Die **Differenzierungswirkung der Dienstleistung** ergibt sich aus zwei Einflussfaktoren, den Erwartungen der Kunden und der Affinität zwischen Kernprodukt und Dienstleistung. Im Hinblick auf die Erwartungen ist zwischen Muss-, Soll- und Kann-Leistungen zu unterscheiden, wie das in Tab. 11.2 dargestellte Beispiel aus der Automobilindustrie verdeutlicht. Während alle Anbieter die Muss-Leistungen offerieren, finden sich Soll-Leistungen erst bei sehr wenigen Unternehmen. Dagegen sind Kann-Leistungen häufig innovative Dienste, mit denen ein Akteur beabsichtigt sein Angebot zu profilieren und einen Vorsprung gegenüber den Wettbewerbern zu erringen (vgl. das Kano-Modell in Abschn. 4.4). Bei einer hohen Affinität zwischen dem Produkt und der Dienstleistung ist der Nachfrager geneigt, beide Teilleistungen als ein Leistungsbündel aufzufassen. In diesem Fall fällt es dem Anbieter sehr leicht, ein prägnantes Nutzenversprechen abzugeben und umfassende Kompetenz auch bei Dienstleistungen auszustrahlen. Als Beispiele gelten im Pkw-Bereich z. B. alle fahrzeugnahen Dienste, wie die Durchführung der TÜV-Untersuchung, fällige Garantiearbeiten sowie die Abwicklung von Ansprüchen an die Versicherung.

Demgegenüber tritt bei einer geringen Affinität die **Gefahr** auf, dass der Kunde dem Anbieter die Fähigkeit zur Erstellung der Dienstleistung abspricht. Zudem erscheint die aus Nutzenkomponenten bestehende Botschaft des Unternehmens unscharf und nicht ge-

Tab. 11.2 Schema zur Identifikation produktbegleitender Dienste (Quelle: Laakmann 1995, S. 19)

Erwartung der Kunden	Affinität von Produkt und Dienstleistung		
	Hohe Affinität	Mittlere Affinität	Niedrige Affinität
Muss-Dienstleistung	Garantiearbeiten Technischer Kundendienst		
Soll-Dienstleistung	TÜV-Untersuchung Direkt-Annahme	Mietwagenvermittlung	Cafeteria
Kann-Dienstleistung	Haftpflicht-Versicherung	Mobilitätsgarantie	Kinderhort Reisebüro

nau interpretierbar. Beispielsweise ist nicht jeder Kunde in der Lage, den Zusammenhang zwischen dem Kernprodukt Pkw und begleitenden Diensten, wie der Einrichtung eines Kinderhorts oder einer Cafeteria zu erkennen. Selbst wenn ihm dies gelingt, bleibt unklar, ob er dem Pkw-Händler die Kompetenz zutraut, diese Dienstleistungen in der geforderten Qualität bereitzustellen. In diesem Fall empfiehlt sich die Strategie, den Kranz an Dienstleistungen sukzessive auf- und auszubauen. Den Muss-Leistungen, die eine hohe Affinität zum Kernerzeugnis aufweisen, folgen Soll- und Kann-Leistungen mit einer großen Nähe zum Produkt. Erst nach ihrer erfolgreichen Etablierung sind Dienste mit einer mittleren und geringen Affinität zum Kerngut von Interesse. Sie dienen vor allem dazu, die Nachfrager zu begeistern, ihnen positive Überraschungen zu bieten und damit eindrucksvolle Erlebnisse zu vermitteln. Darüber hinaus bedarf es einer sorgfältigen Segmentierung der Nachfrager zur segmentspezifischen Erfassung der Kundenwünsche und zur gezielten Befriedigung dieser Bedürfnisse mittels geeigneter produktpolitischer Aktivitäten.

11.1.3 Produktdiversifikation

Im Rahmen von **Produktdiversifikationen** verlässt ein Unternehmen den bisherigen Aktionskreis und dringt in benachbarte oder weitab liegende Tätigkeitsgebiete vor. Empirische Untersuchungen weisen nach, dass der Antrieb hierzu vor allem dem Gewinn- und Machtstreben und dem damit verbundenen Ziel der Risikostreuung entspringt. Vor dem Hintergrund der Stagnation vieler Märkte, der Intensivierung des Wettbewerbs und der Reduktion von Produktlebens- und -entwicklungszyklen besitzt diese Strategie für zahlreiche Unternehmen große Relevanz. Hierbei erscheint es zweckmäßig, Kenntnisse und Erfahrungen über die bisherige Tätigkeit auf den neuen Geschäftsbereich zu übertragen, um die Risiken zu mindern oder die Chancen zu erhöhen. Bei der Schaffung eines neuen Betätigungsfelds ist es unerlässlich, an bereits bestehende Wettbewerbsvorteile gegenüber der Konkurrenz anzuknüpfen und diese auszubauen. Zu diesen Faktoren zählt z. B. spezifisches Wissen über Marktforschung, Werbegestaltung oder die Erstellung einer beachtlichen Anzahl von Varianten bei dennoch überschaubaren Komplexitätskosten. Im Kern lässt sich

	Produkt	Altes Produkt	Verbessertes Produkt	Neues Produkt
Markt				
Alter Markt			Verbesserung des Produktes	Neue Problem-lösung
Verbesserte Bearbeitung		Verbesserung des Marketing		Erweiterung der Angebotspalette
Neuer Markt		Neue Verwendung	Neue Markt-segmente	**Diversifikation**

Abb. 11.3 Zusammenhang zwischen Markt und Produkt

die Diversifikation als das Ergebnis zweier strategischer Grundsatzentscheidungen interpretieren, der Produktentwicklung einerseits und der Marktentwicklung andererseits (vgl. Abb. 11.3). Während erstere zu einem neuen Erzeugnis beziehungsweise einer neuen Technologie führt, gelangt letztere zu einer neuen Zielgruppe.

Es ist weiterhin üblich, zwischen horizontaler, vertikaler und lateraler Diversifikation zu unterscheiden. Bei der **horizontalen Diversifikation** steht die Erweiterung des bisherigen Produktprogramms um zusätzliche Güter für die bereits eroberten Nachfrager im Mittelpunkt. Ein Beispiel stellt die Firma *Knorr* dar, die ihre Angebotspalette aus Soßen, Würzen, Suppen und Fertiggerichten um Püree, Klöße und Knödel ergänzte. Gründe dafür liegen zumeist darin, das umfangreiche Wissen und die vielfältigen Erfahrungen über die Marktgegebenheiten für die Gestaltung neuer Offerten auszunutzen.

Die **vertikale Diversifikation** zielt darauf ab, die im Fertigungsprozess vor- oder nachgelagerten Erzeugnisse in den eigenen Wertschöpfungsprozess aufzunehmen. Dies ist zum Beispiel dann der Fall, wenn ein Hersteller von Oberbekleidung eine eigene Stoffweberei gründet (Vorstufe) oder eine eigene Ladenkette aufbaut (Nachstufe). Als Gründe sind etwa die Sicherstellung von Rohstoffen, die Erschließung neuer Ertragsquellen und die Verbesserung der Wertschöpfungskette zu nennen.

Laterale Diversifikation bezeichnet den Vorstoß in völlig neue Produkt- und Marktbereiche. Dabei stehen die neuen Erzeugnisse und Märkte in keinem Zusammenhang zu den bisherigen. Ein denkbares Beispiel ist in einem Zigarettenproduzenten zu sehen, der sich im Getränkemarkt engagiert. Entscheidende Motive sind hier oftmals der Wunsch, am Wachstum einer bestimmten Branche teilzuhaben, die Streuung des Risikos, die Verzinsung des verfügbaren Kapitals und die Ausnutzung von Managementfähigkeiten.

11.1.4 Produktelimination

Güter, die bestimmte Absatz-, Umsatz- oder Gewinnziele nicht erreichen, in den Augen der Nachfrager zur Bedürfnisbefriedigung unattraktiv erscheinen oder den Wettbewerb mit

Tab. 11.3 Programmanalyse auf Vollkostenbasis

Produkt	Umsatz	Gesamtkosten	Gewinn
A	12.000 €	13.400 €	−1400 €
B	16.400 €	20.600 €	−4200 €
C	22.800 €	15.300 €	7500 €
D	28.500 €	25.600 €	2900 €
Summe			4800 €

Konkurrenzprodukten nicht bestehen, sind einer **kritischen und detaillierten Analyse** zu unterziehen. Da alle Güter eines Unternehmens um die knappen Ressourcen konkurrieren, ist es erforderlich, die Entwicklungs-, Produktions- und Vermarktungsanstrengungen lediglich für erfolgreiche oder Erfolg versprechende Produkte durchzuführen. Insofern bedarf es einer systematischen und kontinuierlichen Untersuchung der Produktpalette, mit dem Anliegen, die Berechtigung für eine Beibehaltung oder die Notwendigkeit einer Elimination einzelner Objekte nachzuweisen.

Bei einer solchen Entscheidung sind besonders **zwei Gesichtspunkte** ins Kalkül zu ziehen: Häufig hat ein eliminationsverdächtiges Produkt bereits beträchtliche Ressourcen verschlungen, weshalb eine Aussonderung nicht ohne vorhergehende Analyse erfolgen sollte. Zur Einführung und Pflege eines Gutes bedarf es zudem in der Regel vielfältiger entwicklungs-, produktions- und marketingpolitischer Anstrengungen. Folglich ist ein am Markt nicht erfolgreiches Erzeugnis auch deshalb aus der Angebotspalette zu nehmen, um einen weiteren unwirtschaftlichen Ressourcenverbrauch zu verhindern.

Neben zahlreichen qualitativen Indikatoren spielt die **Kosten- und Erlösrechnung** eine zentrale Rolle bei der Analyse des Produktprogramms. In Abhängigkeit der Kosten, die dabei Berücksichtigung finden, ist zwischen der Voll- und Teilkostenrechnung zu unterscheiden. Hierzu sei ein Unternehmen betrachtet, das die Artikel A, B, C und D im Sortiment führt. Bei einer Analyse auf Vollkostenbasis teilt der Produktmanager sämtliche angefallenen Kosten auf die vier Bezugsobjekte auf (vgl. Tab. 11.3). Als Schlüssel zur Verteilung von Verwaltungs- und Vertriebskosten kommen häufig, in Ermangelung anderer Bezugsgrößen, Beschaffungs- oder Herstellkosten in Betracht. Offenkundig erbringen die Produkte A und B einen Verlust von 1400 € beziehungsweise 4200 €. Dementsprechend ist die Frage nach einer Elimination beider Erzeugnisse zu untersuchen.

Die in den ausgewiesenen Gesamtkosten enthaltenen Fixkosten fallen auch noch nach der **Aussonderung beider Kandidaten** an. Da sie sich nicht in der kurzen Frist, allenfalls in der langen Frist, abbauen lassen, sind sie von den verbleibenden Erzeugnissen C und D zu decken. Dadurch würde die Kostenbelastung von C und D steigen und das Gesamtergebnis des Anbieters sinken.

Offenkundig birgt eine **Programmanalyse auf Vollkostenbasis die Gefahr**, trotz bester Absichten dem Unternehmen zu schaden. Einen Ausweg bietet der Teilkostenansatz, dem die Idee zugrunde liegt, zwischen fixen und variablen Kosten zu unterscheiden. Im vorliegenden Fall zeigt sich, dass Produkt A einen Beitrag von 1600 € zur Abdeckung der

Tab. 11.4 Programmanalyse auf Teilkostenbasis

Produkt	Umsatz	Variable Kosten	Deckungsbeitrag
A	12.000 €	10.400 €	1600 €
B	16.400 €	19.800 €	−3400 €
C	22.800 €	13.600 €	9200 €
D	28.500 €	24.200 €	4300 €
Summe			11.700 €
Fixkosten			6900 €
Gewinn			4800 €

Tab. 11.5 Bewertungsbogen im Rahmen einer Produktelimination

Kriterium	Bewertung					
Marktpotential für das Produkt?	0,0	0,2	0,4	0,6	0,8	1,0
	Niedrig					Hoch
Zusatzabsatz durch Produktveränderung?	0,0	0,2	0,4	0,6	0,8	1,0
	Gering					Groß
Beitrag des Produkts zum Verkauf anderer Güter?	0,0	0,2	0,4	0,6	0,8	1,0
	Gering					Groß
Beitrag des Produkts zur Deckung fixer Kosten?	0,0	0,2	0,4	0,6	0,8	1,0
	Gering					Groß
Alternativen für dieses Produkt?	0,0	0,2	0,4	0,6	0,8	1,0
	Wenige					Viele
Ressourcenbindung durch dieses Produkt?	0,0	0,2	0,4	0,6	0,8	1,0
	Gering					Groß

ohnehin anfallenden Fixkosten leistet. Ein Wegfall dieses Gutes würde zu einer Reduzierung des Gewinns auf 3200 € (= 4800 € − 1600 €) führen. Allerdings erscheint es ratsam, Erzeugnis B zu eliminieren, da es einen negativen Deckungsbeitrag aufweist. Seine Aussonderung würde eine Erhöhung des Ergebnisses auf 8200 € (= 4800 € + 3400 €) bewirken (vgl. Tab. 11.4).

Neben quantitativen Kriterien wie Kosten, Umsatz, Gewinn und Rentabilität spielen im Vorfeld der Entscheidung über die Beibehaltung oder Elimination eines Produkts auch **qualitative Größen** eine Rolle. Tabelle 11.5 beschreibt ein Scoring-Modell, das aus einer Reihe von Kriterien besteht, die der Produktmanager allesamt als relevant erachtet. Den einzelnen Kriterien lassen sich Gewichtungsfaktoren zuweisen, welche deren relative Bedeutung zum Ausdruck bringen. Eine Verrechnung der Gewichtungsfaktoren mit den auf der Skala abgetragenen Einschätzungen bezüglich der Kriterienausprägungen ergibt einen kriteriumsspezifischen Beurteilungswert. Die Addition der Teilurteile (Beurteilungswerte) über alle Kriterien führt zu einem Index, der Chancen und Risiken einer Aussonderung beziehungsweise einer Beibehaltung des Produkts signalisiert.

Neben der grundsätzlich an Scoring-Modellen geübten Kritik taucht zusätzlich die Schwierigkeit auf, dass **keine eindeutige Entscheidungsregel** zur Elimination bzw. Beibehaltung von Produkten vorliegt. Der dargestellte Index erlaubt allenfalls die Aufstellung einer Rangliste eliminationsverdächtiger Güter. Eine eindeutige, allgemeingültige Entscheidung über den Verbleib oder die Aussonderung eines Erzeugnisses ist jedoch nicht möglich. Komplexe Ansätze zur Einschätzung von Produkten orientieren sich simultan an Kennzahlen wie Rentabilität, Deckungsbeitrag oder Umsatz.

11.2 Leistungen bündeln

11.2.1 Relevanz und Anwendungsfelder der Leistungsbündelung

Im Rahmen der Gestaltung marktfähiger Leistungen setzt sich immer deutlicher ein Trend zur **Zusammenfassung von Erzeugnissen** im Hinblick auf mögliche Verwendungszwecke und zum Verkauf dieser zu einem Bündelpreis durch. Im Unterschied zur Preisbündelung, bei der es vor allem um die Festlegung des Paketpreises geht, ist bei der Produktbündelung insbesondere die Gestaltung der Bündel von Interesse (Huber und Kopsch 2007). Dabei sind beispielsweise Fragen nach der optimalen Anzahl der zu verknüpfenden Elemente und dem Ausmaß der funktionalen Zusammengehörigkeit der Komponenten zu beantworten. Folgende Beispiele verdeutlichen das Anwendungsfeld der Produktbündelung:

Reiseveranstalter bieten beispielsweise **Pauschalreisen** an, die neben dem Flug und dem Hotel auch einen Mietwagen und ein abendliches Rahmenprogramm umfassen. Zeitschriftenverlage offerieren ihren Kunden dagegen beispielsweise verschiedene Titelkombinationen. Selbst Hersteller von Industriegütern, wie Werkzeugmaschinen, elektronischen Bauteilen und chemischen Substanzen, vertreiben ihre Produkte häufig im Verbund mit einem Dienstleistungskranz zu einem Systempreis. In der Softwareindustrie bietet *Microsoft* seit einigen Jahren Softwarepakete wie das „Microsoft Office Paket" an. Durch die Kombination des Betriebssystems *Windows* mit dem Web-Browser *Internet Explorer* konnte *Microsoft* in 1996 seinen Marktanteil für Web-Browser in einem Jahr von 7 % auf 38 % steigern. Eine besondere Relevanz besitzt die Produktbündelung auch in der Automobilindustrie. Dort bilden einzelne Sonderausstattungskomponenten die Basis für die Konstruktion einer Vielzahl von Paketen, die zum Beispiel unter den Begriffen „young edition" und „sport line" die Attraktivität der Pkw-Marke steigern.

Setzt man sich mit der Literatur zur Bündelung von Produkten auseinander, fällt auf, dass einige Autoren die **Begriffe** Bündelung („bundling") und Preisbündelung inhaltsgleich zum Terminus Produktbündelung verwenden (Stremersch und Tellis 2002). Gleichzeitig existieren Bezeichnungen wie Kopplungsverkauf, Güterbündelung, „packaging" oder Paketpreislösung, die ebenfalls das interessierende Phänomen beschreiben. Diese begriffliche Vielzahl resultiert v. a. aus der schier unbegrenzten Anzahl möglicher Formen der Bündelungen von Leistungen. Um dennoch eine griffige Definition zur Verfügung zu haben, dient der Begriff der Bündelung im Weiteren als Oberbegriff der Produkt- und Preisbündelung. Dabei stellt das Produktbündel eine Zusammenstellung einzelner Bündelkomponenten (zwei oder mehrere Güter) dar, die in einer Verkaufseinheit (Paket) zu einem einheitlichen Bündelpreis am Markt angeboten werden.

Die zunehmende **Bedeutung der Produktbündelung** in Theorie und Praxis lässt sich auf eine Vielzahl von Gründen zurückführen. Zunächst bieten die gesättigten Märkte moderner Volkswirtschaften mit einer, nicht zuletzt auf den zunehmenden Konsumdruck zurückzuführenden Homogenisierung und Standardisierung der Produkte Anbietern immer weniger Möglichkeiten sich gegenüber dem Wettbewerb zu differenzieren. Auf der Nachfragerseite ist demgegenüber eine ansteigende Individualisierung und damit verbunden eine größere Heterogenität der Nachfragerbedürfnisse zu beobachten. Ein einziges Angebot reicht somit oft nicht aus, um die heterogenen und immer anspruchsvoller werdenden Bedürfnisse der Nachfrager zu befriedigen. Unternehmen stehen immer häufiger in einem Spannungsfeld zwischen kundenbezogener Leistungsindividualisierung einerseits und kostenorientierter Leistungsstandardisierung andererseits.

Die Bündelung von Leistungen bietet einen Ausweg aus diesem Dilemma. Mit verhältnismäßig geringen Mitteln gelingt es Unternehmen auf diese Weise, **Produktlinien für spezifische Segmente** aufzubauen, die sich aus Produkten unterschiedlicher Leistungs- und Preisniveaus zusammensetzen. Da für die verschiedenen Bündel zum Teil dieselben Komponenten verwendet werden, lassen sich finanzielle Vorteile in Beschaffung und Produktion realisieren. Mit Hilfe der Produktbündelung gelingt somit der Spagat zwischen Standardisierung und Individualisierung. Zudem repräsentiert die Bündelung von Leistungen ein probates Mittel, um als Unternehmen auf das gestiegene Preisbewusstsein der Nachfrager zu reagieren. Darüber hinaus erwartet der Nachfrager von den am Markt angebotenen Leistungen mittlerweile eine umfassende Lösung seines individuellen Problems. Diese ganzheitliche Lösung gelingt oft nur dann, wenn ihm das Kernprodukt in Verbindung mit zusätzlichen Dienstleistungen eine Produktverwendung erleichtert oder in vielen Fällen auch erst ermöglicht. Durch das gebündelte Leistungsangebot erfüllt die Unternehmung dem Nachfrager nicht nur den Wunsch einer ganzheitlichen Problemlösung. Vielmehr bewahrt ein von Experten zusammengestelltes Leistungsbündel den Kunden vor Fehlern, weil er möglicherweise Leistungen kombinieren würde, die nicht kompatibel sind. Für den Nachfrager sinkt somit das Kaufrisiko.

11.2.2   Erscheinungsformen von Leistungsbündeln

Um die Zufriedenstellung der Nachfragerbedürfnisse durch ein Leistungspaket zu gewährleisten, haben sich unterschiedliche **Gestaltungstechniken bzw. Gestaltungsformen** von Produktbündeln bewährt. Zum einen können Bündel durch die physische Zusammenfassung von Einzelprodukten, wie beispielsweise in der Produktion oder bei gemeinsamer Präsentation der Einzelkomponenten entstehen. Zum anderen besteht die Möglichkeit, Bündel nur „auf dem Papier" zu konzipieren. Auf Preis- und Angebotslisten werden denkbare Bündel und ihre Preise dem Nachfrager vorgestellt, wobei die Zusammenfügung des

Tab. 11.6 Systematisierung der verschiedenen Formen des bundlin (Quelle: Huber und Kopsch 2007, S. 624)

Dimensionen	Bundling-Formen
Zugehörigkeit zu einer Basis-Strategie des bundling	Pure components Pure bundling Mixed/optional bundling Mixed components
Grad der Verschiedenheit der Bündelkomponenten	Multiple bundles/packages Multiple-product bundling Variety bundling
Verwendungszusammenhang zwischen den Bündelkomponenten	Complementary bundling (beschränkt/streng) Substitutional bundling Independent bundling
Anzahl der am bundling beteiligten Unternehmen	Intra firm bundling Inter firm bundling
Art der beteiligten Unternehmen	Producer bundles Retailer bundles Service bundles
Dauer der geplanten Marktpräsenz des Bündels	Long-term bundles Short-term bundles
Zugehörigkeit zu bestimmten Sonderformen des bundling	Brand/cross-bundling Quality bundling Blind bundling
Ausgestaltung der Preisbündelung (Preisbündelung)	Additive bundles superadditive bundles Subadditive bundles (joint bundle pricing, leader bundle pricing, composite bundles pricing)

konkreten Bündels jedoch erst beim eigentlichen Kauf stattfindet (wie z. B. häufig bei Computern). Eine weitere Bündelungstechnik repräsentiert das „cross-couponing". Dabei erhält der Nachfrager beim Kauf eines Produktes einen Gutschein (Kreuzcoupon) für den preisgünstigeren oder kostenlosen Erwerb eines anderen Produktes. Erwirbt der Nachfrager beide Produkte beim selben Kaufakt, stellt das cross-couponing auch eine Technik des bundling dar. Während das Kreuzcouponieren in den USA vor allem zur Bekanntmachung neuer Produkte verwendet wird, ist dieses Instrument in Deutschland aus wettbewerbsrechtlichen Gründen verboten.

Die mit Hilfe der oben genannten Techniken zusammengestellten Bündel können den Nachfragern dann in unterschiedlichen Varianten offeriert werden. Zur **Systematisierung** der verschiedenen Bündelformen lassen sich nach Priemer (2000) acht Dimensionen heranziehen (vgl. Tab. 11.6). Die wichtigsten Erscheinungsformen erfahren im Weiteren eine kurze Erläuterung.

Die **reine Produktbündelung** („pure bundling") und die gemischte Produktbündelung („mixed bundling") stellen die Grundformen der Produktbündelung dar. Die Bezeichnung dieser Basis-Strategien stammt von Adams und Yellen (1976), die auch das gesonderte Angebot der Einzelprodukte bzw. Einzeldienstleistungen („pure components") als Bündelform definieren. Bei der reinen Bündelung bietet das Unternehmen ausschließlich das Bündelpaket an, sodass der Erwerb der einzelnen Bündelkomponenten nicht möglich ist. Der Konsument kann lediglich zwischen Kauf und Nichtkauf entscheiden. Die reine Produktbündelung stellt eine Form des Kopplungskaufs dar, bei dem der Kauf eines Gutes vom gleichzeitigen und/oder späteren Erwerb eines anderen Gutes, das jedoch auch gesondert handelbar sein muss, abhängt. Im Gegensatz dazu hat ein Konsument bei der gemischten Bündelung die Möglichkeit, sowohl das Paket als auch die Einzelkomponenten getrennt zu erwerben.

Bei der reinen Produktbündelung entsteht durch das Paket ein neues, eigenständiges Produkt. Der Preis für dieses Produkt bzw. der Bündelpreis ist dabei so zu setzen, dass die Konsumentenrente einer Bündelkomponente auf mindestens eine andere transferiert wird, wodurch der Anbieter mehr Konsumentenrente abschöpfen kann. Bei dieser Bündelart besteht der Markt lediglich aus zwei Nachfragersegmenten, den Käufern und den Nichtkäufern. D. h. die reine Bündelung führt zu einer Reduzierung der Heterogenität der Nachfrager. Die **gemischte Bündelung** verbindet dagegen die Vorteile der reinen Bündelung mit den Vorteilen des ausschließlichen Verkaufs von Einzelkomponenten. Durch diese Art der Bündelung, die einige Autoren auch als „optimal bundling" bezeichnen, lässt sich die Marktsegmentierung verfeinern und eine höhere Konsumentenrente abschöpfen.

Obschon verschiedene Studien eine höhere Profitabilität der gemischten im Vergleich zur reinen Bündelung aufzeigen, bleibt darauf hinzuweisen, dass es keine generelle Antwort auf die Frage nach der größten finanziellen Vorteilhaftigkeit für Unternehmen gibt. Die Entscheidung für den Verkauf der Komponenten als Einzelprodukte oder in Form eines Bündels ist immer vor dem Hintergrund des konkreten Einzelfalls zu treffen. Beispielsweise spielt bei der **Festlegung der Bündelform** auch die Lebenszyklusphase in der sich ein Leistungsbündel befindet, eine entscheidende Rolle (vgl. Abb. 11.4). So eignet sich das pure bundling während der Einführung eines neuen Gutes in den Markt besser, weil es für den Anbieter in dieser Phase darum geht, vornehmlich Laien zu bedienen, die eher zu vorgefertigten Bündeln tendieren. Hat sich das Bündel am Markt etabliert, lässt sich oftmals ein hoher Anteil an Kennern ausmachen, die eine eigenständige Komposition präferieren.

Allgemein gesprochen lässt sich sagen, dass der Verkauf von **einzelnen Produkten** vorteilhafter ist, wenn der Kunde nur eine der Komponenten eindeutig präferiert. Sind die Präferenzen für beide Produkte und damit auch für das Bündel sehr hoch, bietet sich die reine Bündelung an. Existieren sowohl Segmente mit extremen als auch Segmente mit ausgewogenen Präferenzen, ist eine gemischte Bündelung zu bevorzugen.

Neben diesen klassischen Basisstrategien existieren in der Praxis Angebote von Einzelprodukten und Bündeln, wobei mindestens eine der Bündelkomponenten, nicht aber alle, nur im Bündel erhältlich ist. Die Strategie wird als „mixed components" bezeichnet und ist wiederum eine Art Kopplungsverkauf. Eine spezielle Form ist hierbei das sogenannte „add-on bundling". Der Anbieter verknüpft das Kernprodukt oder die Kernleistung mit ei-

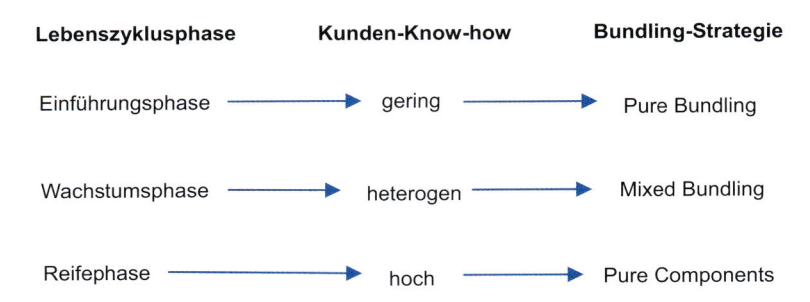

Abb. 11.4 Anpassung der Form der Produktbündelung an die Phase im Produktlebenszyklus (Quelle: In Anlehnung an Huber und Kopsch 2000, S. 625)

nem oder mehreren heterogenen Zusatzprodukten bzw. -leistungen („add-on products"). Die Zusatzprodukte und -leistungen lassen sich dabei in der Regel nicht selbstständig verkaufen, da sie in einem direkten technischen oder wirtschaftlichen Zusammenhang mit dem Basisprodukt bzw. der Basisleistung stehen. Der Konsument kann folglich die Nebenprodukte nur dann erwerben, wenn er das Hauptprodukt („lead product") vom selben Anbieter bezieht.

Unterscheiden lassen sich Bündel ferner nach dem **Grad der Verschiedenheit** der gebündelten Produkte in Mehrfachpackungen des gleichen Produktes („multiple bundling"), Bündelung unterschiedlicher Produkte („multi-product bundling"), die jedoch meistens in einem angebots- oder nachfragerseitigem Zusammenhang stehen und die Bündelung von Varianten des gleichen Produktes („variety bundling"), die beispielsweise in Form, Farbe oder Größe variieren.

Zur Systematisierung eignet sich darüber hinaus der **Verwendungszusammenhang** der Bündelkomponenten, wobei eine Unterscheidung zwischen der Komplementarität, der Substitutionalität und der Unabhängigkeit der Bündelkomponenten sinnvoll erscheint. Im Hinblick auf die Realisierung von Wettbewerbsvorteilen durch Differenzierung spielt vor allem die beschränkte Komplementarität der Komponenten eine wichtige Rolle. Bei beschränkter Komplementarität der Bündelkomponenten erhöht die eine Komponente den Nutzen einer anderen, ohne dass diese Komponente für die Nutzung unbedingt erforderlich ist. Bedarf es bei der Nutzung des Leistungsbündels dagegen beider Komponenten, bezeichnet man dies als strenge Komplementarität. Die Nachfrager setzen in diesem Fall die Bündelung voraus, sodass keine Möglichkeit besteht, sich durch die Gewährung eines Zusatznutzens gegenüber den Wettbewerbern zu differenzieren.

Zu den wichtigsten Sonderformen gehört das „**cross-bundling**", bei dem eine etablierte Marke mit einem unbekannten oder weniger bekannten Produkt gebündelt wird, um den Bekanntheitsgrad zu steigern und von einem Imagetransfer zu profitieren. In der Praxis zielen Anbieter darauf ab, von einer etablierten Marke eines anderen Anbieters ein positives Image auf das eigene Produkt zu transferieren („brand alliance", „joint branding", „co-branding").

11.2.3 Zielsetzungen von Leistungsbündeln

Ausgehend von der beschriebenen Vielfalt an Produktbündelvarianten stellt sich als nächstes die Frage, weshalb die genannten Erscheinungsformen der Produktbündelung bei den Anbietern so oft zur Anwendung kommen. Erörtert werden deshalb Motive, aufgrund derer sich die Unternehmen für die Strategie der Leistungsbündelung entscheiden. Zur **Systematisierung der Beweggründe** dienen sieben Kategorien. Einige ausgewählte Gesichtspunkte von besonderer Relevanz für die Unternehmen seien im Folgenden skizziert.

- Kosten
  Bei der Wahl zugunsten einer Bündelstrategie besitzen die **Produktionskosten** für die Anbieter elementare Bedeutung. Sie reduzieren sich durch die Verknüpfung mehrerer Produkte zu einem Bündel in einem erheblichen Ausmaß. Diese Kostenreduktion eröffnet den Anbietern vor allem einen größeren preispolitischen Spielraum, eine Erschließung neuer Marktsegmente und eine Verlängerung der Produktlebenszyklen.
- Absatz
  Die Bündelung von Leistungen ermöglicht der Unternehmung ferner eine **Steigerung der abgesetzten Menge**. Wie eine Studie von Drumwright zeigt, ruft die Produktbündelung Entscheidungsanomalien bei den Nachfragern hervor, die dazu führen, dass diese mehr kaufen und konsumieren, als sie ursprünglich beabsichtigten. Begründet wird dieses Phänomen oft mit dem Absinken der Preiselastizität der Nachfrage und der steigenden Preisintransparenz. Ferner repräsentiert das Leistungsbündel eine produktpolitische Antwort auf das gestiegene Preisbewusstsein der Nachfrager in zahlreichen Märkten. Da die Angebotspakete zumeist günstiger als die einzelnen Komponenten sind, entsteht beim Nachfrager ein Transaktionsnutzen, welchen die Käufer wahrnehmen und aufgrund dessen eine Entscheidung zugunsten des Produktbündels treffen.
- Qualität
  Eine besondere Relevanz besitzt für das Unternehmen ferner die Erweiterung des eigentlichen Kernproduktes um einen Kranz aus Dienstleistungen. Die ergänzenden Dienste erlauben v. a. bei weitgehend homogenen und standardisierten Produkten eine **Differenzierung der eigenen Leistung** vom Angebot der Konkurrenz. Außerdem sind bei sehr komplexen und erklärungsbedürftigen Produkten begleitende Dienstleistungen erforderlich, um dem Nachfrager eine optimale Nutzung des Kernproduktes zu gewährleisten.
- Konkurrenz
  Unter Berücksichtigung wettbewerblicher Gesichtspunkte erscheint der von Carbajo et al. (1990) untersuchte Sachverhalt zur Begründung des Einsatzes von Bündelstrategien von Interesse. Die Autoren gehen von der Annahme aus, ein Anbieter verteidige in einem Markt erfolgreich seine **monopolistische Stellung**, wohingegen er in einem anderen im Wettbewerb zu einem weiteren Anbieter steht. Kombiniert der Monopolist seine zwei Produkte nicht, so sinken die Preise in dem umkämpften Markt bis auf das Grenzkostenniveau. Entscheidet sich hingegen der Monopolist zur Bündelung der

Leistungen, differenziert er sein Angebot von dem des Wettbewerbers. Dies impliziert eine geringere Aggressivität zwischen den Anbietern. Ein Preiswettkampf wird somit unwahrscheinlicher.

- Markt- bzw. Branchenstruktur
Die Strategie, Produkte in Bündeln anzubieten, dient häufig auch der Bindung der Nachfrager an die Unternehmung und als **Markteintrittsschranke** gegenüber Newcomern. Zur Illustration dient in diesem Zusammenhang das Beispiel der Softwarefirma *Microsoft*, die durch Bündelung des Internet-Browsers mit dem Betriebssystem Windows neuen potentiellen Anbietern von Browsern den Zugang zum Markt versperrte.

- Produkt und Sortiment
Auch handelt es sich bei der Produktbündelung um eine kostengünstige und risikoverminderte Alternative der **Neuproduktgestaltung**, bei der aus bereits bestehenden Produkten ein neues Angebot entsteht. Zweckdienlich erscheint diese Strategie aber auch zur Segmentierung von und Positionierung in Märkten sowie zur Abschöpfung von Konsumentenrente beim Vorhandensein heterogener Präferenzen.

- Marke
Die Strategie der **Bündelung von markierten Objekten** verfolgt ein Hersteller aus mehreren Gründen. Erstens vor dem Hintergrund, dass Konsumenten bekannten Marken vertrauen und diese zur Reduktion des wahrgenommenen Kaufrisikos nutzen. Zweitens besteht für die Unternehmung die Möglichkeit, über die gebündelte Marke Qualität zu kommunizieren, was wiederum den Informationsbeschaffungs- und -verarbeitungsprozess beim Nachfrager verkürzt. Drittens fördern gebündelte Markenprodukte Versuchskäufe, da der Konsument den Markennamen als entscheidungsfördernde Heuristik sieht. Viertens kann die Unternehmung spillover-Effekte der Werbung für andere, mit dem Bündel in Zusammenhang stehende Produkte nutzen.

In manchen Branchen ist jedoch ein **Trend zur Entbündelung** zu konstatieren. Beispielsweise verkaufte die Firma *SPSS* ihre Analysesoftware zur Auswertung empirischer Daten vor einigen Jahren nur als Softwarebündel. Mittlerweile können Interessenten einzelne Module der Analysesoftware aber auch separat erwerben. Verschiedene Gründe sprechen für diese Strategie. So lassen sich durch den Verkauf der Bündelkomponenten als eigenständige Erzeugnisse eventuell neue, bisher unbearbeitete Märkte erschließen. Weisen die Einzelkomponenten eine geringere Preiselastizität als das Gesamtbündel auf, kann zudem der Gewinn gesteigert werden. Dies ist z. B. dann der Fall, wenn der Bündelpreis durch die Weiterentwicklung eines Systems einen sehr hohen Anstieg erfährt. Nachfrager haben in Märkten mit weitgehend standardisierten und kompatiblen Produkten die Möglichkeit, Systeme ohne weiteres durch den Kauf einzelner Elemente zusammenzustellen und so die reine Produktbündelung zu unterlaufen. Deshalb gewinnt die Entbündelung während des Produktlebenszyklus und der Reifung des Marktes an Bedeutung. Zudem verschieben sich in vielen Branchen im Laufe der Zeit die Wertschöpfungsanteile. Dienstleistungen wie Schulungen, Beratungen und andere Serviceleistungen gewinnen gegenüber dem eigentlichen Kernprodukt an Bedeutung. Traditionell findet jedoch keine gesonderte

Abrechnung dieser begleitenden Dienste statt. Viele Nachfrager berücksichtigen bei ihrer Entscheidung nur das eigentliche Kernprodukt, sodass sie Angebote mit weniger kostenintensiven Dienstleistungen bevorzugen. Die Entbündelung fördert in diesem Fall die Leistungs- und Preistransparenz.

Wie die Ausführungen zeigen, bedarf die Entscheidung über die Kombination von Produkten immer der **Abwägung der jeweiligen Situation**. Um eine solche adäquat erfassen zu können, ist eine genaue Analyse der Bedürfnisse der Abnehmer der Leistung erforderlich. Geht man davon aus, dass der Erfolg eines Bündels am Markt von den Wahrnehmungen und Präferenzen der Nachfrager abhängt, sind daher insbesondere die Gründe und die kaufverhaltenstheoretischen Grundlagen des Bündelkaufs von Interesse.

11.2.4 Kaufverhaltenstheoretische Grundlagen des Bündelkaufs

11.2.4.1 Gründe für die Nachfrage von Produktbündeln

Allgemein formuliert, entscheidet sich der Nachfrager zugunsten eines Bündels, wenn die Einschränkung seiner Wahlfreiheit durch einen **höheren Nutzen und/oder geringere Kosten** ausgeglichen wird. Bei der Ermittlung der Kostenvorteile zieht der Konsument zwei Kostengrößen in Betracht. Zum einen spielt der eigentliche Kaufpreis des Bündels bzw. der Einzelkomponenten eine Rolle, zum anderen interessieren den Nachfrager aber auch die anfallenden Transaktionskosten. Darunter sind vor allem Kosten der Information und der Kommunikation für die Anbahnung, Vereinbarung, Abwicklung, Kontrolle und Anpassung eines Leistungsaustausches zu verstehen. Bietet das Bündel dem Nachfrager einen Sparanreiz oder realisiert er Zeitersparnisse dadurch, dass er nunmehr die gewünschten Produkte nicht einzeln erwerben muss, sondern als Leistungsbündel offeriert bekommt, so entscheidet er sich für das Produktpaket.

Ein zweites wichtiges Motiv für den Kauf eines Bündels stellt die **Nutzensteigerung** dar, die der Nachfrager durch den Kauf des Bündels im Vergleich zum Kauf eines oder mehrerer Einzelprodukte erfährt. Wie verschiedene Studien zum Konsumentenverhalten belegen, wählt ein Nachfrager das Produkt, welches am ehesten seiner verinnerlichten und handlungsleitenden Motivstruktur entspricht. Eine hohe Kongruenz zwischen den, durch das Produkt vermittelten und den individuell internalisierten Wertvorstellungen belohnt der Kunde zudem mit einer höheren Widerkaufabsicht. Rangiert beispielsweise „Lebensqualität" in der Hierarchie der Werte eines Individuums besonders weit oben, fällt ihm die Kaufentscheidung zugunsten eines Fahrzeugmodells leichter, wenn eine Modellvariante mit einer besonders luxuriösen Innenausstattung, Klimaanlage und einem hochwertigen Hifi-System, unter dem Label „Elegance" zur Wahl steht. Anstelle zeitaufwendiger Abwägungen, welche der Ausstattungskombinationen zusammenpassen, wählt ein Kunde nun nur noch eine von beispielsweise. vier „Lines". Konsumenten, die beim Produktkauf und -konsum nach Abwechslung suchen („variety seeking"), ermöglicht ein Bündel durch die Kombination verschiedener Produkte und Dienstleistungen einen zusätzlichen Nutzen, der aus der Bereitstellung der gewünschten Abwechslung resultiert. Dadurch reduziert die Produktbündelung das Wechselverhalten der Nachfrager, verstärkt die Kundenbindung und dient als Wechselbarriere.

Wenig Aufmerksamkeit findet in der Literatur bisher eine weitere Form des Nutzens, die dem Nachfrager ebenfalls die Entscheidung zugunsten eines Bündelkaufs erleichtert. Kombiniert man die bisher erarbeiteten Größen, so resultiert die **Nettopräferenz eines Bündelkaufs** aus dem Preisnutzen (Sparanreiz), dem Produktnutzen (umfassende Befriedigung der Bedürfnisstruktur) sowie dem Transaktionsnutzen (Zeitersparnis, sinkende Beschaffungskosten, usw.). Der Kauf eines Produktbündels zeichnet sich jedoch weitergehend dadurch aus, dass der Nachfrager eventuell einen Integrationsnutzen realisiert. Diese Nutzenart lässt sich anhand des folgenden Beispiels erklären. Hat ein Fahrzeugführer die Möglichkeit, bei der Beschaffung eines Neuwagens nicht nur den PKW, sondern auch eine Hifi-Anlage in einem Leistungspaket zu erwerben, so stiftet ihm dies deshalb einen Integrationsnutzen, da er ansonsten selbst Löcher für die Antenne in die Karosserie bohren, bzw. selbst die Innenverkleidung für die Lautsprecherboxen präparieren müsste. Wird dies von ungeübter Hand durchgeführt, ergibt sich im erstgenannten Fall die Gefahr eines späteren Durchrostens und im zweiten Fall die Gefahr einer Beschädigung der Verkleidung. Die Nettopräferenz (NP) ergibt sich also aus:

NP = f(PN; PrN; TN, IN) mit:
PN = Produktnutzen;
TN = Transaktionsnutzen;
PrN = Preisnutzen;
IN = Integrationsnutzen.

11.2.4.2   Ansätze zur Erklärung des Bündelkaufs

Die bisherigen Ausführungen verdeutlichen, dass Bündelprodukte zahlreiche Bedürfnisse der Konsumenten zufriedenstellen. Weiterhin ist die Beantwortung der Frage, welche **Faktoren** im Einzelnen **für die Wertschätzung der Nachfrager** verantwortlich sind, von Interesse und wie sich diese einzeln oder in kombinierter Form auf das Kaufverhalten der Nachfrager auswirken. Erst die Erkenntnis, dass beispielsweise die Anzahl der Elemente eines Bündels und die Höhe des Preisnachlasses auf das Paket im Vergleich zur Gesamtsumme der Einzelpreise die Kaufentscheidung tatsächlich beeinflussen, erlaubt es, Hinweise für eine nachfragergerechte Bündelpolitik zu ermitteln. Besonders die Volkswirtschaftslehre und die Psychologie leisten bei der Erklärung von Kaufentscheidungen bei Bündelprodukten wertvolle Dienste.

Im Unterschied zur Einproduktwahl beziehen sich Entscheidungen hinsichtlich des Erwerbs eines Bündels nicht nur auf die Aufnahme und Entschlüsselung eines von anderen Komponenten isolierten Reizes. Es geht vielmehr um die gedankliche **Verknüpfung der einzelnen Elemente** und der damit verbundenen inhaltlichen Identifikation des Produktbündels. Zur Beschreibung dieses Phänomens ist die Prospekt-Theorie von großem Nutzen. Diese maßgeblich von Kahneman und Tversky (1979) entwickelte Theorie ersetzt die bis dahin zur Erklärung von Entscheidungen unter Risiko verwendete Erwartungswert-

Abb. 11.5 Wertfunktion der Prospekt-Theorie (Quelle: Huber und Kopsch 2007, S. 634)

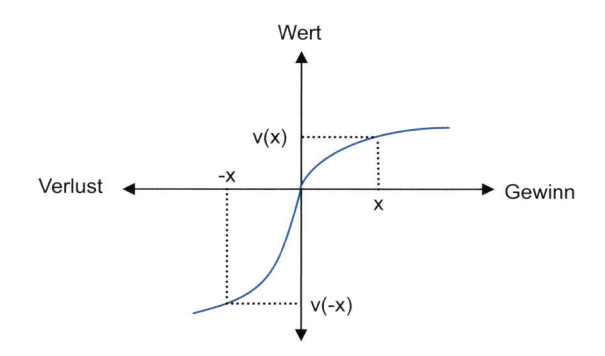

theorie. Der letztgenannte Ansatz besagt, dass Entscheidungsträger sich für die Alternative entscheiden, die den größten Nutzen, gewichtet durch die Wahrscheinlichkeit des Eintreffens dieses Nutzens, aufweist. Annahmegemäß ist der Nutzen einer Alternative demnach unabhängig von der jeweiligen Situation, vom Nutzen anderer Alternativen und der Wahrscheinlichkeit des Eintretens des Nutzens. Der entscheidende Unterschied der Prospekt-Theorie zur Erwartungsnutzentheorie liegt in der Einführung einer Editierungsvariable bzw. der Berücksichtigung des framings von Ereignissen. In dieser Editierphase findet die vorbereitende Analyse der zur Auswahl stehenden Alternativen („prospects") statt. Entgegen traditioneller ökonomischer Vorstellungen werden mögliche zukünftige Ereignisse, kaum in absoluten Begriffen und Maßen abgebildet. Für ökonomische Maße bedeutet dies, dass Menschen Ereignisse nicht als absolute Erhöhung bzw. Verringerung von Reichtum erleben, sondern diese vielmehr als relativen Gewinn bzw. Verlust wahrnehmen. In der zweiten Phase der Alternativenbeurteilung werden die Alternativen durch die subjektive Beurteilung der Abweichungen vom Referenzpunkt in Form von Gewinnen und Verlusten ausgewählt. Die Wertefunktion der Prospekt-Theorie stellt die Bewertung der Gewinne und Verluste eines Individuums gegenüber einem Referenzpunkt dar (vgl. Abb. 11.5).

Dem Werteverlauf liegen dabei die Annahmen der Referenzpunktbezogenheit, der **abnehmenden Sensitivität** und der **Verlustaversion** zugrunde. Erstgenannte Annahme besagt, dass die Funktion über positive und negative Abweichungen von einem Referenzpunkt definiert ist. Der Punkt, an dem weder Gewinne noch Verluste entstehen, dient dabei als Ankerpunkt. Er repräsentiert den Zustand unveränderten Wohlstands mit einem Wert von Null und liegt im Ursprung der Wertfunktion. Somit ist dieser Punkt für die Präferenzordnung verantwortlich. In Bezug auf die Produktbündelung bedeutet dies, dass Individuen beispielsweise bei einem Bündel aus Kernprodukt und eines weiteren Produktes als Zugabe, den Bonus als normalen Bestandteil des Angebotes wahrnehmen und ihren Urteilsanker verschieben. Wird die Zusatzleistung nicht mehr im Bündel angeboten, nehmen die Nachfrager dies als Verlust wahr. Die Annahme der abnehmenden Sensitivität bezieht sich auf den konkaven Verlauf in der Gewinnzone der Wertfunktion und den konvexen Verlauf in der Verlustzone. Demnach wird ein Unterschied zwischen 10 € und 20 € als größer wahrgenommen, als der Unterschied zwischen 1010 € und 1020 €. Die Verlustaversion besagt, dass die Wertfunktion für negative Abweichungen vom Referenzpunkt einen steileren Verlauf aufweist als für positive Abweichungen. Dies ergibt sich aus der Tatsache, dass Individuen einen Verlust stärker bewerten als einen gleich hohen Gewinn, d. h. risiko- und verlustavers sind.

Als Ansatz zur Erklärung des Nachfragerverhaltens hat die **Prospekt-Theorie** in den letzten Jahren stark an Bedeutung gewonnen. Überwiegend steht jedoch der Preis im Mittelpunkt der Betrachtung. Im Rahmen der Preisbündelung hilft diese Theorie vor allem bei der Beantwortung der Frage, wie sich die Wahrnehmung von Nutzen und Wertigkeit bei der Beurteilung von Leistungsbündeln zusammensetzt (Soman und Gourville 2001).

Eine Erweiterung der Prospekt-Theorie stellt das **Mental Accounting** von Thaler (1985) dar, welches sowohl bei Einzelgütern mit mehreren Urteilsdimensionen als auch bei Güterbündeln, die aus verschiedenen Komponenten bestehen, anwendbar ist. Es verfolgt die Logik, dass Individuen Wahlalternativen so kodieren, dass sie möglichst attraktiv bzw. weniger unangenehm erscheinen („hedonic editing hypothesis"). Gleichzeitig weist auch die Präsentationsform der Alternative einen Einfluss auf die Kodierung durch die Individuen auf. Zusammengefasst geht es um die Entscheidung, den Wert einer zweidimensionalen Alternative (x,y) zu integrieren ($v(x + y)$) oder zu segregieren ($v(x) + v(y)$). Dabei lassen sich die folgenden Fälle als relevant für die Produktbündelung identifizieren.

- Multiple Gains
  Aus dem **konkaven Verlauf der Wertfunktion** folgt, dass Individuen durch die Segregation zweier Gewinne einen höheren Nutzen empfinden als durch die Integration. Die beiden Einzelgewinne x und y besitzen einen größeren Wert als deren Verknüpfung zu einem Gesamtgewinn. Mehrere gute Produkteigenschaften sowie die Einzelkomponenten eines Güterbündels sollten demnach getrennt voneinander präsentiert und ausgelobt werden, damit der Nutzen jeder einzelnen Komponente gesondert wahrgenommen werden kann.

$$\left[v(x) + v(y) \right] > \left[v(x + y) \right], \quad \text{für } x, y > 0,$$

  wobei x und y = Gewinn sowie $v(x)$ und $v(y)$ = Wert des Gewinns.
- Multiple Losses
  Aufgrund des **konvexen Verlaufs der Wertfunktion** in der Verlustzone scheint einem Individuum dagegen die Integration mehrerer Verluste weniger vorteilhaft als deren Segregation. Zwei einzelne Verluste wiegen folglich schwerer als deren Kombination zu einem Gesamtverlust. Für den Produktmanager impliziert diese Empfehlung, dann ein Bündel zu schnüren, wenn die von ihm angebotenen Güter hochpreisige Leistungen beinhalten.

$$\left[v(-x) + v(-y) \right] < \left[v(x - y) \right], \quad \text{für } x, y > 0,$$

  wobei $(-x)$ bzw. $(-y)$ = Verlust sowie $v(-x)$ bzw. $v(-y)$ = Wert des Verlusts.

- Mixed Gain
  Überwiegt bei **gleichzeitigem Verlust und Gewinn die positive Abweichung** gegenüber der negativen, so nimmt das Individuum deren Kombination (Integration) als vorteilhaft wahr. Ein sehr teures Gut sollte also idealerweise mit einem stark verbilligtem im Bündel angeboten werden.
- Mixed Loss
  Überwiegt dagegen **bei gleichzeitigem Verlust und Gewinn der Verlust**, so stellt sich die Kombination beider als unvorteilhaft heraus. In den meisten Fällen erscheint demnach die Segregation als vorteilhafter. Basierend auf dieser Erkenntnis lässt sich nachvollziehen, weshalb es vorteilhafter ist, einem PKW-Käufer ein kostenloses Radio als „Extra" anzubieten, anstatt einen Nachlass in der Höhe des Radiopreises auf den Listenpreis des Fahrzeugs zu gewähren.

Auf Basis der Erkenntnisse des Mental Accountings lässt sich die **Handlungsempfehlung** für die nachfrageroptimale Produktbündelung ableiten (Heath et al. 1995), dass Bündelkomponenten idealerweise getrennt voneinander präsentiert werden sollten. Auf diese Weise ist es dem Nachfrager möglich, den Nutzen der einzelnen Bündelkomponenten auch wirklich wahrzunehmen (multiple gains). Für die Preisbündelung ergeben sich dagegen folgende Empfehlungen.

- Die Kaufbereitschaft gegenüber dem Einzelangebot eines Gutes erhöht sich, wenn es in einem Bündel zusammen mit einem anderen Gut angeboten wird, welches der Nachfrager ohnehin zu kaufen beabsichtigt hätte.
- Da Nachfrager einen integrierten Verlust als weniger nachteilhaft empfinden, ist die Ausweisung eines gemeinsamen Bündelpreises sinnvoll (multiple losses). Hier gilt es allerdings die Gefahr zu berücksichtigen, eine bestimmte Preisschwelle bzw. die Preisbereitschaft der Konsumenten zu überschreiten.
- Preisreduktionen sollten auf die, im Bündel enthaltenen Komponenten verteilt werden (multiple gains).
- Der Nachfrager nimmt ein Bündel umso attraktiver wahr, je weiter die ausgewiesenen Einzelpreise der Bündelelemente bei gleichem Gesamtpreis auseinander liegen.
- Ein preisreduziertes Angebot nimmt der Nachfrager als attraktiv wahr, wenn der Anbieter den ursprünglichen Preis und den Reduktionspreis getrennt voneinander ausweist.

Ein weiterer Ansatz zur **Erklärung der gedanklichen Vorgänge** bei der Beurteilung von Produktbündeln kommt bei Gaeth et al. (1991) zur Anwendung. Nach der Auffassung des Forschergespanns eignet sich die Informations-Integrations-Theorie zur Erklärung des interessierenden Phänomens. Der Ansatz basiert auf den vier Komponenten des Stimuli, der Urteilsdimension, der Verknüpfungsfunktion und dem Ergebnis der Informations-Integration. Die Stimuli P_1 bis P_k repräsentieren beispielsweise die Ausprägungen der Produkteigenschaften eines Pkws. Ein Individuum wandelt diese wahrgenommenen Ausprägungen gedanklich in subjektive Teilurteile über das Beurteilungsobjekt Pkw um

(„valuation"). Diese Transformation geschieht dabei auf der Grundlage der Urteilsdimensionen S_1 bis S. Mithilfe einer Integrationsfunktion lassen sich diese Einzelurteile zu einem Gesamturteil verknüpfen („integration") und führen so zu einer Reaktion, d. h. entweder zu einem Kauf oder einem Nicht-Kauf.

Die **Informations-Integrations-Theorie** befasst sich also mit den Fragen, wie aus Einzelurteilen ein Gesamturteil entstehen kann und nach welchen Mustern der Integrationsprozess abläuft. Im Falle der Produktbündelung kommt mit der Integration über die für das Individuum relevanten Bündelkomponenten noch eine weitere Stufe hinzu. Diese Integration kann auf zwei Arten erfolgen:

- Adding
  Die Nachfrager verknüpfen die Teilurteile auf **linear-additive Weise** zu einem Gesamturteil. Das heißt jede Information über eine positive Eigenschaft führt zu einer besseren Bewertung des Urteilsobjektes.
- Averaging
  Häufig besitzen mehrere **Produktattribute die gleiche Relevanz** für die Nachfrager. Eine Aufwertung erfolgt in diesem Fall nur dann, wenn das weitere Merkmal dem bisherigen Urteil zumindest gleichwertig ist.

In der Literatur herrscht weitgehende Uneinigkeit, welche der beiden **Integrationsregeln** die Realität besser abzubilden vermag. Die Mehrzahl der empirischen Studien stützt jedoch das „averaging". Für die Produktbündelung bedeutet diese Annahme, dass ein geringwertiges Zusatzprodukt die Attraktivität des gesamten Bündels reduziert. Eine zusätzliche Bündelkomponente ist daher so zu wählen, dass sie vom Nachfrager als mindestens gleichwertig wahrgenommen wird.

Zur Erklärung der gedanklichen Vorgänge bei der Beurteilung von Produktbündeln eignet sich ferner die **Adaptionsniveau-Theorie** („adaptation level theory") von Helson (1964). Nach der Auffassung des Forschers ist jede Reaktion eines Individuums durch einen Anpassungsprozess charakterisiert. Erhält ein Individuum neue Informationen („Fokalstimuli"), vergleicht es diese mit bereits vorhandenen und gespeicherten Informationen. Das heißt, die aufgrund früherer Erfahrungen gebildete Meinung über das Urteilsobjekt dient als Adaptionsniveau, welches gegebenenfalls durch die neuen Informationen angepasst wird. In der Literatur sind zu diesem Vorgang auch die Begriffe „anchoring and adjustment" zu finden. Nach dem Kaufverhaltensmodell von Lopez (1982) lassen sich drei Phasen der Wahrnehmung unterscheiden:

- Scanning
  Bezeichnet das **gedankliche Erfassen** der einzelnen Bündelelemente ohne Beurteilung der einzelnen Items.
- Anchoring
  Festlegung des Items als **Ankerkriterium**, welches für den Konsumenten die größte Bedeutung für die Kaufentscheidung aufweist.

- Adjustment
  Die **funktional-inhaltliche Anpassung** der anderen Elemente des Bündels an diesen Ankerpunkt.

Mittels einer **Umbewertung und der Verdrängung** einzelner Produktattribute versucht der Nachfrager, einen möglichst großen Zusammenhang zwischen den Bündelkomponenten herzustellen. Je schneller ihm dies gelingt, desto stärker etabliert sich das Produktbündel im Bewusstsein des Nachfragers. Aus diesen Erkenntnissen lassen sich folgende Hypothesen zur Produktbündelung ableiten:

- Mit zunehmender funktionaler Zusammengehörigkeit der Bündelelemente steigt die Kaufbereitschaft der Nachfrager für ein Produktbündel.
- Bei steigender Anzahl der Bündelelemente sinkt die Bereitschaft der Nachfrager zum Bündelkauf, da ihre Informationsverarbeitungs- und -aufnahmekapaziäten beschränkt sind.
- Die funktionale Zusammengehörigkeit der Bündelelemente spielt bei der Gestaltung von Servicebündeln eine größere Bedeutung als bei der Gestaltung eines Sachgüterpakets, da bei diesem der Preisnachlass auf das Bündel im Vergleich zur Summe der Einzelpreise im Vordergrund steht. Jedoch ist auch hier der Aspekt der funktionalen Zusammengehörigkeit nicht zu vernachlässigen.

11.2.5 Methoden zur optimalen Gestaltung von Leistungsbündeln

Im Anschluss an die Überlegungen zu den beim Nachfrager stattfindenden Informationsverarbeitungsprozessen bietet sich die Diskussion einiger Methoden zur erfolgsversprechenden Zusammenstellung der Leistungsbündel an. Grundlage einer solchen Methode sollte es sein, die **Nachfragerwünsche und -präferenzen zu identifizieren**. Hierzu ist der Einsatz verschiedener qualitativer und quantitativer Verfahren der Marktforschung geeignet.

Wertvolle Dienste leistet in diesem Zusammenhang beispielsweise das **Laddering-Interview** (Herrmann 1996). Das Anliegen dieser nicht-standardisierten Befragung besteht in der Erforschung von verhaltensprägenden Kräften, welche auf die bzw. in den Individuen bei der Wahl zugunsten einer Leistung wirken. Methodisch gesehen dienen mehrere aufeinander folgende „Warum-Fragen" dazu, dass die Auskunftsperson bestimmte Facetten ihrer Vorstellungswelt preisgibt. Angefangen von den Eigenschaften, die sie an der angebotenen Leistung wertschätzt, bis hin zu den persönlichen Werthaltungen. Ausgangspunkt bildet dabei die Frage, weshalb eine bestimmte konkrete Eigenschaft, wie z. B. die Schnelligkeit eines Computers, bei der Entscheidung für dessen Hersteller eine Rolle spielt. Diese unterste Stufe des Laddering-Interviews repräsentiert die Kernleistung mit ihren sichtbaren und nachweislich vorhandenen Merkmalen. In diesem Bereich besitzen zwar die Anwender der Leistung großes Vorwissen, der Nachfrager selbst weist dagegen meist nur ein begrenztes Wissen von den offerierten Angeboten auf. Der Aufwand, die genauen Leistungsdetails zu erfassen, wird häufig als zu zeitaufwendig empfunden. Weitaus mehr interessiert sich der Käufer dafür, was ein Produkt leisten kann und nicht, wie es funktioniert. Für die Zusammenstellung eines Leistungsbündels erscheint es daher sinnvoll, dass bei der Konzeption nicht die Maxime des Verkaufs von „Produkten und Leistungen" im Vordergrund steht, sondern vielmehr das Angebot von „Lösungen oder Nutzenversprechen". Übertragen auf das Beispiel eines Computerherstellers ergeben sich verschiedene Handlungsempfehlungen. Er könnte sich als Lieferant von Mobilität, Zeitersparnis, Convenience und zusätzlicher Freizeit positionieren und entsprechende Leistungen in einem Bündel kombinieren, die der Realisierung dieser Größen dienen. Um beispielsweise dem Conveniencegedanken Folge zu leisten, bietet sich die Kombination des Computers mit einem Reparatur-Hol- und Bring-Service an.

Auch die für den Nachfrager relevanten Nutzendimensionen einer Leistung ergeben sich aus dem Laddering-Interview. Differenzierungsmöglichkeiten ergeben sich dabei für die Manager, die sich mit der Frage beschäftigen, wie sie in ihren Angeboten **Emotionen und Werthaltungen der Nachfrager** zum Ausdruck bringen können. Was genau empfinden Kunden, wenn sie die funktionalen Vorzüge eines Leistungspaketes kennen lernen? Welche Werthaltungen werden durch die Leistung zufrieden gestellt? Ist es Selbstverwirklichung oder soziales Ansehen, soziales Glück oder Achtung und Schutz nachfolgender Generationen?

Ein weiteres, stark verbreitetes Verfahren zur nutzenorientierten Gestaltung von Produktbündeln ist im **Conjoint Measurement** zu sehen (Gustafsson et al. 2007). Der Ansatz umfasst eine Reihe psychometrischer Verfahren, die dazu dienen, aus empirisch erhobenen globalen Urteilen über multiattributive Alternativen (z. B. verschiedene Leistungen eines Hotels) die partiellen Beiträge einzelner Attribute (z. B. Zimmerausstattung, Art und Weise des Check-In) zum Zustandekommen des Globalurteils (z. B. Präferenz für ein bestimmtes Leistungspaket) zu ermitteln. Die zu bewertenden Alternativen resultieren dabei aus einer systematischen Kombination mehrerer, als bedeutsam erachteter Attribute im Rahmen eines experimentellen Designs. Es werden also nicht attributspezifische Einzelurteile zu einem Gesamturteil zusammengefasst (kompositioneller Ansatz), sondern umgekehrt aus den Gesamturteilen der jeweilige Beitrag der einzelnen Attribute bzw. deren Ausprägungen herauspartialisiert (dekompositioneller Ansatz).

Mit Hilfe der Conjoint Analyse lässt sich ermitteln, welche Leistungen zur Kaufentscheidung in Bezug auf ein Bündel beitragen und welche **Erfolgsaussichten** verschiedene Produktbündel besitzen. Obschon beide Methoden (Conjoint Analyse und Laddering-Interview) jeweils auch separat zum Einsatz kommen können, postulieren Bauer et al. (1998) deren kombinierten Einsatz. Durch das Laddering-Interview erhält der Forscher Auskunft auf die Frage, welche Produkteigenschaften ein Kundensegment als kaufentscheidungsrelevant erachtet. Die Frage, welche konkreten Ausprägungen diese Merkmale annehmen sollen, lässt sich hingegen mit der Conjoint Analyse beantworten.

Ist die Identifikation der relevanten Nutzen- und Wertdimensionen, die aus Sicht des Kunden den genetischen Code eines Leistungspaketes repräsentieren, abgeschlossen, gilt es, diesen Code mit den, von der Unternehmung wirklich **angebotenen Nutzen- und Wertdimensionen** abzugleichen. Nach der Feststellung, welche Dimensionen von Seiten der Nachfrager gewünscht und welche tatsächlich zufrieden gestellt werden, gilt es, die Segmente zu ermitteln, für die ein Werteversprechen abgegeben und gehalten werden kann. Im Anschluss daran sollten sich die Entscheider vor Augen führen, worin ihr Werteversprechen besteht und welche Funktionsbereiche des Unternehmens zur Einlösung des gegebenen Versprechens wertvolle Dienste leisten können. Wichtig ist ferner die Kontrolle, inwieweit die Einlösung tatsächlich erfolgt. Die mit der Konzeption von Leistungsbündeln betrauten Personen sollten daher eine jährliche Messung und Analyse der Kundenzufriedenheit anstreben und genauestens beobachten, ob Zufriedenheit auch zu Loyalität führt.

11.3 Variantenmanagement

11.3.1 Relevanz des Variantenmanagements für die Unternehmung

Man stelle sich die Reaktion des Tayloristen Ford auf die folgende Entwicklung vor: In den 90er Jahren war der *Audi* 80 in genau zehn verschiedenen Farben erhältlich. Sein Nachfolger, der *Audi A4* weist heute bereits eine Palette von über 60 möglichen Farbvariationen auf. Auch die Zahl der PKW-Modelle wächst von Jahr zu Jahr stetig an. Existierten in den 80ern bei *Audi* im Wesentlichen die Modelle des *Audi* 80 und des *Audi* 100, so umfasste das Modell-Spektrum im Jahr 2007 über zehn verschiedene Grundmodelle, von unzähligen Modellvarianten ganz abgesehen. Das gleiche Bild findet sich beim Automobilhersteller *BMW* wieder: Die Anzahl erhältlicher Varianten stieg innerhalb einer Dekade um 460 %, von rund 100 Stück auf heute weit über 500. Diese **Variantenflut** ist dabei vor allem in den zahlreichen kundenseitigen Konfigurations- und Kombinationsmöglichkeiten begründet. Die fortschreitende Varianteninflation ist jedoch nicht nur auf langlebige Gebrauchsgüter beschränkt, sondern auch bei Verbrauchsgütern und Dienstleistungen wieder zu finden.

Die Variantenvielfalt ist daher als ein allgegenwärtiges Phänomen zu verstehen. Nachfrager sehen sich immer häufiger einer kaum noch zu überblickenden Masse an, zum Teil nur minimal differenzierten Produktvarianten gegenüber gestellt. Gründe für diese, teilweise durchaus verwirrende Angebotssituation sind sowohl auf Nachfrager- als auch auf Herstellerseite zu finden. Im Folgenden werden die, in der Literatur diskutierten **Erklärungsmuster aus der Nachfragerperspektive** auszugsweise vorgestellt (Herrmann und Peine 2007):

- Heterogene Konsumpräferenzen
  Variantenvielfalt erlaubt eine Ausrichtung des Angebots an den individuellen, situationsbezogenen Präferenzen der Konsumenten. Das Vorgehen erlaubt eine umfassende Bedürfnisbefriedigung einer breiten und teilweise stark **unterschiedlichen Käuferschaft** mit entsprechend positiven Umsatzeffekten.

- Variety Seeking
  Viele Konsumenten ziehen einen beträchtlichen Zusatznutzen aus dem **Abwechslungsreichtum** ihrer Kauf- und Konsumerfahrung im Zeitablauf. Variantenvielfalt ermöglicht deshalb eine Reduzierung der (Marken-)Wechselneigung der Konsumenten.
- Preisdiskriminierung
  Konsumenten verfügen über unterschiedlich ausgeprägte **Zahlungs- und Preisbereitschaften** für verschiedene Kombinationen von Produkteigenschaften. Durch Variantenvielfalt lässt sich daher gezielter Konsumentenrente abschöpfen.
- Transaktionskostensenkung
  Steigt die Anzahl möglicher Bezugsquellen für ein Produkt, empfindet der Konsument eine **Erhöhung seiner (Opportunitäts-)Kosten**. Variantenvielfalt hilft u. a. dabei, diese Transaktionskosten zu senken, wenn verschiedene Leistungen im Zeitablauf aus einer Hand zu beziehen sind. Dieser Effekt reduziert gleichzeitig die Markenwechselneigung der Konsumenten.
- Regalflächen-Effekt
  In empirischen Studien konnte sich der Umsatz einer Marke als weitgehend proportional zum relativen Ausmaß der belegten Regalfläche erweisen. Die Variantenvielfalt ermöglicht es, den eigenen Anteil an der **Regalfläche auszudehnen**.
- Scatter shot-Effekt
  Viele Branchen weisen z. T. sehr **hohe Marktforschungskosten** im Rahmen der Identifizierung von Nachfragerbedürfnissen und -präferenzen auf. Eine relativ kostengünstige Art, Konsumentenpräferenzen zu erfassen, ergibt sich, wenn Unternehmen zunächst eine höhere als die mittelfristig geplante Produktvielfalt anbieten und dann beobachten, welche Varianten von den Konsumenten am ehesten präferiert werden.

Auf Seiten der Anbieter bewirken dagegen andere **Faktoren und Motive** eine Ausweitung der Variantenvielfalt:

- Verminderung des Wettbewerbsdrucks
  Das Angebot einer umfassenden Anzahl an Produkten ermöglicht es Unternehmen, sich **gegenüber der Konkurrenz zu differenzieren** und sich vom Preiswettbewerb zu distanzieren. Besonders in rezessiven Zeiten und/oder ausbleibendem wirtschaftlichen Erfolg konzentrieren sich viele Unternehmen auf Produktnischen.
- Markteintrittsbarrieren
  Besetzt ein Unternehmen pro-aktiv **verschiedene Positionen im Angebotsraum**, kann es spürbare Markteintrittsbarrieren für konkurrierende Multiprodukt-Firmen aufbauen und so eine Entstehung von Wettbewerb verhindern oder zumindest verzögern.
- Technischer Fortschritt
  Die **Grenzkosten der Variantenerzeugung** erfahren durch den technischen Fortschritt in der Regel im Laufe der Zeit eine deutliche Senkung. Diese relative Vergünstigung der Herstellung zusätzlicher Varianten bewirkt somit eine Förderung der ausufernden Produktvielfalt.

- Globalisierung
  Die Erschließung neuer internationaler Märkte bedingt häufig eine **Anpassung der Produkte** an lokale Gegebenheiten, Auflagen und Präferenzen. Auch die Verhinderung einer grenzüberschreitenden Kannibalisierung stellt ein Motiv für die Variantenvielfalt dar. Je unterschiedlicher und weniger vergleichbar die angebotenen Produkte ausfallen, umso mehr steigen die Arbitragekosten der Konsumenten.

- Oil-Pool Effekt
  In **Unkenntnis der eigentlichen Nachfragerpräferenzen** lokalisieren viele risikoaverse Unternehmen ihr Angebot verstärkt in der Nähe absatzstarker, etablierter Erzeugnisse, was eine hohe Variantenzahl bei gleichzeitig geringer substantieller Produktvielfalt zur Folge hat.

Die verschiedenen Aspekte zusammengefasst ergeben das **Standardargument** für die Ausweitung der Variantenanzahl eines Unternehmens: „Angebot ausbauen, Kundennutzen steigern, Marktanteile ausweiten und so Gewinn und Erfolg steigern". Ungeachtet dieser Logik stützen viele empirische Untersuchungen den Einwand, dass eine Ausweitung der Variantenvielfalt nicht zwangsläufig zu einer Erfolgssteigerung führt. In vielen Fällen weisen überdurchschnittlich erfolgreiche Unternehmen nur eine sehr begrenzte Anzahl an Produktvarianten auf und überflügeln dabei sogar ihre Konkurrenten mit vergleichsweise umfangreichen Variantenspektren. Ursachen hierfür lassen sich traditionellerweise auf der Kostenseite finden. Zwar erhöht eine zunehmende Variantenanzahl den Konsumentennutzen, gleichzeitig verursacht sie jedoch auch immense Komplexitätskosten. Entscheidend für den Erfolg eines Unternehmens ist hierbei die Fähigkeit, durch ein nachhaltiges Variantenmanagement extreme Kostensteigerungen zu umgehen. Zu diesem Kostenaspekt gesellt sich noch ein weiterer negativer Einfluss auf Seiten der Erlöse, der bislang jedoch sowohl in der Literatur als auch der Praxis relativ wenig Beachtung gefunden hat. Konsumenten empfinden eine Steigerung des Angebots an Produktvarianten nur bis zu einem bestimmten Punkt als nutzenstiftend. Eine Überschreitung dieses Punktes bewirkt dagegen eine Senkung des wahrgenommenen Nutzens. Der negative Einfluss auf die Nutzenwahrnehmung der Kunden schlägt sich u. a. in Kaufzurückhaltung und Umsatzeinbußen nieder. Die klassische, axiomatische Annahme einer zwangsläufigen Nutzensteigerung bei Ausweitung der Variantenvielfalt kann demnach nicht uneingeschränkt übernommen werden.

Die bisherigen Ausführungen verdeutlichen die zentrale **Bedeutung eines effektiven Variantenmanagements**. Gerade in globalisierten Käufermärkten mit kurzen Produktlebenszyklen stellt das Variantenmanagement sowohl eine große Herausforderung als auch eine große Chance für die Erzielung eines zentralen und nachhaltigen Wettbewerbsvorteils dar. Die Zielsetzung eines sinnvollen Variantenmanagements liegt primär in der Identifikation einer gewinnmaximalen Variantenzahl, d. h. die von den Konsumenten präferierte Leistungsfülle ist kostenminimal mit einer möglichst geringen Menge an Produktvarianten zu erreichen. Grundlegende Voraussetzung stellt hierbei ein tiefgehendes Verständnis der Kosten- und Erlöswirkungen variantenbezogener Entscheidungen dar.

11.3.2 Erlöswirkung der Variantenvielfalt

Aufbauend auf den bisherigen Erläuterungen ist ein Unternehmen dazu angehalten, eine **nachfrageroptimale Anzahl an Produktvarianten** am Markt anzubieten, um seine Erlöse bzw. Gewinne zu maximieren. Wie genau fällt diese optimale Variantenvielfalt jedoch aus? Greift hier immer der Grundsatz „mehr ist besser" oder ist die Situation doch vielschichtiger? Als Ausgangspunkt der Erlöswirkung von Variantenvielfalt steht zunächst der Konsument. Er trifft die Entscheidung über Kauf oder Nicht-Kauf eines Produktes und bestimmt somit letztendlich den Umsatz eines Unternehmens. Aus dem vorherigen Abschnitt ist bereits zu entnehmen, dass Variantenvielfalt für den Konsumenten nicht nur Nutzen stiftet, sondern auch Kosten verursachen kann. Diese positiven und negativen Aspekte des Variantenreichtums wirken sich in Form erlössteigernder bzw. erlösdämpfender Einflüsse auf die wirtschaftliche Situation des Unternehmens aus.

Der wahrgenommene Nutzen von Variantenvielfalt ist auf zwei Faktoren zurückzuführen: **Customization und Variety Seeking**. Customization bezieht sich dabei auf die Abkehr vom Massenmarketing in differenzierten, fragmentierten Märkten und stellt letztendlich eine Entwicklung in Richtung des Segmentmarketings dar. Durch die Schaffung zusätzlicher Produktvarianten soll dabei jeder Zielgruppe, auch unter Rückgriff auf einen Kranz begleitender Dienstleistungen (vgl. Abschn. 11.1), ein „eigenes", optimales Produkt angeboten werden. Dabei besitzt die Customization-Funktion aus Sicht der Konsumenten sowohl utilitarische als auch hedonische Nutzenaspekte.

Die **utilitarische Nutzenkomponente der Customization-Funktion** liegt im Credo der rationalen Entscheidungstheorie begründet: „Mehr ist besser". D. h., eine größere Variantenvielfalt wirkt sich für den Konsumenten, besonders bei seltenen Käufen mit umfassender kognitiver Beteiligung, positiv auf die wahrgenommene Wahrscheinlichkeit aus, das nutzenoptimale Produkt zu finden und somit den Kaufprozess erfolgreich abzuschließen. Auf diese Weise steigt sowohl der antizipierte Produkt- als auch Kaufprozessnutzen. Es ist daher von einem positiven Zusammenhang zwischen Variantenvielfalt und utilitarischem Sortimentsnutzen auszugehen.

Die **hedonische Nutzenkomponente der Customization-Funktion** bezieht sich dagegen auf die, mit zunehmender Variantenvielfalt ansteigende, wahrgenommene Entscheidungsfreiheit und Selbstbestimmtheit der Nachfrager. Auch empfindet der Konsument in zunehmendem Maße eine internale Kontrollüberzeugung, eine größere intrinsische Motivation sowie ein stärkeres Vertrauen in die Qualität der eigenen Kaufentscheidung. Gleichfalls antizipiert er die Zufriedenheit, die in der Nachkaufphase aufgrund des größeren Produkt- und Kaufprozessnutzens entsteht. Somit wirkt sich ein umfangreiches Produktsortiment in einer hedonistischen Shopping-Erfahrung, d. h. einer gesteigerten Zufriedenheit und positiven Affekten, aus – auch ohne einen tatsächlichen Vollzug der Kaufhandlung.

Die **Nutzenkomponente des Variety Seeking** umfasst dagegen das Bedürfnis nach Variantenvielfalt und Abwechslung des Konsumenten und wirkt sich besonders stark auf habituelle Käufe mit schwacher kognitiver Beteiligung aus. Die meisten Konsumenten empfinden demnach eine Variabilität in ihrer Kauf- und Konsumentscheidungen als nutzenstiftend. Auch diese Nutzenkomponente teilt sich in utilitarische und hedonische Aspekte auf.

Die **utilitarische Nutzenkomponente des Variety Seeking** erklärt sich folgendermaßen: Viele Konsumenten antizipieren, dass ihr Nutzenempfinden und ihre Kaufgewohnheiten einem situationsspezifischen und zeitabhängigen Wandel unterliegen. Daher konstruieren sie Präferenzen auf Basis verschiedener Einflüsse, beispielsweise in Abhängigkeit der Saison, der Tageszeit, der Anwesenheit anderer Personen oder der Verfügbarkeit von Alternativen. Die Gewissheit der Konsumenten, dass das vorhandene Alternativenangebot den situationsbedingten Präferenzen entspricht, stiftet ihnen deshalb Nutzen. Zusätzlich dominiert häufig die Ansicht, dass ein einziges Produkt den eigenen Ansprüchen und Bedürfnissen nicht genügen kann. Vor dem Hintergrund situationsspezifischer Bedürfnisse kann das Kaufverhalten auch als Hedging-Strategie gegen ungewisse zukünftige Präferenzen verstanden werden.

Die **hedonische Nutzenkomponente des Variety Seeking** hat dagegen ihren Ursprung in der Hypothese der optimalen Stimulation. Nach ihr befriedigt die Variantenvielfalt das intrinsische Bedürfnis nach Stimulation und Exploration in Zuständen der konsumbezogenen Langeweile. Die Auflösung eines solchen Sättigungszustandes erzeugt positiven Affekt. Auch die Erfahrung, durch zeitlich variable Konsumerlebnisse mehr über ihre eigenen Präferenzen herauszufinden, wirkt sich positiv auf das Nutzenempfinden der Konsumenten aus.

Abschließend bleibt die Brücke zwischen den vielfaltinduzierten Nutzenfaktoren und den Erlösen zu schlagen. Im Hinblick auf die Customization-Funktion führt die Variantenvielfalt zu einer besseren Erfüllung der Konsumentenwünsche. Dies ist darauf zurückzuführen, dass der aus der **Variantenvarietät resultierende Nutzen** den Bruttonutzen eines Produktes aus Sicht der Konsumenten erhöht. Der gesteigerte Bruttonutzen führt wiederum zu höherer Zahlungsbereitschaft, vermehrter positiver Mund-zu-Mund-Propaganda, erhöhter Wiederkaufwahrscheinlichkeit, gesteigerter Kundenzufriedenheit, stärkerer Kundenbindung und umfangreicheren Abnahmemengen. Mit Blick auf das Variety Seeking hat eine Variantenvielfalt ebenfalls zur Folge, dass das Angebot besser auf die Konsumentenwünsche zugeschnitten ist. Dies führt nicht nur zu geringeren Markenwechselneigungen, sondern auch zu den oben genannten erlössteigernden Phänomenen. Somit ist von einem positiven Zusammenhang zwischen vielfaltinduziertem Nutzen des Konsumenten und Erlösen auszugehen.

Die **wahrgenommenen Kosten größerer Variantenvielfalt** resultieren auf Konsumentenseite dagegen aus deren beschränkter Rationalität: Sie möchten optimale Kaufentscheidungen treffen, verfehlen dieses Ziel jedoch aufgrund der natürlichen Grenzen ihrer Informationsverarbeitungskapazität. In diesem Zusammenhang sind drei Arten von Kosten zu unterscheiden, die auf umfangreichere Wahlmöglichkeiten zwischen Produktvarianten zurückzuführen sind. So genannte „Time costs" beziehen sich auf die Opportunitätskosten, die durch den Entscheidungsprozess hervorgerufen werden: Während ein Konsument sich mit einer Kaufentscheidung befasst, kann er nicht gleichzeitig anderen, eventuell wichtigeren Aktivitäten nachgehen. Diese „Time costs" bilden eine direkte Funktion des mentalen Aufwandes, den eine Kaufentscheidungssituation verlangt. Die „Error costs" beschreiben Kosten, die dann anfallen, wenn Konsumenten trotz umfangreicher Informationssuche und erheblichem kognitiven Aufwand eine suboptimale Entscheidung treffen. Abschließend bezeichnen „Psychic costs" die Folgen des emotionalen Entscheidungskonflikts sowie des (antizipierten) Bedauerns getroffener Entscheidungen. Vereinfacht können „Time costs" und „Error costs" als kognitive Kosten aufgefasst werden, „Psychic costs" stellen dagegen emotionale Kosten der Variantenvielfalt dar.

Wie lässt sich nun eine **Verbindung zwischen den Kosten größerer Variantenvielfalt und den Erlösen** knüpfen? Konsumenten nehmen die kognitiven und emotionalen Kosten als aversiv wahr und versuchen, sie dementsprechend zu vermeiden. Eine Reduktionsstrategie aufgrund zu hoher mentaler Kosten liegt in der Beibehaltung des Status Quo, d. h. sie brechen den Kaufprozess ab und ziehen sich ganz von der Kaufentscheidung zurück. Alternativ unterbrechen sie den Kaufentscheidungsprozess nur kurzfristig und verschieben den Kauf in die Zukunft. Hier besteht v. a. die Gefahr, dass Kunden einen anderen Anbieter aufsuchen oder „Leapfrogging" betreiben. Auf jeden Fall wirken sich diese Reduktionsstrategien negativ auf den Gegenwartswert der Erlöse aus.

Eine andere Art der **Reaktion auf zunehmende Variantenvielfalt** liegt in der Anwendung von Strategien, die zwar Entscheidungskosten senken, jedoch trotzdem zum Kauf führen. So bestehen Möglichkeiten, wie der Rückgriff auf vereinfachende Entscheidungsheuristiken oder der Delegation der Kaufentscheidung an das Verkaufspersonal oder andere Bezugspersonen. Ob und in welcher Höhe an dieser Stelle Opportunitätskosten für das Unternehmen anfallen, ist dabei unklar. Jedoch können kognitive und emotionale Kosten auch dann mittel- bis langfristig die Erlöse dämpfen, wenn die Konsumenten kurzfristig den Kauf vollziehen: So entstehen durch negative Gefühle in der Vorkaufphase häufig geringere Vertrauenswirkungen in der Nachkaufphase, was die Kundenloyalität unterminiert und die Wiederkaufwahrscheinlichkeit mindert. Somit ist insgesamt von einem negativen Zusammenhang zwischen vielfaltinduzierten Kosten des Konsumenten und Erlösen auszugehen.

Dieser negative Zusammenhang lässt sich detaillierter betrachten. Mit zunehmender Variantenvielfalt **wächst der Aufwand der Produktvergleiche** überproportional an, sodass die kognitiven Grenzkosten der Produktvarietät zunehmen. Gleichzeitig steigt die Wahrscheinlichkeit, dass sich Konsumenten einem schwer vergleichbaren Sortiment gegenüber sehen. Der resultierende, erhöhte kognitive Aufwand wird wiederum als negativ empfunden und steigert gleichzeitig die Salienz schwer vergleichbarer Produktattribute. Solch unbequeme Kompromisse binden kognitive Kapazitäten und fördern gleichzeitig das antizipierte Bedauern. Zusammenfassend lässt sich feststellen, dass die vom Konsumenten wahrgenommenen, vielfaltinduzierten Kosten die Erlöse reduzieren, und zwar tendenziell mit zunehmenden Raten.

11.3.3 Kostenwirkungen der Variantenvielfalt

Stellt ein Unternehmen fest, dass die von ihm angebotene Leistungsfülle nicht an die vom Markt geforderte heranreicht, so liegt die Entscheidung nahe, weitere Produktvarianten zu produzieren. Eine Anpassung der Variantenvielfalt an die wahrgenommene, exogene Komplexität führt jedoch gleichzeitig zu einer **Erhöhung der endogenen Komplexität**. Je mehr Varianten ein Unternehmen anbietet, desto komplexer und diffiziler gestaltet sich der gesamte Leistungserstellungs- und Wertschöpfungsprozess. Diese durch zusätzliche unternehmensinterne Komplexität hervorgerufenen, direkten und indirekten Aufwendungen heißen Komplexitätskosten. Sie nehmen mit zunehmender Variantenvielfalt überproportional zu und fallen grundsätzlich in allen Unternehmensfunktionen über den gesamten Produktlebenszyklus hinweg an. Im Folgenden erfahren ausgewählte Komplexitätskostentreiber entlang der unternehmensinternen Wertschöpfungskette eine Erläuterung.

Im **Entwicklungs- und Logistikbereich** stehen zunächst die Erstellung neuer technischer Unterlagen und Stücklisten sowie die Anlegung zusätzlicher Stammdaten an. Im Weiteren sind die neu erstellten Informationen gewissenhaft zu pflegen und zu verwalten. Ebenfalls besteht die Gefahr hoher zusätzlicher Designkosten durch neue Modellvarianten, wie es beispielsweise in der Automobilbranche der Fall ist. Auswirkungen gibt es in der Regel auch auf die Komponenten- und Teilevielfalt, wobei neue Komponenten häufig in hochkomplexe, technische Systeme zu integrieren sind. Um unerwünschte Interdependenzen zwischen den bereits vorhandenen und den neuen Komponenten zu umgehen, steigt der Abstimmungsbedarf zwischen den einzelnen Entwicklungs- und Konstruktionsabteilungen erheblich. Auch die Änderungskosten erfahren häufig einen deutlichen Anstieg, da die Veränderungen bzw. das Hinzufügen einer Komponente typischerweise mehrmalige Anpassungen mit sich bringen. Muster- und Neuteile sind zu beschaffen sowie zusätzliche Prototypen und Nullserien zu konstruieren. Sind die neu geschaffenen Varianten vermarktungsfähig, stehen unter Umständen umfangreiche Markttests an.

Schwerwiegender als die bisher genannten Aspekte fallen jedoch gerade im Entwicklungsbereich die **Opportunitätskosten der Variantenvielfalt** ins Gewicht. Je mehr Arbeit in die Anpassung bestehender Produkte an vermeintliche Konsumentenwünsche gesteckt wird, umso weniger kann die Entwicklung innovativer Technologien und neuer Produkte vorangetrieben werden. So kann es sogar dazu kommen, dass eine ausufernde Variantenvielfalt die künftige Wettbewerbsfähigkeit und Wirtschaftlichkeit einer Unternehmung untergräbt.

Geringere Stückzahlen pro Komponente bedeuten für den Einkauf oft **schlechtere Konditionen**, insbesondere durch den Verlust von Mengenrabatten beziehungsweise die Hinnahme von Kleinmengenaufschlägen. Dies gilt nicht nur für die Preise der zu beschaffenden Komponenten, sondern auch für Transport-, Verpackungs- und Versicherungskosten. Derartige mengenmäßige Kostenstaffelungen führen zu einer überproportionalen, gegebenenfalls sprunghaften Kostenzunahme bei einer abnehmenden Menge. Der Anstieg der Bestellpositionen führt in der Regel zu einem größeren Aufwand bei der Planung, Steuerung und Kontrolle der Bestellungen. Außerdem entsteht die Gefahr, dass der Einkauf fehlerhaft disponiert und der Lieferant falsche und mangelhafte Teile möglicherweise zu spät bereitstellt. Folglich muss das Unternehmen die Lagerbestände erhöhen und die angelieferten Teile einer genauen Prüfung unterziehen. Durch die Zunahme der Variantenzahl besteht zudem die Gefahr, dass Fehlmengen auftreten, die erhebliche Kosten verursachen. In diesem Fall ist die Auswahl alternativer Lieferanten und das Einschalten anderer Transportmittel erforderlich.

Im **Produktionsbereich** zeigen sich die Konsequenzen einer großen Anzahl von Varianten deutlich, da Fertigungskosten empfindlich auf Veränderungen der Variantenzahl reagieren. So erfordert die Herstellung von zusätzlichen Varianten in der Regel die Einführung neuer oder die Veränderung bestehender Arbeitsschritte, ohne dass eine Verzahnung mit vor- oder nachgelagerten Produktionsstufen möglich ist. Daneben ist die Steigerung der Kosten auf die zunehmende Zahl der Sortenwechsel, beziehungsweise Rüstvorgänge zurückzuführen. Diese bedeuten teilweise nur geringfügige Eingriffe in den Produktionsablauf, die aber dennoch sehr aufwendig sein können, wie beispielsweise ein Modellwechsel in der Automobilindustrie. Ein Sortenwechsel verursacht darüber hinaus in der Regel eine Unterbrechung des Herstellungsprozesses aufgrund vollständiger Stillsetzung oder zumindest Drosselung von Betriebsmitteln. Bei komplexen Betriebsmitteln, speziell bei konventionellen Transferstraßen, bedeuten Umstellungsoperationen in Form von Umbautätigkeiten einen erheblich Zeit- und Personalaufwand. Eine Ausnahme bilden Fertigungseinrichtungen mit der Möglichkeit des hauptzeitparallelen Rüstens.

Das **Ausbleiben produktionstechnischer Spezialisierungsgewinne** (Economies of Scale) ist als einer der Hauptgründe zu sehen, weshalb die Kundenindividualisierung des Angebots in der Realität unvollständig bleibt. Eine Erhöhung der Variantenvielfalt geht typischerweise mit einer Verkleinerung der durchschnittlichen Losgröße (Produktionsmenge pro Variante) einher, da die Unternehmen nachfragerseitige Kannibalisierungseffekte antizipieren. Dadurch können Lernkurven- und Fixkostendegressionseffekte nicht ihren vollen Einfluss auf die Stückkosten ausüben. Es ist teilweise sogar von „umgekehrten Economies of Scale" die Rede: Durch die geringere Anzahl an Wiederholungen der Fertigungsprozesse bleiben zusätzliche Lernvorgänge aus, was sich in einer Verminderung der Produktionseffizienz widerspiegelt. Gemessen am Variantendurchschnitt, kann eine Verdopplung der Variantenanzahl dementsprechend zu einer Erhöhung der Stückkosten um bis zu 20 bis 30 % führen (vgl. Abb. 11.6). Hierbei weist in der Regel vor allem das Fehlen flexibler Fertigungssysteme einen großen Einfluss auf die Höhe der Komplexitätskosten im Produktions- und Logistikbereich auf.

Im Rahmen der Produktions-Anlaufphase ist analog zur Auslaufphase mit einem **höheren Energieverbrauch zur Erreichung der Prozessbedingungen**, einem verstärktem Verschleiß sowie mit größeren Ausschussmengen zu rechnen. Fehlmengen zeigen sich besonders deutlich durch kostspielige Stillstands- und Neuanlaufzeiten. Gleichzeitig entstehen somit zusätzliche Kosten durch eine zeitliche und intensitätsmäßige Anpassung der aufzuholenden Produktion, z. B. durch die Inbetriebnahme von Reservemaschinen oder die Fremdvergabe von Produktionsaufträgen. Bleiben Gegenmaßnahmen dennoch erfolglos, so ist die Einhaltung von Lieferterminen gefährdet. Dadurch entstehen Kosten in Form

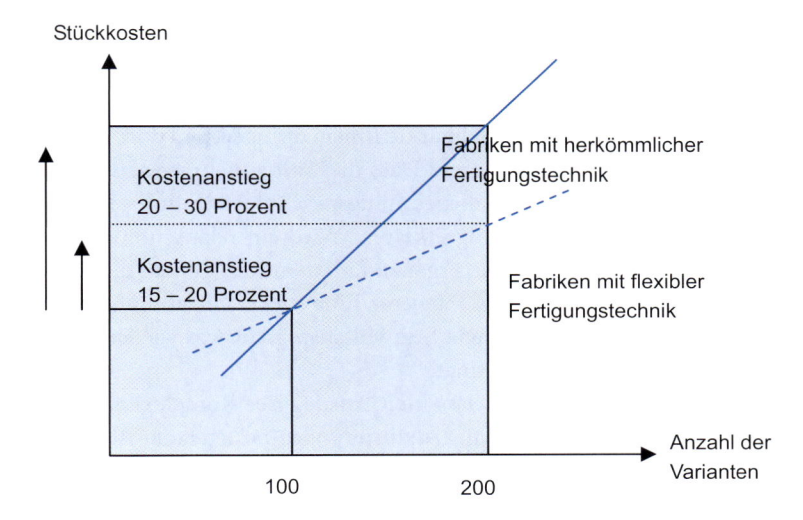

Abb. 11.6 Der umgekehrte Erfahrungskurveneffekt der Variantenvielfalt (Quelle: Herrmann und Seilheimer 2002, S. 616)

entgangener Deckungsbeiträge und gegebenenfalls auch Konventionalstrafen. Auch ein Verlust an Reputation und Goodwill von Seiten der Auftraggeber ist zu befürchten.

Die zunehmende Komplexität steigender Produktvielfalt wirkt sich auch auf den **Marketing-Mix** aus. Im Bereich der **Produktpolitik** liegt die Herausforderung in der Identifizierung bislang unbefriedigter Kundenbedürfnisse und neuartiger Kaufgründe. Anwendung finden hier neben klassischen Fokusgruppen auch multivariate Marktforschungsmethoden, wie z. B. die Conjoint- und Cluster-Analysen oder auch die Multidimensionale Skalierung. In der Regel stellt Marktforschung an sich bereits eine bedeutende Kostengröße dar, wobei im Falle der variantenbezogenen Marktforschung der Aufwand nochmals empfindlich ansteigen kann. Zum einen ist dies auf die Tatsache zurückzuführen, dass sich die Identifizierung neuer Konsumentenbedürfnisse und unerschlossener Zielgruppen mit zunehmender Variantenvielfalt immer schwieriger gestaltet. Zum anderen benötigen die genannten Verfahren sowohl einen relativ großen Zeitaufwand, als auch den Einsatz hoch qualifizierten Personals bzw. eines spezialisierten Beratungsunternehmens.

In Bezug auf die **Preispolitik** gestaltet sich die Festlegung einer Preisstruktur für viele Varianten weitaus komplizierter und aufwendiger als im Falle einer geringeren Variantenzahl. Die Koordination des gewinnmaximalen Preissystems stellt wie die Festlegung von Boni, Skonti und Rabatten eine weitere Herausforderung dar. Die Preissetzung ist dabei immer unter Berücksichtigung der angestrebten Positionierung einzelner Varianten, existierender Konkurrenzangebote, eines stimmigen Produktlinien-Pricings und unter preispsychologischen Gesichtspunkten durchzuführen. Zur Minimierung von Kannibalisierungseffekten sollten darüber hinaus segmentspezifische Arbitragekosten und länderspezifische Mehrwertsteuersätze in die Überlegungen mit einfließen, was die Komplexitätskosten zusätzlich erhöht.

Kommunikationspolitik kommt die bedeutsame Aufgabe zu, die variantenspezifischen Besonderheiten der Produkte in die Zielmärkte hineinzutragen und dort in der Wahrnehmung der Konsumenten zu manifestieren. Dass dies mit zunehmender Variantenvielfalt nur begrenzt möglich ist, lässt sich wahrnehmungspsychologisch unter Rückgriff auf Erkenntnisse aus der Reizdiskriminierung erklären. Wird ein relativ homogenes Produktsortiment durch ein weiteres, ähnliches ergänzt, fällt dem Rezipienten die Identifizierung von Produktunterschieden zunehmend schwerer. Eine effektive Kommunikation erfordert deshalb eine pointierte und zielgerichtete Segmentansprache, was wiederum Auswirkungen auf die Kostensituation mit sich bringt.

Auch der **Distributionsbereich** weist einen Anstieg der Komplexität bzw. der Komplexitätskosten auf. Neben etwaigen Umstrukturierungen bestehender Absatzkanäle, sind unter Umständen neue Händler und Absatzmittler, im Extremfall sogar gänzlich neue Distributionswege zu finden. Auch der Außendienst ist als Kostentreiber zu verstehen. So fallen beispielsweise erhebliche Kosten für die Schulung von Mitarbeitern und die Erstellung von Verkaufsunterlagen an. Insbesondere kann die Variantenvielfalt zu hohen Opportunitätskosten im Bereich des Außendienstes führen. Mit zunehmender Anzahl an Produktvarianten steigt auch die benötigte Zeit pro Kundenbesuch. Das Unternehmen muss sich daher entscheiden, ob es zusätzliches Personal einstellen oder aber eine verminderte Effektivität des Außendienstes aufgrund reduzierter Besuchshäufigkeit akzeptieren will.

Neben diesen bereichsspezifischen Kosten, die aus einer Steigerung der Variantenzahl resultieren, lassen sich auch **bereichsübergreifende Effekte** aufzeigen. Folgende Beispiele verdeutlichen diese These: Oftmals sind umfassende Eingangs-, Zwischen- und Ausgangslager erforderlich, die in mehreren Unternehmensbereichen anfallen und damit erheblichen Einfluss auf die Kosten ausüben. Im Absatz-, Produktions- und Beschaffungsbereich steigen zudem durch die Zunahme der Variantenzahl die Kosten der Qualitätssicherung. Weiterhin sind Qualitätsstandards zu definieren und ein System zur Qualitätssicherung zu implementieren. Auch die Kosten der Koordination steigen mit einer höheren Komplexität der Abläufe: Mit ansteigender Variantenzahl ist die Planung, Steuerung und Kontrolle der Prozesse in Beschaffung, Produktion und Absatz zunehmend detaillierter und unter Beachtung vielfältiger Interdependenzen durchzuführen.

11.4   Ansatzpunkte des Variantenmanagements

Die übergeordneten Unternehmensziele fungieren als Ausgangsbasis für das strategische Variantenmanagement. Auf diesen aufbauend gilt es im Folgenden, in periodisch wiederkehrenden Planungszyklen eine langfristig angelegte Variantenvielfalt festzulegen und somit **verbindliche Rahmenbedingungen** für das operative Management zu schaffen. Unter Berücksichtigung der vielfaltinduzierten Kosten sind zielführend solche Produkteigenschaften zu variieren, die nicht bereits durch ein konkurrierendes Unternehmen „belegt" sind.

Als Ansatzpunkt zur **Bestimmung der optimalen Variantestrategie** können die generischen Strategien Porters dienen: Um am Markt erfolgreich bestehen zu können, muss ein Unternehmen entweder preisgünstiger oder leistungsstärker als seine Konkurrenten sein. Für die Anwendung einer der beiden generischen Strategien spricht, dass einerseits ein Streben nach Kostenführerschaft (wie bereits dargestellt) nicht im Einklang mit den vielfaltsinduzierten Komplexitätskosten steht und die Leistungsführerschaft andererseits ein umfangreicheres Angebotsspektrum erfordert. Diese Logik unterstellt demnach, dass sich Unternehmen zwischen einem Preiswettbewerb mit einer geringen Variantenvielfalt und einem Differenzierungswettbewerb mit einer üppigen Variantenstruktur entscheiden müssen. Empirische Untersuchen zeigen hingegen, dass sich Differenzierung und Kostenführerschaft nicht nur gleichzeitig realisieren lassen (Simultanitätshypothese), sondern deren Simultanität sogar vielmehr einen strategischen Erfolgsfaktor begründet. Viele überdurchschnittlich erfolgreiche Unternehmen, wie z. B. *Sony* oder *Toyota*, konnten die generischen Strategien im Zeitablauf kombinieren oder sogar parallel verfolgen. Eine Möglichkeit diese Strategie zu realisieren ist beispielsweise die kundenindividuelle Massenfertigung (Mass Customization). Hier verdeutlicht sich wiederum die Wichtigkeit einer verbindlichen Entscheidung über die mittel- bis langfristige Gestaltung der Variantenstruktur des Unternehmens.

Als **Grundsatz des Variantenmanagements** gilt die Devise „erst Vielfalt vermeiden und reduzieren, dann Vielfalt beherrschen". In der Tat ist die Vermeidung und Reduzierung einer unrentablen Produktvielfalt als eine der Grundaufgaben des strategischen Variantenmanagements zu verstehen. Dabei setzt die langfristige Optimierung der Variantenvielfalt idealerweise nicht erst auf Ebene der Einzelvarianten, sondern bereits auf Ebene der Produktfamilien an. Eine bereichsübergreifende Planung ist deshalb unerlässlich. Zur periodischen Entschlackung des Variantenstocks bietet sich z. B. die deckungsbeitragsorientierte ABC-Analyse an. Es gilt danach, solche Produkte zu eliminieren, die einerseits nur geringe Beiträge zum Unternehmenserfolg leisten, gleichzeitig jedoch hohe Bestände binden und/oder stark gemeinkostentreibend wirken. Es gilt allerdings, zu jeder Zeit zugrunde liegende, komplexe Wirkungsgefüge zu beachten: Eliminationsentscheidungen sind beispielsweise immer vor dem Hintergrund von Verbund- und Kostenwirkungen, der langfristigen Marktattraktivität sowie kurzfristigen Auswirkungen auf die Konsumentenwahrnehmung zu treffen.

Operatives Variantenmanagement Es ist **Aufgabe des operativen Variantenmanagements**, die Variantenvorgaben des strategischen Managements zu beherrschen und kostenminimal umzusetzen. Es lassen sich dabei produktbasierte und prozessbasierte Ansätze unterscheiden, wobei beide im Idealfall so einzusetzen sind, dass sie einander unterstützen.

Zu den produktbasierten Ansätzen zählen folgende **Strategien**:

- Produktaufwertung
  Die standardmäßige Integration von **Zusatzausstattungen** ermöglicht eine Senkung der Kosten bei gleichzeitiger Steigerung des Kundennutzens. Besonders in der Automobilindustrie konnte sich diese Strategie der Top-Varianten durchsetzen. So integrieren die Hersteller inzwischen besonders häufig nachgefragte Optionalausstattungen wie ABS, Airbags oder elektrische Fensterheber in die Serienausstattung. Die Zielsetzung liegt dabei in der erhofften Überkompensation der Kosten zusätzlicher Leistungen durch den Wegfall von Komplexitätskosten.

- Produktbündelung
  Eine weitere Möglichkeit der Komplexitätsreduzierung im Entwicklungs-, Produktions- und Vermarktungsprozess besteht in der **Bündelung von Produkten** (vgl. Abschn. 11.2). Aus einer beschränkten Anzahl von Komponenten entsteht eine beachtliche Zahl von Produkten mit der Konsequenz, dass sich die Koordinationskosten zum Teil erheblich reduzieren lassen. Darüber hinaus ist das Unternehmen in der Lage, den Sicherheitsbestand an Zusatzausstattungen zu vermindern, da diese Elemente nach der Bündelung im Serienumfang enthalten sind und produktionssynchron in die Fertigung einfließen.

- Modularisierung
  Zusätzliche Varianten lassen sich ohne große zusätzliche Komplexitätssteigerung realisieren, indem Unternehmen den Kunden die Möglichkeit bieten, der angebotenen Leistung bestimmte **Bausteine** hinfügen oder entfernen zu können. Die komplexen Produkte setzen sich somit aus mehreren, separat entwickelten, unabhängig voneinander gefertigten und unterschiedlich kombinierbaren Teilsystemen zusammen. Die zentrale Herausforderung dieser Strategie liegt darin, die Produktfunktionen in möglichst kunden- und auftragsneutralen Modulen fertigungsfreundlich mit einheitlichen Schnittstellen zusammenzufassen. Dieses Vorgehen findet beispielsweise im Rahmen der kundenindividuellen Massenfertigung (Mass Customization) Anwendung. Die relativ geringen Komplexitätskosten sind dabei auf eine möglichst geringe Teile- und Baugruppenvielfalt zurückzuführen. Anwendungsbeispiele sind beim Computerhersteller *Dell* oder dem Spielwarenproduzent *Lego* zu finden.

- Standardisierung
  Das Streben nach Standardisierung resultiert häufig in einer Plattform- oder Gleichteilestrategie. Der Einsatz von Gleichteilen bewirkt eine deutliche **Reduktion der Teilevielfalt** und führt dadurch sowohl zu einer Rückgewinnung von Skalenvorteilen in der Produktion als auch zu einem Rückgang überhandnehmender Komplexität in anschließenden und vorgeschalteten Wertschöpfungsstufen. Anwendung findet die Standardisierung u. a. in der Automobilindustrie, wo beispielsweise gleiche Bodengruppen, Motoren oder Getriebe in mehreren verschiedenen Modellen verbaut sind. Der zentrale Schwachpunkt der Plattform- und Gleichteilestrategie liegt eindeutig in der unbewussten Erzeugung von Doppelgängerprodukten, welche eine eindeutige Unterscheidung und Identifizierung der einzelnen Varianten für die Konsumenten stark erschwert. Da-

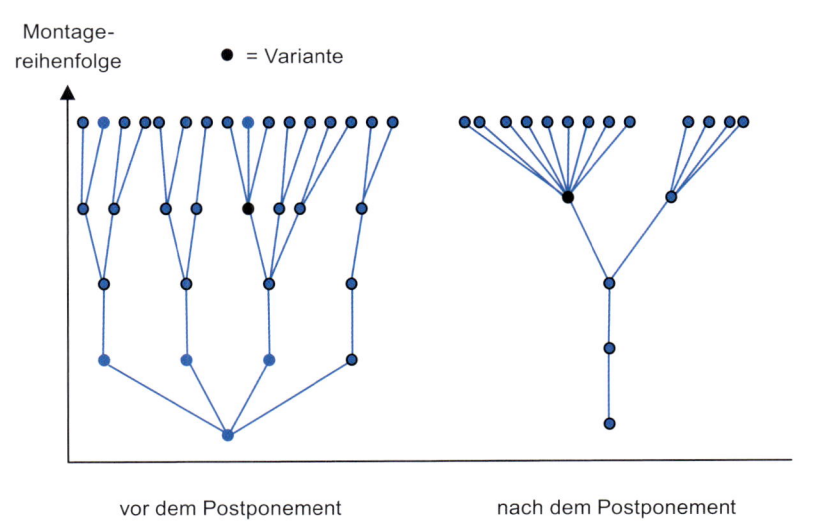

Abb. 11.7 Auswirkungen der Postponement-Strategie auf den Variantenbaum (Quelle: Herrmann und Peine 2007, S. 674)

her liegt es nahe, v. a. schlecht sichtbare und für den Konsumenten eher unwichtige Komponenten zu standardisieren, kaufentscheidungsrelevante und nutzenstiftende dagegen zu differenzieren.

Die prozessbasierten Ansätze umfassen dagegen u. a. die folgenden **Vorgehensweisen**:

- Postponement-Strategie
  Die der Postponement-Strategie zugrunde liegende Idee besteht darin, die Phase der **Produktdifferenzierung** so nahe wie möglich **ans Ende der Wertschöpfungskette** zu verschieben. Dieses Vorgehen steht ebenfalls im Einklang mit der Gleichteilestrategie. Je länger die gemeinsame Wegstrecke im Wertschöpfungsprozess einheitlich und auftragsunabhängig für die späteren Varianten ist, desto geringer ist auch die Komplexität der Variantenvielfalt. Ein schlanker Stamm des sogenannten „Variantenbaumes" weist daher auf eine erfolgreiche Anwendung der Postponement-Strategie hin (vgl. Abb. 11.7). Im Idealfall erfolgt die Differenzierung erst beim Händler oder dem Kunden selbst. Es bleibt jedoch zu beachten, dass die Realisierung der Strategie in der Regel auch mit Kosten verbunden ist: Eventuell sind zunächst umfangreiche Investitionen in die Optimierung der vorhandenen Prozesse oder das Redesign von Produkten notwendig.
- Flexible Fertigungstechniken
  Investitionen in flexible Fertigungstechniken haben meist das Ziel, **vielfaltinduzierte Wechsel bewältigen** zu können. Dabei erlauben den Unternehmen Ansätze wie Flexible Fertigungssysteme, Lean Production und Computer Integrated Manufacturing (CIM) eine nahezu wechselfreie Variantenfertigung mit verlässlicher Qualität und großer Pro-

zesssicherheit. Ziele der Strategie liegen dabei v. a. im Abbau von Schnittstellenproblemen durch die Reduzierung von Umrüstkosten und Durchlaufzeiten, der Erreichung einer gleichmäßig hohen Betriebsmittelauslastung sowie einer Verbesserung der Lieferbereitschaft bei gleichzeitig verminderter Kapitalbindung. Diese Zielsetzungen werden durch den Einsatz numerisch gesteuerter Maschinen, einer integrierten Rechensteuerung sowie einem vollautomatischen Just in Time-Materialfluss bewerkstelligt. Die flexiblen Fertigungstechniken werfen jedoch gleichzeitig neuartige betriebswirtschaftliche Planungsprobleme auf. Es treten erhebliche Umrüstkosten dann auf, wenn bei Varianten der aktuell verwendete Werkzeugsatz nicht erneut einsetzbar ist. Ist dies jedoch möglich, so entfallen die Umrüstkosten, da die Maschinen nicht erst neu zu konfigurieren sind.

- Vertikale Integration

  Die komplexitätsinduzierte **Vergabe von Wertschöpfungsaktivitäten an Zulieferer und Abnehmer** führt in der Regel zu einem Anstieg des Anteils an variablen Kosten im eigenen Unternehmen. Auf diese Weise lässt sich ebenfalls die Abhängigkeit vom Auslastungsgrad der outgesourcten Produktionsfaktoren erkennen, wohingegen die eigene Wettbewerbsposition dadurch nicht zwangsläufig gestärkt wird. Dies ist damit begründet, dass sich die Komplexitätswirkung der Variantenvielfalt sowohl im Up- als auch Downstream-Bereich auswirkt und sich in Form höherer Preise im zwischenbetrieblichen Leistungsaustausch niederschlägt. Darüber hinaus steigt die Bedeutung eines reibungslosen Zusammenspiels mit den vor- bzw. nachgelagerten Schnittstellen empfindlich an, je höher der Anteil unternehmensexterner Wertschöpfung ausfällt. Sind folglich lediglich einige wenige Aktivitäten an Zulieferer zu delegieren, während gleichzeitig das Gros der Koordinationsleistungen im Unternehmen verbleibt, so steigen die Komplexitätskosten typischerweise an. Das Outsourcing kompletter Arbeitspakete kann hingegen aufgrund sinkender Koordinationskosten deutlich kostensenkend ausfallen. Insgesamt bleibt die strategische Bedeutung der outgesourcten Aktivitäten zu berücksichtigen: Vergibt ein Unternehmen beispielsweise die Fertigung strategisch wichtiger Komponenten an ein anderes Unternehmen, bedeutet dies zwar einerseits eine Senkung der endogenen Komplexität, jedoch setzt es sich auch der großen Gefahr einer Abhängigkeit vom Zulieferer aus. Auch steigen Hold-up Risiken wie Materialverknappungen, Nachverhandlungen von Vertragsklauseln oder opportunistischen Preiserhöhungen empfindlich an.

Literatur

Adams, W.J./Yellen, J.L. (1976): Commodity Bundling and the Burden of Monopoly, *The Quarterly Journal of Economics* 90 (3), 475–498.

Bauer, H. H./Huber, F./Keller, T. (1998): Wertorientierte Gestaltung von „Lines" als produktpolitische Option im Automobilmarketing, *Jahrbuch der Absatz- und Verbrauchsforschung* 44 (1), 4–24.

Büschken, J./von Thaden, C. (2007): Produktvariation, -differenzierung und -diversifikation. In Albers, S./Herrmann, A. (Hrsg.): *Handbuch Produktmanagement: Strategieentwicklung – Produktplanung – Organisation – Kontrolle* (S. 553–573), 3. Aufl. , Wiesbaden: Gabler.

Carbajo, J./De Meza, D./Seidmann, J. (1990): A Strategic Motivation for Commodity Bundling, *Journal of Industrial Economics*, 38, 283–298.

Chamberlin, E. H. (1948): An Experimental Imperfect Market, *Journal of Political Economy*, 56, 95–108.

Gaeth, G. J./Levin, I. P./Chakrabarty, G./Levin, A. M. (1991): Consumer Evaluation of Multi-Product Bundles: An Information Integration Analysis, *Marketing Letters* 2 (1), 47–57.

Goldenberg, J./Lehmann, D. R./Mazursky, D. (2001): The idea itself and the circumstances of its emergence as predictors of new product success, *Management Science* 47 (1), 69–84.

Gustafsson, A./Herrmann, A./Huber, F. (2007): Conjoint Analysis as an Instrument of Market Research Practice. In Gustafsson, A./Herrmann, A./Huber, F., (Hrsg.): *Conjoint Measurement: Methods and Applications* (S. 5–46), 4. Aufl., Berlin: Springer.

Heath, T. B./Chatterjee, S./France, K. R. (1995): Mental Accounting and Change in Price: The Frame Dependence of Reference Dependence, *Journal of Consumer Research* 22, 90–97.

Helson, H. (1964): *Adaptation-Level Theory*, New York: Harper&Row.

Herrmann, A./Peine, K. (2007): Variantenmanagement. In Albers, S./Herrmann, A. (Hrsg.): *Handbuch Produktmanagement: Strategieentwicklung – Produktplanung – Organisation – Kontrolle* (S. 649–679), 3. Aufl. , Wiesbaden: Gabler.

Herrmann, A./Seilheimer, C. (2002): Variantenmanagement. In Albers, S./Herrmann, A. (Hrsg.): *Handbuch Produktmanagement. Strategieentwicklung – Produktplanung – Organisation – Kontrolle* (S. 647–677), 2. Aufl., Wiesbaden: Gabler.

Herrmann, A. (1996): *Nachfragerorientierte Produktgestaltung – Ein Ansatz auf Basis der „means end"-Theorie*, Wiesbaden: Gabler.

Huber, F./Kopsch, A. (2007): Produktbündelung. In Albers, S./Herrmann, A. (Hrsg.): *Handbuch Produktmanagement: Strategieentwicklung – Produktplanung – Organisation – Kontrolle* (S. 617–648), 3. Aufl., Wiesbaden: Gabler.

Kahneman, D./Tversky, A. (1979): Prospect Theory: An Analysis of Decision under Risk, *Econometrica* 47, 236–291.

Lopez, L. L. (1982): *Toward a Procedural Theory of Judgement*, Arbeitspapier Nr. 17, University of Wisconsin, Madison.

Priemer, V. (2000): *Bundling im Marketing: Potentiale – Strategien – Käuferverhalten*, Frankfurt a. M. et al.: Lang.

Soman, D./Gourville, J. T. (2001):Transaction Decoupling: How Price Bundling Affects the Decision to Consume, *Journal of Marketing Resources* 38, 30–44.

Stremersch, S./Tellis, G. J. (2002): Strategic Bundling of Products and Prices: A new Synthesis for Marketing, *Journal of Marketing* 66 (1), 55–72.

Thaler, R. (1985): Mental Accounting and Consumer Choice, *Marketing Science* 4 (2), 199–214.

Printing and Binding: Stürtz GmbH, Würzburg